新編諸子集成

荀子集解

上

〔清〕王先謙 撰

沈嘯寰 王星賢 點校

中華書局

圖書在版編目(CIP)數據

荀子集解/(清)王先謙撰;沈嘯寰,王星賢點校. —北京:中華書局,2016.4 (2025.3重印)
(新編諸子集成)
ISBN 978-7-101-11676-2

Ⅰ.荀… Ⅱ.①王…②沈…③王… Ⅲ.①儒家②《荀子》-注釋 Ⅳ.B222.62

中國版本圖書館 CIP 數據核字(2016)第 062436 號

責任編輯:石 玉
責任印製:管 斌

新編諸子集成
荀子集解
(全二册)
〔清〕王先謙 撰
沈嘯寰 王星賢 點校
*
中華書局出版發行
(北京市豐臺區太平橋西里 38 號 100073)
http://www.zhbc.com.cn
E-mail:zhbc@zhbc.com.cn
三河市中晟雅豪印務有限公司印刷
*
920×1250 毫米 1/32 · 23⅛印張 · 4 插頁 · 500 千字
2016 年 4 月第 1 版 2025 年 3 月第 4 次印刷
印數:7001-7800 册 定價:118.00 元

ISBN 978-7-101-11676-2

新編諸子集成精裝本出版説明

子書是我國古籍的重要組成部分。最早的一批子書産生在春秋末到戰國時期的百家争鳴中，其中不少是我國古代思想文化的珍貴結晶。秦漢以後，還有不少思想家和學者寫過類似的著作，其中也不乏優秀的作品。

二十世紀五十年代，中華書局修訂重印了由原世界書局出版的諸子集成。這套叢書匯集了清代學者校勘、注釋子書的成果，較爲適合學術研究的需要。但其中未能包括近幾十年特别是一九四九年後一些學者整理子書的新成果，所收的子書種類不够多，斷句、排印尚有不少錯誤，爲此我們從一九八二年開始編輯出版新編諸子集成，至今已出滿四十種。

爲滿足不同讀者的需求，這套書將分批出版精裝本，版面疏朗，裝訂考究，非常適合閲讀與收藏。敬請關注。

中華書局編輯部

二〇一六年三月

荀子集解目録

點校説明

荀子名況，又稱荀卿或孫卿，戰國後期趙人，是我國先秦時期傑出的唯物主義思想家和哲學家。他的生卒年月無考，活動年月約爲公元前二九八年至前二三八年。在這期間，他先後到過齊、秦、趙、楚諸國。齊襄王時，荀子曾在齊國稷下講學，三爲祭酒（學宫之長）。在秦國，曾遊説秦昭王及秦相應侯范雎；至趙國，曾與臨武君議兵於趙孝成王前，但秦、趙二國俱不能用。及遊楚國，楚相春申君黄歇任之爲蘭陵（今山東省棗莊市）令。春申君死，荀子遂廢，因家於蘭陵，著書數萬言而卒，葬于蘭陵。事蹟略見史記孟子荀卿列傳。他的著述，後人名爲荀子。其中有些文字，則是他的弟子所輯録，如大略篇，以及宥坐篇的一部分。

荀子善爲易、詩、禮、春秋。李斯、韓非、浮丘伯等皆曾受業爲弟子，毛詩東門之楊正義亦説：「毛公親事荀卿。」故周、秦之際，荀子名重一時。司馬遷作史記，對於先秦諸子，獨以孟子、荀卿並稱並傳，而田駢、慎到、騶衍、公孫龍、尸佼、墨翟之屬，則僅分别附列於孟、荀之後。荀子書中的某些篇章，頗多被戴德、戴聖録入大戴禮記與小戴禮記；韓嬰説詩，也有不少散見於荀子書中。荀子論著的流傳之廣，其爲儒者所推崇，於此可見一斑。

荀書「以性爲惡，以禮爲僞，非諫諍，傲災祥，尚强伯之道。論學術則以子思、孟軻爲飾邪説，文姦言，與墨翟、惠施同詆」（宋晁公武語）。荀子批判了在他以前的諸子的學説，特别反對孟子。孟子倡言性善，專法先王，崇尚王道，重義輕利；荀子則倡言性惡，兼法後王，王道與霸道並重，義利兼顧。孔、孟之道，自漢以後，被統治階級奉爲儒家正宗。荀子雖亦信崇孔子，但與孟子的學説却扞格不入。這種思想言論，自然要受到統治者的排斥。所以漢代曾將孟子列於學官，設博士傳授，而荀子則否。正由於此，故孟子一書，早在東漢時就有趙岐的章句，其他先秦諸子書，如吕覽有東漢高誘注，莊子則在晉代就有向秀、司馬彪先後作注，如此等等，而荀子書則湮没無聞者垂一千年，直至唐時才有楊倞的注本傳世。

荀子書，漢書藝文志稱爲孫卿子，著録有三十三篇，劉向敍録則題爲「荀卿新書三十二篇」。隋書經籍志及舊唐書經籍志均沿用漢志的舊稱，仍稱爲孫卿子。新唐書藝文志則又稱爲荀卿子，另著録「楊倞注荀子二十卷」，始改用今名。

楊倞，唐弘農（今河南省靈寶縣南）人。父汝士，與元稹、白居易同時，官至東川節度使，終刑部尚書。楊倞本人，舊唐書、新唐書均無傳，新唐書藝文志於「楊倞注荀子二十卷」下，僅題曰：「汝士子，大理評事。」元刻楊注本荀子，則又題爲「唐登仕郎，守大理評事」（見本書攷證）。其生平事蹟已不可詳考。其注荀子，據本書卷首楊倞的荀子序所署，係在唐憲宗元和十三年十二月，當公元八一八年。宋洪邁容齋隨筆續筆所談亦同。現存的楊注本荀子，已由楊氏將劉向敍録所著録的三十二篇分爲二十卷，篇目的先後次第也已經過重新編排，但篇數不變，篇名也與敍録所列相同。這説明，楊注本荀子的面目，還不失漢時之舊。

但楊注瑕瑜互見，尚不無可議之處，而且楊注本荀子流傳下來，輾轉傳寫刊刻，訛誤亦復不少。而宋、明儒者，對荀書又頗多詬病，非十二子及性惡兩篇尤受指摘，故楊倞之後，注荀者後繼無人。降及清中葉以後，荀書才又爲儒者所重，注荀者亦輩出：謝墉、汪中、郝懿行、盧文弨、王念孫、俞樾諸人，都曾對楊注本荀子作過校勘和詮釋，並對楊注的一部分提出不同意見。稍後，光緒年間，王先謙又採集各家之説，編著了這本荀子集解。

王先謙（一八四二——一九一七），字益吾，湖南長沙人，同治進士，官至内閣學士。工古文詞，治經重考證。曾繼阮元之後，輯刊續皇清經解，清代漢學家經師經説多賴之以傳。所著除本書外，另有漢書補注、後漢書集解、莊子集解、十朝東華録、虚受堂詩文集等等。他在本書中，以荀子正文爲單行大字，以楊注及各家之説爲雙行小字，雙行小字中另有夾注，則以更小一號字作雙行小注。每一處楊注之下，均加一圓圈（○），然後列舉衆説，於每一家之説前加「××曰」以醒眉目。最後發揮自己的見解，作出論斷，前冠「先謙案」三字，故脈絡極爲清楚。這是清儒中最精詳、完善的一個注本。

王先謙的這本荀子集解，早在三十年代，就由原世界書局輯入諸子集成（後由中華書局重印），僅正文有斷句，不便閲覽。今特將荀子集解重加點校，以應讀者需要。

王先謙是清末民初人，他的荀子集解成書較晚，只有光緒十七年辛卯（公元一八九一年）所刻的一種本子，别無他本可資選擇。儘管另有諸子集成本及商務印書館的萬有文庫本，但所據都是光緒辛卯刻本，實際上是同一個本子。現在，我們以光緒辛卯的木刻本作底本，而以諸子集成本與萬有文庫本跟底本對校。因爲這三個本子既然只是一本，所以凡遇底本上有明顯的誤字，即依另兩本徑改，不出校記；底本不誤而另兩本有誤的，也不出校記。集解中的引文如有疑問，我們都查對了原書，如底本有訛錯，即據原書改正，作出校記；如遇異文不能斷定孰是孰非的，我們也作成校記，説明某字某書作某。

文字的編排方面，採取了如下幾種處理：一、荀子各篇正文，王氏已依盧文弨校本分段，我們悉仍其舊。二、楊倞的每一處注文之後，原來悉加圓圈，我們也保留原樣。三、王氏所採各家之説，我們於每一家之説之間，均以空格分開，但不用圓圈，以别於楊注。四、荀子的正文，仍用單行大字；楊注及各家之説，改雙行小字爲單行；雙行小字中的雙行小字夾注，亦改爲單行排列，而於前後加（　）號，以示區别。

在點校過程中，關於荀子正文的標點，參考了上海人民出版社出版的章詩同所注荀子簡注，及中華書局出版的北京大學所注荀子新注；關於集解部分的標點，參考了商務印書館的斷句本（即萬有文庫本）。但先秦諸子的著作，向稱難讀，加之集解所採諸家校釋衆説紛繁，我們限於水平，錯誤和疏漏之處自所難免，希望讀者多加指正。

點校者　一九八四年十月

序

昔唐韓愈氏以荀子書爲「大醇小疵」，逮宋，攻者益衆，推其由，以言性惡故。余謂性惡之説，非荀子本意也。其言曰：「直木不待檃栝而直者，其性直也；枸木必待檃栝、烝、矯然後直者，以其性不直也。今人性惡，必待聖王之治、禮義之化，然後皆出於治、合於善也。」夫使荀子而不知人性有善惡，則不知木性有枸直矣。然而其言如此，豈真不知性邪？余因以悲荀子遭世大亂，民胥泯棼，感激而出此也。荀子論學論治，皆以禮爲宗，反復推詳，務明其指趣，爲千古修道立教所莫能外。其曰「倫類不通，不足謂善學」，又曰「一物失稱，亂之端也」，探聖門一貫之精，洞古今成敗之故，論議不越几席，而思慮浹於無垠；身未嘗一日加民，而行事可信其放推而皆準。而刻覈之徒，詆諆横生，擯之不得與於斯道。余又以悲荀子術不用於當時，而名滅裂於後世流俗人之口爲重屈也！國朝儒學昌明，欽定四庫全書提要首列荀子儒家，斥好惡之詞，通訓詁之誼，定論昭然，學者始知崇尚。顧其書僅有楊倞注，未爲盡善。近世通行嘉善謝氏校本，去取亦時有疏舛。宿儒大師，多所匡益。家居少事，輒旁采諸家之説，爲荀子集解一書，管窺所及，閒亦坿載。不敢謂於荀書精意有所發明，而於析楊、謝之疑辭，酌宋、元之定本，庶幾不無一得。刻成，謹弁言簡端，竝揭荀子箸書之微旨，與後來讀者共證明之云。光緒十七年歲次辛卯夏五月，長沙王先謙謹序。

例略

嘉善謝氏校本，首謝序，見攷證。次楊序及新目録，今照刊。次荀子讎校所據舊本，竝參訂名氏，影鈔大字宋本，元刻纂圖互註本，（此乃當時坊閒所梓，脱誤差舛，不一而足，然正以未經校改之故，其本真翻未盡失，書中頗多採用。）明虞氏、王氏合校刻本，明世德堂本，明鍾人傑本，（有評點，注刪節。）江陰趙曦明敬夫、金壇段玉裁若膺、海寧吴騫槎客、吴縣朱奂文游、江都汪中容夫、餘姚盧文弨紹弓、嘉善謝墉金圃輯校。（輯諸家之説，竝附所見，上皆增一圓圍，以別於楊氏之注。其引用各書，不具列。）末錢大昕跋，見攷證。校勘補遺一卷。案此書盧、謝同校，故郝蘭皋稱謝，王懷祖稱盧。但謝序云：「援引校讎，悉出抱經，參互攷證，遂得葳事。」是此書元出於盧，參攷刊行迺由謝氏，則稱盧校本者爲是。盧所據大字宋本，爲北宋吕夏卿熙寧中所刊，然未見吕刻本，僅取朱文游所藏影鈔本相校，故閒有爲影鈔訛字所誤者，修身、王霸兩篇注可證也。兹刻仍以盧校爲主，依謝刻於楊注外增一圓圍，全録校注，加「盧文弨曰」四字別之。據謝序、錢跋，校注亦有出謝手者，然無可區別。其補遺一卷，散入注中。盧校不主一本，兹亦仿其例，擇善而從。虞、王合校本，明虞九章、王震亨校，爲盧據舊本之一。其引見書中者，止王霸篇「大有天下，小有一國」注文。茲覆檢元書，尚有可采，爲增入數條。此外正文及注岐異滋繁，當由傳寫致訛，或係以意删節，多與盧氏所云俗閒本相合，既非所取證，不復稱引。宋台州本，宋唐仲友與政刊於台州，卽依吕本重刻，遵義黎庶昌蒓齋於日本得影摹本，重刊爲古逸叢書之一。首楊序及新目録，末劉向上言及王、吕重校銜名，與今本同。熙寧元年國子監劄子官銜，淳熙八年唐序，經籍訪古志二跋，重刊楊跋。俱見攷證。此卽困學紀聞所稱「今監本乃唐與政台州所栞熙寧舊本，亦未爲善」者也。然在今日爲希見之本，茲取以相校，得若干條，列入注文。其與吕本相同，如一卷「取藍」、「干越」之比，竝不復出，以省繁文。至其顯然訛誤，雖與吕歧出，亦無所取。

棲霞郝氏懿行荀子補注上下卷，末坿與王侍郎論孫卿、與李比部論楊倞二書，竝見攷證。茲全採入注。

高郵王氏念孫雜志八校荀子八卷，係據盧本加案語，用宋錢佃江西漕司本、龔士禼荀子句解本、明世德堂本參校。嗣得元和顧千里澗薲手録吕、錢二本異同，復爲補遺一卷，敍而行之，坿荀子佚文及顧氏考訂各條於末。敍、佚文竝見攷證。其中如劉台拱端臨、汪中容夫、陳奂碩甫諸家之説，蒐討綦詳，而盧校、郝注之精者亦附録焉。兹取王氏各條散入注文，劉、汪、陳、顧諸説仍各冠姓氏於首。德清俞氏樾諸子平議十二之十五荀子平議四卷，全採入注。近儒之説，亦坿著之。

攷證上

除史志外，非關荀子書義及板本考訂者不録。

〔漢書藝文志儒家〕孫卿子三十三篇。名況，趙人，爲齊稷下祭酒，有列傳。師古曰：「本曰荀卿，避宣帝諱，故曰孫。」

〔又賦家〕孫卿賦十篇。

〔隋書經籍志子部儒家〕孫卿子十二卷。楚蘭陵令荀況撰。〔又集部別集〕楚蘭陵令荀況集一卷。殘缺，梁二卷。

〔舊唐書經籍志丙部子録儒家類〕孫卿子十二卷。荀況撰。〔又丁部集録別集類〕趙荀況集二卷。

〔唐書藝文志丙部子録儒家類〕荀卿子十二卷。荀況。〔又〕楊倞注荀子二十卷。汝士子，大理評事。〔又丁部集録別集類〕趙荀況集二卷。

〔宋史藝文志子類儒家類〕荀卿子二十卷。戰國趙人荀況書。〔又〕楊保「倞」誤。注荀子二十卷。

〔台州本國子監劄子官銜〕國子監准熙寧元年九月八日中書劄子節文，校定荀、揚書所狀。先准中書劄子，奉聖旨校定荀子、揚子。内揚子一部，先次校畢，已於治平二年十二月丙申納訖。今來再校到荀子一部，計二十卷，裝寫已了，續次中納者申聞事。右奉聖旨：荀子送國子監開版，依揚子並音義例，印造進呈，及宣賜劄付國子監。准此。校勘官將仕郎、前守惠州歸善縣主簿、充直講臣盧侗，校勘官登仕郎、試祕書省校書郎、前守許州司理參軍、充直講臣王汝翼，校勘官將仕郎、試祕書省校書郎、前知婺州永康縣事、充直講臣顔復，校勘官將仕郎、試祕書省校書郎、前知温州樂清縣事、充直講臣焦千之，校勘官登仕郎、試祕書省校書郎、前守相州湯陰縣令、充直講臣梁師孟，校勘官登仕郎、守祕書省著作佐郎、充直講臣董唐臣，校勘官朝奉郎、守尚書都官員外郎、充直講、上騎都尉、賜緋魚袋臣黎錞，朝奉郎、光禄寺丞、監書庫、武騎尉臣韓端彦，朝奉郎、光禄寺丞、管句國子監丞公事、飛騎尉臣程伯孫，管句雕造朝請郎、守祕書丞、充主簿、騎都尉、賜緋魚袋臣畢之翰，朝散大夫、尚書刑部郎中、充天章閣待制、同知諫院、兼同判國子監、輕車都尉、賜紫金魚袋臣吕誨，朝散大夫、行尚書兵部員外郎、知制誥、權判尚書禮部貢院、兼知諫院兼判國子監、上騎都尉、賜紫金魚袋臣錢公輔，朝散大夫、給事中、參知政事、上輕車都尉、北海郡開國公、食邑二千三百户、食實封肆伯户、賜紫金魚袋臣唐介，朝散大夫、右諫議大夫、參知政事、上護軍、天水郡開國侯、食邑一千户、賜紫金魚袋臣趙抃，推忠協謀同德守正亮節佐理功臣、開府儀同三司、行尚書左僕射、兼門下侍郎、同中書門下平章事、集賢殿大學士、上柱國兖國公、食邑一萬一百户、食實封叁阡肆伯户臣曾公亮。

〔又唐仲友序〕荀子二十卷三十二篇，唐楊倞注。初，漢劉向校讎中孫卿書凡三百二十一篇，除複重，定著三十二篇，爲孫卿新書十二卷。至倞，分易卷第，更名荀子。皇朝熙寧初，儒官校上，詔國子監刊印頒行之。中興蒐補遺逸，監書寖具，獨荀子猶闕，學者不見舊書，傳習閩本，文字舛異。仲友於三館睹舊文，大懼湮没，訪得善本，假守餘隙，迺以公帑鋟木，悉視熙寧之故。詩曰：「雖無老成人，尚有典刑。」卿不可作，其書獨非典刑乎？向博極羣書，序卿事大氐本司馬遷，於遷書有三不合：春申君死，當齊王建二十八年，距宣王八十七年。向言卿以宣王時來游學，春申君死而卿廢。設以宣王末年游齊，年已百三十七矣。遷書記孟子以惠王三十五年至梁，當齊宣王七年。惠王以叟稱孟子，計亦五十餘。後二十三年，子之亂燕，孟子在齊。若卿來以宣王時，不得如向言後孟子百餘歲。田忌薦孫臏爲軍師，敗魏桂陵，當齊威王二十六年，距趙孝成王七十八年。臨武君與卿議兵於王前，向以爲孫臏，倞以敗魏馬陵疑年，馬陵去桂陵又十三年矣。崇文總目言卿楚人，楚禮爲客卿，與遷書、向序駁，益難信。據遷傳，參卿書，其大略可睹。卿名況，趙人，以齊襄王時游稷下，距孟子至齊五十年矣。於列大夫，三爲祭酒。去之楚，春申君以爲蘭陵令。以讒去之趙，與臨武君議兵。入秦，見應侯、昭王。以聘反乎楚，復爲蘭陵令；既廢，家蘭陵以終。自戰國爭富彊，儒道絀，孟子學孔子，言王可反掌致，卒不見用。卿後孟子，亦尊孔氏。子思作中庸，孟子述之，道性善。至卿，以爲人性惡，故非子思、孟軻。揚雄以爲同門異户。孟子與告子言性，卒絀告子。惜卿不見孟子，不免異説。方説士徼時好，卿獨守儒議，兵以仁義，富以儒術，彊以道德之威，旨意與孟子同。見應侯，病秦無儒。昭王謂儒無益人之國，極明儒效。秦併天下以力，意儒果無用，至於坑焚，滅不旋踵；漢奮布衣，終假儒以定，卿言不用而後驗。自董仲舒、韓愈皆美卿書，言王道雖不及孟子，抑其流亞，廢於衰世，亦命矣夫！學者病卿，以李斯、韓非。卿老師，學者已衆，二子適見世，晝寢餔啜，非師之過。使卿登孔門，去異意，書當與七篇比，此君子所爲太息！大宋淳熙八年歲在辛丑十有一月甲申，朝請郎、權發遣台州軍州事唐仲友後序。

〔晁公武郡齋讀書志子類儒家類〕楊倞注荀子二十卷。右趙荀況撰，漢劉向校定，除其重複，著三十二篇，爲十二卷，題曰新書，稱卿趙人，名況。當齊宣王、威王之時，聚天下賢士稷下，是時荀卿爲秀才，年十五，始來遊學。至齊襄王時，荀卿最爲老師。後適楚，楚相春申君以爲蘭陵令，已而歸趙。按威王死，其子嗣立，是爲宣王。楚考烈王初，黄歇始相。年表自齊宣王元年至楚考烈王元年，凡八十一年，則荀卿去楚時近百歲矣。楊倞唐人，始爲之注，且更新書爲荀子，易其篇第，析爲二十卷。其書以性爲惡，以禮爲僞，非諫争，傲災祥，尚强伯之道。論學術則以子思、孟軻爲飾邪説、文姦言，與墨翟、惠施同詆焉。論人物則以平原、信陵爲輔拂，與伊尹、比干同稱焉。其指往往不能醇粹，故後儒多疵之云。

〔陳振孫直齋書録解題儒家類〕荀子二十卷。楚蘭陵令趙國荀況撰。漢志作孫卿子，云齊稷下祭酒。其曰孫者，避宣帝諱也。至楊倞，始改爲荀卿。〔又〕荀子注二十卷。唐大理評事楊倞注。案劉向序，校中書三百二十二篇，以校除複重二百九十篇，定著三十二篇。隋志爲十二卷。至倞，始分爲二十卷而注釋之。淳熙中，錢佃耕道用元豐監本參校，刊之江西漕司，其同異著之篇末，凡二百二十六條，視他本最爲完善。

〔王應麟漢藝文志攷證〕孫卿子三十三篇。當云三十二篇。劉向校讎書録序云：「所校讎中孫卿書凡三百三十三篇，以相校除複重二百九十篇，定著三十二篇，皆以定殺青簡，書可繕寫。」勸學至賦篇。楊倞分易卷第，更名荀子。韓文公曰：「荀卿之書，語聖人必曰孔子、子弓。子弓之事業不傳，惟太史公書弟子傳有馯臂子弓，子弓受易於商瞿。」論語釋文引王弼注：「朱張字子弓，荀卿以比孔子。」後山陳氏曰：「子弓者，仲弓也。」唐氏曰：「向博極羣書，序卿事大抵本司馬遷，於遷書有三不合：春申君死，當齊王建二十八年，距宣王八十七年。向言卿以宣王時來游學，春申君死而卿廢。設以宣王末年游齊，年已百三十七矣。遷書記孟子以惠王三十五年至梁，當齊宣王七年。惠王以叜稱孟子，計亦五十餘。後二十三年，子之亂燕，孟子在齊。若卿來以宣王時，不得如向言後孟子百餘歲。田忌薦孫臏爲軍師，敗魏桂陵，當齊威王二十六年，距趙孝成王七十八年。臨武君與卿議兵於王前，向以爲孫臏，倞以敗魏馬陵疑年，馬陵去桂陵又十三年矣。」

〔又困學紀聞十〕荀卿非十二子，韓詩外傳四引之，止云十子，而無子思、孟子。愚謂荀卿非子思、孟子，蓋其門人如韓非、李斯之流託其師説以毀聖賢，當以韓詩爲正。〔又〕楚詞漁父：「吾聞之，新沐者必彈冠，新浴者必振衣，安能以身之察察受物之汶汶者乎！」荀子不苟篇。曰：「新浴者振其衣，新沐者彈其冠，人之情也。其誰能以己之僬僬受人之掝掝者哉！」荀卿適楚，在屈原後，豈用楚詞語歟，抑二子皆述古語也？〔又〕勸學篇「青出之藍」作「青取之於藍」，「聖心循焉」作「備焉」，「玉在山而木潤」作「草木潤」，「君子如嚮矣」作「知嚮矣」；賦篇「請占之五泰」作「五帝」。監本未必是，建本未必非。餘不勝紀。原注：「今監本乃唐與政台州所栞熙寧舊本，亦未爲善，當竢詳考。」「五泰」注云：「五帝也。」監本改爲「五帝」而刪注文。

〔國朝四庫全書總目子部儒家類〕荀子二十卷。内府藏本。周荀況撰。況趙人，嘗仕楚爲蘭陵令，亦曰荀卿，漢人或稱曰孫卿，則以宣帝諱詢，避嫌名也。漢志儒家載荀卿三十三篇，王應麟考證謂當作三十二篇。劉向校書序録稱孫卿書凡三百二十三篇，以相校除重複二百九十篇，定著三十三篇，爲十二卷，題曰新書。唐楊倞分易舊第，編爲二十卷，復爲之注，更名荀子，卽今本也。考劉向序録，卿以齊宣王時來游稷下，後仕楚，春申君死而卿廢。然史記六國年表載春申君之死上距宣王之末凡八十七年，史記稱卿年五十始游齊，則春申君死之年卿年當一百三十七歲，於理不近。晁公武讀書志謂史記所云「年五十」爲「年十五」之譌，意其或然。宋濂荀子書後又以爲襄王時游稷下，亦未詳所本。總之，戰國時人爾，其生卒年月已不可確考矣。況之著書，主於明周、孔之教，崇禮而勸學。其中最爲口實者，莫過於非十二子及性惡兩篇。王應麟困學紀聞據韓詩外傳所引，卿但非十子，而無子思、孟子，以今本爲其徒李斯等所增，不知子思、孟子後來論定爲聖賢耳。其在當時，固亦卿之曹偶，是猶朱、陸之相非，不足訝也。至其以性爲惡，以善爲僞，誠未免於理未融。然卿恐人恃性善之説，任自然而廢學，因言性不可恃，當勉力於先王之教。故其言曰：「凡性者，天之所就也，不可學，不可事；禮義者，聖人之所生也，人之所學而能，所事而成者也。不可學、不可事而在人者謂之性，可學而能、可事而成之在人者謂之僞。是性、僞之分也。」其辨白「僞」字甚明。楊倞注亦曰：「僞，爲也。凡非天性而人作爲之者，皆謂之僞。故僞字人旁加爲，亦會意字也。」其説亦合卿本意。後人昧於訓詁，誤以爲「真僞」之僞，遂譁然掊擊，謂卿蔑視禮義，如老、莊之所言。是非惟未睹其全書，卽性惡一篇，自篇首二句以外，亦未竟讀矣。平心而論，卿之學源出孔門，在諸子之中最爲近正，是其所長；主持太甚，詞義或至於過當，是其所短。韓愈「大醇小疵」之説，要爲定論，餘皆好惡之詞也。楊倞所註，亦頗詳洽。唐書藝文志以倞爲楊汝士子，而宰相世系表則載楊汝士三子：一名知溫，一名知遠，一名知至，無名倞者。表、志同出歐陽修手，不知何以互異。意者倞或改名，如溫庭筠之一名岐歟？

〔四庫全書簡明目録子部儒家類〕荀子二十卷。周荀況撰，唐楊倞註。況亦孔氏之支流，其書大旨在勸學，而其學主於修禮，徒以恐人恃質而廢學，故激爲性惡之説，受後儒之詬厲。要其宗法聖人，誦説王道，終以韓愈「大醇小疵」之評爲定論也。倞注多明古義，亦異於無稽之言。

〔天禄琳琅書目一宋版子部〕纂圖互注荀子。一函八册。周荀况撰，三十二篇，唐楊倞注，分二十卷，前載楊序，序後有欹器、大路、龍旗九斿三圖。宋陳振孫書録解題曰：「漢志作孫卿子者，避宣帝諱也。至楊倞，始復改爲荀，分二十卷而注釋之。淳熙中，錢佃耕道用元豐監本參校，刊之江西漕司，其同異著之篇末，凡二百二十六條，視他本最爲完善」云云。據此，則宋時刊刻荀子，已非一本。是書標爲纂圖互註，書中於倞注外，又加重言、重意、互註諸例，與經部宋本毛詩、周禮、春秋經傳集解三書正同，圖樣字體版式亦復相等，蓋當時帖括之書不獨有經也。

〔又元版子部〕纂圖分門類題註荀子。一函十册。周荀况撰，三十二篇，唐楊倞注，分二十卷。前載楊序，並新增麗澤編集荀子事實品題一卷，不著纂人姓氏。又宋陳傅良輯荀子門類題目一卷。此當時帖括之書也。其門類題目一卷，於標題次行刊「永嘉先生陳傅良編」。所分門類，始曰天地，終曰五常，共四十門。末又附拾遺並事要總類二條，皆擇書中之可作題目者分類摘句，以取便於觀覽。卷後別行刊

「麻沙劉通判宅刻梓於仰高堂」十二字。卷一之後亦於别行刊「關中劉旦校正」。所謂劉通判者，當即是人。第書首標題爲纂圖分門類題注荀子，書前仍當有圖，蓋已失之矣。至所載荀子事實品題一卷，觀其識語，稱「舊本荀、揚圖説不過具文，今得麗澤堂編次品題，凡卿、雲事實顛末歷歷可考」云云，則是荀、揚合刊之書，非此本中所應有，乃書賈割取荀子事實以冠於書首耳。且書中自卷九之卷十三，及卷十五，共六卷，標題衹稱荀子，卷十六、卷二十兩卷，標題又稱監本音註荀子，書名既不畫一，板式亦復懸殊，係以三刻湊成一書。其標稱荀子者，槧印甚精，紙墨俱佳，實爲宋槧，餘則元時所刊，遠不相及。然宋本流傳者久少，今尚存吉光片羽於元刻之中，雖出湊合，亦可寶也。

〔錢曾讀書敏求記〕荀子二十卷。楊倞注荀子凡三十二篇，爲二十卷，並劉向篇目。淳熙八年六月，吴郡錢佃得元豐國子監本，並二浙、西蜀諸本參校，刊於江西計臺。其跋云：「耳目所及，此特爲精好。予又藏吕夏卿重校本，從宋本摹寫者，字大悦目，與此可稱雙璧矣。」

〔張金吾愛日精廬藏書志二十一子部儒家類〕荀子二十卷。影寫宋吕夏卿大字本。

唐登仕郎、守大理評事楊倞注。後有「將仕郎、守祕書省著作佐郎、充御史臺主簿臣王子韶同校」、「朝奉郎、尚書兵部員外郎知制誥、上騎都尉、賜紫金魚袋臣呂夏卿重校」兩行。案呂夏卿本宋槧尚存。惟是本從宋槧初印本影寫，見存之宋槧則紙質破損，字迹模糊，且爲庸妄子據俗本描補，殊失廬山真面，故宋槧轉不若影宋本之可貴也。金吾聞之黄蕘圃先生云：「楊倞序。元和十三年。顧氏手跋曰：『荀子向唯明世德堂本最行於世，乃其本卽從元纂圖互注本出，故重意之删而未盡者猶存兩條於楊注中，一，修身篇「丘山崇成」句下。一，王制篇「何獨後我也」句下。又何怪乎本之不精也。餘姚盧抱經學士彙諸本，參以己意，校定重梓，首列影鈔宋大字本，卽今此本，從朱文游家見之也。考困學紀聞所引，如「青取之於藍」、「請占之五帝」諸條。殆監本是已，採用頗多，咸足正世德堂之誤。然如君道篇「狂生者不胥時而樂」，正與爾雅釋詁「暴樂」、桑柔毛傳及鄭箋「爆爍」所用字同，則「樂」不得如世德堂本之改爲「落」明甚，而盧學士略不及此本之有「樂」字。然則此書不幾亡此字乎？他亦每有漏略抵牾，皆當據依以正之。今歸薌巖周君收藏，蕘圃借得，命校一過，兼訪知宋槧印本在東城藏書家，持來擬售，略一寓目。「樂」，宋槧本與鈔同。他日儻竟爲蕘圃所有，當仍假此本一一覆審之云。嘉慶元年八月，書于黄氏之士禮居，澗薲顧廣圻。』」

〔孫星衍孫氏祠堂書目内編二諸子三〕荀子二十卷。唐楊倞注。一，纂圖互注宋巾箱本。一,宋巾箱别本。一,明世德堂刊本。一,明重刊小字本。一,盧文弨校刊本。一,嚴傑依惠校本。

〔謝墉荀子箋釋序〕荀子生孟子之後,最爲戰國老師。太史公作傳,論次諸子,獨以孟子、荀卿相提竝論,餘若談天、雕龍、炙轂及慎子、公孫子、尸子、墨子之屬,僅附見於孟、荀之下。蓋自周末歷秦、漢以來,孟、荀竝稱久矣。小戴所傳三年問全出禮論篇,樂記、鄉飲酒義所引俱出樂論篇,聘義子貢問貴玉賤珉亦與法行篇〔二〕大同。大戴所傳禮三本篇亦出禮論篇,勸學篇卽荀子首篇,而以宥坐篇末見大水一則附之,哀公問五義出哀公篇之首。則知荀子所著,載在二戴記者尚多,而本書或反缺佚。愚竊嘗讀其全書,而知荀子之學之醇正、文之博達,自四子而下,洵足冠冕羣儒,非一切名、法諸家所可同類共觀也。觀於議兵篇對李斯之問,其言仁義與孔、孟同符,而責李斯以不探其本而索其末,切中暴秦之弊。乃蘇氏譏之,至以爲「其父殺人,其子必且行劫」。然則陳相之從許行,亦陳良之咎歟？此所謂「欲加之罪」也。荀子在戰國時,不爲游説之習,鄙蘇、張之縱横,故國策僅載諫春申事,大旨勸其擇

〔二〕「法行篇」,原本誤爲「德行篇」,據本書法行篇改。

賢而立長，若早見及於李園棘門之禍，而爲「厲人憐王」之詞，則先幾之哲固異於朱英策士之所爲。故不見用於春申，而以蘭陵令終，則其人品之高，豈在孟子下？顧以嫉濁世之政，而有性惡一篇，且詰孟子性善之説而反之，於是宋儒乃交口攻之矣。嘗卽言性者論之：孟子言性善，蓋勉人以爲善而爲此言；荀子言性惡，蓋疾人之爲惡而爲此言。要之，繩以孔子相近之説，則皆爲偏至之論：謂性惡，則無上智也；謂性善，則無下愚也。韓子亦疑於其義，而爲三品之説，上品、下品蓋卽不移之旨，而中品則視習爲轉移，固勝於二子之言性者矣。然孟子偏於善，則據其上游；荀子偏於惡，則趨乎下風，由憤時疾俗之過甚，不覺其言之也偏。然尚論古人，當以孔子爲權衡，過與不及，師、商均不失爲大賢也。此書自來無解詁善本，唐大理評事楊倞所註已爲最古，而亦頗有舛誤。向知同年盧抱經學士勘核極爲精博，因從借觀，校士之暇，輒用披尋，不揆檮昧，閒附管窺，皆正楊氏之誤，抱經不我非也。其援引校讎，悉出抱經，參互考證，往復一終，遂得蕆事。以墉謭陋，誠不足發揮儒術，且不欲攘人之美，而抱經頻致書屬序，因舉其大要，略綴數語於簡端，竝附著書中所未及者二條於左云。乾隆五十一年歲在丙午六月既望，嘉善謝墉東墅甫題於江陰學使官署，時年六十有八。荀卿又稱孫卿，自司馬貞、顔師古以來，相承以爲避漢宣帝諱，故改荀爲孫。考漢宣名詢，漢時尚不諱嫌名，且如後漢李恂與荀淑、荀爽、荀悅、荀彧俱書本字，詎反於周時人名見諸載籍者而改稱之？若然，則左傳自荀息至荀瑶多矣，何不改耶？且卽前漢書任敖、公孫敖俱不避元帝之名驁也。蓋荀音同孫，語遂移易，如荆軻在衞，衞人謂之慶卿，而之燕，燕人謂之荆卿。又如張良爲韓信都，潛夫論云：「信都者，司徒也。」俗音不正，曰信都，或曰申徒，或勝屠，然其本一司徒耳。然則荀之爲孫，正如此比，以爲避宣帝諱，當不其然。漢志孫卿子三十二篇，隋志則稱十二卷。漢志又載孫卿賦十篇。今所存者，僅禮、知、雲、蠶、箴，其末二篇無題。相其文勢，其「小歌曰」以下，皆當爲致春申君書中之語。而國策於「曷惟其同」下尚有「詩曰：『上帝甚神，無自瘵也』」。韓詩外傳亦然。此尤見卓識，今本文脱去，而其謝春申君書亦不載，楊氏注亦未之及。此等似尚未精審也。

〔又錢大昕跋〕荀卿子書，世所傳唯楊倞注本，明人所刊，字句踳譌，讀者病之。少宗伯嘉善謝公視學江蘇，得餘姚盧學士抱經手校本，歎其精審，復與往復討論，正楊注之誤者若干條，付諸剞劂氏，而此書始有善本矣。蓋自仲尼既殁，儒家以孟、荀爲最醇，太史公敍列諸子，獨以孟、荀標目，韓退之於荀氏雖有「大醇小疵」之譏，然其云「吐辭爲經」、「優入聖域」，則與孟氏竝稱，無異詞也。宋儒所訾議者，惟性惡一篇。愚謂孟言性善，欲人之盡性而樂於善；荀言性惡，欲人之化性而勉於善：立言雖殊，其教人以善則一也。宋儒言性，雖主孟氏，然必分義理與氣質而二之，則已兼取孟、荀二義，至其教人以變化氣質爲先，實暗用荀子「化性」之説。然則荀子書詎可以小疵訾之哉？古書「僞」與「爲」通，荀子所云「人之性惡，其善者僞也」，此「僞」字卽「作爲」之爲，非「詐僞」之僞。故又申其義云「不可學、不可事而在人者謂之性；可學而能、可事而成之在人者謂之僞」。堯典「平秩南訛」，史記作「南爲」，漢書王莽傳作「南僞」，此「僞」卽「爲」之證也。因讀公序，輒爲引伸其説，以告將來之讀是書者。丙午閏七月，嘉定錢大昕跋。

〔郝懿行荀子補注與王引之伯申侍郎論孫卿書〕近讀孫卿書而樂之，其學醇乎醇，其文如孟子，明白宣暢，微爲緐富，益令人入而不能出。頗怪韓退之謂爲「大醇小疵」，蒙意未喻，願示其詳。推尋韓意，豈以孟道性善，荀道性惡；孟子尊王賤霸，荀每王、霸竝衡？以是爲疵，非知言也。何以明之？孟遵孔氏之訓，不道桓、文之事；荀矯孟氏之論，欲救時世之急。王霸一篇，剴切錞于，沁人肌骨，假使六國能用其言，可無暴秦并吞之禍。因時無王，降而思霸。孟、荀之意，其歸一耳。至於性惡、性善，非有異趣。性雖善，不能廢教；性卽惡，必假人爲。「爲」與「僞」古字通，其云「人之性惡，其善者僞也」，「僞」卽「爲」耳。孟、荀之指，本無不合，惟其持論，各執一偏。準以聖言，「性相近」卽兼善惡而言，「習相遠」乃從學染而分。後儒不知此義，妄相毁詆。閣下深於理解，必早見及，願得一言，以祛所蔽。孫卿與孟時勢不同，而願得所藉手，救弊扶衰，其道一也。本圖依託春申，行其所學。迨春申亡而蘭陵歸，知道不行，發憤著書，其恉歸意趣，盡在成相一篇，而託之瞽矇之詞以避患也。楊倞注大體不誤，而中多未盡，往往喜加「或曰」云云，知其持擇未精，亦由不知古書假借之義，故動多疐礙。蒙意未安，欲復稍加訂正，以存本來。久疏摳謁，茅塞蓬心，聊述近所省存，用代奉面。道光四年甲申二月。

〔又與李璋煜月汀比部論楊倞書〕來示唐書藝文志以倞爲楊汝士子，而宰相世系表則載汝士三子，無名倞者，意倞或改名。余謂志、表互異，當由史氏未詳，故闕然弗備。若依馬、班史法，於表、志中書本名及改名，如漢劉更生爲劉向之例，斯無不合矣。唐書倞不立傳，當由仕宦未達，無事實可詳，故志、表闕略而僅存其名，然千載下遂不知倞爲何人，要亦史筆之疏耳。汪氏容甫據古刻叢鈔載唐故銀青光禄大夫使持節蔚州諸軍事行蔚州刺史兼御史中丞馬公墓志銘，其文則楊倞所作，題云「朝請大夫、使持節汾州諸軍事、守汾州刺史楊倞撰」，結銜較荀子加詳。汪氏又據志載會昌四年，定爲武宗時人，然則此恐别一楊倞。若藝文志注荀子之人，止題大理評事，而無「朝請大夫」以下銜者，葢非一人可知矣。汪孟慈深以此説爲不然，因言藝文志但云「汝士子」，安知不有兩汝士也？余無以應之，請質諸月汀。閏七月二十四日。

〔王念孫讀書雜志校荀子後敘〕余昔校荀子，據盧學士校本而加案語，盧學士校本則據宋吕夏卿本而加案語。去年陳碩甫文學以手録宋錢佃校本異同郵寄來都，余據以與盧本相校，已載入荀子雜志中矣。今年顧澗薲文學又以手録吕、錢二本異同見示，余乃知吕本有刻本、影鈔本之不同，錢本亦有二本。不但錢與吕字句多有不同，卽同是吕本、同是錢本，而亦不能盡同，擇善而從，誠不可以已也。時荀子雜志已付梓，不及追改，乃因顧文學所録而前此未見者爲補遺一編，竝以顧文學所考訂及余近日所校諸條載於其中，以質於好古之士云。道光十年五月二十九日高郵王念孫敍，時年八十有七。

〔又荀子佚文〕桃李蒨粲於一時，時至而後殺；至於松柏，經隆冬而不凋，蒙霜雪而不變，可謂得其真矣。右三十四字，見文選左思招隱詩注，又分見於蜀都賦注、上林賦注、歐陽堅石臨終詩注、藝文類聚果部上、木部上、太平御覽木部三。有人道我善者，是吾賊也；道我惡者，是吾師也。右十八字，見文選曹植與楊德祖書注。天下無二道，聖人無兩心。神人無功，聖人無名。聖人者，天下利器也。右二十六字，見太平御覽人事部四十二，又分見於藝文類聚人部四、初學記人事部上。案「天下無二道」二句，見今本解蔽篇。御覽此下有「神人無功」四句，類聚亦有「神人無功」二句，初學記亦有「聖人者」二句，而今本皆無之。且細繹下文文義，亦不當有此四句，則御覽諸書所引當別是一篇，非解蔽篇文也。何世之無才？何才之無施？良匠提斤斧造山林，梁棟阿衡之才、櫨柱楣椽之朴，森然陳於目前，大夏之器具矣。右四十二字，見太平御覽器物部九，又分見於文選左思詠史詩注。

〔黎庶昌古逸叢書叙目〕影宋台州本荀子二十卷。朱子按唐仲友爲一重大公案。其第四狀云：「仲友以官錢開荀、揚、文中子、韓文四書，貼黃云『仲友所印四子』，曾送一本與臣。臣不合收受，已行估計價值，還納本州軍資庫訖。」此卽四種之一卷，末有劉向敍目，題荀卿新書十二卷三十二篇，又有「王子韶同校、呂夏卿重校」銜名、熙寧元年國子監劄子及校勘官十五人銜名，又有仲友後序。蓋淳熙八年繙雕熙寧官本，板心所題姓名，卽第六狀云「蔣輝供王定等一十八人在局開雕」者是。仲友雖爲朱子所劾，而此書校刻實精，錢遵王稱爲字大悅目，信然。

〔台州本末經籍訪古志二跋〕荀子二十卷。宋槧大字本，求古樓藏。唐楊倞注，首有荀子注序，次新目録，接序後。每卷首題荀子卷第幾，登仕郎、守大理評事楊倞注。卷末有劉向校正目録上言，又有「王子韶同校、吕夏卿重校」銜名及熙寧元年國子監劄子官銜十五名，又有淳熙八年唐仲友後序。每半板八行，每行數不整，注雙行，界長七寸六分，幅五寸七分半，左右雙邊。每卷有金澤文庫印，印文肥寬，異所經見，殆文庫火前物，與悝窩先生題籤，亦希覯之珍云。狩谷望之手跋云：「右宋槧荀子，爲淳熙八年唐仲友所刻，字大如錢，書法全橅歐陽，朱熹按唐仲友狀云『據蔣輝供，元是明州百姓，淳熙四年六月内，因同已斷配人方百二等僞造官會事發，蒙臨安府府院將輝斷配台州牢城，差在都酒務著役月糧，雇本州住人周立代役，每日開書籍供養。去年三月，唐仲友叫上輝，就公使庫開雕揚子、荀子等印板，輝共王定等一十八人在局開雕』者。是本也，板心下方所題皆是剞劂氏之姓名，蔣輝以下都十九名，與朱熹按狀所言『輝共王定以下十八人』之語合。余始讀朱熹集，得詳唐仲友刻荀子事，喜甚，獨怪是不良人爲是好事，謂不可以其罪廢其人也。後讀齊東野語，知其詆排之非至論。今又得四庫全書總目二則，足爲仲友吐氣。今並録以備攷。近來舶來盧文弨校本荀子，云以影宋本校。今以是本比讎之，失校之字不爲不多，則彼所校猶未精歟？將所謂影宋本有落葉歟？然則是本豈不貴而重乎？且世閒北宋刊本傳世無幾，如余所見，不過小字御注孝經、文中子、通典、聖惠方諸書，而是本翻雕熙寧官板者，則其實與北宋本無異，真希世之寶典也！余齋所載南宋本中，當以是爲第一也。吾家子孫宜保護之。文政五年十一月。」按文政五年壬午，當道光二年。

〔又重刊台州本楊守敬跋〕今世中土所傳荀子宋本有二，一爲北宋呂夏卿熙寧本，一爲南宋錢佃江西漕司本，而唐與政所刊于台州，當時爲一重公案者，顧無傳焉。嘉慶閒，盧抱經學士據朱文游所藏影鈔呂夏卿本，合元、明本校刊行世，王懷祖、顧澗薲皆有異議。然呂、錢兩本至今無重刊者。余初來日本時，從書肆購得此書雙鉤本數卷。訪之，迺知爲狩谷望之舊藏台州本，此其所擬重刊未成者。厥後從島田篁村見影摹全部，因告知星使黎公求得之，以付梓人，一仍其舊，踰年乃成。按此本後亦有呂夏卿等銜名，又別有熙寧元年中書劄子曾公亮等銜名，據與政自序「悉視熙寧之故」，則知其略無校改。案王伯厚所舉四條，惟「君子知嚮矣」此本仍作「如嚮」，「不相應」，因知伯厚所舉者「嚮」「響」之異，非「知」「如」之異，此自校刊紀聞者之失。何校本仍作「如」。若盧抱經所勘，以此本照之，其遺漏不下數百字，又不第顧澗薲所舉君道篇「狂生者不胥時而樂」之不作「落」也。此閒別有朝鮮古刊本，亦略與此本同。余又合元纂圖本、明世德堂本及王懷祖、劉端臨、郝蘭皋諸先生之説，更參以日本物茂卿、有讀荀子四卷。家田虎、有荀子斷四卷。久保愛、有荀子增注二十卷。豬飼彦博有荀子補遺一卷。所訂，别爲札記，以未見吕、錢兩原本，將以有待，故未附刊焉。光緒甲申三月，宜都楊守敬。

攷證下

〔汪中荀卿子通論〕荀卿之學，出於孔氏，而尤有功於諸經。經典敍録毛詩：「徐整云：『子夏授高行子，高行子授薛倉子，薛倉子授帛妙子，帛妙子授河間人大毛公，毛公爲詩故訓傳于家，以授趙人小毛公。』一云：『子夏傳曾申，申傳魏人李克，克傳魯人孟仲子，孟仲子傳根牟子，根牟子傳趙人孫卿子，孫卿子傳魯人大毛公。』」由是言之，毛詩，荀卿子之傳也。漢書楚元王交傳：「少時嘗與魯穆生、白生、申公同受詩於浮丘伯。伯者，孫卿門人也。」鹽鐵論云：「包丘子與李斯俱事荀卿。」包丘子卽浮丘伯。劉向敍云：「浮丘伯受業爲名儒。」漢書儒林傳：「申公，魯人也，少與楚元王交俱事齊人浮丘伯，受詩。」又云：「申公卒以詩、春秋授，而瑕丘江公盡能傳之。」由是言之，魯詩，荀卿子之傳也。韓詩之存者，外傳而已，其引荀卿子以説詩者四十有四。由是言之，韓詩，荀卿子之别子也。經典敍録云：「左丘明作傳以授曾申，申傳衛人吴起，起傳其子期，期傳楚人鐸椒，椒傳趙人虞卿，卿傳同郡荀卿，名況，況傳武威「武威」，據史記張丞相傳當作「陽武」。張蒼，蒼傳洛陽賈誼。」由是言之，左氏春秋，荀卿之傳也。儒林傳云：「瑕丘江公受穀梁春秋及詩于魯申公，傳子，至孫爲博士。」由是言之，穀梁春秋，荀卿子之傳也。荀卿所學，本長于禮。儒林傳云：「東海蘭陵孟卿善爲禮、春秋，授后蒼、疏廣。」劉向敍云：「蘭陵多善爲學，蓋以荀卿也。長老至今稱之曰：『蘭陵人喜字爲卿，蓋以法荀卿。』」又二戴禮並傳自孟卿，大戴禮曾子立事篇載修身、大略二篇文，小戴樂記、三年問、鄉飲酒義篇載禮論、樂論篇文。由是言之，曲臺之禮，荀卿之支與餘裔也。蓋自七十子之徒既歿，漢諸儒未興，中更戰國、暴秦之亂，六藝之傳賴以不絕者，荀卿也。周公作之，孔子述之，荀卿子傳之，其揆一也。故其説「霜降逆女」，與毛同義。禮論、大略二篇，穀梁義具在。又解蔽篇説卷耳，儒效篇説風、雅、頌，大略篇説魚麗、國風好色，並先師之逸典。又大略篇「春秋賢穆公」，「善胥命」，則爲公羊春秋之學。楚元王交本學於浮丘伯，故劉向傳魯詩、穀梁春秋，劉歆治毛詩、左氏春秋，董仲舒治公羊春秋，故作書美荀卿，其學皆有所本。劉向又稱荀卿善爲易，其義亦見非相、大略二篇。蓋荀卿於諸經無不通，而古籍闕亡，其授受不可盡知矣。史記載孟子受業於子思之門人，於荀卿則未詳焉。今考其書，始於勸學，終於堯問，劉向所編堯問第三十，其下仍有君子、賦二篇。然堯問末附荀卿弟子之詞，則爲末篇無疑。當以楊倞改訂爲是。篇次實仿論語。六藝論云：「論語，子夏、仲弓合撰。」風俗通云：「穀梁爲子夏門人。」而非相、非十二子、儒效三篇每以仲尼、子弓並稱。子弓之爲仲弓，猶子路之爲季路，知荀卿之學實出於子夏、仲弓也。宥坐、子道、法行、哀公、堯問五篇，雜記孔子及諸弟子言行，蓋據其平日之聞於師友者，亦由淵源所漸，傳習有素而然也。故曰荀卿之學出於孔氏，而尤有功於諸經。韓詩外傳：「客有説春申君者曰：『湯以七十里，文王以百里，皆兼天下。今孫子天下之賢人也，君藉之百里之勢，臣竊以爲不便。于君若何？』春申君曰：『善。』于是使人謝孫子，孫子去而之趙，趙以爲上卿。客又説春申君曰：『昔伊尹去夏之殷，殷王而夏亡；管仲去魯入齊，齊强而魯弱。由是觀之，賢者之所在，其君未嘗不善，其國未嘗不安也。今孫子天下之賢人，何爲辭而去？』春申君又云：『善。』于是使請孫子。孫子僞喜，戰國策作「爲書」。謝之曰：『鄙語曰：「厲憐王。」此不恭之語也。雖然，不可不審也，此爲劫殺死亡之主言也。夫人主年少而放，無術法以知姦，卽大臣以專斷圖私，以禁誅於己也，故舍賢長而立幼弱，廢正適而立不善。故春秋之志曰：「楚王之子圍聘於鄭，未出竟，聞王疾，反問疾，遂以冠纓絞王而殺之，因自立。」「齊崔杼之妻美，莊公通之，崔杼率其羣黨而攻莊公。莊公請與分國，崔杼不許；欲自刃於廟，崔杼又不許。莊公出走，踰于外牆，射中其股，遂殺而立其弟景公。」近代所見，李兑用趙，餓主父于沙丘，百日而殺之；淖齒用齊，擢湣王之筋而懸之於廟梁，宿昔而殺之。夫厲雖癰腫痂疕，上比遠世，未至絞頸射股也；下比近世，未至擢筋餓死也。由是觀之，厲雖憐王可也。因爲賦曰：「璇玉瑶珠不知佩，雜布與錦不知異，閭娵、子都莫之媒，嫫母、力父是之喜。以盲爲明，以聾爲聰，以是爲非，以吉爲凶。嗚呼上天，曷維其同！」詩曰：「『上帝甚慆，無自瘵焉！』」按春申君請孫子，孫子答書，或去或就，曾不一言，而泛引前世劫殺死亡之事，未知其意何屬。且靈王雖無道，固楚之先君也，豈宜向其臣子斥言其罪？不知何人鑿空爲此，韓嬰誤以説詩。劉向不察，采入國策，其敍荀子新書又載之，斯失之矣。此書自「厲憐王」以下，乃韓非子姦劫弑臣篇文，其言刻覈舞知以禦人，固非之本志。其賦詞乃荀子佹詩之小歌，見於賦篇。由二書雜采成篇，故文義前後不屬，幸本書具在，其妄不難破爾。孫卿自爲蘭陵令，逮春申之死，凡十八年，其間實未嘗適趙，亦無以荀卿爲上卿之事。本傳稱齊人或讒荀卿，荀卿乃適楚。詩外傳、國策所載或説春申君之詞，即因此以爲緣飾。周、秦閒記載，若是者多矣。至引事説詩，韓嬰書之成例，國策載其文而不去其詩，此故奏之葛龔也。今本荀子二十卷，元時槧本題云「唐大理評事楊倞注」，一本題云「唐登仕郎、守大理評事楊倞」，事實無可考。新唐書藝文志以倞爲楊汝士子，而宰相世系表則載汝士三子：一名知温，一名知遠，一名知至，無名倞者。表、志同出一手，何以互異若此？古刻叢鈔載唐故銀青光禄大夫使持節蔚州諸軍事行蔚州刺史兼御史中丞馬公墓志銘，其文則楊倞所作，題云「朝請大夫、使持節汾州諸軍事、守汾州刺史楊倞撰」，結銜校荀子加詳。其書馬公卒葬年月，云「以會昌四年三月十日卒，以其年七月十日葬」。據此，則楊倞爲唐武宗時人。

荀卿子年表

趙	齊	秦	楚	本書列傳
惠文王元年 以公子勝爲相，封平原君。	湣王二十六年	昭王九年	頃襄王元年	
二年	二十七年	十年	二年	
三年	二十八年	十一年	三年 懷王卒於秦，秦歸其喪。	

四年	五年	六年	七年	八年	九年	十年	十一年	十二年	十三年	十四年	十五年
二十九年	三十年	三十一年	三十二年	三十三年	三十四年	三十五年	三十六年	三十七年	三十八年 滅宋。	三十九年	四十年
十二年	十三年	十四年	十五年	十六年	十七年	十八年	十九年	二十年	二十一年	二十二年	二十三年
四年	五年	六年	七年 迎婦於秦，秦、楚復平。	八年	九年	十年	十一年	十二年	十三年	十四年 與秦昭王好會於宛，結和親。	十五年
									王伯篇：齊湣用强齊，中足以舉宋。		

	燕、秦、趙、魏、韓兵破我濟上，王走莒。		
十六年	襄王元年	二十四年	十六年 與秦昭王好會於鄢。秋，復會於穰。
十七年	二年	二十五年	十七年
十八年	三年	二十六年	十八年
十九年	四年	二十七年	十九年 秦伐我，割上庸漢北地予秦。
二十年	五年 田單殺燕騎劫。	二十八年	二十年

仲尼篇：湣王毀於五國。

王伯篇：燕、趙起而攻之，若振槁然，身死國亡，爲天下大戮。

列傳：齊襄王時，荀卿最爲老師。齊尚修列大夫之缺，而荀卿三爲祭酒焉。

議兵篇：齊之田單，世俗所謂善用兵者。燕

				能并齊而不能凝也，故田單奪之。
二十一年	六年	二十九年	二十一年 秦拔我郢，燒夷陵，王東保於陳。	議兵篇：秦師至而鄢、郢舉，若振槁然。
二十二年	七年	三十年	二十二年	
二十三年	八年	三十一年	二十三年	
二十四年	九年	三十二年	二十四年	
二十五年	十年	三十三年	二十五年	
二十六年	十一年	三十四年	二十六年	
二十七年	十二年	三十五年	二十七年 復與秦平，入太子爲質於秦。	彊國篇：今楚父死焉，至是乃使讎人役也。仲尼篇：楚六千里而爲讎人役。
二十八年	十三年	三十六年	二十八年	
二十九年	十四年	三十七年	二十九年	
三十年	十五年	三十八年	三十年	

三十一年	三十二年	三十三年	孝成王元年 秦拔趙三城。平原君相。	二年	三年	四年	五年
十六年	十七年	十八年	十九年	王建元年	二年	三年	四年
三十九年	四十年	四十一年 拜范雎爲相，封以應，號爲應侯。	四十二年	四十三年	四十四年	四十五年	四十六年
三十一年	三十二年	三十三年	三十四年	三十五年	三十六年	考烈王元年 春申君爲相。	二年

儒效篇載秦昭王與荀卿答問之語。彊國篇載應侯與荀卿答問之語。議兵篇：臨武君與孫卿子議兵于趙孝成王前。又秦四世有勝，又李斯問孫卿子曰「秦四世有勝」，皆謂孝公至昭王。

六年	五年	四十七年	三年	
七年	六年	四十八年	四年	
八年	七年	四十九年	五年	
九年	八年	五十年	六年	
秦圍邯鄲，魏信陵君奪晉鄙兵。平原君求救於楚，楚使春申君與魏救趙，卻秦，存邯鄲。			楚世家：六年，秦圍邯鄲，趙告急於楚，楚遣將軍景陽救趙。七年，至新中，秦兵去。春申君傳：四年，秦破趙之長平軍四十餘萬。五年，圍邯鄲，邯鄲告急於楚，楚使春申君將兵往救之，秦兵亦去。案六年圍邯鄲，傳作「五年」，誤。	議兵篇：韓之上地方數百里，完全富足而趨趙，趙不能凝也，故秦奪之。臣道篇：平原君之於趙也，可謂輔矣。信陵君之於魏也，可謂弼矣。又争然後善、戾然後功、出死無私、致忠而公者，是之謂通忠之順，信陵君似之矣。
十年	九年	五十一年	七年	
秦兵罷。				
十一年	十年	五十二年	八年	

十二年
十三年
十四年
十五年 平原君卒。
十六年
十七年
十八年

十一年
十二年
十三年
十四年
十五年
十六年
十七年

五十三年
五十四年
五十五年
五十六年
孝文王元年
莊襄王元年
秦本紀：五十六年秋，昭襄王卒，子孝文王立，十月己亥即位，三日辛丑卒，子莊襄王立。
二年
三年
始皇元年

以荀卿爲蘭陵令。
九年
十年 徙於鉅陽。
十一年
十二年
十三年
十四年
十五年

列傳：齊人或讒荀卿，荀卿乃適楚，而春申君以爲蘭陵令。

十九年	十八年	二年	十六年　春申君徙封於吳。	李斯列傳：斯辭荀卿西入秦，會莊襄王卒，乃求爲秦相呂不韋舍人。
二十年	十九年	三年	十七年	
二十一年	二十年	四年	十八年	
悼襄王元年	二十一年	五年	十九年	
二年	二十二年	六年	二十年	
三年	二十三年	七年	二十一年	
四年	二十四年	八年	二十二年　王東徙壽春。	
五年	二十五年	九年	二十三年	
六年	二十六年	十年	二十四年	
七年	二十七年	十一年	二十五年　李園殺春申君。	列傳：春申君死而荀卿廢，因家蘭陵，列著數萬言，卒葬蘭陵。

謹據本書及史記、劉向敘，攷定其文曰：荀子，趙人，名況，年五十始游學來齊，則當湣王之季，故傳云「田駢之屬皆已死」也。又云「及襄王時而荀卿最爲老師」，蓋復國之後，康莊舊人惟卿在也。襄王之十八年，當秦昭王四十一年，秦封范睢爲應侯。儒效、彊國篇有昭王、應侯答問，則自齊襄王十八年以後，荀卿去齊游秦也。其明年，趙孝成王元年，本書荀卿與臨武君議兵趙孝成王前，則荀子入秦不遇復歸趙也。後十一年，當齊王建十年，爲楚考烈王八年，楚相黄歇以荀卿爲蘭陵令。本書云「齊人或讒荀卿，荀卿乃適楚，而春申君以爲蘭陵令」，則當王建初年。荀卿復自趙來齊，故曰「三爲祭酒」。是時春申君封于淮北，蘭陵乃其屬邑，故以卿爲令。後八年，春申君徙封于吳，而荀卿爲令如故。又十二年，考烈王卒，李園殺春申君，盡滅其族。本傳云：「春申君死而荀卿廢，因家蘭陵。列著數萬言而卒，因葬蘭陵。」荀卿之卒，不知何年。堯問篇云：「孫卿迫于亂世，鰌于嚴刑，上無賢主，下遇暴秦。」鹽鐵論毀學篇：「方李斯之相秦也，始皇任之，人臣無二，然而荀卿爲之不食，覩其罹不測之禍也。」據李斯傳，斯之相在秦并天下之後，距春申君之死十八年，距齊湣王之死六十四年，是時荀卿蓋百餘歲矣。荀卿生于趙，游于齊，嘗一入秦而仕于楚，卒葬于楚，故以四國爲經，託始于趙惠文王、楚頃襄王之元，終于春申君之死，凡六十年。庶論世之君子得其梗概云爾。劉向敍録：「卿以齊宣王時來游稷下，後仕楚，春申君死而卿廢。」史記六國年表載春申君之死上距宣王之末凡八十七年。史記稱「卿年五十始游齊」，則春申君死之年，卿年當一百三十七矣。晁公武郡齋讀書志謂史記所云「年五十」爲「年十五」之譌，然顔之推家訓勉學篇「荀卿五十始來游學」，之推所見史記古本已如此，未可遽以爲譌字也。且漢之張蒼，唐之曹憲，皆百有餘歲，何獨於卿而疑之？荀子歸趙，疑當孝成王九年、十年時，故臣道篇亟稱平原、信陵之功，是時信陵故在趙也。以信陵君之好士，得之於毛公、薛公，而失之于荀卿，惜夫！韓非子難四篇：「燕王噲賢子之而非荀卿，故身死爲僇。」荀子游燕，在游齊之前，事僅見此。本書彊國篇荀子説齊相國曰：「今巨楚縣吾前，大燕鰌吾後，勁魏鉤吾右，西壤之不絶若繩，楚人則乃有襄賁、開陽以臨吾左，是一國作謀，三國必起而乘我。如是，則齊必斷而爲四，三國若假城耳。」其言正當湣王之世。湣王再攻破燕、魏，畱楚太子横，以割下東國，故荀卿爲是言。其後五國伐齊，燕入臨菑，楚、魏共取淮北，卒如荀卿言。荀子之爲齊，與樂毅之爲燕謀伐齊，所見正同，豈可謂儒者無益於人國乎？此齊相爲薛公田文，故曰「相國上則得專主，下則得專國」。王伯篇云：「權謀日行而國不免危削，綦之而亡，齊湣、薛公是也。」荀卿之爲是言者，疾田文之不能用士也。

〔胡元儀郇卿别傳〕郇卿名況，趙人也，蓋周郇伯之遺苗。郇伯，公孫之後，或以孫爲氏，故又稱孫卿焉。昔孟子爲卿于齊，郇卿亦爲卿于齊。虞卿爲趙上卿，時人尊之，號曰虞卿，郇卿亦爲趙上卿，故人亦卿之而不名也。卿年十五，有秀才，當齊湣王之末年，游學于齊。初，齊威王之世，淳于髡、鄒衍之屬相次至齊。威王卒，宣王立，喜文學，游説之士來者益衆，居稷下。宣王十八年，尊寵之，如孟子、鄒衍、鄒奭、淳于髡、田駢、接子、慎到、環淵之徒七十六人，皆命曰列大夫，言爵比大夫也。開第康莊之衢，高門大屋，不治政事而議論焉，稷下之盛聞于諸侯。十九年，宣王卒，湣王立，學士更盛，且數萬人。湣王奮二世之餘烈，南舉楚、淮，北并巨宋，苞十二國，西摧三晉，卻彊秦，五國賓從，鄒、魯之君，泗上諸侯，皆入臣。晚年，矜功不休，百姓不堪。諸儒皆諫，湣王不聽，各分散。慎到、接子亡去，田駢如薛。郇卿亦説齊相曰：「處勝人之埶，行勝人之道，天下莫忿，湯、武是也。處勝人之埶，不以勝人之道，厚于有天下之埶，索爲匹夫，不可得也，桀、紂是也。然則得勝人之埶者，其不如勝人之道遠矣。夫主相者，勝人以埶也。是爲是，非爲非，能爲能，不能爲不能，並己之私欲必以道。夫公道通義之可相兼容者，是勝人之道也。今相國上則得專主，下則得專國，相國之于勝人之埶亶有之矣。然則胡不敺此勝人之埶赴勝人之道，求仁厚明通之君子而託王焉，與之參國政，正是非？如是則國孰敢不爲義矣？君臣上下貴賤長少至於庶人，莫不爲義，則天下孰不欲合義矣？賢士願相國之朝，能士願相國之官，好利「利」當作「義」。之民莫不願以齊爲歸，是一天下也。相國舍是而不爲，案直爲世俗之所爲，則女主亂之宫，詐臣亂之朝，貪吏亂之官，衆庶百姓皆以貪利争奪爲俗，曷若是而可以持國乎？今巨楚縣吾前，大燕鰌吾後，勁魏鉤吾右，西壤之不絶若繩，楚人則乃有襄賁、開陽以臨吾左，是一國作謀，則三國必起而乘我。如是，則齊必斷而爲四，三國若假城然耳，必爲天下大笑，曷若兩者孰足爲也？夫桀、紂，聖王之後子孫也，有天下者之世也，埶籍之所存，天下之宗室也。土地之大，封内千里，人之衆，數以億萬；俄而天下倜然舉去桀、紂而犇湯、武，反然舉惡桀、紂而貴湯、武。是何也？夫桀、紂何失而湯、武何得也？曰：是無他故焉，桀、紂者善爲人之所惡，而湯、武者善爲人之所好也。人之所惡何也？曰：汙漫、争奪、貪利是也。人之所好何也？曰：禮義、辭讓、忠信是也。今君人者辟稱比方則欲自竝乎湯、武，若其所以統之則無以異桀、紂，而求有湯、武之功名，可乎？故凡得勝者必與人也，凡得人者必與道也。道者何也？曰：禮讓、忠信是也。故自四五萬而往者彊勝，非衆之力也，隆在信矣。自數百里而往者安固，非人之力也，隆在修政矣。今已有數萬之衆者也，陶誕比周以爭與；已有數百里之國者也，汙漫、突盜以爭地。然則是弃己之所安彊而爭己之所危弱也。損己之所不足以重己之所有餘，若是其悖繆也，而求有湯、武之功名，可乎？辟之猶伏而咶天，救經而引其足也，説必不行矣，愈務而愈遠。爲人臣者不恤己行之不行，苟得利而已矣，是渠衝入穴而求利也，是仁人之所羞而不爲也。故人莫貴乎生，莫樂乎安，所以養生安樂者莫大乎禮義。人知貴生樂安而弃禮義，辟之是猶欲壽而歾頸也，愚莫大焉。故君人者愛民而安，好士而榮，兩者無一焉而亡。詩曰：『价人維藩，大師維垣。』此之謂也。」齊相不能用其言，郇卿乃適楚。于是諸侯合謀，五國伐齊，湣王奔莒。楚使淖齒救齊，因爲齊相。淖齒欲與燕分齊地，乃執湣王，殺之于鼓里。田單起卽墨，卒復齊所失七十餘城，迎湣王子法章于莒而立之，是爲襄王。襄王復國，尚修列大夫之缺，諸儒反稷下。其時田駢之屬已死，惟郇卿最爲老師，于是郇卿三爲祭酒焉。後齊人或讒郇卿，卿乃適楚，楚相春申君相楚之八年，以卿爲蘭陵令。客説春申君曰：「湯以亳，武王以鄗，皆不過百里以有天下。今郇子天下賢人也，君藉以百里之埶，臣竊以爲不便，於君何如？」春申君曰：「善。」于是使人謝郇卿。卿去之趙，趙以爲上卿，與臨武君孫臏議兵於趙孝成王之前，臨武君爲變詐之兵，郇卿以王兵難之，不能對也。語詳郇卿子議兵篇。卒不用於趙，遂應聘于秦。初見應侯范睢，應侯問以入秦何見，郇卿曰：「其固塞險，形埶便，山林川谷美，天材之利多，是形勝也。入境觀其風俗，其百姓樸，其聲樂不流汙，其服不挑，甚畏有司而順，古之民也。及都邑官府，其百吏肅然，莫不恭儉敦敬，忠信而不楛，古之吏也。入其國，觀其士大夫，出于其門，入于公門，出于公門，入于其家，無有私事也，不比周，不朋黨，倜然莫不明通而公也，古之士大夫也。觀其朝廷，其閒聽決，百事不畱，恬然如無治者，古之朝也。故四世有勝，非幸也，數也。是所見也。故曰：佚而治，約而詳，不煩而功，治之至也。秦類之矣。雖然，則有其偲矣，兼是數具者而盡有之，然而縣之以王者之功名，則倜倜然其不及遠矣。是何也？則其殆無儒邪！故曰：粹而王，駁而霸，無一焉而亡。此秦之所短也。」秦昭王聞其重儒也，因問曰：「儒無益於人國？」郇卿曰：「儒者法先王，隆禮義，謹乎臣子而致貴乎上者也。人主用之則埶在本朝而宜，不用則退編百姓而慤，必爲順下矣。雖窮困凍餓，必不以邪道爲貪，無置錐之地而明于持社稷之大義，嗚呼而莫之能應，然而通乎財萬物、養百姓之經紀。埶在人上則王公之材也，在人下則社稷之臣、國君之寶也。雖隱于窮閻漏屋，人莫不貴之，道誠存也。仲尼將爲司寇，沈猶氏不敢朝飲其羊，公慎氏出其妻，慎潰氏踰境而徙，魯之粥牛馬者不豫賈，必蚤正以待之也。居于闕里，闕里之子弟罔不分，有親者取多，孝弟以化之也。儒者在本朝則美政，在下位則美俗，儒之爲人下如是矣。」王曰：「然則其爲人上何如？」郇卿曰：「其爲人上也，廣大矣。志意定乎内，禮節修乎朝，法則度量出乎官，忠信愛利形乎下，行一不義、殺一無罪而得天下，不爲也。此君義信乎人矣，通于四海則天下應之如讙。是何也？則貴名白而天下治也。故近者歌謳而樂之，遠者竭蹶而趨之，四海之内若一家，通達之屬莫不服，夫是之謂人師。詩曰：『自西自東，自南自北。』此之謂也。夫其爲人下也如彼，其爲人上也如此，何謂其無益于人之國也？」昭王曰：「善。」然終不能用郇卿也。郇卿在秦，知不見用，無何，由秦反趙。後春申君之客又説春申君曰：「昔伊尹去夏入殷，殷王而夏亡；管仲去魯入齊，魯弱而齊彊。夫賢者所在，君未嘗不尊，國未嘗不榮也。今郇卿天下賢人也，君何辭之？」春申君又曰：「善。」于是使人請郇卿于趙，郇卿遺書謝之曰：「諺云：『癘人憐王。』此不恭之語也。雖然，不可不審察也，此爲劫弑死亡之主言也。夫人主年少而矜材，無法術以知奸，則大臣主斷圖私〔一〕，以禁誅于己也，故弒賢長而立幼弱，廢正嫡而立不義。春秋記之曰：『楚王子圍聘于鄭，未出境，聞王病，反問疾，遂以冠纓絞王殺之，因自立也。』『齊崔杼之妻美，莊公通之，崔杼帥其君黨而攻莊公。莊公請與分國，崔杼不許；欲自刃于廟，崔杼不許。莊公走出，踰于外牆，射中股，遂殺之而立其弟景公。』近代所見，李兑用趙，餓主父于沙丘，百日而殺之；淖齒用齊，擢湣王之筋，縣于廟梁，宿昔而死。夫癘雖癰腫痂疵，上比前世，未至纓絞射股；下比近代，未至擢筋餓死也。夫劫弒死亡之主也，心之憂勞，形之困苦，必甚于癘矣。由此觀之，癘雖憐王可也。」蓋李園之包藏禍心，李園女弟之陰謀，郇卿早知其必發，故以書刺之也。又爲歌賦以遺春申君曰：「天下不治，請陳佹詩：天地易位，四時易鄉。列星殞墜，旦暮晦盲。幽晦登昭，日月下藏。公正無私，反見縱橫。志愛公利，重樓疏堂。無私罪人，憼革貳兵，道德純備，讒口將將。仁人絀約，敖暴擅彊。天下幽險，恐失世英，螭龍爲蝘蜓，鴟梟爲鳳凰。比干見刳，孔子拘匡。昭昭乎其知之明也，郁郁乎其遇時之不祥也。拂乎其欲禮義之大行也，闇乎

〔一〕「圖」，原本作「國」，據韓詩外傳四改。

天下之晦盲也。皓天不復，憂無疆也。千歲必反，古之常也。弟子勉學，天不忘也。聖人共手，時幾將矣。與愚以疑，願聞反辭。」其小歌曰：「念彼遠方，何其塞矣。仁人絀約，暴人衍矣。忠臣危殆，讒人服矣。琁玉瑶珠，不知佩也。雜布與錦，不知異也。閭娵、子奢，莫之媒也。嫫母、力父，是之嘉也。以盲爲明，以聾爲聰，以危爲安，以吉爲凶。嗚呼上天，曷維其同！」春申君得書與歌賦，恨之，復固謝郇卿。卿不得已，乃行至楚，復爲蘭陵令。春申相楚之二十五年，楚考烈王卒，春申君果被李園所殺，而郇卿遂廢蘭陵令，因家蘭陵二十餘年。秦始皇三十四年，李斯爲秦相，卿聞之，爲之不食，知其必敗也。後卒，年蓋八十餘矣，因葬于蘭陵。

方郇卿至稷下也，諸子咸作書刺世，諸子之事，皆以爲非先王之法也。蘇秦、張儀以邪道説諸侯，以大貴顯。郇卿退而笑曰：「夫不以其道進者，必不以其道亡。」孟子言人之性善，郇卿後孟子百餘年，以爲人之性惡，作性惡一篇。疾濁世之政，亡國亂君相屬，不遂大道而營乎巫祝，信禨祥，鄙儒小拘莊周等又滑稽亂俗，于是推本儒術，闡道德，崇禮勸學，著數萬言，凡三十二篇。又作春秋公子血脈譜。郇卿善爲詩、禮、易、春秋。從根牟子受詩，以傳毛亨，號毛詩；又傳浮丘伯，伯傳申公，號魯詩。從馯臂子弓受易，並傳其學。稱子弓比于孔子。從虞卿受左氏春秋，以傳張蒼，蒼傳賈誼。穀梁俶亦爲經作傳，傳郇卿，卿傳浮丘伯，伯傳申公，申公傳瑕丘江公，世爲博士。郇卿尤精于禮，書闕有閒，受授莫詳。由是漢之治易、詩、春秋者皆源出于郇卿。郇卿弟子今知名者，韓非、李斯、陳囂、毛亨、浮丘伯、張蒼而已，當時甚盛也。至漢時，蘭陵人多善爲學，皆卿之門人也。漢人稱之曰：「蘭陵人喜字爲卿，法郇卿也。」教澤所及，葢亦遠矣。後十一世孫遂，遂生淑，淑生子八人，時號「八龍」。卿之後甚著于東漢，迄魏、晉、六朝，知名之士不絶云。

論曰：劉向言：「漢興，董仲舒亦大儒，作書美郇卿。孟子、董先生皆小五伯，以爲仲尼之門，五尺童子皆羞稱五伯。如人君能用郇卿，庶幾于王，然世莫能用，而六國之君殘滅，秦國大亂，卒以亡。觀郇卿之書，其陳王道甚易行，疾世莫能用，其言悽愴，甚可痛也！嗚呼！使斯人卒終于閭巷而功業不得見於世，哀哉！可爲霣涕。其書可比于傳記，可以爲法。」諒哉斯言！向，故元王交之孫，交，郇卿再傳弟子也，其知之深矣，其哀痛有由矣，然而汙不至阿其所好也。向校讎中秘書，定著郇卿子三十二篇，傳之至今，向亦卿之功臣哉！唐儒楊倞復爲之注，表彰之功，亦向之亞矣。

〔又郇卿别傳攷異二十二事〕林寶元和姓纂：「郇，周文王十七子郇侯之後，以國爲氏。詩「郇伯勞之」，毛傳云：「郇伯，郇侯也。」郇本侯爵，郇侯曾爲二伯，詩舉重者言，故毛傳云然。後去『邑』爲『荀』。晉有荀林父，生庚，裔孫況。況十一代孫遂，遂生淑，生儉、緄、靖、燾、汪、爽、肅、專〔一〕，時人謂之『八龍』。案水經注：涑水逕猗氏故城北，又西逕郇城。郇，伯國也。其地即今山西蒲州府猗氏縣之境。郇國，晉武公所滅，見竹書紀年。故郇伯之後仕于晉獻公之世，有荀息。魯僖二十七年，荀林父御戎，林父于息屬之親疎未詳。林父子庚，成三年聘魯。庚子偃，成十六年佐上軍。偃子吳，襄二十六年聘魯。吳子寅，昭二十九年與趙鞅城汝濱，定十三年入于朝歌叛魯，哀五年奔齊。由寅至郇卿幾二百年，由哀五年至周赧王十六年，得一百九十四年也。其閒幾世不可詳矣。」林寶所云，皆據郇氏家傳，信而有徵者也。但後漢書荀淑傳稱淑爲荀卿十一世孫，則遂當是十世孫，不知今本元和姓纂誤衍一字歟，抑今本後漢書「十一世」乃「十二世」之誤歟？無明據以證之也。云「後去邑爲荀」，此乃想當然之辭，殊非確論。何也？荀姓乃黃帝之後，國語司空季子言黃帝之子二十五宗，得姓者十二，姬、酉、祁、己、滕、葴、任、荀、僖、姞、儇、依是也。郇國之郇，詩「郇伯勞之」，竹書紀年「晉武公滅郇」，此據漢書地理志臣瓚注所引紀年之文，

〔一〕「專」，原本無，據後漢書荀韓鍾陳列傳補。李賢注：「專，本或作敷。」

今本紀年皆作「荀」，不作「郇」矣。國語訾祐言「范文子受以郇、櫟」，字皆作「郇」，並不作「荀」也。而左傳諸荀之在晉者字皆作「荀」，不復作「郇」。此蓋傳寫相承，久而不改，正如許國、許姓之「許」字作「鄦」，凡經典之中竟無「鄦」字，人遂相沿不改，是其證也，並非有故去「邑」爲「荀」明矣。今別傳中皆用「郇」字，以著受姓之源。史記稱荀卿，國策、劉向、漢書藝文志、應劭風俗通皆稱孫卿，司馬貞、顔師古皆以爲避宣帝諱詢，故改稱孫。謝東墅云：「漢不避嫌名，時人荀淑、荀爽俱用本字，左傳荀息至荀瑶亦不改字，何獨于荀卿反改之邪？蓋荀、孫二字同音，語遂移易，如荆軻謂之荆卿，又謂之慶卿。又如張良爲韓信都。信都，司徒也，俗音不正，曰信都。」案謝東墅駮郇卿之稱孫卿不因避諱，足破千古之惑；以爲俗音不正，若司徒、信都，則仍非也。郇卿之爲郇伯之後，以國爲氏，無可疑矣。且郇卿趙人，古郇國在今山西猗氏縣境，其地于戰國正屬趙，故爲趙人。又稱孫者，蓋郇伯，公孫之後，以孫爲氏也。王符潛夫論志姓氏篇云：「王孫氏、公孫氏，國自有之，孫氏者，或王孫之班，或公孫之班也。」是各國公孫之後皆有孫氏矣。由是言之，郇也、孫也，皆氏也。戰國之末，宗法廢絶，姓氏混一，故人有兩姓並稱者，實皆古之氏也。如陳完奔齊，史記稱田完；陳恆見論語，史記作田常；陳仲子見孟子，郇卿書陳仲、田仲互見；田駢見郇卿書，呂覽作陳駢。陳、田皆氏，故兩稱之。推之荆卿之稱慶卿，亦是類耳。若以俗語不正，二字同音，遂致移易爲言，尚未達其所以然之故也。今别傳不稱孫者，以别族在當時宜稱孫，舉近者言也。孫氏各國皆有，不明所出，後人宜稱郇，以著所出，故郇卿書稱孫子，仍之不改。郇卿，自稱之辭也。自史公稱荀卿，其後裔荀淑等皆曰荀，相沿至今，皆曰郇子，故不復稱孫也。齊宣王尊寵稷下諸子，號曰列大夫，言爵比大夫也。孟子，宣王時在齊居列大夫之中，而孟子書言孟子爲卿于齊，孟子自言「我無官守，我無言責」，與史記田完世家云列大夫「不治而議論」者合。然不稱列大夫而曰爲卿，蓋卿即列大夫之長，所謂郇卿三爲祭酒是也。然則郇卿亦爲卿于齊矣。史記虞卿傳：「虞卿説趙孝成王，再見，爲趙上卿，故號虞卿。」郇卿亦爲趙上卿，又從虞卿受左氏春秋，郇卿之稱卿，蓋法虞卿矣。劉向云：「蘭陵人喜字爲卿，以法孫卿也。」然則在齊人、趙人稱郇卿，尊之之辭也；蘭陵弟子稱郇卿，美之之辭也。

史記：「荀卿年五十始來遊學于齊。」劉向云：「孫卿有秀才，年五十始來遊學。」應劭風俗通窮通篇云：「孫卿有秀才，年十五始來遊學。」作「年十五」者是也，史記與劉向序皆傳寫誤倒耳。郇卿來齊在何時，史公、劉向、應劭皆未明言。桓寬鹽鐵論論儒篇云：「湣王奮二世之餘烈，南舉楚、淮，北并巨宋，苞十二國，西摧三晉，卻强秦，五國賓從，鄒、魯之君，泗上諸侯，皆入臣。矜功不休，百姓不堪，諸儒諫不從，各分散。慎到、接子亡去，田駢如薛，而孫卿適楚。內無良臣，故諸侯伐之。」是郇卿湣王末年至齊矣。今郇卿書彊國篇有説齊相一章，正諫湣王矜功，五國謀伐齊之事。蓋説之不從，遂之楚，五國旋果伐齊，湣王奔莒被殺。襄王復國，稷下諸子分散者復反稷下，郇卿適楚不久卽反齊。是以史記、劉向、應劭皆云襄王時尚修列大夫之缺，言湣王末列大夫已散，襄王復聚之，尚能修列大夫之缺也。劉向云：「威王、宣王之時，聚天下賢士於稷下，號曰列大夫。是時孫卿有秀才，年五十始來遊學。」應劭亦如此云，惟作「齊威王時」，無「宣王」，「年五十」作「十五」。「年十五」是也，無「宣王」，蓋脱去耳。應劭之文，全本劉向故也，説者遂疑郇卿齊威王時至齊，非也。稷下之士，實威王初年始聚之。淳于髡傳齊威王八年，楚伐齊，髡使趙請兵，是其證也。威王在位三十六年，宣王立。據田完世家，宣十八年，乃尊崇稷下之七十六人，賜列第，爲上大夫，不治而議論，是以稷下之士復盛，且數萬人。宣王在位十九年，十八年始尊崇稷下之士，號曰列大夫，威王時並無列大夫之號也。卽史記所云「是以稷下之士復盛，且數萬人」，皆終言其事，非宣王之世，在湣王之世也。劉向、應劭所云，皆溯稷下聚士之由，故統威王、宣王言之。云「是時孫卿有秀才」，非謂威王、宣王之時，指稷下之盛時，卽湣王之世也。讀者不察，以辭害意，故繆爲之説耳。

史記春申君傳：「考烈王元年，以黄歇爲相，封春申君。春申君相楚之八年，以荀卿爲蘭陵令。」然則郇卿被讒去齊入楚，在楚考烈王之八年、齊王建之十年也。客説春申君以「湯、武百里有天下，孫子賢人，藉以百里之勢，不便于君」。審其詞意，必郇卿爲蘭陵令不久之事。春申信客言，卽謝郇卿，卿乃去而之趙，當在考烈王八九年，趙孝成王之十二三年，議兵于趙孝成之前，卽此時矣。

劉向云：「孫卿應聘于諸侯，見秦昭王及秦相應侯。」今郇卿書儒效篇有秦昭王問孫子儒無益于人國一章，彊國篇有應侯問孫子入秦何見一章，是其事也。據范睢傳，睢爲相封侯在秦昭王四十一年。五十二年因王稽坐法誅，應侯懼，蔡澤説之，遂罷相。應侯罷相之年，卽楚考烈王八年。郇卿爲蘭陵令時，應侯既罷相矣。劉向稱秦相應侯，約言之，郇卿書直稱應侯，不曰秦相，得其實矣。秦昭王在位盡五十六年。郇卿入趙，當昭王五十二三年，由趙入秦，不出秦昭王五十四至五十六三年中也。卽由秦反趙，亦不出此三年中。

客再説春申君，春申君請郇卿于趙，國策不言在何時。考春申君傳：「春申君相楚二十二年，諸侯合從西伐秦，楚爲從長，春申君用事。至函谷關，諸侯兵皆敗走，楚考烈王以咎春申君，春申君以此益疏客。」言春申君以合從伐秦不利，歸咎諸客，疏而遠之，前讒郇卿之客必在所疏之中。于是春申君所聽信者惟觀津人朱英。春申君徙楚都壽春，一切所爲，皆朱英之謀。然則説春申君反郇卿于趙之客，葢卽朱英歟？由是言之，郇卿復爲蘭陵令，在楚考烈王二十二年之後矣。二十五年，春申被李園所殺，郇卿廢蘭陵令，計前後兩爲蘭陵令，不過三四年耳。桓寬鹽鐵論毁學篇云：「李斯之相秦也，始皇任之，人臣無二。然而郇卿爲之不食，覩其罹不測之禍也。」李斯相秦，據始皇本紀在三十四年，是年郇卿尚存，猶及見之，其卒也，必在是年之後矣。郇卿以湣王末年，年十五來齊。據田完世家，湣王三十八年，伐宋滅之。而郇卿説齊相之辭，但曰「巨楚縣吾前，大燕鰌吾後，勁魏鉤吾右」，不及宋國，時宋已滅明矣。説齊相不從，郇卿乃適楚，必湣王三十九年之事。葢郇卿之來齊，亦卽在是年歟？雖無明證，試以是年郇卿年十五推之，當生于周赧王十六年，計至始皇三十四年，得八十七年，故别傳云卒年葢八十餘矣。李斯傳：「斯長男由爲三川守，告歸咸陽，斯置酒于家，百官長皆前爲壽。李斯喟然而歎曰：『嗟乎！吾聞之郇卿曰：「物禁大盛。」斯乃上蔡布衣，今人臣無居臣上者，物極則衰，吾未知所税駕也。』」所謂「郇卿爲之不食」，必有戒斯之詞。「物禁大盛」，其戒斯之詞歟？當由告歸，百官長上壽之時，追念師言，不覺而歎耳。史公紀由告歸在始皇三十五年之後，敘此事畢，接書三十七年事，則由告歸、李斯之歎，在三十六年矣。是年，郇卿之存與卒不得而考，然可爲郇卿爲之不食之明證也。劉向讎校中孫卿書凡三百二十二篇，以相校除複重二百九十篇，定著三十二篇，言中祕所藏孫卿之書共有三百二十二篇，實三十二篇，餘皆重複之篇也。而漢書藝文志云「孫卿子三十三篇」，乃傳刊之誤，當作「三十二篇」，王伯厚漢藝文志攷證已言之矣。然漢志既列孫卿子三十二篇于諸子儒家，又列孫卿賦十篇于詩賦，今郇卿書賦篇僅有賦六篇，讀者莫明其故，葢卽郇卿書中之賦篇、成相篇也。漢志雜賦十二家，有成相雜辭十一篇。藝文類聚八十九卷引成相篇曰：「莊子貴支離，悲木槿。」注云：「成相出淮南子。」據此，則淮南子亦有成相之篇，今已久佚，漢志亦從本書别出。然則成相雜辭十一篇者，淮南王之所作也。賦者，古詩之流，成相亦賦之流也。今案賦篇禮、知、雲、蠶、箴五賦之外，有佹詩一篇，凡六篇。成相篇自「請成相，世之殃」至「不由者亂，何疑爲」，是第一篇。自「凡成相，辨法方」至「宗其賢良，辨孽殃」，是第二篇。自「請成相，道聖王」至「道古聖賢，基必張」，是第三篇。自「願陳辭」「願陳辭」上脱「請成相」三字。至「託于成相以喻意」，是第四篇。自「請成相，言治方」至「後世法之成律貫」，是第五篇。合之賦六篇，實十有一篇。今漢志云「孫卿賦十篇」者，亦脱「一」

字，當作「十一篇」也。隋書經籍志有楚蘭陵令荀況集一卷，注云：「殘闕，梁二卷。」隋志本之梁阮孝緒七録，蓋七録題二卷者，正謂賦一卷、成相一卷也。修隋志者不知成相亦賦也，徒見荀卿賦篇僅六賦，不可分爲二卷，疑有殘闕，故注其下曰「殘闕，梁二卷」，亦殊疏矣。至舊唐書經籍志有荀況集二卷，新唐書藝文志亦有荀況集二卷，皆據隋志「梁二卷」之文載之而已，非別有全本也。王伯厚玉海引宋李淑書目云：「春秋公子血脈譜傳本曰荀卿撰。秦譜下及項滅子嬰之際，非荀卿作明矣。然枝分派別，如指諸掌，非殫見洽聞不能爲，其間不無訛繆。」案荀卿從虞卿受左氏春秋，故作春秋公子血脈譜，蓋據左氏傳文及左丘明世本之姓氏篇以成書也。世本，左丘明作，見顔氏家訓。書證篇云「出皇甫謐帝王世紀」。世本有姓氏篇，見左傳正義引。李淑疑非荀卿作，不過因秦公子譜下及秦亡而已，不知荀卿卒于始皇三十四年之後，去秦亡、項滅子嬰才數年耳，下及子嬰之世，又何疑邪？據云「非殫見洽聞不能爲」，其書之善可知。又云「其間不無訛繆」，其中必有與史記諸書不合者。如皇甫謐帝王世紀亦據左丘明世本，其中有足攷訂史記者，卽其比也，不得因其不合遂指爲訛繆矣。其書不見引于羣籍，七略、七録皆不著其目，宋時猶存，竟至亡佚，惜哉！虞荔鼎録云：「荀況在嵩溪作一鼎，大如五石甕，表裏皆紀兵法，大篆書，四足。」劉向云：「孟子以爲人性善，孫卿後孟子百餘年，以爲人性惡。」向必言「後孟子百餘年」者，以史記言「孟子所如不合，退而與萬章之徒述仲尼之意，作孟子七篇」，又言「郇卿著數萬言而卒」，是孟、郇著書皆在晚年，故據孟、郇之卒年相去百餘年爲言也。向偏讀中秘書，博覽參稽，其言信而有徵者也，故别傳從之。郇卿卒于始皇三十四年之後，逆推孟子之卒當在周赧王初年，方合百餘年之數。今世所傳孟子譜、禮樂録、闕里志等書，皆出宋、明人之手，記孟子生卒，言人人殊，均無據之游辭，不足信者也。而説經者好稱之，誠末學所不解矣。

陸德明經典釋文敘録：「毛詩，子夏授高行子，高行子授薛倉子，薛倉子授帛妙子，帛妙子授河閒大毛公，毛公爲詩詁訓，傳于家，以授趙人小毛公。一云：子夏授曾申，申傳魏人李克，克傳魯人孟仲子，孟仲子授根牟子，根牟子授趙人孫卿子，孫卿子傳魯人大毛公。」陸璣毛詩草木蟲魚疏云：「孔子删詩，授卜商，商爲之序，以授魯人曾申，申授魏人李克，克授魯人孟仲子，孟仲子授根牟子，根牟子授趙人孫卿，卿授魯國毛亨，亨作詁訓傳以授趙國毛萇。時人謂亨爲大毛公，萇爲小毛公。」此毛詩得郇卿之傳也。

漢書楚元王傳：「楚元王交嘗與魯

穆生、白公〔二〕、申公俱受詩于浮丘伯。「浮丘」一作「包丘」，見鹽鐵論毁學篇。浮丘蓋齊地名，因以爲氏。「浮」「包」同聲字，如春秋「浮來之地」，左傳「浮來」，公、穀皆作「包來」，是其例也。伯，孫卿之門人也。浮丘伯在長安，元王遣子郢客與申公卒業。文帝時，申公爲詩最精，以爲博士。申公始爲詩，號魯詩。」此魯詩得郇卿之傳也。劉向別録：左傳正義引。「左丘明授曾申，申授吴起，起授其子期，期授楚鐸椒，椒作鈔撮八卷授虞卿，卿作鈔撮九卷授孫卿，卿授張蒼。」經典釋文云：「左丘明作傳，以授曾申，申傳衞人吴起，起傳其子期，期傳楚人鐸椒，椒傳趙人虞卿，虞卿傳同郡郇卿，名況，況傳武威張蒼，陽武人，此云「武威」，傳寫之誤。張蒼，蒼傳洛陽賈誼。」此左氏春秋郇卿之傳也。

楊士勛穀梁疏：「穀梁子名俶，字元始，一名赤，魯人，受經于子夏，爲經作傳，授孫卿，卿傳魯人申公，申公傳瑕丘江翁。」此疏有脱文，當云「卿傳浮丘伯，伯傳申公，申公傳瑕丘江翁」。漢書儒林傳：「申公少與楚元王交俱事齊人浮丘伯，卒以詩、春秋授，而瑕丘江公盡能傳之。」是其證也。顔師古亦云：「穀梁授經于子夏，傳郇卿。」此穀梁春秋郇卿之傳也。史記仲尼弟子列傳：「商瞿字子木。孔子傳易于

〔二〕「白公」，漢書楚元王傳作「白生」。

瞿，瞿傳楚人馯臂子弓，今本史記作「子弘」，張守節正義已正其誤。然韓昌黎云「太史公書弟子傳有姓名馯臂子弓」，則昌黎所見之史記未誤也。張守節所據本誤，致令今本皆誤。子弓傳江東矯子庸庇。」漢書儒林傳「商瞿受易仲尼，傳魯橋庇子庸，子庸傳江東馯臂子弓」，亦誤，當以史記爲正。今漢書子庸、子弓二名互易，幸留「江東」二字在中間不誤。然子弓，史記云「楚人」，漢書云「魯人」，未詳孰是也。郇卿善爲易，得子弓之傳也。郇卿傳易于何人，不可考。郇卿尤善于禮，今授受源流不可考。然漢書儒林傳東海蘭陵孟卿事蕭奮，以禮授后蒼，蒼説禮數萬言，號曰曲臺記，授戴德延君、戴聖次君。德號大戴，聖號小戴。據劉向云：「蘭陵人善爲學，蓋以孫卿也。長老至今稱之，曰：『蘭陵人喜字爲卿，蓋以法孫卿也。』」孟卿，蘭陵人，善爲禮，又字卿，必得郇卿之傳也，惜今未能知其詳耳。孟卿傳士禮十七篇于后蒼，蒼傳二戴，今大、小戴所傳儀禮篇次各殊。見賈公彦儀禮疏。由是言之，儀禮蓋亦郇卿之傳也。郇卿之師子弓，韓昌黎以爲馯臂子弓。此説不起自昌黎。張守節作史記正義，所據本作「子弘」，辯之曰：「荀子作『子弓』。」楊倞注非相篇云：「馯臂子弓，受易者也，傳易之别外無聞，非馯臂也。」楊注力辯非馯臂子弓，則唐以前之説皆以郇子之子弓卽馯臂矣，古説相傳，信而有徵者也。應劭云：「子弓，子夏之門人。」蓋子弓學無常師，學業必有異人者，故郇卿比之孔子，不得以典籍無傳而疑之也。楊倞以子弓爲仲弓，云子者，著其爲師。元人吴萊以爲子弓之爲仲弓，猶季路之爲子路。考其時世，郇卿不得受業于仲弓，不過因孔子稱仲弓可使南面，以爲必仲弓方可比孔子耳，殊乖事之實也。王弼注論語云：見經典釋文。「朱張字子弓，郇卿以比孔子者。」朱張字子弓，或有所據，以爲卽郇卿所稱子弓，誣亦甚矣。朱張在孔子之前，郇卿不能受業，卽以爲郇所受業，亦孔子前之聖人，何以郇卿動曰「孔子、子弓」，先孔子而後子弓邪？　劉向云：「董仲舒作書美郇卿。」案漢書藝文志：「董仲舒百二十篇。」今惟存春秋繁露八十二篇，復多殘闕，不見美郇卿之文，其逸久矣。汪氏述學，極詆國策記郇卿之事，其言曰：「孫子謝春申書，去就曾不一言，泛引劫弑死亡之事，未知何屬。且靈王，楚之先君，豈宜斥言其罪？　韓嬰誤以説詩，劉向不察，采入國策，失之矣。自『厲憐王』以下，乃韓非子姦劫弑臣篇文，其言刻覈舞知以禦人，其詞賦乃郇子佹詩之小歌。由二書雜采爲篇，文義不屬。孫卿自爲蘭陵令，逮春申君死，十八年，其閒未嘗適趙。本傳稱齊人或讒郇卿，卿乃適楚。詩外傳、國策所載，卽因此緣飾。末所引詩，乃詩外傳之文，國策亦並載之。」案汪氏此説殊武斷，因不達郇卿謝書之旨，遂妄言之耳。書之旨言春申將有劫殺之禍，指李園女弟之謀與親信李園也。故其詞隱，其意微，言外有去而不就之心，何得以去就不言爲疑邪？　其説靈王也，直據春秋所記之事言，非斥其罪。國策載之，韓詩外傳載之，劉向校孫卿書，雖未載其謝書，然云「謝春申書，以刺楚國」，事必不誣也。韓非，郇卿弟子，其書援引師説，又何足怪。因韓非引之，卽斥爲「刻覈舞知禦人」，今讀其書，心情悱惻，諷刺深遠，並無舞知禦人之事，何其誣也！且以爲郇卿此書乃劉向采自韓非以入國策。韓非之書雖全用其文，然未明言是郇卿謝春申書，而向遂割取以妄爲之。向之博學篤實，乃至荒唐若此乎？何其自信而輕蔑古人邪？郇卿遺春申書，與歌賦本屬二事，何得云文義不屬邪？但國策所載歌賦不全，今賦篇末佹詩一篇皆是也。乃云「詞賦乃郇子佹詩之小歌」，何其知二五而不知有十也？不信劉向，不信國策，徒拘守史記，漫不加考，窒莫甚焉。妄云「孫卿自爲蘭陵令，逮春申君死，十八年，未嘗適趙」，但據春申君傳「相楚八年，以郇卿爲蘭陵令」之文。計至春申君死，郇卿廢，其閒十八年。「十八年」不誤，「未嘗適趙」則繆之繆者也。此十八年中果在蘭陵，未之他國，而何時議兵于趙孝成王之前？何時入秦與秦昭王、應侯相問荅邪？凡此皆見于郇卿書者，豈抑可誣爲劉向所爲乎？至以國策、韓詩外傳皆因史記「齊人或讒郇卿」之文緣飾而成，更屬駕誣之詞，直以莫須有斷獄矣。惟國策篇末所引詩實韓詩外傳之文，所見良是。然以爲劉向采自韓詩外傳則仍非，後人據韓詩外傳以竄入國策耳。今世所行國策，皆非劉向著定之舊，夫豈不知邪？汪氏以考據自命，雄視一時，不料其亦留此武斷之説于世也。

荀子序

臣先謙案：宋台州本「序」上有「注」字。

昔周公稽古三五之道，損益夏、殷之典，制禮作樂，以仁義理天下，其德化刑政存乎詩。至于幽、厲失道，始變風變雅作矣。平王東遷，諸侯力政，逮五霸之後，則王道不絕如綫。故仲尼定禮樂，作春秋，然後三代遺風弛而復張，而無時無位，功烈不得被于天下，但門人傳述而已。陵夷至于戰國，於是申、商苛虐，孫、吴變詐，以族論罪，殺人盈城，談説者又以慎、墨、蘇、張爲宗，則孔氏之道幾乎息矣，有志之士所爲痛心疾首也！故孟軻闡其前，荀卿振其後。觀其立言指事，根極理要，敷陳往古，掎挈當世，撥亂興理，易於反掌，真名世之士、王者之師。又其書亦所以羽翼六經，增光孔氏，非徒諸子之言也。蓋周公制作之，仲尼祖述之，荀、孟贊成之，所以膠固王道，至深至備，雖春秋之四夷交侵，戰國之三綱弛絕，斯道竟不墜矣。倞以末宦之暇，頗窺篇籍，竊感炎黄之風未洽於聖代，謂荀、孟有功於時政，尤所耽慕。而孟子有趙氏章句，漢氏臣先謙案：宋台州本作「代」。亦嘗立博士，傳習不絕，故今之君子多好其書。獨荀子未有注解，亦復編簡爛脱，傳寫謬誤，雖好事者時亦覽之，至於文義不通，屢掩卷焉。夫理曉則愜心，文舛則忤意，未知者謂異端不覽，覽者以脱誤不不終，所以荀氏之書千載而未光焉。輒用申抒鄙思，敷尋義理，其所徵據，則博求諸書。但以古今字殊，齊、楚言異，事資參考，不得不廣；或取偏傍相近，聲類相通，或字少增加，文重刊削，或求之古字，或徵諸方言。加以孤陋寡儔，愚昧多蔽，穿鑿之責，於何可逃？曾未足粗明先賢之旨，適增其蕪穢耳。蓋以自備省覽，非敢傳之將來。以文字繁多，故分舊十二卷三十二篇爲二十卷，又改孫卿新書爲荀卿子，其篇第亦頗有移易，使以類相從云。時歲在戊戌，大唐睿聖文武皇帝元和十三年十二月也。○盧文弨曰：「傳習不絶」，俗閒本作「傳誓不絶」。「申抒」，宋本作「申杼」。「三十二篇」四字，元刻無，又「荀子序」作「荀卿子」，與諸書所引合。

荀子新目録

第五卷
　王制篇第九
第六卷
　富國篇第十
第七卷
　王霸篇第十一
第八卷
　君道篇第十二
第九卷
　臣道篇第十三
　致仕篇第十四〇盧文弨曰：劉向元目亦作「致仕」，其當篇皆作「致士」，當由古「仕」與「士」本通也。
第十卷
　議兵篇第十五
第十一卷

荀子卷第一

勸學篇第一

君子曰：學不可以已。青，取之於藍而青於藍；冰，水爲之而寒於水。以喻學則才過其本性也。○盧文弨曰：「青取之於藍」，從宋本，困學紀聞所引同。元刻作「青出之藍」，無「於」字。　王念孫曰：困學紀聞云：「『青出之藍』作『青取之於藍』，監本未必是，建本未必非。」（自注云：「今監本乃唐與政台州所栞熙寧舊本，亦未爲善。」又云：「請占之五泰注云：『五泰，五帝也。』監本改爲『五帝』而删注文。」）是王以作「出」者爲是也。元刻作「出之藍」，卽本於建本，監本作「取之於藍」者，用大戴記改之也。荀子本文自作「出於藍」，藝文類聚草部上、太平御覽百卉部三及意林、埤雅引此竝作「出於藍」，新論崇學篇同。史記褚少孫續三王世家引傳曰「青采出於藍而質青於藍者，教使然也」，卽是此篇之文，則本作「出於藍」明矣。（宋錢佃本從監本作「取之於藍」，而所引蜀本亦作「出於藍」，宋龔士卨荀子句解同。）今從王說。　先謙案：羣書治要作「青取之藍」，是唐人所見荀子本已有作「取」者。且大戴記卽用荀子文，亦作「青取之於藍」，不得謂荀子本作「出於藍」，而作「取」者爲非也。宋建、監本岐出，亦緣所承各異，故王氏應麟無以定之。謝本從盧校，今仍之。木直中繩，輮以爲輪，其曲中規，雖有槁暴，不復挺者，輮使之然也。輮，屈。槁，枯。暴，乾。挺，直也。晏子春秋作「不復贏矣」。○盧文弨曰：「㬥」，舊本作「暴」，非。説文一作「㬥」，晞也。一作「暴」，疾有所趣也。顔氏家訓分之亦極明。今此字注雖訓乾，然因乾而暴起，則下當從「本」。案考工記輪人「槁」作「藃」，鄭注云：「藃，藃暴，陰柔後必橈減幬革暴起。」釋文步角反。劉步莫反，一音蒲報反。又注「贏」，舊本訛作「羸」。案贏，緩也。今據晏子雜上篇改正，亦作「羸」。故木受繩則直，金就礪則利，君子博學而日參省乎己，則知明而行無過矣。參，三也。曾子曰：「日三省吾身。」知，讀爲智。行，下孟反。○俞樾曰：「省乎」二字，後人所加也。荀子原文葢作「君子博學而日參己」。參者，驗也。史記禮書曰：「參是豈無堅革利兵哉？」索隱曰：「參者，驗也。」管子君臣篇曰「若望參表」，尹注曰：「參表，謂立表所以參驗曲直。」是參有參驗之義。君子博學而日參驗之於己，故知明而行無過也。後人不得「參」字之義，妄據論語「三省吾身」之文增「省乎」二字，陋矣。大戴記勸學篇作「君子博學如日參己焉」，「如」「而」古通用，無「省乎」二字，可據以訂正。先謙案：大戴記一本作「君子博學如日參己焉」，與俞説同。孔氏廣森云：「參己者，學乎兩端，以己參之。」一本作「而日參省乎己焉」，與荀子文同。此後人用荀子改大戴記也。荀書自作「而日參省乎己」。參、三義同。俞説非。羣書治要作「而日三省乎己」，易「參」爲「三」，是本文有「省乎」二字之明證，與楊注義合。故不登高山，不知天之高也；不臨深谿，不知地之厚也；不聞先王之遺言，不知學問之大也。

大，謂有益於人。**干、越、夷、貉之子，生而同聲，長而異俗，教使之然也。**干、越，猶言吳、越。呂氏春秋「荆有次非，得寶劍於干、越」，高誘曰：「吳邑也。」貉，東北夷。同聲，謂啼聲同。貉，莫革反。○謝刻從盧校「干」作「于」，注文作「于越，猶言於越」。盧文弨曰：「于越」，宋本作「干越」。今從元刻，與大戴禮同。注「於越」，舊作「吳越」，訛。所引呂氏春秋，見知分篇。「次非」俗本作「佽飛」，唯宋本與呂氏同。呂氏「于越」作「干遂」，淮南同，注：「干音寒。」國策作「干隧」。然楊氏自作「于越」，故以於越爲釋。劉台拱曰：淮南原道訓「干、越生葛絺」，高注：「干，吳也。」楊氏此注以干、越爲吳、越，蓋用高義，觀下文引呂氏春秋注可見，盧改非也。今原道訓作「于越」，亦妄庸人所改。王念孫曰：劉説是也。宋刻呂夏卿本、錢佃本竝作「干越」。干、越、夷、貉四者皆國名，不得改「干越」爲「于越」。古書言「干越」者多矣，凡改「干越」爲「于越」者，皆所謂知其一説，不知又有一説者也。大戴記之「于越」，亦後人所改，辯見漢書貨殖傳。淮南道藏本及朱東光本皆作「干」，它本皆改爲「于」。俞樾曰：案盧刻誠非，而楊注原文謂「猶言吳、越」，亦恐不然。干與越竝言，則干亦國名。管子内業篇「昔者吳、干戰，未齔，不得入軍門，國子擿其齒，遂入，爲干國多」，則干與吳且爲敵國，非即吳明矣。尹知章注管子以干爲江邊地，非是。辯見管子。字本作「邗」。説文邑部：「邗，國也，今屬臨淮，從邑，干聲。一曰：邗本屬吳。」蓋邗，古國名，後爲吳邑，哀九年左傳「吳城邗」是也。古書言干、越者，則當從國名之本訓，不得因其後爲吳邑而即訓爲吳也。先謙案：王氏雜志引文選江賦注所引墨子「以利荆、楚、干、越」，吳都賦「包括干、越」、莊子刻意篇「干、越之劍」，及淮南原道訓，以證漢書貨殖傳之「于越」當爲「干越」，其義允矣。今案鹽鐵論殊路篇「干、越之鋌不厲，匹夫賤之」，亦一證也。吴、干先爲敵國，後干併於吴，管子「吴、干戰」及左傳「吴城邗」卽其明證。干爲吴滅，而吴一稱干，猶鄭爲韓滅而韓亦稱鄭。（竹書紀年書「韓哀侯」作「鄭哀侯」。）俞氏所駁，亦非也。今依劉、王説改從宋本。詩曰：「嗟爾君子，無恆安息。靖共爾位，好是正直。神之聽之，介爾景福。」詩，小雅小明之篇。靖，謀。介，助。景，大也。無恆安息，戒之不使懷安也。言能謀恭其位，好正直之道，則神聽而助之福，引此詩以喻勤學也。神莫大於化道，福莫長於無禍。爲學則自化道，故神莫大焉。修身則自無禍，故福莫長焉。○俞樾曰：上引詩云「神之聽之，介爾景福」，此文「神」字「福」字卽本詩文也。今本此二句提行，屬下節，非是。先謙案：舊本以荀子它篇引詩爲例，遂斷上引詩爲一節，以此二句提行，固屬非是。但下文「物類之起」至「君子慎其所立乎」一段，言榮辱禍福之理，正與引詩及此二句相應，若斷屬上節，亦未安。各篇引詩亦多在篇中，不盡屬一節之末，此處不當分段，今正。吾嘗終日而思矣，○先謙案：大戴記「吾」上有「孔子曰」三字。不如須臾之所學也；吾嘗跂而望矣，不如登高之博見也。跂，舉足也。登高而招，臂非加長也，而見者遠；順風而呼，聲非加疾也，而聞者彰。假輿馬者，非利足也，而致千里；假舟檝者，非能水也，而絶江河。能，善。絶，過。○王念孫曰：「江河」本作「江海」，「海」與「里」爲韻，下文「不積小流，無以成江海」，亦與「里」爲韻，今本「海」作「河」，則失其韻矣。文選海賦注引此正作「絶江海」，大戴記勸學篇、説苑説叢篇竝同。文子上仁篇作「濟江海」，文雖小異，作「江海」則同。俞樾曰：能，當讀爲耐。漢書食貨志「能風與旱」，鼂錯傳「其性能寒」，趙充國傳「漢馬不能冬」，師古注竝曰「能，讀曰耐」。此文「能」字正與彼同。**君子生非異也，善假於物也。**皆以喻修身在假於學。生非異，言與衆人同也。○王念孫曰：生讀爲性，大戴記作「性」。**南方有鳥焉，名曰蒙鳩，以羽爲巢而編之以髮，繫之葦苕，風至苕折，卵破子死。巢非不完也，所繫者然也。**蒙鳩，鷦鷯也。苕，葦之秀也，今巧婦鳥之巢至精密，多繫於葦竹之上是也。「蒙」當爲「蔑」。方言云：「鷦鷯，自關而西謂之桑飛，或謂之蔑雀。」或曰：一名蒙鳩，亦以其愚也。言人不知學問，其所置身亦猶繫葦之危也。説苑：「客謂孟嘗君曰：『鷦鷯巢於葦苕，箸之以髮，可謂完堅矣，大風至則苕折卵破者何也？所託者然也。』」○盧文弨曰：「蒙鳩」，大戴禮作「虫鳩」，方言作「蔑雀」。虫，讀如芒。「蒙」「虫」「蔑」一聲之轉，皆謂細也。蒙與蠛、蠓音義近。楊云「當爲蔑」，似非。箸，張略切，俗閒本多作「著」。今從宋本，與説文合。又曰：説文有「箸」無「著」，箸但訓飯攲，無形著及繫著義，或本有「著」字而誤脱，亦未可知。然古書如周語「大夫士曰恪位箸」，卽「位著」也。列子仲尼篇「形物其箸」，以箸爲著明也。趙策「智伯曰『兵箸晉陽三年矣』」，以箸爲傅著也。世説新語一書，皆以「箸」爲「著」，以故六書正譌謂「箸」字多有假借用者，別作「著」，非。今校此書，凡宋本作「箸」者仍之，其他卷作「著」字者卽不改，非必古之盡是而今之皆非，以待夫通人自擇焉耳。

所引説苑，見善説篇，作「著之髮毛，建之女工不能爲也」，末句作「其所託者使然也」，餘與此同。

西方有木焉，名曰射干，莖長四寸，生於高山之上而臨百仞之淵；木莖非能長也，所立者然也。本草藥名有射干，一名烏扇。陶弘景云：「花白莖長，如射人之執竿。」又引阮公詩云「射干臨層城」，是生於高處也。據本草在草部中，又生南陽川谷，此云「西方有木」，未詳。或曰：「長四寸」即是草，云木，誤也。蓋生南陽，亦生西方也。射音夜。○盧文弨曰：注「烏扇」，宋本與本草同，元刻作「烏翣」。廣雅：「烏萐，射干也。」萐、翣同所夾反，是二字皆可通。**蓬生麻中，不扶而直。**○王念孫曰：此下有「白沙在涅，與之俱黑」二句，而今本脱之。大戴記亦脱此二句。今本荀子無此二句，疑後人依大戴刪之也。楊不釋此二句，則所見本已同今本。此言善惡無常，唯人所習，故「白沙在涅」與「蓬生麻中」義正相反。且「黑」與「直」爲韻，若無此二句，則既失其義而又失其韻矣。洪範正義云：「荀卿書云：『蓬生麻中，不扶自直，白沙在涅，與之俱黑。』」褚少孫續三王世家云：「傳曰『蓬生麻中，不扶自直，白沙在泥，（今本「泥」下有「中」字，涉上文而衍。）與之皆黑』者，土地教化使之然也。」索隱曰：「『蓬生麻中』以下，竝見荀卿子。」案上文引傳曰「青采出於藍」云云，下文引傳曰「蘭根與白芷」云云，皆見荀子，則此所引傳亦荀子也。然則漢、唐人所見荀子皆有此二句，不得以大戴無此二句而刪之也。又案羣書治要曾子制言篇云：「故蓬生麻中，不扶乃直，（燕禮注：「乃猶而也。」）白沙在泥，與之皆黑。」（大戴同）考荀子書多與曾子同者，此四句亦本於曾子，斷無截去二句之理。**蘭槐之根是爲芷，其漸之滫，君子不近，庶人不**

服，其質非不美也，所漸者然也。蘭槐，香草，其根是爲芷也。本草：「白芷一名白茝。」陶弘景云：「即離騷所謂蘭茝也。」蓋苗名蘭茝，根名芷也。蘭槐當是蘭茝別名，故云「蘭槐之根是爲芷」也。漸，漬也，染也。滫，溺也。言雖香草，浸漬於溺中，則可惡也。漸，子廉反。滫，思酒反。○盧文弨曰：「蘭槐之根」，大戴禮作「蘭氏之根，懷氏之苞」。晏子作「今夫蘭本，三年而成」，説苑雜言篇同。又案：滫，久泔也，説文、廣韻訓皆同。又晏子雜上篇作「湛之苦酒」。苦，讀如「良苦」之苦，義皆相近。楊氏乃訓滫爲溺，未見所出。又曰：高誘注淮南人間訓云「滫，臭汁也」，意亦相近。郝懿行曰：大略篇云「蘭茝槀本，漸於蜜醴，一佩易之」，與此義近。晏子春秋雜上篇云：「蘭本三年而成，湛之苦酒則君子不近，庶人不佩，湛之縻醢而賈匹馬矣。」「縻」，説苑雜言篇作「鹿」。滫，久泔也。芷即茝也。「茝」「芷」古字同聲通用。此言香草之根爲芷，漸以滫及酒皆不美，惟漸之鹿醢，乃能益其香而賈易匹馬，故曰「其質非不美，所漸者然也」。**故君子居必擇鄉，遊必就士，所以防邪僻而近中正也。物類之起，必有所始。榮辱之來，必象其德。肉腐出蟲，魚枯生蠹。怠慢忘身，禍災乃作。强自取柱，柔自取束。**凡物强則以爲柱而任勞，柔則見束而約急，皆其自取也。○王引之曰：楊説强自取柱之義甚迂。「柱」與「束」相對爲文，則柱非謂屋柱之柱也。柱，當讀爲祝。哀十四年公羊傳「天祝予」，十三年穀梁傳「祝髮文身」，何、范注竝曰：「祝，斷也。」此言物强則自取斷折，所謂太剛則折也。大戴記作「强自取折」，是其明證矣。南山經「招摇之山有草焉，其名曰祝餘」，「祝餘」或作「柱荼」，是「祝」與「柱」通也。

(「祝」之通作「柱」，猶「注」之通作「祝」。周官瘍醫「祝藥」鄭注曰：「祝，當爲注，聲之誤也。」)**邪穢在身，怨之所構。**構，結也。言亦所自取。**施薪若一，火就燥也；**布薪於地，均若一，火就燥而焚之矣。**平地若一，水就溼也。草木疇生，禽獸羣焉，物各從其類也。**疇與儔同，類也。○劉台拱曰：「羣焉」，當從大戴禮作「羣居」。王念孫曰：「羣居」與「疇生」對文，今本「居」作「焉」者，涉下文四「焉」字而誤。**是故質的張而弓矢至焉，林木茂而斧斤至焉，**所謂召禍也。質，射侯。的，正鵠也。**樹成陰而衆鳥息焉，醯酸而蜹聚焉。**喻有德則慕之者衆。**故言有召禍也，行有招辱也，君子慎其所立乎！**禍福如此，不可不慎所立。所立，卽謂學也。○盧文弨曰：「慎其」，元刻作「其慎」。大戴作「慎其所立焉」。

積土成山，風雨興焉；積水成淵，蛟龍生焉；積善成德，而神明自得，聖心備焉。神明自得，謂自通於神明。○謝本從盧校作「聖心循焉」。盧文弨曰：宋本「循」作「備」，與大戴同。劉台拱曰：當作「備」，古音與「德」「得」爲韻。王念孫曰：呂、錢本作「備」。此言積善成德而通於神明，則聖心於是乎備也。「成德」與「聖心備」上下正相應，元刻「備」作「循」，則與上文不相應矣。儒效篇云：「積善而全盡謂之聖人。」彼言「全盡」，猶此言「聖心備」也，一也。「備」字，古音鼻墨反，(見吴棫韻補。)正與「德」「得」爲韻，二也。大戴記及羣書治要竝作「備」，文選謝瞻從宋公戲馬臺集送孔令詩注、張子房詩注引此亦作「備」，(張華勵志詩注引作「循」，與二注不合，乃後人以誤本荀子改之。）三也。「備」字俗書作「俻」，「循」字隸書或作「循」，二形相似而誤。先謙案：孔廣森大戴記補注以「積土成山」至末爲一段，今從之。言學必積小高大，一志者成也。榮辱篇云「堯、禹者，非生而具者也，起於變故，成乎修爲，待盡而後備者也」，與此言積善成德、聖心乃備義合。劉、王説是，今改從宋本。**故不積蹞步，無以至千里；**半步曰蹞。蹞與跬同。**不積小流，無以成江海。**○盧文弨曰：「江海」，宋本與大戴同，元刻作「江河」。先謙案：羣書治要作「河海」。**騏驥一躍，不能十步；駑馬十駕，**言駑馬十度引車，則亦及騏驥之一躍。據下云「駑馬十駕，則亦及之」，此亦當同，疑脱一句。○盧文弨曰：「不能十步」，「十」當作「千」。玉篇引大戴禮「騏驥一躒，不能千步」，今大戴禮「步」作「里」，此「千」作「十」，皆是譌字。「里」「海」爲韻，「步」「舍」爲韻，古音如是。晉書虞溥傳云「鍥而舍之，朽木不知；鍥而不舍，金石可虧」，亦是韻語。劉台拱曰：案「不能十步」義最長，大戴禮作「千里」，於義疏矣。若玉篇作「千步」，直是譌字，盧反引以爲據，非也。十駕，十日之程也。旦而受駕，至暮脱之，故以一日所行爲一駕，若十度引車，則非駕義也。王念孫曰：呂氏春秋貴卒篇曰：「所爲貴驥者，爲其一日千里也；旬日取之，則與駑駘同。」淮南齊俗篇曰：「夫騏驥千里，一日而通；駑馬十舍，旬亦至之。」此皆駑馬十日行千里之證。大戴記「騏驥一躒，不能千里」，「里」與「舍」不合韻，乃涉上文「無以致千里」而誤，（玉篇引作「千步」，「千」字雖譌，而「步」字不譌。）辯見大戴記述聞。**功在不舍。**○盧文弨曰：此句當連上文。**鍥而舍之，朽木不折；鍥而不舍，金石可鏤。**言立功在於不舍。

舍與捨同。鍥，刻也，苦結反。春秋傳曰「陽虎借邑人之車，鍥其軸」也。**螾無爪牙之利，筋骨之强，上食埃土，下飲黄泉，用心一也。**螾與蚓同，蚯蚓也。○盧文弨曰：正文「螾」字上，宋本有「蚯」字，無注末「蚯蚓也」三字。今從元刻。**蟹六跪而二螯，非虵蟺之穴無可寄託者，用心躁也。**跪，足也。韓子以刖足爲刖跪。螯，蟹首上如鉞者。許叔重説文云「蟹六足二螯」也。○盧文弨曰：案説文：「蟹有二敖八足。」大戴禮亦同。此正文及注「六」字疑皆「八」字之訛。先謙案：蟺同鱓。**是故無冥冥之志者無昭昭之明，無惛惛之事者無赫赫之功。**冥冥、惛惛，皆專默精誠之謂也。○先謙案：大戴記「冥冥」作「憤憤」，「惛惛」作「緜緜」。**行衢道者不至，事兩君者不容。**爾雅云：「四達謂之衢。」孫炎云：「衢，交道四出也。」或曰：衢道，兩道也。不至，不能有所至。下篇有「楊朱哭衢涂」。今秦俗猶以兩爲衢，古之遺言歟？○郝懿行曰：案「楊朱哭衢涂」，見王霸篇，注云：「衢涂，歧路也。秦俗以兩爲衢。或曰：四達謂之衢。」大意與此注同，俱兼二義訓釋。實則楊朱見歧路而悲，即莊子云「大道以多歧亡羊」之意，不必泥爾雅「四達謂之衢」也。王念孫曰：爾雅：「四達謂之衢。」又云：「二達謂之歧旁。」「歧」「衢」一聲之轉，則二達亦可謂之衢。故大戴記作「行歧塗者不至」。勸學篇下文言「兩君」「兩視」「兩聽」，王霸篇下文言「榮辱安危存亡之衢」，皆謂兩爲衢也。大略篇又云「二者治亂之衢也」，（今本脱「治」字，辯見大略。）則荀子書皆謂兩爲衢。先謙案：王説是。**目不能兩視而明，耳不能兩聽**

而聽。○盧文弨曰：兩「不」字下，宋本俱有「能」字，與大戴同，元刻無。王念孫曰：吕、錢本俱有「能」字，元刻無兩「能」字者，以上下句皆六字，此二句獨七字，故刪兩「能」字，以歸畫一。不知古人之文不若是之拘也，若無兩「能」字，則文不足意矣。先謙案：謝本從盧校無兩「能」字。今依王説，改從宋本。**螣蛇無足而飛，**爾雅云：「螣，螣蛇。」郭璞云「龍類，能興雲霧而遊其中」也。**梧鼠五技而窮。**「梧鼠」當爲「鼫鼠」，蓋本誤爲「鼯」字，傳寫又誤爲「梧」耳。技，才能也。言技能雖多而不能如螣蛇專一，故窮。五技，謂能飛不能上屋，能緣不能窮木，能游不能渡谷，能穴不能掩身，能走不能先人。○盧文弨曰：本草云：「螻蛄一名鼫鼠。」易釋文及正義皆引之，崔豹古今注亦同。蛄與梧音近，楊説似未參此。王念孫曰：本草言「螻蛄一名鼫鼠」，不言「一名梧鼠」也。今以螻蛄之蛄、鼫鼠之鼠合爲一名而謂之蛄鼠，又以蛄、梧音相近而謂之梧鼠，可乎？且大戴記正作「鼫鼠五技而窮」，鼫與梧音不相近，則「梧」爲誤字明矣。當以楊説爲是。**詩曰：「尸鳩在桑，其子七兮。淑人君子，其儀一兮。其儀一兮，心如結兮。」故君子結於一也。**詩，曹風尸鳩之篇。毛云：「尸鳩，鴶鞠也。尸鳩之養七子，旦從上而下，暮從下而上，平均如一。善人君子，其執義亦當如尸鳩之一。執義一則用心堅固。」故曰「心如結」也。○盧文弨曰：注「鴶鞠」，元刻作「秸鞫」，毛傳作「秸鞠」。

昔者瓠巴鼓瑟而流魚出聽，瓠巴，古之善鼓瑟者，不知何代人。流魚，中流之魚也。列子云：「瓠巴鼓琴，鳥舞魚躍。」○盧文弨曰：「流魚」，大戴禮作「沈魚」，論衡作「鱏魚」，亦與「沈魚」音近，恐「流」字誤。韓詩外傳作「潛魚」。或説流魚卽游魚，古「流」「游」通用。先謙案：「流魚」，大戴禮作「沈魚」，是也。魚沈伏，因鼓瑟而出，故云「沈魚出聽」。外傳作「潛魚」，潛亦沈也，作「流」者借字耳。書「沈湎」，非十二子、大略篇作「流湎」，君子篇「士大夫無流淫之行」，羣書治要引作「沈淫」，此「沈」「流」通借之證。淮南子説山訓作「淫魚」，高注以爲長頭、口在頷下之魚，與後漢馬融傳注「鱏魚，口在頷下」合，故論衡作「鱏魚」。此二書別爲一義。盧引或説「流魚卽游魚」，既是游魚，何云「出聽」？望文生義，斯爲謬矣。**伯牙鼓琴而六馬仰秣。**伯牙，古之善鼓琴者，亦不知何代人。六馬，天子路車之馬也。漢書曰：「乾六車，坤六馬。」白虎通曰：「天子之馬六者，示有事於天地四方也。」張衡西京賦曰：「天子駕彫軫，六駿駮。」又曰：「六玄虬之奕奕，齊騰驤而沛艾。」仰首而秣，聽其聲也。○盧文弨曰：「駕彫軫」，元刻與今文選同，宋本「駕」作「御」。又案：下所引二句出東京賦。**故聲無小而不聞，行無隱而不形；**形，謂有形可見。**玉在山而草木潤，**○王念孫曰：「玉在山而草木潤，淵生珠而崖不枯」，元刻無「草」字。案元刻是也。「木」與「崖」對文，故上句少一字。宋本「木」上有「草」字者，依淮南説山篇加之也。文選吴都賦「林木爲之潤黷」，李善注引此作「玉在山而木潤」，（困學紀聞十引建本荀子同。）江賦、文賦注竝同。藝文類聚木部、太平御覽木部一所引亦同，而草部不引，則本無「草」字明矣。大戴記作「玉居山而木潤」，續史記龜策傳作「玉處於山而木潤」，文雖小異，而亦無「草」字。**淵生珠而崖不枯。**

爲善不積邪，安有不聞者乎？崖，岸。枯，燥。○王念孫曰：「不積」之「不」，涉上下文而衍，當依羣書治要删，説見大戴記述聞勸學篇。先謙案：大戴記作「爲善而不積乎，豈有不至哉」，盧辯注：「至，一作聞。」孔廣森注云：「言爲善或不積耳，積則未有不至於成者。」此文亦言爲善或不積邪？積則安有不聞者乎？語意曲而有味。治要作「爲善積也」，徑删「不」字，意味索然。王氏反從之，欲併删大戴記，何也？**學惡乎始？惡乎終？**假設問也。**曰：其數則始乎誦經，終乎讀禮；**數，術也。經，謂詩、書；禮，謂典禮之屬也。○盧文弨曰：「典禮」，疑當是「曲禮」之誤。**其義則始乎爲士，終乎爲聖人。**義，謂學之意，言在乎修身也。○先謙案：荀書以士、君子、聖人爲三等，修身、非相、儒效、哀公篇可證，故云始士終聖人。**真積力久則入，**真，誠也。力，力行也。誠積力久則能入於學也。**學至乎没而後止也。**生則不可怠惰。**故學數有終，若其義則不可須臾舍也。爲之，人也；舍之，禽獸也。故書者，政事之紀也；**書所以紀政事。此説六經之意。**詩者，中聲之所止也；**詩，謂樂章，所以節聲音，至乎中而止，不使流淫也。春秋傳曰：「中聲以降，五降之後，不容彈矣。」○郝懿行曰：按下文方云「樂之中和，詩、書之博」，詩、樂分言，則此「中聲」疑非卽謂樂章。且詩三百，未必皆合中聲，夫子但謂關雎不淫不傷，可知它詩未必盡然。先謙案：下文詩、樂分言，此不言樂，以詩、樂相兼也。樂論篇云「樂則不能無形，形而不爲道則不能無亂，先王惡其亂，故制雅、頌之聲以道之，使其聲足以樂而不流」，與此言詩爲中聲所止可互證。郝說非也。**禮者，法之大分、類之綱紀也，**禮所以爲典法之大分、統類之綱紀。類，謂禮法所無、觸類而長者，猶律條之比附。方言云「齊謂法爲類」也。○謝本從盧校「類」上有「羣」字。王念孫曰：元刻無「羣」字，（宋龔本同。）元刻是也。宋本作「羣類」者，蓋不曉「類」字之義而以意加「羣」字也，不知類者謂與法相類者也。此文云「法之大分，類之綱紀」，非十二子及大略篇竝云「多言而類，聖人也；少言而法，君子也」，王制、大略二篇又云「有法者以法行，無法者以類舉」，皆以「類」與「法」對文。據楊注云「類，謂禮法所無，觸類而長者，猶律條之比附」，則本無「羣」字明矣。先謙案：王說是，今改從元刻。**故學至乎禮而止矣。夫是之謂道德之極。禮之敬文也，**禮有周旋揖讓之敬、車服等級之文也。**樂之中和也，**中和，謂使人得中和悅也。**詩、書之博也，**博，謂廣記土風鳥獸草木及政事也。**春秋之微也，**微，謂褒貶沮勸，微而顯，志而晦之類也。**在天地之閒者畢矣。君子之學也，入乎耳，箸乎心，布乎四體，形乎動静，**所謂古之學者爲己。入乎耳，箸乎心，謂聞則志而不忘也。布乎四體，謂有威儀潤身也。形乎動静，謂知所措履也。**端而言，蝡而動，一可以爲法則。**端，讀爲喘。喘，微言也。蝡，微動也。一，皆也。或喘息微言，或蝡蠢蝡動，皆可以爲法則。蝡，人允反。或曰：端而言，謂端莊而言也。○先謙案：臣道篇云「喘而言，臑而動，而一皆可爲法則」，與此文同，則讀端爲喘是也。說文：「喘，疾息也。」「蝡，動也。」**小人之學也，入乎耳，出乎口。**所謂

「今之學者爲人」，「道聽涂説」也。**口耳之閒則四寸耳，曷足以美七尺之軀哉！**韓侍郎云：「則，當爲財，與纔同。」○盧文弨曰：宋本「四寸」下「耳」字無。劉台拱曰：「則」字自可通，不必如韓説。**古之學者爲己，今之學者爲人。君子之學也，以美其身；小人之學也，以爲禽犢。**禽犢，餽獻之物也。○郝懿行曰：小曰禽，大曰獸。禽犢，謂犢之小小者，人喜撫弄而愛玩之，非必己有，非可獻人，直以爲玩弄之物耳。小人之學，入乎耳，出乎口，無裨於身心，但爲玩好而已，故以禽犢譬況之。注據致士篇「貨財禽犢之請，君子不許」，故云「禽犢，饋獻之物」，不知貨財謂賄賂，禽犢謂玩好耳。先謙案：楊注固非，郝説尤誤。上言君子之學入耳箸心而布於身，故曰學所以美其身也；小人入耳出口，心無所得，故不足美其身，亦終於爲禽犢而已，文義甚明。荀子言學，以禮爲先，人無禮則禽犢矣。上文云「學至乎禮而止矣」，是其言學之宗旨。又云「爲之，人也；舍之，禽獸也」，正與此文相應，「禽獸」「禽犢」，特小變其文耳。小人學與不學無異，不得因此文言小人之學而疑其有異解也。**故不問而告謂之傲，**傲，喧噪也。言與戲傲無異。或曰：讀爲嗷，口嗷嗷然也。嗷與敖通。○盧文弨曰：「口嗷嗷」，舊本作「聲曰嗷嗷」，今改正。郝懿行曰：傲與謷同。説文云「謷，不省人言也」，與此義合。俞樾曰：論語季氏篇「言未及之而言謂之躁」，釋文曰：「魯讀躁爲傲。」荀子此文葢本魯論。下文曰「故未可與言而言謂之傲，可與言而不言謂之隱，不觀氣色而言謂之瞽」，皆與論語同，惟變「躁」爲「傲」，可證也。「傲」即「躁」之叚字。不問而告，未可與言而言，皆失之躁，非失之傲也。魯論之説，今不可得而詳，以意度之，殆亦叚「傲」爲「躁」。自古文論語出，得其本字，遂謂魯論讀躁爲傲，實不然也。「躁」字義長，「傲」字義短，魯之經師豈不知此而改「躁」爲「傲」乎？先謙案：俞說是。**問一而告二謂之囋。**「囋」卽「讚」字也。謂以言强讚助之。今賛禮謂之讚，「囋」古字，「口」與「言」多通。○盧文弨曰：李善注文賦，引埤蒼云：「嘈啐，聲皃。啐與囋及嚽同，才曷反。」荀子上句謂其躁，此句謂其多言。下文云「如嚮」，則不問不告，問一不告二。楊注非也。「啐」，今文選注誤爲「啐」。郝懿行曰：囋者，嘈囋，謂語聲緐碎也。陸璣文賦「務嘈囋而妖冶」，義與此近。楊注非。**傲，非也；囋，非也；君子如嚮矣。**嚮與響同。如響應聲。**學莫便乎近其人。**謂賢師也。**禮、樂法而不說，**有大法而不曲說也。**詩、書故而不切，**詩、書但論先王故事而不委曲切近於人，故曰「學詩三百，使於四方，不能專對」也。**春秋約而不速。**文義隱約，襃貶難明，不能使人速曉其意也。**方其人之習君子之說，則尊以徧矣，周於世矣。**當其人習說之時，則尊高而徧周於世事矣，六經則不能然矣。○郝懿行曰：案方，古讀如旁，亦讀如傍。此「方」當讀爲「依傍」之「傍」，言親近其人而習聞其說，則稟仰師承，周徧於世務矣，故曰「學莫便乎近其人」。先謙案：郝讀方爲傍，則「習」上「之」字不可通。習有積貫之義，非近其人則不能常習其說。呂覽任數篇「習者曰」高注：「習，近習。」是習與近義亦相通。言習其說卽知是近其人，不必讀方爲傍，轉致文義支離也。**故曰學莫便乎近其人。學之經莫速乎好其人，隆禮次之。**學之大經，無速於好近賢人。若無其人，則隆禮爲次之。○王念孫曰：經讀爲徑，即下文所謂蹊徑。言入學之蹊徑莫速乎好賢，而隆禮次之。修身篇云「治氣養心之術，莫徑由禮」，（此「徑」字訓爲疾，「莫徑」即本篇所謂「莫速」也。漢書張騫傳「從蜀，宜徑」，如淳曰：「徑，疾也。」見史記大宛傳集解。）莫要得師，莫神一好」，語意略與此同。學之經，即學之徑，古讀徑如經，故與經通。（賈子立後義篇「其道莫經於此」，「莫經」即荀子之「莫徑」。）楊以爲學之大經，失之。郭嵩燾曰：近其人，謂得其人而師之。好其人，則是中心悦而誠服，親炙之深者也。隆禮，謂自以禮檢束其身。先謙案：王讀經爲徑，引修身篇之「莫徑」，謂即本篇所謂「莫速」，是學之速莫速乎好其人，於詞爲複。上文「學莫便乎近其人」，亦無此複語，其説非也。吕覽當染、有始、知分、驕恣諸篇，高注並云：「經，道也。」學之經，猶言學之道耳。成相篇云「治之經，禮與刑」，又云「聽之經，明其請」，「治之經」「聽之經」猶言「治之道」「聽之道」，與此「學之經」一例，是荀書自有此文法。**上不能好其人，下不能隆禮，安特將學雜識志，順詩、書而已耳，則末世窮年，不免爲陋儒而已。**安，語助，猶言抑也，或作「安」，或作「案」，荀子多用此字。禮記三年問作「焉」。戰國策：「謂趙王曰：『秦與韓爲上交，秦禍案移於梁矣。秦與梁爲上交，秦禍案攘於趙矣。』」吕氏春秋：「吴起謂商文曰：『今置質爲臣，其主安重；釋璽辭官，其主安輕。』」蓋當時人通以「安」爲語助，或方言耳。特，猶言直也。雜識志，謂雜志記之書，百家之説也。言既不能好其人，又不能隆禮，直學雜説，順詩、書而已，豈免爲陋儒乎？言不知通變也。○郝懿行曰：安，猶肰也，焉也。特，直也，猶言但也。學雜識者，識，記也，所謂記醜而博也。志順詩、書者，志與幟同，謂幖題也，如今學僮課讀，用紙爲號記也。順者，順其文也，謂陋儒但能幖志順讀詩、書，末世窮年，不知理解也。王引之曰：此文本作「安特將學雜志，順詩、書而已耳」，「志」即古「識」字也。今本竝出「識志」二字者，校書者旁記「識」字而寫者因誤入正文耳。「學雜志，順詩、書」，皆三字爲句，多一「識」字，則重複而累於詞矣。楊注本作「雜志，謂雜記之書，百家之説」，今作「雜識志，謂雜志記之書，百家之説」，皆後人據已誤之正文加之。下注云「直學雜説，順詩、書而已」，文義甚明，足正後人竄改之謬。先謙案：學雜識志，王説是。安，猶案也；特，猶直也。此云「安特將學雜志，順詩、書」，猶解蔽篇云「案直將治怪説，玩奇辭」也。安、案，竝猶則也。荀書用「安」「案」字，或爲語詞，或作「則」字用，其用「則」字亦然。彊國篇云「秦使左案左，使右案右」，（使楚也。）謂使左則左，使右則右也。臣道篇云「是案曰是，非案曰非」，謂是則曰是，非則曰非也。正論篇云「暴國獨侈，安能誅之」，（「能」字衍。）謂暴國獨侈則誅之也。又云「今子宋子案不然」，謂子宋子則不然也。解蔽篇云「學者以聖王爲師，案以聖王之制爲法」，謂以聖王爲師，則以聖制爲法也。此竝以「安」「案」代「則」字，餘皆語詞。富國篇「則案以爲利也」，仲尼篇云「至於成王，則安以無誅已」，大略篇云「至成、康則案無誅已」，臣道篇云「凡人非賢則案不肖也」，以「則案」「則安」連用，「安」「案」亦語詞。彊國篇云「是何也，則小事之至也數」，又云「是何也，則其殆無儒邪」，天論篇「生於今而志乎古，則是其在我者也」，數「則」字語詞，則亦猶安、案也。**將原先王，本仁義，則禮正其經緯蹊徑也。**所成所出皆在於禮也。

若挈裘領，詘五指而頓之，順者不可勝數也。言禮亦爲人之綱領。挈，舉也。詘與屈同。頓，挈也。順者不可勝數，言禮皆順矣。○盧文弨曰：頓，猶頓挫，提舉高下之狀若頓首然，注「挈也」，疑誤。順者不可勝數，言全裘之毛皆順矣。王念孫曰：楊訓頓爲挈，於古無據。且上文已有「挈」字，此不得復訓爲挈。盧以頓爲頓挫，於義尤迂。頓者，引也，言挈裘領者詘五指而引之，則全裘之毛皆順也。廣雅曰：「扽，引也。」曹憲音頓。古無「扽」字，借「頓」爲之。鹽鐵論詔聖篇曰：「今之治民者，若拙御馬，行則頓之，止則擊之。」頓之，引之也。釋名曰：「掣，制也，制頓之使順己也。」掣亦引也。鹽鐵論散不足篇曰：「吏捕索掣頓，不以道理。」褚少孫續史記滑稽傳曰：「當道掣頓人車馬。」**不道禮憲，以詩、書爲之，**道，言説也。憲，標表也。○王念孫曰：道者，由也。（見禮器、中庸注。）言作事不由禮法而以詩、書爲之，則不可以得之也。故修身篇曰：「由禮則治通，不由禮則勃亂提僈。」楊云「道，言説也」，失之。又富國篇「不足以持國安身，明君不道也」，道亦由也。楊云「明君不言」，亦失之。**譬之猶以指測河也，以戈舂黍也，以錐湌壺也，**○謝本從盧校「湌」作「飱」。盧文弨曰：飱同餐。王念孫曰：吕、錢本作「湌」，元刻作「飱」。案説文：飧，「餔」也，從夕食，思魂切。「餐，吞也，從食，𣦼聲，或從水作湌，七安切。」玉篇、廣韻「飧」作「飱」，而「飱」「餐」二字皆異音異義。古音餐屬寒部，飱屬魂部，故魏風伐檀首章之「餐」與「檀」「干」「漣」「廛」「貆」爲韻，三章之「飱」與「輪」「漘」「淪」「囷」「鶉」爲韻，兩字判然不同。自爾雅釋文始誤以「餐」爲「飱」，而集韻遂合「餐」「飱」爲一字矣。今俗書「飱」字作「飡」，而錢本作

「飡」，自是「餐」之俗字，非「飧」字也。盧從元刻作「飧」，云「飧同餐」，非是。先謙案：王説是，今依吕、錢本正作「飡」。以錐飡壺，言以錐代箸也。古人貯食以壺，中山策「君下壺飡臣父」，韓非子「晉文公出亡，箕鄭挈壺飡以從」，皆其證。**不可以得之矣。故隆禮，雖未明，法士也；**○先謙案：法士，卽好禮之士。修身篇云「學也者，禮法也，非禮，是無法也」，又云「好法而行，士也」，皆可互證。下文「散儒」楊注云：「散，謂不自檢束。」是以散儒爲無禮法之儒，正與法士對文。**不隆禮，雖察辯，散儒也。**散，謂不自檢束，莊子以不材木爲散木也。**問楛者勿告也，**楛與苦同，惡也。問楛，謂所問非禮義也。凡器物堅好者謂之功，濫惡者謂之楛。國語曰「辨其功苦」，韋昭曰：「堅曰功，脆曰苦。」故西京賦曰「鬻良雜苦」，史記曰「器不苦窳」。或曰：楛，讀爲沽。儀禮有「沽功」，鄭玄曰：「沽，麤也。」**告楛者勿問也，説楛者勿聽也，有争氣者勿與辯也。故必由其道至，然後接之，非其道則避之。**道不至則不接。**故禮恭而後可與言道之方，辭順而後可與言道之理，色從而後可與言道之致。**致，極也。此謂道至而後接之也。**故未可與言而言謂之傲，**傲亦戲傲也。論語曰：「言未及而言謂之躁。」**可與言而不言謂之隱，不觀氣色而言謂之瞽。故君子不傲，不隱，不瞽，謹順其身。**瞽者不識人之顔色。○盧文弨曰：「順」，宋本作「慎」。今從元刻，與吕東萊讀詩記所引同。郝懿行曰：傲與敖同。敖者，謂放散也。謹順其身，身，猶人也。此謂君子言與不言，皆順其人之可與不可，所謂「時然後言，人不厭其言」也。詩曰：「匪交匪舒，天子所予。」此之謂也。詩，小雅采菽之篇。「匪交」，當爲「彼交」。言彼與人交接，不敢舒緩，故受天子之賜予也。○盧文弨曰：匪亦有彼義。左傳襄二十七年引詩桑扈「匪交匪敖」，成十四年引仍作「彼交匪敖」。襄八年引小旻「如匪行邁謀」，杜注：「匪，彼也。」「匪舒」，宋本與詩攷合，元刻及讀詩記所引皆作「匪紓」。此段自「昔者瓠巴鼓瑟」起至此，皆論爲學之效與爲學之要，末亦引詩以證之，應爲一節。宋本分段頗不明，今更正。王引之曰：此引詩「匪交匪舒」，正申明上文之「不傲、不隱、不瞽」，則作「匪」者正字，作「彼」者借字也。交，讀爲姣。廣雅曰：「姣，（音絞。）侮也。」言不侮慢，不怠緩也。說見經義述聞小雅桑扈篇。

百發失一，不足謂善射；千里蹞步不至，不足謂善御；未能全盡。倫類不通，仁義不一，不足謂善學。通倫類，謂雖禮法所未該，以其等倫比類而通之。謂一以貫之，觸類而長也。一仁義，謂造次不離，他術不能亂也。學也者，固學一之也。一出焉，一入焉，涂巷之人也。或善或否。其善者少，不善者多，桀、紂、盜跖也。盜跖，柳下季之弟，聚徒九千人，於太山之傍，侵諸侯，孔子說之而不入者也。○盧文弨曰：案柳下季在魯僖公時，與孔子年數懸遠，莊子所載，亦寓言耳。全之盡之，然後學者也。學然後全盡。君子知夫不全不粹之不足以爲美也，故誦數以貫之，使習禮、樂、詩、書之數以貫穿之。○俞樾曰：誦數，猶誦說也。詩擊鼓篇「與子成説」，毛傳曰：「説，數也。」説爲數，故數亦爲説。禮記儒行篇「遽數之不能終其物」正義曰：「數，説也。」荀子王霸篇曰「不足數於大君子之前」，仲尼篇曰「固曷足稱乎大君子之門哉」，「稱」與「數」文異而義同。凡稱説必一一數之，故即謂之數。「誦數以貫之」，猶云「誦説以貫之」，與下句「思索以通之」一律，「誦數」「思索」皆兩字平列。楊注非。隱十一年穀梁傳「犆言，同時也，累數皆至也」，范注曰：「累數，總言之也。」言即説也。先謙案：俞説是。正名篇亦云：「誦數之儒。」**思索以通之，**思求其意也。**爲其人以處之，**爲擇賢人與之處也。○劉台拱曰：雖誦數思索而不體之於身，則無以居之，故必自爲其人以居其道也。郭嵩燾曰：爲其人以處之，猶言設身處地，取古人所已行者爲之程式，而得其所處之方也。先謙案：劉、郭説是。**除其害者以持養之，使目非是無欲見也，使耳非是無欲聞也，使口非是無欲言也，使心非是無欲慮也。**是，猶此也，謂學也。或曰：是，謂正道也。**及至其致好之也，目好之五色，耳好之五聲，口好之五味，心利之有天下。**致，極也。謂不學，極恣其性，欲不可禁也，心利之有天下之富也。或曰：學成之後，必受榮貴，故能盡其欲也。○劉台拱曰：言耳目口之好之與五色五聲五味同，心利之與有天下同。俞樾曰：上文皆言君子爲學之道，「及至其」三字直接上文，安得云謂不學者乎？若云學成榮貴，義更粗矣。古「之」字「於」字通用。大戴禮事父母篇曰：「養之內，不養於外，則是越之也。養之外，不養於內，則是疏之也。」「之內」「之外」即「於內」「於外」也。廣雅釋言曰：「諸，之也。」又曰：「諸，於也。」則「之」與「於」義固得通矣。此文四

「之」字竝猶「於」也。目好於五色，耳好於五聲，口好於五味，心利於有天下，言所得於學者深，他物不足以尚之也。下文曰「是故權利不能傾也，羣衆不能移也，天下不能蕩也，生乎由是，死乎由是」，正申明此數句之誼。　先謙案：俞説是。**是故權利不能傾也，羣衆不能移也，天下不能蕩也。**蕩，動也。覆説爲學，學則物不能傾移矣。**生乎由是，死乎由是，夫是之謂德操。**死生必由於學，是乃德之操行。○郝懿行曰：德操，謂有德而能操持也。生死由乎是，所謂「國有道，不變塞」、「國無道，至死不變」者，庶幾近之。故云「德操然後能定，能定然後能應」。**德操然後能定，能定然後能應，**我能定，故能應物也。**能定能應，夫是之謂成人。**内自定而外應物，乃爲成就之人也。**天見其明，地見其光，君子貴其全也。**見，顯也。明，謂日月；光，謂水火金玉。天顯其日月之明，而地顯其水火金玉之光，君子則貴其德之全也。○劉台拱曰：「光」「廣」古通用。　王念孫曰：劉讀光爲廣，是也。明者，大也。小雅車舝正義曰：「明亦大也。」中庸曰：「高明所以覆物也。」成十六年左傳：「夏書曰：『怨豈在明？不見是圖。』將慎其細也。今而明之，其可乎！」是「明」與「大」同義。大者，天之全體；廣者，地之全體，（繫辭傳：「廣大配天地。」承上文「大生」「廣生」而言，謂大配天、廣配地也。中庸言「博厚配地」、「高明配天」，博亦廣也，明亦大也。）故君子之德貴其全也。儒效篇曰「至高謂之天，至下謂之地，宇中六指謂之極，塗之人百姓積善而全盡謂之聖人」，語意略與此同。楊注皆失之。　俞樾曰：按兩「見」字竝當作「貴」，蓋「貴」字漫漶，止存其下半之「貝」，因誤爲「見」耳。光與廣通。言天貴其明，地貴其廣，君子貴其全。「貴」誤作「見」，則與「君子」句不一律，失荀子語意矣。

修身篇第二

見善，修然必以自存也；修然，整飭貌。言見善必自整飭，使存於身也。○王念孫曰：爾雅：「在、存、省，察也。」（周官司尊彝「大喪存奠彝」，注：「存，省也。」大傳「五日存愛」，注：「存，察也。察有仁愛者。」大戴記曾子立事篇：「存往者，在來者。」在、存，皆察也。）見善必以自存者，察己之有善與否也。見不善必以自省者，察己之有不善與否也。楊解「自存」，失之。**見不善，愀然必以自省也。**愀然，憂懼貌。自省其過也。**善在身，介然必以自好也；**介然，堅固貌。易曰：「介如石焉。」自好，自樂其善也。**不善在身，菑然必以自惡也。**菑，讀爲災。災然，災害在身之貌。○謝本從盧校「身」下增「也」字。盧文弨曰：上句「也」字，宋本無。王念孫曰：元刻「也」字乃涉上下文而衍。上文「見善」「見不善」及「善在身」下皆無「也」字。吕、錢、龔本竝無。郝懿行曰：輪人注：「鄭司農云：『泰山平原所樹立物爲菑，聲如胾，博立梟棊亦爲菑。』」詩皇矣毛傳云：「木立死曰菑。」然則菑者植立之意。楊注非相篇是，此讀菑然爲災然，非。先謙案：王說是。今依宋本删上句「也」字。**故非我而當者，吾師也；是我而當者，吾友也；諂諛我者，吾賊也。故君子隆師而親友，以致惡其賊。**致，猶極也，下同。**好善無**

厭，受諫而能誡，雖欲無進，得乎哉！小人反是，致亂而惡人之非己也，致不肖而欲人之賢己也，心如虎狼、行如禽獸而又惡人之賊己也。諂諛者親，諫争者疏，修正爲笑，至忠爲賊，雖欲無滅亡，得乎哉！至忠反以爲賊。詩曰：「噏噏呰呰，亦孔之哀。謀之其臧，則具是違；謀之不臧，則具是依。」此之謂也。詩，小雅小旻之篇。毛云：「噏噏然患其上，呰呰然不思稱乎上。」鄭云：「臣不事君，亂之階也，故甚可哀。」噏，許急反。呰音紫。○盧文弨曰：「噏噏呰呰」，元刻與詩攷合，宋本作「潝潝訿訿」，注同。

扁善之度，以治氣養生則後彭祖，以修身自名則配堯、禹。扁，讀爲辨。韓詩外傳曰「君子有辨善之度」，言君子有辨别善之法，卽謂禮也。言若用禮治氣養生，壽則不及於彭祖，若以修身自爲名號，則壽配堯、禹不朽矣。言禮雖不能治氣養生而長於修身自名，以此辨之，則善可知也。彭祖，堯臣，名鏗，封於彭城，經虞、夏至商，壽七百歲也。○盧文弨曰：案「扁」，外傳作「辯」，則扁當訓平。尚書「平章」「平秩」，古作「辯章」「辯秩」。此謂隆禮之人有平善之度，不當作辨别解。後彭祖則得年亦永矣，然壽身之益尚小，壽世之益更大也。郝懿行曰：「扁」當爲「辯」，韓詩外傳一作「辯」，是也。辯訓平也，治也。楊讀爲辨而訓别，非。荀書多以「辨」爲「辯」。王念孫曰：扁，讀爲徧。韓詩外傳作「辯」，亦古「徧」字也。（説見日知録。）徧善者，無所往而不善也。君子依於禮則無往而不善，故曰「徧善之度」。下文「以治氣養生」六句，正所謂「徧善之度」也。楊讀扁爲辨而訓爲辨别，則與「之度」二字不貫。盧讀扁善爲平善，亦非下六句意。王引之曰：「以修身自名」，文義未安，當有脱誤。楊云「以修身自爲名號」，則所見本已同今本。韓詩外傳作「以治氣養性（與「生」同。）則身後彭祖；以修身自强（今本脱「以」字。）則名配堯、禹」，於義爲長。王霸篇云：「名配堯、禹。」又云：「名配禹、舜。」**宜於時通，利以處窮，禮信是也。**信，誠也。言所用修身及時通處窮，禮誠是也。孟子曰：「君子窮則獨善其身，達則兼善天下。」○盧文弨曰：案韓詩外傳作「宜於時則達，厄於窮則處」。王引之曰：時亦處也。言既宜於處通，而又利以處窮也。莊子逍遥遊篇「猶時女也」，司馬彪曰：「時女，猶處女也。」是時與處同義。大雅緜篇「曰止曰時」，猶言「爰居爰處」耳。（説見經義述聞。）韓詩外傳作「宜於時則達，厄於窮則處」，未達「時」字之義而增改其文，蓋失之矣。**凡用血氣、志意、知慮，由禮則治通，**○王引之曰：下文以「節」「疾」爲韻，「雅」「野」爲韻，「生」「成」「寧」爲韻，唯此二句韻不相協。「通」，疑當依外傳作「達」，（此涉上「宜於時通」而誤。）「達」與「僈」爲合韻。凡願、月二部之字，古聲或相通。若「勞心怛怛」之「怛」，（齊甫田。）字從旦聲，而與「桀」爲韻；「故事可勸也」之「勸」，（禮運。）與「列」「藝」爲韻；（藝，古讀爲臬。）「不賞而民勸」，（中庸。）與「鉞」爲韻；「以按徂旅」之「按」，（大雅皇矣。）孟子引作「遏」，（梁惠王。）皆其例也。外傳作「不由禮則悖亂」，「亂」與「達」亦合韻。**不由禮則勃亂提僈；**提，舒緩也。爾雅：「媞媞，安也。」詩曰「好人提提」，皆舒緩之義。○郝懿行曰：勃與悖，僈與嫚，竝同。嫚，謂相侮易也。荀書多以「僈」爲「嫚」，或以爲「慢」。慢，謂惰也。提者，詩小弁傳：「提提，羣貌。」箋云：「提提然樂。」然則提者羣居相樂，僈者狎侮相輕，皆不由禮使然。先謙案：下文「難進曰偍」，注云：「偍與提、媞皆同，謂弛緩也。」是「提優」二字義同，故與「勃亂」對文。言不由禮則血氣强者多悖亂、弱者多弛慢也。郝説非。食飲、衣服、居處、動静，由禮則和節，○先謙案：和節，猶和適。不由禮則觸陷生疾；容貌、態度、進退、趨行，由禮則雅，不由禮則夷固僻違，庸衆而野。夷，倨也。論語曰：「原壤夷俟。」固，陋也。庸，凡庸。衆，衆人。野，郊野之人。○郝懿行曰：雅對野言，則兼正也、嫺也二義，野者反是。王引之曰：楊分夷固爲二義，非也。夷固猶夷倨也。夷固辟違，猶言倨傲僻違。不苟篇云「倨傲僻違以驕溢人」是也。修身篇又云：「體倨固而心執詐。」（今本「執」譌作「埶」，辯見後「執詐」一條。）是固與倨同義。（楊注「固，鄙固也」，亦非。）祭義曰：「孝子之祭也，立而不詘，固也。」詘，卑詘也。固，倨也。（立而不詘，是倨傲也。鄭注「詘，充詘，形容喜貌也。固，猶質陋也」，皆失之。）大戴禮曾子立事篇曰：「弗知而不問焉，固也。」固亦倨也。（不肯下人，是倨傲也。曾子制言篇曰：「今之弟子病下人，不能事賢，恥不知而又不問。」）故人無禮則不生，事無禮則不成，國家無禮則不寧。詩曰：「禮儀卒度，笑語卒獲。」此之謂也。詩，小雅楚茨之篇。卒，盡也。獲，得也。

以善先人者謂之教，以善和人者謂之順；先，謂首唱也。和，胡卧反，下同。以不善先人者謂之諂，以不善和人者謂之諛。諂之言陷也，謂以佞言陷之。諛與俞義同，故爲不善和人也。○王念孫曰：楊説「諂」字之義未確。諂之言導也，導人以不善也，故曰「以不善先人者謂之諂」。而莊子漁父篇亦曰：「希意道言謂之諂。」（道與導同。）不苟篇「非諂諛也」，賈子先醒篇「君好諂諛而惡至言」，韓詩外傳竝作「道諛」。是「諂諛」卽「導諛」也。導與諂，聲之轉。「諂諛」之爲「導諛」，「臽及」之爲「導及」，「禫服」之爲「導服」，皆聲轉而字異也。（説見史記越世家。）**是是、非非謂之知，**能辨是爲是，非爲非，謂之智也。**非是、是非謂之愚。**以非爲是，以是爲非，則謂之愚。**傷良曰讒，害良曰賊。是謂是、非謂非曰直。竊貨曰盜，匿行曰詐，易言曰誕，趣舍無定謂之無常，**不恆之人。**保利弃義謂之至賊。**保，安。○謝本從盧校作「保利非義」。盧文弨曰：「非義」，元刻作「弃義」。王念孫曰：盧本作「非」者，爲影鈔宋本所誤也。刻本正作「弃」。弃與保義正相反，作「非」者，字之誤耳。呂、錢本、元刻及世德堂本皆作「弃」。先謙案：王説是，今正。**多聞曰博，少聞曰淺；多見曰閑，**閑，習也。能習其事則不迫遽也。**少見曰陋。難進曰偍，**偍與提、媞皆同，謂弛緩也。**易忘曰漏。少而理曰治，多而亂曰秏。**少，謂舉其要，而有條理，謂之治。秏，虛竭也。凡物多而易盡曰秏。○郝懿行曰：漏與屚同，屚之爲言猶漉也。屋下水穿，俄頃滲漉，故易忘者似之。秏，猶暴也，（本王制注。）傷敗之名。詩雲漢釋文引韓詩云：「秏，惡也。」然則多而雜亂，斯之謂惡矣。王念孫曰：楊讀秏爲虛秏之秏，則與多而亂之義不合，故又爲之説曰「凡物多而易盡曰秏」，其失也鑿矣。今案：秏，讀爲眊。眊，亂也。漢書董仲舒傳曰「天下眊亂」是也。眊與秏，古同聲而通用。續史記日者傳曰：「官秏亂不能治。」漢書景帝紀「不事官職秏亂者」，師古曰：「秏，不明也，讀與眊同。」食貨志「官職秏廢」，酷吏傳贊「寖以秏廢」，師古竝曰：「秏，亂也，音莫報反。」董仲舒傳「秏矣哀哉」，師古曰：「秏，虚也。言誅殺甚衆，天下空虚也，音呼到反。或曰：秏，不明也，言刑罰闇亂，音莫報反。」淮南原道篇「精神日秏而彌遠」，精神篇「志氣日秏」，高注竝曰：「秏，亂也。」少而理曰治，多而亂曰秏。秏與治正相反，則秏爲眊亂之眊明矣。呂刑「耄荒」，釋文「耄」作「秏」。（賈昌朝羣經音辨曰：「秏，老也。書『王秏荒』，鄭康成讀。」賈音本於釋文，是釋文「耄」字本作「秏」也。今作「耄」者，陳鍔依衞包所定今文改之耳。秏荒，亦昏亂之義，故昭元年左傳「老將知而耄及之」，杜注曰：「八十曰耄。耄，亂也。」字亦作「眊」。漢書刑法志曰：「穆王眊荒。」）「秏」「耄」「眊」古竝同聲。「耄荒」之「耄」通作「秏」，猶「眊亂」之「眊」通作「秏」矣。

治氣養心之術：言以禮修身，是亦治氣養心之術，不必如彭祖也。○先謙案：此與上言「扁善之度」各自爲義。上言「治氣養生」，故以「後彭祖」爲説，然其道不外由禮，故下文曰「禮信是也」。此自論治氣養心之術，與上不相蒙，楊迺云以禮修身，不必如彭祖，謬矣。**血氣剛强，則柔之以調和；知慮漸深，則一之以易良；**漸，進也。或曰：漸，浸也，子廉反。詩曰：「漸車帷裳。」言智慮深則近險詐，故一之以易良也。○郝懿行曰：「漸」與「潛」，古字通，韓詩外傳二作「潛」，是；「良」作「諒」，亦古字通用。樂記云「易直子諒之心生」，「易諒」卽「易良」也。王念孫曰：漸，讀爲潛。洪範「沈潛剛克」，文五年左傳及史記宋世家「潛」竝作「漸」。漢書谷永傳「忘湛漸之義」，漢山陽太守祝睦後碑「漸心於道」，太尉劉寬碑「演策沈漸」，「漸」竝與「潛」同。楊訓漸爲進，又訓爲浸而音子廉反，皆失之。**勇膽猛戾，則輔之以道順；**膽，有膽氣。戾，忿惡也。此性多不順，故以道順輔之也。○郝懿行曰：「膽」字疑誤。韓詩外傳二作「勇毅强果」。俞樾曰：順，當讀爲訓，古「順」「訓」字通用。周語「能導訓諸侯者」，史記魯世家「訓」作「順」。此文「道順」正與彼同，「道順」卽「導訓」也。楊注非。**齊給便利，則節之以動止；**爾雅云：「齊，疾也。」齊給便利，皆捷速也。懼其太陵遽，故節之使安徐也。○先謙案：注「給」，各本作「急」，據宋台州本改正。**狹隘褊小，則廓之以廣大；卑溼、重遲、貪利，則抗之以高志；**卑，謂謙下。溼，亦謂自卑下如地之下溼然也。方言：「溼，憂也。自關而西，凡志而不得，欲而不獲，高而有墜，行而中止，皆謂之溼。」卑溼，謂過謙恭而無禮者。重遲，寬緩也。夫過恭則無威儀，寬緩常不及機事，貪利則苟得，故皆抗之高志也。或曰：卑溼，亦謂遲緩也。言遲緩之人如有卑溼之疾，不能運動也。○盧文弨曰：「溼」，元刻作「濕」，注「憂也」作「優也」。又「卑溼，謂過謙恭」，舊本作「亦謂之過謙恭」，訛，今改正。郝懿行曰：卑溼，猶卑下也。韓詩外傳二作「卑攝貪利」。王念孫曰：卑溼，謂志意卑下也。說文：「𡑞，（讀若蟄。）下入也。」論衡氣壽篇曰：「兒生，號啼之聲鴻朗高暢者壽，嘶喝濕下者夭。」是濕爲下也。「𡑞」「濕」古字通。抗，舉也。（見小雅賓之初筵傳、考工記梓人注、士喪禮下篇注、文王世子注。）志意卑下，故舉之以高志也。楊注皆失之。**庸衆駑散，則刦之以師友；**庸衆，已解上。駑，謂材下如駑馬者也。散，不拘檢者也。刦，奪去也。言以師友去其舊性也。**怠慢僄弃，則炤之以禍災；**僄，輕也，謂自輕其身也，音匹妙反。方言：「楚謂相輕薄爲僄。」炤之以禍災，謂以禍災照燭之，使知懼也。炤與照同。**愚款端愨，則合之以禮樂，通之以思索。**款，誠款也。説文云：「款，意有所欲也。」愚款端愨，多無潤色，故合之以禮樂。此皆言修身之術在攻其所短也。○俞樾曰：自「血氣剛强則柔之以調和」以下八句，文法皆同，此獨多「通之以思索」五字，與上文不一律。據韓詩外傳無此五字，當爲衍文。楊注不及「思索」之説，是其所見本未衍也。**凡治氣養心之術，莫徑由禮，莫要得師，莫神一好。**徑，捷速也。神，神明也。一好，謂好善不怒惡也。○盧文弨曰：案俗本「不怒惡」作「不好惡」，今從宋本作「怒」。元李治古今黈所引正同。王念孫曰：一好，謂所好不二也。儒效篇曰「并一而不二則通於神明」，成相篇曰「好而壹之神以成」，皆其證，非好善不怒惡之謂。**夫是之謂治氣養心之術也。**

志意修則驕富貴，道義重則輕王公，内省而外物輕矣。傳曰：「君子役物，小人役於物。」此之謂矣。君子能役物，小人爲物所役。凡言「傳曰」，皆舊所傳聞之言也。○謝本從盧校，首、次句末竝有「矣」字，「省」下「則」作「而」。盧文弨曰：正文前兩「矣」字，宋本無，又下一「則」字作「而」。今皆從元刻。王念孫曰：元刻於「富貴」「王公」下各加一「矣」字，以對下文，又改下文之「而」字爲「則」字，以對上文，而盧本從之。案元刻非也。「内省而外物輕」，乃申明上文之詞，非與上文作對句也。今皆改爲對句，則失其旨矣。先謙案：王説是，今正。**身勞而心安，爲之；利少而義多，爲之。事亂君而通，不如事窮君而順焉。**窮君，小國迫脅之君也。言事大國暴亂之君，違道而通，不如事小國之君，順行其道也。○顧千里曰：「窮」「順」二字，疑當互錯，「順君」「亂君」對文也，「而通」「而窮」亦對文也。荀子每以「通」與「窮」爲對文，如本篇上文及不苟篇、榮辱篇、儒效篇皆有之，可以相證。楊注已互錯，望文説之，非也。俞樾曰：荀子之意，以爲事亂君則不順矣，事窮君則不通矣，然與其事亂君而通，不如事窮君而順，正上文「身勞而心安，爲之；利少而義多，爲之」之意。若從顧校，則全失其旨矣。王氏采其説入雜志補，誤也。郭嵩燾曰：通則言聽計從，恣其所欲爲，順則委身以從之而已。文義在「亂君」「窮君」之分，亂君爲暴而窮君不能爲暴者也。先謙案：仕能得君曰通。仲尼篇云：「以事君則必通。」**故良農不爲水旱不耕，良賈不爲折閲不市，**折，損也。閲，賣也。謂損所閲賣之物價也。賈音古。○盧文弨曰：案説文云：「閲，具數於門中也。」史記：「積日曰閲。」此當謂計數歲月之所得有折損耳。折，常列切。**士君子不爲貧窮怠乎道。**

體恭敬而心忠信，術禮義而情愛人，術，法也。○王引之曰：人，讀爲仁。言其體則恭敬，其心則忠信，其術則禮義，其情則愛仁也。愛仁，猶言仁愛。（廣雅：「惠、愛、恕、利、人，仁也。」）「恭敬」「忠信」「禮義」「愛仁」皆兩字平列，下文之「倨固」「執詐」「順墨」「雜汙」亦兩字平列。

古字「仁」與「人」通，此「人」字即「仁愛」之「仁」，非「節用而愛人」之「人」。**橫行天下，雖困四夷，人莫不貴。**橫行，不順理而行也。困，窮也。言所至皆貴也。○盧文弨曰：「橫行天下」，猶書所云「方行天下」，言周流之廣。注謬甚。王引之曰：橫，讀爲廣。（堯典「光被四表」，今文尚書作「橫被」，漢成陽靈臺碑、成陽令唐扶頌竝作「廣被」。）**勞苦之事則爭先，饒樂之事則能讓，端愨誠信，拘守而詳，**拘守，謂守而勿失。詳，謂審於事也。**橫行天下，雖困四夷，人莫不任。體倨固而心執詐，術順墨而精雜汙，**倨，傲也。固，鄙固。「順墨」當爲「愼墨」。愼，謂齊宣王時處士愼到也。其術本黃、老，歸刑名，先申、韓，其意相似，多明不尚賢、不使能之道，著書四十一篇。墨翟，宋人，號墨子。墨子著書三十五篇，其術多務儉嗇。「精」當爲「情」。雜汙，謂非禮義之言也。○盧文弨曰：墨子書本七十一篇，今在者尚有五十四篇。此云「三十五篇」，反少於今所傳者，疑「三十五」當是「五十五」之訛，葢有分并之故也。王引之曰：「執詐」當爲「埶詐」，字之誤也。議兵篇曰：「兵之所貴者埶利也，所行者變詐也。」又曰：「隆埶詐，尚功利。」又曰：「焉慮率用賞慶刑罰，埶詐險阸，其下獲其功用而已矣。」埶與詐義相近。後漢書崔駰傳「范蠡錯埶於會稽」，李賢曰：「埶，謂謀略也。」**橫行天下，雖達四方，人莫不賤。勞苦之事則偷儒轉脱，**偷，謂苟避於事；儒，亦謂懦弱畏事，皆懶惰之義。或曰：「偷」當爲「輸」。揚子雲方言云：「儒輸，愚也。」郭璞注謂愞撰也。又云：轉脱者，謂偷儒之人苟求免於事之義。○盧文弨曰：此注多訛脱，今案文義改正。郝懿行曰：注引或説，失之。儒者，柔也，弱也，選懦畏事之意，故下又云「偷儒憚事」。注義甚明，不必改此爲「輸」而援方言爲訓。**饒樂之事則佞兑而不曲，**兑，悦也。言佞悦於人以求饒樂之事。不曲，謂直取之也。○俞樾曰：「不」字涉下「不慤」「不録」而衍。曲者，委曲也。言遇饒樂之事，必委曲以取之。楊注誤。先謙案：俞説非也。「兑」與「鋭」同字，（史記天官書「兑」，漢書天文志作「鋭」。議兵篇云「兑則若莫邪之利鋒」，亦以「兑」爲「鋭」。）「佞兑」即「佞鋭」也。佞是口才捷利之名。（左成十三年傳疏。）鋭亦利也。（廣雅釋詁。）文選五等論云「夫進取之情鋭」，李善注：「鋭，猶疾也。」疾與捷義亦同。此言遇勞苦之事則偷脱以避之，遇饒樂之事則身口捷利以取之，不畏人言，無所委曲，故曰「不曲」。楊訓不曲爲直取之，是也，而言「佞悦於人以求饒樂之事」，則非其義矣。不苟篇「見由則兑而倨」，兑亦當讀爲鋭。注「佞」，各本誤「接」，據日本影宋台州本改正。**辟違而不慤，**乖僻違背，不能端慤誠信。辟，讀爲僻。○王念孫曰：楊分僻違爲二義，非也，僻違皆邪也。周語「動匱百姓，以逞其違」，晉語「若有違質，教將不入」，韋注竝曰：「違，邪也。」堯典「静言庸違」，史記五帝紀作「共工善言其用僻」。是僻即違也。上文曰「不由禮則夷固辟違，庸衆而野」，不苟篇曰「倨傲僻違，以驕溢人」，非十二子篇曰「甚僻違而無類」，昭二十年左傳曰「動作辟違，從欲厭私」，義竝與此同。成相篇曰「邪枉辟回失道途」，「辟回」即「僻違」。（小雅鼓鐘篇「其德不回」，毛傳曰：「回，邪也。」大雅大明篇「厥德不回」，毛傳曰：「回，違也。」堯典「静言庸違」，文十八年左傳作「静譖庸回」，杜注曰：「回，邪也。」昭二十六年左傳「君無違德」，論衡變虚篇作「回德」。）**程役而不録，**程，功程。役，勞役。録，檢束也。於功程及勞役之事怠惰而不檢束，言不能拘守而詳也。**橫行天下，雖達四方，人莫不弃。**

行而供冀，非漬淖也；供，恭也。「冀」當爲「翼」。凡行自當恭敬，非謂漬於泥淖也。人在泥淖中則兢兢然。或曰：李巡注爾雅「冀州」曰：「冀，近也。」恭近，謂不敢放誕也。○盧文弨曰：供，疑是張拱之義。郝懿行曰：供與拱，冀與覬，俱音同字通，其義則冀、覬俱訓望也。此言行而張拱顧望，乃是恭敬審諦，非恐漸漬於泥淖也。先謙案：楊前説是。釋名：「恭，拱也，自拱持也。」是供訓爲恭，而拱義卽在其中。釋詁：「翼，敬也。」論語鄉黨篇「趨進，翼如也」，孔注言端好。賈子容經：「趨以微磬之容，飄然翼然，肩狀若流，足如射箭。」以此文推供冀之義，正狀其趨走疾速，是爲禮之容，非因有泥淖漬之也。若張拱顧望，非所以爲禮矣。**行而俯項，非擊戾也；**擊戾，謂項曲戾不能仰者也。擊戾，猶言了戾也。○盧文弨曰：案方言三「軫，戾也」，郭注云「相了戾也」，與此正同。此書宋本、世德堂本皆作「了戾」。元刻訛作「孑戾」，形尚相近。至俗間本竟改作「乖戾」，謬之甚矣。了戾乃屈曲之意，豈可云「乖戾」乎？王念孫曰：淮南主術篇曰：「木擊折轊，水戾破舟。」又曰：「文武備具，動静中儀，舉動廢置，曲得其宜，無所擊戾，無不畢宜。」然則擊戾者，謂有所抵觸也。行而俯項，非擊戾也者，謂非懼其有所抵觸而俯項以避之也，與上下文同一例。楊説失之。俞樾曰：擊戾者，拂戾也。考工記弓人「和弓轂摩」，鄭注曰：「轂，拂也。」擊與轂通。郭仲奇碑「鷹偫電轂」，「轂」卽「擊」字也。先謙案：王説是。**偶視而先俯，**

非恐懼也。偶視，對視也。然夫士欲獨修其身，不以得罪於比俗之人也。

夫驥一日而千里，駑馬十駕則亦及之矣。○郝懿行曰：駑馬日可百里，十日則亦可及千里，遲速先後不同，其歸一也。將以窮無窮、逐無極與？其折骨絶筋，終身不可以相及也。將有所止之，則千里雖遠，亦或遲或速、或先或後，胡爲乎其不可以相及也？不識步道者，將以窮無窮逐無極與？意亦有所止之與？步，行。夫堅白、同異、有厚無厚之察，非不察也，此言公孫龍、惠施之曲説異理，不可爲法也。堅白，謂離堅白也。公孫堅白論曰：「『堅、白、石三，可乎？』曰：『不可。』『二，可乎？』曰：『可。』」謂目視石，但見白，不知其堅，則謂之白石；手觸石，則知其堅，而不知其白，則謂之堅石。是堅白終不可合爲一也。司馬彪曰：「堅白，謂堅石非石、白馬非馬也。同異，謂使異者同、同者異。」或曰：即莊子所謂「大同而與小同異，此之謂小同異」。言同在天地之間，故謂之大同；物各有種類所同，故謂之小同，是大同與小同異也。此略舉同異，故曰：「此之謂小同異。」莊子又曰：「萬物畢同畢異，此之謂大同異。」言萬物總謂之物，莫不皆同，是萬物畢同。若分而别之，則人耳目鼻口百體、草木枝葉花實，無不皆異，是物畢異也。此具舉同異，故曰：「此之謂大同異。」莊子又曰：「無厚不可積也，其大千里。」無厚，謂厚之極，不可爲厚薄也。不可積，言其委積至多，不可使復積也。凡無厚不可積，因於有厚可積，故得其大千里。千里者，舉大之極也。然而君子不辯，止之也；止而不爲。○先謙案：楊注非也。止與大學「止於至善」之止同意，言君子之辯之行皆不止乎此。解蔽篇云「故學也者，固學止之也，惡乎止之，曰止諸至足」，與此「止」之義合。**倚魁之行，非不難也，然而君子不行，止之也。**倚，奇也。奇，讀爲「奇偶」之奇。方言云：「秦、晉之間，凡物體全而不具謂之倚。」魁，大也。倚、魁，皆謂偏僻狂怪之行。莊子曰「南方有倚人，曰黄繚」也。○盧文弨曰：今方言作「凡全物而體不具謂之倚」。郝懿行曰：倚與奇，魁與傀，俱聲近假借字。奇傀，言其事譎觚不常也。先謙案：不苟篇申徒狄，行之難爲者也；惠施、鄧析，説之難持者也，然而君子不貴，亦卽此義，文可互證。**故學曰：「遲彼止而待我，我行而就之，**學曰，謂爲學者傳此言也。遲，待也，直吏反。○郝懿行曰：古人名遲，字須，須者，待也，故遲之訓爲待，音直吏切。學曰者，葢古學侣虚設此言以相警厲。必曰遲者，猶云「寡君須矣」。彼前行之人方止而待我，我當遄行而就之，學如不及之意也。王念孫曰：「學曰」疑當作「學者」。謂學者或遲或速，或先或後，皆可同至也。（見下文。）今本「者」作「曰」，寫者脱其半耳。楊云「學曰，謂爲學者傳此言也」，此不得其解而爲之詞。**則亦或遲或速，或先或後，胡爲乎其不可以同至也？」故蹞步而不休，跛鼈千里；累土而不輟，丘山崇成；**○盧文弨曰：兩「而」字，宋本有，元刻無。此下俗間本有重意一段，引老子「九層之臺起於累土」四句，係後人妄羼入書内。又有所謂互注者，特少異其名耳。皆取它書語近似者注其下，竝非楊氏本文，今一概削去之。**厭其源，開**

其瀆，江河可竭；厭，塞也，音一涉反。瀆，水竇也。**一進一退，一左一右，六驥不致。**言不齊故不能致道路也。**彼人之才性之相縣也，豈若跛鼈之與六驥足哉？然而跛鼈致之，六驥不致，是無他故焉，或爲之，或不爲爾。**○謝本從盧校作「或不爲之耳」。盧文弨曰：宋本作「或不爲爾」。王念孫曰：呂、錢本竝作「或不爲爾」，盧從元刻於「不爲」下增「之」字，「爾」改「耳」。案下句無「之」字者，蒙上而省也。羣書治要亦無「之」字。「耳」「爾」古字通。當從宋本。先謙案：王說是，今改正。

道雖邇，不行不至；事雖小，不爲不成。其爲人也多暇日者，其出入不遠矣。多暇日，謂怠惰。出入，謂道路所至也。○郝懿行曰：爲善惟日不足，多暇日者，遊閒不事事也。「出入」疑當作「出人」，言不能出人前也。王念孫曰：「出入」當爲「出人」，言爲學而多暇日，則或作或輟，其出人必不遠也。（下文云「好法而行，士也；篤志而體，君子也；齊明而不竭，聖人也」，正謂聖人之出人遠也。）若云「出入不遠」，則義不可通。文選登樓賦注引此已誤。韓詩外傳曰「道雖近，不行不至，事雖小，不爲不成，日日多者，（此句有誤。）出人不遠矣」，義本荀子。今據以訂正。先謙案：「道雖邇」下，宋台州本提行分段，謝本原刻同，浙局本誤連上，今正。**好法而行，士也；**好法而能行則謂之士。士，事也，謂能治其事也。○先謙案：法卽禮也。「好法」以下文義不連上，宋台州本提行，今從之，別爲一段。**篤志而體，君子也；**厚其志而知大體者也。○王念孫曰：爾雅：「篤，固也。」（説見經義述聞。）體，讀爲履。篤志而體，謂固其志以履道，非謂厚其志而知大體也。衛風氓篇「體無咎言」，韓詩「體」作「履」，坊記引詩亦作「履」。管子内業篇「戴大圜而履大方」，心術篇「履」作「體」。是「履」「體」古字通。**齊明而不竭，聖人也。**齊，謂無偏無頗也。不竭，不窮也。書曰：「成湯克齊聖廣淵。」○王引之曰：齊者，智慮之敏也，故以「齊明」連文，楊説失之。説見毛詩述聞小雅「人之齊聖」下。**人無法，則倀倀然；**倀倀，無所適貌。言不知所措履。禮記曰：「倀倀乎其何之？」**有法而無志其義，則渠渠然；**渠，讀爲遽。古字「渠」「遽」通。渠渠，不寬泰之貌。志，識也。不識其義，謂但拘守文字而已。○陳奂曰：案渠渠猶瞿瞿。齊風傳云：「瞿瞿，無守之貌。」楊注失之。**依乎法而又深其類，然後温温然。**深其類，謂深知統類。温温，有潤澤之貌。舉類君子所難，故屢言之也。○先謙案：凡荀書法類竝言者，解依勸學篇。

禮者，所以正身也；師者，所以正禮也。無禮何以正身？無師，吾安知禮之爲是也？禮然而然，則是情安禮也；師云而云，則是知若師也。情安禮，知若師，則是聖人也。情安禮，謂若天性所安，不以學也。行不違禮，言不違師則與聖人無異，言師法之效如此也。**故非禮，是無法也；非師，是無師也。**無師，謂不以師爲師。**不是師法而好自用，譬之是猶以盲辨色、以聾辨聲也，舍亂妄無爲也。**舍，除也。除亂妄之人，孰肯爲此也？○王念孫曰：舍亂妄無爲，言所爲皆亂妄耳。楊説非。**故學也者，禮法也。夫師，以身**

爲正儀而貴自安者也。效師之禮法以爲正儀，如性之所安，斯爲貴也。「禮」或爲「體」。詩云：「不識不知，順帝之則。」此之謂也。詩，大雅皇矣之篇。引此以喻師法暗合天道，如文王雖未知，已順天之法則也。

端愨順弟，則可謂善少者矣；弟與悌同。加好學遜敏焉，則有鈞無上，可以爲君子者矣。既好學遜敏，又有鈞平之心，而無上人之意，則可以爲君子矣。或曰：「有鈞無上」四字衍耳。○俞樾曰：有鈞無上，謂但有與之齊等，無更在其上者也，故謂之君子。楊注非。偷儒憚事，無廉恥而嗜乎飲食，則可謂惡少者矣；偷儒憚事，皆謂懦弱、怠惰、畏勞苦之人也。加惕悍而不順，險賊而不弟焉，韓侍郎云：「惕與蕩同字，作心邊昜，謂放蕩兇悍也。」則可謂不詳少者矣，雖陷刑戮可也。「詳」當爲「祥」。○盧文弨曰：案二字古通用。先謙案：不詳少，承上「惡少」言之，謂少年而不祥者，猶言不祥人矣，知其將陷刑戮也。老老而壯者歸焉，老老，謂以老爲老而尊敬之也。孟子曰：「伯夷、太公二者，天下之大老，是天下之父也。其父歸之，其子焉往矣！」○盧文弨曰：「大老」，宋本作「達老」。不窮窮而通者積焉，窮者則寬而容之，不迫蹙以苛政，謂惠恤鰥寡窮匱也。積，填委也。既然，則通者歸亦多矣。覆巢毀卵則鳳凰不至，竭澤涸魚則蛟龍不游，義與此同。○俞樾曰：楊注非也。窮通以賢不肖言，孔晁注周書常訓篇曰「窮，謂不肖之人」是也。不窮窮者，不强人以所不知不能，中庸所謂「矜不能」也。若以窮爲鰥寡，則通者豈不鰥寡之謂乎？非十二子篇曰「聰明聖知，不以窮人」，卽可説此文「不窮窮」之義。**行乎冥冥而施乎無報，而賢不肖一焉。**行乎冥冥，謂行事不務求人之知。施乎無報，謂施不務報。如此，賢不肖同慕而歸之。**人有此三行，雖有大過，天其不遂乎。**若不幸而有過，天亦祐之矣，此固不宜有大災也。○俞樾曰：人有此三行，則君子矣，小過或有之，安有大過乎？「過」當爲「禍」。漢書公孫弘傳「雖陽與善，後竟報其過」，史記「過」作「禍」。是過與禍通。遂，成也。言雖有大禍，天必不成之也。楊注「大災」二字，正可以釋正文之「大過」，特不知「過」爲「禍」之叚字，故不得其解耳。

君子之求利也略，其遠害也早，○謝本從盧校作「遠思」。盧文弨曰：「遠思」，疑當是「遠患」。王念孫曰：吕、錢本作「遠害」。先謙案：宋台州本亦作「害」。又「君子」下，台州本提行分段，謝本原刻同，浙局本誤連上，今竝正之。**其避辱也懼，其行道理也勇。**○王引之曰：懼者，怯也，故與「勇」對文。吕氏春秋知度篇「工拙、愚智、勇懼」，亦以「懼」對「勇」。**君子貧窮而志廣，富貴而體恭，安燕而血氣不惰，勞勌而容貌不枯，**○王念孫曰：枯，讀爲楛。（天論篇「楛耕傷稼」，韓詩外傳作「枯」。鄉射禮注「肅慎氏貢楛矢」，釋文作「枯」。）言君子雖安燕而血氣不懈惰，雖勞勌而容貌不楛僈。楛僈，猶苟且也。（榮辱篇云：「其定取舍楛僈。」富國篇云：「其於禮義節奏也，芒軔僈楛。」淮南時則篇云：「工事苦慢。」苦慢與楛僈同。）彊國篇云「恭儉、敦敬、忠信而不楛」，非十二子篇云「君子佚而不惰，勞而不優」，（此謂君子之容也，故曰「動容貌，斯遠暴慢矣」。）大略篇云「君子勞倦而不苟」，或言苟，或言楛，或言慢，或言楛優，其義一而已矣。**怒不過奪，喜不過予。**予，賜也。周禮「八柄」，三曰「予以馭其幸」。**君子貧窮而志廣，隆仁也；**仁愛之心厚，故所思者廣。言務於遠大濟物也。**富貴而體恭，殺埶也；**減權埶之威，故形體恭謹。殺，所介反。**安燕而血氣不惰，柬理也；**柬與簡同。言柬擇其事理所宜而不務驕逸，故雖安燕而不至怠惰。**勞勌而容貌不枯，好交也。**以和好交接於物，志意常泰也。○郝懿行曰：榮辱篇云「豢之而俞瘠者，交也」，注云：「所交接非其道，則必有患難，雖食芻豢而更瘠也。」故此云然。以榮辱篇注互相參訂，原注殆不可易。王念孫曰：「好交」二字，與容貌不枯無涉，楊說非也。「交」當爲「文」，隸書「交」字或作「文」，（見漢尹宙碑。）與「文」相似而誤。上言「柬理」，下言「好文」，（好，呼報反。）理與文皆謂禮也。禮論篇云：「孰知夫禮義文理之所以養情也！」又云：「貴本之謂文，親用之謂理。」性惡篇云：「出於辭讓，合於文理。」（辭讓之心，禮之端也。）賦篇禮賦云：「非絲非帛，文理成章。」凡荀子書言文理者，皆謂禮也，故曰：「安燕而血氣不惰，柬理也；（爾雅：「柬，擇也。」）勞勌而容貌不楛，好文也。」先謙案：王說是。**怒不過奪，喜不過予，是法勝私也。**以公滅私，故賞罰得中也。**書曰：「無有作好，遵王之道；無有作惡，遵王之路。」此言君子之能以公義勝私欲也。**書，洪範之辭也。

荀子卷第二

不苟篇第三

君子行不貴苟難，説不貴苟察，行，如字。察，聽察。名不貴苟傳，唯其當之爲貴。當，謂合禮義也。當，丁浪反。故懷負石而赴河，是行之難爲者也，而申徒狄能之；申徒狄恨道不行，發憤而負石自沈於河。莊子音義曰：「殷時人。」韓詩外傳曰：「申徒狄將自投於河，崔嘉聞而止之，不從。」○盧文弨曰：宋本正文「負石」上有「故懷」二字。案文不當有。或「負」字本有作「故懷」二字者，校者注異同於旁，因誤入正文耳。王念孫曰：案呂、錢本並有「故懷」二字，是也。「故」字乃總冒下文之詞。懷負石而赴河者，負，抱也，（見内則注、淮南説林篇注。）謂抱石於懷中而赴河也。韓詩外傳曰「申徒狄抱石而沈於河」，是其證。鄒陽獄中上梁王書「徐衍負石入海」，亦謂抱石也。盧未曉「負」字之義而誤以爲負擔之負，故以「懷」字爲不當有而並删「故」字。劉台拱曰：案服虔漢書注亦曰「殷之末世介士也」；高誘説山訓注亦曰「殷末人」。然外傳及新序並載申徒狄事，其答崔嘉有「吴殺子胥，陳殺泄冶」語，據此言之，則非殷時人。先謙案：謝本從盧校删「故懷」二字。今案王説是，仍從宋本增入。然而君子不貴者，非禮義之中也。禮義之中，時止則止，時行則行，不必枯槁赴淵也。揚子雲非屈原曰：「君子遭時則大行，不遇則龍蛇，何必沈身？」○盧文弨曰：案注「不遇」下，一本有「時」字。子雲語見本傳，此約取之。**山淵平，天地比，**比，謂齊等也。莊子曰：「天與地卑，山與澤平。」音義曰：「以平地比天，則地卑於天，若以宇宙之高，則似天地皆卑。天地皆卑，則山與澤平矣。」或曰：天無實形，地之上空虛者盡皆天也，是天地長親比相隨，無天高地下之殊也。在高山則天亦高，在深泉則天亦下，故曰天地比。地去天遠近皆相似，是山澤平也。○盧文弨曰：張湛注列子云：「地之上皆天也。」意亦與此同。**齊、秦襲，**襲，合也。齊在東，秦在西，相去甚遠。若以天地之大包之，則曾無隔異，亦可合爲一國也。**入乎耳，出乎口，**未詳所明之意。或曰：即山出口也，言山有耳口也。凡呼於一山，衆山皆應，是山聞人聲而應之，故曰「入乎耳，出乎口」。或曰：山能吐納雲霧，是有口也。○盧文弨曰：注末句，宋本作「是以有口」，訛。**鉤有須，**未詳。自「齊、秦襲，入乎耳，出乎口，鉤有須」，皆淺學所未見。或曰：鉤有須，卽「丁子有尾」也。丁之曲者爲鉤，須與尾皆毛類，是同也。莊子音義云：「夫萬物無定形，形無定稱，在上爲首，在下爲尾。世人謂右行曲波爲尾，今丁、子二字，雖左行曲波，亦是尾也。」○俞越曰：「鉤」，疑「姁」之叚字。説文女部：「姁，嫗也。」嫗無須而謂之有須，故曰「説之難持者也」。惠氏棟校本引大玄經「婦人啑鉤」爲説，謂鉤音拘，與須音相近，啑鉤者，須出乎口也。案大玄迎「次四，裳有衣襦，男子目珠，婦人啑鉤」。范望及温公集注竝無「婦人須出乎口」之説。且謂鉤與須音近，則啑鉤卽啑須也，以説此文，是爲須有須矣，豈可通乎？今讀鉤爲姁，亦卽惠氏之意，而説似較安。卵有毛，司馬彪曰：「胎卵之生，必有毛羽。雞伏鵠卵，卵不爲雞，則生類於鵠也。毛氣成毛，羽氣成羽，雖胎卵未生而毛羽之性已著矣，故曰卵有毛也。」是説之難持者也，而惠施、鄧析能之；皆異端曲説，故曰難持。惠施，梁相，與莊子同時，其書五車，其道舛駁。鄧析，鄭大夫。劉向云：「鄧析好刑名，操兩可之説，設無窮之辭，數難子産爲政，子産執而戮之。」案左氏傳「鄭駟歂殺鄧析而用其竹刑」，而云「子産戮之」，恐誤也。○盧文弨曰：正文「能之」，俗本作「能精之」。然而君子不貴者，非禮義之中也。盜跖吟口，名聲若日月，與舜、禹俱傳而不息；然而君子不貴者，非禮義之中也。吟口，吟咏長在人口也。説苑作「盜跖凶貪」。○盧文弨曰：見説苑説叢篇。案韓詩外傳三亦作「吟口」，與此同。郝懿行曰：案「吟口」，説苑作「凶貪」，此本必作「貪凶」，轉寫形誤，遂爲「吟口」。楊氏據誤本作注，不知其不可通耳。韓詩外傳誤與此同，可知此本相傳已久，楊氏所以深信不疑。俞樾曰：「吟」蓋「黔」之叚字，「黔口」卽「黔喙」。周易説卦傳「爲黔喙之屬」，釋文引鄭注曰：「謂虎豹之屬，貪冒之類。」然則盜跖黔口，乃以虎豹擬之，正論篇所謂「禽獸行，虎狼貪」也。先謙案：後漢梁冀傳「口吟舌言」，章懷注：「謂語吃不能明了。」吟口當與口吟同義。「盜跖吟口」三句，與揚雄解嘲「孟軻雖連蹇，（連蹇，謂口吃。）猶爲萬乘師」文意近似，諸説皆非。故曰：君子行不貴苟難，説不貴苟察，名不貴苟傳，○盧文弨曰：「苟傳」，與上文同，俗間本作「苟得」，非。案外傳亦作「苟傳」。**唯其當之爲貴。詩曰：「物其有矣，唯其時矣。」此之謂也。**詩，小雅魚麗之篇。言雖有物，亦須得其時，以喻當之爲貴也。

君子易知而難狎，坦蕩蕩，故易知；不比黨，故難狎。○郝懿行曰：韓詩外傳二「知」作「和」，於義較長，此形譌。王念孫曰：案外傳是也。和與狎義相近，故曰「易和而難狎，易懼而難脅」。今本「和」作「知」，則於義遠矣。俞樾曰：案外傳作「和」，字之誤也。知者，接也。墨子經篇曰：「知，接也。」古謂相交接曰知，故後漢書宋弘傳「貧賤之交不可忘」，羣書治要作「貧賤之知」。是知有交接之義。易知而難狎，謂易接而難狎也。詩芄蘭篇首章曰「能不我知」，次章曰「能不我甲」，毛傳訓甲爲狎，蓋首章言不與我交接，次章言不與我狎習也。說詳羣經平議。荀子以「知」「狎」對文，正本乎詩。韓嬰改「知」爲「和」，失之。王氏謂當從外傳，非也。**易懼而難脅，**小心而志不可奪也。**畏患而不避義死，欲利而不爲所非，**心以爲非則捨之。**交親而不比，**親，謂仁恩。比，謂暱狎。**言辯而不辭。**辯足以明事，不至於騁辭。○郝懿行曰：韓詩外傳二「辭」作「亂」，其義較長，此形譌。王念孫曰：「不辭」當作「不亂」，楊加「騁」字以釋之，其失也迂矣。**蕩蕩乎，其有以殊於世也。**與俗人有異。

君子能亦好，不能亦好；小人能亦醜，不能亦醜。君子能則寬容易直以開道人，道與導同。**不能則恭敬繜絀以畏事人；**繜與撙同，絀與黜同。謂自撙節貶損。**小人能**

則倨傲僻違以驕溢人，溢，滿。不能則妬嫉怨誹以傾覆人。故曰：君子能則人榮學焉，不能則人樂告之；小人能則人賤學焉，不能則人羞告之。是君子小人之分也。分，異也，如字。

君子寬而不僈，僈與慢同，怠惰也。廉而不劌，廉，棱也。說文云：「劌，利傷也。」但有廉隅，不至於刃傷也。○盧文弨曰：注「刃傷」，疑是「刅傷」，本或作「兩傷」者訛。辯而不爭，察而不激，但明察而不激切也。寡立而不勝，堅彊而不暴，雖寡立而不能勝，雖堅彊而不兇暴。○王念孫曰：楊說非也。「寡立」當爲「直立」，字之誤也。（俗書「直」字作「直」，「寡」字作「寡」，二形略相似，故「直」誤爲「寡」。文選顏延之和謝監靈運詩注引此已誤。）勝，讀若升。漸六四「終莫之勝」，虞翻曰：「勝，陵也。」（小雅正月篇「靡人弗勝」，毛傳曰：「勝，乘也。」乘亦陵也。管子侈靡篇「得近者高而不崩，得人者卑而不可勝」，謂卑而不可陵也。此言君子雖特立獨行而不以陵人，非謂人不能勝君子也。此文云「君子廉而不劌，辯而不爭，直立而不勝」；榮辱篇云「辯而不說者，爭也；直立而不見知者，勝也；廉而不見貴者，劌也：此小人之所務而君子之所不爲也」，足與此文互相證明矣。柔從而不流，恭敬謹愼而容，不至於孤介也。○王念孫曰：案楊說未確。容之言裕也。言君子敬愼而不局促，綽綽有裕也。非十二子篇「修告導寬容之義」，韓詩外傳作「寬裕」，是「容」「裕」古字通。（古者東、侯二部共入而互轉，故說文「容」「裕」二字皆以谷爲聲。史記平準書「盜摩錢裏取鎔」，漢書食貨志「鎔」作「鋊」，音浴，亦其例也。）**夫是之謂至文。**言德備。

詩曰：「温温恭人，惟德之基。」此之謂矣。詩，大雅抑之篇。温温，寬柔貌。

君子崇人之德，揚人之美，非諂諛也；正義直指，舉人之過，非毀疵也；疵，病也。或曰：讀爲訾。○盧文弨曰：正文「美」字，元刻作「善」。又「舉人之過」下，宋本有「惡」字，元刻無。王引之曰：案義讀爲議。韓詩外傳作「正言直行，指人之過」，言亦議也。韓策曰「嚴遂政議直指，舉韓傀之過」，是其證。（趙策「臣愚不達於王之議」，史記趙世家「議」作「義」。史記鄒陽傳「畢議願知」，漢書作「義」。又韓子揚榷篇「上不與義之」，東周策「秦王不聽羣臣父兄之義」，淮南泰族篇「刺幾辯義」，義竝與議同。）**言己之光美，擬於舜、禹，**○盧文弨曰：宋本各舊本俱作「禹舜」，今從元刻。**參於天地，非夸誕也；與時屈伸，柔從若蒲葦，非懾怯也；**蒲葦所以爲席，可卷者也。○郝懿行曰：「屈伸」，當作「詘信」，荀書皆然，俗妄改之。此言君子屈伸，隨時之宜，當其屈也，柔從若蒲葦，當其伸也，剛强猛毅，靡所不信。（「信」卽「伸」字。）其屈與伸以義，知當曲直，曲直卽屈伸。又引詩言君子左宜右有，然後總結之云：「此言君子能以義屈信變應故也。」（「屈」亦當爲「詘」。）荀子之文，往往反復申明，欲令辭必達意，不避重緐，爲使人易曉也。**剛强猛毅，靡所不信，非驕暴也。**信，讀爲伸，下同，古字通用。**以義變應，知當曲直故也。**以義隨變而應，其所知當於曲直也。○俞樾曰：變，讀爲辯。周易文言曰「由辯之不早辯也」，釋文曰：「辯，荀作變。」禮記禮運篇「大夫死宗廟謂之變」，鄭注曰：「變，當爲辯。」是「變」與「辯」古通。辯之言徧也。儀禮鄉飲酒禮「衆賓辯有脯醢」，燕禮「大夫辯受酬」，鄭注竝云：「今文辯作徧。」是其證也。「變」與「辯」通，則亦可借爲「徧」。以義變應者，以義徧應也。下文引詩曰「左之左之，君子宜之；右之右之，君子有之」，此言君子之能以義屈伸變應也。左宜右有，正以義徧應之謂。楊注曰「以義隨變而應」，增字以成其説，失其旨矣。君道篇曰「竝遇變應而不窮」，「變」與「竝」對文，可知變之爲徧也。致士篇「臨事接民而以義變應」，義與此同。先謙案：此文「變應」與非相、儒效、王制、君道諸篇言「應變」者不同，卽儒效、富國二篇「事變得應，事變失應」，君道篇「應待萬變」，與此義亦異。以義變應者，以義變通應事也。義本無定，隨所應爲通變，故曰「變應」。孔子言「無適無莫，義之與比」，孟子言「言不必信，行不必果，惟義所在」，正以義變應之謂。易繫辭「精義入神，以致用也」，入神，變也；致用，應也。下言「以義屈伸變應」，增「屈伸」二字而變應之義愈顯，不必如俞説改讀。至君道篇之「變應」，宋本作「變態」，此元刻誤文，又不足取以爲證矣。**詩曰：「左之左之，君子宜之；右之右之，君子有之。」此言君子能以義屈信變應故也。**詩，小雅裳裳者華之篇。以能應變，故左右無不得宜也。○盧文弨曰：「此言君子」下，一本有「之」字。

君子，小人之反也。與小人相反。○盧文弨曰：此段舊不提行，今案當别爲一節。**君子大心則天而道，小心則畏義而節；**天而道，謂合於天而順道。○盧文弨曰：正文「則天而道」，韓詩外傳四作「卽敬天而道」。王念孫曰：「天而道」三字，文義不明，當依韓詩外傳作「敬天而道」，與「畏義而節」對文，楊注失之。**知則明通而類，**顯，謂知統類。**愚則端愨而法；**愚，謂無機智也。法，謂守法度也。**見由則恭而止，**由，用也。止，謂不放縱也。或曰：止，禮也。言恭而有禮也。**見閉則敬而齊；**謂閉塞，道不行也。敬而齊，謂自齊整而不怨也。**喜則和而理，憂則静而理；**皆當其理。○謝本從盧校作「憂則静而違」。盧文弨曰：外傳四作「喜卽和而治，憂卽静而違」。此作「和而理」，避時諱，下句舊本俱作「静而理」，當由誤會注文耳。今從外傳改正。劉台拱曰：案注云「皆當其理」，則楊氏所據本兩句竝是「理」字。盧據外傳改下「理」字作「違」，易曰「樂則行之，憂則違之」，此「違」字所本。然易言出處，此言性情，義各有當。外傳引荀，頗多改竄，恐不得徑據彼以易此也。又仲尼篇云「福事至則和而理，禍事至則静而理」，與此文義略同。彼注云：「理，謂不失其道。和而理，謂不充屈。静而理，謂不隕穫也。」亦竝是「理」字，則不當依外傳作「違」明矣。竊疑荀子本文上句作「治」，下句作「理」。唐初避諱，凡「治」字悉改作「理」，中葉以後，又復回改作「治」，惟此兩處文義相混，校書者不能定其孰爲本文，故仍而不革。楊氏作注時未能審正而從爲之辭耳。今上句依外傳作「和而治」，下句作「静而理」，庶幾得之。仲尼篇放此。王念孫曰：宋呂、錢本竝作兩「理」字，劉説甚允。先謙案：劉、王説是，今改從宋本。**通則文而明，**有文而彰明也。**窮則約而詳。**隱約而詳明其道也。**小人則不然，大心則慢而暴，小心則淫而傾，**以邪諂事人也。○盧文弨曰：宋本「淫」上有「流」字。今案：元刻及外傳俱無。**知則攫盜而漸，**漸，進也。謂貪利不知止也。○郝懿行曰：漸與潛同。此言小人知則攫盜而潛深，不敢發也，愚則毒賊而爲亂，不知懼也，語意甚明。荀書多以「漸」爲「潛」，楊氏不知，例以「漸，進」爲訓，而不顧其安。如此注亦以漸爲進，則難通矣。王引之曰：漸，詐欺也。小人之智，則攫盜而已矣，詐欺而已矣。議兵篇曰「招近募選，隆埶詐，尚功利，是漸之也」，正論篇曰「上幽險則下漸詐矣」，（楊訓漸爲進，又訓爲浸漬，皆失之。）義竝與此同。呂刑曰「民興胥漸」，言小民方興，相爲詐欺也。（傳以漸爲漸化，失之。說見經義述聞。）莊子胠篋篇曰：「知詐漸毒。」（李頤以漸爲漸漬，失之。）此皆古人謂詐爲漸之證。說者都不尋省，望文生義，失其傳久矣。先謙案：王說是。**愚則毒賊而亂；**毒，害也。愚而而無畏忌也。**見由則兑而倨，**兑，說也。言喜於儌幸而倨傲也。○先謙案：兑與鋭同，謂捷利也，楊注非。說見脩身篇。**見閉則怨而險；**怨上而險賊也。**喜則輕而翾，**輕，謂輕佻失據。翾，小飛也。言小人之喜輕佻如小鳥之翾然。音許緣反。或曰：與懁同。說文云：「懁，急也。」**憂則挫而懾；通則驕而偏，**偏，偏頗也。**窮則弃而儑。**弃，自弃也。「儑」當爲「濕」。方言云：「濕，憂也。」字書無「儑」字。韓詩外傳作「弃而累也」。○郝懿行曰：玉篇：「儑，五甘切，不慧也。」廣韻五紺切，云：「儑儑，龍龕手鑑一云：「儑，五盍反。偈儑，不著事也。偈，他盍反，偈儑儜劣也。又音儑，不謹貌也。」然則諸義皆與此近。此言小人窮則卑棄失志，不能自振，往往如此。楊氏未見玉篇、廣韻，故云「字書無儽字」，又云「儽當爲纝」，竝非。韓詩外傳四「儽」作「累」，恐亦字形之譌。「累」與「纝」皆俗字，「纝」當作「溼」。「累」當作「纍」，與此字形音義遠。傳曰：「君子兩進，小人兩廢。」此之謂也。

君子治治，非治亂也。曷謂邪？曰：禮義之謂治，非禮義之謂亂也。故君子者，治禮義者也，非治非禮義者也。然則國亂將弗治與？曰：國亂而治之者，非案亂而治之之謂也，去亂而被之以治；案，據也。據舊亂而治之也。荀子「安」、「案」多爲語助，與此不同也。人汙而修之者，人有汙穢之行，將修爲善。○俞樾曰：修，當讀爲滌。周官司尊彝職曰「凡酒修酌」，鄭注曰：「修，讀如『滌濯』之滌。」是其證也。滌從條聲，條從攸聲，修亦從攸聲，聲同之字，故得通用，楊注失之。荀子書每以「修」與「汙」對文，竝當讀爲滌。非案汙而修之之謂也，去汙而易之以修。故去亂而非治亂也，去汙而非修汙也。治之爲名，猶曰君子爲治而不爲亂，爲修而不爲汙也。治之名號如此。

君子絜其辯而同焉者合矣，絜，修整也，謂不煩雜。○盧文弨曰：案韓詩外傳一亦有此文，彼「辯」作「身」。先謙案：外傳作「身」，是也。「絜其身」「善其言」對文，若作「辯」，則與「言」複，「絜辯」二字亦不詞。荀子原文自作「絜其身」，傳寫誤「辯」。下文「故新浴」云云，正申言絜身之義。楊注「謂不煩雜」，似所見本已誤爲「辯」矣。善其言而類焉者應矣。出其言善，千里之外應之。**故馬鳴而馬應之，**○盧文弨曰：外傳此下尚有「牛鳴而牛應之」六字。**非知也，其埶然也。**知音智。**故新浴者振其衣，新沐者彈其冠，人之情也。**言潔其身者，懼外物之汙也，猶賢者必不受不善人之汙者也。**其誰能以己之潐潐，受人之掝掝者哉！**潐潐，明察之貌。潐，盡。謂窮盡明於事。易曰：「窮理盡性。」「掝」當爲「惑」。掝掝，惛也。楚詞曰：「安能以身之察察，受物之惛惛者乎？」潐，子誚反。○盧文弨曰：案「潐，盡也」，本說文，此脱「也」字。郝懿行曰：韓詩外傳一作「莫能以己之皭皭容人之混汙」，然皭與潐，古音同，混汙與掝掝，音又相轉，此皆假借字耳。楚詞作「察察」「汶汶」，當是也。又案上云「故新浴者振其衣，新沐者彈其冠」，亦與楚詞同。先謙案：「焦」「爵」雙聲，故從焦從爵之字相通假而義皆訓盡，如噍之與嚼，（禮記少儀釋文：「噍，本作嚼。」說文：「噍，或從爵。」）醮之與釂，（說文：「醮，冠娶禮祭。」「釂，飲酒盡也。」釋水：「水醮曰厬。」釋文及本書禮論「利爵之不醮也」，注皆訓爲盡，則借「醮」爲「釂」矣。）竝是。故皭皭亦爲潐潐也。「掝」當爲「惑」，楊說是也。字書無「掝」字，蓋「惑」亦作「惐」，遂轉寫爲「掝」耳。儒效篇云「無所儗㤿」，楊注：「㤿與怍同。」「惑」之爲「掝」，猶「怍」之爲「㤿」矣。

君子養心莫善於誠，無姦詐則心常安也。○劉台拱曰：誠者，君子所以成始而成終也。以成始，則大學之「誠其意」是也。以成終，則中庸之「至誠無息」是也。此言養心莫善於誠，卽誠意之事，故下文亦言「慎獨」。**致誠則無它事矣，**致，極也。極其誠，則外物不能害。○王念孫曰：君子非仁不守，非義不行，故曰「無它事」。下文「唯仁之爲守，唯義之爲行」，是其明證。楊說非。先謙案：王説是。羣書治要引作「致誠無它，唯仁之守，唯義之行」，删數字而語意倍顯，是唐人解此文與楊注義異。**唯仁之爲守，唯義之爲行。**致其誠，在仁義。**誠心守仁則形，形則神，神則能化矣；**誠心守於仁愛，則必形見於外，則下尊之如神，能化育之矣。化，謂遷善也。**誠心行義則理，理則明，明則能變矣。**義行則事有條理，明而易，人不敢欺，故能變改其惡也。**變化代興，謂之天德。**既能變化，則德同於天。馴致於善謂之化，改其舊質謂之變。言始於化，終於變也，猶天道陰陽運行則爲化，春生冬落則爲變也。**天不言而人推高焉，地不言而人推厚焉，四時不言而百姓期焉。**期，謂知其時候。**夫此有常，以至其誠者也。**至，極也。天地四時所以有常如此者，由極其誠所致。**君子至德，嘿然而喻，未施而親，不怒而威。**君子有至德，所以嘿然不言而人自喻其意也。**夫此順命，以慎其獨者也。**人所以順命如此者，由慎其獨所致也。慎其獨，謂戒慎乎其所不睹，恐懼乎其所不聞。至誠不欺，故人亦不違之也。○郝懿行曰：此語甚精，楊氏不得其解，而以謹慎其獨爲訓。今正之云：獨者，人之所不見也。慎者，誠也；誠者，實也。心不篤實，則所謂獨者不可見。勸學篇云：「無冥冥之志者無昭昭之明，無惛惛之事者無赫赫之功。」此惟精專沈默，心如槁木死灰，而後髣髴遇焉。口不能言，人亦不能傳，故曰獨也。又曰「不獨則不形」者，形非形於外也，（楊注誤。）形卽形此獨也。又曰「不形則雖作於心，見於色，出於言」，三句皆由獨中推出，此方是見於外之事。而其上説天地四時云

「夫此有常，以至其誠者也」；説君子至德云「夫此順命，以慎其獨者也」。順命，謂順天地四時之命。（楊注尤誤。）言化工默運，自然而極其誠；君子感人，嘿然而人自喻，惟此順命以慎其獨而已。推尋上下文義，慎當訓誠。據釋詁云「慎，誠也」，非慎訓謹之謂。中庸「慎獨」與此義别。楊注不援爾雅而據中庸，謬矣。「慎」字古義訓誠，詩凡四見，毛、鄭俱依爾雅爲釋。大學兩言「慎獨」，皆在誠意篇中，其義亦與詩同。惟中庸以「戒慎」「慎獨」爲言，此别義，乃今義也。荀書多古義、古音，楊注未了，往往釋以今義，讀以今音，每致舛誤，此其一也，餘不悉舉。王念孫曰：中庸之「慎獨」，「慎」字亦當訓爲誠，非上文「戒慎」之謂。（「莫見乎隱，莫顯乎微」，卽大學之「十目所視，十手所指」，則慎獨不當有二義。陳碩甫云：「中庸言慎獨，卽是誠身。」）故禮器説禮之以少爲貴者曰：「是故君子慎其獨也。」鄭注云：「少其牲物，致誠慤。」是慎其獨卽誠其獨也。慎獨之爲誠獨，鄭於禮器已釋訖，故中庸、大學注皆不復釋。孔沖遠未達此旨，故訓爲謹慎耳。凡經典中「慎」字，與「謹」同義者多，與「誠」同義者少。訓謹訓誠，原無古今之異，（慎之爲謹，不煩訓釋，故傳注無文，非誠爲古義而謹爲今義也。）唯「慎獨」之「慎」則當訓爲誠，故曰「君子必慎其獨」，又曰「君子必誠其意」。禮器、中庸、大學、荀子之「慎獨」，其義一而已矣。**善之爲道者，不誠則不獨，**無至誠則不能慎其獨也。**不獨則不形，**不能慎其獨，故其德亦不能形見於外。○俞樾曰：上文云「致誠則無它事矣，唯仁之爲守，唯義之爲行」。所謂獨者，卽無它事之謂。唯仁、唯義，故無它事，無它事是謂獨，故曰「不誠則不獨，不獨則不形」。言不能誠實則不能專一於内，不能專一則不能形見於外。楊氏未達「獨」字之旨，故所解均未得也。不形則雖作於心，見於色，出於言，民猶若未從也，雖從必疑。若，如也。無至誠，故雖出令，民猶如未從者，雖彊使之從，亦必疑之也。○王念孫曰：若，猶然也。言雖出令，民猶然未從，非謂猶如未從也。古謂猶然爲猶若，說見釋詞「若」字下。天地爲大矣，不誠則不能化萬物；聖人爲知矣，不誠則不能化萬民；父子爲親矣，不誠則疏；君上爲尊矣，不誠則卑。卑，謂不爲在下所尊。夫誠者，君子之所守也，而政事之本也。唯所居以其類至，所居，所止也。唯其所止至誠，則以類自至。謂天地誠則能化萬物，聖人誠則能化萬民，父子誠則親，君上誠則尊也。操之則得之，舍之則失之。操，持。操而得之則輕，持至誠也而得之，則易舉也。詩曰：「德輶如毛。」輕則獨行，舉至誠而不難，則慎獨之事自行矣。獨行而不舍則濟矣。至誠在乎不已。濟而材盡，長遷而不反其初則化矣。既濟則材性自盡。長遷不反其初，謂中道不廢也。

君子位尊而志恭，心小而道大，所聽視者近而所聞見者遠。是何邪？則操術然也。謂以近知遠，以今知古，所持之術如此也。○盧文弨曰：正文「則」字，從元刻，宋本作「是」。故千人萬人之情，一人之情是也；人情不相遠。天地始者，今日是也；百王之道，後王是也。後王，當今之王。言後王之道與百王不殊，行堯、舜則是亦堯、舜也。君子審後王之道而論於百王之前，若端拜而議。端，玄端，朝服也。端拜，猶言端拱。言君子審後王所宜施行之道，而以百王之前比之，若服玄端，拜揖而議。言其從容不勞也。時人多言後世澆醨，難以爲治，故荀明之。○郝懿行曰：端，疑「振書端書」之「端」，端者，正也。謂正容拜議，非必衣玄端也。注言「端拱」，又言「玄端」，二義似歧。王念孫曰：古無拜而議事之禮，且「端拜」二字義不相屬。「拜」當爲「拜」，「拜」，今「拱」字也，（説文：「𠬞，竦手也，从𠂇从又。」拜，揚雄説：「廾从兩手。」」「拱，斂手也，从手，共聲。」今經傳皆作「拱」。）形與「拜」相似，因訛爲「拜」。端拱而議，卽楊注所云「從容不勞也」。楊云「端拜，猶言端拱」，近之，乃又云「拜揖而議」，則未知「拜」爲「拜」之譌耳。先謙案：王説是。推禮義之統，分是非之分，上分如字，下扶問反。分之使當其分。總天下之要，治海内之衆，若使一人，故操彌約而事彌大。約，少也。得其宗主也。五寸之矩，盡天下之方也。矩，正方之器也。○郝懿行曰：荀意當以句股法開方而言，故以五寸盡之，言操彌約也。故君子不下室堂而海内之情舉積此者，則操術然也。舉，皆也。○盧文弨曰：正文「堂」字上，宋本有「室」字，今從元刻删。王念孫曰：「室」非衍字也。内則曰：「灑埽室堂。」書傳中言「室堂」者多矣。君子不下室堂而海内之情舉積此，猶老子言「不出户，知天下」也。元本無「室」字者，後人以意删之耳。羣書治要引此有「室」字，錢本、世德堂本同。先謙案：謝本從盧校。今依王説改從宋本。

有通士者，有公士者，有直士者，有愨士者，有小人者。上則能尊君，下則能愛民，物至而應，事起而辨，若是，則可謂通士矣。物有至則能應之，事有疑則能辨之。通者，不滯之謂也。○王念孫曰：辨者，治也。謂事起而能治之，非謂事有疑而能辨之也。説文：「辯，治也。」昭元年左傳「主齊盟者誰能辯焉」，杜注與説文同。王霸篇「儒者爲之，必將曲辯」，楊注曰：「辯，治也。」字或作「辨」。議兵篇「城郭不辨」，注曰：「辨，治也。」合言之，則曰「治辯」。儒效篇曰：「分不亂於上，能不窮於下，治辯之極也。」王霸篇曰：「有加治辯彊固之道焉。」（有，讀爲又。舊本「有加」二字倒轉，今據楊注乙正。楊以辯爲分別，失之。）又曰：「天下莫不平均，莫不治辯。」議兵篇曰：「禮者，治辯之極也。」或作「治辨」。榮辱篇曰：「君子修正治辨。」正論篇曰：「上宣明則下治辨矣。」禮論篇曰：「君者，治辨之主也。」以上凡言「治辯」者，皆兩字同義。倒言之，則曰「辯治」。小雅采菽傳曰：「平平，辯治也。」荀子君道篇「君者，善班治人者也」，「班」亦與「辯」同，韓詩外傳作「辯治」。成相篇：「辯治上下。」**不下比以闇上，不上同以疾下，**闇上，掩上之明也。疾與嫉同。○先謙案：上同，苟合於上。成相篇云：「愚而上同，國必禍。」**分爭於中，不以私害之，若是，則可謂公士矣。**謂於事之中有分爭者，不以私害之，則可謂公正之士也。**身之所長，上雖不知，不以悖君，**不怨君而違悖也。○郝懿行曰：「悖」者，「倍」之假借字。倍訓反，與背同。王引之曰：悖，讀若勃。（玉篇：「勃，蒲突切，又蒲輩切。」廣韻同。）悖，怨懟也。謂君雖不知而不怨君也。仲尼篇曰「君雖不知，無怨疾之心」是也。方言：「倖，懟也。」廣雅曰：「勃，懟也。」「倖、怨、懟，恨也。」「悖」「倖」「勃」字異而義同。（莊十一年左傳「其興也悖焉」，一作「勃」。莊子庚桑楚篇「徹志之勃」，「勃」本又作「悖」。秦策「秦王悖然而怒」，「悖然」即「勃然」。）楊注非。**身之所短，上雖不知，不以取賞，**受禄不誣。**長短不飾，以情自竭，若是，則可謂直士矣。**不矜其長，不掩其短，但任直道而竭盡其情也。○郝懿行曰：情，實也。竭，舉也。言短長皆以實偁説，不加文飾，所以爲直士。王念孫曰：郝説是也。説文：「竭，負舉也。」「揭，高舉也。」廣雅：「揭，舉也。」禮運釋文：「竭，本亦作揭。」是「揭」「竭」古字通。**庸言必信之，庸行必慎之，**庸，常也。謂言常信，行常慎。**畏法流俗而不敢以其所獨甚，**法，效也。畏效流移之俗，又不敢以其所獨善而甚過人，謂不敢獨爲君子也。○王念孫曰：「甚」，當爲「是」。言不從流俗而亦不敢用其所獨是也。隸書「甚」字作「⿱甘疋」，「是」字作「昰」，二形相似，故「是」譌爲「甚」。荀子賦篇「嫫母、力父是之喜」，楚策「是之喜」譌作「甚喜之」。韓詩外傳「詩曰『瞻彼日月，悠悠我思，道之云遠，曷云能來』，急時辭也，是故稱之日月也」，説苑辯物篇作「甚焉，故稱日月也」。漢書司馬相如傳「閑雅甚都」，史記「甚」作「是」。説文「尟，是少也，從是少」，今俗作「尠」。皆其證也。楊注非。**若是，則可謂慤士矣。**端慤不貳。**言無常信，行無常貞，唯利所在，無所不傾，**利之所在，皆傾意求之。○俞樾曰：文選孫子荆詩「傾城遠追送」，李善注：「傾，猶盡也。」無所不傾，即無所不盡。楊注非。**若是，則可謂小人矣。**

公生明，偏生闇，端慤生通，詐僞生塞，多窮塞也。**誠信生神，**誠信至則通於神明。中庸曰：「至誠如神。」**夸誕生惑。**矜夸妄誕則貪惑於物也。**此六生者，君子慎之，而禹、桀所以分也。所以分賢愚也。

欲惡取舍之權：舉下事也。見其可欲也，則必前後慮其可惡也者；見其可利也，則必前後慮其可害也者；而兼權之，孰計之，權，所以平輕重者。孰，甚也，猶成孰也。然後定其欲惡取舍。○顧千里曰：案「欲惡取舍之權」，疑當作「欲惡利害，（句。）取舍之權」，（句。）脱「利害」二字。「然後定其欲惡取舍」，疑當作「然後定其取舍」，衍「欲惡」二字。榮辱篇「其定取舍楛僈」，上下文皆卽此義明甚。楊注已脱衍，非也。如是，則常不失陷矣。凡人之患，偏傷之也。偏，謂見其一隅。見其可欲也，則不慮其可惡也者；見其可利也，則不顧其可害也者。是以動則必陷，爲則必辱，是偏傷之患也。

人之所惡者，吾亦惡之。賢人欲惡之，不必異於衆人也。○盧文弨曰：正文首疑當有「人之所欲者，吾亦欲之人」字，注「賢人欲惡之」下疑脱一字。王念孫曰：案盧以注云「賢人欲惡，不必異於衆人」，故疑正文當有「人之所欲者」云云也。不知注言欲惡不異者，加一「欲」字以通其義，非正文所有也。下文皆言惡，不言欲，是其證。夫富貴者則類傲之，富貴之類，不論是非，皆傲之也。○先謙案：荀書用「夫」字，俱訓彼，它篇竝同。夫貧賤者則求柔之，見貧賤者，皆柔屈就之也。○俞樾曰：注不釋「求」字。禮記曲禮篇曰「君子行禮，不求變俗」，鄭注曰：「求，猶務也。」求柔之，猶言務柔之矣。是非仁人之情也，○俞樾曰：「仁」字衍。上文葢言遇富貴者率傲慢之，遇貧賤者務柔屈之，此非人情也，正與上文「人之所惡者，吾亦惡之」相應。上文泛言人，則此文亦不當言仁人。後人因下云「是姦人將以盜名於晻世者也」，故於上句加「仁」字，以對下「姦」字，而不知其義之非耳。**是姦人將以盜名於晻世者也，險莫大焉。**姦人盜富貴貧賤之名於昏闇之世。晻與暗同。**故曰：盜名不如盜貨。田仲、史鰌不如盜也。**田仲，齊人，處於陵，不食兄祿，辭富貴，爲人灌園，號曰於陵仲子。史鰌，衞大夫，字子魚，賣直也。○盧文弨曰：「田」與「陳」，古多通用。郝懿行曰：陳仲之廉，史鰌之直，雖未必合於中行，衡之末俗，固可以激濁流，揚清波。荀之此論，將無苛歟？夫名生於不足，盜生於有欲，盜不可有，名不可無。程子有言：「古之學者爲己，今之學者爲人；古之仕者爲人，今之仕者爲己。」推此而論，夫苟行以實心，錢穀兵刑，何非爲己？假令心本近名，割股廬墓，豈非爲人？然則荀卿此論，蓋欲鍼砭於流俗，而非持論於衡平矣。

榮辱篇第四

憍泄者，人之殃也。泄與媟同，嫚也。殃，或爲袂。○謝本從盧校作「橋泄」。盧文弨曰：「橋」，元刻作「憍」。劉台拱曰：「橋」，當從元刻作「憍」。王念孫曰：呂、錢本亦作「憍」，「憍泄」即「驕泰」之異文。荀子他篇或作「汏」，或作「忲」，或作「泰」，皆同。古字「世」「大」通用，「大室」亦爲「世室」，「大子」亦爲「世子」，「子大叔」亦爲「世叔」。漏泄之泄，古多與「外」「大」「害」

「敗」等字爲韻，聲與「泰」亦相近也。賈子曰「簡泄不可以得士」，亦以「泄」爲「汏」。先謙案：劉、王說是，今改從呂、錢本元刻。**恭儉者，偋五兵也。**「偋」，當爲「屏」，卻也。說文有「偋」字，偋，寠也，與此義不同。偋，防正反。○盧文弨曰：「五兵」，元刻與俗間本俱作「五六」，今從宋本。先謙案：「偋」，當爲「倂」。彊國篇「倂己之私欲」，君道篇「倂耳目之樂」，倂皆讀屏，是荀書例以「倂」爲「屏」也。此言屏卻五兵，其文亦必作「倂」，妄人誤加「尸」爲「偋」耳。五兵說見儒效篇。**雖有戈矛之刺，不如恭儉之利也。**言入人深。**故與人善言，煖於布帛；傷人之言，深於矛戟。**○王念孫曰：「傷人之言」，「之」本作「以」。謂以言傷人，較之以矛戟傷人者爲更深也。今本「以」作「之」，則與下句不甚貫注矣。非相篇「故贈人以言重於金石珠玉，勸人以言美於黼黻文章，聽人以言（今本「以」字亦誤作「之」，辯見非相篇。）樂於鐘鼓琴瑟」，三「以」字與此文同一例。藝文類聚人部三、太平御覽兵部八十四引此竝作「傷人以言」。**故薄薄之地，不得履之。非地不安也。危足無所履者，凡在言也。**薄薄，謂旁薄廣大之貌。危足，側足也。凡，皆也。所以廣大之地側足無所容者，皆由以言害身也。○盧文弨曰：正文「危足無所履者」下，宋本有「也」字，今據元刻去之，與注合。**巨涂則讓，小涂則殆，雖欲不謹，若云不使。**殆，近也。凡行前遠而後近，故近者亦後之義。謂行於道涂，大道竝行則讓之，小道可單行則後之，若能用意如此，雖欲爲不謹敬，若有物制而不使之者。儒行曰：「道涂不爭險易之利。」○王念孫曰：楊說迂回而不可通。余謂殆讀爲待。言共行於道涂，大道可竝行則讓之，小道只可單行，則待其人過乃行也。作「殆」者，叚借字耳。俞樾曰：讓，當讀爲「攘攘」之「攘」。說文女部：「孃，煩擾也。」經典無「孃」字，多以「讓」爲之。禮記曲禮篇鄭注曰：「攘，古讓字。」故此又以「讓」爲之也。文選舞賦「擾攘就駕」，李善引埤蒼曰：「攘，疾行貌。」巨涂人所共行，故擾攘而不止；小涂人所罕由，故危殆而不安。是涂無巨小，皆不可不謹，故曰「雖欲不謹，若云不使」也。先謙案：俞說是。

快快而亡者，怒也；肆其快意而亡，由於忿怒也。○先謙案：快快，即肆意之義。大略篇云「賤師而輕傅則人有快，人有快則法度壞」，楊注云：「人有肆意。」是快猶肆也。快快與有快同義。肆意而亡其身者，由怒害之。下文所謂「行其少頃之怒而喪終身之軀」矣。**察察而殘者，忮也；**至明察而見傷殘者，由於有忮害之心也。**博而窮者，訾也；**言詞辯博而見窮蹙者，由於好毀訾也。**清之而俞濁者，口也；**欲求其清而俞濁者，在口說之過，謂言過其實也。或曰：絜其身則自清也，但能口說，斯俞濁也。俞，讀爲愈。○先謙案：或說是。**豢之而俞瘠者，交也；**所交接非其道，則必有患難，雖食芻豢而更瘠也。故上篇云「勞勸而容貌不枯，好交也」。○先謙案：以利交者，利盡則絕，故曰「豢養之而愈瘠」也。此言小人之交，故下文以小人總結之。「好交」乃「好文」之誤，說見上篇。楊引以證本文，非。**辯而不說者，争也；**不說，不爲人所稱說。或讀爲悅。○王念孫曰：後說是。俞樾曰：楊注二義皆非。淮南子俶真篇「辯者不能說也」，高誘注曰：「説，釋也。」斯得之矣。辯而不説，謂辯而人不解説，由其好與人争而不能委曲以曉人也。直立而不見知者，勝也；直立，謂己直人曲。勝，謂好勝人也。廉而不見貴者，劌也；劌，傷也。刻己太過，不得中道，故不見貴也。○王念孫曰：廉而劌，謂有廉隅而傷人也，如此則人不貴之矣。不苟篇注云：「廉，稜也。劌，利傷也。」較此注爲勝。勇而不見憚者，貪也；貧利則委曲求人，故雖勇而不見憚。信而不見敬者，好剸行也：剸與專同。專行，謂不度是非，好復言如白公者也。此小人之所務而君子之所不爲也。

鬭者，忘其身者也，忘其親者也，忘其君者也。行其少頃之怒而喪終身之軀，然且爲之，是忘其身也；室家立殘，親戚不免乎刑戮，然且爲之，是忘其親也；蓋當時禁鬭殺人之法戮及親戚。尸子曰：「非人君之用兵也，以爲民傷鬭，則以親戚徇一言而不顧之也。」君上之所惡也，刑法之所大禁也，然且爲之，是忘其君也。憂忘其身，遭憂患刑戮而不能保其身，是憂忘其身也。或曰：當爲「下忘其身」，誤爲「夏」，又「夏」轉誤爲「憂」字耳。○王念孫曰：案後説爲長。内忘其親，上忘其君，是刑法之所不舍也，○盧文弨曰：俗本「舍」作「赦」，今從宋本。聖王之所不畜也。乳彘觸虎，○先謙案：觸虎者，蓋衞其子，當時有此語耳。乳狗不遠遊，不忘其親也。人也，○盧文弨曰：「人也」，各本作「小人」，今從宋本。先謙案：「人也」二字下屬爲句。憂忘其身，内忘其親，上忘其君，則是人也而曾狗彘之不若也。凡鬬者，必自以爲是而以人爲非也。己誠是也，人誠非也，則是己君子而人小人也，以君子與小人相賊害也。憂以忘其身，内以忘其親，上以忘其君，豈不過甚矣哉！是人也，所謂「以狐父之戈钃牛矢」也。時人舊有此語，喻以貴而用於賤也。狐父，地名。史記「伍被曰『吴王兵敗於狐父』」，徐廣曰：「梁、碭之間也，蓋其地出名戈。」其説未聞。管子曰「蚩尤爲雍狐之戟、狐父之戈」，豈近此邪？钃，刺也，之欲反。故良劒謂之屬鏤，亦取其利也。或讀斸爲斫。○郝懿行曰：斸、斫音讀不同，斸雖訓斫，而不讀爲斫也。玉篇「斸」或作「钃」，與斫音異，不知楊氏何故同之。正文又無「斸」字，此注當有脱誤。钃訓刺，亦未聞。將以爲智邪？則愚莫大焉。將以爲利邪？則害莫大焉。將以爲榮邪？則辱莫大焉。將以爲安邪？則危莫大焉。人之有鬬，何哉？我欲屬之狂惑疾病邪，則不可，聖王又誅之。屬，託也，之欲反。我欲屬之鳥鼠禽獸邪，則不可，其形體又人，而好惡多同。視其形體則又人也，其好惡多與賢人同，但好鬬爲異耳。人之有鬬，何哉？我甚醜之！其禍如此，何爲鬬也？

有狗彘之勇者，有賈盜之勇者，狗彘勇於求食，賈盜勇於求財。賈音古。有小人之勇者，有士君子之勇者：小人勇於暴，士君子勇於義。言人有此數勇也。争飲食，無廉恥，不知是非，不辟死傷，不畏衆彊，恈恈然唯利飲食之見，是狗彘之勇也。辟，讀爲避。恈恈，愛欲之貌。方言云：「牟，愛也，宋、魯之間曰牟。」○王引之曰：「飲食」上本無「利」字。唯飲食之見，言猶𪗋唯見有飲食也。下文「恈恈然唯利之見」，與此文同一例。今本作「利飲食之見」，「利」字卽涉下文「利」字而衍。**爲事利，**爲事及利也。爲，于僞反。**争貨財，無辭讓，果敢而振，猛貪而戾，恈恈然唯利之見，是賈盜之勇也。**振，動也。戾，乖背也。春秋公羊傳曰「葵丘之會，桓公振而矜之」，何休云：「亢陽之貌也。」○王引之曰：「振」當爲「很」，字之誤也。「果敢而很，猛貪而戾」，二句一意相承。故廣雅曰：「戾，很也。」若「振」則非其類矣。楊注非。**輕死而暴，是小人之勇也。義之所在，不傾於權，不顧其利，舉國而與之不爲改視，重死持義而不橈，是士君子之勇也。**雖重愛其死而執節持義，不橈曲以苟生也。儒行曰：「愛其死以有待也。」○俞樾曰：此本作「重死而持義不橈」，故楊注曰「雖重愛其死而執節持義，不橈曲以苟生也」。是楊氏所據本「而」字在「持義」之上。

儵鉌者，浮陽之魚也，儵鉌，魚名。浮陽，謂此魚好浮於水上就陽也。今字書無「鉌」字，蓋當爲「鮍」。説文云卽「鱣鮪鮍鮍」字，蓋儵魚一名儵鮍。莊子與惠子遊於濠梁之上，儵魚出遊，是亦浮陽之義。或曰：浮陽，勃海縣名也。儵音稠。鮍，布末反。○郝懿行曰：「鉌」不成字，鮍非魚名，疑當爲「鱧」。俗書「體」或作「体」，然則「儵鉌」卽「儵鱧」矣。王念孫曰：衛風碩人篇「鱣鮪發發」，説文作「鮍鮍」，則鮍非魚名，且儵魚亦無儵鮍之名，楊説非也。竊疑「鉌」爲「魾」字之誤。爾雅云「魴魾」。魾卽魴之異名，則鯈、魾爲二魚也。隸書「丕」字或作「圣」，（見漢趙相劉衡碑。）「本」字或作「夲」，（見白石神君碑。）二形相似，故「魾」誤爲「鮮」與？ **胠於沙而思水，則無逮矣。** 胠與祛同。揚子雲方言云：「祛，去也，齊、趙之總語。」去於沙，謂失水去在沙上也。莊子有胠篋篇，亦取去之義也。○盧文弨曰：案方言「祛」作「抾」。王引之曰：魚去沙上，不得謂之去於沙，楊説非也。案「胠」當爲「俗」。（字從人，谷聲。谷，其虐反，與風俗之俗從谷者不同。）玉篇：「俗，渠戟切，倦也。」集韻「㑥」，方言「勌」也。（勌與倦同。）或作「㑥俗」。漢司馬相如子虛賦「徼谻受詘」，郭璞曰：「谻，疲極也。」上林賦「與其窮極倦谻」，郭曰：「窮極倦谻，疲憊者也。」説文：「㑥，徼㑥受屈也。」「谻」「㑥」竝與「俗」同，窮、極、倦、谻，其義一也。廣雅曰：「困、疲、羸、券、（鄭注考工記輈人曰：「券，今倦字也。」）㑥、窮、憊，（與憊同。）遯象傳「有疾憊也」，鄭注：「憊，困也。」）極也。」（趙注孟子離婁篇曰：「極，困也。」呂刑曰：「人極于病。」）困、疲、羸、倦、㑥、窮、憊、極，其義一也。然則俗者，窮困之謂。言魚困於沙而思水，則無及也。隸書「亻」旁或從篆作「刀」，（見隸辨。）與「月」相似，「谷」或作「去」，（漢冀州刺史王純碑「卻埽閉門」，「卻」作「却」。今俗書「卻」「腳」二字亦作「却」「脚」。）與「去」相似，故「俗」字譌而爲「胠」。俞樾曰：「胠」，當作「阹」。文選吴都賦曰「阹以九疑」，注曰：「阹，闌也。因山谷以遮獸也。」阹於沙，義亦同。此言遮闌於沙而思水，則無及矣。下云：「挂於患而欲謹，則無益矣。」「阹於沙」、「挂於患」，文義一律。先謙案：俞説是。 **挂於患而欲謹，則無益矣。** 人亦猶魚也。 **自知者不怨人，知命者不怨天，**

怨人者窮，徒怨懟於人、不自修者，則窮迫無所出。**怨天者無志。**有志之士，但自修身，遇與不遇，皆歸於命，故不怨天。○王念孫曰：志，讀爲「知識」之「識」。（古「知識」字通作「志」，説見經義述聞左傳昭二十六年。）不知命而怨天，故曰無識。法行篇正作「怨天者無識」，楊彼注云「無識，不知天命」，是也。此注以志爲志氣之志，失之。**失之己，反之人，豈不迂乎哉！**迂，失也。反，責人也。○王念孫曰：失與迂義不相近，古無此訓也。廣雅曰：「迂，遠也。」韓詩外傳曰「身不善而怨他人，不亦遠乎」，語意正與此同。先謙案：三句與法行篇同。反之人，與君道篇「反之民」「反之政」同，意言反求也。

榮辱之大分，○盧文弨曰：舊本不提行，今案當分段。**安危利害之常體。先義而後利者榮，先利而後義者辱；榮者常通，辱者常窮；通者常制人，窮者常制於人：**受制於人。**是榮辱之大分也。**其中雖未必皆然，然其大分如此矣。**材慤者常安利，蕩悍者常危害；**材慤，謂材性原慤也。蕩悍，已解於修身篇。○汪中曰：「材」，疑當作「朴」，字之誤也。王念孫曰：大戴記王言篇「士信、民敦、工璞、商慤、女憧、婦空空」，家語作「士信、民敦而俗樸，（樸、朴、璞竝通。）男慤而女貞」，王肅云：「樸，慤愿貌。」「朴慤」與「蕩悍」，「安利」與「危害」，「樂易」與「幽險」，「壽長」與「夭折」，皆對文。**安利者常樂易，危害者常憂險；**樂易，歡樂平易也，詩所謂「愷悌」者也。○王念孫曰：險以心言，非以境言。憂險猶憂危，謂中心憂危之也，故與「樂易」對文。下文「樂易者常壽長，憂險者常夭折」，亦以心言之也。周語云「君子將險哀之不暇，而何樂易之有焉」，亦以「險哀」對「樂易」，説見經義述聞周語。**樂易者常壽長，憂險者常夭折；是安危利害之常體也。**亦大率如此。**夫天生蒸民，有所以取之。**言天生衆民，其君臣上下職業皆有取之道，非其道，所以敗之也。○盧文弨曰：案注「取之道」，當重一「之」字；「之也」，「之」字衍。**志意致修，德行致厚，智慮致明，是天子之所以取天下也。**致，極也。言如此，是乃天子之所以取天下之道也。**政令法，舉措時，聽斷公，**舉措時，謂興力役不奪農時也。○盧文弨曰：元刻首句作「政法令」，注首云「當作『政令法』，或曰『政當爲正』」，多十一字。今從宋本。**上則能順天子之命，下則能保百姓，是諸侯之所以取國家也。志行修，臨官治，上則能順上，下則能保其職，是士大夫之所以取田邑也。循法則、度量、刑辟、圖籍，**度，尺丈。量，斗斛。刑法之書，左氏傳曰：「先王議事以制，不爲刑辟。」圖，謂模寫土地之形；籍，謂書其户口之數也。○盧文弨曰：正文「循」，元刻作「修」，各本同，今從宋本。先謙案：注「刑法之書」上當有「刑辟」二字。**不知其義，謹守其數，慎不敢損益也，**若制所然。**父子相傳，以持王公，**世傳法則，所以保持王公，言王公賴之以爲治者也。○王念孫曰：持，猶奉也。言官人百吏謹守其法則、度量、刑辟、圖籍，（見上文。）父子相傳，以奉王公也。廣雅：「奉，持也。」是持與奉同義。楊以持爲保持，未確。**是故三代雖亡，治法猶存，是官人百吏之所**

以取禄秩也。○先謙案：君道篇云「官人守數」，正論篇云「官人以爲守」，注：「官人，守職事之官也。」王霸篇注：「官人，列官之人。」荀書每以「官人百吏」竝言，猶周官所云「府史」「胥徒」之屬耳。**孝弟原愨，軥録疾力，以敦比其事業而不敢怠傲，是庶人之所以取煖衣飽食，長生久視，以免於刑戮也。**軥與拘同。拘録，謂自檢束也。疾力，謂速力而作也。敦，厚也。比，親也。言不敢怠惰也。○盧文弨曰：淮南子主術訓「人之性莫貴於仁，莫急於智，兩者爲本而加之以勇力、辨慧、捷疾、劬録」，正與此「軥録疾力」語相似。軥録，葢勞身苦體之意。孝弟原愨以行言，軥録疾力以事言。楊訓爲拘録，非也。郝懿行曰：原與愿同，原、愨皆訓謹也。軥與局同，録與逯同。逯者，行謹逯逯也。軥録，猶局促，竝疊韻字也。君道篇作「拘録」。王引之曰：敦、比，皆治也。魯頌閟宮箋云：「敦，治也。」孟子公孫丑篇「使虞敦匠事」，謂治匠事也。比，讀爲庀。襄二十五年左傳「子木使庀賦」，魯語「子將庀季氏之政焉」，韋、杜注竝云：「庀，治也。」周官遂師「庀其委積」，故書「庀」爲「比」，鄭司農讀爲庀。大司馬「比軍衆」，「比」，或作「庀」。是庀與比通。敦比其事業，猶云治其事業耳。彊國篇「敦比於小事」，義與此同，楊注以爲精審躬親，亦失之。**飾邪說，文姦言，爲倚事，**倚，已解上。倚事，怪異之事。**陶誕、突盜，**「陶」當爲「檮杌」之「檮」，頑嚚之貌。突，淩突不順也。或曰：「陶」當爲「逃」，隱匿其情也。○郝懿行曰：陶，古讀如謠，謠者，毁也。離騷云：「謠諑謂予以善淫。」陶誕卽謠誕，謂好毁謗誇誕也；突盜，謂好侵突掇盜也，每二字爲一義。注似失之。王念孫曰：楊釋「陶」字之義未安。余謂陶讀爲謟。（音滔。）「謟」

「誕」雙聲字，謟亦誕也。性惡篇曰「其言也謟，其行也悖」，謂其言誕也，卽上所謂「飾邪說，文姦言」也。作「陶」者，借字耳。（凡從舀從匋之字多相通。小爾雅：「綯，索也。」綯卽「宵爾索綯」之「綯」。小雅菀柳篇「上帝甚蹈」，一切經音義五引韓詩「蹈」作「陶」。楚辭九章「滔滔孟夏」，史記屈原傳作「陶陶」。說文「搯搯，捾也」，一切經音義引通俗文曰「捾出曰掏」，皆其證也。）彊國篇曰「陶誕比周以爭與，汙漫突盜以爭地」，「陶誕」「突盜」四字，義竝與此同。惕、悍、憍、暴，惕與蕩同。○郝懿行曰：「憍」卽「驕」字。經典俱借「驕」爲「憍」耳。此皆姦人邪說詖行之事。以偷生反側於亂世之間，是姦人之所以取危辱死刑也。其慮之不深，其擇之不謹，其定取舍楛僈，是其所以危也。小人所以危亡，由於計慮之失也。楛，惡也，謂不堅固也。材性知能，君子小人一也。好榮惡辱，好利惡害，是君子小人之所同也，若其所以求之之道則異矣。小人也者，疾爲誕而欲人之信己也，疾爲詐而欲人之親己也，○王念孫曰：疾，猶力也。言力爲誕、力爲詐也。上文云「軥録疾力，以敦比其事業」，仲尼篇云「疾力以申重之」，是疾與力同義。臣道篇云「事人而不順者，不疾者也」，言事上不力也。吕氏春秋尊師篇「疾諷誦」高注云：「疾，力也。」禽獸之行而欲人之善己也。慮之難知也，行之難安也，持之難立也，慮之難知，謂人難測其姦詐。行之難安，言易顛覆也。持之難立，謂難扶持之也。○王念孫曰：此言小人慮事不能知也。蓋公生明，私生暗，小人之思慮不足以知事，故曰「慮之難知」。下文「行之難安」、「持之難立」，與此文同一例。楊注「難測其姦詐」，則與下二句不合。成則必不得其所好，必遇其所惡焉。雖使姦詐得成，亦必有禍無福。○俞樾曰：楊説非也。尚書皋陶謨篇「簫韶九成」，鄭注曰：「成，猶終也。」古謂終爲成。言終則必不得其所好，必遇其所惡焉。下文於君子曰「成則必得其所好，必不遇其所惡焉」，竝以其終竟言之。臣道篇曰「成於尊君安國」，彊國篇曰「道德之威，成乎安彊；暴察之威，成乎危弱；狂妄之威，成乎滅亡」，諸「成」字竝當訓終。故君子者，信矣，而亦欲人之信己也；忠矣，而亦欲人之親己也；修正治辨矣，而亦欲人之善己也。慮之易知也，行之易安也，持之易立也，成則必得其所好，必不遇其所惡焉。是故窮則不隱，通則大明，不隱，謂人不能隱蔽。身死而名彌白。白，彰明也。小人莫不延頸舉踵而願曰：「知慮材性，固有以賢人矣。」願，猶慕也。賢人，謂賢過於人也。夫不知其與己無以異也，則君子注錯之當，而小人注錯之過也。注錯，謂所注意錯履也，亦與措置義同也。○王念孫曰：楊後説得之。「注錯」二字同義。廣雅：「措、銈，置也。」「措銈」卽「注錯」。是注錯同訓爲置，非注意錯履之謂也。下文曰：「是注錯習俗之節異也。」又曰：「在注錯習俗之所積耳。」（舊本「注錯」上有「埶」字，涉下「得埶」而衍，今據上文删。）儒效篇曰：「注錯習俗，所以化性也。」又曰：「謹注錯，慎習俗。」「注錯」二字皆上下平列。故孰察小人之知能，足以知其有餘，可以爲君子之所爲也。譬之越人安越，楚人安楚，君子安

雅，雅，正也。正而有美德者謂之雅。詩曰：「弁彼鸒斯，歸飛提提。」鸒斯，雅鳥也。○盧文弨曰：楊引詩之意，當以提提爲安舒之貌，與魏風「好人提提」之義同。鄭注禮記檀弓「吉事欲其折折爾」云：「折折，安舒貌。」詩云「好人提提」，葢折折與提提音義竝同。鳥之飛以安舒而得雅名，故舉以爲況，然亦太迂曲矣。王引之曰：雅讀爲夏，夏謂中國也，故與楚、越對文。儒效篇「居楚而楚，居越而越，居夏而夏」是其證。古者「夏」「雅」二字互通，故左傳「齊大夫子雅」，韓子外儲說右篇作「子夏」。楊云「正而有美德謂之雅」，（下「詩曰」十五字乃後人妄加，非楊注原文。）則與上二句不對矣。**是非知能材性然也，是注錯習俗之節異也。**習俗，謂所習風俗。節，限制之也。○盧文弨曰：注「制」下「之」字，宋本有，元刻無。王念孫曰：「習」「俗」雙聲字，俗卽是習，非謂「所習風俗」也。說文：「俗，習也。」（廣雅同。）周官大司徒注曰：「俗，謂土地所生習也。」性惡篇曰：「上不循於亂世之君，下不俗於亂世之民。」不俗，不習也。（楊注「俗，謂從其俗」，亦誤。）又儒效篇「習俗移志，安久移質」，（餘見前「注錯」下。）大畧篇曰「政教習俗，相順而後行」，史記秦始皇紀「宣省習俗」，漢書食貨志「同巧拙而合習俗」，「習俗」二字皆上下平列。先謙案：節異，猶言適異也，非謂「節，限制之」。節與適同義，說見彊國篇。**仁義德行，常安之術也，然而未必不危也；汙僈、突盜，常危之術也，然而未必不安也。**「僈」當爲「漫」，漫亦汙也。水冒物謂之漫。莊子云：「北人無擇曰：『舜以其辱行汙漫我。』」漫，莫半反。莊子又曰「澶漫爲樂」，崔云：「淫衍也。」李云：「縱逸也。」一曰：漫，欺誑之也。**故君子道其常而小人道其怪。**

道，語也。怪，謂非常之事，取以自比也。○盧文弨曰：元刻「故」下有「曰」字，宋本無。又曰「道語」下當有「也怪」二字，文脱耳。先謙案：宋台州本有「也怪」二字，謝本無，今增入注。凡人有所一同：飢而欲食，寒而欲煖，勞而欲息，好利而惡害，是人之所生而有也，是無待而然者也，是禹、桀之所同也。目辨白黑美惡，耳辨音聲清濁，口辨酸鹹甘苦，鼻辨芬芳腥臊，骨體膚理辨寒暑疾養，膚理，肌膚之文理。養與癢同。是又人之所常生而有也，是無待而然者也，是禹、桀之所同也。○先謙案：「常」字，以文義求之不當有。上下文「所生而有」句竝無「常」字，此「常」字緣上下文而衍。可以爲堯、禹，可以爲桀、跖，可以爲工匠，可以爲農賈，在埶注錯習俗之所積耳，在所積習。○先謙案：「埶」字無義。以上文言「注錯習俗」證之，則「埶」字爲衍文。是又人之所生而有也，是無待而然者也，是禹、桀之所同也。○王念孫曰：案此二十三字涉上文而衍。下文「爲堯、禹則常安榮，爲桀、紂則常危辱」云云，與上文「在注錯習俗之所積」句緊相承接，若加此二十三字，則隔斷上下語脈，故知爲衍文。爲堯、禹則常安榮，爲桀、跖則常危辱；爲堯、禹則常愉佚，爲工匠農賈則常煩勞。然而人力爲此而寡爲彼，○俞樾曰：「力」乃「多」字之誤，與「寡」對文成義，下同。何也？曰：陋也。言人不爲彼堯、禹而爲此桀、跖，由於性之固陋也。堯、禹者，非生而具者也，夫起於變故，成乎修修之爲，待盡而後備者也。變故，患難事故也。言堯、禹起於憂患，成於修飾，由於待盡物理，然後乃能備之。孟子曰「天將降大任於是人也，必先苦其心志，勞其筋骨，窮餓其體膚，空乏其身，行拂亂其所爲，所以動心忍性，增益其所不能」也。「智生於憂患，死於安樂。」爲，于僞反。○俞樾曰：「修之」二字衍。「起於變故，成乎修爲」，二語相對成文。下文曰「非孰修爲之君子莫之能知也」，正以「修爲」二字連文，可證。**人之生固小人，**○先謙案：「生」「性」字通用，此卽性惡意。**無師無法則唯利之見耳。人之生固小人，又以遇亂世，得亂俗，是以小重小也，以亂得亂也。君子非得埶以臨之，則無由得開内焉。**開小人之心而内善道也。**今是人之口腹，安知禮義？安知辭讓？安知廉恥隅積？**言口腹無所知。隅，一隅，謂其分也。積，積習。○王念孫曰：今是猶言今夫也，說見釋詞「是」字下。先謙案：楊釋隅積之義未晰。「隅積」與「禮義」「辭讓」「廉恥」相配爲文，皆人所不可不知者。隅，道之分見者也。積，道之貫通者也。解蔽篇云：「道者，體常而盡變，一隅不足以舉之。曲知之人，觀於道之一隅，以爲足而飾之，惟孔子不蔽於成積。」此卽隅積之義。天論篇云：「萬物爲道一偏，一物爲萬物一偏，愚者爲一物一偏，而自以爲知道，無知也。」荀子因時人蔽於一偏，肆爲曲說，故作解蔽以明之。此以「隅積」與「禮義」「辭讓」「廉恥」並舉，亦其義也。**亦呥呥而噍，鄉鄉而飽已矣。**呥呥，噍貌，如鹽反。噍，嚼也，才笑反。鄉鄉，趨飲食貌，許亮反。○先謙案：楊讀鄉爲向，故訓爲趨飲食貌。但呥呥是噍貌，則鄉鄉當是飽貌。若解爲趨飲食貌，文義不一律，且趨飲食反在噍嚼之後，未免倒置。楊説非也。「鄉」，當爲「薌」之誚，「薌」亦「香」字也。重言之則曰「鄉鄉」，猶「美」之爲「美美」，（漢鐃歌上陵曲。）「苾芬」之爲「苾苾芬芬」，（詩信南山。）正飽食甘美意。**人無師無法，則其心正其口腹也。**人不學，則心正如口腹之欲也。**今使人生而未嘗睹芻豢稻粱也，惟菽藿糟糠之爲睹，則以至足爲在此也。俄而粲然有秉芻豢稻粱而至者，則瞲然視之曰：「此何怪也？」**粲然，精絜貌。牛羊曰芻，犬豕曰豢。豢，圈也，以穀食於圈中。瞲然，驚視貌，與獝同，禮記曰「故鳥不獝」，許聿反。○盧文弨曰：宋本注作「與眓狘同，禮記曰『故鳥不狘』，許聿反」。「眓」或爲「狘」，與元刻微異。**彼臭之而無嗛於鼻，**臭，許又反。「嗛」當爲「慊」，厭也，苦廉反，或下忝反。○盧文弨曰：案「下忝」，元刻作「胡簟」。郝懿行曰：「臭」，今作「嗅」。嗛，不足也，與「歉」同。言「嗅之而無歉於鼻」，與「嘗之而甘於口」句相儷。王念孫曰：「臭之而無嗛於鼻」，「無」，衍字也；嗛，苦簟反，快也。（莊子盜跖篇曰：「口嗛於芻豢醪醴之味。」趙策曰：「衣服之便於體，膳啗之嗛於口。」魏策曰：「齊桓公夜半不嗛，易牙乃煎熬燔炙，和調五味而進之。」高注：「嗛，快也。」）「臭之而嗛於鼻，嘗之而甘於口，食之而安於體」，三句文同一例。若「嗛」上有「無」字，則與下文不合矣。楊讀嗛爲慊而訓爲厭，失之。汪説同。先謙案：王説較長。**嘗之而甘於口，食之而安於體，則莫不弃此而取彼矣。今以夫先王之道、仁義之統，以相羣居，以相持養，以相藩飾，以相安固邪？**持養，保養也。藩飾，藩蔽文飾也。**以夫桀、跖之道，**○先謙案：鄉射禮鄭注：「以，猶與也。」**是其爲相縣也，幾直夫芻豢稻粱之縣糟糠爾哉！**言以先王之道與桀、跖相縣，豈止糟糠比芻豢哉！幾，讀爲豈，下同。**然而人力爲此而寡爲彼，何也？曰：陋也。陋也者，天下之公患也，**公共有此患也。**人之大殃大害也。故曰：仁者好告示人。**○王念孫曰：人者，人與仁同，說見修身篇「愛人」下。先謙案：各本皆作「仁者」，與王所見本異。**告之示之，靡之儇之，鉛之重之，**靡，順從也。儇，疾也，火緣反。靡之儇之，猶言緩之急之也。鉛與沿同，循也。撫循之、申重之也。○王引之曰：楊說非也。靡之儇之，即賈子所云「服習積貫」也。儒效篇曰：「居楚而楚，居越而越，居夏而夏，是非天性也，積靡使然也。（楊注「靡，順也，順其積習，故能然」，非是。）故人知謹注錯，慎習俗，大積靡，則爲君子矣。」性惡篇曰：「身日進於仁義而不自知者，靡使然也。」方言曰：「還，積也。」還與儇聲近而義同。是靡之儇之皆積貫之意也。**則夫塞者俄且通也，陋者俄且僩也，愚者俄且知也。**僩與撊同，猛也。方言云：「晉、魏之閒謂猛爲撊。」陋者俄且僩，言鄙陋之人俄且矜莊，有威儀也。詩曰「瑟兮僩兮」，鄭云：「僩，寬大也。」下板反。○盧文弨曰：注「撊」字，宋本作「憪」，今從元刻，與方言合。案此注說頗歧出，竊疑僩當爲嫺雅之義。賈誼書傅職篇云：「明僩雅以道之文。」又道術篇云：「容志審道謂之僩，反僩爲野。」此以「僩」與「陋」相對，義亦合。又曰：注「陋者俄且僩」之上，當本有「或曰」二字。郝懿行曰：注前說謬，後說引詩「瑟兮僩兮」，鄭云「僩，寬大也」，此説是矣。盧疑僩當爲嫺雅之義，引賈誼書傅職篇文，義亦相近，而非本義。今詳賈子之「僩」爲假借，荀子之「僩」爲本義。何以明之？陋爲陜隘，僩爲寬大，故以「僩」「陋」相儷。證以修身篇云「多聞曰博，少聞曰淺，多見曰閑，少見曰陋」，又以「閑」「陋」相儷。「閑」亦「僩」之叚借。閑，謂寬閑，即僩訓寬大之義。楊注訓爲閑習，亦非。王念孫曰：盧説是也。修身篇「多見曰閑，少見曰陋」，「閑」與「陋」對文，是其證。「僩」「閑」古字同耳。楊後説以僩爲寬大，近之。（陳説略同。）**是若不行，則湯、武在上曷益？桀、紂在上曷損？**若不行告示之道，則湯、武何益於天下？桀、紂何損於百姓？所以貴湯、武，賤桀、紂，以行與不行耳。○王念孫曰：「是若不行」，「是」字承上文「告之示之」四句而言。言民從告示，故湯、武在上則治，桀、紂在上則亂。若民不從告示，則湯、武在上何益？桀、紂在上亦何損乎？楊注失之。**湯、武存則天下從而治，桀、紂存則天下從而亂。如是者，豈非人之情固可與如此、可與如彼也哉！**○王念孫曰：「豈」本作「幾」，古「豈」字也。今作「豈」者，後人不識古字而改之耳。案上文「幾直夫芻豢稻粱之縣糟糠爾哉」，注云：「幾，讀爲豈，下同。」下文「幾不甚善矣哉」，注云：「幾亦讀爲豈。」後注既言「幾亦讀爲豈」，則前注不須更言「下同」，所謂「下同」者，正指此「幾」字而言。今改「幾」爲「豈」，則前注所謂「下同」者竟不知何指矣。

人之情，食欲有芻豢，衣欲有文繡，行欲有輿馬，又欲夫餘財蓄積之富也，皆人之所貴也。**然而窮年累世不知不足，是人之情也。**「不知不足」，當爲「不知足」，剩「不」字。

或曰：不足猶不得也。**今人之生也，方知蓄雞狗猪彘，**○盧文弨曰：正文「方知」，元刻作「方多」。郝懿行曰：說文：「豕三毛叢居謂之豬。」「後蹏廢謂之彘。」是豬、彘異，故此分別言之。

又蓄牛羊，然而食不敢有酒肉；餘刀布，有囷窌，刀、布，皆錢也。刀取其利，布取其廣。囷，稟也。圜曰囷，方曰稟。窌，窖也，地藏曰窖。窌，匹貌反。**然而衣不敢有絲帛；約者有筐篋之藏，然而行不敢有輿馬。**約，儉嗇也。筐篋，藏布帛者也。言又富於餘刀布也。○俞樾曰：楊注曰「約，儉嗇也」，既云「儉嗇」，則不敢有輿馬固無足怪，不必更用「然而」字作轉矣。楊注非也。淮南子主術篇「所守甚約」，高注曰：「約，要也。」漢書禮樂志「治本約」，師古曰：「約讀曰要。」是「約」與「要」一聲之轉，古亦通用。「約者」猶云「要者」。孝經「先王有至德要道」，疏引殷仲文曰：「以一管衆爲要。」蓋物之藏於筐篋者必是貴重之物，視上文所云「餘刀布，有囷窌」爲尤要矣，故特以「要者」言之，非儉嗇之謂也。**是何也？非不欲也，幾不長慮顧後而恐無以繼之故也。**○王念孫曰：案「非不欲也」二句，文意緊相承接，中不當有「幾不」二字，蓋涉下文「幾不甚善」而衍。（下文「幾」字有音，而此無音，則爲衍文明矣。）**於是又節用御欲，**御，制也。或作「禦」，禦，止也。**收斂蓄藏以繼之也，是於己長慮顧後，幾不甚善矣哉！**幾，亦讀爲豈。**今夫偷生淺知之屬，曾此而不知也，**偷者，苟且也。**糧食大侈，不顧其後，俄則屈安窮矣，**大讀爲太。屈，竭也。安，語助也。猶言屈然窮矣。安，已解上也。○盧文弨曰：正文

「大」，宋本作「太」，無「大讀爲太」四字注，今從元刻。**是其所以不免於凍餓、操瓢囊爲溝壑中瘠者也。**乞食羸瘦於溝壑者。言不知久遠生業，故至於此也。○王念孫曰：瘠，讀爲「掩骼埋胔」之「胔」。露骨曰骼，有肉曰胔。（出蔡氏月令章句。）言凍餓而轉死於溝壑，故曰「爲溝壑中胔」。作「瘠」者，借字耳。（説見管子八觀篇。）楊以瘠爲羸瘦，失之。**況夫先王之道，仁義之統，詩、書、禮、樂之分乎？**爲生業尚不能知，況能知其遠大者？分，制也，扶問反。**彼固天下之大慮也，將爲天下生民之屬長慮顧後而保萬世也，其汸長矣，其溫厚矣，其功盛姚遠矣，**「汸」，古「流」字。溫猶足也。言先王之道於生人，其爲溫足也亦厚矣。姚與遙同。言功業之盛甚長遠也。○郝懿行曰：溫與薀同。薀者，積也。左傳「薀利生孽」，經典通作「蘊」，此作「溫」，皆叚借耳。如禮器云「溫之至也」，溫讀爲蘊，亦其例。楊注非。王引之曰：楊讀盛爲「茂盛」之「盛」，非也。盛讀爲成，成亦功也，（爾雅曰「功，成也」，大戴禮盛德篇曰「能成德法者爲有功」，周官典婦功曰「秋獻功」，槀人曰「秋獻成」，是成與功同義。）姚亦遠也。言其功甚遠也。「成」與「盛」古同聲而通用。説卦傳「終萬物、始萬物者，莫盛乎艮」，言莫成乎艮也。（莫成乎艮，即成言乎艮，説見經義述聞。）吕氏春秋悔過篇「我行數千里以襲人，未至而人已先知之矣，此其備必已盛矣」，言其備已成也。（高注「盛，彊也」，失之。）繫辭傳「成象之謂乾」，蜀才本「成」作「盛」。左氏春秋莊八年「師及齊師圍郕」，公羊「郕」作「成」，隱五年、十年、文十二年竝作「盛」。秦策「今王使成橋守事於韓」，史記春申君傳「成」作「盛」。封禪書「七曰日主，祠成山」，漢書郊祀志「成」作「盛」。皆其證也。王霸篇曰「論一相，陳一法，明一指，以兼覆之，兼炤之，以觀其盛」，言觀其成也。（楊注：「盛讀爲成。」）臣道篇曰「明主尚賢使能而饗其盛，闇主妬賢畏能而滅其功」，盛讀爲成，成亦功也，（楊注「盛謂大業」，失之。）故說苑臣術篇作「上賢使能而享其功」。正名篇曰「必憂恐則口銜芻豢而不知其味，耳聽鐘鼓而不知其聲，目視黼黻而不知其狀，輕煖平簟而體不知其安，故嚮萬物之美而盛憂，兼萬物之利而盛害」，言美反成憂、利反成害也。非孰修爲之君子莫之能知也。孰，甚也。甚修飾作爲之君子也。○王念孫曰：禮論篇曰「非順孰修爲之君子莫之能知也」，楊彼注云：「順，從也。孰，精也。修，治也。爲，作也。」此文脱「順」字，楊望文生義，當從禮論篇補「順」字。故曰：短綆不可以汲深井之泉，知不幾者不可與及聖人之言。綆，索也。幾，近也。謂不近於習也。夫詩、書、禮、樂之分，固非庸人之所知也。故曰：一之而可再也，既知一，則務知二。有之而可久也，不可中道而廢。廣之而可通也，知禮樂廣博，則於事可通。慮之而可安也，思慮禮樂則無危懼。反鈆察之而俞可好也。鈆與沿同，循也。既知禮樂之後，卻循察之，俞可好而不厭。俞音愈。○先謙案：楊「反」字無注，而以「卻」字代釋之，非也。反者，反復也。反鈆察之者，反復沿循而察之。禮論篇「則必反鉛過故鄉」，「反鉛」二字義與此同。非十二子篇「反（今本譌「及」。）紃察之」，注云：「紃與循同。」又云：「反覆紃察。」其義當矣。**以治情則利，**利，益也。禮記曰：「聖人之所以治人七情，修十義，捨禮何以治之？」**以爲名則榮，以羣則和，以獨則足，**知詩、書、禮、樂，羣居則和同，獨處則自足也。**樂意者其是邪？**樂意莫過於此。○王念孫曰：此當讀「以獨則足樂」爲句，言獨居而説禮、樂，敦詩、書，則致足樂也。以羣則和，以獨則足樂，樂與和義正相承，則「樂」字上屬爲句明矣。「意者其是邪」自爲一句，意者，語詞也；其是邪，指詩、書、禮、樂而言。呂氏春秋重言篇曰「日之役者，有執蹠痛而上視者，意者其是邪」，句法正與此同。先謙案：呂覽文義與此不同。此文若作「意者其是邪」，爲懸擬之詞，則上下文理不相貫注，雖有呂覽句例，不得取以爲比。且上文「以羣則和，以獨則足」句法一律，語意亦完足，若於「足」下加「樂」字，反爲贅設，仍當從楊注斷讀。**夫貴爲天子，富有天下，是人情之所同欲也。然則從人之欲則埶不能容、物不能贍也。**○王念孫曰：案「然則」猶言「然而」也，説見釋詞「則」字下。先謙案：從，讀爲縱。**故先王案爲之制禮義以分之，**以禮義分別上下也。**使有貴賤之等，長幼之差，知愚、能不能之分，**○謝本從盧校「知」下有「賢」字。王念孫曰：元刻無「賢」字，是也。知讀爲智。智對愚，能對不能，則不得有「賢」字明矣。下文「以仁厚知能盡官職」，「知能」二字正與此相應，是其證。宋本有「賢」字者，葢誤讀知爲知識之知，故於「愚」上加「賢」字，而以爲「知賢愚能不能之分」也。不知「使有」二字直貫至「智愚能不能之分」而止。若讀知爲知識之知，則與「使有」二字不相聯屬矣。先謙案：王說是，今改從元刻。**皆使人載其事而各得其宜，**載，行也，任之也。**然後使慤祿多少厚薄之稱，**慤，實也。謂實其祿，使當其才。稱，尺證反。○郝懿行曰：載，如「大車以載」之「載」，載猶任也。慤者，謹也。謹謂謹其多少厚薄之數，使祿各稱其事，不失均平。楊注「載，行」，「慤，實」，古無此訓。「載其事」二語，又見君道篇。俞樾曰：「慤」當作「穀」。孟子滕文公篇「穀祿不平」，趙注曰：「穀，所以爲祿也。」此文言「穀祿」，正與彼同，作「慤」者，聲之誤也。楊以本字讀之，失其旨矣。王霸篇曰：「心好利而穀祿莫厚焉。」此「穀祿」二字見於本書者。先謙案：俞說是。**是夫羣居和一之道也。故仁人在上，則農以力盡田，賈以察盡財，百工以巧盡械器，**盡謂精於事。察謂明其盈虛。說文云：「有盛爲械，無盛爲器。」**士大夫以上至於公侯，莫不以仁厚知能盡官職，夫是之謂至平。**各當其分，雖貴賤不同，然謂之至平也。**故或祿天下而不自以爲多，**謂爲天子，以天下爲祿也。**或監門、御旅、抱關、擊柝而不自以爲寡。**監門，主門也。御讀爲迓。迓旅，逆旅也。抱關，門卒也。擊柝，擊木所以警夜者。皆知其分，故雖賤而不以爲寡也。**故曰：「斬而齊，枉而順，不同而一。」夫是之謂人倫。**舊有此語，引以喻貴賤雖不同，不以齊一，然而要歸於治也。斬而齊，謂强斬之使齊，若漢書之「一切」者。枉而順，雖枉曲不直，然而歸於順也。不同而一，謂殊塗同歸也。夫如此，是人之倫理也。○劉台拱曰：斬讀如儳。說文：「儳，儳互不齊也。」周語「冒没輕儳」，韋注云：「儳，進退上下無列也。」

言多儳互不齊，乃其所以爲齊也。王念孫曰：僖二十三年左傳「鼓儳可也」，杜注：「儳巖未整陳。」義與此同。儳而齊，即正名篇所謂「差差然而齊」。先謙案：劉、王説是。**詩曰：「受小共大共，爲下國駿蒙。」此之謂也。**詩，殷頌長發之篇。共，執也。駿，大也。蒙，讀爲厖，厚也。今詩作「駿厖」。言湯執小玉大玉，大厚於下國。言下皆賴其德也。○先謙案：「厖」作「蒙」，魯詩也。方言：「秦、晉之閒，凡大貌謂之朦，或謂之厖。」明「厖」「蒙」聲近通用。

荀子卷第三

非相篇第五

相，視也，視其骨狀以知吉凶貴賤也。妄誕者多以此惑世，時人或矜其狀貌而忽於務實，故荀卿作此篇非之。漢書形法家有相人二十四卷。○盧文弨曰：「形法」，宋本作「刑法」，又「二十四卷」作「二十四篇」，雖皆可通，今從元刻，以與漢志合故也。

相人，古之人無有也，學者不道也。道，説。○王念孫曰：元刻「相」下無「人」字，宋龔本同。案無「人」字者是。此謂古無相術，非謂古無相人也；謂學者不道相術，非謂不道相人也。下文云「長短、小大、善惡形相，古之人無有也，學者不道也」，是其證。宋本作「相人」者，涉下「相人之形狀」而誤。先謙案：有相人卽有相術，王説似泥。下云「古者有姑布子卿」，是古明有相術、相人矣。荀子以爲無有者，世俗所稱，學者不道，故雖有，直以爲無有耳。因當時崇尚，儒者惑焉，故極論之。古者有姑布子卿，姑布姓，子卿名，相趙襄子者。或本無「姑」字。今之世，梁有唐舉，相李兑、蔡澤者。相人之形狀顏色而知其吉凶妖祥，世俗稱之。古之人無有也，學者不道也。再三言者，深非之也。故相形不如論心，論心不如擇術。術，道術也。

形不勝心，心不勝術。術正而心順之，則形相雖惡而心術善，無害爲君子也；形相雖善而心術惡，無害爲小人也。君子之謂吉，小人之謂凶。故長短、小大、善惡形相，非吉凶也。古之人無有也，學者不道也。蓋帝堯長，帝舜短；文王長，周公短；仲尼長，子弓短。子弓，蓋仲弓也，言子者，著其爲師也。漢書儒林傳馯臂字子弓，江東人，受易者也。然馯臂傳易之外，更無所聞，荀卿論説，常與仲尼相配，必非馯臂也。馯音寒。○俞樾曰：楊注「子弓，蓋仲弓」是也。又曰「言子者，著其爲師也」，則恐不然。仲弓稱子弓，猶季路稱子路耳。子路也，子弓也，其字也。曰季曰仲，至五十而加以伯仲也。**昔者衛靈公有臣曰公孫吕，身長七尺，面長三尺，**句。**焉廣三寸，鼻目耳具，而名動天下。**面長三尺，廣三寸，言其狹而長甚也。鼻目耳雖皆具而相去疏遠，所以爲異。名動天下，言天下皆知其賢。或曰：狹長如此，不近人情，恐文句誤脱也。○盧文弨曰：案「焉」字，古多以爲發聲，如周禮「焉使則介之」、淮南子「天子焉始乘舟」是也。荀書或用「焉」，或用「案」，或用「安」，字異語同，皆以爲發聲。**楚之孫叔敖，期思之鄙人也，**杜元凱云：期思，楚邑名，今弋陽期思縣。鄙人，郊野之人也。**突秃長左，軒較之下，而以楚霸。**突，謂短髮可凌突人者，故莊子説趙劍士蓬頭突鬢。長左，左脚長也。軒較之下，而以楚霸，言修文德，不勞甲兵遠征伐也。説文云：「軒，曲輈也。」鄭注考工記云：「較，兩輢上出式者。」詩曰：「倚重較兮。」○盧文弨曰：今毛詩本「倚」誤作「猗」。正義明云

「倚此重較之車」，則本作「倚」字。宋本、足利本皆不誤。**葉公子高，微小短瘠，行若將不勝其衣。**葉公，楚大夫沈尹戌之子，食邑於葉，名諸梁，字子高。楚僭稱王，其大夫稱公，白公亦是也。微，細也。葉音攝。○郝懿行曰：白公之亂，子高入國門不介胄，葢由微小短瘠、行不勝衣故耳。**然白公之亂也，令尹子西、司馬子期皆死焉；**白公，楚太子建之子，平王之孫。子西，楚平王長庶子公子申。子期，亦平王子公子結。**葉公子高入據楚，誅白公，定楚國，如反手爾，仁義功名善於後世。**○王引之曰：「善」字文義不明，疑「著」字之譌。隸書「著」字或作「着」，形與「善」相似。（史記五帝紀「帝摯立，不善」，索隱古本作「不著」。）俞樾曰：「善」乃「葢」字之誤。隸書「葢」字或作「盖」，見北海相景君銘，「善」字或作「善」，見張遷碑，兩形相似而誤。**故事不揣長，不揳大，不權輕重，亦將志乎爾。**揳與絜同，約也。謂約計其大小也。絜，户結反。莊子：「匠石見櫟社樹，絜之百圍。」權，稱也。輕重，體之輕重也。言不論形狀長短、大小、肥瘠，唯在志意修飭耳。○盧文弨曰：案注以「志意」二字訓「志」字，增一字成文耳。宋本作「亦將志乎心爾」，「心」字衍。先謙案：廣雅釋言：「將，且也。」此承上文，言古之聞人不以相論，故事不揣絜長大輕重，亦且有志於彼數聖賢也。楊注非。**長短、小大、美惡形相，豈論也哉！且徐偃王之狀，目可瞻馬；**徐，國名，僭稱王，其狀偃仰而不能俯，故謂之偃王。周穆王使楚誅之。瞻馬，言不能俯視細物，遠望纔見馬。尸子曰「徐偃王有筋而無骨」也。○盧文弨曰：「馬」，元刻作「焉」，注同。今按楊注，正謂不能見小物，而但見馬耳。可者，僅可之詞。瞻，説文云：「臨視也。」莊子云：「不辨牛馬。」今從宋本。**仲尼之狀，面如蒙倛；**倛，方相也，其首蒙茸然，故曰蒙倛。子虚賦曰：「蒙公先驅。」韓侍郎云：「四目爲方相，兩目爲倛。」倛音欺。慎子曰：「毛廧、西施，天下之至姣也，衣之以皮倛，則見之者皆走也。」**周公之狀，身如斷菑；**爾雅云：「木立死曰椔。」椔與菑同。○郝懿行曰：皇矣詩傳：「木立死曰菑。」菑者，植立之貌。周公背傴，或曰韈僂，其形曲折，不能直立，故身如斷菑矣。**皋陶之狀，色如削瓜；**如削皮之瓜，青緑色。**閎夭之狀，面無見膚；**閎夭，文王臣，在十亂之中。言多鬢髯蔽其膚也。○盧文弨曰：注「鬢」，一作「鬒」。**傅説之狀，身如植鰭；**植，立也。如魚之立也。○郝懿行曰：鰭在魚之背，立而上見，駝背人似之。然則傅説亦背僂歟？**伊尹之狀，面無須麋；**麋與眉同。**禹跳，湯偏，**尸子曰：「禹之勞，十年不窺其家，手不爪，脛不生毛。偏枯之病，步不相過，人曰禹步。」鄭注尚書大傳：「湯半體枯。」呂氏春秋曰：「禹通水濬川，顔色黎黑，步不相過。」**堯、舜參牟子。**牟與眸同。參眸子，謂有二瞳之相參也。史記曰：「舜目重瞳。」重瞳，蓋堯亦然。尸子曰：「舜兩眸子，是謂重明，作事成法，出言成章。」當時傳聞，今書傳亦難盡詳究所出也。**從者將論志意，比類文學邪？直將差長短，辨美惡，而相欺傲邪？**從者，荀卿門人。問將論志意文學邪？但以好醜相欺傲也？○盧文弨曰：從者，猶言學者，注非。**古者桀、紂長巨姣美，天下之傑**

也；筋力越勁，百人之敵也。姣，好也。倍萬人曰傑。越，過人也。勁，勇也。○王念孫曰：案如楊說，則「越勁」二字義不相屬。今案：越者，輕也。言筋力輕勁也。說文云「赾，輕勁有材力」是也。「越」字本作「娍」。說文曰：「娍，輕也。」（廣雅同。）玉篇音于厥切。「娍」與「越」古字通。呂氏春秋本味篇注曰：「越越，輕易之貌。」緇衣引大甲曰「毋越厥命以自覆」，言毋輕發厥令以自傾覆也。（鄭注以越爲顛蹷，非是，說見經義述聞。）說文：「𨀁，輕足也。」義亦與「越」同。然而身死國亡，爲天下大僇，後世言惡則必稽焉。僇與戮同。稽，考也。後世言惡，必考桀、紂爲證也。○盧文弨曰：稽，止也。此即「天下之惡皆歸焉」之意。稽，猶歸也。注非是。郝懿行曰：稽者，同也。後世凡言惡者，比之桀、紂，是與之同。楊訓稽考，疏矣。正論篇句義同。先謙案：王霸篇、正論篇文與此同，楊並訓稽爲考。儒效篇「是大儒之徵也」，又云「是大儒之稽也」，楊注：「徵，驗也。」「稽，攷也。」「稽」「徵」對文，義當訓考，即尚書「稽古」之義。荀書它篇用「稽」字，亦無二義，當從楊說。是非容貌之患也，聞見之不衆，論議之卑爾。亦非以容貌害身。言美惡皆非所患，但以聞見不廣，論議不高，故致禍耳。今世俗之亂君，鄉曲之儇子，方言云：「儇，疾也，慧也。」與「喜而翾」義同，輕薄巧慧之子也。儇，火玄反。○俞樾曰：按下文云「中君羞以爲臣」，則此不應言君，且與「婦人莫不願得以爲夫，處女莫不願得以爲士」，及「束乎有司，戮乎大市」諸語皆不合，疑本作「世俗之亂民」，傳寫誤耳。莫不美麗姚冶，奇衣婦飾，血氣態度擬於女子；說文曰：「姚，美好貌。」冶，妖。奇衣，珍異之衣。婦飾，謂如婦人之飾，言輕細也。擬於女子，言柔弱便辟也。婦人莫不願得以爲夫，處女莫不願得以爲士，士者，未娶妻之稱。易曰：「老婦得其士夫。」○郝懿行曰：「女」「士」對言，如詩之氓、易之大過，皆是。古以士女爲未嫁娶之稱。棄其親家而欲奔之者，比肩竝起。然而中君羞以爲臣，中父羞以爲子，中兄羞以爲弟，中人羞以爲友，不必上智，皆知惡也。俄則束乎有司而戮乎大市，犯刑罰，爲有司所束縛也。莫不呼天啼哭，苦傷其今而後悔其始。苦傷今之刑戮，悔其始之所爲。是非容貌之患也，聞見之不衆，論議之卑爾。然則從者將孰可也？問從者形相與志意孰爲益乎？○盧文弨曰：非相篇當止於此，下文所論較大，竝與相人無與，疑是榮辱篇錯簡於此。先謙案：謝本「衆」下有「而」字，案文不當有，今從宋台州本删。

人有三不祥：幼而不肯事長，賤而不肯事貴，不肖而不肯事賢，是人之三不祥也。言必有禍災也。人有三必窮：爲上則不能愛下，爲下則好非其上，是人之一必窮也。鄉則不若，偝則謾之，是人之二必窮也。鄉，讀爲向。若，如也。謾，欺毁也，莫干反。○先謙案：若，順也。向則不順，背又謾之，故必窮。下文方言與人相縣，則此「若」字不得訓爲如，楊注非。知行淺薄，曲直有以相縣矣，然而仁人不能推，知士不能明，是人之三必窮也。曲直，猶能不也。言智慮德行至淺薄，其能不與人又相縣遠，不能推讓明白之。言不知己之不及也。知音智。行，下孟反。縣，讀爲懸。○王念孫曰：曲直有（與又同。）以相縣矣。（呂、錢本竝如是，元刻脱「相」字。盧依元刻删「相」字，非。）楊以明爲明白，非也。明者，尊也。言不能尊智士也。仁人不能推，智士不能明，明與推皆尊崇之謂也。古者多謂尊爲明。禮運「故君者所明也，非明人者也」，大傳「庶子不祭，明其宗也」，鄭注竝曰：「明，猶尊也。」祭義「明命鬼神」，鄭注曰：「明命，猶尊名也。」晉語曰：「晉公子可謂賢矣，而君蔑之，是不明賢也。」管子牧民篇曰：「明鬼神，祗山川。」墨子明鬼篇曰：「鬼神不可不尊明也。」皆其證矣。先謙案：王説有「相」字，是。今從宋本補正。**人有此三數行者，**○王引之曰：「三數行」，文不成義，當作「有此數行」。數行，謂上文之「三不祥」與「三必窮」也。其「三」字卽涉上文而衍。**以爲上則必危，爲下則必滅。**

詩曰：「雨雪瀌瀌，宴然聿消。莫肯下隧，式居屢驕。」此之謂也。詩，小雅角弓之篇。今詩作「見晛曰消」，作「宴然」，蓋聲之誤耳。晛，日氣也。隧，讀爲隨。屢，讀爲婁，婁，斂也。言雨雪瀌瀌然，見日氣而自消，喻欲爲善則惡自消矣。幽王曾莫肯下隨於人，用此居處斂其驕慢之過也。○郝懿行曰：毛詩本出荀卿，荀所引詩多與毛合。毛詩「見晛曰消」，韓詩「曣晛聿消」。毛云：「晛，日氣也。」韓云：「曣晛，日出也。」二説義相成。廣雅釋詁：「曣晛，煗也。」段氏玉裁説文注云：「荀卿引詩作『宴然』，卽曣晛也。」「宴」「晏」「曣」古通用。玉篇曰「曣同晛」，如段氏説。然則毛詩「見晛」之見應讀爲現，「現」「宴」雙聲，「肰」「晛」疊韻，亦兼雙聲，俱音近假借字耳。「聿」「曰」二字古亦假借通用，荀引詩與韓、毛本無不合也。「下隧」，毛作「下遺」。古讀「遺」「隧」音同如「旞」字，或作「旝」，見於説文，可證矣。「隧」與「隊」同。「隊」「墜」古今字也。下隧者，以言小人莫肯降下引退，如雪宴肰消滅，方用居位而數以驕人也。「屢」當作「婁」，婁者，亟也，數也。毛詩傳自荀卿，今推荀義以補毛傳，義或當然。鄭箋「遺讀曰隨，婁，斂也」，與毛異，不當援以注荀，楊注失檢。先謙案：此詩毛作「見晛」，韓作「曣晛」，魯作「宴然」。「宴然」，「曣𣅳」之渻文，「宴」「燕」古文通用字。廣雅「曣𣅳，煗也」，正用魯訓。漢書劉向傳引詩「雨雪麃麃，見晛聿消」，顏注：「見，無雲也。晛，日氣也。」案見不得訓爲無雲。據説文：「㬐，殅無雲也。」「晛，日見也。」依顏注，是劉向引詩「見」正作「㬐」，顏所見本不誤，後人妄改作「見」耳。向用魯詩，尤可證合。玉篇、廣韻皆云「晛𣅳」二形，同韓之「曣晛」，即魯之「曣𣅳」耳。「麃」，「瀌」渻文。「屢」「婁」，古今文之異。荀子傳詩浮丘伯，伯傳申公，爲魯詩之祖。荀書引詩異毛者，皆三家義，而郝氏强爲毛傳合，失之遠矣。餘詳余所撰三家詩義疏，不復出。

人之所以爲人者，何已也？已與以同。問何以謂之人而貴於禽獸也。曰：以其有辨也。辨，别也。飢而欲食，寒而欲煖，勞而欲息，好利而惡害，是人之所生而有也，是無待而然者也，不待學而知也。是禹、桀之所同也。然則人之所以爲人者，非特以二足而無毛也，以其有辨也。今夫狌狌形笑，亦二足而毛也，狌狌獸似人而能言，出交阯。形笑者，能言笑也。○郝懿行曰：狌狌人形，言笑如人，亦二足，惟有毛爲異耳。俞樾曰：「形笑」二字，甚爲不詞。注云「形笑者，能言笑也」，望文生義，未足爲據。「笑」，疑當作「狀」，傳寫者失「爿」旁，但存「犬」字，而俗書「笑」字亦或從犬，後人以「形犬」二字難通，因猩猩能笑，遂改作「笑」字耳。「毛」上當有「無」字。上文云「然則人之所以爲人者，非特二足無毛也」，下文云「故人之所以爲人者，非特以其二足而無毛也」，則此文亦當作「無毛」明矣。先謙案：狌狌即猩猩。宋羅願爾雅翼説猩猩云：「其狀皆如人，與狒狒不甚相遠。荀卿曰：『今夫猩猩形相二足無毛也。』既言二足，而又言無毛，則去人不遠矣。」據此，宋人所見荀子本「形笑」作「形相」，而「毛」作「無毛」。李時珍本草綱目言「猩猩黄毛如猨，白耳如豕，人面人足，長髮，頭顔端正」。是猩猩身非無毛，其面如人無毛耳。李又引荀子言「猩猩能言笑，（參用注文。）二足無毛」。是李所見荀子已作「笑」字，而云「無毛」則同。此文當作「無毛」，俞説是也。自來説狌狌者，謂其能言能嘑，無謂其能笑者。能笑，迺狒狒，食人之物也。疑注「形笑者」七字，後人據誤本荀子加之，非楊氏元文，荀子固不當云狌狌笑也。**然而君子啜其羹，食其胾。**胾，臠也。禽獸無辨，故賤而食之。胾，側吏反。**故人之所以爲人者，非特以其二足而無毛也，以其有辨也。夫禽獸有父子而無父子之親，有牝牡而無男女之别，故人道莫不有辨。辨莫大於分，**有上下親疏之分也。**分莫大於禮，**分生於有禮也。**禮莫大於聖王。**聖王，制禮者。言其人存，其政舉。**聖王有百，吾孰法焉？**問聖王至多，誰可爲法也？**故曰：文久而息，節族久而絶，**文，禮文。節，制度也。言禮文久則制度滅息，節奏久則廢也。○盧文弨曰：注「節奏」，宋本作「宗族」。案楊以節奏訓「族」字，與以制度訓「節」字無涉。今從元刻。郝懿行曰：族者，聚也，湊也。「湊」與「奏」古今字。漢律志：「蔟，奏也。」是其義也。「奏」「湊」，「蔟」「族」，竝聲義同。然則「節族」即「節奏」矣，楊注是也。王念孫曰：「故」，衍字。自「曰文久而息」以下，皆與上文「聖王有百，吾孰法焉」二句自相問答，則「曰」上不當有「故」字明矣，蓋涉下文三「故曰」而衍。下文曰「是以文久而滅，節族久而絶」，「滅」與「絶」爲韻，則此亦當然。今本「滅」作「息」，則失其韻矣。「息」字蓋涉注文「滅息」而誤。**守法數之有司極禮而褫。**褫，解也。有司世世相承，守禮之法數，至於極久，亦下脱也。易曰：「或錫之鞶帶，終朝三褫之。」言此者，以喻久遠難詳，不如隨時興治。褫，直吏反。○劉台拱曰：極，疲極也。王念孫曰：褫之言弛也。如疲於禮而廢弛也。俞樾曰：「極禮而褫」，文不可通，疑「禮」字衍文也。「極而褫」，三字爲句。上云「文久而息，節族久而絶」，此云「極而褫」，正與「久而息」「久而絶」一律。楊注曰：「褫，解也。有司世世相承，守禮之法數，至於極久，亦下脱也。」是楊氏所見本尚未衍「禮」字，故云「至於極久，亦下脱」，是「極」下無「禮」字也。所云「守禮之法數」者，此「禮」字乃楊氏增出以解法數之誼，非正文有「禮」字也。今作「極禮而褫」，即因注文而衍。先謙案：俞説是也。法即禮也，法數即禮數也。守法數之有司，即榮辱篇所謂不知其義，謹守其數之官人百吏也。「極」下自不當有「禮」字。**故曰：欲觀聖王之跡，則於其粲然者矣，後王是也。**後王，近時之王也。粲然，明白之貌。言近世明王之法，則是聖王之跡也。夫禮法所興，以救當世之急，故隨時設教，不必拘於舊聞，而時人以爲君必用堯、舜之道，臣必行禹、稷之術，然後可，斯惑也。孔子曰：

「殷因於夏禮，所損益可知也。」故荀卿深陳以後王爲法，審其所貴君子焉。司馬遷曰：「法後王者，以其近己而俗相類，議卑而易行也。」○劉台拱曰：後王，謂文、武也。楊注非。汪中曰：史記引「法後王」，蓋如賦詩之斷章耳。此注承其誤，名爲解荀子而實汩之。王念孫曰：「後王」二字，本篇一見，不苟篇一見，儒效篇二見，王制篇一見，正名篇三見，成相篇一見，皆指文、武而言，楊注皆誤。俞樾曰：劉、汪、王三君之説，皆有意爲荀子補弊扶偏，而實非其雅意也。據下文云：「彼後王者，天下之君也。舍後王而道上古，譬之是猶舍己之君而事人之君也。」然則荀子生於周末，以文、武爲後王可也，若漢人則必以漢高祖爲後王，唐人則必以唐太祖、太宗爲後王，設於漢、唐之世而言三代之制，是所謂舍己之君而事人之君矣，豈其必以文、武爲後王乎？蓋孟子言「法先王」而荀子言「法後王」，亦猶孟子言「性善」而荀子言「性惡」，各成其是，初不相謀，比而同之，斯惑矣。呂氏春秋察今篇曰：「上胡不法先王之治？非不賢也，爲其不可得而法。」又曰：「世易時移，變法宜矣。譬之若良醫，病萬變，藥亦萬變。病變而藥不變，鄉之壽民，今爲殤子矣。」蓋當時之論，固多如此。其後李斯相秦，廢先王之法，一用秦制，後人遂以爲荀卿罪，不知此固時爲之也。後人不達此義，於數千年後欲胥先王之道而復之，而卒不可復，吾恐其適爲秦人笑矣。

彼後王者，天下之君也，舍後王而道上古，譬之是猶舍己之君而事人之君也。故曰：欲觀千歲則數今日，○盧文弨曰：「數」字從宋本，俗本亦作「審」。**欲知億萬則審一二，欲知上世則審周道，欲知周道則審其人所貴君子。**謂己之君也。審，謂詳觀其道也。

○劉台拱曰：案其人，荀卿自謂也。所貴君子，其人之所宗仰，若仲尼、子弓也。**故曰：以近知遠，以一知萬，以微知明。此之謂也。**

夫妄人曰：「古今異情，其以治亂者異道。」而衆人惑焉。○謝本從盧校作「以其治亂者異道」。王念孫曰：此文本作「其所以治亂者異道」，謂古今之所以治亂者其道不同也。呂、錢本「以其」作「其以」，而脱去「所」字。盧本又誤作「以其」，則義不可通。韓詩外傳正作「其所以治亂異道」。先謙案：王説是。今改從呂、錢本作「其以」。**彼衆人者，愚而無説、陋而無度者也。**言其愚陋而不能辨説測度。度，大各反，下同。**其所見焉，猶可欺也，而況於千世之傳也！**傳，傳聞也。**妄人者，門庭之間，猶可誣欺也，而況於千世之上乎！**○俞樾曰：「可」字衍文，涉上文「猶可欺也」而衍。「誣」乃「挾」字之誤，「挾」字右旁之「夾」與「巫」相似，故誤也。上言衆人乃受欺者，此言妄人乃欺人者，若云「猶可誣欺」，則與衆人之可欺者同矣。且「誣欺」二字連文，亦爲不倫。韓詩外傳作「彼詐人者，門庭之間猶挾欺，而況乎千歲之上乎」，可據以訂正。**聖人何以不欺？曰：聖人者，以己度者也。**以己意度古人之意，故人不能欺，亦不欺人也。○王念孫曰：「不欺」當作「不可欺」。聖人不可欺，正對上文衆人可欺而言。下文「鄉乎邪曲而不迷」云云，正所謂聖人不可欺也。今本脱「可」字，則失其義矣。楊注云「人不能欺，亦不欺人」，則因所見本已脱「可」字，故曲爲之説，而不知與上下文不合也。外傳正作「不可欺」。

故以人度人，以情度情，以今之人情度古之人情。既云欲惡皆同，豈其治亂有異？以類度類，類，種類，謂若牛馬也。以說度功，以言說度其功業也。以道觀盡，以道觀盡物之理。儒效篇曰「涂之百姓，積善而全盡，謂之聖人」也。古今一度也。古今不殊，盡可以此度彼，安在其古今異情乎？○王念孫曰：「古今一度也」，當作「古今一也」。言自「以人度人」以下皆無古今之異，故曰「古今一也」。彊國篇：「治必由之，古今一也。」正論篇：「有擅國，無擅天下，古今一也。」君子篇：「故尊聖者王，貴賢者霸，敬賢者存，慢賢者亡，古今一也。」文意竝與此同，則「一」下不當更有「度」字，葢涉上數「度」字而衍。楊注云「古今不殊，盡可以此度彼」，則所見本已有「度」字。類不悖，雖久同理，言種類不乖悖，雖久而理同。今之牛馬，與古不殊，何至人而獨異哉？故鄉乎邪曲而不迷，觀乎雜物而不惑，以此度之。以測度之道明之，故向於邪曲不正之道而不迷，雜物炫燿而不惑。鄉，讀爲向。五帝之外無傳人，外，謂已前也。無傳人，謂其人事跡後世無傳者。非無賢人也，久故也。五帝之中無傳政，非無善政也，久故也。中，閒也。五帝，少昊、顓頊、高辛、唐、虞也。禹、湯有傳政而不若周之察也，非無善政也，久故也。傳者久則論略，近則論詳；略則舉大，詳則舉小。略，謂舉其大綱。詳，周備也。○俞樾曰：兩「論」字皆「俞」字之誤。俞，讀爲愈。榮辱篇「清之而俞濁者口也，豢之而俞瘠者交也」，楊注曰「俞，讀爲愈」是也。「俞」誤作「侖」，因誤作「論」矣。韓詩外傳正作「久則愈略，近則愈詳」，可據訂。**愚者聞其略而不知其詳，聞其詳而不知其大也，**惟聖賢乃能以略知詳、以小知大也。○王念孫曰：「聞其詳」，本作「聞其小」，「略」與「詳」對，「小」與「大」對。據楊注云「惟聖賢乃能以略知詳，以小知大」，則本作「聞其小而不知其大」明矣。今本「小」作「詳」，涉上句「詳」字而誤。外傳作「聞其細，不知其大」，細，亦小也。**是以文久而滅，節族久而絶。**

凡言不合先王，不順禮義，謂之姦言，雖辯，君子不聽。公孫龍、惠施、鄧析之屬。**法先王，順禮義，黨學者，**黨，親比也。○郝懿行曰：注云「黨，親比」，非也。方言：「黨，知也。」郭注：「黨，朗也，解悟貌。」此則黨爲曉了之意。法先王，順禮義，出言可以曉悟學者，非朋黨親比之義也。俞樾曰：方言曰：「黨、曉、哲，知也。楚謂之黨，或曰曉，齊、宋之間謂之哲。」郭注曰：「黨黨，朗也，解寤貌。」然則黨學者，猶言曉學者。蓋法先王，順禮義，以曉學者也。荀卿居楚久，故楚言耳。**然而不好言，不樂言，則必非誠士也。**言，講説也。誠士，謂至誠好善之士。**故君子之於言也，志好之，行安之，樂言之。故君子必辯。**辯，謂能談説也。○王引之曰：「故君子之於言也」，「言」當爲「善」。「善」字本作「譱」，脱其半而爲「言」，又涉上下文「言」字而誤也。「志好之，行安之，樂言之」，三「之」字皆指善而言。下文云「凡人莫不好言其所善，而君子爲甚」，（此句凡兩見。）是其明證矣。下文又云「故君子之行仁也無厭，志好之，行安之，樂言之，故君子必辯」。（今本「故」下衍「言」字，辯見前。）仁，即所謂善也。今本「善」作「言」，則下文三

「之」字皆義不可通。**凡人莫不好言其所善，而君子爲甚。**所善，謂己所好尚也。**故贈人以言，重於金石珠玉；觀人以言，美於黼黻文章；**觀人以言，謂使人觀其言。黼黻文章，皆色之美者。白與黑謂之黼，黑與青謂之黻，青與赤謂之文，赤與白謂之章。○王念孫曰：案「觀」本作「勸」。勸人以言，謂以善言勸人也，故曰「美於黼黻文章」，若觀人以言，則何美之有？楊注云「謂使人觀其言」，則所見本已譌作「觀」，太平御覽人事部三十一所引亦然。藝文類聚人部十五正引作「勸人以言」。**聽人以言，樂於鍾鼓琴瑟。**使人聽其言。○謝本從盧校作「聽人之言」。王念孫曰：呂、錢本竝作「聽人以言」，元刻「以」作「之」，而盧本從之。案此與上二句文同一例。聽人以言者，我言之而人聽之也。我言而人聽，則是我之以善及人也，故曰「樂於鍾鼓琴瑟」。若聽人之言，則何樂之有？此後人不曉文義而妄改之耳。據楊注云「使人聽其言」，則本作「聽人以言」明矣。藝文類聚、太平御覽竝引作「聽人以言」。先謙案：王說是，今改從宋本。**故君子之於言無厭。**無厭倦也。**鄙夫反是，好其實，不恤其文，**但好其質而不知文飾，若墨子之屬也。**是以終身不免埤汙傭俗。**埤、汙，皆下也，謂鄙陋也。埤與庳同。豬水處謂之汙，亦地之下者也。庳音婢。汙，一孤反。**故易曰：「括囊，無咎無譽。」腐儒之謂也。**腐儒，如朽腐之物，無所用也。引易以喻不談説者。

凡説之難，以至高遇至卑，以至治接至亂。以先王之至高至治之道，説末世至卑至亂之君，所以爲難也。説音稅。**未可直至也，遠舉則病繆，近世則病傭。**未可直至，言必在援引古今也。遠舉上世之事則患繆妄，下舉近世之事則患傭鄙也。○俞樾曰：「世」字當作「舉」，下同。「遠舉」「近舉」相對爲文。楊注曰「遠舉上世之事則患繆妄，下舉近世之事則患傭鄙」，蓋因正文有兩「舉」字，故注亦云然也。不曰「近舉下世」，而曰「下舉近世」者，避不詞耳。今作「近世」者，卽涉注文而誤。**善者於是閒也，亦必遠舉而不繆，近世而不傭，與時遷徙，與世偃仰，緩急嬴絀，**嬴，餘也。嬴絀，猶言伸屈也。**府然若渠匽檃栝之於己也，**府與俯同，就物之貌，或讀爲附。渠匽所以制水，檃栝所以制木，君子制人亦猶此也。○王引之曰：正文、注文「渠」字，疑皆「梁」字之誤。爾雅：「隄謂之梁。」鄭仲師注周官𢿱人云：「梁，水偃也。」偃與匽通，卽「堰」字也。梁與匽同義，故以「梁匽」連文。「梁」「渠」形相似，遂誤爲「渠」耳。（史記建元以來侯表「煇渠忠侯僕多」，廣韻引風俗通「渠」作「梁」。漢書地理志「彊梁原」，水經渭水注作「荆渠原」。後漢書安帝紀「高渠谷」，注引東觀記作「高梁谷」。）**曲得所謂焉，然而不折傷。**言談説委曲皆得其意之所謂，然而不折傷其道也。**故君子之度己則以繩，接人則用抴。**抴，牽引也。度己，猶正己也。君子正己則以繩墨，接人則牽引而致之，言正己而馴致人也。或曰：「抴」當爲「枻」，枻，楫也。言如以楫櫂進舟船也。度，大各反。枻，以世反。韓侍郎云：「枻者，檠枻也，正弓弩之器也。」○盧文弨曰：舊本「抴」「枻」多訛，今悉改正。韓説本攷工記。郝懿行曰：抴，余制切，與曳音義俱同。「抴」卽「枻」字，「枻」，俗作也。言君子裁度己身則以準繩，接引人倫則用舟楫，謂律己嚴而容物寬也。楚辭九歌「桂擢兮蘭拽」，王逸注：「擢，楫也。拽，船旁板也。」段氏玉裁説文注云：「按毛詩傳：『楫，所以擢舟也。』故因謂楫爲擢。」擢者，引也。船旁板曳於水中，故因謂之拽。俗字作「櫂」作「栧」，皆非是也。劉台拱曰：韓説是也。淮南説山訓曰：「檄不正而可以正弓。」此即用栧之義。（檄同檠。）王念孫曰：案攷工記弓人「恒角而達，譬如終紲」，鄭注曰：「紲，弓鞦也。」秦風小戎篇「竹閉緄縢」，毛傳曰：「閉，紲也。」小雅角弓傳曰：「不善紲檠巧用，則翩然而反。」士喪禮記「弓有柲」，注曰：「柲，弓檠，弛則縛之於弓裏，備損傷也，以竹爲之。」紲與栧同，閉與柲、鞦同，即淮南所謂「可以正弓」者也。「栧」與「繩」對文，若訓爲牽引，則與「繩」不對，若訓爲楫，則於義愈遠矣。**度己以繩，故足以爲天下法則矣。接人用拽，故能寬容，因求以成天下之大事矣。**成事在衆。○王念孫曰：「因求」二字義不可通，「求」當爲「衆」，字之誤也。唯寬容，故能因衆以成事。上文「與時遷徙，與世偃仰」，正所謂因衆也。楊注云「成事在衆」，言衆而不言求，則「求」爲「衆」之誤甚明。**故君子賢而能容罷，**罷，弱不任事者，音疲。**知而能容愚，博而能容淺，粹而能容雜，夫是之謂兼術。**粹，專一也。兼術，兼容之法。**詩曰：「徐方既同，天子之功。」此之謂也。**詩，大雅常武之篇。言君子容物，亦猶天子之同徐方也。

談説之術：矜莊以莅之，端誠以處之，堅彊以持之，分別以喻之，譬稱以明之，○王念孫曰：「分別」當在下句，「譬稱」當在上句。譬稱所以曉人，故曰「譬稱以喻之」；分別所以明理，故曰「分別以明之」。今本「譬稱」與「分別」互易。韓詩外傳及説苑善説篇引此竝作「譬稱以喻之，分別以明之」。**欣驩芬薌以送之，寶之珍之，貴之神之，如是則説常無不受。**言談説之法如此，人乃信之。芬薌，言至芳絜也。神之，謂自神異其説，不敢慢也。説，竝音税。稱，尺證反。薌與香同。○王念孫曰：芬薌，和也。方言：「芬，和也。」郭璞曰：「芬香和調。」（廣雅與方言同。周官鬯人注曰：「鬯，釀秬爲酒，芬香條暢於上下也。」大雅鳧鷖篇曰「旨酒欣欣，燔炙芬芬」，皆芬香和調之意。）欣驩芬薌，皆謂和氣以將之也。議兵篇曰「其民之親我歡若父母，其好我芬若椒蘭」，義與此同。**雖不説人，人莫不貴，**不説猶貴，況其説之。**夫是之謂爲能貴其所貴。**不使人賤之也。○王引之曰：上「爲」字涉下文「爲」字而衍。韓詩外傳、説苑皆作「夫是之謂能貴其所貴」，無「爲」字。**傳曰：「唯君子爲能貴其所貴。」此之謂也。**

君子必辯。凡人莫不好言其所善，所善，謂所好也。**而君子爲甚焉。是以小人辯言險而君子辯言仁也。**仁，謂忠愛之道。**言而非仁之中也，則其言不若其默也，其辯不若其吶也；**吶與訥同。或引禮記「其言吶吶然」，非。**言而仁之中也，則好言者上矣，不好言者下也。故仁言大矣。起於上所以道於下，正令是也；**道與導同。「正」或爲「政」。**起於下所以忠於上，謀救是也。**謀救，謂嘉謀匡救。此言談説之益不可以已也如是。○王念孫曰：「謀救」二字於義無取，楊注以爲嘉謀匡救，於「謀」上加「嘉」字以曲通其義，其失也迂矣。余謂「謀救」當爲「諫救」，字之誤也。（管子立政九敗解篇「諫臣死而諂臣尊」，今本「諫」誤作「謀」。淮南主術篇「執正進諫」，高注：「諫，或作謀。」）周官有司諫、司救。説文：「救，止也。」論語八佾篇「女弗能救與」，馬注與説文同。然則諫止其君之過謂之諫救，故曰「起於下所以忠於上，諫救是也」。**故君子之行仁也無厭。**無厭倦時。**志好之，行安之，樂言之，故言**所以好言説，由此三者也。行，如字。○王念孫曰：楊讀「故言」爲一句，而釋之曰「所以好言説，以此三者」，非也。「故君子必辯」爲一句，「故」下本無「言」字。此言君子志好之，行安之，樂言之，是以必辯也。上文云「故君子之於言也，志好之，行安之，樂言之，故君子必辯」，是其證。今本作「故言君子必辯」，「言」字乃涉上文而衍。楊斷「故言」爲一句以結上文，則「君子必辯」四字竟成贅語矣。**君子必辯。小辯不如見端，**端，首。**見端不如見本分。**分上下貴賤之分。小辯，謂辯説小事則不如見端首，見端首則不如見本分。言辯説止於知本分而已。○王引之曰：「本分」上本無「見」字，此涉上兩「見端」而衍。本分者，本其一定之分也。楊注「見端首不如見本分」，則所見本已衍「見」字。下文「小辯而察，見端而明，本分而理」，皆承此文言之，而「本分」上無「見」字，故知「見」爲衍文。**小辯而察，見端而明，本分而理，聖人士君子之分具矣。**此言能辯説然後聖賢之分具。**有小人之辯者，有士君子之辯者，有聖人之辯者：不先慮，不早謀，發之而當，成文而類，**言暗與理會，成文理而不失其類。謂不乖悖也。**居錯遷徙，應變不窮，**錯，置也。居錯，安居也。錯，千故反。○王念孫曰：居，讀爲舉。言或舉或錯或遷徙，皆隨變應之而不窮也。王制篇曰「舉錯應變而不窮」，君道篇曰「與之舉錯遷移而觀其能應變也」，禮論篇曰「將舉錯之，遷徙之」，皆其證矣。「舉」與「居」古字通。史記越世家曰：「陶朱公約要父子耕畜廢居，候時轉業。」仲尼弟子傳曰：「子貢好廢舉，與時轉貨資。」「廢舉」即「廢居」。司馬相如傳「族舉遞奏」，漢書「舉」作「居」。書大傳「民能敬長憐孤，取舍好讓，舉事力者」，韓詩外傳「舉」作「居」。**是聖人之辯者也。先慮之，早謀之，斯須之言而足聽，**斯須發言，已可聽也。**文而致實，博而黨正，是士君子之辯者也。**文，謂辯說之詞也。致，至也。黨與讜同，謂直言也。凡辯則失於虛詐，博則失於流蕩，故致實黨正爲重也。○郝懿行曰：「致」「緻」，「黨」「讜」，竝古今字。讜言卽昌言，謂善言也。此明士君子之辯，文而緻密堅實，博而昌明雅正，斯辯之善者也。王念孫曰：致，讀爲質。（襄三十年左傳「用兩珪質于河」，釋文：「質，如字，又音致。」昭十六年「與蠻子之無質也」，釋文：「質，之實反，或音致。」淮南要略「約重致，剖信符」，「重致」即「重質」。質、致古同聲，故字亦相通，說見唐韻正。）質，信也。（見昭十六年、二十年左傳注，魯語、晉語注。）謂信實也。「致實」與「黨正」對文。（楊注：「黨與讜同，謂直言也。」）楊注失之。**聽其言則辭辯而無統，**無根本也。**用其身則多詐而無功，上不足以順明王，下不足以和齊百姓，然而口舌之均，噡唯則節，**蓋謂騁其口舌之辯也。「噡唯則節」四字未詳，或剩少錯誤耳。○盧文弨曰：正文「均」，宋本作「於」。郝懿行曰：「均」，當依宋本作「於」。噡唯，猶唯諾也。節，謂節制之也。凡與人言，然諾不欺，此蓋游俠之流，盜名於世，故曰「姦人之雄，聖王起，所以先誅也」。俞樾曰：之，猶則也。僖九年左傳曰：「東略之不知，西則否矣。」實之不知。」之，亦則也，互文耳，說本王氏釋詞。「口舌之均，噡唯則節」，相對成文。詩皇皇者華篇毛傳曰：「均，調也。」言雖上不足以順明主，下不足以和齊百姓，然而口舌則調均，噡唯則中節，故下文云「足以爲奇偉偃卻之屬」也。「噡」字，疑「諾」字之誤。凡從言之字，亦得從口，如「詠」之爲「咏」，「讀」之爲「嘖」是也。俗書「諾」字，或作「喏」，因誤爲「噡」矣。先謙案：說文：「詹，多言也。」莊子齊物論「小言詹詹」，釋文引李頤注：「詹詹，小辯之貌。」俗加「言」作「譫」。衆經音義十二引埤蒼云：「譫，多言也。」從言之字或從口，故「譫」又爲「噡」矣。噡唯則節者，或辯或唯，皆中其節也，義自分明，不煩改字。郝說尤非。**足以爲奇偉偃卻之屬，**奇偉，誇大也。偃卻，猶偃仰，卽偃蹇也。言姦雄口辯，適足以自誇大偃蹇而已。**夫是之謂姦人之雄，聖王起，所以先誅也。然後盜賊次之。盜賊得變，此不得變也。**變，謂教之使自新也。

非十二子篇第六

○盧文弨曰：韓詩外傳止十子，無子思、孟子，此乃並非之，疑出韓非、李斯所坿益。

假今之世，假如今之世也。或曰：假，借也。今之世，謂戰國昏亂之世。治世則姦言無所容，故十二子借亂世以惑衆也。○王念孫曰：彊國篇云「假今之世，益地不如益信之務也」，則前説爲是。**飾邪説，文姦言，以梟亂天下，**梟與澆同。○盧文弨曰：「梟」，宋本作「澩」，注：「澩與僥同。」案「澩」字無攷，「僥」亦「澆」之訛。元刻作「鴞」，亦未是。莊子繕性篇「澩醇散樸」，釋文云：「澩，本亦作澆。」當從之。**矞宇嵬瑣，**矞與譎同，詭詐也，又余律反。宇未詳。或曰：宇，大也，放蕩恢大也。嵬，謂爲狂險之行者也。瑣者，謂爲姦細之行者也。説文云：「嵬，高不平也。」今此言嵬者，其行狂險，亦猶山之高不平也。周禮大司樂云「大傀裁則去樂」，鄭云：「傀，猶怪也。」晏子春秋曰：「不以上爲本，不以民爲憂，内不恤其家，外不顧其游，夸言傀行，自勤於飢寒，命之曰狂辟之民，明王之所禁也。」嵬，當與傀義同，音五每反，又牛彼反。○郝懿行曰：矞，滿溢也。宇，張大也。嵬者，崔嵬，高不平也。瑣者，細碎聲也。此謂飾邪説，文姦言，以欺惑人者。矞宇，所謂大言炎炎也。嵬瑣，所謂小言詹詹也。此皆謂言矣，注以行説，失之。嵬瑣，又見儒效、正論篇。王念孫曰：元刻無「欺惑愚衆」四字，（宋龔本同。）元刻是也。宋本有此四字者，依韓詩外傳加之也。楊注但釋「矞宇嵬瑣」而不釋「欺惑愚衆」，至下文「足以欺惑愚衆」，始釋之云「足以欺惑愚人衆人」，則此處本無「欺惑愚衆」四字明矣。外傳有此四字者，「欺惑愚衆」下文凡五見，而外傳皆無之，故得移置於此處。若據外傳增入，則既與下文重複，又與楊注不合矣。俞樾曰：楊讀矞爲譎，是矣，訓宇爲大，則與譎誼不倫。宇，當讀爲訏。説文言部：「訏，詭譌也。」然則矞宇猶言譎詭矣。先謙案：矞宇，俞説是。嵬瑣，猶委瑣也，嵬、委聲近，故相通借。史記司馬相如傳「摧崣崫崎」，「摧崣」即「崔嵬」異文。嵬之爲崣，猶嵬之爲委矣。相如傳「委瑣握齪」，索隱引孔文祥云：「委，曲也。」委訓曲，則嵬亦訓曲。正論篇云「夫是之謂嵬説」，嵬説，猶曲説也。下文云「吾語女學者之嵬容」，又云「是學者之嵬也」，謂其容如彼，即是學者之嵬，猶史記言「曲儒」也。（見趙世家。）正論篇又云：「堯、舜者，天下之英也；朱、象者，天下之嵬、一時之瑣也。」「英」與「嵬」「瑣」對文。英爲俊選之尤，則嵬瑣爲委曲瑣細之尤，言小人極不足道者也。謝本從盧校，此句上有「欺惑愚衆」四字。今案：王説是，從元刻删。**使天下混然不知是非治亂之所存者有人矣。**混然，無分別之貌。存，在也。**縱情性，安恣睢，禽獸行，**恣睢，矜放之貌。言任情性所爲而不知禮義，則與禽獸無異，故曰「禽獸行」。睢，許季反。○謝本從盧校作「禽獸之行」。盧文弨曰：元刻作「香萃反」。王念孫曰：吕、錢本皆無「之」字，是也。據楊注云「與禽獸無異，故曰禽獸行」，則無「之」字明矣。性惡篇云「禽獸行，虎狼貪」，司馬法云「外内禽獸行」，句法并與此同。先謙案：王説是，今從吕、錢本删「之」字。**不足以合文通治；**不足合於古之文義，通於治道。**然而其持之有故，其言之成理，足以欺惑愚衆，**妄稱古之人亦有如此者，故曰「持之有故」。又其言論能成文理，故曰「言之成理，足以欺惑愚人衆人」矣。○郝懿行曰：故者，咨於故實之故，謂其持論之有本也，成理，謂其言能成條理也，故皆足以欺惑愚衆。**是它囂、魏牟也。**它囂，未詳何代人。世本楚平王孫有田公它成，豈同族乎？韓詩外傳作「范魏牟」。牟，魏公子，封於中山。漢書蓺文志道家有公子牟四篇。班固曰：「先莊子，莊子稱之。」今莊子有公子牟稱莊子之言以折公孫龍，據卽與莊子同時也。又，列子稱公子牟解公孫龍之言。公孫龍，平原君之客，而張湛以爲文侯子，據年代，非也。説苑曰：「公子牟東行，穰侯送之。」未知何者爲定也。**忍情性，綦谿利跂，**忍，謂違矯其性也。綦谿未詳，蓋與跂義同也。利與離同。離跂，違俗自絜之貌，謂離於物而跂足也。莊子曰：「楊、墨乃始離跂，自以爲得。」離，力智反。跂，丘氏反。○郝懿行曰：此謂矯異於人以爲高者。綦谿者過於深陗，利跂者便於走趨，谿讀爲雞，跂音爲企，四字雙聲疊韻。先謙案：荀子多以「綦」爲「極」。谿之爲言，深也。老子「爲天下谿」，河上公注云：「人能謙下如深谿。」是谿有深義，綦谿猶言極深耳。利與離同，楊説是也。離世獨立，故曰「離跂」。「跂」「企」同字。廣雅釋詁「⿱亼足，立也」，曹憲注：「⿱亼足，卽古文企字。」**苟以分異人爲高，**苟求分異，不同於人，以爲高行也。**不足以合大衆，明大分；**卽求分異，則不足合大衆；苟立小節，故不足明大分。大分，謂忠孝之大義也。**然而其持之有故，其言之成理，足以欺惑愚衆，是陳仲、史鰌也。**已解上。○盧文弨曰：解見不苟篇。彼作「田仲」，田與陳通。**不知壹天下、建國家之權稱，**不知齊一天下、建立國家之權稱，言不知輕重。稱，尺證反。**上功用、大儉約而僈差等，**功用，功力也。大，讀曰太。言以功力爲上而過儉約也。僈，輕也。輕僈差等，謂欲使君臣上下同勞苦也。○王念孫曰：上與尚同。大亦尚也。謂尊尚儉約也。表記「君子不自大其事，不自尚其功」，亦以「大」與「尚」竝言之。性惡篇「大齊信而輕貨財」，隱三年公羊傳「故君子大居正」，竝與此「大」字同義。楊讀大爲太，而以爲過儉約，失之。僈，讀爲曼。廣雅曰：「曼，無也。」

法言寡見篇「曼是爲也」，五百篇「行有之也，病曼之也」，皆謂無爲曼。文選四子講德論「空柯無刃，公輸不能以斲，但懸曼矰，蒲苴不能以射」，曼亦無也。（李善注訓曼爲長，失之。）曼差等，即無差等，作「僈」者，借字耳。富國篇曰「墨子將上功勞苦，與百姓均事業，齊功勞」，正所謂無差等也。故下文云「曾不足以容辨異，縣君臣」。楊以僈爲輕慢，亦失之。**曾不足以容辨異、縣君臣；**上下同等，則其中不容分別而縣隔君臣也。○先謙案：富國篇云「羣衆未縣，則君臣未立也，無君以制臣，無上以制下」，即縣君臣之義。**然而其持之有故，其言之成理，足以欺惑愚衆，是墨翟、宋鈃也。**宋鈃，宋人，與孟子、尹文子、彭蒙、慎到同時。孟子作「宋牼」。牼與鈃同，音口莖反。**尚法而無法，下修而好作，**尚，上也。言所著書雖以法爲上而自無法，以脩立爲下而好作爲。言自相矛盾也。○王念孫曰：「下修而好作」，義不可通。「下修」當爲「不循」，謂不循舊法也。墨子非儒篇道儒者之言曰：「君子循而不作。」此則反乎君子之所爲，故曰「不循而好作」也。「不」與「下」，「循」與「脩」，字相似而誤。（隸書「循」「脩」二字相亂，説見管子形勢篇。）楊注云「以修立爲下而好作爲」，失之。**上則取聽於上，下則取從於俗，**言苟順上下意也。○王念孫曰：取聽取從，言能使上下皆聽從之耳。楊云「言苟順上下意」，失之。**終日言成文典，反紃察之，則倜然無所歸宿，**紃與循同。倜然，疏遠貌。宿，止也。雖言成文典，若反覆紃察，則疏遠無所指歸也。○謝本從盧校作「及紃察之」。盧文弨曰：注「反覆」二字，宋本無。王引之曰：元刻「及」作「反」，是也。反，復也。謂復紃察之也。楊注云「雖言成文典，若反復紃察，則疏遠無所歸」，則「及」爲「反」之誤明矣。榮辱篇「反鉛察之」，其字正作「反」。紃、鉛古聲相近，故字亦相通。禮論篇「則必反鉛」，三年問「鉛」作「巡」，祭義「終始相巡」，注「巡，讀如沿漢之沿」，皆其例矣。先謙案：王說是。今依元刻作「反」。**不可以經國定分；**取聽於上，取從於俗，故法度不立也。**然而其持之有故，其言之成理，足以欺惑愚衆，是慎到、田駢也。**田駢，齊人，遊稷下，著書十五篇。其學本黄、老，大歸名法。慎到，已解上。**不法先王，不是禮義，**不以禮義爲是。**而好治怪說，玩琦辭，**玩與翫同。琦，讀爲奇異之奇。**甚察而不惠，**惠，順。○王念孫曰：「惠」當爲「急」，字之誤也。甚察而不急，謂其言雖甚察而不急於用，故下句云「辯而無用」也。下文「無用而辯，不急而察」，「急」字亦誤作「惠」。天論篇云「無用之辯，不急之察」，性惡篇云「雜能旁魄而無用，析速粹孰而不急」，皆其明證也。楊訓惠爲順，失之。**辯而無用，多事而寡功，不可以爲治綱紀；然而其持之有故，其言之成理，足以欺惑愚衆，是惠施、鄧析也。略法先王而不知其統，**言其大略雖法先王，而不知體統。統，謂紀綱也。**猶然而材劇志大，聞見雜博。**猶然，舒遲貌。禮記曰：「君子蓋猶猶爾。」劇，繁多也。○盧文弨曰：宋本正文作「然而猶材劇志大」，無注。郝懿行曰：「猶然而」，當依宋本作「然而猶」，此誤本也。**案往舊造說，謂之五行，**案前古之事而自造其說，謂之五行。五行，五常，仁義禮智信是也。**甚僻違而無類，幽**

隱而無説，閉約而無解。約，結也。解，説也。僻違無類，謂乖僻違戾而不知善類也。幽隱無説，閉約無解，謂其言幽隱閉結而不能自解説，謂但言堯、舜之道而不知其興作方略也。荀卿常言法後王，治當世，而孟軻、子思以爲必行堯、舜、文、武之道，然後爲治，不知隨時設教，救當世之弊，故言僻違無類。孟子曰：「管仲、曾西之所不爲。」解，佳買反。○王念孫曰：楊説非也。僻、違，皆邪也。（説見修身篇。）類者，法也。言邪僻而無法也。方言：「類，法也，（廣雅同。）齊曰類。」楚辭九章「吾將以爲類兮」，王注與方言同。太玄毅：「次七，觤羊之毅，鳴不類。測曰：觤羊之毅，言不法也。」是古謂法爲類。儒效篇「其言有類，其行有禮」，謂言有法也。（楊注「類，善也，謂比類於善」，失之。）王制篇「飾動以禮義，聽斷以類」，謂聽斷以法也。（楊注「所聽斷之事皆得其善類」，失之。）富國篇「誅賞而不類」，謂誅賞不法也。（楊注「不以其類」，失之。）類之言律也，律亦法也，故樂記「律小大之稱」，史記樂書「律」作「類」。王制篇曰：「其有法者以法行，無法者以類舉。」蓋「法」與「類」對文則異，散文則通矣。**案飾其辭而祇敬之曰：此真先君子之言也。**言自敬其辭説。先君子，孔子也。**子思唱之，孟軻和之，**子思，孔子之孫，名伋，字子思；孟軻，鄒人，字子輿：皆著書七篇。**世俗之溝猶瞀儒，嚾嚾然不知其所非也，**溝，讀爲怐。怐，愚也。猶，猶豫也，不定之貌。瞀，闇也。漢書五行志作「區瞀」，與此義同。嚾嚾，喧聒之貌，謂争辯也。怐音寇。猶音柚。○盧文弨曰：注「怐」，舊訛作「拘」。案怐愗，愚貌。楚辭九辯「直怐愗以自苦」，五行志又作「傋瞀」，與此書儒效篇同。許慎作「瞉瞀」，又作「瞀務」，皆一物也。今改正。「溝猶瞀儒」，合四字爲疊韻。郝懿行曰：儒效篇云「愚陋溝瞀」，注云「溝音寇」，是也。「溝猶瞀儒」四字疊韻，其義則皆謂愚蒙也。漢五行志作「傋霿」，（楊注引作「區瞀」。）楚辭九辯作「怐愗」，說文作「㝅瞀」，廣韻既作「怐愗」，又作「㲄瞀」，又作「瞉瞀」，竝上音寇，下音茂。此等皆以聲爲義，不以字爲義也。嚾者，呼也。玉篇、廣韻音渙，義與喚同。集韻或作「讙」，音歡，則其義當爲讙譁矣。先謙案：溝猶瞀儒者，溝瞀儒也。溝瞀訓愚闇，中不當有「猶」字。溝猶疊韻，語助耳。儒效篇「愚陋溝瞀」，無「猶」字，是其明證。楊釋猶爲猶豫，非也。**遂受而傳之，以爲仲尼、子游爲茲厚於後世，**仲尼、子游爲此言，垂德厚於後世也。○郝懿行曰：茲者，益也，多也，與滋義同。俞樾曰：楊注「仲尼、子游爲此言，垂德厚於後世」，則「爲茲厚」三字於文未足，殆非也。厚，猶重也。戰國策秦策曰「其於敝邑之王甚厚」，注曰：「厚，重也。」爲茲厚於後世者，茲即指子思、孟子而言。蓋荀子之意，謂仲尼、子游之道不待子思、孟子而重，而世俗不知，以爲仲尼、子游因此而後得重於後世，故曰「是則子思、孟軻之罪也」。郭嵩燾曰：荀子屢言仲尼、子弓，不及子游。本篇後云「子游氏之賤儒」，與子張、子夏同譏，則此「子游」必「子弓」之誤。**是則子思、孟軻之罪也。**

若夫總方略，齊言行，壹統類，而羣天下之英傑而告之以大古，教之以至順，總，領也。統，謂綱紀。類，謂比類。大謂之統，分別謂之類。羣，會合也。大，讀曰太。**奧窔之閒，簟席之上，斂然聖王之文章具焉，佛然平世之俗起焉，**西南隅謂之奧，東南隅謂之窔。言不出室堂之內也。歛然，聚集之貌。佛，讀爲勃。勃然，興起貌。窔，一弔反。○王引之曰：古無以「歛然」二字連文者，「歛」當爲「歙」，字之誤也。歙然者，聚集之貌。言聖王之文章歙然皆聚於此也。漢書韓延壽傳曰：「郡中歙然，莫不傳相敕厲。」匡衡傳曰：「學士歙然歸仁。」字亦作「翕」。史記自序曰「天下翕然，大安殷富」，義竝同也。楊注亦當作「歙然，聚集之貌」，今隨正文而誤。**六説者不能入也，十二子者不能親也，**○謝本從盧校「六」上有「則」字。王念孫曰：元刻無「則」字，（宋龔本同。）是也。上文「若夫」二字，總領下文十九句，而結之曰「是聖人之不得執者也」。此二十句皆一氣貫注，若第十一句上加一「則」字，則隔斷上下語脈矣。韓詩外傳無「則」字。（下文「六説者立息，十二子者遷化」，「六説」上亦無「則」字。）先謙案：王説是。今從元刻刪「則」字。**無置錐之地而王公不能與之争名，在一大夫之位則一君不能獨畜，一國不能獨容，**言王者之佐，雖在下位，非諸侯所能畜，一國所能容。或曰：時君不知其賢，無一君一國能畜者，故仲尼所至輕去也。**成名況乎諸侯，莫不願以爲臣，**況，比也。言其所成之名，比況於人，莫與爲偶，故諸侯莫不願得以爲臣。或曰：既成名之後，則王者之輔佐也，況諸侯莫不願得以爲臣乎？未知其賢，則無國能容也。或曰：況，猶益也。國語：「驪姬曰：『衆況厚之。』」○盧文弨曰：「成名」句，卽上文「王公不能與之争名」。注宂而未當。郝懿行曰：「況」，古作「兄」，其訓滋也、益也、長（讀上聲。）也。此言聖人之名有所埤益增長於諸侯，故莫不願得以爲臣也。儒效篇亦有此言。楊注不得其解。王引之曰：「成名況乎」下有脱文，不可考，楊注非。儒效篇

「願」下有「得」字。彼文因此而衍，則此文當有「得」字也。（宋龔本有。）非相篇「婦人莫不願得以爲夫，處女莫不願得以爲士」，文義正與此同。據楊注亦當有「得」字。俞樾曰：楊注讀「諸侯莫不願以爲臣」作一句，則「成名況乎」四字文不成義，又載或説以「況乎」屬下句，則「成名」二字更不成義，皆非也。此當以「成名況乎諸侯」爲句，成與盛通。周易繫辭傳「成象之謂乾」，蜀才本「成」作「盛」。史記封禪書曰「主祠成山」，漢書郊祀志「成」作「盛」。然則成名猶盛名也。況者，賜也。言以盛名爲諸侯賜也。大賢所至，莫不以爲榮幸，若受其賜然。漢書灌夫傳「將軍迺肯幸臨，況魏其侯」，即此「況」字之義。是聖人之不得埶者也，仲尼、子弓是也。一天下，財萬物，財與裁同。○王念孫曰：財，如泰象傳「財成天地之道」之「財」，財亦成也。（説見經義述聞。）「財萬物」與「長養人民，兼利天下」連文，是「財萬物」即「成萬物」，繫辭傳曰「曲成萬物而不遺」是也。儒效篇曰「通乎財萬物、養百姓之經紀」，王制篇曰「等賦政事，財萬物，所以養萬民也」，（楊云「裁制萬物」，失之。）又曰「序四時，裁萬物，（裁與財同。）兼利天下」，富國篇曰「財萬物，養萬民」，義竝與此同。長養人民，兼利天下，通達之屬，莫不從服，通達之屬，謂舟車所至、人力所通者也。六説者立息，十二子者遷化，遷而從化。則聖人之得埶者，舜、禹是也。今夫仁人也，將何務哉？上則法舜、禹之制，下則法仲尼、子弓之義，以務息十二子之説，如是則天下之害除，仁人之事畢，聖王之跡著矣。○盧文弨曰：「著」，宋本從竹作「箸」，下竝同。

信信，信也；疑疑，亦信也。信可信者，疑可疑者，意雖不同，皆歸於信也。貴賢，仁也；賤不肖，亦仁也。言而當，知也；默而當，亦知也。故知默猶知言也。論語曰：「知之爲知之，不知爲不知，是知也。」當，丁浪反。故多言而類，聖人也；少言而法，君子也；言雖多而不流湎，皆類於禮義，是聖人制作者也。少言而法，謂不敢自造言説，所言皆守典法也。多少無法而流湎然，雖辯，小人也。湎，沈也。流者不復返，沈者不復出也。○盧文弨曰：此數語又見大略篇。彼作「多言無法」，此「少」字似訛。王念孫曰：而與如同。先謙案：流湎猶沈湎，説見勸學篇。故勞力而不當民務謂之姦事，民務，四民之務。勞知而不律先王謂之姦心，律，法。辯説譬諭、齊給便利而不順禮義謂之姦説。齊，疾也。給，急也。便利，亦謂言辭敏捷也。此三姦者，聖王之所禁也。知而險，賊而神，用智於險，又賊害不測如神也。○郝懿行曰：小人雖有才智而其心險如山川，賊害於物而其機變若鬼神，如曹孟德、司馬仲達之類。楊注未了。王念孫曰：「知而險」與「賊而神」對文，則知非美稱。知者，巧也，（淮南覽冥篇注：「智故，巧詐也。」莊子胠篋篇「知詐漸毒」，淮南原道篇「偶睉智故，曲巧僞詐」，竝與此「知」字同義。）故下句卽云「爲詐而巧」，言既智巧而又險巇也。爲詐而巧，巧於爲詐。○俞樾曰：爲與僞通，「爲詐」卽「僞詐」也。管子兵法篇「不可數則僞詐不敢鄉」，幼官篇作「爲詐不敢鄉」，正與此同。楊注非是。言無用而辯，言辯而無用也。辯不惠而察，惠，順也。辭辯不順，道理不聰察也。○王念孫曰：此本作「無用而辯，不急而察」。辯者智也，慧也，（廣雅：

「辯，慧也。」「慧」通作「惠」。晉語曰：「巧文辯惠則賢。」逸周書寶典篇曰：「辯惠千智。」商子說民篇曰：「辯慧，亂之贊也。」「辯」通作「辨」。大戴記文王官人篇曰：「不學而性辯。」荀子性惡篇曰：「性質美而心辯知。」東周策曰：「兩周辯知之士。」是辯與智慧同義。）非「辯論」之「辯」。下文「言辯而逆」，乃及言論耳。無用而辯，卽辯而無用，非謂言無用而辯也。（今本「言」字涉下文「言辯」而衍。）不急而察，卽察而不急，非謂辯不惠而察也。（今本「辯」字涉上句而衍。）上文云「甚察而不急，（今本「急」字亦誤作「惠」。辯，見前「甚察而不惠」下。）辯而無用」，是其明證矣。楊說皆失之。**治之大殃也。行辟而堅，**辟，讀爲僻。**飾非而好，**好飾非也。○王念孫曰：飾非而好，言其飾之工也。「好」字，當讀上聲，不當讀去聲。楊說非。**玩姦而澤，**玩與翫同。習姦而使有潤澤也。**言辯而逆，古之大禁也。**逆者，乖於常理。**知而無法，**騁其異見也。知，如字。**勇而無憚，**輕死。**察辯而操僻淫，**爲察察之辯，而操持僻淫之事。操，七刀反。○王念孫曰：「察辯」二字平列。（「辯」字義見上。）言能察能辯，而所操皆僻淫之術也。勸學篇曰：「不隆禮，雖察辯，散儒也。」不苟篇曰：「君子辯而不爭，察而不激。」荀子書皆以「察」「辯」對文，不可枚舉。**大而用之，**以前數事爲大而用之也。○俞樾曰：楊注讀「察辯而操僻淫」爲句，誤也，當以「察辯而操僻」五字爲句。大略篇亦云「察辯而操僻」，是其證。大，讀爲汏，「淫汏」連文。仲尼篇曰「若是其險汙淫汏也」，是其證。之者，「乏」之壞字。襄十四年左傳曰「匱神乏祀」，釋文曰：「本或作『之祀』。」蓋「之」「乏」形似，故易誤耳。「淫汏而用乏」，與「察辯而操僻」相對成文。此文自「知而無法，勇而無憚」至「利足而迷，負石而隊」，凡七句，語皆一律，而總之曰「是天下之所弃也」。楊以「大而用之」四字爲句，而釋之曰「以前數事爲大而用之」，則上下文氣隔矣。好姦而與衆，好姦而與衆人共之，謂使人同之也。利足而迷，苟求利足而迷惑不顧禍患也。負石而墜，謂申徒狄負石投河。言好名以至此也，亦利足而迷者之類也。○郝懿行曰：利足而迷，所謂「捷徑以窘步」也；負石而墜，所謂「力小而任重，高位實疾顛」也：二句皆譬況之詞。先謙案：郝說是。是天下之所弃也。

兼服天下之心：○先謙案：宋台州本分段，謝本它刻同。浙局本誤連上，今正。高上尊貴不以驕人，在貴位不驕人。聰明聖知不以窮人，○盧文弨曰：元刻「知」作「智」。齊給速通不争先人，○王念孫曰：「不争先人」，當依上下文作「不以先人」，今本「以」作「争」，涉下文「與人争」而誤也。韓詩外傳作「不以欺誣人」，説苑敬慎篇作「無以先人」，文雖不同，而「以」字則同。先謙案：羣書治要作「争」，與本書合。剛毅勇敢不以傷人；不知則問，不能則學，雖能必讓，然後爲德。然後爲聖賢之德也。遇君則修臣下之義，遇鄉則修長幼之義，在鄉黨之中也。遇長則修子弟之義，遇友則修禮節辭讓之義，遇賤而少者則修告導寬容之義。無不愛也，無不敬也，無與人争也，恢然如天地之苞萬物，如是則賢者貴之，不肖者親之。如是而不服者，則可謂訞怪狡猾之人矣，訞與妖同。雖則子弟之中，刑及之而宜。妖怪狡猾之人，雖在家人子弟之中，亦宜刑戮及之，況公法乎。詩云：「匪上帝不時，殷不用舊。雖無老成人，尚有典刑。曾是莫聽，大命以傾。」此之謂也。詩，大雅蕩之篇。鄭云：「老成人，伊尹、伊陟、臣扈之屬也。典刑，常事、故法也。」

古之所謂士仕者，厚敦者也，合羣者也，士仕，謂士之入仕。合，謂和合羣衆也。○王念孫曰：「士仕」當爲「仕士」，與下「處士」對文。今本「仕士」二字倒轉，（下文同。）楊曲爲之説，非。樂富貴者也，樂其道也。○俞樾曰：樂富貴，豈得爲樂其道？正文「樂」字，疑涉注文而誤。下云「羞獨富者也」，以獨富爲羞，必不以富貴爲樂。今雖不知爲何字之誤，大要是不慕富貴之意，故注以樂道説之也。先謙案：「富」字當是「可」字之誤。正文言「樂可貴者也」，故注以「樂其道」釋之，惟道爲可貴也。下文「君子能爲可貴」，注云「可貴，謂道德也」，可互證。樂分施者也，施，或所宜反。○先謙案：君道篇云「以禮分施，均徧而不偏」，均徧不偏，卽分施之義。遠罪過者也，遠，于願反。務事理者也，務使事有條理。羞獨富者也。使家給人足也。今之所謂士仕者，汙漫者也，賊亂者也，汙漫，已解在榮辱篇。恣睢者也，恣睢，已解於上。貪利者也，觸抵者也，恃權埶而忤人。○王念孫曰：觸抵，謂觸罪過也。此對上文「遠罪過」而言。楊云「恃權埶而忤人」，失之。無禮義而唯權埶之嗜者也。古之所謂處士者，德盛者也，

能静者也，處士，不仕者也。易曰：「或出或處。」能静，謂安時處順也。**修正者也，知命者也，著是者也。**明著其時是之事，不使人疑其姦詐也。○劉台拱曰：「著是」，疑當作「著定」，與上文「盛」「静」等字爲韻。言有定守，不流移也。**今之所謂處士者，無能而云能者也，**云能，自言其能也。愼子曰：「勁而害能，則亂也；云能而害無能，則亂也。」蓋戰國時以「言能」爲「云能」，當時之語也。**無知而云知者也，利心無足而佯無欲者也，**好利不知足而詐爲無欲者也。**行僞險穢而彊高言謹愨者也，以不俗爲俗，**以不合俗人自爲其俗也。**離縱而跂訾者也。**訾，讀爲恣。離縱，謂離於俗而放縱；跂恣，謂跂足違俗而恣其志意，皆違俗自高之貌。或曰：「縱」當爲「縰」，傳寫誤耳。縰與纚同，步也。離縰，謂離於俗而步去；跂訾，亦謂跂足自高而訾毁於人。離，力智反。跂，丘氏反。縰，所綺反。○郝懿行曰：縱與蹤同，本作「蹝」，謂車迹也。俗作「蹤」，假借作「縱」耳。離縱者，謂離其尋常蹤迹而令人敬異也。舉足望曰跂。訾訓思也、量也。跂訾者，謂跂望有所思量而示人意遠也。此皆絶俗離羣、矯爲名高之事，故曰「士君子所不能爲」也。王念孫曰：楊有前後二説。前説讀訾爲恣，以離縱爲離於俗而放縱，跂訾爲跂足違俗而恣其志意，皆非也。後説謂「縱」爲「縰」之誤，是也。莊子在宥篇「儒、墨乃始離跂攘背乎桎梏之間」，「離跂」疊韻字。荀子云「離縰而跂訾」，「離縰」「跂訾」亦疊韻字。大抵皆自異於衆之意也。楊訓縰爲步，而以離縰爲離於俗而步去，跂訾爲跂足自高而訾毁於人，亦非。凡疊韻之字，其意卽存乎聲，求諸其聲則得，求諸其文則惑矣。

士君子之所能不能爲：○謝本從盧校作「士君子之所不能爲」，劃屬上段。盧文弨曰：宋本「之所」下衍一「能」字，今從元刻删。或疑此句因下文首句而誤衍。王念孫曰：呂、錢本竝作「士君子之所能不能爲」，世德堂本同。案此文本作「士君子之所能爲不能爲」，乃總冒下文之詞。下文「君子能爲可貴，不能使人必貴己」六句，皆承此文而言。宋本脱上「爲」字，元刻又脱上「能」字。盧既依元刻删「能」字，又不知此句爲冒下之詞，而以爲承上之詞，遂劃出此句爲上段之末句，誤矣。又疑此句因下文而衍，則誤之又誤也。先謙案：宋台州本此句連上。台州本卽祖呂本，是分段之誤不自盧始也。然王説自是，今分屬下段。君子能爲可貴，不能使人必貴己；可貴，謂道德也。能爲可信，不能使人必信己；能爲可用，不能使人必用己。可用，謂才能也。故君子耻不修，不耻見汙；見汙，爲人所汙穢也。耻不信，不耻不見信；耻不能，不耻不見用。是以不誘於譽，不恐於誹，虚譽不能誘，毁謗不能動。率道而行，端然正己，不爲物傾側，夫是之謂誠君子。誠，實也，謂無虚僞也。詩云：「温温恭人，維德之基。」此之謂也。已解在不苟篇。

士君子之容：其冠進，其衣逢，其容良，進，謂冠在前也。逢，大也，謂逢掖也。良，謂樂易也。○俞樾曰：楊注以冠在前爲進，不詞甚矣。進，讀爲峻，峻，高也。言其冠高也。下云

「其衣逢」，注曰：「逢，大也。」於冠言高，於衣言大，義正相類。進、峻音近，故得通用。禮記祭統篇「百官進徹之」，鄭注曰：「進，當爲餕。」然則峻之爲進，猶餕之爲進矣。**儼然，壯然，祺然，蕼然，恢恢然，廣廣然，昭昭然，蕩蕩然，是父兄之容也。**儼然，矜莊之貌。壯然，不可犯之貌，或當爲「莊」。祺然、蕼然，未詳。或曰：祺，祥也，吉也，謂安泰不憂懼之貌。「蕼」，當爲「肆」，謂寬舒之貌。恢恢、廣廣，皆容衆之貌。昭昭，明顯之貌。蕩蕩，恢夷之貌。**其冠進，其衣逢，其容愨，**謹敬。**儉然，恀然，輔然，端然，訾然，洞然，綴綴然，瞀瞀然，是子弟之容也。**儉然，自卑謙之貌。恀然，恃尊長之貌。爾雅曰：「恀，恃也。」郭云：「江東呼母爲恀，音紙。」輔然，相親附之貌。端然，不傾倚之貌。訾然，未詳。或曰：與孳同，柔弱之貌。洞然，恭敬之貌。禮記曰：「洞洞乎其敬也。」綴綴然，不乖離之貌，謂相連綴也。瞀瞀然，不敢正視之貌。○俞樾曰：漢書敍傳「姼姼公主」，師古曰：「姼姼，好貌。」「恀」即「姼」之叚字。嚴威儼恪，成人之道，非所以事親，故子弟之容必姼姼然好也。楊注失之迂曲。**吾語汝學者之嵬容：**說學者爲嵬行之形狀。嵬，已解於上。○盧文弨曰：元刻正文無「容」字，今從宋本增。郝懿行曰：上「嵬瑣」注「嵬與傀義同」，引大司樂鄭注：「傀，猶怪也。」然則嵬容者，怪異之容，故其下遂以重文疊句寫貌之。先謙案：學者之嵬容，猶言學者之嵬之容耳。「嵬容」二字不連，下文言「是學者之嵬也」，即其明證。楊注「說學者爲嵬行之形狀」，亦不以「嵬容」連文。郝說誤。**其冠絻，其纓禁緩，其**

容簡連；「絻」，當爲「俛」，謂太向前而低俯也。縰，冠之繫也。禁緩，未詳。或曰：讀爲紟，紟，帶也。言其縰大如帶而緩也。簡連，傲慢不前之貌。紟，其禁反。連，讀如「往蹇來連」之連。**填填然，狄狄然，莫莫然，瞡瞡然，瞿瞿然，盡盡然，盱盱然，**填填然，滿足之貌。狄，讀爲趯，跳躍之貌。莫，讀爲貊，貊，靜也，不吉之貌。或動而跳躍，或靜而不言，皆謂舉止無恆也。瞡瞡，未詳。或曰：瞡與規同，規規，小見之貌。瞿瞿，瞪視之貌。盡盡，極視盡物之貌。盱盱，張目之貌。皆謂視瞻不平，或大察也。盱，許于反。○郝懿行曰：狄與逖同，遠也。填填者，盈滿之容。狄狄者，疏散之容也。莫者，大也。瞡疑與嫢同，嫢（羌箠切。）者，細也。方言：「細而有容謂之嫢。」然則莫莫者，矜大之容；瞡瞡者，鄙細之容；瞿瞿者，左右顧望之容；盡盡者，閉藏消沮之容；盱盱者，張目直視之容也。凡此皆以相反相儷爲義。俞樾曰：盡盡，猶津津也。莊子庚桑楚篇曰：「津津乎猶有忍也。」此作「盡盡」者，聲近，故叚用耳。周官大司徒職曰「其民黑而津」，釋文云：「津，本作濜。」然則津津之爲盡盡，猶津之爲濜矣。**酒食聲色之中則瞞瞞然，瞑瞑然；**瞞瞞，閉目之貌。瞑瞑，視不審之貌。謂好悅之甚，佯若不視也。瞞，莫干反。瞑，母丁反。**禮節之中則疾疾然，訾訾然；**謂憎疾毀訾也。**勞苦事業之中則儢儢然，離離然，偷儒而罔，無廉恥而忍謑詢：是學者之嵬也。**事業，謂作業也。儢儢，不勉彊之貌。離離，不親事之貌。陸法言云：「儢，心不力也，音呂。」偷儒，謂苟避事之勞苦也。罔，謂罔冒不畏人之言也。

謑詢，詈辱也。此一章，皆明視其狀貌而辨善惡也。今之所解，或取聲韻假借，或推傳寫錯誤，因隨所見而通之也。○盧文弨曰：正文「謑詢」，元刻作「謑詢」。案説文：「謑，胡禮切。」重文「謑」，實一字也。洪興祖楚辭補注九思篇「謑詢」下引荀子作「謑詢」，正與宋本合；其引注「駡辱也」，又與元刻同。案漢書賈誼傳有「奊詬亡節」語，同此。彼奊音絜。元刻「駡辱也」下有「謑音奚」三字，宋本無。郝懿行曰：此言學者之嵬容也。瞞瞞瞑瞑，（與眠同。）謂耽於酒食聲色、惛瞀迷亂之容也；疾疾訾訾，謂苦於禮節拘迫、畏懼惰窳之容也；儢儢離離，謂不耐煩苦勞頓、嬾散疏脱之容也：皆以四字合爲雙聲，狀其醜態，爲學者戒。偷儒，已見修身篇。謑詢，楊注以爲詈辱，是也。本或作「謑詢」，賈誼書所謂「奊詬亡節」，亦其義也。**弟佗其冠，神禫其辭，**弟佗其冠，未詳。「神禫」，當爲「沖澹」，謂其言淡薄也。○盧文弨曰：「弟」，本或作「弟」，集韻音徒回反。莊子應帝王篇有「弟靡」，此「弟佗」義當近之，與上所云「其冠絻」亦頗相似。俗間本俱作「第作」。先謙案：虞、王本作「第作」，與盧説合，浙局本妄改「作」爲「非」。**禹行而舜趨，是子張氏之賤儒也。**但宗聖人之威儀而已矣。**正其衣冠，齊其顔色，嗛然而終日不言，是子夏氏之賤儒也。**嗛與慊同，快也，謂自得之貌。終日不言，謂務於沈默。史記樂毅與燕惠王書曰「先王以爲嗛於志」也。○郝懿行曰：嗛，猶謙也，抑退之貌。楊注非。仲尼篇云「滿則慮嗛」，注云「嗛，不足也」，與此「嗛」同。**偷儒憚事，無廉恥而耆飲食，必曰君子固不用力，是子游氏之賤儒也。**偷儒，已解上。耆與嗜同。此皆言先儒性有所偏，愚者效而慕之，故有此敝也。○郝懿行曰：此三儒者，徒似子游、子夏、子張之貌而不似其真，正前篇所謂陋儒、腐儒者，故統謂之賤儒。言在三子之門爲可賤，非賤三子也。**彼君子則不然。佚而不惰，勞而不優，**雖逸而不懈惰，雖勞而不弛慢。**宗原應變，曲得其宜，如是，然後聖人也。**宗原，根本也。言根本及應變皆曲得其宜也。○先謙案：王制篇云「舉措應變而不窮，夫是之謂有原」，注云：「原，本也。」宗原者，以本原爲宗也。應萬變而不離其宗，各得其宜，是謂聖人。注以宗原爲根本，又云「根本應變皆得其宜」，失之。

仲尼篇第七

仲尼之門人，五尺之豎子言羞稱乎五伯。○王念孫曰：「仲尼之門人」，「人」字後人所加也。（下文同。）下文兩言「曷足稱乎大君子之門」，皆與此「門」字相應，則無「人」字明矣。春秋繁露對膠西王篇「仲尼之門，五尺之童子言羞稱五伯，爲其詐以成功，苟爲而已也，故不足稱於大君子之門」，（漢書董仲舒傳同。）風俗通義窮通篇「孫卿小五伯，以爲仲尼之門羞稱其功」，語皆本於荀子而亦無「人」字。文選陳情事表注、解嘲注兩引荀子，皆無「人」字。**是何也？曰：然。彼誠可羞稱也。齊桓，五伯之盛者也，**言盛者猶如此，況其下乎。伯，讀爲霸。或曰：伯，長也，爲諸侯之長。春秋傳曰「王命内史叔興父策命晉侯爲侯伯」也。**前事則殺兄而争**

國；兄，子糾也。內行則姑姊妹之不嫁者七人，閨門之內，般樂奢汏，般，亦樂也。汏，侈也，音太，下同。以齊之分奉之而不足；分，半也，用賦税之半也。公羊傳曰：「師喪分焉。」外事則詐邾，襲莒，并國三十五。詐邾，未聞。襲莒，謂桓公與管仲謀伐莒，未發，爲東郭牙先知之是也。并國三十五，謂滅譚、滅遂、滅項之類，其餘所未盡聞也。其事行也若是其險汙淫汏也，事險而行汙也。行，下孟反。彼固曷足稱乎大君子之門哉！○王念孫曰：呂、錢本「險汙淫汏也」下有「如彼」二字，元刻無「如」字，以「彼」字屬下讀，元刻是也。下文云「彼固曷足稱乎大君子之門哉」，正與此句相應，則「彼」字屬下讀明矣。呂、錢本「彼」上衍「如」字，則以「如彼」與「若是」對文，與楊注不合矣。（錢本及元刻「事行」作「行事」，亦與楊注不合。）先謙案：宋台州本亦有「如彼」二字，盧氏删之，謝本從盧校。今依王説，從元刻增「彼」字。若是而不亡，乃霸，何也？曰：於乎！夫齊桓公有天下之大節焉，夫孰能亡之？於乎，讀爲嗚呼，歎美之聲。大節，謂大節義也。倓然見管仲之能足以託國也，是天下之大知也。倓，安也，安然不疑也。大知，謂知人之大也。倓，地坎反。○俞樾曰：説文：「覢，暫見也。」「睒，暫視皃。」二字音義俱近，「倓」即其叚字也。倓然，暫見之謂。暫見而即知其足以託國，是以謂之大知。楊注失之。安忘其怒，出忘其讎，遂立以爲仲父，是天下之大決也。安，猶內也。出，猶外也。言內忘忿恚之怒，外忘射鉤之讎。仲者，夷吾之字，父者，事之如父，故號爲仲父。大決，謂斷決之大也。○王念孫曰：安，語詞。（荀子書通以「安」「案」二字爲語詞，説見釋詞「安」字下。）「忘其怒，忘其讎，遂立以爲仲父」三句，文義甚明，則「忘其讎」上不當有「出」字，蓋衍文也。楊注不得其解而爲之詞。**立以爲仲父，而貴戚莫之敢妬也；**不敢妬其親密。**與之高、國之位，而本朝之臣莫之敢惡也；**高子、國子，世爲齊上卿，今以其位與之。本朝之臣，謂舊臣也。春秋傳：「管仲曰：『有天子之二守國、高在。』」**與之書社三百，而富人莫之敢距也。**書社，謂以社之户口書於版圖。周禮：「二十五家爲社。」距與拒同，敵也。言齊之富人莫有敢敵管仲者也。○盧文弨曰：案注所引周禮出説文，乃古周禮説也。「距」，古字；「拒」，俗字。論語石經殘字：「其不可者距之。」郝懿行曰：論語「奪伯氏駢邑三百，飯疏食，没齒無怨言」，朱子集注援此説之。**貴賤長少，秩秩焉莫不從桓公而貴敬之，是天下之大節也。**秩秩，順序之貌。**諸侯有一節如是，則莫之能亡也；桓公兼此數節者而盡有之，夫又何可亡也？其霸也宜哉！非幸也，數也。**其術數可霸，非爲幸遇也。**然而仲尼之門人，五尺之竪子言羞稱乎五伯，是何也？曰：然。彼非本政教也，**○王引之曰：五伯亦有政教，不得言五伯非本政教，「本」當爲「平」，字之誤也。（隸書「本」字與「平」相似，故「平」誤爲「本」。）致士篇曰：「刑政平而百姓歸之。」孟子離婁篇曰：「君子平其政。」昭二十年左傳曰：「是以政平而不干。」周南芣苢序箋曰：「天下和，政教平。」五伯猶未能平其政教，故曰「非平政教也」。「平政教」三字，本篇一見，王制篇兩見，王霸篇兩見。其誤爲「本政教」者四，（楊注王霸篇曰：「雖有政教，未盡修其本也。」此不得其解而爲之説。）唯王制篇之一未誤，今據以訂正。**非致隆高也，**致，至極也。**非綦文理也，**非極有文章條理也。**非服人之心也。**非以義服之也。**鄉方略，審勞佚，**鄉，讀爲向，趨也。審勞佚，謂審知使人之勞佚也。**畜積修鬬而能顛倒其敵者也。**畜積倉廩，修戰鬬之術，而能傾覆其敵也。○王引之曰：「修鬬」二字，殊爲不詞，楊注加數字以解之，其失也迂矣。王霸篇作「鄉方略，審勞佚，謹畜積，修戰備」，疑此亦本作「謹畜積，修鬬備」，而傳寫有脱文也。此篇及王霸篇自「鄉方略」以下，皆以三字爲句，以是明之。**詐心以勝矣。彼以讓飾爭，依乎仁而蹈利者也，**爲讓所以飾爭，非真讓也。行仁所以蹈利，非真仁也。**小人之傑也，彼固曷足稱乎大君子之門哉！**前章言五霸救時，故褒美之，此章明王者之政，故言其失。孟子曰：「五霸者，三王之罪人也。」**彼王者則不然。致賢而能以救不肖，致彊而能以寬弱，戰必能殆之而羞與之鬬，**必以義服，不力服也。**委然成文以示之天下，**委然，俯就之貌。言俯就人，使成文理，以示天下。○王引之曰：楊説迂回而不可通。竊謂委然，文貌也。委，讀如「冠緌」之「緌」。儒效篇「綏綏兮其有文章也」，楊彼注云：「綏，或爲『葳蕤』之『蕤』。」蕤與緌同音。此云「委然成文」，即所謂「綏綏（音蕤。）有文章」也。禮記多以「綏」爲「緌」，而説文「飢餧」字，經典多作「餒」，是從委從妥之字，古多相通。**而暴國安自化矣，有災繆者然後誅之。**有災怪繆戾者然後誅之，非顛倒其敵也。**故聖王之誅也，綦省矣。**省，少也，所景反。○先謙案：羣書治要「綦」作「甚」。**文王誅四，**四，謂密也、阮也、共也、崇也。詩曰：「密人不恭，敢距大邦，侵阮徂共。」春秋傳曰：「文王聞崇德亂而伐之，因壘而降。」史記亦説文王征伐，與此小異。誅者，討伐殺戮之通名。**武王誅二，**史記云：「武王斬紂與妲己。」尸子曰：「武王親射惡來之口，親斫殷紂之頸，手汙於血，不温而食。當此之時，猶猛獸者也。」○盧文弨曰：案「温」字有誤，或是「盥」字。○俞樾曰：楊注所引，皆不足以爲二。所謂「誅二」者，殆即孟子所稱「誅紂伐奄」與？**周公卒業，周公終王業，亦時有小征伐，謂三監、淮夷、商奄也。**至於成王則安以無誅矣。**言其化行刑措也。○王念孫曰：「安」下本無「以」字，此後人不知「安」爲語詞而誤以爲安定之安，故妄加「以」字耳。大略篇「至成、康則案無誅已」，（「案」亦語詞。）「案」下無「以」字，是其明證。**故道豈不行矣哉！**以此言之，道豈不行，人自不行耳，故又以下事明〔一〕之。**文王載百里地而天下一，**所載之地不過百里而天下一，以有道也。○顧千里曰：「載」下當有「之」字。「載之」「舍之」對文，二「之」字皆指道也。富國篇「以國載之」，是其證。楊注「載」下已脱「之」字。**桀、紂舍之，厚於有天下之埶而不得以匹夫老。**桀、紂舍道，雖有天下厚重之執，而不得如庶人壽終。**故善**

〔一〕「明」，原本作「胡」，形近而誤，今改。

用之，則百里之國足以獨立矣；不善用之，則楚六千里而爲讎人役。善用，謂善用道也。讎人，秦也。楚懷王死於秦，其子襄王又爲秦所制而役使之也。故人主不務得道而廣有其埶，是其所以危也。

持寵處位終身不厭之術：論人臣處位，可終身行之之術。主尊貴之，則恭敬而僔；僔與撙同，卑退也。主信愛之，則謹慎而嗛；嗛與歉同，不足也，言不敢自滿也。春秋穀梁傳曰：「一穀不升謂之嗛。」○王引之曰：嗛與謙同。周易釋文曰：「謙，子夏作嗛。」故與「謹慎」連文。主專任之，則拘守而詳；謹守職事，詳明法度。主安近之，則慎比而不邪；謹慎親比於上，而不回邪諂佞。○王引之曰：「慎比」即「順比」。（王制篇曰：「天下莫不順比從服。」「順」「慎」古多通用，不煩引證。）言雖順比於君而不諂諛也。楊分「慎比」爲二義，失之。主疏遠之，則全一而不倍；不以疏遠而懷離貳之心。主損絀之，則恐懼而不怨。貴而不爲夸，夸，奢侈也。信而不處謙，謙，讀爲嫌。得信於主，不處嫌疑間，使人疑其作威福也。○謝本依盧校「不」下有「忘」字。盧文弨曰：各本無「忘」字，惟宋本有，作「不忘處謙下」解未嘗不可通，但注讀謙爲嫌，云「不處嫌疑間」，則「忘」字衍，當去之。王念孫曰：宋呂本如是，錢及各本俱無「忘」字。先謙案：「忘」字依注不當有，從各本删。任重而不敢專，財利至則善而不及也，必將盡辭讓之義然後受，善而不及，而，如也，言己之善寡，如不合當此財利也。○謝本從盧校

「善」上有「言」字。王念孫曰：元刻無「言」字，是也。據楊注云「善而不及，而，如也」，則「善」上無「言」字明矣。注又云「言己之善寡，如不合當此財利也」，此「言」字乃申明正文之詞，非正文所有也。宋本有「言」字，卽涉注文而衍。先謙案：王説是，今依元刻删。福事至則和而理，禍事至則静而理，理，謂不失其道。和而理，謂不充屈。静而理，謂不隕穫也。富則施廣，貧則用節，可貴可賤也，可富可貧也，可殺而不可使爲姦也，君雖寵榮屈辱之，終不可使爲姦也。是持寵處位終身不厭之術也。雖在貧窮徒處之埶，亦取象於是矣，夫是之謂吉人。徒處，徒行。或曰：獨處也。雖貧賤，其所立志亦取法於此也。詩曰：「媚兹一人，應侯順德。永言孝思，昭哉嗣服。」此之謂也。詩，大雅下武之篇。一人，謂君也。應，當。侯，維。服，事也。鄭云：「媚，愛。兹，此也。可愛乎武王，能當此順德，謂能成其祖考之功也。」「服，事也。明哉武王之嗣，行祖考之事，謂伐紂定天下也。」引此者，明臣事君，亦猶武王之繼祖考也。

求善處大重，理任大事，大重，謂大位也。○俞樾曰：「理」字衍文。「處大重，任大事」相對，皆蒙「善」字爲義。楊注曰「大重，謂大位也」，不釋「理」字之義，知楊氏作注時尚無「理」字也。「理」字，葢卽「重」字之誤而衍者。擅寵於萬乘之國，必無後患之術：○先謙案：「求善處之術」二十二字爲句，與下「必無後患之術也」相應，與前後「持寵處位終身不厭之術」、「天下之行術」一律，楊失其讀。莫若好同之，好賢人與之同者也。援賢博施，除怨而無妨害人。除怨，不念舊惡。○盧文弨曰：正文「人」字，元刻作「之」。**能耐任之，則慎行此道也。**耐，忍也。慎，讀爲順。言人有賢能者，雖不欲用，必忍而用之，則順己所行之道。耐，乃代反。○王念孫曰：「能耐任之」，「能而不耐任」，兩「能」字皆衍文。「耐」卽「能」字也。（禮運「故聖人耐以天下爲一家，以中國爲一人者」，鄭注曰：「耐，古能字。傳書世異，古字時有存者，則亦有今誤矣。」樂記「故人不耐無樂」，鄭注曰：「耐，古書能字也。後世變之，此獨存焉。」成七年穀梁傳「非人之所能也」，釋文：「能，亦作耐。」管子入國篇「聾、盲、喑啞、跛躄、偏枯、握遞，不耐自生者」，「耐」卽「能」字。）耐任之則慎行此道者，言能任國家之大事，（此承上「理任大事」而言。）則慎行此道也。今作「能耐任之」者，後人記「能」字於「耐」字之旁，而傳寫者因誤合之也。「而不耐任」云云者，而讀爲如，言如不能任其事，則莫若推賢讓能也。今作「能而不耐任」者，傳寫者既「能」「耐」竝録，而「能」字又誤在「而不」二字之上也。楊氏不得其解，故曲爲之詞。**能而不耐任，**有能者不忍急用之。**且恐失寵，則莫若早同之，推賢讓能而安隨其後。如是，有寵則必榮，失寵則必無罪，是事君者之寶而必無後患之術也。**或曰：荀子非王道之書，其言駁雜，今此又言以術事君。曰：不然。夫荀卿生於衰世，意在濟時，故或論王道，或論霸道，或論彊國，在時君所擇，同歸於治者也。若高言堯、舜，則道必不合，何以拯斯民於塗炭乎？故反經合義，曲成其道，若得行其志，治平之後，則亦堯、舜之道也。又荀卿門人多仕於大國，故戒以保身推賢之術，與大雅「既明且哲」豈云異哉！○盧文弨曰：正文「也」字，元刻在「寶」字下。案推賢讓能，人臣之正道也。以此爲固寵之術，亦不善於持説矣。注曲爲之解，非是。故知者之舉事也，滿則慮嗛，嗛，不足也。當其盈滿，則思其後不足之時而先防之。平則慮險，安則慮危，曲重其豫，猶恐及其旤，是以百舉而不陷也。委曲重多而備豫之，猶恐其及旤。旤與禍同。孔子曰：「巧而好度必節，勇而好同必勝，知而好謙必賢。」此之謂也。巧者好作淫靡，故好法度者必得其節。勇者多陵物，故好與人同者必勝之也。○郭嵩燾曰：勝，當讀爲識蒸切。説文：「勝，任也。」言勇而好同，能盡人之力，則可以任天下之大事。愚者反是。處重擅權，則好專事而妬賢能，抑有功而擠有罪，志驕盈而輕舊怨，擠，推也，言重傷之也。輕舊怨，謂輕報舊怨。○王念孫曰：輕，謂輕忽也。以其處重擅權，（見上文。）故志驕盈而輕忽舊怨，以爲莫如予何也。楊云「輕報舊怨」，於「輕」下加「報」字，失之。以恡嗇而不行施道乎上，爲重招權於下以妨害人，雖欲無危，得乎哉！施道，施惠之道。欲重其威福，故招權使歸於己。是以位尊則必危，任重則必廢，擅寵則必辱，可立而待也，可炊而傹也。炊與吹同。「傹」，當爲「僵」。言可以氣吹之而僵仆。傹，音竟。○盧文弨曰：元刻作「音僵」。郝懿行曰：洪氏頤煊以「傹」爲「滰」，引説文「滰浙而行」。郭慶藩曰：字書無「傹」字，傹當讀爲竟。説文：「樂曲盡爲竟。」引申之，凡終盡之義皆謂之竟。炊而竟，猶言終食之閒，謂時不久也。是何也？則墮之者衆而持之者寡矣。墮，許規反。○先謙案：墮，毁也。持，扶助也。解蔽篇云「鮑叔、寧戚、隰朋能持管仲，召公、吕望能持周公」也。

天下之行術：可以行於天下之術。以事君則必通，以爲仁則必聖，立隆而勿貳也。仁，謂仁人。聖，亦通也。以事君則必通達，以爲仁則必有聖知之名者，在於所立敦厚而專一也。此謂可行天下之術也。○俞樾曰：「仁」當作「人」。言以事君則必通達，以爲人則必聖知也。楊注曰「仁，仁人」，失之矣。先謙案：「以事君」二句上屬爲義，言行天下之術如此也。「立隆」句下屬爲義。隆，猶中也。立中道而無貳心，然後從而行之，是乃行術也。楊注似未晣。「仁」「人」古通，俞説是。然後恭敬以先之，忠信以統之，慎謹以行之，端愨以守之，頓窮則從之疾力以申重之。以敦厚不貳爲本，然後輔之以恭敬之屬。頓，謂困躓也。疾力，勤力也。困戹之時，則尤加勤力而不敢怠惰。申重，猶再三也。君雖不知，無怨疾之心；功雖甚大，無伐德之色；省求，多功，愛敬不勌。如是，則常無不順矣。省，少也。少所求，卽多立功勞。省，所景反。以事君則必通，以爲仁則必聖，夫是之謂天下之行術。少事長，賤事貴，不肖事賢，是天下之通義也。有人也，埶不在人上而羞爲人下，是姦人之心也。志不免乎姦心，行不免乎姦道，而求有君子聖人之名，辟之是猶伏而咶天，救經而引其足也。辟，讀爲譬。咶與舐同。經，縊也。伏而舐天，愈益遠也。救經而引其足，愈益急也。經音徑。○俞樾曰：「舐天」二字甚爲無誼。人豈有能舐天者乎？以此爲喻，近於戲矣。疑荀子原文作「眂天」，「眂」卽古「視」字也。伏而視天，則不可見，故曰「説必不行」也。「眂」誤爲「舐」，傳寫者又改爲「咶」耳。先謙案：漢書云：「湯夢咶天而王。」後漢和熹鄧后紀：「湯夢及天而咶之。」「咶天」，古有是語，故荀子引以爲譬，俞説非。彊國篇亦有此二語。**説必不行矣，俞務而俞遠。**俞，讀爲愈。**故君子時詘則詘、時伸則伸也。**埶在上則爲上，在下則爲下，必當其分，安有埶不在上而羞爲下之心哉！

荀子卷第四

儒效篇第八 效，功也。

大儒之效：武王崩，成王幼，周公屏成王而及武王以屬天下，惡天下之倍周也。屏，蔽。及，繼。屬，續也。屬，之欲反。○王念孫曰：屬，繫也。天子者，天下之所繫。言周公屏成王而及武王以繫屬天下，故下句云「惡天下之倍周也」。楊訓屬爲續，續天下之語不詞。**履天子之籍，**籍，謂天下之圖籍也。○謝本從盧校作「天下之籍」。王念孫曰：宋本作「天子」，是也。（世德堂本同。）文選江淹雜體詩注引此正作「履天子之籍」。淮南氾論篇「周公履天子之籍，聽天下之政」，語卽本於荀子。籍者，位也。謂履天子之位也。下文言「周公反籍於成王」，是籍與位同義。彊國篇曰「夫桀、紂，執籍之所存，天下之宗室也」，「執籍」卽「執位」。故韓詩外傳作「履天子之位，聽天下之政」。楊以籍爲天下之圖籍，非也。圖籍不可以言履。（高注淮南以籍爲圖籍，誤與楊同。）先謙案：王説是，今改從宋本。**聽天下之斷，偃然如固有之，而天下不稱貪焉；**偃然，猶安然。固有之，謂如固合有此位也。**殺管叔，虚殷國，而天下不稱戾焉；**虚，讀爲墟。戾，暴也。墟殷國，謂殺武庚，遷殷頑民于洛邑，朝歌爲墟也。**兼制天下，立七十**

一國，姬姓獨居五十三人，而天下不稱偏焉。左氏傳成鱄對魏獻子曰「昔武王克商，光有天下，其兄弟之國者十有五人，姬姓之國者四十人，皆舉親也」，與此數略同，言四十人，蓋舉成數。又曰：「昔周公弔二叔之不咸，故封建親戚以蕃周室。管、蔡、郕、霍、魯、衞、毛、聃、郜、雍、曹、滕、畢、原、酆、郇，文之昭也。邘、晉、應、韓，武之穆也。凡、蔣、邢、茅、胙、祭，周公之胤也。」餘國名，淺學難盡詳究。○郝懿行曰：此總言之。左傳（昭廿八年。）晰言之，曰「其兄弟之國者十有五人，姬姓之國者四十人」。以校此數，「三」當爲「五」，或「三」「五」字形易於混淆，故轉寫致誤耳。教誨開導成王，使諭於道，而能揜迹於文、武。開導，謂開通導達。揜，襲也。周公歸周，周公所封畿内之國，亦名周。春秋周公黑肩，蓋其後也。言周公自歸其國也。○先謙案：歸周者，以周之天下歸之成王，與「反籍於成王」文義一貫，故下文又以「歸周反籍」連言，非謂自歸其國。周公歸政，身在王朝，即使偶至其采邑，固非事理所重，不得以歸周爲詞也。反籍於成王，而天下不輟事周，然而周公北面而朝之。待其固安之後，北面爲臣，明攝政非爲己也。天子也者，不可以少當也，不可少頃當此位也。不可以假攝爲也。周公所以少頃假攝天子之位，蓋權宜以安周室也。能則天下歸之，不能則天下去之，是以周公屏成王而及武王以屬天下，惡天下之離周也。成王冠，成人，周公歸周反籍焉，明不滅主之義也。周公無天下矣，鄉有天下，今無天下，非擅也；鄉，讀爲向，下同。擅與禪同。言非禪讓與成王也。

成王鄉無天下，今有天下，非奪也；變埶次序節然也。節，期也。權變次序之期如此也。○王引之曰：「節」上有「之」字，而今本脱之，則文義不明。此言周公鄉有天下而今無，成王鄉無天下而今有，皆變埶次序之節如此也。據楊注云「節，期也，權變次序之期如此」，則正文原有「之」字明矣。榮辱篇曰「是非知能材性然也，是注錯習俗之節異也」，文義與此相似。先謙案：王説非也。天論篇云「君子啜菽飲水，非愚也，是節然也」，與此文一例。節然，猶適然，説詳彊國篇。楊注亦非。**故以枝代主而非越也，**枝，枝子。周公，武王之弟，故曰枝。主，成王也。**以弟誅兄而非暴也，**謂殺管叔。管叔，周公之兄也。**君臣易位而非不順也。**時不得不然，故易位，非爲不順。**因天下之和，遂文、武之業，明枝主之義，抑亦變化矣，天下厭然猶一也。**厭然，順從之貌，一涉反。○謝本從盧校「抑亦變化矣」作「仰易變化」，注多「仰易，反易也」五字。盧文弨曰：正文「仰易變化」，宋本作「抑亦變化矣」，無「仰易，反易也」五字注。今從元刻。郝懿行曰：厭者，合也。倉頡篇云：「伏合人心曰厭。」周語「克厭天心」，韋昭注：「厭，合也。」此「厭」字本義，其音一剡切。楊注「厭然，順從之貌」，義猶近之，其音一涉反則非。「厭」字古有二音二義。説文：「厭，笮也。」笮者，迫也。此厭音於輒切。一曰合也，此厭音一剡切。荀書此「厭」訓合。此篇下云「猒猒兮其能長久也」，「猒」即「厭」之叚借。楊氏訓爲猒足，失其義也。王霸篇云「厭焉有千歲之固」，亦與此「厭」音義俱同。楊注引禮記曰「見君子而後厭然」，鄭注「厭，讀爲黶，黶，閉藏貌」。楊蓋不知假借之義。鄭欲借「厭」爲「黶」，故訓閉藏，荀書之「厭」自用本義，無取閉藏，何必依鄭讀厭爲壓邪？　王念孫曰：「抑亦變化矣」，宋呂、錢本竝如是，世德堂本同。承上文而言，言周公以枝代主，君臣易位，然後反籍於成王，以明枝、主之義，其事抑亦變化矣，然而天下晏然如一也。「抑亦變化矣」五字，不須注釋，故楊氏無注。元刻「抑亦變化矣」作「仰易變化」，而妄爲之注曰：「仰易，反易也。」案諸書無謂反易爲仰易者，盧從元刻，非。　又曰：厭然，安貌。字本作「懕」，或作「猒」，又作「愔」。方言曰：「猒，安也。」說文曰：「懕，安也。」玉篇音於廉切。爾雅曰：「懕懕，安也。」秦風小戎篇「厭厭良人」，毛傳曰：「厭厭，安靜也。」小雅湛露篇「厭厭夜飲」，韓詩作「愔愔」。昭十二年左傳「祈招之愔愔」，杜注曰：「愔愔，安和貌。」皆其證也。下文曰「猒猒兮其能長久也」，王霸篇曰「厭焉有千歲之固」，正論篇曰「天下厭然，與鄉無以異也」，義竝與此同。乃楊注於「天下厭然猶一」則云「厭然，順從之貌，一涉反」；（正論篇注又云「順服之貌」。古皆無此訓。）於「猒猒兮其能長久」則云「猒，足也」；於「厭焉有千歲之固」則云「厭，讀爲壓，壓然深藏，千歲不變改」：皆由不知厭之訓爲安，故望文生義而卒無一當矣。　先謙案：宋本作「抑亦變化矣」，是也。今依王說改正。厭然，王說是。　**非聖人莫之能爲，夫是之謂大儒之效。**

秦昭王問孫卿子曰：「儒無益於人之國？」漢宣帝名詢，劉向編録，故以荀卿爲孫卿也。　**孫卿子曰：「儒者法先王，隆禮義，謹乎臣子而致貴其上者也。**謹乎臣子，謂使不敢爲非。致，極也。**人主用之，則埶在本朝而宜；**言儒者得權埶在本朝，則事皆合宜也。○王念孫曰：埶者，位也。言位在本朝也。禮運「在埶者去」，鄭注曰：「埶，埶位也。」下文曰「埶在人上」，仲尼篇曰「執不在人上而羞爲人下」，正論篇曰「執位至尊」，是執與位同義。楊以執爲權執，失之。不用，則退編百姓而慤，必爲順下矣。必不爲勃亂也。雖窮困凍餧，必不以邪道爲貪；無置錐之地而明於持社稷之大義；嗚呼而莫之能應，然而通乎財萬物、養百姓之經紀。嗚呼，歎辭也。財與裁同。雖歎其莫己知，無應之者，而亦不怠惰困弃，常通於裁萬物、養百姓之綱紀也。○郝懿行曰：「嗚」，俗字，古止作「烏」。烏呼而莫之應，言儒雖困窮凍餧，若不以禮聘致，欲呼召之而必不能應也。此對秦昭王輕儒而言。必云「烏呼」者，李斯諫逐客書「擊甕叩缶，歌呼烏烏，真秦之聲」，故以此言反之。注以歎辭爲解，不成文義。王念孫曰：「嗚」當爲「嘄」，字之誤也。嘄與叫同。爾雅：「祈，叫也。」周官大祝注「叫」作「嘄」。小雅北山傳曰：「叫，呼也。」周官銜枚氏曰「禁嘄呼歎嗚於國中者」，淮南原道篇曰「叫呼仿佛」，漢書息夫躬傳曰「狂夫嘄謼於東崖」，竝字異而義同。上言「嘄呼」，故下言「莫之能應」，若作「嗚呼」，則與下文義不相屬矣。新序雜事篇作「叫呼而莫之能應」，是其明證也。先謙案：楊、郝二說皆非也。嗚呼而莫之能應，言儒者窮困之時，人不聽其呼召也，與「無置錐之地」句相儷，「然而」句與「而明」句相儷，文義甚明。財，成也，說見非十二子篇。執在人上則王公之材也，在人之上，謂爲人君也。在人下則社稷之臣、國君之寶也。雖隱於窮閻漏屋，人莫不貴之，道誠存也。窮閻，窮僻之處。閻，里門也。漏屋，弊屋漏雨者也。○王念孫曰：廣雅曰：「閻謂之衖。」（與巷同。）窮閻，即論語所云「陋巷」，非謂里門也。新序雜事篇作「窮閭」，閭亦巷也。故祭義「弟達乎州巷」，鄭注曰：「巷，猶閭也。」（巷謂之閻，亦謂之閭，猶里門謂之閻，亦謂之閭。）漏，讀爲「陋巷」之陋。說文曰：「陋，阸陜也。」陋屋與窮閻同意，非謂弊屋漏雨也。爾雅曰：「陋，隱也。」大雅抑篇「尚不愧于屋漏」，鄭箋曰：「漏，隱也。」是陋與漏通。羣書治要引作「窮閻陋屋」，韓詩外傳作「窮巷陋室」，皆其明證矣。先謙案：羣書治要作「人莫不貴，貴道誠存也」，言人所以莫不貴此人者，其可貴之道在也，文義爲長。修身篇云「雖困四夷，人莫不貴」，非相篇云「雖不説人，人莫不貴」，句法一律，俱無「之」字。此作「貴之」，不重「貴」字者，下「貴」字或作「〻」，轉寫者因誤爲「之」字耳。君道篇云「夫文王欲立貴道」，又云「於是乎貴道果立」，正與此「貴道」同義。**仲尼將爲司寇，**魯司寇也。**沈猶氏不敢朝飲其羊，公慎氏出其妻，慎潰氏踰境而徙，**皆魯人。家語曰：「沈猶氏常朝飲其羊以詐市人，公慎氏妻淫不制，慎潰氏奢侈踰法，魯之粥六畜者飾之以儲賈。」**魯之粥牛馬者不豫賈，必蚤正以待之也。**豫賈，定爲高價也。粥牛馬者不敢高價，言仲尼必先正其身以待物，故得從化如此。賈，讀爲價。○盧文弨曰：正文「以待之」下，俗本有「者」字。郝懿行曰：豫與序同，古字通用。早正市價以待之，故鬻者不復論序也。劉台拱曰：孔子將爲司寇，而魯之人蚤自修正以待之，所謂「不動而變，無爲而成」也。王念孫曰：「蚤正以待之」，與下文「孝弟以先之」，皆指孔子而言。若謂魯人蚤自修正以待，則與下文不類矣。王引之曰：豫，猶誑也。周官司市注曰「使定物賈，防誑豫」是也。（豫與誑同義。賈疏云「恐有豫爲誑欺，故云『防誑豫』」，失之。）晏子問篇曰「公市不豫，宮室不飾」，鹽鐵論力耕篇曰「古者商通物而不豫，工致牢而不僞」，不豫，謂不誑也。又禁耕篇曰「教之以禮則工商不相豫」，謂不相誑也。「豫」「猶」一聲之轉。方言曰：「猶，詐也。」詐，亦誑也。惑謂之猶，亦謂之豫，（老子「與兮若冬涉川，猶兮若畏四鄰」，與與豫同。）詐説惑人謂之猶，亦謂之豫，此轉語之相因者也。「豫」又作「儲」。家語相魯篇：「孔子爲政三月，則鬻牛馬者不儲賈。」儲與奢，古聲相近。説文曰：「奢，張也。」爾雅曰：「侜張，誑也。」亦古訓之相因者也。然則市不豫賈者，市賈皆實，不相誑豫也。淮南覽冥篇曰「黄帝治天下，市不豫賈」，史記循吏傳曰「子産爲相，市不豫賈」，（索隱云「謂臨時評其貴賤，不豫定賈」，失之。）説苑反質篇曰「徒師沼治魏而市無豫賈」，義竝與此同。説者皆讀豫爲「凡事豫則立」之豫，望文生義，失其傳久矣。　俞樾曰：「必」字，衍文也。下文「孝弟以化之也」，與此句相對，下無「必」字，則此亦當無「必」字矣。「蚤」字無義，疑「脩」字之誤。「脩」字闕壞，止存右旁之「备」，故誤爲「蚤」耳。榮辱篇曰「脩正治辨矣」，非十二子篇曰「脩正者也」，富國篇曰「必先脩正其在我者」，王霸篇曰「内不脩正其所以有」，皆以「脩正」二字連文，可以爲證。新序引此作「布正」。「布」，隸書或作「⿱夂巾」，亦與「脩」字右旁相似。　先謙案：豫賈，王説是。必蚤正，王、俞説是。**居於闕黨，闕黨之子弟罔不分，有親者取多，**居，謂孔子閒居。闕黨之子弟罔不分均有無，於分均之中，有父母者取其多也。○謝本從盧校作「罔不必分」。　盧文弨曰：宋本無「必」字，元刻有。案「必」與「畢」古通用。新序五作「罔罟分，有親者取多」，其卷一作「畋漁分，有親者得多」，與此不同。　郝懿行曰：「必」字誤衍，應依新序五作「罔罟分」。説苑七云「羅門之羅，有親者取多，無親者取少」，正與新序同爲一事。劉台拱曰：「罔不分」當作「罔罘分」。罘，兔罟也，一曰麋鹿罟也。新序卷一作「畋漁分，有親者取多」，其卷五作「罔罟分，有親者取多」，與此文大同。元刻作「罔不必分」，妄增「必」字，不可從。王念孫曰：「罔不分」，宋呂、錢本竝如是。「不」卽「罘」字。（晏子春秋内篇曰：「結罘罔。」）先謙案：宋本是。今依諸説删「必」字。**孝弟以化之也。**由孔子以孝弟化之。**儒者在本朝則美政，在下位則美俗，**○盧文弨曰：「下位」，元刻作「其位」。**儒之爲人下如是矣。」王曰：「然則其爲人上何如？」孫卿曰：「其爲人上也廣大矣：志意定乎内，禮節修乎朝，法則度量正乎官，忠信愛利形乎下，**官，百官。形，見也。○王念孫曰：「官」與「朝」對文。曲禮「在官言官，在朝言朝」，鄭注曰「官，謂板圖文書之處」是也。富國篇亦曰：「節奏齊於朝，百事齊於官。」楊云「官，百官」，失之。**行一不義、殺一無罪而得天下，不爲也。此君義信乎人矣，通於四海，則天下應之如讙。**以君義通於四海，故應之如讙。讙，喧也。言聲齊應之也。○王念孫曰：楊説非也。「君」當爲「若」，字之誤也。此若義，猶云此義。若，亦此也。（論語公冶長篇曰：「君子哉若人。」）連言「此若」者，古人自有複語耳。「此若義」三字承上文而言。言此義信乎人，通乎四海，則天下莫不應之也。新序雜事篇作「若義信乎人矣」，是其明證也。禮記曾子問篇曰「子游之徒，有庶子祭者，以此若義也」，（鄭讀「以此」爲一句，「若義也」爲一句，非是。説見經義述聞。）管子山國軌篇曰「此若言何謂也」，墨子尚賢篇曰「此若言之謂也」，史記蘇秦傳曰「王何不使辯士以此若言説秦」，（今本「若」譌作「苦」。燕策作「若此言」。）皆竝用「此若」二字。**是何也？則貴名白而天下治也。**貴名，謂儒名可貴。白，明顯。○盧文弨曰：俗本注末有「之貌」二字。顧千里曰：「治」，疑當作「願」。榮辱篇「身死而名彌白，小人莫不延頸舉踵而願」，楊注：「願，猶慕也。」王制篇「若是，名聲白，（舊本誤「日」，下衍「聞」，見雜志第三。）天下願」，楊注：「願，謂人人皆願。」致士篇「而貴名白，天下願」，楊注：「天下皆願從之也。」此「願」同榮辱篇之「願」，此「天下願」同王制篇、致士篇之「天下願」，明甚。楊此篇無注，蓋已誤爲「治」，其實非也。**故近者歌謳而樂之，遠者竭蹶而趨之，**竭蹶，顛倒也。遠者顛倒趨之，如不及然。**四海之内若一家，通達之屬莫不從服，夫是之謂人師。**通達之屬，謂舟車所至、人力所通之處也。師，長也。言儒者之功如此，故可以爲人之師長也。○盧文弨曰：注「人之師長」，宋本無「之」字，今從元刻。郝懿行曰：師者，衆也。言合四海若一家，成爲大衆，謂衆所歸往也。王制篇及議兵篇義亦同。爾雅：「師，人也。」此言「人師」，其義則一。注云「師，長」，非也。先謙案：如郝説，夫是之謂人衆，不詞甚矣。師長之義甚古。長，亦君也。周語「古之長民者」，韋注：「長，猶君也。」廣雅釋詁：「長，君也。」人師，猶言人君矣。王制篇、議兵篇語意大同，楊注竝訓「師，長」。又王制篇云「上無君師」，正論篇云「海内之民，莫不願得以爲君師」，又云「然則是誅民之父母，而師民之怨賊也」，禮論篇云「尊先祖而隆君師」，皆作君長解。若如郝説，豈可通乎？**詩曰：『自西自東，自南自北，無思不服。』此之謂也。**詩，大雅文王有聲之篇。引此以明天下皆歸之也。**夫其爲人下也如彼，其爲人上也如此，何謂其無益於人之國也？」昭王曰：「善。」**

先王之道，仁之隆也，比中而行之。先王之道，謂儒學，仁人之所崇高也，以其比類中道而行之，不爲詭異之説，不高不下，使賢不肖皆可及也。○謝本從盧校作「仁人隆也」。王念孫曰：呂本作「仁之隆也」，是也。此言先王之道乃仁道之至隆者也，所以然者，以其比中而行之也。楊云「仁人之所崇高也」，失之。錢本作「仁人隆也」，即涉注「仁人」而誤。比，順也，從也。（説見經義述聞比象傳。）言從乎中道而行之也。楊以比爲比類，未確。先謙案：下文以禮義釋中，則比中即論語「義之與比」之意。王説是也。仁之隆也義長，依呂本改正。**曷謂中？曰：禮義是也。道者，非天之道，非地之道，人之所以道也，君子之所道也。**重説先王之道非陰陽、山川、怪異之事，是人所行之道也。○謝本從盧校作「人之所道也」，無「君子之所道也」句。盧文弨曰：宋本作「人之所以道也」，下又有「君子之所道也」句，今從元刻刪正。王念孫曰：盧説非也。人之所以道者，道，行也，謂人之所以行也。君子之所道者，道爲人之所以行，而人皆莫能行之，唯君子爲能行之也。二句本不同義，後人以爲重複而刪之，謬矣。下文「君子之所謂賢者」八句，正承此「君子」而言，則此句之非衍文甚明。呂、錢本、世德堂本皆作「人之所以道也，君子之所道也」，今據以補正。先謙案：王説是，今改從宋本。**君子之所謂賢者，非能**

偏能人之所能之謂也；君子之所謂知者，非能偏知人之所知之謂也；君子之所謂辯者，非能偏辯人之所辯之謂也；君子之所謂察者，非能偏察人之所察之謂也：有所正矣。苟得其正，不必偏能。或曰：「正」，當爲「止」。言止於禮義也。○王念孫曰：案後説是也。解蔽篇曰：「夫學也者，固學止之也。惡乎止之？曰：止諸至足。曷謂至足？曰：聖王也。」是其證。羣書治要正作「有所止矣」。**相高下，視墝肥，序五種，君子不如農人；**相，視也。高下，原隰也。墝，薄田也。五種，黍、稷、豆、麥、麻。序，謂不失次序，各當土宜也。**通財貨，相美惡，辯貴賤，君子不如賈人；**視貨物之美惡，辨其貴賤也。賈與估同。**設規矩，陳繩墨，便備用，君子不如工人；**便備用，謂精巧便於備用。○先謙案：備用，猶言械用，説見王制篇。**不卹是非然不然之情，**○王引之曰：「然不然」，本作「然不」，即「然否」也。哀公篇「情性者，所以理然不、取舍也」，是其證。「取舍」與「然不」對文，「是非」與「然不」亦對文，後人不知「不」爲「否」之借字，故又加「然」字耳。性惡篇「不恤是非、然不然之情」，誤與此同。先謙案：「卹」「恤」通用。秦策「不恤楚交」，韋注：「恤，顧也。」**以相薦撙，以相恥怍，君子不若惠施、鄧析。**薦，藉也。謂相蹈藉、撙抑，皆謂相陵駕也。怍，慚也。○盧文弨曰：正文末有「也」字，今從元刻删。**若夫譎德而定次，**譎與商同，古字。商度其德而定位次，本或亦多作「譎」。譎與決同。謂斷決其德，故下亦有「譎德而序位」之語。○盧文弨曰：注末四字，宋本作「定次也」，訛。今從元刻。洪頤煊曰：字書無「讁」字。君道篇「論德而定次，量能而授官」，文與此同。「讁」，疑卽「論」字之譌。正論篇「圖德而定次」，圖謀，亦論也。「讁」字又譌作「譎」。王念孫曰：作「譎」者是也。作「讁」者，「譎」之譌耳。「譎」「決」古字通。（睽上九王注「恢詭譎怪」，釋文：「譎，本亦作決。」）謂決其德之大小而定位次也。下文「譎德而序位」，是其明證。又君道篇「譎德而定次」，今本作「論德」，「論」字乃後人以意改之。（正論篇「論德而定次」同。）韓詩外傳作「決德」，則荀子之本作「譎」甚明。或據君道篇改此篇之「譎德」爲「論德」，非也。又正論篇「圖德而定次」，舊校云「一本作決德」，亦當以作「決」者爲是。作「圖」者，葢亦後人所改。**量能而授官，使賢不肖皆得其位，能不能皆得其官，**任使各當其才。**萬物得其宜，事變得其應，愼、墨不得進其談，惠施、鄧析不敢竄其察，**竄，隱匿也。言二子之察，無所逃匿，君子皆識也。○先謙案：楊說非也。不得進其談，不敢竄其察，文義一律，「竄」與「進」，意亦相配，不得解竄爲逃匿也。大略篇云「貧窶者有所竄其手矣」，注：「竄，容也。」此竄亦當訓爲容。言二子無所容其察辨也。呂覽審分篇「無所竄其姦矣」，「竄」字意正與此同。**言必當理，事必當務，是然後君子之所長也。凡事行，有益於理者立之，**行，下孟反。**無益於理者廢之，夫是之謂中事。凡知說，有益於理者爲之，無益於理者舍之，夫是之謂中說。事行失中謂之姦事，**○王念孫曰：「事行」，呂本作「行事」，錢本及各本「行事」皆作「事行」。盧從呂本。上文云：「事行無益於理者廢之，知說無益於理者舍之。」此云「事行失中謂之姦道」，皆承上文而言，則作「事行」者是也。仲尼篇云「其事行也，若是其險汙淫汏也」，（楊注：「事險而行汙也。行，下孟反。」案楊於仲尼篇已釋「事行」二字，故此不復釋。）王制篇云「立身則從傭俗，事行則遵傭故」，皆其證。先謙案：謝本從盧校作「行事」，今從王說改正。**知說失中謂之姦道。姦事姦道，治世之所棄，而亂世之所從服也。若夫充虛之相施易也，**充，實也。施，讀曰移。移易，謂使實者虛、虛者實也。**堅白、同異之分隔也，**以堅白同異之言相分別隔易。同異，已解上也。**是聰耳之所不能聽也，明目之所不能見也，辯士之所不能言也，雖有聖人之知，未能僂指也。**僂，疾也。言雖聖人亦不可疾速指陳。僂，力主反。公羊傳曰「夫人不僂」，何休曰：「僂，疾也，齊人言也。」**不知無害爲君子，知之無損爲小人。工匠不知無害爲巧，君子不知無害爲治。**君子，卿大夫也。**王公好之則亂法，百姓好之則亂事。**事，謂作業。**而狂惑戇陋之人，乃始率其羣徒，辯其談說，明其辟稱，老身長子，不知惡也。**戇，愚也。辟音譬。稱，尺證反。身老子長，言終身不知惡之也。**夫是之謂上愚，**有偏僻之見，非昧然無知，然亦不免於愚，故曰上愚。○劉台拱曰：上愚，猶言極愚。楊注非。**曾不如相雞狗之可以爲名也。**有惠施、鄧析之名，尚不如相雞狗之名也。○盧文弨曰：正文「曾不如」下，宋本有「好」字，元刻無。郝懿行曰：古人重畜，問富數焉，門材與焉，不獨相牛馬之有經也，後世蔑如矣。詩曰：「爲鬼爲蜮，則不可得。有靦面目，視人罔極。作此好歌，以極反側。」此之謂也。詩，小雅何人斯之篇。毛云：「蜮，短狐也。靦，姡也。」鄭云：「使汝爲鬼爲蜮也，則汝誠不可得見也。姡然有面目，汝乃人也，人相視無有極時，終必與汝相見也。」引此以喻狂惑之人也。

我欲賤而貴，愚而智，貧而富，可乎？曰：其唯學乎。彼學者，行之，曰士也；彼爲儒學者，能行則爲士也。士者，修立之稱。○先謙案：楊以「彼爲儒學者」釋「彼學者」三字，非也。下言「行之曰士」，上言「爲儒學之人」，於義爲複矣。「彼學者」三字讀斷，與上「其唯學乎」正相呼應。「曰士也」，猶言「謂之士也」。敦慕焉，君子也；敦厚慕之。○王引之曰：楊說非也。敦、慕，皆勉也。爾雅曰：「敦，勉也。」大戴記五帝德篇曰：「幼而彗齊，長而敦敏。」內則曰：「惇行孝弟。」（「敦」「惇」古字通。）是敦爲勉也。說文：「慔，（莫故切。）勉也。」爾雅曰：「慔慔，勉也。」釋文：「慔音墓，亦作慕。」是慕爲勉也。（方言：「侔莫，強也。北燕之外郊，凡勞而相勉，若言努力者，謂之侔莫。」淮南繆稱篇「猶未之莫與」，高注：「莫，勉之也。」莫與慕，亦聲近而義同。）此承上文而言，言能行之則爲士，行而加勉則爲君子。故曲禮云「敦善行而不怠謂之君子」，非徒厚慕之而已也。知之，聖人也。知之，謂通於學也。於事皆通，則與聖人無異也。上爲聖人，下爲士君子，孰禁我哉！爲學之後，則誰能禁我使不爲聖人士君子也。鄉也，混然涂之人也，俄而竝乎堯、禹，豈不賤而貴矣哉！混然，無所知之貌。竝，比也。鄉音向。涂與途同。鄉也，效門室之辨，混然曾不能決也，效，白。辨，別也。向者，明白門室之別異，猶不能決，言所知淺也。〇王引之曰：楊以效爲明白。既明白門室之別矣，何又不能決乎？乃又云「言所知淺也」，此則曲爲之解而終不可通。今案：效者，考也，驗也。（竝見廣雅。）考驗門室之別，曾混然不能決，言其愚也。古謂考爲效，説見經義述聞梓材及曲禮。先謙案：王説是。議兵篇「隆禮效功」，楊注亦云「效，驗也」。俄而原仁義，分是非，圖回天下於掌上而辯白黑，豈不愚而知矣哉！原，本也。謂知仁義之本。圖，謀也。回，轉也。言圖謀運轉天下之事如在掌上也。〇盧文弨曰：「而辯」之「而」，與如同。俞樾曰：楊注「圖謀運轉」兩義不倫，恐非其旨。「圖」者，「圎」之誤字。廣雅釋詁：「圎，圓也。」圎回，猶圓轉也。淮南原道篇曰「圓者常轉」，是其義也。圎回天下於掌上，言天下之大可圓轉於掌上也。隸書「圖」字或作「圗」，或作「圖」，皆與「圎」字相似，學者多見「圖」，少見「圎」，因誤爲「圖」耳。鄉也，胥靡之人，俄而治天下之大器舉在此，豈不貧而富矣哉！胥靡，刑徒人也。胥，相。靡，繫也。謂鏁相聯相繫，漢書所謂「銀鐺」者也。舉，皆也。顔師古曰：「聯繫使相隨而服役之，猶今囚徒以鏁連枷也。」〇王引之曰：此胥靡，非謂刑徒人也。胥靡者，空無所有之謂，故荀子以況貧。胥之言疏也。（司馬彪注莊子應帝王篇曰：「胥，疏也。」宣十四年左傳「車及於蒲胥之市」，呂氏春秋行論篇作「蒲疏」。史記蘇秦傳「東有淮、潁、煑棗、無胥」，魏策作「無疎」。）疏，空也。靡，無也。胥靡猶言胥無。春秋齊有賓胥無，蓋取此義也。漢書揚雄傳客難曰「胥靡爲宰，寂寞爲尸」，「胥靡」與「寂寞」相對爲文，是胥靡爲空無所有之意。（張晏曰：「胥，相也。靡，無也。言相師以無爲作宰者也。」）案張訓靡爲無，是也；其訓胥爲相，則失之。**今有人於此，屑然藏千溢之寶，雖行貣而食，人謂之富矣。**屑然，雜碎衆多之貌。行貣，行乞也。貣，土得反。○郝懿行曰：屑，瑣細之貌。至寶不必盈握，故以瑣細言之。「屑」，今作「屑」，「溢」作「鎰」。**彼寶也者，衣之不可衣也，**下衣，於既反。言已爲衣則不可衣著。○盧文弨曰：案，「已」「以」通。**食之不可食也，賣之不可僂售也，**僂，疾。○郝懿行曰：上云「雖有聖人之知，未能僂指也」，注引公羊傳曰「夫人不僂」，何休注：「僂，疾也。」按「僂」皆「屢」之假借字。釋詁云：「屢，疾也。」「售」者，「讎」之俗字。詩曰：「賈用不讎。」**然而人謂之富，何也？豈不大富之器誠在此也？**喻學者雖未得衣食，亦猶藏千金之寶也。○先謙案：楊說非也。此言藏寶者不可衣食，不可僂售，然而人謂之富者，以其有大富之器也，不指學者言。下文「是杅杅亦富人」，始就學者之富言之。**是杅杅亦富人已，豈不貧而富矣哉！**杅杅，卽于于也，自足之貌。莊子曰「聽居居，視于于」也。○王引之曰：聽居居，視于于，與富意無涉。案方言：「于，大也。」文王世子「于其身以善其君」，鄭注曰：「于，讀爲迂。」迂，猶廣也、大也。檀弓「易則易，于則于」，正義亦曰：「于謂廣大。」重言之則曰于于。上文曰「治天下之大器在此」，又曰「大富之器在此」，是言學之富如財之富也，故曰「是杅杅亦富人已」。**故君子無爵而貴，無祿而富，不言而信，不怒而威，窮處而榮，獨居而樂，豈不至尊、至富、至重、至嚴之情舉積此哉！**舉，皆也。此，此儒學也。其情皆在此，故人尊貴敬之。**故曰：貴名不可以比周爭也，不可以夸誕有也，不可以埶重脅也，必將誠此然後就也。**貴名，人所貴儒學之名。此，身也。**爭之則失，讓之則至，遵道則積，夸誕則虛。**遵道則自委積，夸誕則尤益空虛也。○王念孫曰：「道」當爲「遁」，字之誤也。「遵遁」，即「逡巡」。文選上林賦注引廣雅曰：「逡巡，卻退也。」管子戒篇作「逡遁」，小問篇作「遵遁」，（與荀子同。）晏子問篇作「逡遁」，又作「逡循」，莊子至樂篇作「蹲循」，漢書平當傳贊作「逡遁」，萬章傳作「逡循」，三禮注作「逡遁」，竝字異而義同。「遵遁」與「夸誕」對文。「遵遁」則積承上文「讓之則至」而言，「夸誕」則虛承上文「爭之則失」而言。故下文云「君子務積德於身而處之以遵遁」，（今本亦誤作「遵道」。）言以退讓自處也。若作「遵道」，則與「夸誕」不對，且與上文不相應矣。楊依「遵道」爲解，故失之。**故君子務修其內而讓之於外，務積德於身而處之以遵道，如是，則貴名起如日月，天下應之如雷霆。**衆應之聲如雷。○謝本從盧校「起」下有「之」字。盧文弨曰：正文「起之」，宋本無「之」字。王念孫曰：宋本是也。貴名起如日月，言貴名之顯著也，（王霸篇：「如是，則夫名聲之部發於天地之閒也，豈不如日月雷霆云乎哉！」）「起」下不當有「之」字。元刻及世德堂本有「之」字，乃涉下句「天下應之」而衍。呂、錢本皆無「之」字。先謙案：王說是，今改從宋本。故曰：君子隱而顯，微而明，辭讓而勝。詩曰：「鶴鳴于九皋，聲聞于天。」此之謂也。詩，小雅鶴鳴之篇。毛云：「皋，澤也。言身隱而名著也。」鄭云：「皋，澤中水溢出所爲坎，自外數至九，喻聲〔一〕遠也。」鄙夫反是。比周而譽俞少，鄙争而名俞辱，煩勞以求安利，其身俞危。俞，讀爲愈。○王念孫曰：譽，非名譽，卽「與」字也。（「與」「譽」古字通。射義「則燕則譽」，鄭注：「譽或爲與。」堯典「伯與」，漢書古今人表作「柏譽」。韓子有度篇「忘主外交以進其與」，管子明法篇「與」作「譽」。）言雖比周以求黨與，而黨與愈少也。（彊國篇曰：「比周以争與。」）下句「鄙争而名俞辱」，乃言名譽耳。元刻「譽」作「與」，本字也；宋本作「譽」，借字也。小雅角弓傳「比周而黨愈少，鄙争而名愈辱，求安而身愈危」，語皆本於荀子，黨亦與也。又臣道篇「推類接譽以待無方」，（楊注：「無方，無常也。」）譽，亦讀爲與，與亦類也。周語「少曲與焉」，韋注曰：「與，類也。」言推類接與以待事之無常者而應之也。楊以譽爲聲譽，失之。詩曰：「民之無良，相怨一方。受爵不讓，至于己斯亡。」此之謂也。詩，小雅角弓之篇。引此以明不責己而怨人。故能小而事大，辟之是猶力之少而任重也，舍粹折無適也。舍，除也。粹，讀爲

〔一〕「聲」，詩鶴鳴鄭箋作「深」。

碎。除碎折之外，無所之適。言必碎折。○先謙案：正論篇云「躓跌碎折，不待頃矣」，與此粹折義同，彼用本字。**身不肖而誣賢，**○先謙案：不肖而自以爲賢，是誣也。下文云「內不自以誣」，可證「誣賢」二字之義。君道篇云「臣不能而誣能，則是臣詐也」，與此「誣賢」意同。**是猶傴伸而好升高也，指其頂者愈衆。**傴，僂也。伸，讀爲身，字之誤也。傴身之人而彊升高，則頭頂尤低屈，故指而笑之者愈衆。○劉台拱曰：「伸」，蓋卽「僂」字之譌。**故明主譎德而序位，**○先謙案：譎，決也，說見上。**所以爲不亂也；忠臣誠能然後敢受職，所以爲不窮也。分不亂於上，能不窮於下，治辯之極也。**不亂，謂皆當其序。不窮，謂通於其職列也。言儒爲治辯之極也。○先謙案：辯，亦治也，說見不苟篇。**詩曰：「平平左右，亦是率從。」是言上下之交不相亂也。**詩，小雅采菽之篇。毛云：「平平，辯治也。」交，謂上下相交接也。○王念孫曰：交，如「上下交征利」之交。此承上文而言。分不亂於上，能不窮於下，是上下交不相亂也。「交不相亂」四字連讀。富國篇云「上下俱富，交無所藏之」，文義正與此同。楊云「交，謂上下相交接」，則誤以「上下之交」連讀矣。

以從俗爲善，以貨財爲寶，以養生爲己至道，是民德也。養生爲己至道，謂莊生之徒。民德，言不知禮義也。○盧文弨曰：此條舊不提行，今案當分段。「從俗」，元刻作「容俗」，今從宋本。劉台拱曰：養生，猶言治生，故曰「民德」，未及乎莊生之徒。王念孫曰：「民」字對下「士」「君子」「聖人」而言。**行法至堅，不以私欲亂所聞，如是，則可謂勁士矣。行法至堅，好修正其所聞以橋飾其情性，**行法，謂行有法度。行，下孟反。橋與矯同。○盧文弨曰：案宋本「橋」從木，臣道篇亦同。正韻引荀子亦從木。元刻從手，亦可通。劉台拱曰：韓詩外傳引此作「行法而志堅」。（下同。）據楊注「行有法度」，明「行法」與「志堅」對舉，不當作「至」。王念孫曰：法者，正也。言其行正，其志堅，（楊云「行有法度」，加「有」字以釋之，則於義稍迂。）故下句云「不以私欲亂所聞」也。古謂正爲法，説見漢書賈鄒枚路傳。先謙案：荀書「至」「志」通借。正論篇「其至意至闇也」，楊注「至，當爲志」，是其證。臣道篇云「相與彊君撟君」，盧校云：「撟，宋本作橋。」羣書治要作「矯」，明荀書以「橋」代「矯」也。**其言多當矣而未諭也，其行多當矣而未安也，其知慮多當矣而未周密也，**未諭，謂未盡曉其義。未安，謂未得如天性安行之也。周密，謂盡善也。**上則能大其所隆，**○先謙案：所隆，謂其所尊奉者。言能推崇其道而大之。**下則能開道不己若者，如是，則可謂篤厚君子矣。修百王之法若辨白黑，應當時之變若數一二，**如數一二之易。**行禮要節而安之若生四枝，**要，邀也。節，節文也。言安於禮節，若身之生四枝，不以造作爲也。要，一遥反，下「要時」同。**要時立功之巧若詔四時，**邀時立功之巧，謂不失機權，若天告四時使成萬物也。**平正和民之善，億萬之衆而博若一人，如是，則可謂聖人矣。**雖博雜衆多，如理一人之少也。○謝本從盧校「聖人」作「賢人」。

盧文弨曰：「賢人」舊作「聖人」，誤。劉台拱云：「博若一人」，「博」當爲「傅」，議兵篇「和傳而一」，亦當作「和傅」，皆字之誤也。而一，如一也。億萬之衆，親附若一人，卽所謂和傅如一也。王念孫曰：「博」與「傅」，皆「摶」字之誤也。摶，卽「專一」之專。億萬之衆而專若一人，卽所謂和專如一也。管子幼官篇曰：「摶一純固，（今本「摶」誤作「博」。）則獨行而無敵。」呂氏春秋決勝篇曰：「積則勝散矣，摶則勝離矣。」淮南兵略篇曰：「武王之卒三千人，皆專而一。」古書多以「摶」爲「專」，詳見管子。又曰：自「修百王之法」以下十句，非聖人不足以當之，故曰「如是則可謂聖人矣」。下文「如是則可謂聖人矣」，乃涉此文而衍。（自「井井兮其有理」以下十句，楊注皆以爲論大儒之德，則非論聖人明矣，此下安得又有「如是則可謂聖人矣」八字乎？）盧不知下文之衍，又以哀公篇孔子對哀公語有「如此則可謂賢人矣」一句在「君子」「大聖」之閒，遂改此文之「聖人」爲「賢人」，以別於下文之「聖人」；不知本書之例皆以士、君子、聖人分爲三等，與孔子對哀公者不同。上文云「行之，曰士也；敦慕焉，君子也；知之，聖人也」；修身篇云「好法而行，士也；篤志而體，君子也；齊明而不竭，聖人也」；解蔽篇曰「嚮是而務，士也；類是而幾，君子也；知之，聖人也」：皆以士、君子、聖人分爲三等，與此文同一例，不得於「君子」之上添出「賢人」名目。各本及韓詩外傳皆作「聖人」，無作「賢人」者。（上文之「篤厚君子」，卽賢人也，故外傳曰「篤厚君子未及聖人也」。是篤厚君子之上卽是聖人，不得又添一賢人名目。）先謙案：平正，猶平政也，孟子萬章篇：「君子平其政。」王制篇云「故君人者欲安則莫若平政愛民矣」，富國篇云「平政以齊民」，與此「平正和民」文義一律。「正」「政」古字通。王霸篇云「立隆政本朝而當」，彊國篇云「隆在修政矣」，二「政」字皆當作「正」。彼借「政」爲「正」，猶此借「正」爲「政」也。「博」，當爲「摶」，王説是。盧改「聖人」爲「賢人」，誤，今正。**井井兮其有理也，**井井，良易之貌。理，有條理也。○盧文弨曰：正文「有理」，各本作「有條理」。案注，則正文「條」字衍，今删。**嚴嚴兮其能敬己也，**嚴嚴，有威重之貌。能敬己，不可干以非禮也。「嚴」，或作「儼」。○盧文弨曰：注「干以」，各本皆誤倒，今從明虞、王合訂本移正。**分分兮其有終始也，**事各當其分，即無雜亂，故能有終始。分，扶問反。○王念孫曰：楊説迂曲而不可通。余謂「分分」當爲「介介」，字之誤也。（隸書「介」「分」相似，故傳寫多譌，説見淮南繆稱篇。）修身篇「善在身，介然必以自好也」，楊彼注云「介然，堅固貌」，引繫辭傳「介如石焉」。此介介，亦堅固貌也。固守不變，始終如一，故曰「介介兮其有終始」。若作「分分」，則義不可通。又君子篇「刑罰不怒罪，爵賞不踰德，分然各以其誠通」，「分」亦當爲「介」。介然，堅固貌。言誠心介然，上下相通也，若作「分然」，則義不可通。楊彼注云「善惡分然」，亦失之。俞樾曰：分，當讀爲份。説文人部：「份，文質備也，從人，分聲。」論語曰「文質份份」，「分分」即「份份」也，省偏旁耳。君子篇「分然各以其誠通」，義亦同此。先謙案：王、俞二説並通。據下文又言「綏綏兮其有文章」，則王義爲允。**猒猒兮其能長久也，**猒，足也。亂生於不足，故知足然後能長久也。○先謙案：猒猒兮，猶安安然，説見上。**樂樂兮其執道不殆也，**殆，危也。○俞樾曰：楊氏不釋樂樂之誼，蓋即以本字讀之。然「樂樂」字，經傳尠見。王霸篇曰「櫟然扶持心國」，楊注曰：「櫟，讀爲落，石貌也。」此云「樂樂兮」，彼云「櫟然」，文異義同。老子曰：「落落如石。」樂樂，猶落落也。以其執道不殆，故以石形容之。**炤炤兮其用知之明也，**炤炤，明見之貌。炤與照同。○郝懿行曰：「炤」，葢「照」之或體字也，經典罕用。釋蟲「熒火即炤」，用「炤」字。顔氏家訓風操篇云：「劉韜兄弟一生不爲照字，唯依爾雅火傍作召。」今讀荀書，可知「炤」字由來已久，葢起於周、秦閒矣。王霸篇亦有「炤」字。**修修兮其用統類之行也，**脩脩，整齊之貌。統類，綱紀也。言事不乖悖也。○王念孫曰：修，讀爲條。春秋繁露如天之爲篇曰「行而無留，若四時之條條然」，是條條爲行貌，故曰「條條兮其統類之行也」，作「修」者，借字耳。（韓子難篇「百官修通」，管子明法解篇「修」作「條」。集韻：「修，他彫切，縣名，周亞夫所封，即史記絳侯世家之『條侯』。」是「條」「修」古字通。）楊以修修爲整齊貌，與「行」字義不相屬。王引之曰：「統類」上不當有「用」字，葢涉上句而衍。**綏綏兮其有文章也，**綏綏，安泰之貌。「綏」，或爲「葳蕤」之「蕤」。**熙熙兮其樂人之臧也，**熙熙，和樂之貌。**隱隱兮其恐人之不當也，**隱隱，憂戚貌。恐人之行事不當理。此已上皆論大儒之德也。**如是，則可謂聖人矣。**○先謙案：此句衍文，說見上。

此其道出乎一。曷謂一？曰：執神而固。執持精神堅固。**曷謂神？曰：盡善挾治之謂神，萬物莫足以傾之之謂固，**挾，讀爲浹。浹，周洽也。○王念孫曰：正文「挾治」二字，元刻及世德堂本竝作「挾洽」，「洽」字乃涉注文「周洽」而誤。盧從元刻，非也。吕、錢本「洽」竝作

「治」。挾與浹同。全體皆善，故曰「盡善」；全體皆治，故曰「浹治」。「挾治」與「盡善」對文，若作「挾洽」，則與「盡善」不對矣。王引之曰：「萬物」上當有「曷謂固曰」四字。「萬物莫足以傾之之謂固」，與「曷謂固」上下正相呼應。「曷謂固」與上文之「曷謂一」「曷謂神」皆文同一例。「曷謂神」「曷謂固」承上「執神而固」言之；下文「神固之謂聖人」又承上「曷謂神」「曷謂固」言之。今本脱去「曷謂固曰」四字，則與上下文不相應矣。先謙案：謝本從盧校。王説是，改從宋本。神固之謂聖人。聖人也者，道之管也。天下之道管是矣，百王之道一是矣，管，樞要也。是，是儒學。故詩、書、禮、樂之歸是矣。○劉台拱曰：「之」下當有「道」字，與上兩「之道」對文。詩言是，其志也；是儒之志。書言是，其事也；禮言是，其行也；樂言是，其和也；春秋言是，其微也。微，謂儒之微旨。一字爲褒貶，微其文、隱其義之類是也。故風之所以爲不逐者，取是以節之也；風，國風。逐，流蕩也。國風所以不隨荒暴之君而流蕩者，取聖人之儒道以節之也。詩序曰：「變風發乎情，止乎禮義。發乎情，人之性也；止乎禮義，先王之澤也。」小雅之所以爲小雅者，取是而文之也；雅，正也。文，飾也。大雅之所以爲大雅者，取是而光之也；○郝懿行曰：光，猶廣也。「光」「廣」古通用。詩序所謂「政有小大，故有小雅、大雅」是也。頌之所以爲至者，取是而通之也：至，謂盛德之極。天下之道畢是矣。鄉是者臧，倍是者亡。鄉是如不臧、倍是如不亡者，自古及今，未嘗有也。是，皆謂儒也。鄉，讀曰向。○盧文弨曰：正文兩「如」字俱讀爲而。

客有道曰：「孔子曰：『周公其盛乎！言其德盛。身貴而愈恭，家富而愈儉，勝敵而愈戒。』」戒，備也。言勝敵而益戒備。荀卿之時，有客說孔子之言如此。應之曰：「是殆非周公之行，非孔子之言也。武王崩，成王幼，周公屏成王而及武王，履天子之籍，負扆而坐，户牖之閒謂之扆也。○謝本從盧校作「履天下之籍」。盧文弨曰：宋本作「履天子之籍」，今從元刻。案「坐」，當作「立」。王念孫曰：正論篇「居則設張容，負依而坐，諸侯趨走乎堂下」，汪氏中亦云：「作〔一〕，當爲立，古無坐見諸侯之禮。鈔者淺陋，以意改之。」先謙案：「天子之籍」是也，說見上。今改從宋本。諸侯趨走堂下。當是時也，夫又誰爲恭矣哉！兼制天下，立七十一國，姬姓獨居五十三人焉，周之子孫苟不狂惑者，莫不爲天下之顯諸侯，孰謂周公儉哉！武王之誅紂也，行之日以兵忌，武王發兵，以兵家所忌之日。東面而迎太歲，迎，謂逆太歲。尸子曰：「武王伐紂，魚辛諫曰：『歲在北方，不北征。』武王不從。」至汜而汎，至懷而壞，汜，水名。懷，地名。書曰「覃、懷底績」，孔安國曰：「覃、懷，近河地名。」謂至汜而適遇水汎漲，至懷又河水汎溢也。吕氏春秋曰：「武王伐紂，天雨，日夜不休。」汜音祀。

〔一〕「作」，據正文似當作「坐」。

○盧文弨曰：正文「至氾」當作「至汜」。左傳「鄙在鄭地汜」，釋文音凡，字從巳，不從巳，其地在成皋之閒。又漢高卽位於氾水之陽，在定陶，漢書注音敷劍反，非周師所經也。「氾」「汎」、「懷」「壞」以音成義。楊氏不知「氾」當爲「汜」，而卽音爲祀，誤矣。又注「河水汎溢」下，疑當有「壞道」二字。王念孫曰：汪氏中曰：「氾當作汜，音汎，字從巳，不從巳。」其說是也。然荀子所謂「至氾」者，究不知爲今何縣地。盧用汪說，而引左傳「鄙在鄭地氾」爲證。（僖二十四年。）案杜注云「鄭南氾也，在襄城縣南」，則非周師所至，不得引爲至氾之證矣。**至共頭而山隧。**共，河内縣名。共頭，蓋共縣之山名。隧，謂山石崩摧也。隧，讀爲墜。共音恭。○盧文弨曰：案共頭卽共首，見莊子。王念孫曰：此八字亦汪氏中校語也。共首見讓王篇，共頭又見呂氏春秋誠廉篇。**霍叔懼曰：『出三日而五災至，無乃不可乎？』**霍叔，武王弟也。出，行也。周居豐、鎬，軍出三日，未當至共，蓋文王三分天下有其二，境土已近於洛矣。或曰：至氾之後三日也。**周公曰：『刳比干而囚箕子，飛廉、惡來知政，夫又惡有不可焉？』**比干，紂賢臣。箕子，紂諸父。箕，國名。子，爵也。飛廉、惡來，皆紂之嬖臣。飛廉善走，惡來有力也。**遂選馬而進，**選，簡擇也。○俞樾曰：荀子之意，方言周公之不戒，若馬必簡擇，則非其義矣。詩猗嗟篇曰「舞則選兮」，毛傳曰：「選，齊也。」此「選」字亦當訓齊。車攻篇曰「我馬既同」，傳曰：「同，齊也。」然則選馬而進，蓋戎事齊力之義，非簡擇之謂。下文曰「輿固馬選矣」，誼亦同此，猶言「我車既攻，我馬既同」也。若以選爲簡擇，則「選馬」可通，「馬選」不可通矣。**朝食於戚，暮宿於百泉，**杜元凱云：「戚，衛邑，在頓丘衛縣西。」百泉，蓋近朝歌地名。左氏傳曰：「晉人敗范氏於百泉。」**厭旦於牧之野，**厭，掩也。夜掩於旦，謂未明已前也。厭，於甲反。○俞樾曰：楊注未明已前謂之厭旦，於古無徵。且以文義論之，上云「朝食於戚，暮宿於百泉」，則此文「旦」下亦當有一字。今止云「厭旦於牧之野」，文義殊未足也。「厭旦」當作「旦厭」，厭，讀爲壓。彊國篇「如牆厭之」，注曰：「厭，讀爲壓。」此文「厭」字正與彼同。旦壓於牧之野，與上文「朝食」「暮宿」文義一律。成十六年左傳：「楚晨壓晉軍而陳。」此云「旦厭」，猶彼云「晨壓」矣。**鼓之而紂卒易鄉，**倒戈而攻後也。鄉，讀曰向。○郝懿行曰：「倒戈」之語，非荀所偁。易鄉者，蓋謂紂卒辟易奔北耳，未必倒戈相殺也。孟子不信漂杵，荀子不偁倒戈，其意正同。楊注援以釋荀，恐非。**遂乘殷人而誅紂。**乘，乘其倒戈之勢。○盧文弨曰：正文「誅紂」上，元刻有「進」字。郝懿行曰：乘者，覆也，謂駕其上也，注非。書序云「周人乘黎」，僞孔傳「乘，勝也」，亦非。先謙案：注「乘」字，各本不重。今從宋台州本增一「乘」字，文義較足。**蓋殺者非周人，因殷人也。**非周人殺之，因殷倒戈之勢自殺之。**故無首虜之獲，無蹈難之賞，**周人無立功受賞者。**反而定三革，偃五兵，**定，息；偃，仆也：皆不用之義。三革：犀也，兕也，牛也。考工記曰：「函人爲甲，犀甲七屬，兕甲六屬，合甲五屬。」穀梁傳曰「天子救日，置五麾，陳五兵」，范寧云：「五兵，矛、戟、鉞、楯、弓、矢。」國語說齊桓「定三革，偃五刃」，韋昭云：「三革，甲、胄、盾也。五刃，刀、劍、矛、戟、矢也。」**合天下，立聲樂，**合天下，謂合會天下諸侯，歸一統也。**於是武、象起而韶、護廢矣。**武、象，周武王克殷之後樂名。武亦周頌篇名。詩序曰：「武，奏大武也。」禮記曰：「下管象，朱干玉戚，冕而舞大武。」韶、護，殷樂名。左氏傳曰「吳季札見舞韶、護」者，蓋殷時兼用舜樂，武王廢之也。○盧文弨曰：護與濩同。宋本、元刻竝同。**四海之內，莫不變心易慮以化順之，故外闔不閉，**闔，門扇也。○盧文弨曰：宋本「閉」作「閈」，係俗體。**跨天下而無蘄。**跨，越也。蘄，求也。越天下而無求，言自足也。亦人皆與之，不待求也。○劉台拱曰：蘄，蓋與圻同。言四海一家，無封疆之限也。淮南俶真訓「四達無境，通於無圻」，高注：「圻，垠字也。」**當是時也，夫又誰爲戒矣哉！」**太平如此，復誰備戒！

造父者，天下之善御者也，無輿馬則無所見其能。造父，周穆王之御者。**羿者，天下之善射者也，無弓矢則無所見其巧。**羿，有窮之君，逐夏太康而遂簒位者。○先謙案：「弓」，宋台州本作「弧」。**大儒者，善調一天下者也，無百里之地則無所見其功。輿固馬選矣，而不能以至遠一日而千里，則非造父也。弓調矢直矣，而不能以射遠中微，則非羿也。**善射者既能及遠，又中微細之物也。○俞樾曰：此本作「及遠中微」，故楊注曰「善射者既能及遠，又中微細之物也」，「及遠」二字卽本正文。又王霸篇曰「故人主欲得善射，射遠中微則莫若羿、蠭門矣」，楊注曰：「射及遠，中微細之物。」是其所據本亦作「及遠中微」。注文「射」字包及遠、中微二意，讀者不察，謂注文作「射及遠」，則正文必是「射遠」，於是盡改爲「射遠中微」，非荀子之舊矣。君道篇曰「人主欲得善射，射遠中微者，縣貴爵重賞以招致之」，韓詩外傳四引作「及遠中微」，可據以訂正。而外傳五引儒效篇文亦作「射遠中微」，疑後人依誤本荀子改之。用百里之地，而不能以調一天下，制彊暴，則非大儒也。彼大儒者，雖隱於窮閻漏屋，無置錐之地，而王公不能與之爭名；在一大夫之位，則一君不能獨畜，一國不能獨容，成名況乎諸侯，莫不願得以爲臣；已解非十二子篇。○盧文弨曰：案此段「在一大夫之位」云云，當爲衍文，韓詩外傳卷五無，此徑接下文，語勢方脗合。王念孫曰：此三十二字涉非十二子篇而衍。用百里之地而千里之國莫能與之爭勝，笞棰暴國，齊一天下，而莫能傾也。是大儒之徵也。傾，危也。徵，驗也。其言有類，其行有禮，類，善也。謂比類於善，不爲狂妄之言。○先謙案：類，法也，説見非十二子篇。其舉事無悔，其持險應變曲當，險，危也。其持危應變，皆曲得其宜。當，丁浪反。與時遷徙，與世偃仰，隨時設教。千舉萬變，其道一也。其道一，謂皆歸於治也。故禹、湯、文、武事跡不同，其於爲治一也。稽，攷也，攷，成也。是大儒之稽也。其窮也，俗儒笑之；其通也，英傑化之，嵬瑣逃之，倍千人曰英，倍萬人曰傑。言英傑之士則慕而化之，狂怪之人則畏而逃去之也。邪説畏之，衆人媿之。衆人初皆非其所爲，成功之後，故自媿也。「媿」，或爲「貴」。通則一天下，窮則獨立貴名，儒名。天不能

死，地不能埋，桀、跖之世不能汙，非大儒莫之能立，仲尼、子弓是也。故有俗人者，有俗儒者，有雅儒者，有大儒者。辨儒者之異也。**不學問，無正義，以富利爲隆，是俗人者也。逢衣淺帶，解果其冠，**逢，大也。淺帶，博帶也。韓詩外傳作「逢衣博帶」。言帶博則約束衣服者淺，故曰「淺帶」。解果，未詳。或曰：解果，陿隘也。左思魏都賦曰：「風俗以韰倮爲嫿。」韰音下界反。倮音果。嫿音獲，静好也。或曰：説苑：「淳于髡謂齊王曰：『臣笑鄰圃之祠田，以一壺酒，三鮒魚，祝曰：蠏螺者宜禾，汙邪者百車。』」蠏螺，蓋高地也，今冠蓋亦比之。謂强爲儒服而無其實也。○盧文弨曰：「韰」，當作「䪥」。所引説苑，見復恩篇，又見尊賢篇。此所引，尊賢篇之文也。「蠏螺」，彼作「蠏堁」，「鄰圃」作「臣鄰」，皆當從彼爲是。**略法先王而足亂世術，**略，粗也。粗法先王之遺言，不知大體，故足以亂世法。韓詩外傳作「略法先王而不足於亂世」。**繆學雜舉，不知法後王而一制度，不知隆禮義而殺詩、書；**後王，後世之王。夫隨當時之政而立制度，是一也。若妄引上古，不合於時，制度亂矣。故仲尼修春秋，盡用周法。韓詩外傳作「不知法先王也」。○郝懿行曰：「殺」，蓋「敦」字之誤，下同。楊氏無注，知唐本猶未誤。**其衣冠行僞已同於世俗矣，然而不知惡者；**衣冠，卽上所云逢衣淺帶之比。行僞，謂行僞而堅。行，下孟反。○郝懿行曰：僞與爲同，行動作爲也，注非。劉台拱曰：荀子書言「僞」者，義皆作「爲」。此「行僞」，韓詩外傳作「行爲」。王念孫曰：「行僞」二字，（行讀如字。）本篇一見，非十二子篇一見，正論篇一見，賦篇一見。其見於正論及賦篇者，後人皆已改作「爲」，唯此篇及非十二子篇未改，而此篇注遂讀爲「詐僞」之「僞」矣。「然而不知惡」（烏路反。）與下「然而明不能別」對文，則「惡」下不當有「者」字。**其言議談説已無以異於墨子矣，然而明不能別；**○盧文弨曰：「別」上，宋本有「分」字，今從元刻删。**呼先王以欺愚者而求衣食焉，**呼，謂稱舉。**得委積足以揜其口則揚揚如也；**揚揚，得意之貌。**隨其長子，事其便辟，舉其上客，偲然若終身之虜而不敢有他志：是俗儒者也。**長子，謂君之世子也。便辟，謂左右小臣親信者也。便，婢延反。辟，讀爲嬖。舉其上客，謂褒美其上客，冀得其助也。偲，字書無所見，蓋環繞囚拘之貌。莊子曰：「睆然在纆繳之中矣。」○王念孫曰：舉，讀爲相與之與。（「與」，古通作「舉」，説見經義述聞左傳昭三年。）謂交其上客以求助也。楊以舉爲褒美，於義疏矣。又曰：「偲」，蓋「⿰亻𢡃」字之誤。説文：「⿰亻𢡃，安也，從人，𢡃聲。」（𢡃，於力切。）左傳、國語通作「億」，「億」行而「⿰亻𢡃」廢矣。⿰亻𢡃然，安然也。言俗儒居人國中，苟圖衣食，（見上文。）安然若將終身而不敢有他志也。俞樾曰：長子，猶鉅子也。莊子天下篇釋文引向秀曰：「墨家號其道理成者爲『鉅子』，若儒家之碩儒。」長與鉅義同。「鉅子」「長子」，蓋當時有此稱。隨其長子，謂奉一先生以爲師，從而附和之也。楊注非其義。王氏讀舉爲與是也，解爲交其上客則非是。此蒙「事」字爲文，猶言事其便辟及其上客耳。**法後王，一制度，隆禮義而殺詩、書，其言行已有大法矣，然而明不能齊**雖有大體，其所見之明猶未能齊言行，使無纖介之差。**法教之所不及，聞見之所未至，則知不能類**

也。有所不知則不能取比類而通之也。禮記：「雖先王未之有，可以義起。」是能類者矣。○俞樾曰：楊注斷「明不能齊」爲句，此失其讀也。齊讀爲濟，「然而」以下十八字作一句讀。言法教所及，聞見所至，則明足以及之而不能濟其法教所未及、聞見所未至也，所以然者，由其知不能類也。學者誤謂「明不能齊」「知不能類」相對成文，遂以「齊」字斷句，失之矣。韓詩外傳正作「明不能濟法教之所不及，聞見之所未至」，無「知不能類」句。**知之曰知之，不知曰不知，內不自以誣，外不自以欺，**不自欺人。○盧文弨曰：宋本作「內不自以誣外，外不自以欺內」，但與注不合。王念孫曰：唐風羔裘傳曰：「自，用也。」（大雅緜傳、江漢箋及大傳注竝同。）言內不用之以誣己，外不用之以欺人。楊釋下句云「不自欺人」，失之。**以是尊賢畏法而不敢怠傲，是雅儒者也。**有雅德之儒也。**法先王，統禮義，一制度，以淺持博，以古持今，以一持萬，**以淺持博，謂見其淺則可以執持博也。「先王」當爲「後王」，「以古持今」當爲「以今持古」，皆傳寫誤也。○盧文弨曰：案元刻作「以一行萬」，外傳同，本書王制篇亦同。劉台拱曰：後王，謂周也。以古持今，亦謂以文、武、周公之德持今世。楊謂當爲「以今持古」，非。**苟仁義之類也，雖在鳥獸之中，若別白黑，**善類在鳥獸之中猶別，況在人矣。**倚物怪變，所未嘗聞也，所未嘗見也，卒然起一方，則舉統類而應之，無所儗㤜，**倚，奇也。韓詩外傳作「奇物怪變」。卒，于忽反。儗，讀爲疑。㤜與怍同。奇物怪變卒然而起，人所難處者，大儒知其統類，故舉以應之，無所疑滯慙怍也。**張法而度之，則晻然若合符節，是大儒者也。**既無所疑怍，故開張其法以測度之，則晻然如合符節。言不差錯也。度，大各反。晻與暗同。符節，相合之物也。周禮「門關用符節」，葢以全竹爲之，剖之爲兩，各執其一，合之以爲驗也。○王引之曰：「張法而度之」，韓詩外傳「張」作「援」。晻然，同貌也。韓詩外傳作「奄然」。爾雅「弇，同也」，郭引詩「奄有龜、蒙」。（魯頌閟宮。）「弇」「奄」「晻」竝通。楊云「晻暗同」，失之。**故人主用俗人則萬乘之國亡，**不義而好利，故亡也。**用俗儒則萬乘之國存，**僅存。**用雅儒則千乘之國安，用大儒則百里之地久，**小國多患難，用大儒然後可以長久也。**而後三年，天下爲一，諸侯爲臣，**長久之業既成，又三年修德化，則可以一天下，臣諸侯。葢殷湯、周文皆化行之後三年而王也。○俞樾曰：楊注斷「久」字爲句，則「而後三年」句不成文義。此當以「久而後三年」五字爲句。言姑舉其久者言之，則以三年爲期，若速則或一年或二年卽可以一天下而臣諸侯矣。韓詩外傳作「久而三年」，無「後」字。先謙案：俞說是。久而後三年者，猶言久至三年也，推極言之。宥坐篇云「綦三年而百姓往矣」，與此同意。**用萬乘之國則舉錯而定，一朝而伯。**錯，讀爲措。伯，讀爲霸。言一朝而霸也。○王念孫曰：楊讀伯爲霸，非也。信如楊說，則是大儒用百里之地而可以王，用萬乘之國而僅止於霸也，斯不然矣。今案：伯，讀爲白。（王制正義引元命包曰：「伯之爲言白也，明白於德也。」是伯與白義相通。古鍾鼎文「伯仲」字多作「白」，是「伯」與「白」字亦相通。）白，顯著也。言一朝而名顯於天下也。（上文曰：「儒者爲人上，則貴名白而天下治。」致士篇曰：「貴名白，天下願，令行禁止，王者之事畢矣。」樂論篇曰：「名聲於是白，光輝於是大。」）王霸篇曰：「如是，則夫名聲之部發於天地之閒也，豈不如日月雷霆然矣哉！故曰以國濟義，一日而白。湯、武是也。」一日而白，猶一朝而白耳。韓詩外傳曰：「用萬乘之國，則舉錯而定，一朝而白。詩曰：『周雖舊邦，其命維新。』可謂白矣。」此尤其明證也。

不聞不若聞之，聞之不若見之，見之不若知之，知之不若行之，學至於行之而止矣。行之，明也。行之則通明於事也。○盧文弨曰：此節舊不提行，今案當分段。**明之爲聖人。**通明於事則爲聖人。**聖人也者，本仁義，當是非，齊言行，不失豪氂，無它道焉，已乎行之矣。**當，丁浪反。已，止也。言聖人無他，在止於行其所學也。**故聞之而不見，雖博必謬；**雖博聞，必有謬誤也。**見之而不知，雖識必妄；**見而不知，雖能記識，必昧於指意。謂若制氏然也。○盧文弨曰：案漢書禮樂志云：「漢興，樂家有制氏，但能紀其鏗鏘鼓舞，而不能言其義。」此注蓋本此。俗本誤作「制力」，今從宋本訂正。**知之而不行，雖敦必困。**苟不能行，雖所知多厚，必至困躓也。**不聞不見，則雖當，非仁也，**雖偶有所當，非仁人君子之通明者也。**其道百舉而百陷也。**言偶中之道，百舉而百陷，無一可免也。**故人無師無法而知則必爲盜，勇則必爲賊，云能則必爲亂，**云能，自言其能。○盧文弨曰：楊氏注非十二子篇「無能而云能」下即作此語，固當；在此處似未安。此「云能」，當如易繫辭傳之「云爲」，亦不必分口之所言、身之所爲。蓋云有旋轉運動之義。「云能」二字，必當時有此成語，蓋卽營幹之意。若依此注，則於下文「云能則速成」更難强通。王念孫曰：下文云「人有師有法而知則速通，勇則速威，云能則速成」，則云能非自言其能之謂也。知、勇、云能皆出於天生，而非出於人爲，則云能非營幹之意也。今案：云者，有也。言無師無法而有能，則必爲亂；有師有法而有能，則其成必速也。楊注非十二子篇引愼子曰：「云能而害，無能則亂也。」云能，有能也。法行篇：「曾子曰：『詩曰：「轂已破碎，乃大其輻。」事以敗矣，乃重大息。」其云益乎？』」云益，有益也。古者多謂有爲云。大雅桑柔篇「民有肅心，荓云不逮」，言使有不逮也；「爲民不利，如云不克」，言如有不克也。「云」字或作「員」。秦誓曰「雖則員然」，言雖則有然也。（今本「員」作「云」，乃衞包所改，今據正義及漢書韋賢傳注改正。以上三條，說者多失其義，辯見釋詞。）故廣雅曰：「員、云，有也。」文選陸機答賈長淵詩注引應劭漢書注曰：「云，有也。」晉語「其誰云不從」，韋注曰：「誰有不從？」**察則必爲怪，**惠施、鄧析之比。**辯則必爲誕。人有師有法而知則速通，勇則速威，云能則速成，察則速盡，辯則速論。**察則速盡，謂有聰察之性，則能速盡物理。速論，謂能速論是非也。○王念孫曰：論，決也。言辯事則速決也。後漢書陳寵傳「季秋論囚」，注云：「論，決也。」楊說「論」字未了。先謙案：注「聰」，各本譌「聽」，據宋台州本改正。**故有師法者，人之大寶也；無師法者，人之大殃也。人無師法則隆性矣，有師法則隆積矣，**隆，厚也。積，習也。厚性，謂恣其本性之欲。厚於積習，謂化爲善也。○盧文弨曰：案宋本正文「隆性」作「隆情」，「隆積」作「隆性」；注「積，習也」已下全不同，作「厚於情，謂恣其情之所欲；厚於性，謂本於善也」。俗閒本亦同，當出後人所改，與荀子言性惡本旨不合，與下文及注皆矛盾，今悉據元刻改正。**而師法者，所得乎情，非所受乎性，不足以獨立而治。**情，謂喜怒愛惡，外物所感者也。言師法之於人，得於外情，非天性所受，故性不足獨立而治，必在因外情而化之。或曰：「情」當爲「積」。所得乎積習，非受於天性，既非天性，則不可獨立而治，必在化之也。○盧文弨曰：此注方釋「情」字，益可見上文不作「隆情」。王念孫曰：此及下文楊注所稱或説改「情」爲「積」者，皆是也。下文皆言「積」，不言「情」，是其證，前説皆非。又案：「不足以獨立而治」上，當更有一「性」字，言性不足以獨立而治，必待積習以化之也。故下文曰：「性也者，吾所不能爲也，然而可化也。」**性也者，吾所不能爲也，然而可化也；**言天性非吾自能爲也，必在化而爲之也。**情也者，非吾所有也，然而可爲也。**言情非吾天性所有，然可以外物誘而爲之。或曰：「情」，亦當爲「積」。積習與天然有殊，故曰「非吾所有」，雖非所有，然而可爲之也。**注錯習俗，所以化性也；**注錯，猶措置也。錯，千故反。**并一而不二，所以成積也。**并，讀爲併。一謂師法，二謂異端。**習俗移志，安久移質，**習以爲俗，則移其志；安之既久，則移本質。**并一而不二則通於神明，參於天地矣。故積土而爲山，積水而爲海，**○盧文弨曰：元刻作「積土謂之山，積水謂之海」。**旦暮積謂之歲。至高謂之天，至下謂之地，宇中六指謂之極；**六指，上下四方也。盡六指之遠則爲六極。言積近以成遠。涂之人百姓○先謙案：人百姓，猶言衆百姓。積善而全盡謂之聖人。彼求之而後得，爲之而後成，積之而後高，盡之而後聖。故聖人也者，人之所積也。言其德行委積。人積耨耕而爲農夫，積斲削而爲工匠，積反貨而爲商賈，反，讀爲販。積禮義而爲君子。工匠之子莫不繼事，而都國之民安習其服。安習其土風之衣服。居楚而楚，居越而越，居夏而夏，夏，中夏。是非天性也，積靡使然也。靡，順也。順其積習，故能然。故人知謹注錯，慎習俗，大積靡，則爲君子矣；大積靡，謂以順積習爲也。縱性情而不足問學，則爲小人矣。爲君子則常安榮矣，爲小人則常危辱矣。凡人莫不欲安榮而惡危辱，故唯君子爲能得其所好，小人則日徼其所惡。徼與邀同，招也，一堯反。詩曰：「維此良人，弗求弗迪；維彼忍心，是顧是復。民之貪亂，寧爲荼毒。」此之謂也。詩，大雅桑柔之篇。迪，進也。言厲王有此善人，不求而進用之，忍害爲惡之人反顧念而重復之，故天下之民貪亂，安然爲荼毒之行，由王使之然也。

人論：論人之善惡。論，盧困反。○王念孫曰：「人論」二字，乃目下之詞。論，讀爲倫。倫，類也，等也。謂人之等類，卽下文所謂「衆人」「小儒」「大儒」也。下文又云：「人倫盡矣。」榮辱篇云：「斬而齊，枉而順，不同而一，夫是之謂人倫。」作「論」者，借字耳。（屯象傳「君子以經論」，荀爽曰：「倫者，理也。」大雅靈臺篇「於論鼓鐘」，鄭箋：「論之言倫也。」公食大夫禮「倫膚七」，今文「倫」或作「論」。王制「必卽天論」，「論」或爲「倫」。逸周書官人篇「規小物而不知大倫」，大戴記「倫」作「論」。）楊説失之。又臣道篇「人臣之論，有態臣者，有篡臣者，有功臣者，有聖臣者」，論亦讀爲倫，謂人臣中有此四等也。楊云「論人臣之善惡」，亦失之。**志不免於曲私而冀人之以己爲公也，行不免於汙漫而冀人之以己爲修也，**汙，穢也。漫，欺誑也。漫，莫叛反。○王念孫曰：漫，亦汙也。方言：「浼，洿也，東齊、海、岱之閒或曰浼。」洿與汙同，浼與漫同。呂氏春秋離俗篇「不漫於利」，高注曰：「漫，汙也。」楊讀漫爲「謾欺」之「謾」，分汙漫爲二義，失之。凡荀子書言「汙漫」者竝同。**其愚陋溝瞀而冀人之以己爲知也，是衆人也。**溝音寇，愚也。溝瞀，無知也。衆人，謂衆庶也。○王念孫曰：「其」字文義不順，當是「甚」字之誤。言甚愚而冀人以己爲智也。又曰：呂本「其」作「甚」。先謙案：宋台州本亦作「甚」。**志忍私然後能公，行忍情性然後能修，**忍，謂矯其性。行，下孟反。**知而好問然後能才，**其智慮不及，常好問，然後能有才藝。○先謙案：知而好問，不自以爲知也。楊注非。**公修而才，可謂小儒矣。**皆矯其不及，故爲小儒也。**志安公，行安修，知通統類，如是則可謂大儒矣。大儒者，天子三公也。**其才堪王者之佐也。**小儒者，諸侯大夫士也。衆人者，工農商賈也。禮者，人主之所以爲羣臣寸尺尋丈檢式也，人倫盡矣。**檢，束也。式，法也，度也。寸尺尋丈，所以知長短也。檢束，所以制放佚。大儒可爲天子三公，小儒可爲諸侯大夫，禮可以揔統羣臣，人主之柄也。「倫」當爲「論」。或曰：倫，等也。言人道差盡於禮也。○王念孫曰：檢、式，皆法也。文選演連珠注引蒼頡篇云：「檢，法度也。」是檢與式同義。言治人以禮，如寸尺尋丈之有法度也。楊分檢式爲二義，失之。

君子言有壇宇，行有防表，道有一隆。累土爲壇。宇，屋邊也。防，隄防。表，標也。言有壇宇，謂有所尊高也。行有防表，謂有標準也。一隆，謂厚於一，不以異端亂之也。○王念孫曰：壇，堂基也。（獨斷曰：「壇，謂築土起堂。」）宇，屋邊也。言有壇宇，猶曰「言有界域」，即下文所謂「道不過三代，法不二後王」，非有所尊高之謂也。先謙案：道有一隆，謂有所專重，如下文問政則專重安存、問學專重爲士、問治法專重後王是也，非厚於一之謂。楊說失之。言道德之求，不下於安存；此「道德」或當爲「政治」，以下有「道德之求」，故誤重寫耳。故下云「諸侯問政不及安存則不告也」，謂人以政治來求，則以安存國家已上之事語之也。○先謙案：安存，以百姓言。言志意之求，不下於上；以修其志意來求，則語爲士已上之事。言道德之求，不二後王。道德，教化也。人以教化來求，則言當時之切所宜施行之事。不二後王，師古而不以遠古也。舍後王而言遠古，是二也。道過三代謂之蕩，道過三代已前，事已久遠，則爲浩蕩難信也。法二後王謂之不雅。雅，正也。其治法不論當時之事而廣説遠古，則爲不正也。高之下之，小之臣之，不外是矣，「臣」當爲「巨」。雖高下小大，不出此壇宇防表也。是君子之所以騁志意於壇宇宮庭也。宫謂之室。庭，門屏之内也。君子雖騁志意論説，不出此壇宇宫庭之内也。是時百家異説，多妄引前古以亂當世，故荀卿屢有此言也。故諸侯問政不及安存，則不告也；○先謙案：如衛靈公問陳，孔子對以軍旅未學。匹夫問學不及爲士，則不教也；○先謙案：如樊遲問學稼學圃，孔子答以不如老農老圃。百家之説不及後王，則不聽也。百家雜説不及後王之道，妄起異端，則君子不聽之也。夫是之謂君子言有壇宇，行有防表也。

荀子卷第五

王制篇第九

請問爲政？曰：賢能不待次而舉，不以官之次序，若傅説起版築爲相也。**罷不能不待須而廢，**須，須臾也。○盧文弨曰：「須」，俗本誤作「頃」，宋本、元刻竝作「須」。先謙案：荀書多以「賢」「罷」對舉。王霸篇「無國而不有賢士，無國而不有罷士」，非相篇「君子賢而能容罷」，正論篇「故至賢疇四海，湯、武是也；至罷不容妻子，桀、紂是也」，成相篇「基必施，辨賢罷」，與此同。**元惡不待教而誅，**不教而殺謂之虐。唯元惡，不教誅之也。**中庸民不待政而化。**中庸民易與爲善，故教則化之，不待政成之後也。○郝懿行曰：中庸民，言中等平常之人。賈誼過秦論所謂「材能不及中庸」，義與此同。史記改作「材能不及中人」，亦得其意。王念孫曰：「元惡」「中庸」對文，「中庸」下不當獨有「民」字，此涉注文「中庸民」而衍。韓詩外傳無「民」字。**分未定也則有昭繆。**繆，讀爲穆。父昭子穆。言爲政當分未定之時，則爲之分別，使賢者居上，不肖居下，如昭穆之分別然，不問其世族。○郝懿行曰：二語難曉，楊氏説亦不了。韓詩外傳四同。先謙案：楊説是也。此即下文所謂「以類行雜」。**雖王公士大夫之**

子孫，○先謙案：宋台州本句末有「也」字，與下文一律。此「也」字似當有。不能屬於禮義，則歸之庶人。雖庶人之子孫也，積文學，正身行，能屬於禮義，則歸之卿相士大夫。屬，繫也，之欲反。故姦言、姦說、姦事、姦能、○先謙案：姦事、姦說，荀自解在非十二子及儒效篇。言，亦說也。能，亦事也。遁逃反側之民，職而教之，須而待之，反側，不安之民也。職而教之，謂使各當教其本事也。須而待之，謂須暇之而待其遷善也。勉之以慶賞，懲之以刑罰，安職則畜，不安職則棄。畜，養也。棄，謂投四裔之比也。五疾，上收而養之，材而事之，五疾，瘖、聾、跛躄、斷者、侏儒。各當其材使之，謂若矇瞽修聲、聾聵司火之屬。官施而衣食之，兼覆無遺。官爲之施設所職而與之衣食。○先謙案：「收而養之」以下三句一律，皆上之事，即官之事也，不應此處又增入「官」字。今案：官者，任也。（義具解蔽篇。）施者，用也。（義具臣道篇。）官施而衣食之，猶言任用而衣食之。王霸篇云「論德使能而官施之」，尤其明證。楊注誤。才行反時者死無赦。夫是之謂天德，王者之政也。天德，天覆之德。○王念孫曰：「王者」上當有「是」字。是王者之政也，乃總承上文之詞。下文「是王者之人也」、「是王者之制也」、「是王者之論也」，皆與此文同一例。今本脱「是」字，則語意不完。韓詩外傳有「是」字。聽政之大分：○盧文弨曰：舊本不提行，今案當分段。先謙案：台州本提行。以善至者待之以禮，以不善至者待之以刑。兩者分別則賢不肖不雜，是非不亂。賢不肖不雜則英

傑至，是非不亂則國家治。若是，名聲日聞，○王念孫曰：「名聲日聞」，本無「聞」字，「日」本作「白」。名聲白者，白，明也，顯也，名聲顯著於天下也。致士篇曰「貴名白，天下願，令行禁止，王者之事畢矣」，文正與此同。「貴名白」即「名聲白」也。樂論篇曰「名聲於是白，光煇於是大」，堯問篇曰「名聲不白，徒與不衆，光煇不大」，皆其證也。「名聲白，天下願」二句相對爲文，若於上句内加一字，則句法參差矣。此因「白」字譌作「日」，後人不得其解，故於「日」下加「聞」字耳。**天下願，令行禁止，王者之事畢矣。**願，謂人人皆願。**凡聽，**論聽政也。**威嚴猛厲而不好假道人，**厲，剛烈也。假道，謂以寬和假借道引人也。**則下畏恐而不親，周閉而不竭，**隱閉其情，不竭盡也。○郝懿行曰：竭者，舉也。謂隱匿其情，不肯舉發也。注訓竭盡，亦通。**若是，則大事殆乎弛，小事殆乎遂。**弛，廢也。遂，因循也。春秋傳曰：「遂，繼事也。」下既隱情不敢論説，則大事近於弛廢，小事近於因循。言不肯革弊也。○劉台拱曰：遂，如「大夫無遂事」之「遂」。威嚴猛厲，則小事不復關白，故曰遂。王念孫曰：遂，讀爲墜。墜與弛義相近。下畏恐而箝口，則百事墮壞而上不得聞，故大事近乎廢弛，小事近乎失墜也。下文曰「法而不議，則法之所不至者必廢；職而不通，則職之所不及者必隊」，（隊與墜同。）義與此相承也。正論篇曰「國雖不安，不至於廢易遂亡」，遂亦讀爲墜，（史記倉公傳「陽脈下遂」，徐廣曰：「一作隊。」正義曰：「遂音直類反。」遂、隊竝與墜同。「墜」之通作「遂」，猶「墜」之通作「隧」。儒效篇「至共頭而山隧」，漢石經論語殘碑「未隧於地」，漢書王莽傳「不隧如髮」，竝以「隧」爲「墜」。）謂不至於廢弛墜失也。（廢易，卽廢弛。爾雅曰：「弛，易也。」君道篇曰：「境内之事，有弛易齵差者矣。」）俞樾曰：說文：「遂，亡也。」小事殆乎遂，謂近乎亡失也。正論篇「國雖不安，不至於廢易遂亡」，以「遂亡」連文，此古義之幸存者。楊不得其義而曲爲之說。先謙案：王、俞並引正論篇爲說，彼以「廢易遂亡」四字連文，廢易二義，則遂亡亦二義，不得訓遂爲亡。王讀遂爲墜，說較長。注「肯」字，各本譌「有」，據宋台州本改正。**和解調通，好假道人而無所凝止之，**和解調通，謂寬和不拒下也。凝，定也。凝止，謂定止其不可也。○謝本從盧校作「凝止也」。盧文弨曰：正文「也」字，宋本作「之」。郝懿行曰：按此，今官人中之和事者也。偏好假借辭色，開通道路，以誘進人，令皆歡悦，故下遂云「姦言竝至，嘗試之説鋒起」，而無所厎止也。「凝」當作「疑」，止定之貌，見詩桑柔傳及儀禮士昏等注。荀書「凝」字，古本必皆作「疑」，今改作「凝」，經典亦多改「凝」，人皆知「凝」不知「疑」矣。莊子「用志不紛，乃疑於神」，今亦改「凝」。其音則疑，魚乙切；凝，魚陵切，古音必陵切。說文以「凝」爲俗「冰」字，唯詩「膚如凝脂」，正宜作「凝」，爾雅作「冰脂」，可證矣。王念孫曰：宋吕、錢本作「凝止之」，世德堂本同。作「之」者是也。解蔽篇云「以可以知人之性，求可以知物之理，而無所疑止之」，文義正與此同。先謙案：王說是，今改從宋本。**則姦言竝至，嘗試之説鋒起，**嘗試之説，謂假借他事，試爲之也。莊子曰：「嘗試論之。」鋒起，謂如鋒刃齊起，言鋭而難拒也。**若是，則聽大事煩，是又傷之也。**聽大，謂所聽之事多也。傷，傷政也。○先謙案：

詩閟宮箋「大東，極東」，疏：「大者，廣遠之言。」此「大」字義同。故法法而不議，則法之所不至者必廢；議，謂講論也。雖有法度而不能講論，則不周洽，故法所不至者必廢也。職而不通，則職之所不及者必隊。雖舉當其職，而不能通明其類，則職所不及者必隊。隊與墜同。故法而議，職而通，無隱謀，無遺善，而百事無過，非君子莫能。故公平者，職之衡也；中和者，聽之繩也。聽，聽政也。衡，所以知輕重；繩，所以辨曲直。言君子用公平中和之道，故能百事無過。中和，謂寬猛得中也。○劉台拱曰：注先解「聽」，後解「衡」。「職之衡」，當作「聽之衡」，此涉上文「職」字致誤。其有法者以法行，無法者以類舉，聽之盡也；類，謂比類。○先謙案：「無法者」上，羣書治要有「其」字。偏黨而無經，聽之辟也。無經，謂無常法也。辟，讀爲僻。故有良法而亂者有之矣；有君子而亂者，自古及今，未嘗聞也。傳曰：「治生乎君子，亂生乎小人。」此之謂也。其人存則其政舉，其人亡則其政息。○盧文弨曰：注兩「則」字，宋本無。先謙案：「亂生」上，羣書治要有「而」字。

分均則不偏，分均，謂貴賤敵也。分，扶問反。○王念孫曰：偏，讀爲徧。言分既均，則所求於民者亦均，而物不足以給之，故不徧也。下文曰「埶位齊而欲惡同，物不能澹」，（古「贍」字。）正所謂不徧也。「徧」「偏」古字通，說見墨子非攻篇。埶齊則不壹，衆齊則不使。此皆名無差等，則不可相制也。有天有地而上下有差，明王始立而處國有制。制，亦謂差等也。夫兩貴之不能相事，兩賤之不能相使，是天數也。天之數也。埶位齊而欲惡同，物不能澹則必爭，澹，讀爲贍。既無等級，則皆不知紀極，故物不能足也。爭則必亂，亂則窮矣。物窮竭也。先王惡其亂也，故制禮義以分之，使有貧富貴賤之等，足以相兼臨者，是養天下之本也。使物有餘而不窮竭。書曰：「維齊非齊。」此之謂也。書，呂刑。言維齊一者乃在不齊，以諭有差等然後可以爲治也。

馬駭輿則君子不安輿，馬駭於車中也。庶人駭政則君子不安位。駭政，不安上之政也。馬駭輿則莫若靜之，庶人駭政則莫若惠之。惠，恩惠也。○郝懿行曰：惠者，順也，注訓恩惠，失之。夫馬駭而脈僨，靜以鎮之則馴矣；人駭而圖反，順以循之自安矣。故鞭箠不加於奔駟，而謗木不絕於堯年。昔蘧伯玉治衞，子貢問何以治。對曰：「以不治治之。」夫不治之治，則靜之惠之之説也。選賢良，舉篤敬，興孝弟，收孤寡，補貧窮，如是，則庶人安政矣。庶人安政，然後君子安位。傳曰：「君者，舟也；庶人者，水也。水則載舟，水則覆舟。」此之謂也。故君人者欲安則莫若平政愛民矣，欲榮則莫若隆禮敬士矣，欲立功名則莫若尚賢使能矣，是君人者之大節也。三節者當，則其餘莫不當矣；三節者不當，則其餘雖曲當，猶將無益也。曲當，謂委曲皆當。當，丁浪反。○盧文弨曰：「猶」，元刻作「由」，與「猶」同。先謙案：羣書治要作「由」。孔子曰：「大節是也，小節是也，上君也。大節是也，小節一出焉，一入焉，中君也。謂一得一失也。○盧文弨曰：宋本「小節」下有「非也」二字。大節非也，小節雖是也，吾無觀其餘矣。」成侯、嗣公，聚斂計數之君也，成侯、嗣公，皆衞君也。史記：衞聲公卒，子成侯立。成侯卒，子平侯立。平侯卒，子嗣君立。韓子曰：「衞嗣公重如耳，愛泄姬，而恐其皆因其愛重以壅己也，乃貴薄疑以敵如耳，尊魏妃以耦泄姬，曰：『以是相參也。』又使客過關市，賂之以金。後召關市，問其有客過，與汝金，汝回遣之。關市大恐，以嗣公爲明察。」此皆計數之類也。○盧文弨曰：所引韓子，見内儲説上篇，「魏妃」作「魏姬」，「汝回遣之」作「汝因遣之」。未及取民也；未及，謂其才未及也。取民，謂得民心。子産，取民者也，未及爲政也；禮記曰：「子産猶衆人之母，能食之，不能教之也。」○俞樾曰：楊注以取民爲得民心，於義甚晦，殆非也。老子曰「故取天下者常以無事」，河上公注曰：「取，治也。」此「取」字亦當訓治，取民言治民也。管仲，爲政者也，未及修禮也。言未及教化也。○謝本從盧校，「爲政」「修禮」下俱有「者」字。王念孫曰：元刻「未及爲政」「未及修禮」下皆無「者」字，宋龔本同，是也。此兩「者」字皆涉上下文而衍。韓詩外傳、羣書治要及文選永明十一年策秀才文注引此，皆無兩「者」字。上文「未及取民也」，亦無「者」字。先謙案：王説是。今從元刻删「者」字。故修禮者王，爲政者彊，取民者安，聚斂者亡。故王者富民，霸者富士，士，卒伍也。僅存之國富大夫，亡國富筐篋，實府庫。筐篋已富，府庫已實，而百姓貧，夫是之謂上溢而下漏，如器之上溢下漏，空虛可立而待也。○王引之曰：溢，滿也。漏之言漉也，字或作「盝」「⿰氵盝」。爾雅曰：「盝，涸竭也。」方言曰：「⿰氵盝，涸也。」「漉，極也」，郭璞曰：「滲漉，極盡也。」月令曰：「毋竭川澤，毋漉陂池。」淮南本經篇「竭澤而魚」，高注曰：「竭澤，漏池也。」「漏池」，即所謂「漉陂池」也。漉、漏古同聲，故「滲漉」或謂之「滲漏」。本經篇又曰「禹疏三江五湖，流注東海，鴻水漏，九州乾」，亦謂鴻水涸也。上溢而下漏，即是上富而下貧，楊說「溢」「漏」二字皆未了。人不可以守，出不可以戰，則傾覆滅亡可立而待也。故我聚之以亡，敵得之以彊。聚斂者，召寇、肥敵、亡國、危身之道也，故明君不蹈也。

王奪之人，霸奪之與，彊奪之地。人，謂賢人。與，謂與國也。彊國之術，則奪人地也。奪之人者臣諸侯，奪之與者友諸侯，奪之地者敵諸侯。臣諸侯者王，友諸侯者霸，敵諸侯者危。用彊者，用彊力勝人，非知彊道者。人之城守，人之出戰，而我以力勝之也，○俞樾曰：「出」當爲「士」，字之譌也。古書「士」「出」二字每相混。史記五帝紀「稱以出」，集解引徐廣曰「出，一作士」，淮南子繆稱篇「其出之誠也」，新序襍事篇「出」作「士」，並其證也。守必以城，戰必以士。「人之城守，人之士戰」，正相對成文，「士」譌爲「出」，義不可通矣。則傷人之民必甚矣。傷人之民甚，則人之民惡我必甚矣；人之民惡我甚，則日欲與我鬬。人之城守，人之出戰，而我以力勝之，則傷吾民必甚矣。傷吾民甚，則吾民之惡我必甚

矣；吾民之惡我甚，則日不欲爲我鬬。人之民日欲與我鬬，吾民日不欲爲我鬬，是彊者之所以反弱也。地來而民去，累多而功少，累，憂累也。**雖守者益，所以守者損，是以大者之所以反削也。**守者，謂地也。守國以地爲本，故曰「守者」。所以守者，謂所以守地之人也。○俞樾曰：上「以」字衍文。「是大者之所以反削也」，與上文「是彊者之所以反弱也」正相對。**諸侯莫不懷交接怨而不忘其敵，**交接，連結也。既以力勝而不義，故諸侯皆欲相連結怨國，而不忘與之爲敵。本多作「壞交接」，言壞其與己交接之道也。○郝懿行曰：接者，續也。懷交，謂私相締交；接怨，謂連續修怨。注非是。王念孫曰：「諸侯莫不懷交接」爲句。「壞」「懷」古字通。（禮論篇「諸侯不敢壞」，史記樂書作「懷」。襄十四年左傳「王室之不壞」，釋文：「壞，服本作懷。」）楊後説以「壞交接」連讀，是也；前説以「懷交接怨」連讀，失之。俞樾曰：楊注二説皆未安。王氏謂當從後説，非也。疑「怨」字當在「交接」二字之上，本作「諸侯莫不懷怨交接而不忘其敵」。懷怨交接，猶云匿怨而友其人也，故不忘其敵，傳寫奪「怨」字，而誤補之「接」字之下耳。先謙案：郝説是也。**伺彊大之閒，承彊大之敝，此彊大之殆時也。**殆，危也。○盧文弨曰：元刻「敝」作「弊」。宋本「敝」下有「也」字，又有「知彊大之敝」五字，各本多同，係衍文，今從元刻去之。**知彊大者不務彊也，**知彊大之術者，不務以力勝也。○王引之曰：「彊大」當爲「彊道」。彊道，謂所以致彊之道，即下文所謂「以王命全其力，凝其德」也。不知此道而務以力勝，則務彊而反弱，即下文所謂「非其道而慮之以王也」。故曰「知彊道者不務彊也」。下文云「是知彊道者也」，正與此句相應。又云「是知霸道者也」，「是知王道者也」，皆與此句相應。此篇大旨，皆言王道、霸道、彊道之不同，故此文云「知彊道者不務彊也」。兩「彊」字亦上下相應，則「彊」下之字作「道」不作「大」明矣。今本作「彊大」，「大」字蓋涉上文三「彊大」而誤。楊云「知彊大之術者，不務以力勝也」，則所見本已誤作「彊大」。**慮以王命全其力，凝其德。**慮，計也。以，用也。其計慮常用王命，謂不敢擅侵暴也。凝，定也。定其德，謂不輕舉也。○王念孫曰：慮，猶大氐也。言知彊道者不務以力勝人，大氐以王命全其力、凝其德也。議兵篇曰：「諸侯慮敵之者削，反之者亡。」（楊注以慮爲謀慮，亦非。）又曰：「焉慮率用賞慶、刑罰、埶詐而已矣。」（楊注以慮爲大凡，是。）漢書賈誼傳「慮亡不帝制而天子自爲者」，師古曰：「慮，大計也。言諸侯皆欲同帝制而爲天子之事。」是其證矣。**力全則諸侯不能弱也，德凝則諸侯不能削也，天下無王霸主則常勝矣。是知彊道者也。**無王霸之主則彊國常勝。「主」或衍字。**彼霸者不然，辟田野，實倉廩，便備用，**備用，足用也。左傳曰：「無重器備。」○王念孫曰：楊訓備用爲足用，「便足用」之語不詞，且與「田野」「倉廩」不對。余謂「備用」二字平列。「備」，説文本作「葡」，字從用，從苟省。（苟音棘）。淮南修務篇注云：「備，猶用也。」故或謂之器用，或謂之器備。「便備用」，猶言「便器用」耳。「便備用」三字，本篇凡三見，與「田野」「倉廩」對文者二，與「功苦」「完利」對文者一。其見於儒效篇者，則與「規矩」「準繩」對文；見於富國篇者，亦與「田野」「倉廩」對文，皆以二字平列。先謙案：王説是矣。荀書多言「械用」，罕言「器用」。「便備用」，猶言「便械用」耳。議兵篇云「械用兵革攻完便利者强，械用兵革窳楛不便利者弱」，械用便利，正與便備用同意。以下文「辨功苦，（功與攻同，苦與楛同。）尚完利，便備用」互證之而義益明。**案謹募選閱材伎之士，**案，發聲。謹，嚴也。募，招也。謹募，猶重募也。選閱，揀擇也。材伎，武藝過人者，猶漢之材官也。○俞樾曰：「募」乃「纂」字之譌。毛詩猗嗟篇「舞則選兮」，韓詩作「舞則纂兮」，是纂與選聲近義同，故此以連文。纂、選，皆具也。説文人部：「僎，具也。」食部：「籑，具食也。」選與僎並從巽聲，纂與籑並從算聲，於義得通。閱，亦具也。説文門部：「閱，具數於門中也。」小爾雅廣詁：「閱，具也。」是「纂」「選」「閱」三字同義。古書往往有之。襄三十一年左傳「繕完葺牆」，繕、完、葺，一義也，楚語「蓄聚積實」，蓄、聚、積，一義也，竝其例也。案謹纂選閱材技之士，質言之，止是具材技之士耳。「纂」誤爲「募」，楊注曰「募，招也」，非古義矣。管子心術篇「纂選者，所以等事也」，今本皆作「慕選」，誤與此同，説詳管子。**然後漸慶賞以先之，**漸，進也。言進勉以慶賞也。○郝懿行曰：漸，子廉切，讀若「漸民以仁」之「漸」。其訓漬也，浸也，深染入也。楊注凡漸皆訓進，故多失之。**嚴刑罰以糾之。**○先謙案：下文「賞慶」「刑罰」對文，則此亦當作「刑罰」。各本「罰」誤「賞」，據宋台州本改正。**存亡繼絶，衛弱禁暴，而無兼并之心，則諸侯親之矣；**并，讀爲併，下同。**修友敵之道以敬接諸侯，則諸侯説之矣。**説，讀爲悦，下同。**所以親之者，以不并也，并之見則諸侯疏矣；**見，賢徧反。○謝本從盧校「疏」下有「之」字。王念孫曰：

元刻「疏」下無「之」字，是也。下文「則諸侯離矣」，「離」下無「之」字，是其證。宋本作「諸侯疏之」，涉上文「諸侯親之」、「諸侯説之」而誤。先謙案：王説是。今從元刻删「之」字。**所以説之者，以友敵也，臣之見則諸侯離矣。故明其不并之行，信其友敵之道，**行，下孟反。信，謂使人不疑。**天下無王霸主，則常勝矣。是知霸道者也。**無王者則霸主常勝也。○王念孫曰：「天下無王霸主」，本作「天下無王主」。上文説彊者之事云「天下無王霸主，（句。）則常勝矣」，言天下無王霸主，則彊者常勝也。此文説霸者之事云「天下無王主，則常勝矣」，言天下無王主則霸者常勝也。「王主」二字之閒不當更有「霸」字，蓋涉上文「王霸主」而衍。楊不知「霸」字之衍，而讀「天下無王」爲句，「霸主則常勝矣」爲句，（具見楊注。）則句法與前不合。**閔王毁於五國，**史記齊湣王四十年，樂毅以燕、趙、楚、魏、秦破齊，湣王出奔莒也。**桓公劫於魯莊，**公羊傳柯之盟，齊桓公爲魯莊公之臣曹沬所劫也。**無它故焉，非其道而慮之以王也。**不行其道而以計慮爲王，所以危亡也。**彼王者不然，仁眇天下，義眇天下，威眇天下。**眇，盡也。盡天下皆懷其仁，感其義，畏其威也。○郝懿行曰：「眇」，古「妙」字。古書皆以「眇」爲「妙」，荀書亦然。注皆失之。周易「眇萬物而爲言」，今亦改爲「妙」矣。古無「妙」字。王念孫曰：諸書無訓眇爲盡者。且正文但言「眇天下」，而注言「盡天下皆懷其仁，感其義，畏其威」，加數語以釋之，其失也迂矣。余謂眇者高遠之稱。（漢書王褒傳「眇然絶俗離世」，顔師古曰：「眇然，高遠之意。」文選文賦「志眇眇而臨雲」，李善曰：「眇眇，高遠貌。」）言仁高天下，義高天下，威高天下耳。若懷其仁，感其義，畏其威，自見下文，非此三句意。先謙案：郝、王二說並通。**仁眇天下，故天下莫不親也；義眇天下，故天下莫不貴也；威眇天下，故天下莫敢敵也。以不敵之威，輔服人之道，**其道可以服人。○先謙案：服人之道，謂上文仁義。**故不戰而勝，不攻而得，甲兵不勞而天下服。是知王道者也。知此三具者，欲王而王，欲霸而霸，欲彊而彊矣。**

王者之人：王者之佐。**飾動以禮義，**所修飾及舉動，必以禮義。○王念孫曰：飾，讀爲飭。（古字通以「飾」爲「飭」。）言動作必以禮義自飭也。楊分飾動爲二義，失之。**聽斷以類，**所聽斷之事，皆得其善類。謂輕重得中也。○先謙案：類，法也，說見非十二子篇。**明振毫末，**振，舉也。言細微必見。**舉措應變而不窮。夫是之謂有原。是王者之人也。**原，本也。知爲政之本。

王者之制：說王者制度也。**道不過三代，法不貳後王。**論王道不過夏、殷、周之事，過則久遠難信。法不貳後王，言以當世之王爲法，不離貳而遠取之。**道過三代謂之蕩，法貳後王謂之不雅。**竝已解上。○先謙案：見儒效篇。**衣服有制，宮室有度，人徒有數，**人徒，謂士卒胥徒也。**喪祭械用皆有等宜，**械，器也。皆有等級，各當其宜也。○王念孫曰：楊注失之迂。宜，讀爲儀，（大雅文王篇「宜鑒于殷」，大學引此「宜」作「儀」。楚語「采服之儀」，春官注引此「儀」作「宜」。）儀與等，義相近。周官大司徒曰「以儀辨等則民不越」，典命曰「掌諸侯之五儀、諸臣之五等之位」，大行人曰「以九儀辨諸侯之命，等諸臣之爵」，皆是也。「衣服有制，宮室有度，人徒有數」，制、度、數與等、儀，義亦相近。哀公篇曰「人有五儀：有庸人，有士，有君子，有賢人，有大聖」，謂人有此五等也。楊以儀爲儀法，亦失之。**聲則凡非雅聲者舉廢，色則凡非舊文者舉息，**謂染綵畫績之事也。**械用則凡非舊器者舉毀。**舊，謂三代故事。**夫是之謂復古。是王者之制也。**復三代故事，則是復古，不必遠舉也。

王者之論：論，謂論説賞罰也，盧困反。○先謙案：楊説非。論，亦當讀爲倫，倫者，等也。言爲君者能行此政，則是王者之等也。下文云「此五等者，王、霸、安存、危殆、滅亡之具也」，以王者之政爲一等，與此可互證。儒效篇「人論」，臣道篇「人臣之論」，王氏念孫皆讀爲倫，而於此失之。**無德不貴，無能不官，無功不賞，無罪不罰，朝無幸位，民無幸生，**幸，僥幸也。**尚賢使能而等位不遺，**不遺，言各當其材。等位，等級之位也。**析愿禁悍而刑罰不過，**析，分異也。分其愿慤之民，使與凶悍者異也。悍，凶暴也。刑罰不過，但禁之而已，不刻深也。○王念孫曰：「析愿」二字義不可通，當從韓詩外傳作「折暴」，字之誤也。「折暴」與「禁悍」對文。下文曰「如是而可以誅暴禁悍矣」，富國篇曰「不足以禁暴勝悍」，皆以「暴」「悍」對文，則此亦當作「折暴禁悍」明矣。楊不得其解而爲之詞。又下文「抃急禁悍，防淫除邪」，「抃急」二字，語意不倫，當亦是

「折暴」之誤。下文「暴悍以變，姦邪不作」，正承此文而言，則當作「折暴禁悍」又明矣。楊云「抃當爲析，急當爲愿」，亦失之。又曰：「析」當爲「折」。折之言制也。（呂刑「制以刑」，墨子尚同篇引作「折則刑」。論語顔淵篇「片言可以折獄者」，鄭注：「魯讀折爲制。」）愿，讀爲傆。説文：「傆，（音與愿同。）黠也。」言制桀黠之民，使畏刑也。作「愿」者，借字耳。余前説改「愿」爲「暴」，未確。（韓詩外傳作「折暴」，恐是以意改，未可援以爲據。下文之「誅暴禁悍」，富國篇之「禁暴勝悍」，文各不同，皆未可據彼以改此。）又下文「抃急禁悍，防淫除邪」，「抃」亦當爲「折」，「急」卽「愿」之譌。前改「急」爲「暴」，亦未確。（「急」與「暴」形聲皆不相似，若本是「暴」字，無緣譌而爲「急」。）**百姓曉然皆知夫爲善於家而取賞於朝也，爲不善於幽而蒙刑於顯也。夫是之謂定論。是王者之論也。**定論，不易之論。論不易，則人知沮勸也。

王者之等賦、政事，財萬物，所以養萬民也。等賦，賦税有等。所以爲等賦，及政事裁制萬物，皆爲養人，非貪利也。財與裁同。○劉台拱曰：「所以」字當在「財萬物」上。王念孫曰：「之」下當有「法」字。「王者之法」，乃總目下文之詞。下文「是王者之法也」，正與此句相應。上文「王者之人」、「王者之制」、「王者之論」，皆上下相應，此文脱「法」字，則上下不相應矣。「等賦」二字連讀。（楊云：「賦税有等，所以爲等賦。」富國篇云：「等賦府庫者，貨之流也。」）政，讀爲正。言等地賦，正民事，以成萬物而養萬民也。（財者，成也，説見非十二子篇。）楊讀「王者之等賦」爲句，「政事財萬物」爲句，皆失之。**田野什一，**什税一也。**關市幾而不征，**幾，呵察也。但呵察姦人而不征稅也。禮記「幾」作「譏」。**山林澤梁以時禁發而不稅，**石絕水爲梁，所以取魚也。非時則禁，及時則發。禮記曰「獺祭魚，然後虞人入澤梁；草木零落，然後入山林」也。**相地而衰政，**相，視也。衰，差也。政爲之輕重。政，或讀爲征。衰，初危反。○盧文弨曰：齊語正作「相地而衰征」，韋昭注云：「視土地之美惡及所生出，以差征賦之輕重也。」**理道之遠近而致貢，**理，條理也。貢，任土所貢也。謂若「百里賦納總，二百里納銍」之類也。王念孫曰：小雅信南山傳曰：「理，分地里也。」謂貢以遠近分也。上句「相地而衰政」，衰與分，義相近。楊說未確。**通流財物粟米，無有滯留，**貿遷有無化居，不使有滯積也。**使相歸移也。四海之內若一家，**歸，讀爲饋。移，轉也。言通商及轉輸相救，無不豐足，雖四海之廣，若一家也。**故近者不隱其能，遠者不疾其勞，**不隱其能，謂竭其才力也。不疾苦其勞，謂奔走來王也。**無幽閒隱僻之國莫不趨使而安樂之。**幽，深也。閒，隔也。言無有深隔之國不爲王者趨使，而安樂政教也。○先謙案：富國篇「彊暴之國，莫不趨使」。荀書多用「趨使」字。或疑「使」當爲「便」，非。**夫是之謂人師，是王者之法也。**師，長也。言爲政如此，乃可以長人也。師者，亦使人法效之者也。

北海則有走馬吠犬焉，然而中國得而畜使之；海，謂荒晦絕遠之地，不必至海水也。走馬吠犬，今北地之大犬也。○盧文弨曰：冀之北土，馬之所生。注「走馬」下當有脫文。先謙案：謝本不提行，今案當分段。注「地」字，各本脫，據宋台州本增。**南海則有羽翮、齒革、曾**

青、丹干焉，然而中國得而財之； 翮，大鳥羽。齒，象齒。革，犀兕之革。曾青，銅之精，可繢畫及化黄金者，出蜀山、越巂。丹干，丹砂也，蓋一名丹干。干，讀爲矸，胡旦反。或曰：丹，丹砂也。「干」，當爲「玕」。尚書禹貢「雍州，球、琳、琅玕」，孔云：「石而似玉者。」爾雅亦云：「西北方之美者，有球、琳、琅玕焉。」皆出西方，此云南方者，蓋南方亦有也。○王念孫曰：楊前説以丹干爲丹砂，未知是否。後説以干爲琅玕，非也，琅玕不得但謂之玕。正論篇云「加之以丹矸，重之以曾青，犀象以爲樹，琅玕、龍兹、華覲以爲實」，「丹矸」即「丹干」也。既言「丹矸」，又言「琅玕」，則「丹干」之干非琅玕明矣。東海則有紫、紶、魚、鹽焉，然而中國得而衣食之； 紫，紫貝也。紶，未詳，字書亦無「紶」字，當爲「⿰虫去」。郭璞江賦曰「石⿰虫去應節而揚葩」，注云：「石⿰虫去，龜形，春則生花。」蓋亦蚌蛤之屬。今案：本草謂之石決明，陶云：「俗傳是紫貝，定小異，附石生，大者如手，明耀五色，内亦含珠。」古以龜貝爲貨，故曰「衣食之」。⿰虫去，居怯反。○盧文弨曰：注「⿰虫去」，元刻作「蜐」，同。今從宋本。王引之曰：下文云「中國得而衣食之」，則紫紶爲可衣之物，魚鹽爲可食之物，較然甚明。紫與茈通。管子輕重丁篇：「昔萊人善染，練茈之於萊純錙，緺綬之於萊亦純錙也。其周，中十金。」是東海有紫之證。「紶」當爲「綌」，右傍「谷」字與「去」相似。（「綌」之譌「紶」，猶「卻」之譌「却」也，説見榮辱篇。）葛精曰絺，麤曰綌。（周南葛覃傳。）禹貢：「青州，厥貢鹽絺，海物惟錯。」有絺則有綌矣。管子輕重丁篇「東方之萌，帶山負海，漁獵之萌也，治葛縷而爲食」，言以葛爲絺綌也。是東海有綌之證。紫與綌皆可以爲衣，故曰「中國得而衣之」。楊注大誤。西海則有皮革、文旄焉，然而中國得而用之。禹貢梁州「貢熊、羆、狐狸、織皮」，孔云：「貢四獸之皮。織皮，今之罽也。」旄，旄牛尾。文旄，謂染之爲文綵也。故澤人足乎木，山人足乎魚，農夫不斲削、不陶冶而足械用，工賈不耕田而足菽粟。故虎豹爲猛矣，然君子剥而用之。故天之所覆，地之所載，莫不盡其美，致其用，物皆盡其美，而來爲人用也。上以飾賢良，下以養百姓而安樂之。飾，謂車服。養，謂衣食。夫是之謂大神。能變通裁制萬物，故曰「大神」也。○郝懿行曰：釋詁：「神者，治也。」然則大神謂大治，猶禮運云「大，當也」。楊注以「變通裁制萬物」爲言，亦卽大治之意。詩曰：「天作高山，大王荒之。彼作矣，文王康之。」此之謂也。詩，周頌天作之篇。荒，大也。康，安也。言天作此高山，使興雲雨，大王自豳遷焉，則能尊大之。彼大王作此都，文王又能安之也。

以類行雜，得其統類，則不患於雜也。以一行萬，行於一人，則萬人可治也。皆謂得其樞要也。始則終，終則始，若環之無端也，舍是而天下以衰矣。始，謂類與一也。終，謂雜與萬也。言以此道爲治，終始不窮，無休息，則天下得其次序，舍此則亂也。衰，初危反。○王念孫曰：「始終」二字，泛指治道而言。下文曰「君臣、父子、兄弟、夫婦，始則終，終則始」，義亦同也。始非謂類與一，終亦非謂雜與萬。天地者，生之始也；禮義者，治之始也；君子者，禮義之始也。始，猶本也。言禮義本於君子也。爲之、貫之、積重之、致好之者，君子之始也。

言禮義以君子爲本，君子以習學爲本。貫，習也。積重之，謂學使委積重多也。致，極也。好之，言不倦也。○王引之曰：「君子之始也」，「之始」二字蓋涉上三「之始」而衍。此言禮義爲治之始，而爲之貫之、積重之、致好之者，則君子也，故君子又爲禮義之始。下文「無君子則天地不理，禮義無統」，仍是此意。此承上文「君子爲禮義之始」而申言之，則「君子」下不當更有「之始」二字。楊云「君子以積學爲本」，則所見本已衍此二字。**故天地生君子，君子理天地。君子者，天地之參也，萬物之揔也，民之父母也。**參，謂與之相參，共成化育也。揔，領也。○盧文弨曰：俗本又有「要也」二字，宋本、元刻皆無。**無君子則天地不理，禮義無統，上無君師，下無父子，夫是之謂至亂。君臣、父子、兄弟、夫婦，始則終，終則始，與天地同理，與萬世同久，夫是之謂大本。**始則終，終則始，謂一世始。言上下尊卑，人之大本，有君子然後可以長久也。○盧文弨曰：注「謂一世始」句有誤，疑當作「謂治世也」。**故喪祭、朝聘、師旅一也，**此已下，明君子禮義之治，爲之制喪祭、朝聘之禮，所以齊一民各當其道，不使淫放也。下「一」之義皆同。○盧文弨曰：注「之治」，舊作「之始」，譌。王引之曰：「師旅」二字，後人以意加之也。此言祭祀、賓客、喪紀之事，而師旅不與焉，故楊注但言喪祭、朝聘而不言師旅，則本無「師旅」二字明矣。**貴賤、殺生、與奪一也，**使民一於沮勸。**君君、臣臣、父父、子子、兄兄、弟弟一也，**使人一於恩義。**農農、士士、工工、商商一也。**使人一於職業。

水火有氣而無生，草木有生而無知，生，謂滋長。知，謂性識。禽獸有知而無義，○郝懿行曰：釋詁：「知者，匹也。」詩曰：「樂子之無知。」此草木有生無知之説也。曲禮曰：「禽獸無禮，故父子聚麀。」此禽獸有知無義之説也。楊注「知謂性識」，是已。蓋因有性識然後有匹偶，故此二義兼之乃備。人有氣、有生、有知，亦且有義，故最爲天下貴也。亦且者，言其中亦有無義者也。○盧文弨曰：「亦且」二字，乃謂異於禽獸，注誤。力不若牛，走不若馬，而牛馬爲用，何也？曰：人能羣，彼不能羣也。人何以能羣？曰：分。無分則争，争則不能羣也。分何以能行？曰：義。故義以分則和，言分義相須也。義，謂裁斷也。○謝本從盧校作「曰以義」。盧文弨曰：正文「曰以義」，元刻無「以」字。王念孫曰：元刻無「以」字，（宋龔本同。）是也。「曰義」與「曰分」對文，（繫辭傳「何以守位曰仁，何以聚人曰財，理財正辭，禁民爲非曰義」，亦以「曰義」對「曰仁」「曰財」。）則不當有「以」字。宋本有「以」字者，涉上兩「以」字而衍。先謙案：元刻是，今依王説改。和則一，一則多力，多力則彊，彊則勝物，故宮室可得而居也。物不能害，所以安居。故序四時，裁萬物，○先謙案：裁，亦成也，説見非十二子篇。兼利天下，無它故焉，得之分義也。以有分義，故能治天下也。故人生不能無羣，羣而無分則争，争則亂，亂則離，離則弱，弱則不能勝物，故宮室不可得而居也，不可少頃舍禮義之謂也。能以事親謂之孝，能以事兄謂之弟，能以事上謂之順，能以使下謂之君。能以，皆謂能以禮義也。君者，善羣也。善能使人爲羣也。羣道當則萬物皆得其宜，六畜皆得其長，羣生皆得其命。安其性命。故養長時則六畜育，殺生時則草木殖，殺生，斬伐。政令時則百姓一，賢良服。聖王之制也，時，謂有常。服，謂爲之任使。草木榮華滋碩之時則斧斤不入山林，不夭其生，不絶其長也；黿鼉、魚鼈、鰌鱣孕別之時，別，謂生育，與母分別也。國語里革諫魯宣公曰「魚方別孕」，韋昭曰：「自別於雄而懷子也。」罔罟毒藥不入澤，不夭其生，不絶其長也；毒藥，毒魚之藥，周禮雍氏「禁澤之沈者」也。春耕、夏耘、秋收、冬藏四者不失時，故五穀不絶而百姓有餘食也；汙池、淵沼、川澤謹其時禁，汙，停水之處。謹，嚴也。故魚鼈優多而百姓有餘用也；用，謂食足之外可用貿易。斬伐養長不失其時，故山林不童而百姓有餘材也。山無草木曰童。聖王之用也，用，財用也。上察於天，下錯於地，順天時以養地財也。錯，千故反。塞備天地之閒，加施萬物之上，言聖王之用，使天地萬物皆得其所。○王引之曰：「塞備」二字，義不相屬，「備」當爲「滿」，字之誤也。（「備」字，俗書作「備」，「滿」字，俗書作「滿」，二形相似，故傳寫多譌。管子霸言篇「文武具備」，今本「備」譌作「滿」。）塞滿天地之閒，卽承上「上察於天，下錯於地」而言。微而明，短而長，狹而廣，言用禮義，故所守者近，所及者遠也。神明博大以至約。言用禮義治化，雖神明博大，原其本，至簡約也。○先謙案：詳文義，「以」當爲「而」，與上三「而」字相配，反復言之。**故曰：一與一是爲人者謂之聖人。**一與一，動皆一也。是，此也。以此爲人者則謂之聖人也。○先謙案：與，讀爲舉。（見下王注。）上言「以一行萬」，是上之一也。喪祭、朝聘、師旅諸事，皆所以一民，是下之一也。以上之一舉下之一，故曰「一舉一」。富國篇云「故曰上一則下一矣」，義可互證。楊注未晰。

序官：謂王者序官之法也。○先謙案：樂論篇云「其在序官也，曰修憲命，審誅賞，禁淫聲，以時順修，使夷俗邪音不敢亂雅，太師之事也」，則序官是篇名。上文「王者之人」、「王者之制」等語，及各篇分段，首句類此者，疑皆篇名，應與下文離析，經傳寫雜亂，不可考矣。**宰爵知賓客、祭祀、饗食、犧牲之牢數，**宰，膳宰。爵，主掌也。饗食，饗宴也。周禮膳夫之屬有庖人、獸人，皆掌犧牲。一曰：爵，官爵也。言膳宰之官爵掌犧牲之事者也。○俞樾曰：楊注二說皆未安。以爵爲主掌，則既言主掌，不必更言知矣。以爵爲官爵，則下文「司徒」、「司馬」何獨不言爵乎？今以下文例之，曰「司徒知百宗、城郭、立器之數，司馬知師旅、甲兵、乘白之數」，上二字皆官名，則「宰爵」二字亦官名也。周官天官序官鄭注曰：「宰，主也。」然則宰爵者，主爵也。漢書百官公卿表：「主爵中尉，秦官，掌列侯。」秦官之有主爵，殆本於古之宰爵乎？其所掌爲列侯，故賓客、祭祀、饗食、犧牲之牢數無不與知。考主爵中尉所屬有掌畜令丞，正合古制矣。學者徒以周官之膳宰說此文，遂失其解。**司徒知百宗、城郭、立器之數，**百宗，百族也。城郭，謂其小大也。立器，所立之器用也。周禮：「大司徒之職，掌建邦土地之圖，與其人民之數。」立器，言五方器械異制，皆知其數，不使作奇伎奇器也。○先謙案：注「奇器」，各本「奇」作「之」，據宋台州本改正。**司馬知師旅、甲兵、乘白之數。**周禮：二千五百人爲師，五百人爲旅。「四井爲邑，四邑爲丘，四丘爲甸」，亦謂之乘。以其治田，則謂之甸；出長轂一乘，則謂之乘。每乘又有甲士三人，步卒七十二人。白，謂甸徒，猶今之白丁也。或曰：「白」當爲「百」，百人也。○郝懿行曰：「乘白」似不成文，「白」蓋「甸」字，形近之譌。周禮「四丘爲甸」，注云：「甸之言乘。」詩曰「維禹甸之」，甸卽乘也，故此言乘甸矣。劉台拱曰：管子乘馬篇「白徒三十人，奉車兩」，又七法篇「以教卒練士，繫敺衆白徒」，尹注云：「白徒，謂不練之卒，無武藝。」呂氏春秋決勝篇「廝輿白徒」，高注云：「白衣之徒。」王引之曰：白丁、白徒，皆不得但謂之白。竊謂白與伯同。逸周書武順篇「五五二十五曰元卒，（此以二十五人爲卒，與周官百人爲卒不同。）四卒成衛曰伯」，是百人爲伯也。（淮南氾論篇曰：「隊伯之卒。」兵略篇曰：「正行五，連什伯。」史記秦始皇紀曰：「躡足行伍之閒，而倔起什伯之中。」）昭二十一年左傳「不死伍乘，軍之大刑也」，彼言「伍乘」，猶此言「乘伯」也。隱元年傳「繕甲兵，具卒乘」，彼言「甲兵」「卒乘」，猶此言「甲兵、乘伯」也。作「白」者，借字耳。（史記伍子胥傳「伯嚭」，吴越春秋作「白喜」。古鐘鼎文多以「白」爲「伯」）。乘，乃「車乘」之「乘」，非「四丘爲甸」之「甸」。或謂「白」爲「甸」之譌，尤非。（乘可言數，甸不可言數，「乘甸之數」則尤不成語。）**修憲命，**脩憲法之命，所以表示人也。謂若以樂德教國子中和、祗庸、孝友之類也。**審詩商，**「詩商」，當爲「誅賞」，字體及聲之誤。故樂論篇曰「其在序官也，修憲命，審誅賞」，謂誅賞其所屬之功過者。或曰：詩，謂四方之歌謠；商，謂商聲哀思之音，如寧戚之悲歌也。○盧文弨曰：注中「謂誅賞」三字各本皆脱，今案文義補。　王引之曰：商，讀爲章。「章」「商」古字通。（柴誓「我商賚女」，商，徐邈音章。呂氏春秋勿躬篇「臣不如弦章」，韓子外儲説左篇作「弦商」。）太師掌教六詩，故曰「審詩章」。賈子輔佐篇曰「觀民風俗，審詩商，命禁邪音，息淫聲」，語意略與此同，則「詩商」非「誅賞」之誤明矣。且誅賞非太師之職，而商、賞聲相近，樂論篇之「誅」字，恐轉是後人所改。楊謂「誅賞其所屬之功過者」，曲爲之説耳。（陳説同。又云：「詩章，雅也。淫聲，夷俗邪音也，審之禁之，使不亂也。」）**禁淫聲，**周禮大司樂「禁其淫聲、慢聲」，鄭云：「淫聲，鄭、衛之音也。」**以時順修，**謂不失其時而順之修之。**使夷俗邪音不敢亂雅，大師之事也。**夷俗，謂蠻夷之樂。雅，正聲也。大師，樂官之長。大，讀曰太。**修隄梁，**隄，所以防水。梁，橋也。**通溝澮，**溝、澮，皆所以通水。周禮「十夫之田有溝，溝上有畛，千夫有澮，澮上有道」。鄭云「溝廣深各四尺，澮廣二尋，深二仞」也。**行水潦，**行，巡行也，下孟反。**安水臧，**使水歸其壑。安，謂不使漏溢。臧，才浪反。**以時決塞，**旱則決之，水則塞之，不使失時也。**歲雖凶敗水旱，使民有所耘艾，司空之事也。**艾，讀爲刈。**相高下，視肥墝，序五種，**高下，原隰也。五種，黍、稷、豆、麻、麥。觀其地所宜而種之。墝，若交反。**省農功，**省，觀也。觀其勤惰而勸之。**謹蓄藏，**謹，嚴。**以時順修，使農夫樸力而寡能，治田之事也。**使農夫敦朴於力穡，禁其它能也。治田，田畯也。○郝懿行曰：樸與朴異。樸，木素也。樸力寡能，謂力作樸素，技能寡少，故專治於田事。**修火憲**，不使非時焚山澤。月令二月：「無焚山林。」鄭注周禮「憲，表也。主表其刑禁」也。**養山林藪澤草木魚鼈百索**，百索，上所索百物也。○郝懿行曰：索者，求也。百物供民，求索皆是。注以索爲上索，非是。王引之曰：「百索」二字義不可通，「索」當爲「素」，字之誤也。「百素」卽「百蔬」。富國篇曰：「葷菜百蔬。」魯語曰：「能殖百穀、百蔬。」作「素」者，借字耳。月令曰：「取蔬食。」管子禁藏篇曰：「果蓏素食。」是「蔬」「素」古字通。楊望文生義而非其本旨。**以時禁發**，禁，謂爲之厲禁。發，謂許民采取。**使國家足用而財物不屈，虞師之事也**。屈，竭也。虞師，周禮山虞、澤虞也。**順州里**，使之和順。**定廛宅**，廛，謂市内百姓之居。宅，謂邑内居也。定其分界，不使相侵奪也。○郝懿行曰：廛、宅，皆謂邑里之居。在市曰舍，在田曰廬。此以廛宅竝言，則廛在市，宅在邑。**養六畜**，勸人養之也。**閒樹藝**，樹藝，種樹及桑柘也。閒之，使疏密得宜也。○郝懿行曰：閒，更代也。樹藝者，五穀也。閒代，謂田分上中下三等，歲一易之，三歲而徧，更代休息，美惡同之。詳見周禮地官及漢食貨志。王念孫曰：閒與閑同。爾雅：「閑，習也。」謂習樹藝之事也。先謙案：王説是。**勸教化，趨孝弟**，勸之使從教化，趨之使敦孝弟。趨，讀爲促。**以時順修，使百姓順命，安樂處鄉，鄉師之事也**。鄉師，公卿也。周禮：「鄉老，二鄉公一人；鄉大夫，每鄉卿一人。」**論百工**，論其巧拙。月令曰「物勒工名，以考其誠，功有不當，必行其罪」也。**審時事**，考工記曰「天有時，地有氣，材有美，工有巧，合此四者，然後可以爲良」，月令曰「監工日號，毋悖於時」，皆審其時之事也。**辨功苦**，功，謂器之精好者。苦，謂濫惡者。韋昭曰：「功，堅。苦，脆也。」**尚完利**，完，堅也。利，謂便於用，若車之利轉之類也。**便備用，使雕琢文采不敢專造於家，工師之事也。**專造，私造也。**相陰陽**，相，視也。陰陽，謂數也。**占祲兆**，占，占候也。祲，陰陽相侵之氣，赤黑之祲，是其類也。兆，謂龜兆。或曰：兆，萌兆。謂望其雲物，知歲之吉凶也。**鑽龜陳卦**，鑽龜，謂以火爇荆菙灼之也。陳卦，謂揲蓍布卦也。**主攘擇五卜**，攘擇，攘除不祥，擇取吉事也。五卜，洪範所謂「曰雨、曰霽、曰蒙、曰驛、曰剋」。言兆之形也。**知其吉凶妖祥，傴巫、跛擊之事也。**擊，讀爲覡，男巫也。古者以廢疾之人主卜筮巫祝之事，故曰「傴巫、跛覡」。覡，胡狄反。**修採清**，修其採清之事。採，謂採去其穢，清，謂使之清潔，皆謂除道路穢惡也。周禮「蜡氏掌除骴，凡國之大祭祀，令州里除不蠲」也。○俞樾曰：「採」乃「埰」字之誤。方言曰「塚，秦、晉之閒謂之埰」是也。清者，説文广部：「廁，清也。」急就篇：「屏廁清溷，糞土壤。」字亦作「圊」。玉篇口部：「圊，圊圂也。」蓋墟墓之閒，清溷之處，皆穢惡所積聚，故必以時修治之也。楊注非。**易道路**，修而平之。**謹盜賊**，謹，嚴禁也。周禮野廬氏職曰：「有相翔者誅之。」**平室律**，平，均布也。室，逆旅之室。平其室之法，皆不使容姦人，若今五家爲保也。○郝懿行曰：「室律」二字，不成文理，疑「律」當爲「肆」字之譌。室謂廬舍，如市樓、候館之屬是也。肆謂廛肆，如粟帛牛馬各有行列是也。故下遂云「以時順修，使賓旅安而貨財通，治市之事也」。事見周禮地官。**以時順修，使賓旅安而貨財通，**○王引之曰：賓客之事，非治市者所掌，且與通貨財無涉，「賓」當爲「𧷸」，字之誤也。説文：「𧷸，行賈也，從貝，商省聲。」今通用「商」字。考工記「通四方之珍異以資之，謂之商旅」，鄭注曰：「商旅，販賣之客也。」月令曰：「易關市，來商旅，納貨賄。」故曰「使𧷸旅安而貨財通，治市之事也」。王霸篇「商旅安，貨財通」，是其明證矣。（今本「貨財通」誤作「貨通財」。）今經傳以「商」代「𧷸」，「商」行而「𧷸」遂廢。此「𧷸」字若不誤爲「賓」，則後人亦必改爲「商」矣。**治市之事也。**此皆周禮野廬氏之職。今云「治市」，蓋七國時設官不同，治市之官兼掌道路，不必全依周禮制，據當時職事言之也。**抃急禁悍，**「抃」當爲「析」，「急」當爲「愿」，已解上也。○先謙案：「抃」當爲「折」，説見上。**防淫除邪，戮之以五刑，使暴悍以變，姦邪不作，司寇之事也。本政教，正法則，兼聽而時稽之，**稽，計也，考也。周禮太宰「歲終則令百官府各正其治，受其會，而詔王廢置，三歲則大計」也。**度其功勞，論其慶賞，以時慎修，使百吏免盡而衆庶不偷，冢宰之事也。**○盧文弨曰：自「度其功勞」下至末，各本皆無注，文脱耳。「免盡」之「免」，與勉同。漢書薛宣傳「宣因移書勞免之」，谷永傳「閔免遁樂」，皆以「免」爲「勉」。王念孫曰：「免盡」，當爲「盡免」。免與勉同。盡勉，皆勉也。「勉」與「偷」對文。君道篇曰：「賞免罰偷。」（今本「免」譌作「克」，辯見君道。）**論禮樂，正身行，廣教化，美風**

俗，兼覆而調一之，辟公之事也。全道德，致隆高，綦文理，一天下，振毫末，○先謙案：言雖毫末之微，必振而起之。正論篇云：「一物失稱，亂之端也。」此荀子論治之要。使天下莫不順比從服，天王之事也。故政事亂則冢宰之罪也；國家失俗則辟公之過也；天下不一，諸侯俗反，則天王非其人也。

具具而王，具具而霸，具具而存，具具而亡。○先謙案：與上文「知此三具者」相應。具具者，王霸存亡之具畢具也。王霸篇云「然後養五綦之具具也」，句義與此同。用萬乘之國者，威彊之所以立也，名聲之所以美也，敵人之所以屈也，國之所以安危臧否也，制與在此，亡乎人。○王念孫曰：與讀爲舉。（說見經義述聞禮運。）舉，皆也。亡，不在也。（說見經義述聞穀梁傳僖三十一年。）言其制皆在此而不在乎人也。下文「制與在我亡乎人」同。王、霸、安存、危殆、滅亡，制與在我，亡乎人。夫威彊未足以殆鄰敵也，名聲未足以縣天下也，○先謙案：縣天下，言能縣衡天下，爲四海持平也。說詳彊國篇。則是國未能獨立也，豈渠得免夫累乎！○盧文弨曰：案渠與遽同。天下脅於暴國，而黨爲吾所不欲於是者，日與桀同事同行，無害爲堯，○先謙案：方言：「黨，知也，楚謂之黨。」吾所不欲，即謂脅於暴國也。於是時而後知爲吾所不欲，與桀同事而無害爲堯，爲時晚矣。功名安危所繫，當在國家閒暇之日也。舉堯、桀者，聖君暴君之極也。議兵篇「以桀詐堯」，天論篇「不爲堯存，不爲桀亡」，正論篇「有埶辱無害爲堯，有埶榮無害爲桀」，並堯、桀對舉。**是非功名之所就也，非存亡安危之所墮也。**○俞樾曰：「墮」字義不可通，當作「隨」，字之誤也。隨，從也。言非存亡安危之所從也。**功名之所就，存亡安危之所墮，必將於愉殷赤心之所。**○郝懿行曰：殷者，盛也。言全盛之日，孟子所謂「國家閒暇，及是時明政刑」之日也。下「殷之日」同。先謙案：釋詁：「愉，樂也。」愉殷者，當殷盛之時而愉樂。素問風論注：「赤者，心色也。」赤心者，本心不雜貳。禮記檀弓疏所謂「處所」，下同。**誠以其國爲王者之所，亦王；以其國爲危殆滅亡之所，亦危殆滅亡。殷之日，案以中立無有所偏而爲縱横之事，偃然案兵無動，**○郝懿行曰：此云「案以」，下云「安以」，「安」「案」字亦同。荀書多用「安」「案」爲語助辭，如它書「焉」字「於」字之例。唯「案兵」之「案」與按同。按者，抑也，止也。「縱横」當作「從衡」，古書皆然，荀書亦必作「從衡」，俗妄改之。先謙案：「殷之日」，與王霸篇「濟之日」句法一律。**以觀夫暴國之相卒也。**○俞樾曰：「卒」，當作「捽」。國語晉語「戎夏交捽」，韋注曰：「捽，交對也。」彼云「交捽」，此云「相捽」，義正同。**案平政教，審節奏，砥礪百姓，爲是之日，而兵剸天下勁矣；**○先謙案：此句與下「名聲剸天下之美矣」相配爲文，「勁」上當有「之」字，剸，讀與專同。**案然修仁義，伉隆高，正法則，選賢良，養百姓，**○俞樾曰：「然」，衍字。「案」乃語詞。上文云「案平政教，審節奏，砥礪百姓」，與此文一律，可證。**爲是之日，而名聲剸天下之美矣。權者重之，**

○先謙案：下「兵勁」「名聲美」，皆承上言之。此云「權者重之」，上無所承，疑有奪文。兵者勁之，名聲者美之。夫堯、舜者，一天下也，不能加毫末於是矣。○先謙案：夫，猶彼也。言如此，則彼堯、舜所以一天下，無以加之。權謀傾覆之人退，則賢良知聖之士案自進矣；刑政平，百姓和，國俗節，則兵勁城固，敵國案自詘矣；務本事，積財物，而勿忘棲遲薛越也，○盧文弨曰：「薛越」，即「屑越」，後同。是使羣臣百姓皆以制度行，則財物積，國家案自富矣。三者體此而天下服，暴國之君案自不能用其兵矣。何則？彼無與至也。彼其所與至者，必其民也，其民之親我也歡若父母，好我芳若芝蘭；反顧其上則若灼黥，若仇讎。彼人之情性也雖桀、跖，豈有肯爲其所惡賊其所好者哉！彼以奪矣。○郭嵩燾曰：承上文「王奪之人」言，彼所有之人已爲我奪也。故古之人有以一國取天下者，非往行之也，修政其所莫不願，如是而可以誅暴禁悍矣。故周公南征而北國怨，曰：「何獨不來也？」東征而西國怨，曰：「何獨後我也？」孰能有與是鬬者與？○謝本從盧校作「就能」。王引之曰：「就」字義不可通，當是「孰」字之誤。「孰」「就」字相似。又補校云：呂本「就」正作「孰」。先謙案：王説是，今從呂本。安以其國爲是者王。殷之日，安以静兵息民，慈愛百姓，辟田野，實倉廩，便備用，安謹募選閲材伎之士，然後漸賞慶以先之，嚴刑罰以防之，擇士之知事者使相率貫也，是以厭然畜積修飾而物用之足也。○先謙案：厭然，猶安然，説見儒效篇。「之」字衍。兵革器械者，彼將日日暴露毀折之中原，○盧文弨曰：「日日」，元刻作「日月」，下竝同。我今將修飾之，拊循之，掩蓋之於府庫；貨財粟米者，彼將日日棲遲薛越之中野，我今將畜積并聚之於倉廩；材技股肱、健勇爪牙之士，彼將日日挫頓竭之於仇敵，我今將來致之、并閲之、砥礪之於朝廷。如是，則彼日積敝，我日積完；彼日積貧，我日積富；彼日積勞，我日積佚。君臣上下之閒者，彼將厲厲焉日日相離疾也，我今將頓頓焉日日相親愛也，○先謙案：莊子人閒世釋文：「厲，疾也。」重言之曰厲厲。頓，讀曰敦。詩「頓丘」，爾雅釋丘作「敦丘」，是其證。禮樂記「敦樂而無憂」，注：「敦，厚也。」重言之曰敦敦。頓頓，猶敦敦，相親厚之意也。以是待其敝。安以其國爲是者霸。立身則從傭俗，事行則遵傭故，進退貴賤則舉傭士，○盧文弨曰：句。郝懿行曰：傭與庸同。庸者，常也。詩云「昊天不傭」，韓詩作「庸」，是「庸」「傭」通。下云「則庸寬惠」，此「庸」訓用。之所以接下之人百姓者則庸寬惠，○先謙案：荀書多以「之」爲「其」。富國篇「以奪之財，以奪之食，以難其事」，二「之」字與「其」連文，亦訓爲其。王霸篇「之所與爲之者之人」，以下二「之」字同。如是者則安存。○盧文弨曰：僅免於危亡而已。立身則輕楛，事行則蠲疑，進退貴賤則舉佞侻，○郝懿行曰：楛與苦同，謂脃惡也。蠲者，明也。謂喜明察而好狐疑也。侻與脱同，亦與悦同。謂喜近小人也。修身篇有「佞兑」字，則悅與兑同，當訓爲悅。謂諞佞容悅也。先謙案：「悅」蓋「兑」字，後人加「人」旁耳。説見修身篇。之所以接下之人百姓者則好取侵奪，○王念孫曰：吕本作「好取侵奪」，錢本無「取」字。盧從吕本。案「取」與「侵奪」意複，且不詞，作「好侵奪」者是也。上文云「之所以接下之人百姓者則庸寬惠」，句法正與此同。先謙案：富國篇云「雖好取侵奪，猶將寡獲也」，可見荀書自有此語。錢本無「取」字者，亦疑爲不詞而删之耳。古書不當輒改。謝本從盧校有「取」字，今仍之。如是者危殆。立身則憍暴，事行則傾覆，進退貴賤則舉幽險詐故，○盧文弨曰：宋本有一「人」字，衍。元刻無。先謙案：故，亦詐也，説見王霸篇。之所以接下之人百姓者，則好用其死力矣，而慢其功勞，好用其籍斂矣，而忘其本務，如是者滅亡。此五等者，不可不善擇也，王、霸、安存、危殆、滅亡之具也。善擇者制人，不善擇者人制之；善擇之者王，不善擇之者亡。夫王者之與亡者，制人之與人制之也，是其爲相縣也亦遠矣。○盧文弨曰：篇末自「具具而王」至此，文義淺雜，當是殘脱之餘，故不注耳。

荀子卷第六

富國篇第十

萬物同宇而異體，同生宇內，形體有異。**無宜而有用**雖於人無常定之宜，皆有可用人之理，必在理得其道，使之不争，然後可以富國也。○先謙案：虞、王本注「用」下無「人」字，是，各本衍。**爲人，數也。**○王念孫曰：「無宜而有用爲人」爲一句，「數也」爲一句。爲，讀曰于。（「爲」「于」二字，古同聲而通用，説見釋詞「爲」字下。）言萬物於人雖無一定之宜，而皆有用於人，數也。「數也」云者，猶言道固然也。（吕氏春秋壅塞篇「寡不勝衆，數也」，高注：「數，道數也。」）「數也」與下文「生也」對文。楊以「爲人數也」四字連讀，而下屬爲義，故失之。**人倫竝處，同求而異道，同欲而異知，**倫，類也。竝處，羣居也。其在人之法數，則以類羣居也。同求異道，謂或求爲善，或求爲惡。此人之性也。**生也。**○王念孫曰：生，讀爲性，故楊注云：「此人之性也。」「生也」二字，本在楊注「倫，類也」之上，今本誤在楊注下，與下文相連。**皆有可也，知愚同；所可異也，知愚分。**可者，遂其意之謂也。**埶同而知異，行私而無禍，縱欲而不窮，則民心奮**

而不可説也。禍，患也。窮，極也。奮，謂起而争競也。説，讀爲悦。若，縱其性情而無分，則民心奮起争競而不可悦服也。如是，則知者未得治也，知者未得治則功名未成也，功名之立，由於任智。功名未成則羣衆未縣也，有功名者居上，無功名者居下，然後羣衆縣隔。若未有功名，則羣衆齊等也。羣衆未縣則君臣未立也。既無縣隔，則未有君臣之位也。無君以制臣，無上以制下，天下害生縱欲。無上下相制，則天下之害生於各縱其欲也。○先謙案：承上「縱欲不窮」申言之。欲惡同物，欲多而物寡，寡則必争矣。同物，謂飲食男女，人之大欲存焉；死亡貧苦，人之大惡存焉：是賢愚同有此情也。無君上之制，各恣其欲，則物不能贍，故必争之也。故百技所成，所以養一人也。技，工也。一人，君上也。言百工所成之衆物以養一人，是物多而所奉者寡，故能治也。○汪中曰：此言一人之身而百工之所爲備耳，注非。而能不能兼技，雖能者亦不兼其技功，使有分也。謂梓匠輪輿各安其業則治，襍之則亂也。人不能兼官，皆使專一於分，不二事也。謂若夔典樂、稷播種之類也。離居不相待則窮，羣而無分則争。不相待，遺棄也。窮，謂爲物所困也。此言不羣則不可，羣而無分亦不可也。窮者患也，争者禍也，救患除禍，則莫若明分使羣矣。此已上皆明有分則能羣，然後可以富國也。彊脅弱也，知懼愚也，民下違上，少陵長，不以德爲政，德，謂教化，使知分義也。如是，則老弱有失養之憂，而壯者有分争之禍矣。老弱不能自存，故憂失養；壯者以力相勝，故有分争也。事業所惡也，功利所好也，職業無分，事業，謂勞役之事，人之所惡。職業，謂官職及四人之業也。必使各供其職，各從所務，若無分，則莫不惡勞而好逸也。如是，則人有樹事之患，而有争功之禍矣。樹，立也。若無分，則人人患於樹立己事而争人之功，以此爲禍也。男女之合，夫婦之分，合，配也。分，謂人各有偶也。婚姻娉内送逆無禮，婦之父爲婚，壻之父爲姻。言婚姻者，明皆以二人之命也。娉，問名也。内，讀曰納，納幣也。送，致女。逆，親迎也。○盧文弨曰：娉，説文：「問也，匹正切。」廣韻云：「娶也。」後人入詩，作平聲，「娉婷」訛甚。注作「聘」，今字。如是，則人有失合之憂，而有争色之禍矣。失合，謂喪其配偶也。故知者爲之分也。知，如字。知者，謂知治道者。又讀爲智，皆通。

足國之道，明富國之術也。節用裕民而善臧其餘。裕，謂優饒也。善臧其餘，謂雖有餘，不耗損而善藏之。○盧文弨曰：「臧」，古「藏」字。正文從古，注以今文解之，楊氏往往如此。先謙案：羣書治要句末有「也」字。節用以禮，裕民以政。以禮，謂用不過度。以政，謂取之有道也。彼裕民，故多餘。人得優饒，務於力作，故多餘也。裕民則民富，民富則田肥以易，易，謂耕墾平易。田肥以易則出實百倍。所出穀實多也。上以法取焉，而下以禮節用之，法取，謂什一也。以禮節用，謂不妄耗費也。餘若丘山，不時焚燒，無所臧之，以言多之極也。夫君子奚患乎無餘？以墨子憂不足。○先謙案：羣書治要句末有「也」字。故知節用裕民，則必有仁義聖良之名，而且有富厚丘山之積矣。名實皆美。此無它故焉，生於節用裕民也。不知節用裕民則民貧，民貧則田瘠以穢，貧則力不足，耕耨失時也。田瘠以穢則出實不半，不得其半。上雖好取侵奪，猶將寡獲也，而或以無禮節用之，○謝本從盧校「節」作「而」。盧文弨曰：元刻作「無禮節用之」。王念孫曰：元刻是也。上文云「上以法取焉，而下以禮節用之」，（楊注：「以禮節用，謂不妄耗費也。」）與此三句正相反，是其證。羣書治要正作「以無禮節用之」。（呂、錢本、世德堂本同。）先謙案：王説是。今從元刻。則必有貪利糾譑之名，而且有空虛窮乏之實矣。糾，察也。譑，發人罪也。譑音矯。○王念孫曰：糾，收也。譑，讀爲撟，（音矯。）取也。言貪利而收取之也。僖二十四年左傳注云：「糾，收也。」方言云：「撟捎，選也。自關而西，秦、晉之閒，凡取物之上謂之撟捎。」淮南要略覽「取撟掇」，高注云：「撟，取也。」即上文之「好取侵奪」也。楊注於貪利外別生支節矣。此無它故焉，不知節用裕民也。康誥曰：「弘覆乎天，若德裕乃身。」此之謂也。弘覆如天，又順於德，是乃所以寬裕汝身。言百姓與足，君孰不足也。○盧文弨曰：宋本正文並引「不廢在王庭」句，注無解，今依元刻去之。注「百姓與足」二句，又見第二十卷注中，不必定依今論語改此文。禮者，貴賤有等，長幼有差，貧富輕重皆有稱者也。稱，尺證反。○盧文弨曰：舊本不提行，今案當分段。先謙案：上言「裕民以政」，下結云「夫是之謂以政裕民」，應爲一段，舊本是，盧説非也。

今正。**故天子袾裷衣冕，**「袾」，古「朱」字。裷與衮同。畫龍於衣，謂之衮。朱衮，以朱爲質也。衣冕，猶服冕也。**諸侯玄裷衣冕，**謂上公也。周禮「公之服，自衮冕而下，如王之服」也。**大夫裨冕，**衣裨衣而服冕，謂祭服也。天子六服，大裘爲上，其餘爲裨。裨之言卑也。以事尊卑服之，諸侯以下亦服焉，鷩冕、絺冕皆是也。**士皮弁服。**皮弁，謂以白鹿皮爲冠，象上古也。素積爲裳，用十五升布爲之。積，猶辟也。辟蹙其腰中，故謂之素積也。**德必稱位，位必稱禄，禄必稱用。由士以上則必以禮樂節之，衆庶百姓則必以法數制之。**君子用德，小人用刑。**量地而立國，**謂若王制天子之縣内九十三國也。**計利而畜民，**謂若周制計一鄉地利所出，畜萬二千五百家。**度人力而授事，**謂若一夫受田百畝。**使民必勝事，事必出利，利足以生民，皆使衣食百用出入相揜，**百用，襍用，養生送死之類。出，出財也。入，入利也。揜，覆蓋也。出入相揜，謂量入爲出，使覆蓋不乏絶也。○王念孫曰：爾雅曰：「弇，同也。」方言曰：「掩，同也。」周頌執競傳曰：「奄，同也。」「弇」「奄」「掩」「揜」竝通。出入相同，謂不使出數多於入數也。楊訓揜爲覆蓋，失之。**必時臧餘，謂之稱數。**足用有餘，則以時臧之，此之謂有稱之術數也。**故自天子通於庶人，事無大小多少，由是推之。故曰：朝無幸位，民無幸生。此之謂也。**上下所爲之事，皆以稱數推之，故無徼幸之徒。無德而禄，謂之幸位；惰游而食，謂之幸生也。**輕田野之税，平關市之征，**平，猶除也。謂幾而不征也。**省商賈之數，**省，減也。謂使農夫衆也。罕興力役，無奪農時，如是，則國富矣。夫是之謂以政裕民。此以政優饒民之術也。○先謙案：羣書治要句末有「也」字。

人之生，不能無羣，羣而無分則争，争則亂，亂則窮矣。窮，困。故無分者，人之大害也；有分者，天下之本利也；「本」當爲「大」。而人君者，所以管分之樞要也。樞，户樞也。故美之者，是美天下之本也；美，謂美其有分。○盧文弨曰：「美之」「安之」「貴之」，三「之」字皆謂人君。安之者，是安天下之本也；貴之者，是貴天下之本也。古者先王分割而等異之也，以分割制之，以等差異之。故使或美或惡，或厚或薄，或佚或樂，或劬或勞，美，謂褒寵；惡，謂刑戮。厚薄，貴賤也。在位則佚樂，百姓則劬勞也。○王念孫曰：下二句本作「或佚樂，或劬勞」。「美」與「惡」對，「厚」與「薄」對，「佚樂」與「劬勞」對。今本「樂」上「勞」上又有兩「或」字，卽涉上文而衍。據楊注云「在位則佚樂，百姓則劬勞」，則正文本作「或佚樂，或劬勞」明矣。羣書治要同。非特以爲淫泰夸麗之聲，將以明仁之文、通仁之順也。仁，謂仁人也。言爲此上事不唯使人瞻望，自爲夸大之聲，將以明仁人乃得此文飾，言至貴也；通仁人乃得此順從，言不違其志也。○俞樾曰：「聲」字衍文。荀子原文蓋作「非特以爲淫泰夸麗也」，因「也」字誤作「之」，後人妄加「聲」字耳。下文云「非特所以爲淫泰也」，句法與此同，是其證。先謙案：此言先王將欲施仁於天下，必先有分割等異，乃可以明其文而通其順；若無分割等異，則無文不順，即仁無所施矣。楊注非。**故爲之雕琢、刻鏤、黼黻、文章，**玉謂之雕，亦謂之琢。木謂之刻，金謂之鏤。白與黑謂之黼，黑與青謂之黻，青與赤謂之文，赤與白謂之章。**使足以辨貴賤而已，不求其觀；**不求使人觀望也，古亂反。○盧文弨曰：不求其觀，言非以此爲觀美也。**爲之鍾鼓、管磬、琴瑟、竽笙，使足以辨吉凶，合歡定和而已，不求其餘；**和，謂和氣。餘，謂過度而作鄭、衞者也。**爲之宮室臺榭，使足以避燥溼，養德辨輕重而已，不求其外。**德，謂君上之德。輕重，尊卑也。外，謂峻宇雕牆之類也。**詩曰：「雕琢其章，金玉其相。亹亹我王，綱紀四方。」此之謂也。**詩，大雅棫樸之篇。相，質也。亹亹，勸勉之貌。言雕琢爲文章，又以金玉爲質，勉力爲善，所以綱紀四方也。與詩義小異也。**若夫重色而衣之，重味而食之，重財物而制之，合天下而君之，**重，多也，直用反。**非特以爲淫泰也，固以爲王天下，**○先謙案：「王天下」，「王」字無義。此自屬人君言，不得更言「王天下」，「王」當爲「一」，字之誤也。儒效、王制、王霸、君道、彊國諸篇，屢言「一天下」，非十二子篇云「一天下，財萬物，長養人民，兼利天下」，語意正與此同，亦作「一天下」，尤其明證。**治萬變，材萬物，**材與裁同。○先謙案：非十二子、儒效、王制、富國諸篇並作「財萬物」，「材」，疑當爲「財」。羣書治要作「裁」，王制篇一作「裁」。**養萬民，兼制天下者，**○先謙案：非十二子篇作「兼利天下」，以文義推之，「兼利」是也。「利」「制」形近而譌。王霸篇云「國者，天下之制利用也」，楊注：「制，衍字耳。」「制」「利」因相似誤衍，卽其證。爲莫若仁人之善也夫！故其知慮足以治之，其仁厚足以安之，其德音足以化之，得之則治，失之則亂。百姓誠賴其知也，故相率而爲之勞苦以務佚之，以養其知也；知，讀爲智。○先謙案：羣書治要兩「知」字並作「智」。誠美其厚也，故爲之出死斷亡以覆救之，以養其厚也；厚，恩厚也。出死，謂出身致死。斷，猶判也。言判其死亡也。覆，蓋蔽也。斷，丁亂反。○盧文弨曰：正文末一「也」字，各本俱缺，今依上下例增。先謙案：宋台州本不缺「也」字，羣書治要同。誠美其德也，故爲之雕琢、刻鏤、黼黻、文章以藩飾之，以養其德也。有德者宜備藩衛文飾也。故仁人在上，百姓貴之如帝，天帝也。親之如父母，爲之出死斷亡而愉者，愉，歡。○王念孫曰：愉，讀爲偷。「愉」上當有「不」字。出死斷亡而不愉者，民皆死其君事而不偷生也。楊所見本已脱「不」字，故誤以愉爲「歡愉」之愉。下文「爲之出死斷亡而愉」，「愉」上亦脱「不」字。王霸篇曰「爲之出死斷亡而不愉」，羣書治要引作「不偷」，足正此篇之誤。楊不知「愉」爲古「偷」字，反以「不」爲衍文，謬矣。説文「偷薄」字本作「愉」，從心，俞聲。爾雅「佻，偷也」，小雅鹿鳴傳作「恌，愉也」。周官大司徒「則民不愉」，桓七年公羊傳注「則民不愉」，坊記注「不愉於死亡」，釋文竝音偷。漢繁陽令楊君碑「不愉禄求趨」，亦與「偷」同。（唐風山有樞篇「他人是愉」，鄭箋：「愉，讀爲偷。」大戴禮文王官人篇「欲色嘔然以偷」，逸周書「偷」作「愉」。）經傳中「愉」字或作「偷」者，皆後人所改也。此篇之「出死斷亡而不愉」，若非脱去「不」字，則後人亦必改爲「偷」矣。**無它故焉，其所是焉誠美，其所得焉誠大，其所利焉誠多。**是，謂可其意也。言百姓所得者多，故親愛之也。○先謙案：羣書治要有「也」字。**詩曰：「我任我輦，我車我牛，我行既集，蓋云歸哉！」此之謂也。**詩，小雅黍苗之篇。引此以明百姓不憚勤勞以奉上也。鄭云：「集，猶成也。蓋，猶皆也。轉餫之役，有負任者，有輓輦者，有將車者，有牽傍牛者。事既成，召伯則皆告之云可以歸矣。」○盧文弨曰：注末，宋本作「云可歸哉」。**故曰：君子以德，小人以力。**君子以德撫下，故百姓以力事上也。**力者，德之役也。**力爲德所使役。**百姓之力，待之而後功；**百姓雖有力，待君上所使然後有功也。○王念孫曰：如楊説，則「功」上須加「有」字，而其義始明。今案：力者，功也。（論語曰：「管仲之力也。」）待之而後功，功者，成也，言百姓之功待君而後成也。下文曰「百姓之羣，待之而後和；百姓之財，待之而後聚；百姓之勢，待之而後安；百姓之壽，待之而後長」，「和」「聚」「安」「長」與「功」相對爲文，是功爲成也。爾雅曰：「功，成也。」大戴禮盛德篇曰：「能成德法者爲有功。」周官稾人「乃入功于司弓矢及繕人」，鄭注曰：「功，成也。」管子五輔篇曰「大夫任官辯事，官長任事守職，士修身功材」，言修身成材也。莊子天道篇曰「帝王無爲而天下功」，言無爲而天下成也。先謙案：王説辨矣。然此「功」字不訓成。王訓功爲成，則百姓之力訓爲百姓之功，上文「小人以力，力者，德之役也」，二「力」字又豈能訓爲功乎？今案：待之而後功者，待之而後有功也。有功爲功，荀書自有此語。王霸篇「事至佚而功」，彊國篇「不煩而功」，君道篇、君子篇「不動而功」，臣道篇「戾然後功」，下文「使而功」，及「愛而後用之，不如愛而不用者之功也」，義並與此同。百姓之羣，待之而後和；百姓之財，待之而後聚；百姓之埶，待之而後安；百姓之壽，待之而後長。皆明待君上之德化，然後無争奪相殺也。父子不得不親，兄弟不得不順，男女不得不歡，少者以長，老者以養。故曰：「天地生之，聖人成之。」此之謂也。古者有此語，引以明之也。今之世而不然：○先謙案：而，猶則也，見釋詞。厚刀布之斂以奪之財，重田野之税以奪之食，苛關市之征以難其事。苛，暴也。征，亦税也。苛關市之征，出入賣買皆有税也。使貨不得通流，故曰「難其事」。不然而已矣，不唯如此而已。有掎挈伺詐，權謀傾覆，以相顛倒，以靡敝之，有，讀爲又。掎，摭其事。挈，舉其過。伺，候其罪。詐，僞其辭。顛倒，反覆也。靡，盡也。敝，敗也。或曰：靡，讀爲糜。糜，散也。敝，盡也。○盧文弨曰：案禮記少儀「國家靡敝」，釋文：「亡皮切。」正義亦有「靡，散」一訓。百姓曉然皆知其汙漫暴亂而將大危亡也。汙、漫，皆穢行也。漫，莫半反。是以臣或弑其君，下或殺其上，粥其城，倍其節，而不死其事者，無它故焉，人主自取之。粥其城，謂以城降人，以爲己利。節，忠節也。此皆由上無恩德，故下亦傾覆之。○先謙案：羣書治要句末有「也」字。詩曰：「無言不讎，無德不報。」此之謂也。詩，大雅抑之篇。

兼足天下之道在明分。○先謙案：此「明分」，與上「明分使羣」同義。掩地表畝，掩地，謂耕田，使土相掩。表，明也。謂明其經界，使有畔也。○王引之曰：「掩地」二字義不可通。「掩」，疑「撩」之譌。説文：「撩，理也。」（廣雅同。）一切經音義十四：「撩，力條反。」通俗文云：「理亂謂之撩理。」今多作「料量」之「料」字也。（以上一切經音義）。撩地表畝，謂理其地、表其畝也。「撩」字俗書作「撩」，與「掩」相似而誤。楊云「掩地，謂耕田，使土相掩」，迂回而難通矣。**刺屮殖穀，**刺，絶也。「屮」，古「草」字。**多糞肥田，是農夫衆庶之事也。守時力民，**守時，敬授人時。力民，使之疾力。**進事長功，**進其事業，長其功利。**和齊百姓，使人不偷，是將率之事也。**將率，猶主領也，若今宰守。○俞樾曰：此言足天下之道。前後皆言農事，而此云「是將率之事」，楊注曲爲之説，未爲得也。蓋古之爲將率者，其平時卽州長、黨正之官。周官州長職「若國作民而師田行役之事，則帥而致之，掌其戒令與其賞罰」，鄭注曰：「掌其戒令賞罰，則是於軍因爲師帥。」賈疏曰：「云『因爲師帥』者，若衆屬軍吏，别有軍吏掌之，何得還自掌之？故知因爲師帥也。但在鄉爲州長，已管其民，在軍還領己民爲師帥，卽是因内政寄軍令也。」又黨正職注曰：「亦於軍因爲旅帥。」族師職注曰：「亦以軍因爲卒長。」以是推之，閭胥卽爲兩司馬，比長卽爲伍長，夏官序官疏曰「閭胥以下雖不言，因爲義可知」是也。此云「將率」，卽指州長、黨正之屬，從其在軍之名而稱之曰「將率」，正見内政、軍令之可通。楊注未達斯旨。**高者不旱，下者不水，寒暑和節而五穀以時孰，是天下之事也。**是天下豐穰之事，非由人力也。○王念孫曰：「天下之事」當作「天之事」。不旱不水，寒暑和節，此皆出於天而非人之所能爲，故曰「是天之事」，正對下文「是聖君賢相之事」而言。今本「天下」之「下」，乃涉上文「下者」而衍。楊曲爲之説，非。若夫兼而覆之，兼而愛之，兼而制之，歲雖凶敗水旱，使百姓無凍餒之患，則是聖君賢相之事也。○盧文弨曰：此下宋本提行，今案當連爲一條。墨子之言，昭昭然爲天下憂不足。○王念孫曰：昭昭，小也。（中庸「今夫天，斯昭昭之多」，鄭注：「昭昭，猶耿耿，小明也。」淮南繆稱篇：「昭昭乎小哉。」）言墨子之所見者小也。故下文曰：「夫不足，非天下之公患也，特墨子之私憂過計也。」夫不足，非天下之公患也，非公共之患也。特墨子之私憂過計也。今是土之生五穀也，人善治之則畝數盆，一歲而再獲之，蓋當時以盆爲量。考工記曰：「盆實二鬴。」墨子曰：「子墨子弟子仕於衞而反，子曰：『何故反？』曰：『與我言而不當。』曰：『待汝以千盆，授我五百盆，故去之。』」獲，讀爲穫。然後瓜桃棗李一本數以盆鼓，一本，一株也。鼓，量也。禮記曰：「獻米者操量鼓。」數以盆鼓，謂數度以盆量之也。言「然後」者，謂除五穀之外更有此果實。○盧文弨曰：注「以盆」下亦當有「鼓」字，各本皆脱。然後葷菜百疏以澤量，葷，辛菜也。疏與蔬同。以澤量，言滿澤也，猶谷量牛馬。然後，義與上同。○郝懿行曰：葷菜，亦蔬耳，必別言之者，士相見禮「夜侍坐，問夜膳葷，請退可也」，鄭注：「葷，辛物，葱薤之屬，食之以止卧。」玉藻「膳於君，有葷桃茢」，注云：「葷，薑及辛菜也。」然則葷菜先於百蔬，固有説矣。然後六畜禽獸一而剸車，剸與專同。言一獸滿一車。黿鼉、魚鱉、鰌鱣以時別，一而成羣，別，謂生育，與母分別也。以時別，謂不夭其生，使得成遂也。一而成羣，言每一類皆得成羣。然後飛鳥鳧雁若烟海，遠望如烟之覆海，皆言多。然後昆蟲萬物生其閒，昆蟲，蚳、蝖、蜩、范之屬也。除大物之外，其閒又有昆蟲萬物。鄭云：「昆，明也。得陽而出、得陰而藏之蟲也。」○盧文弨曰：注「蝖」字誤，疑本是「蝝」字。可以相食養者不可勝數也。夫天地之生萬物也，固有餘足以食人矣；麻葛、繭絲、鳥獸之羽毛齒革也，固有餘足以衣人矣。○先謙案：宋台州本有「衣，去聲」三字，各本無。夫有餘不足，非天下之公患也，特墨子之私憂過計也。○先謙案：此二句與上文同，荀反復申重以明墨之非。以文義求之，「不足」上不當有「有餘」二字，此緣上文兩「有餘」而誤衍。天下之公患，亂傷之也。胡不嘗試相與求亂之者誰也？我以墨子之「非樂」也則使天下亂，墨子之「節用」也則使天下貧，非將墮之也，説不免焉。非將墮毀墨子，論説不免如此。○先謙案：不免者，言其實如此也。正論篇云「然則以湯、武爲弒，則天下未嘗有説也，直墮之耳」，正與此文反對。墨子大有天下，小有一國，天子、諸侯。將蹙然衣麤食惡，憂戚而非樂，墨子言樂無益於人，故作非樂篇。無樂則人情憂戚，故曰「憂戚而非樂」也。若是則瘠，瘠則不足欲，不足欲則賞不行。瘠，奉養薄也。奉養既薄，則不能足其欲，欲既不足，則賞何能行乎？言皆由不顧賞也。夫賞以富厚，故人勸勉，有功勞者而與之麤衣惡食，是賞道廢也。莊子說墨子曰「其生也勤，其死也薄，其道也大觳」，郭云：「觳，無潤也，義與瘠同。觳，苦角反。」墨子大有天下，小有一國，將少人徒，省官職，省，所景反。上功勞苦，與百姓均事業，齊功勞，謂君臣竝耕而食，饔飧而治。若是則不威，不威則罰不行。上下縣隔，故得以法臨馭；若君臣齊等，則威不立矣。○盧文弨曰：舊本正文俱作「則賞罰不行」，「賞」字衍，今刪。賞不行，則賢者不可得而進也；罰不行，則不肖者不可得而退也。賞罰所以進賢而退不肖。賢者不可得而進也，不肖者不可得而退也，則能不能不可得而官也。不可置於列位而廢置也。○先謙案：上言賢不肖，則此「能不能」就一人所短長言之。解蔽篇云「材官萬物」，注：「官，謂不失其任。」又云「則萬物官矣」，注：「謂各當其任，無差錯也。」此「官」字義亦同，注似未晰。若是則萬物失宜，事變失應，上失天時，下失地利，中失人和，賞罰不行，賢愚一貫，故有斯敝也。天下敖然，若燒若焦。敖，讀爲熬。若燒若焦，言萬物寡少，如被焚燒然。墨子雖爲之衣褐帶索，嚽菽飲水，惡能足之乎？嚽與啜同。惡音烏。既以伐其本，竭其原，而焦天下矣。○先謙案：此句文義自在「若燒若焦」下，倒裝文法。故先王聖人爲之不然。知夫爲人主上者不美不飾之不足以一民也，不富不厚之不足以管下也，管，猶包也。不威不强之不足以禁暴勝悍也。故必將撞大鐘、擊鳴鼓、吹笙竽、彈琴瑟以塞其耳，必將錭琢、刻鏤、黼黻、文章以塞其目，錭與彫同。必將芻豢稻粱、五味芬芳以塞其口，塞，猶充也。然後衆人徒、備官職、漸慶賞、漸，進。嚴刑罰以戒其心。使天下生民之屬皆知己之所願欲之舉在是于也，故其賞行；舉，皆也。是于，猶言于是。言生民所願欲皆在于是也。説苑亦作「是于也」。○盧文弨曰：正文「是于」，舊本俱作「于是」，反將注語互易，誤甚。今改正，下同。皆知己之所畏恐之舉在是于也，故其罰威。其罰可畏。賞行罰威，則賢者可得而進也，不肖者可得而退也，能不能可得而官也。若是，則萬物得宜，事變得應，上得天時，下得地利，中得人和，則財貨渾渾如泉源，渾渾，水流貌。如泉源，言不絶也。渾，户本反。汸汸如河海，汸讀爲滂，水多貌也。暴暴如丘山，暴暴，卒起之貌。言物多委積，高大如丘山也。不時焚燒，無所臧之，夫天下何患乎不足也？故儒術誠行，則天下大而富，使而功，大，讀爲泰，優泰也。使，謂爲上之使也。可使則有功也。○謝本從盧校作「使有功」。劉台拱曰：「使有功」當作「佚而功」，形近而譌也。王念孫曰：宋呂、錢、龔本竝作「使而功」，元刻作「使有功」。盧從元刻，非，劉説是也。王霸篇「守至約而詳，事至佚而功」是其證。彊國篇亦云：「佚而治，約而詳。」下文「勞苦頓萃而愈無功」，正與「佚而功」相反。元刻作「使有功」者，涉注「有功」而誤。先謙案：劉、王謂「有」當爲「而」，是也；改「使」爲「佚」，非也。「大而富」承上「萬物得宜」言，「使而功」承上「賞行罰威」言，文義甚明，不煩改字。正論篇「易使則功，難使則不功」，尤爲此「使而功」

明證。下文「勞苦頓萃而愈無功」，「勞苦頓萃」言墨道如此，非「佚」字對文也。今從宋本改正。**撞鐘擊鼓而和。詩曰：「鐘鼓喤喤，管磬瑲瑲，降福穰穰。降福簡簡，威儀反反。既醉既飽，福禄來反。」此之謂也。**詩，周頌執競之篇。毛云：「喤喤、瑲瑲，皆聲和貌。穰穰，衆也。簡簡，大也。」鄭云：「反反，順習之貌。反，復也。」○盧文弨曰：「管磬瑲瑲」，元刻作「磬筦將將」。案説文作「管磬瑲瑲」。今從宋本。又注「反，復也」，宋本與毛傳合，元刻作「反，復之也」，非。又此處宋本與下分段，今不從。**故墨術誠行則天下尚儉而彌貧，非鬬而日争，**墨子有非攻篇，非攻即非鬬也。既上失天時，下失地利，則物出必寡，雖尚儉而民彌貧，物不能贍，雖以鬬爲非而日日争競也。**勞苦頓萃而愈無功，愀然憂戚非樂而日不和。**説文云：「頓，下首也。」萃與顇同。上下不能相制，雖勞苦頓顇，猶將無益也。鄭注禮記云：「愀然，變動貌也。」○王念孫曰：頓，如「困頓」之頓。管子版法篇「頓卒怠倦以辱之」，尹注曰：「頓卒，猶困苦。」王褒洞簫賦「桀、跖鬻博，儡以頓顇」，頓卒、頓萃，竝與頓顇同。**詩曰：「天方薦瘥，喪亂弘多。民言無嘉，憯莫懲嗟。」此之謂也。**詩，小雅節南山之篇。薦，重也。瘥，病也。憯，曾也。懲，止也。嗟，奈何。「薦」或爲「荐」。

垂事養民，垂，下也。以上所操持之事，下就於民而養之。謂施小惠也。○盧文弨曰：宋本連上條，今案當分段。俞樾曰：垂，猶委也。説文女部：「婑，諉也。」垂之爲委，猶婑之爲諉也。爾雅釋言：「諈、諉，累也。」孫炎曰：「楚人曰諈，秦人曰諉。」是「諈」「諉」疊韻，二字義同。垂之與委，猶諈之與諉也。垂事養民者，委事養民也，言委置其事以養民也。下文曰「進事長功，輕非譽而恬失民」，正與此「垂事養民」相反。又曰「垂事養譽不可，（句。）以遂功而忘民亦不可」，垂事者，卽所謂「垂事養民」也。遂功者，卽所謂「進事長功，輕非譽而恬失民」也。然則垂事之義可見矣。楊注非。**拊循之，唲嘔之，**拊與撫同。拊循，慰悦之也。唲嘔，嬰兒語聲也。唲，於佳反。嘔與謳同。○郝懿行曰：循與揗同。拊揗者，謂撫摩矜憐之也。唲嘔者，玉篇、廣韻竝云「小兒語」也。上於佳切，下烏侯切，二字雙聲。蓋爲小兒語聲，慈愛之也。史記韓信傳説項王「言語嘔嘔」，其意正同，「嘔嘔」卽「唲嘔」也。**冬日則爲之饘粥，夏日則與之瓜麮，**麮，煮麥飯也，丘舉反。○郝懿行曰：説文：「麮，麥甘鬻也。」急就篇：「甘麮殊美奏諸君。」是則夏日進麮，古人珍之。今登、萊人煮大麥粥，云「食之止渴，又袪暑」。必大麥者，小麥性熱，大麥味甘，又性涼也。**以偷取少頃之譽焉，是偷道也，可以少頃得姦民之譽，然而非長久之道也。事必不就，功必不立，是姦治者也。**姦人爲治，偷取其譽。**傮然要時務民，**傮然，盡人力貌。説文云：「傮，終也。」要時，趨時也。務，勉强也。謂以勞役强民也。傮，子勞反。要，一饒反。○郝懿行曰：傮與酋音近義同，其訓皆爲終也。此言勞役不恤民力，經始卽欲要終，趨時亟也。先謙案：二説皆非也。文選魏都賦「傮響起」，李注：「嘈與傮古字通。」據此，「傮然」卽「嘈然」也。廣雅釋詁：「嘈，聲也。」文選魯靈光殿賦注引埤蒼云：「嘈嘈，衆聲也。」傮然，猶嘈嘈，紛雜之意。**進**

事長功，益上之功利也。輕非譽而恬失民，恬，安也。言不顧下之毁譽，而安然忘於失民也。事進矣而百姓疾之，事雖長進而百姓怨。是又不可偷偏者也。言亦不可苟且偏爲此勞民之事也。○先謙案：「不可」二字衍文。上言「是姦治者也」，此言「是又偷偏者也」，二語相應，「偷偏」上不得有「不可」字明矣。此緣下文兩「不可」字而誤重。據楊注所見本，已衍「不可」二字。徙壞墮落，必反無功。雖苟求功利，旋卽毁壞墮落，必反無成功也。○謝本從盧校作「徙壞」。盧文弨曰：「徙壞」，元刻作「徙壞」。先謙案：元刻是。「徙壞墮落」相配爲文，作「徙」者，「徙」之譌耳。今從元刻。故垂事養譽不可，以遂功而忘民亦不可，皆姦道也。以，用。○先謙案：言二者皆不可也。故古人爲之不然，使民夏不宛暍，使民，謂役使民也。宛，讀爲蘊，暑氣也。詩曰：「蘊隆蟲蟲。」暍，傷暑也。或曰：「宛」，當爲「奥」。篆文「宛」字與「奥」字略相似，遂誤耳。奥，於六反，熱也。冬不凍寒，急不傷力，緩不後時，皆謂量民之力，不使有所傷害。事成功立，上下俱富，○郝懿行曰：富與福同，古字通用。詩云「何神不富」，富卽福也。此文不爲富言，故知爲「福」。上云「夏不宛暍，冬不凍寒，急不傷力，緩不後時」，此正上下俱受其福之意。而百姓皆愛其上，人歸之如流水，親之歡如父母，爲之出死斷亡而愉者，無它故焉，忠信調和均辨之至也。均，平均。辨，明察也。○郝懿行曰：辨與徧同，古字通用。荀書辨多同辯，辯宜訓治。楊氏不明假借之義，每以辨别爲訓，往往失之。此「辨」又爲「徧」之假借，當訓周徧，而云「明察」，其失甚矣。王霸篇「治辨」之辨，又與辨同。王念孫曰：辨，讀爲平。「平」「辨」古字通，若堯典「平章」之爲「辨章」、「平秩」之爲「辨秩」是也。（説見段氏古文尚書撰異。）忠與信，調與和，均與辨，皆同義。楊以辨爲明察，則與均異義矣。先謙案：王説是。**故君國長民者欲趨時遂功，則和調累解，速乎急疾；忠信均辨，説乎賞慶矣，必先脩正其在我者，然後徐責其在人者，威乎刑罰。**白「故君國長民」已下，其義未詳，亦恐脱誤。或曰：累解，嬰累解釋也。言君國長人，欲趨時遂功者，若和調而使嬰累解釋，則民速乎急疾。言效上之急，不後時也。若忠信均辨，則民悦乎慶賞；若先責己而後責人，則民畏乎刑罰。累音類。解，佳買反。説，讀爲悦。○王念孫曰：「速乎急疾」、「威乎刑罰」下，皆當有「矣」字，與「説乎賞慶矣」對文。俞樾曰：「累解」與「和調」，皆二字平列，訓爲嬰累解釋，非其義矣。儒效篇曰「解果其冠」，楊注引説苑「蟹螺者宜禾」爲證。竊謂「累解」與「蟹螺」一也。彼從虫而此否者，書有繁簡耳。「蟹螺」到爲「累解」，猶「和調」亦可云「調和」也。説苑以「蟹螺」「污邪」對文，則蟹螺之義殆猶平正矣。**三德者誠乎上，則下應之如景嚮，**三德，謂調和累解、忠信均辨、正己而後責人也。誠乎上，謂上誠意行之也。嚮，讀爲響。或曰：三德，即忠信、調和、均辨也。**雖欲無明達，得乎哉！書曰：「乃大明服，惟民其力懋和，而有疾。」此之謂也。**書，康誥。懋，勉也。言君大明以服下，則民勉力爲和調而疾速，以明效上之急也。○盧文弨曰：元刻作「惟民其勅懋和，若有疾」，與今書同。案注則宋本爲是，今從之。故不教而誅，則刑繁而邪不勝；教而不誅，則姦民不懲；誅而不賞，則勤屬之民不勸；屬也者，謂著於事業也。屬，之欲反。「屬」或爲「厲」。○王念孫曰：作「厲」者是也。厲，勉也。羣書治要作「勤勵」，「勵」卽「厲」之俗書，則本作「厲」明矣。「厲」與「屬」字相似而誤。（韓子有度篇「厲官威民」，詭使篇「上之所以立廉恥者，所以厲下也」，今本「厲」字竝誤作「屬」。）楊曲爲之說，非。誅賞而不類，則下疑俗儉而百姓不一。不類，不以其類。謂賞不當功，罰不當罪。「儉」，當爲「險」。險，謂徼幸免罪、苟且求賞也。○先謙案：類，法也，說見非十二子篇。羣書治要「儉」作「險」，與楊注合；「一」作「壹」，與下同。故先王明禮義以壹之，致忠信以愛之，尚賢使能以次之，○先謙案：晉語韋注：「次，行列也。」次之，謂使之就列。爵服慶賞以申重之，申，亦重也。再令曰申。時其事、輕其任以調齊之，時其事，謂使人趨時，不奪之也。輕其任，謂量力而使也。潢然兼覆之，養長之，如保赤子。潢與滉同。潢然，水大至之貌也。○先謙案：說文：「潢，水池。」詩「武夫洸洸」，鹽鐵論繇役篇引作「武夫潢潢」，是「潢」卽「洸」借字。說文：「洸，水涌光也。」水大則涌而有光，故以爲比。若是，故姦邪不作，盜賊不起，而化善者勸勉矣。化善，化而爲善者也。是何邪？則其道易，平易可行。其塞固，其政令一，其所充塞民心者固。其防表明。隄防標表，明白易識。故曰：上一則下一矣，上二則下二矣，○先謙案：羣書治要「一」「二」作「壹」「貳」。辟之若屮木，枝葉必類本。此之謂也。辟，讀爲譬。「屮」，古「草」字。

不利而利之，不如利而後利之之利也；不愛而用之，不如愛而後用之之功也。利而後利之，不如利而不利者之利也；愛而後用之，不如愛而不用者之功也。利而不利也、愛而不用也者，取天下矣。利而後利之、愛而後用之者，保社稷也。不利而利之、不愛而用之者，危國家也。○王念孫曰：「取天下矣」、「保社稷也」、「危國家也」，本作「取天下者也」、「保社稷者也」、「危國家者也」。今本或作「矣」，或作「也」，文義參差不協，當依文選五等諸侯論注所引改正。

觀國之治亂臧否，至於疆易而端已見矣。易與埸同。端，首也。見，賢遍反。其候徼支繚，候，斥候。徼，巡也。支繚，支分繚繞。言委曲巡警也。其竟關之政盡察，竟與境同。盡察，極察，言無不察也。是亂國已。亂國多盜賊姦人，故用苛察之政也。○郭嵩燾曰：候徼支繚，多疑而煩苦，竟關之政察，析利而苛細，知此之爲亂，可與言治矣。先謙案：郭説是，楊注淺陋。入其境，其田疇穢，都邑露，是貪主已。露，謂無城郭牆垣。王貪財，民貧力不足，故露也。○盧文弨曰：「露」，元刻作「路」，古通用。今從宋本。王念孫曰：楊未解「露」字之義。露者，敗也。謂都邑敗壞也。方言曰：「露，敗也。」莊子漁父篇曰「田荒室露」，齊策曰「百姓罷而城郭露」，竝與此「都邑露」同義。「露」字，或作「路」，又作「潞」，説見管子「振罷露」下。觀其朝廷

則其貴者不賢，觀其官職則其治者不能，觀其便嬖則其信者不愨，是闇主已。便嬖，左右小臣寵幸者也。信者不愨，所親信者不愿愨也。主闇，故姦人多容也。**凡主相臣下百吏之俗，其於貨財取與計數也，須孰盡察，**俗，謂風俗。取，謂賦斂。與，謂賜與。計數，計算也。須，待也。孰，精孰也。盡察，極察也。其於計數貨財，必待精孰極察然後行。言不簡易，急於貪利者也。○俞樾曰：「俗」，當爲「屬」，聲近而譌也。下文又曰「凡主相臣下百吏之屬」，可證「俗」字之譌。楊氏不據以訂正，而曰「俗謂風俗」，失之。「須」字無義，乃「順」字之誤。禮論篇曰「非順孰修爲之君子莫之能知也」，亦以「順孰」連文，是其證。「順」與「須」形近而誤。楊注非。**其禮義節奏也，芒軔僈楛，是辱國已。**禮義節奏，謂行禮義之節文。芒，昧也，或讀爲荒，言不習孰也。軔，柔也，亦怠惰之義。僈與慢同。楛，不堅固也。辱國，言必見陵辱也。**其耕者樂田，其戰士安難，其百吏好法，其朝廷隆禮，其卿相調議，是治國已。**安難，不逃難也。**觀其朝廷則其貴者賢，觀其官職則其治者能，觀其便嬖則其信者愨，是明主已。凡主相臣下百吏之屬，其於貨財取與計數也，寬饒簡易，**不汲汲於貨財也。**其於禮義節奏也，陵謹盡察，是榮國已。**陵，侵陵，言深於禮義也。謹，嚴也，言不敢慢易也。○盧文弨曰：案爾雅釋言「淩，慄也」，郭云：「淩懅戰慄。」釋文云：「案郭意當作陵。」然則陵、謹義相近。郝懿行曰：陵懔雙聲。懔懔，敬懼之貌，與謹義近。文選甘泉賦注引服虔曰：「淩兢，恐懼貌也。」然則「淩兢」「陵謹」亦雙聲字，義皆可通。釋言「淩，慄也」，釋文引埤蒼云：「倰，慄也。」然「倰」蓋「淩」之或體字，「淩」「陵」又皆假借字耳。經典此類，古無正文，大抵義存乎聲，讀者要必明爲假借，斯不惑矣。楊注望文生訓，以陵爲侵陵，則謬矣。先謙案：王氏念孫云：「陵，嚴密也。」説見致士篇。「節奏」下注解爲禮之節文，是也。樂論篇云「比物以飾節，合奏以成文」，郝氏懿行云：「節以分析言之，奏以合聚言之。」樂記：「節奏合以成文。」禮義節奏亦同此義。**賢齊則其親者先貴，能齊則其故者先官，**雖舉在至公，而必先親故，所謂「故舊不遺則民不偷」。**其臣下百吏，汙者皆化而修，悍者皆化而愿，躁者皆化而慤，是明主之功已。**躁，暴急之人也。○王引之曰：躁，讀爲剿。剿，謂狡猾也。方言曰：「剿，獪也。秦、晉之閒曰獪，楚謂之剿。」「剿」與「躁」古字通。商子墾令篇曰「姦僞躁心私交疑農之民」，韓子有度篇曰「聰智不得用其詐，險躁不得關其佞」，説疑篇曰「躁詐之人，不敢北面立談」，又曰「躁佻反覆謂之智」，皆其證也。汙與修相反，悍與愿相反，躁與慤相反，是躁爲狡猾之義，非暴急之義也。**觀國之强弱貧富有徵：**徵，驗。言其驗先見也。**上不隆禮則兵弱，上不愛民則兵弱，已諾不信則兵弱，慶賞不漸則兵弱，**漸，進。**將率不能則兵弱。**率與帥同。**上好功則國貧，**民不得安業也。○謝本從盧校作「上好攻取功」。盧文弨曰：元刻無「攻取」二字。王念孫曰：案錢佃校本亦云：「『上好攻取功』，諸本作『上好功』。」案諸本是也。上文以「不隆禮」、「不愛民」對文，以「已諾不信」、「慶賞不漸」、「將率不能」對文，此以「好功」、「好利」對文，則不當有「攻取」二字。宋本「攻」即「功」字之誤，又衍一「取」字。先謙案：王說是，今從諸本改正。**上好利則國貧，**賦斂重也。**士大夫衆則國貧，**所謂「三百赤芾」。○盧文弨曰：元刻作「赤茀」，古通用。**工商衆則國貧，**農桑者少。**無制數度量則國貧。**不爲限量，則物秏費。**下貧則上貧，下富則上富。**百姓與足，君孰不足？**故田野縣鄙者，財之本也；垣窌倉廩者，財之末也；**垣，築牆四周，以藏穀也。窌，窖也，掘地藏穀也。穀藏曰倉，米藏曰廩。窌，匹教反。**百姓時和、事業得敍者，貨之源也；等賦府庫者，貨之流也。**時和，得天之和氣，謂歲豐也。事業得敘，耕稼得其次序，上不奪農時也。等賦，以差等制賦。貨、財，皆錢穀通名。别而言之，則粟米布帛曰財，錢布龜貝曰貨也。**故明主必謹養其和，節其流，開其源，而時斟酌焉，**節，謂薄斂。開，謂勸課時。斟酌，謂賦斂賑卹，豐荒有制也。**潢然使天下必有餘而上不憂不足。**○先謙案：此文「上」「下」對舉，下「上下俱富」亦以「上下」對文，則「下」字上不應有「天」字。「天」當爲「夫」，字之誤也。荀書夫俱訓彼，此篇迭見。夫下者，彼下也。自上文「故明主」貫下言之，故云「彼下」。後人習見「天下」，以「夫下」爲誤而改之，而於文義未詳審也。**如是則上下俱富，交無所藏之，是知國計之極也。**交無所藏，言上下不相隱。○郝懿行曰：此「富」字用本義。「藏」當作「臧」，古「藏」字也。先謙案：上文兩言「無所臧之」，楊注「以言多之極也」，得荀子文意。此文兼言「上不憂不足」，故云「交無所臧之」，意與上同。注云「上下不相隱」，非也。**故禹十年水，湯七年旱，而天下無菜色者，十年之後，年穀復孰而陳積有餘。**無食菜之色也。○郝懿行曰：有餘，謂有九年之蓄。禹治水八年於外，至十年而後平。顧千里曰：「後」下疑脱「七年之後」四字，承上「故禹十年水，湯七年旱」言之。楊無注，宋本與今本同，蓋皆誤。**是無它故焉，知本末源流之謂也。故田野荒而倉廩實，百姓虛而府庫滿，夫是之謂國蹷。**蹷，傾倒也。**伐其本，竭其源，而並之其末，**○顧千里曰：「末」下疑脱「（缺。）之其流」四字，承上「知本末源流之謂也」言之。楊無注，宋本與今本同，蓋皆誤。**然而主相不知惡也，則其傾覆滅亡可立而待也。以國持之而不足以容其身，夫是之謂至貪，是愚主之極也。**以一國扶持之，至堅固也，而無所容其身者，貪也。○王念孫曰：持，載也，中庸曰「辟如地之無不持載」是也。楊説「持」字未確，説「載」字尤非，見下。先謙案：「夫是之謂至貪」，與上句意不貫，且如上文所云，其爲至貪甚明，無煩贅文。「貪」，疑爲「貧」。此言觀國之貧富有徵，伐本竭源，覆亡立見，故雖倉廩實，府庫滿，而謂之至貧也。「貧」「貪」形近而誤。**將以求富而喪其國，將以求利而危其身。古有萬國，今有十數焉。是無它故焉，其所以失之一也。**皆以貪失之也。**君人者亦可以覺矣。**以此自覺悟也。**百里之國足以獨立矣。**此言無道則雖大必至滅亡，有道則雖小足以獨立也。

凡攻人者，非以爲名，則案以爲利也，不然，則忿之也。凡攻伐者，不求討亂征暴之名，則求貨財土地之利，不然則以忿怒，不出此三事也。爲，于僞反。○盧文弨曰：舊本不提行，今案當分段。**仁人之用國，將修志意，正身行，**用，爲也。行，下孟反。**伉隆高，**伉，舉也。舉崇高遠大之事。○王念孫曰：案楊説「伉」字之義非是。伉者，極也。廣雅曰：「亢，極也。」乾文言曰：「亢龍有悔，與時偕極。」（子夏傳曰：「亢，極也。」王肅曰：「窮高曰亢。」窮，亦極也。）宣三年左傳「可以亢寵」，杜注曰：「亢，極也。」漢書五行志曰：「兵革抗極。」「亢」「抗」「伉」字異而義同。（桓九年穀梁傳「伉諸侯之禮」，十八年傳「以夫人之伉」，釋文竝云：「伉，本又作亢。」論語「陳亢」，説文作「陳伉」。史記貨殖傳「國君無不分庭與之抗禮」，漢書「抗」作「亢」。）「伉隆高，致忠信，期文理」，伉、致、期，皆極也。伉隆高，猶言致隆高。仲尼篇曰「非致隆高也，非綦文理也」，（王霸篇同。）王制篇曰「致隆高，綦文理」，皆其證矣。**致忠信，期文理。**「期」，當爲「綦」。極文理，謂其有條貫也。**布衣紃屨之士誠是，則雖在窮閻漏屋，而王公不能與之争名；**紃，條也，謂編麻爲之，麤繩之屨也。或讀爲穿。王公不能與之争名，言名過王公也。**以國載之，則天下莫之能隱匿也。**載，猶任也。以國委任賢士，則天下莫能隱匿。言其國聲光大也。**若是，則爲名者不攻也。**伐有道，祇成惡名，故不攻。**將辟田野，實倉廩，便備用，**○先謙案：備用，猶械用，説見王制篇。**上下一心，三軍同力，與之遠舉極戰則不可。**遠舉，縣軍於遠也。

極戰，苦戰也。彼暴國欲與我如此，則不可也。**境内之聚也，保固視可，**其境内屯聚，則保其險固，視其可進。謂觀釁而動也。○王念孫曰：楊讀「保固視可」爲一句，非也。此當讀「境内之聚也保固」爲句，保，安也，言境内之聚既安且固也。「視可午其軍」，「可」字因上文「不可」而衍。視午其軍，取其將，若撥麷者。午，觸也。言境内之聚安固，則視觸人之軍，取人之將，若撥麷也。俞樾曰：王氏謂「可」字衍文，「視」字當屬下讀，然彊國篇亦有「視可司間」之文，舊説恐未可改。先謙案：見可而進，文義自明，俞説是也。**午其軍，取其將，若撥麷。**午，讀爲迕，遇也。周禮籩人職云「朝事之籩，其實麷、蕡」，鄭云：「麷，熬麥。今河間以北〔一〕煮種麥賣之，名曰麷。」據鄭之説，麷，麥之牙蘖也，至脆弱，故以喻之。若撥麷，如以手撥麷也。麷音豐。○盧文弨曰：此本鄭康成周禮籩人注，彼「種」字作「穜」。此注宋本、元刻俱作「種」。「種」「穜」二字，古今互易。此「種麥」，依古義正「穜麥」耳。郝懿行曰：午者，逆也。彼來而此逆之取其將若撥麷者。熬麥曰麷，見籩人注。熬，乾煎也，今謂之㷭。蓋麥乾煎則質輕脆，故撥去之甚易，荀義當然。籩人注又云：「今河間以北煮穜（直龍反。）麥賣之，名曰逢。」逢，當音蓬。今江南人蒸稉米，曝乾㷭之，呼「米蓬」，與鄭義合，知逢古音如蓬也。蓬，謂蓬蓬然張起。此後鄭義與先鄭異。楊注既引先鄭，於義已足，而並蔓引後鄭，又改其曰「逢」者爲「麷」，且云「據鄭之説，麷，麥之牙蘖也」，二鄭皆無此

〔一〕「北」，原本誤作「此」，據十三經注疏改。

義。楊氏不知而妄測之，皆郢書燕説耳。俞樾曰：古義每存乎聲，豒既音豐，即可讀爲豐。尚書顧命篇「敷坐豐席」，枚氏傳曰：「豐，莞。」正義曰：「釋草云：『莞，苻蘺。』郭璞曰：『今之西方人呼蒲爲莞，用之爲席也。』王肅亦云：『豐席，莞。』」然則豐者，蒲也。蒲之爲物至脆弱，故以手撥之至易也。字本宜作「豐」，從「麥」旁作「豒」，乃古文叚借字。楊泥本字爲説，故失之。**彼得之不足以藥傷補敗。**藥，猶醫也。彼縱有所得，不足以藥其所傷，補其所敗。言所獲不如所亡也。○俞樾曰：藥，當讀爲𤻲。説文疒部：「𤻲，治也。或作療。」古書每以「藥」爲之。大雅板篇「不可救藥」，韓詩外傳作「不可救療」，毛用叚字，韓用正字耳。「藥傷」，即「療傷」也。楊注曰「藥，猶醫也」，雖得其義，未得其字。**彼愛其爪牙，畏其仇敵，若是，則爲利者不攻也。**愛己之爪牙，畏與我爲仇敵。爲，于僞反。**將修小大强弱之義以持慎之，**慎，讀曰順。修小事大、弱事彊之義，守持此道以順大國也。○郝懿行曰：慎，即謹也。謂謹持此義。注每讀慎爲順，今亦不能悉正，讀者以類求之可也。**禮節將甚文，珪璧將甚碩，貨賂將甚厚，**文，謂敬事之威儀也。珪璧，所用聘好之物。碩，大也。**所以説之者，必將雅文辯慧之君子也。**所使行人往説之者，則用文雅禮讓之士。説音税。○郝懿行曰：雅者，正也。後人雅俗相儷則謂嫺雅，史記「司馬相如雍容嫺雅」是也。荀書「雅」字多對鄙野而言。此云「雅文」，即「文雅」耳。**彼苟有人意焉，夫誰能忿之？若是，則忿之者不攻也。**○王引之曰：「忿之」，當作「爲忿」。（爲，于僞反。）上文云「則爲名者不攻也」、「則爲利者不攻也」，下文云「爲名者否，爲利者否，爲忿者否」，皆其證。今本「爲忿」作「忿之」者，涉上文「誰能忿之」而誤。（既言「誰能忿之」，則不得又言「忿之」；既言「忿之」，則不得又言「不攻」。）**爲名者否，爲利者否，爲忿者否，**否，不攻也。爲，于僞反。**則國安於盤石，壽於旗、翼。**盤石，盤薄大石也。旗，讀爲箕。箕、翼，二十八宿名。言壽比於星也。莊子曰「傅説得之，乘東維，騎箕、尾而比於列宿」，亦其類也。或曰：禮記「百年曰期頤」，鄭云：「期，要也。頤，養也。」盧文弨曰：「盤石」，卽「磐石」。旗、翼，以其行度之多。天官書亦有旗星。**人皆亂，我獨治；人皆危，我獨安；人皆失喪之，我按起而治之。**或曰：按，然後也。**故仁人之用國，非特將持其有而已也，又將兼人。**不唯持其所有而已。**詩曰：「淑人君子，其儀不忒。其儀不忒，正是四國。」此之謂也。**曹風尸鳩之篇。

持國之難易：論守國難易之法也。○盧文弨曰：舊本不提行，今案當分段。**事强暴之國難，使强暴之國事我易。事之以貨寶，則貨寶單而交不結；約信盟誓，則約定而畔無日；**約已定，隨卽畔之。無日，言不過一日。文子作「約定而反無日也」。**割國之錙銖以賂之，則割定而欲無猒。**十黍之重爲銖，八兩爲錙。此謂以地賂强國，割地必不多與，故以錙銖言之。猒，一占反。韓詩外傳作「割國之疆垂以賂之也」。○盧文弨曰：案今本説文云：「銖，權十分黍之重也。」以禾部云「十二粟爲一分，十二分爲一銖」訂之，則當爲「權十二分黍之重也」。

楊云「十黍之重爲銖」，葢用許説而轉寫脱誤；「八兩爲錙」，又用禮記儒行鄭注，與説文「六銖」異。王引之曰：「八兩爲錙」，用鄭氏儒行注也。案二十四銖爲兩，八兩爲錙，錙與銖輕重相遠，不得竝稱。古人言錙者，其數或多或少。淮南詮言篇「割國之錙錘以事人」，高注曰「六兩曰錙，倍錙曰錘」，與鄭注「八兩曰錙」相近。此數之多者也。説山篇「有千金之璧，而無錙錘之礛」，諸注曰：「六銖曰錙，八銖曰錘。」（此與詮言篇注異，而與説文同，葢許慎注也。）説文亦曰：「錙，六銖也。」「錘，八銖也。」一切經音義二十引風俗通曰「銖六則錘，二錘則錙」，又以十二銖爲錙。此數之少者也。此文及儒行皆以「錙銖」竝稱，輕重必不相遠，則當以「六銖曰錙」爲正訓。鄭、楊皆以八兩爲錙，失之。**事之彌煩，其侵人愈甚，**○王念孫曰：韓詩外傳「煩」作「順」，於義爲長。**必至於資單國舉然後已。**單，盡也。國舉，謂盡舉其國與人也。○先謙案：注「單盡也」三字，當在上文「則貨寶單而交不結」下。**雖左堯而右舜，未有能以此道得免焉者也。辟之是猶使處女嬰寶珠，佩寶玉，**嬰，繫於頸也。寶，謂珠玉中可寶者。**負戴黄金而遇中山之盜也，雖爲之逢蒙視，詘要橈膕，君盧屋妾，由將不足以免也。**逢蒙，古之善射者。詘與屈同。要，讀爲腰。橈，曲也。膕，曲脚。中，古獲反。「盧」當爲「廬」。由與猶同。言處女如善射者之視物，謂微眇不敢正視也。既微視，又屈腰橈膕，言俯伏畏懼之甚也。君盧屋妾，謂處女自稱是君廬屋之妾，猶言箕帚妾，卑下之辭也。雖畏懼卑辭如此，猶不免劫奪也。○盧文弨曰：逢蒙視，言不敢正視也，不必引善射人。淮南子有「籠蒙目視」語。「君盧」句，疑有訛字。洪頤煊曰：「逢」，疑作

「蓬」，下當脱「髮」字。郝懿行曰：「逢蒙」，疊韻字也。此等語言，古來或無正字，往往但取其聲。王念孫曰：逢蒙視，微視也。淮南本作「籠蒙目」，目卽視也，今本衍「視」字，辨見修務篇。又賈子勸學篇有「風虿視」。（今本譌作「虿蚩視」。）風、逢聲相近，虿、蒙聲相近。淮南謂之籠蒙，皆微視之貌。劉台拱曰：「君盧屋妾」，「君」疑作「若」。言詘要橈膕若盧屋之妾也。漢書鮑宣、蕭望之傳皆有「蒼頭盧兒」，注謂「官府之給賤役者所居爲盧，因呼爲盧兒」。先謙案：逢蒙視，王説是。詘要橈膕，楊説是。君盧屋妾，劉説是。**故非有一人之道也，**謂不能齊一其人，同力以拒大國也。**直將巧繁拜請而畏事之，**但巧爲繁多拜請以畏事之也。○王引之曰：楊説非也。繁，讀爲敏。（説文「繁」字本作「緐」，從系，每聲，而「敏」字亦從每聲。敏與繁聲相近，故字亦相通。楚辭天問「繁鳥萃棘」，廣雅作「鷩鳥」，曹憲音敏，是其例也。）巧敏，謂便佞也。臣道篇云「巧敏佞説，善取寵乎上」是也。上文云「逢蒙視，詘要橈膕，若盧屋妾」，卽此所謂「巧敏拜請而畏事之也」。韓詩外傳作「特以巧敏拜請畏事之」，是其明證矣。**則不足以持國安身，故明君不道也。**恥辱如此，雖得免禍，亦不足以爲持國安身之術，故明君不言也。○王念孫曰：吕本「以」下有「爲」字，乃涉注文而衍。盧本亦沿其誤。錢本無「爲」字，是也。道，由也。言此事人之術，不足以持國安身，故明君不由也。楊注失之。先謙案：謝本從盧校。今依王説，改從錢本。**必將修禮以齊朝，正法以齊官，平政以齊民，然後節奏齊於朝，**齊，整也。節奏，禮之節文也。謂上下皆有禮也。百事齊於官，百事皆有法度。衆庶齊於下。上政均平，故民齊一。如是，則近者競親，遠方致願，致，極也。極願來附也。○王念孫曰：外傳作「遠者願至」，亦於義爲長。上下一心，三軍同力，名聲足以暴炙之，名聲如日暴火炙炎赫也。威强足以捶笞之，拱揖指揮，○先謙案：宋台州本作「麾」。而强暴之國莫不趨使，譬之是猶烏獲與焦僥搏也。烏獲，秦之力人，舉千鈞者。焦僥，短人，長三尺者。搏，鬬也。故曰：事强暴之國難，使强暴之國事我易。此之謂也。

荀子卷第七

王霸篇第十一

國者，天下之制利用也；天下用之利者，無過於國。「制」，衍字耳。人主者，天下之利埶也。埶之最利者也。得道以持之，則大安也，大榮也，積美之源也。不得道以持之，則大危也，大累也，○先謙案：兩「也」字，羣書治要竝作「矣」。有之不如無之，有國不如無國。及其綦也，索爲匹夫不可得也，綦，謂窮極之時。○盧文弨曰：正文「及其綦也」上，元刻有「有也」二字，宋本無。齊湣、宋獻是也。湣與閔同。齊湣王爲淖齒所殺。宋獻，宋君偃也，爲齊湣王所滅。吕氏春秋云「宋康王」，此云「獻」。國滅之後，其臣子各私爲謚，故與此不同。故人主，天下之利埶也，然而不能自安也，安之者必將道也。必將以道守之。○先謙案：廣雅釋詁：「將，行也。」言安天下必行道也。楊注增文以釋之，義轉迂曲。故用國者，義立而王，信立而霸，權謀立而亡。三者，明主之所謹擇也，所宜謹慎擇之。仁人之所務白也。白，明白也。挈國以呼禮義而無以害之，挈，提舉也。言挈提一國之人，皆使呼召禮義。

言所務皆禮義也。無以害之，謂不以它事害禮義也。○盧文弨曰：正文「挈國」上，元刻有「故」字。**行一不義、殺一無罪而得天下，仁者不爲也，擽然扶持心、國，且若是其固也。**擽，讀爲落，石貌也。其所持心持國，不行不義，不殺無罪，落然如石之固也。○盧文弨曰：正文「擽」，元刻從木，注作「櫟然，落石貌」。今從宋本。案老子德經：「不欲碌碌如玉，落落如石。」此注改「擽」從「落」，而訓爲石貌，其義正合。若如元刻作「落石貌」，其於扶持之義相去甚遠。觀注又云「落然如石之固」，則非以落石訓擽明矣。郝懿行曰：「擽」，本作「櫟」，此蓋借爲「礫」字。礫者，小石也。楊注「櫟讀爲落，石貌也」，蓋謂小石堅确之貌，故云「落然如石之固」，此説得之。老子云「不欲碌碌如玉，落落如石」，落落，亦礫礫耳。**之所與爲之者之人，則舉義士也；**舉，皆也。所與爲政之人，則皆用義士。謂若伊、吕之比者也。○盧文弨曰：正文首「之」字，宋本無，元刻有，次下同。**之所以爲布陳於國家刑法者，則舉義法也；**謂若周穆王訓夏贖刑之類也。**主之所極然帥羣臣而首鄉之者，則舉義志也。**志，意也。主所極信率羣臣歸向之者，則皆義之志。謂不懷不義之意也。一曰：志，記也。舊典之有義者，謂若六經也。○郝懿行曰：極與亟、㥛竝同。㥛、亟皆敏疾之意，經典多通。賦篇云「出入甚極」、「反覆甚極」，皆以「極」爲「亟」也。此極然，猶云亟亟然耳。王引之曰：「之所」上本無「主」字，此後人不曉文義而妄加之也。（後人以下有「羣臣」二字，故加「主」字。）之，猶其也。（見下及釋詞。）言其所極然帥羣臣而首鄉之者，則皆義志也。上文「之所與」「之所以」，「之」上皆無「主」字。王制篇三言「之所以接下之人百姓者」，「之」上亦無「主」字。議兵篇作「其所以接下之人百姓者」，是之與其同義。據楊注「主所極信」云云，則所見本已有「主」字。**如是，則下仰上以義矣，是綦定也。**「綦」，當爲「基」。基，本也。言以義爲本。仰，魚亮反。○劉台拱曰：此綦亦訓極，義如「皇極」之極，不必破爲基。又下文「國一綦明」，楊注：「綦亦當爲基。」案綦亦訓極。極，猶言標準。王念孫曰：前極謂義，後極謂信也，俱見上文。**綦定而國定，國定而天下定。仲尼無置錐之地，誠義乎志意，加義乎身行，**仲尼誠能義乎志意，又加之以義乎身行。言志意及立身立行皆以義。行，下孟反。**著之言語，**以義著於言語。謂所論説皆明義也。**濟之日，不隱乎天下，名垂乎後世。**以義得濟之日，成功之後也。言仲尼行義既成之後，不隱乎天下。謂極昭明天下，莫能隱匿之。○先謙案：注「以義」，謝本作「以善」，據宋台州本正。**今亦以天下之顯諸侯誠義乎志意，加義乎法則度量，著之以政事，案申重之以貴賤殺生，使襲然終始猶一也，**申，亦重也。既爲政皆以義，又申重以賞罰，使相掩襲無間隙，終始如一也。○王念孫曰：襲然，合一之貌。周語及淮南天文篇注竝云：「襲，合也。」故曰「襲然終始猶一」。楊以襲爲相掩襲，未確。**如是，則夫名聲之部發於天地之閒也，豈不如日月雷霆然矣哉！**「部」，當爲「剖」。謂開發也。仲尼匹夫，但箸空言，猶得不隱乎天下，今若以顯諸侯行義，必如日月雷霆也。先謙案：「部」是「蔀」之渻字。易「豐其蔀」，虞注：「蔀，蔽也。」易略例：「大闇謂之蔀。」先蔀而後發，其光愈大，其聲愈遠，故曰「部發」。**故曰：以國齊義，一日而白，湯、武是也。**「齊」，當爲「濟」。以一國皆取濟於義，一朝而名聲明白，湯、武是也。**湯以亳，武王以鄗，皆百里之地也，**亳，湯國都。鄗與鎬同，武王所都京也。詩曰：「考卜維王，宅是鎬京。維龜正之，武王成之。」**天下爲一，諸侯爲臣，通達之屬莫不從服，無它故焉，以濟義矣。是所謂義立而王也。**非有它故，但取濟於義也。**德雖未至也，義雖未濟也，**霸者亦有德義，但未能至極盡濟也。**然而天下之理略奏矣，**天下之謂條理者，略有節奏也。○郝懿行曰：奏訓進也。此「奏」疑與湊同。湊，會聚也。楊注失之。王念孫曰：奏，讀爲湊。廣雅：「湊，聚也。」謂天下之理略聚於此也。「湊」「奏」古字通。（周官合方氏及爾雅釋獸釋文竝云：「奏，本或作湊。」商子算地篇「名利之所奏」，亦與湊同。）**刑賞已、諾，信乎天下矣，**諾，許也。已，不許也。禮記曰：「與其有諾責，寧有已怨。」信乎天下，謂若齊桓不背柯盟之比也。**臣下曉然皆知其可要也。**要，約也。皆知其可與要約不欺也。要，一堯反。**政令已陳，雖覩利敗，不欺其民；**謂若伐原，命三日之糧，不降而退之比也。**約結已定，雖覩利敗，不欺其與。**與，相親與之國。謂若齊桓許赦魯、衛，不遂滅之爲己利之比也。**如是，則兵勁城固，敵國畏之，國一綦明，與國信之，**「綦」亦當爲「基」也。○郭嵩燾曰：「綦」，當爲「期」之借字。所期約明白無欺。**雖在僻陋之國，威動天下，五伯是也。**伯，讀曰霸，又如字。爲諸侯之長曰伯。春秋左氏傳曰「策命晉侯爲伯」也。**非本政教也，**

雖有政教，未盡修其本也。非致隆高也，致，極也。不如堯、舜、禹、湯之極崇高也。非綦文理也，言其駁襍，未極條貫。非服人之心也，未得天下歸心如文王。此皆言雖未能備行王道，以略信之，故猶能致霸也。鄉方略，所向唯在方略，不在用仁義也。審勞佚，審以佚待勞之術也。謹畜積，謹，嚴。畜積，不妄耗費。修戰備，齺然上下相信，而天下莫之敢當。齺，齒相迎也。齺然，上下相向之貌。齺，士角反。故齊桓、晉文、楚莊、吴闔閭、越句踐，是皆僻陋之國也，威動天下，彊殆中國，其彊能危中國。無它故焉，略信也。是所謂信立而霸也。雖未能濟義，略取信而行之，故能致霸也。挈國以呼功利，此論權謀者也。提挈一國之人，以呼召功利。言所務唯功利也。功役使利，貪求之也。不務張其義，齊其信，唯利之求，張，開。○先謙案：羣書治要「齊」作「濟」。內則不憚詐其民而求小利焉，謂若梁伯好土功，詐其民曰「寇將至」之比。外則不憚詐其與而求大利焉，謂若楚靈王以義討陳、蔡，因遂滅之之比也。內不修正其所以有，然常欲人之有，有，土地貨財也。○王念孫曰：下文言「啖啖然常欲人之有」，則此文「然」上亦當有「啖啖」二字，而今本脱之。顧千里曰：「內」字，疑不當有，涉上「內則不憚詐其民」而衍也。下文「不好修（舊本誤「循」，見雜志第四。）正其所以有」，無「內」字，是其證矣。又案：「不」下疑亦同下文，當有「好」字，蓋上衍下脱。如是，則臣下百姓莫不以詐心待其上矣。上詐其下，下詐其上，則是上下析也，離析。如是，則敵國輕之，不得人心，故輕之也。**與國疑之，權謀日行而國不免危削，綦之而亡，**其極者則滅亡。**齊閔、薛公是也。**薛公，孟嘗君田文，齊閔王之相也。齊閔王爲五國所伐，皆薛公使然，故同言之也。**故用彊齊，非以修禮義也，非以本政教也，非以一天下也，緜緜常以結引馳外爲務。**緜緜，不絶貌。引，讀爲靷。靷，引軸之物。結引，謂繫於軸，所以引車也。齊閔、薛公不修德政，但使説客引軸馳騖於它國，以權詐爲務也。**故彊，南足以破楚，**史記齊閔王三十三年，與秦敗楚於重丘南，割楚之淮北也。**西足以詘秦，**史記：「閔王二十六年，與韓、魏共攻秦，至函谷軍焉。」**北足以敗燕，**○盧文弨曰：此句楊氏無注，脱耳。案史記六國表及田敬仲完世家皆不載，唯燕世家載之，當在齊閔王十年。**中足以舉宋。**閔王三十八年，伐宋。宋王死於温。舉，謂舉其國而滅之。**及以燕、趙起而攻之，若振槁然，**閔王四十年，燕、秦、楚、三晉敗我於濟西。振，擊也。槁，枯葉也。言當權謀彊盛之時，雖破敵滅國，及樂毅以諸國攻之，若擊枯葉之易也。**而身死國亡，爲天下大戮，**爲天下大戮辱也。春秋傳曰：「古者明王伐不敬，取其鯨鯢而封之，以爲大戮也。」**後世言惡則必稽焉。**後世稽考閔王，爲龜鏡也。**是無它故焉，唯其不由禮義而由權謀也。**

三者，明主之所以謹擇也，而仁人之所以務白也。○盧文弨曰：各本無兩「以」字及「而」字，唯宋本有之，下文亦同。案篇首已有此二語，宋本亦無兩「以」字及「而」字，至此及下文乃竝有之，以致其申重丁寧之意，似宋本爲長。**善擇者制人，不善擇者人制之。**善擇者用霸王，不善擇者用權謀也。**國者，天下之大器也，重任也，不可不善爲擇所而後錯之，錯險則危；**所，處也。錯，讀爲措。○謝本從盧校作「錯之險」。王念孫曰：錢本作「錯險則危」，無「之」字，元刻、世德堂本同。盧從吕本。案「錯險則危」與「塗薉則塞」對文，則無「之」字者是也。吕本有「之」字者，涉上句「錯之」而衍。先謙案：王説是，今從錢本删「之」字。虞、王本亦無。**不可不善爲擇道然後道之，涂薉則塞，**不可不善爲擇道路而導達之。薉與穢同。塞，謂行不通也。○王念孫曰：道之，行之也，故下文云「塗薉則塞」。下文「何法之道」及「道王者之法」云云，竝與此「道」字同義。楊皆訓爲導達，失之。**危塞則亡。**所以爲之善擇。○盧文弨曰：「之」字，元刻作「王」。案此注有脱誤，似當云「所以不可不善爲擇」。**彼國錯者，非封焉之謂也，**非受之茀土然後爲安。一曰：修封疆、立城郭之謂也。○郭嵩燾曰：周禮「溝封」「畿封」，鄭注皆訓爲界。言非徒畫分彊界，君其國而子其民，遂可以立國也。**何法之道，誰子之與也？**設問之辭。既非封焉之謂，問以何法導達之，求誰人付與之。誰子，猶誰人也。慎子曰：「棄道術，舍度量，以求一人之識識天下，誰子之識能足焉也？」**故道王者之法與王者之人爲之，則亦王；道霸者之法與霸者之人爲之，則亦霸；道亡國之法與亡國之人爲之，則亦亡。**答辭也。道，皆與導同。○王引之曰：「故」，當爲「曰」。上文「何法之道」云云是問詞，此文「曰道王者之法」云云是答辭。下文兩設問答之辭，皆有「曰」字，則此亦當然。今本「曰」作「故」，則義不可通。此涉下文諸「故」字而誤。先謙案：「則亦王」「則亦霸」「則亦亡」下，羣書治要竝有「矣」字。**三者，明主之所以謹擇也，而仁人之所以務白也。**荀子多重敘前語者，丁寧之也。**故國者，重任也，不以積持之則不立。**不以積久之法持之則傾覆也。**故國者，世所以新者也，是憚憚，非變也，**憚與坦同。言國者，但繼世之主自新耳，此積久之法，坦坦然無變也。隨巢子曰：「有陰而遠者，有憚明而功者。」杜伯射宣王於畝田，是憚明而功者。」據古，憚與坦通。○盧文弨曰：案「畝田」，墨子作「圃田」。注引隨巢子「憚明」，以爲卽「坦明」之證，則本作「憚」字無疑。而俗閒本兩「憚明」字俱作「坦明」，非也。今竝改正。郝懿行曰：憚與坦雖可通，此「憚」疑「嘽」字之形譌。毛詩「檀車嘽嘽」，傳云「嘽嘽，敝貌」，與此義合。敝正對新而言。此言國與世俱新，雖或嘽嘽敝壞，而非變也，但改玉改行，則仍復新耳。是以日也、人也，皆不能無變更，而國有厭焉完固至於千歲者。荀義當然。「王」，古「玉」字也。厭焉，合一之貌。先謙案：郝說是。**改王改行也。**自是改一王則改其所行之事，非法變也。或曰：國語襄王謂晉文公曰：「先民有言曰：『改玉改行。』」玉，佩玉。行，步也。○盧文弨曰：或說是。古「玉」字本作「王」，與「王」字形近易訛。王念孫曰：羣書治要正作「改玉改行」。**故一朝之日也，一日之人也，然而厭焉有千歲之固，何也？**設問之辭。一朝之日，謂今日之事，明朝不同，言易變也。一日之人，謂今日之生，未保明日，言壽促也。厭，讀爲黶。禮記曰「見君子而後厭然揜其不善」，鄭注云：「閉藏貌。」

言事之易變、人之壽促如此，何故有㦒然深藏、千歲不變改之法乎？○王念孫曰：「故」字亦涉上下文而衍。「一朝之日」云云是問詞，則不當有「故」字明矣。羣書治要無「故」字。先謙案：厭焉，猶安然也，説見儒效篇。羣書治要「固」作「國」，是也。一朝之日，一日之人，而安然有千歲之國，語意緊對。曰：援夫千歲之信法以持之也，安與夫千歲之信士爲之也。謂使百世不易可信之士爲政。人無百歲之壽，而有千歲之信士，何也？又問之。曰：以夫千歲之法自持者，是乃千歲之信士矣。以禮義自持者，則是千歲之士，不以壽千歲也，能自持則能持國也。故與積禮義之君子爲之則王，與端誠信全之士爲之則霸，與權謀傾覆之人爲之則亡。三者，明主之所以謹擇也，而仁人之所以務白也。善擇之者制人，不善擇之者人制之。彼持國者必不可以獨也，君不可獨治也。然則彊固榮辱在於取相矣。身能相能，如是者王；謂若湯、伊尹，文王、太公也。身不能，知恐懼而求能者，如是者彊；若燕昭、樂毅也。身不能，不知恐懼而求能者，安唯便僻左右親比己者之用，如是者危削，謂若楚襄王左州侯、右夏侯之比也。綦之而亡。宋獻之比。國者，巨用之則大，小用之則小，巨者，大之極也。綦大而王，綦小而亡，小巨分流者存。小巨各半，如水之分流也。巨用之者，先義而後利，安不卹親疏，不卹貴賤，唯誠能之求，夫是之謂巨用之。小用之者，先利而後義，安不卹是非，不治曲直，唯便僻親比己者之用，夫是之

謂小用之。巨用之者若彼，小用之者若此，小巨分流者亦一若彼、一若此也。或誠能之求，或親比己者之用。○先謙案：虞、王本作「亦一若彼也，亦一若此也」。**故曰：「粹而王，駮而霸，無一焉而亡。」此之謂也。**粹，全也。若舜舉皋陶，不仁者遠，卽巨用之，綦大而王者也。駮，襍也。若齊桓外任管仲，内任豎貂，則小巨分流者。無一焉而亡，無一賢人，若厲王專任皇甫、尹氏，卽綦小而亡者也。

國無禮則不正。禮之所以正國也，譬之猶衡之於輕重也，猶繩墨之於曲直也，猶規矩之於方圓也，禮能正國，譬衡所以辨輕重，繩墨所以辨曲直，規矩所以定方圓也。**既錯之而人莫之能誣也。**錯，置也。禮記曰「衡誠懸，不可欺以輕重；繩墨誠陳，不可欺以曲直；規矩誠設，不可欺以方圓」也。○謝本從盧校作「正錯之」。盧文弨曰：「正錯之」，「正」，各本作「故」，今從宋本。王念孫曰：「正錯之」，呂、錢本皆作「既錯之」，是也。衡既縣則不可誣以輕重，繩墨既陳則不可誣以曲直，規矩既設則不可誣以方圓，故曰「既錯之而人莫之能誣也」。盧謂宋本作「正」者，爲影鈔本所誤。（影鈔本作「正」者，涉上文兩「正」字而誤。）先謙案：王說是，今改從呂、錢本作「既」。**詩云：「如霜雪之將將，如日月之光明，**逸詩。○郝懿行曰：將將，大也。四句皆逸詩，其義今不可知。玩荀子之意，方說禮所以正國，而卽引詩，又申之云「此之謂也」，然則此蓋言禮廣大體備，如霜雪之無不周徧，如日月之無不照臨，爲禮則禮存而國存，不爲禮則禮亡而國亦亡。荀引詩之意蓋如此。楊注斷上二句爲逸詩，則語意不融貫。先謙案：成相篇「讒口將將」，王氏念孫引周頌執競傳：「將將，集也。」此義當同。謂如霜雪交集也。爲之則存，不爲則亡。」此之謂也。爲，爲禮也。○盧文弨曰：正文「不爲」下，各本有「之」字。宋本無，但詩攷所引有「之」字，是宋本亦各異也。案無「之」字者勝。下二句，楊注不以爲逸詩，詩攷連引之爲是。

國危則無樂君，國安則無憂民。○顧千里曰：「民」，疑當作「君」。此文憂與樂皆言君，不言民也。楊無注，宋本與今本同，蓋皆誤。先謙案：顧説是。言人君國危始憂，安時惟逐樂，深歎之。亂則國危，治則國安。今君人者急逐樂而緩治國，豈不過甚矣哉！譬之是由好聲色而恬無耳目也，豈不哀哉！恬，安也。安然無耳目，雖好聲色，將何用哉？○盧文弨曰：正文「由」字，從宋本，與猶同。俞樾曰：「恬」當作「姡」，字之誤也。爾雅釋言：「靦，姡也。」釋文引李巡、孫炎注竝曰：「人面姡然也。」是姡然爲人面之貌，故詩何人斯篇「有靦面目」，毛傳曰：「靦，姡也。」鄭箋曰：「姡然有面目。」是其義也。姡無耳目，猶言姡然無耳目。學者多見「恬」，少見「姡」，因誤「姡」爲「恬」，楊注即訓爲安然，失之矣。夫人之情，目欲綦色，耳欲綦聲，口欲綦味，鼻欲綦臭，心欲綦佚。臭，氣也。凡氣香亦謂之臭。禮記曰：「佩容臭。」綦，極也。「綦」，或爲「甚」，傳寫誤耳。佚，安樂也。○先謙案：虞、王本注「甚」作「其」。此五綦者，人情之所必不免也。養五綦者有具，具，謂廣大、富厚、治辨、彊固之道也。無其具則五綦者不可得而致也。萬乘之國，可謂廣大、富厚矣，加有治辨、彊固之道焉，有，讀爲又。辨，分別事。○郝懿行曰：「辨」，古「辦」字。辦，謂備具也。下云「莫不分均，莫不治辨」，其義亦同。古書皆以「辨」爲「辦」。楊云「辨，分別事」、「有，讀爲又」，竝非荀義。先謙案：辨，亦治也，説見不苟篇。若是，則恬愉無患難矣，○盧文弨曰：宋本「恬」作「怡」。然後養五綦之具具也。故百樂者生於治國者也，憂患者生於亂國者也，急逐樂而緩治國者，○先謙案：羣書治要「緩」作「忘」，無「者」字。非知樂者也。故明君者必將先治其國，然後百樂得其中；得於治國之中。樂，竝音洛。闇君必將急逐樂而緩治國，○王念孫曰：呂本作「急逐樂」，錢本及元刻、世德堂本「急」竝作「荒」。盧從呂本。案逸周書謚法篇曰「好樂怠政曰荒」，管子戒篇曰「從樂而不反謂之荒」，故曰「荒逐樂」。宋監本作「急逐樂」者，據上文改之也。呂本多從監本，錢本及元刻則兼從建本。其作「荒逐樂」，蓋亦從建本也。羣書治要正引作「荒作樂」。先謙案：「闇君」下，羣書治要有「者」字。以上文「明君者」例之，此亦當有。故憂患不可勝校也，校，計。必至於身死國亡然後止也，豈不哀哉！將以爲樂，乃得憂焉；將以爲安，乃得危焉；將以爲福，乃得死亡焉：豈不哀哉！於乎！君人者亦可以察若言矣。於乎，讀爲嗚呼。若言，如此之言，謂已上之説。故治國有道，人主有職。在知其道、守其職也。若夫貫日而治詳，一日而曲列之，貫日，積日也。積日而使條理詳備，一日而委曲列之，無差錯也。○劉台拱曰：「一日」當作「一目」。立一條目而委曲具列之，若簿書之類。王念孫曰：「一日」與「貫日」相對爲文，則「日」非「目」之譌也。君道篇作「一日而曲辨之」，（今本「日」譌作「内」。）「辨」與「别」古字通，（周官小宰「聽稱責以傅别」，故書「别」作「辨」，鄭大夫讀爲别。朝士「有判書」，故書「判」爲「辨」，鄭司農讀爲别。諸子「辨其等」，燕義「辨」作「别」。大行人「辨諸侯之命」，小行人「每國辨異之」，大戴禮朝事篇「辨」竝作「别」。樂記「别宜居鬼而從地」，史記樂書「别」作「辨」。又「男女無辨」、「磬以立辨」，樂書「辨」竝作「别」。又「樂統同，禮辨異」，荀子樂論篇「辨」作「别」。）則「列」爲「别」之譌也。王逸注離騷云：「貫，累也。」言以累日之治而辨之於一日也。先謙案：注「一日」下，各本「而」作「如」，據宋台州本改正。**是所使夫百吏官人爲也，不足以是傷游玩安燕之樂。**煩碎之事既使百吏官人爲之，則不足以此害人君游燕之樂也。**若夫論一相以兼率之，使臣下百吏莫不宿道鄉方而務，**論，謂討論選擇之也。率，領也。宿道，止於道也。向方，不迷亂也。臣下皆以宿道向方爲務，不敢姦詐也。**是夫人主之職也。**論相乃是人主之職，不在躬親小事也。**若是，則一天下，名配堯、禹。**○王引之曰：「一天下」上有「功」字，而今本脱之，則與下句不對。下文「功壹天下，名配舜、禹」，是其證。**之主者，守至約而詳，事至佚而功，**事，任。○謝本從盧校作「人主者」。王念孫曰：錢本「人」作「之」，元刻、世德堂本同。盧從吕本。案錢本是也。之主者，是主也。是主者，指上文「功一天下，名配堯、禹」之主而言，非泛論人主也。吕本作「人主者」，涉下文「人主者」而誤。先謙案：王説是，今從錢本改作「之」。垂衣裳，不下簟席之上，而海内之人莫不願得以爲帝王。夫是之謂至約，樂莫大焉。人主者，以官人爲能者也；匹夫者，以自能爲能者也。人主得使人爲之，匹夫則無所移之。百畝一守，事業窮，無所移之也。百畝，一夫之守。事業，耕稼也。耕稼窮於此，無所移於人。若人主必躬治小事，則與匹夫何異也。今以一人兼聽天下，日有餘而治不足者，使人爲之也。今以一人兼聽天下之大，自稱日有餘，言兼聽之日有餘也。而治不足，謂所治之事少而不足，言不足治也。使人爲之，故得如此。尸子曰：「堯南撫交阯，北懷幽都，東西至日之所出入，有餘日而不足於治者，恕也。」韓子曰：「夫爲人主而身察百官，則日不足、力不給也。故先王舍己能而因法數，審賞罰，故治不足而日有餘，上之任勢使然也。」日，而實反。大有天下，小有一國，天子、諸侯。○盧文弨曰：虞、王合校本作「天下，謂天子；一國，謂諸侯也」。必自爲之然後可，則勞苦秏顇莫甚焉，秏，謂精神竭秏。顇，顦顇也。如是，則雖臧獲不肯與天子易埶業。臧獲，奴婢也。方言曰：「荆、淮、海、岱之閒，駡奴曰臧，駡婢曰獲。燕、齊亡奴謂之臧，亡婢謂之獲。」或曰：取貨謂之臧，擒得謂之獲，皆謂有罪爲奴婢者。故周禮：「其奴婢，男子入於罪隸，女子入於舂藁。」埶業，權埶事業也。○盧文弨曰：案方言「燕、齊」作「燕之北郊」。又周禮「其奴」，無「婢」字。王念孫曰：勢者，位也。（説見儒效篇「勢在本朝」

下。）所居曰勢，所執曰業。楊以勢爲權勢，失之。（臧獲無權勢，不得言與天子易權勢。）以是縣天下，一四海，何故必自爲之？以是一人之寡，縣天下之重，一四海之大，何故必自爲之？言力不任之也。○先謙案：楊解「縣天下」，非也，説見王制、彊國篇。爲之者，役夫之道也，墨子之説也。墨子之説，必自勞苦矣。論德使能而官施之者，聖王之道也，儒之所謹守也。官施，謂建百官，施布職事。○先謙案：施，用也。官施之者，官之用之也。臣道篇「爪牙之士施」，與此義同。楊訓施爲布，而增「職事」二字以成其義，非也。官，義具富國、解蔽二篇，楊以官爲建百官，亦誤。傳曰：「農分田而耕，賈分貨而販，百工分事而勸，○郝懿行曰：自此至「禮法之大分也」共十二句，本篇下文亦同，唯無「傳曰」二字，或係省文，或此不皆傳語，未可知也。士大夫分職而聽，聽其政治。建國諸侯之君分土而守，三公摠方而議，摠，領也。議其所摠之政。自陝以東，周公主之，自陝以西，召公主之，一相處於内，是摠方而議之也。則天子共己而已。」共，讀爲恭，或讀爲拱。垂拱而已也。○先謙案：羣書治要「而已」作「止矣」。以下文「則天子共己而止矣」證之，此亦當作「共己而止矣」。注「而已也」正釋「而止矣」之義。正文「已」字，後人所改，治要又删一「而」字，宋台州本作「而矣」，明奪「止」字。盧、王本作「而已矣」，無注「或讀」以下九字，蓋以意删改。出若入若，天下莫不平均，莫不治辨，若，如此也。出若入若，謂内外皆如此也。謂如論德、使能、官施之事。或曰：若，順也。是百王之所同也，而禮法之大分也。禮法大分，在任人各使當其職分也。百里之地，可以取天下，是不虛，其難者在人主之知之也。所患人主不知小國可以取天下之道也。取天下者，非負其土地而從之之謂也，非謂它國負荷其土地，來而從我之謂也。道足以壹人而已矣。其道足以齊壹人，故天下歸之也。彼其人苟壹，則其土地且奚去我而適它？彼國之人，苟一於我，則其土地奚往哉？○郝懿行曰：此言有人斯有土也。「壹」當爲「一」，謂齊一也。此文上作「壹人」，下作「一人」，參差錯出，由寫書者誤分之。故百里之地，其等位爵服足以容天下之賢士矣，此論百里國取天下之道。賢士，有道德者也。其官職事業足以容天下之能士矣，能士者，才藝也。循其舊法，擇其善者而明用之，足以順服好利之人矣。擇舊法之善者而明用之。謂擇務本厚生之法而用之，則民衣食足而好利之人順服也。賢士一焉，能士官焉，好利之人服焉，三者具而天下盡，無有是其外矣。具，謂俱爲用也。故百里之地足以竭埶矣，竭，盡也。有等位、爵服、官職、事業，是天下之人埶盡於此矣。○先謙案：虞、王本注無「人」字，是。致忠信，著仁義，足以竭人矣，致，極也。著，明也。言極忠信，明仁義，足以盡天下之人。謂皆來歸也。兩者合而天下取，諸侯後同者先危。兩者合，謂能盡埶盡人也。詩曰：「自西自東，自南自北，無思不服。」一人之謂也。其道足以齊一人，故四方皆歸之。羿、𧷤門者，善服射者也；𧷤門，即𧷤蒙，學射於羿。羿、𧷤蒙善射，故射者服之。𧷤音逢。○盧文弨曰：案史龜策傳亦作「蠭門」，音「逢迎」之逢，亦讀爲「鼉鼓逢逢」之逢。門與蒙，一聲之轉耳。漢書藝文志有逢門射法二篇，在兵家。諸書多作「逢」字，唯孟子、揚子，宋以後作「逄」，音薄江反。郝懿行曰：「蠭門」，它書或作「逢蒙」，蒙、門音轉，實一人耳。此及史龜策傳作「蠭門」，漢藝文志作「逢門」，「逢」卽「蠭」字之省。古讀蠭、蓬同音，故逢蒙之逢亦讀如蓬。廣韻「蓬紐有蜂」，云「又音峯」，一字二音，是其證矣。服者，屈服也。服之本義，事也，用也，屈服是其引伸之義。王良、造父者，善服馭者也；王良，趙簡子之御，韓子曰「字伯樂」；造父，周穆王之御：皆善御者也。馭與御同也。聰明君子者，善服人者也。人服而埶從之，人不服而埶去之，故王者已於服人矣。王者之功盡此也。故人主欲得善射，射遠中微則莫若羿、蠭門矣；射及遠，中細微之物。欲得善馭，及速致遠，則莫若王良、造父矣；欲得調壹天下，制秦、楚，則莫若聰明君子矣。荀卿在齊，楚、秦天下彊國，故制之者也。○盧文弨曰：「者」，疑是「首」字。蓋以秦、楚天下彊國，故首欲制之。如孟子「撻秦、楚」、「朝秦、楚」，亦每以秦、楚爲言。王念孫曰：呂、錢本「欲」下皆有「得」字，是也。上文兩言「欲得」，則此亦當然。元刻以下脱「得」字。先謙案：謝本從盧校作「欲調壹天下」，無「得」字。今依王説，從呂、錢本增。其用知甚簡，用智慮至少也。其爲事不勞而功名致大，甚易處而綦可樂也，故明君以爲寶，而愚者以爲難。明君以任賢爲寶，愚者以任賢爲難也。夫貴爲天子，富有天下，名爲聖王，兼制人，人莫得而制也，是人情之所同欲也，而王者兼而有是者也。重色而衣之，重味而食之，重財物而制之，重，多也，直用反。○盧文弨曰：案正文「物」字，元刻無。合天下而君之，飲食甚厚，聲樂甚大，臺謝甚高，謝與榭同。○盧文弨曰：案説文無「榭」字。公羊宣十六年：「成周宣謝災。」書秦誓釋文云：「臺榭，本又作謝。」郝懿行曰：「謝」「榭」，古今字也。春秋宣十六年「成周宣謝」，左、公羊俱作「謝」，穀梁作「榭」，釋文云：「本或作謝。」今經傳皆改「謝」爲「榭」矣，唯釋文及此書猶存「謝」字。園囿甚廣，臣使諸侯，一天下，是又人情之所同欲也，而天子之禮制如是者也。禮之與制，如此其盛。言盡人情之所欲也。制度以陳，政令以挾，挾，讀爲浹，洽也。官人失要則死，公侯失禮則幽，要，政令之要約也。禮記曰：「各揚其職，百官廢職，服大刑。」幽，囚也。春秋傳曰「晉侯執衛侯，歸之于京師，寘諸深室」也。四方之國有侈離之德則必滅，侈，奢侈；離，乖離，皆謂不遵法度。○王念孫曰：楊分侈、離爲二義，非也。侈，亦離也。爾雅曰：「誃，離也。」説文曰：「誃，離别也。」作「侈」者，借字耳。陳説同。又云：穀梁僖四年傳「於是哆然外齊侯也」，邵氏晉涵云：「哆然，離散之貌。」侈、誃、哆同。名聲若日月，功績如天地，天下之人應之如景嚮，○盧文弨曰：「景」，俗作「影」。「嚮」，宋本作「響」，古通用。是又人情之所同欲也，而王者兼而有是者也。故人之情，口好味而臭味莫美焉，耳好聲而聲樂莫大焉，目好色而文章致繁婦女莫衆焉，形體好佚而安重閒靜莫愉焉，閒，隙也，或讀爲閑。愉，樂也。心好利而穀祿莫厚焉，合天下之所同願兼而有之，睪牢天下而制之若制子孫，睪牢，未詳。「睪」，或作「畢」。言盡牢籠天下也。新序作「宰牢」。戰國策：「燕太子丹謂荆軻曰：『秦有貪功之心，非盡天下之地，牢海内之王，其意不厭。』」或曰：睪，讀如「以薅荼蓼」之薅，牢與漢書「丘嫂轑釜」之轑義同，皆料理斡運之意也。○盧文弨曰：案後漢書馬融傳「皋牢陵山」，章懷注云「皋牢，猶牢籠也」，引此作「皋牢」。「皋」俗作「臯」，亦轉爲「睪」。郝懿行曰：案干祿字書：「睪，俗皋字。」蓋「皋」俗作「臯」，譌轉爲「睪」，又復加頭作「睾」，以別於「睪」。此正如漢成皋印文作「白」下「人」，「人」下「羊」，又作「皿」下「羊」，展轉增譌，卽此類也。「皋韜」爲覆冒之意，故「皋牢」亦爲牢籠，皆雙聲疊韻字也。馬融傳云「皋牢陵山」，章懷注引此卽作「皋」字，是已。然攷「睾」字，由來已久。曹大家言「睾子佐禹」，顔氏家訓「臯分澤片」，蓋此俗字起於六朝以前，正朱育所偁「近鄙別字」者也。皋與宰，音義異，而古書亦通用，故此「睾牢」，楊注引新序（今本無。）作「宰牢」。又列子「望其壙宰如」，此書大略篇作「皋如」，皆其證矣。王念孫曰：此字，困學紀聞已辯之。人苟不狂惑戇陋者，其誰能睹是而不樂也哉！欲是之主竝肩而存，能建是之士不世絶，○先謙案：不世絶者，不絶於世也。君道篇「彼或蓄積而得之者，不世絶」，與此句法同。千歲而不合，何也？曰：人主不公，人臣不忠也。人主則外賢而偏舉，人臣則爭職而妬賢，是其所以不合之故也。外賢，疏賢也。偏舉，偏黨而舉所愛也。人主胡不廣焉無卹親疏，無偏貴賤，唯誠能之求？廣焉，開泰貌。或曰：讀爲曠。誠能，實能也。○王念孫曰：「偏」，當爲「倫」，字之誤也。倫與論同。（大雅靈臺箋曰：「論之言倫也。」是論與倫義相通。王制「必卽天論」，「論」或爲「倫」。是論與倫字亦相通。）言不卹親疏，不論貴賤也。臣道、性惡二篇，竝云「不卹是非，不論曲直」是其證。若是，則人臣輕職業讓賢而安隨其後，○王念孫曰：「輕職」下，本無「業」字。輕職讓賢，與上文「争職妬賢」正相反，多一「業」字，則累於詞矣。輕職，謂重賢而輕職也。可言輕職，不可言輕職業，「業」字蓋涉下文「王業」而衍。先謙案：羣書治要「後」下有「矣」字。如是，則舜、禹還至，王業還起。還，復。○王念孫曰：還至，卽至也。還起，卽起也。漢書董仲舒傳「還至而立有效」是也。楊訓還爲復，失之。功壹天下，名配舜、禹，物由有可樂如是其美焉者乎？○盧文弨曰：元刻無「焉」字。嗚呼！君人者亦可以察若言矣。可以察如此之言也。楊朱哭衢涂，曰：「此夫過舉蹞步而覺跌千里者夫！」哀哭之。楊朱，戰國時人，後於墨子，與墨子弟子禽滑釐辨論。其說在愛己，不拔一毛以利天下，與墨子相反。衢涂，岐路也。秦俗以兩爲衢。或曰：四達謂之衢。覺，知也。半步曰蹞。跌，差也。言此岐路第過舉半步，則知差而哭，況跌千里者乎！故甚哀而哭之。易曰「差以毫釐，謬以千里」也。○郝懿行曰：下一「夫」字，疑當作「末」，形缺而譌。末者，無也。言無有覺知而哀哭之者。劉台拱曰：覺跌千里，言至千里而後覺其差，注似非。顧千里曰：覺，疑當讀爲較，音校。孟子音義離婁下、告子上、盡心下「覺音校」，凡三見。盧學士鍾山札記云云，在本書「覺有校義」一條。文選西京賦注引鄧析子「賢愚之相覺，若九地之下與重天之顛」，亦覺義之一證。則言此衢涂過舉第半步，而其較之乃差千里明甚。楊讀覺如字，以覺知爲義，非也。又下文覺，亦讀爲較，不覺，言不較榮、安、存三者與辱、危、亡三者之衢也。楊注以不知爲義，亦非。俞樾曰：「覺」，當爲「𣱅」。玉篇引聲類曰：「𣱅，誤也。」廣雅釋詁同。𣱅訓誤，正與楊注跌訓差，其義相近。言此岐路第過舉蹞步，而其𣱅跌乃至千里，故可悲也。先謙案：衢涂過舉蹞步，即覺其跌至千里，喻人一念得失，可知畢生，不必果至千里而後覺其差也。下文「覺」字，與此相應，不當改字。下「夫」字上屬爲句。諸説皆未當。**此亦榮辱安危存亡之衢已，此其爲可哀甚於衢涂。**此謂求誠能之士也。不求則滅亡，故可哀甚於衢涂也。**嗚呼哀哉！君人者千歲而不覺也。**歎君人者千歲而不知求誠能之士。

無國而不有治法，無國而不有亂法；無國而不有賢士，無國而不有罷士；國語曰「罷士無伍，罷女無家」，韋昭曰：「病也。」無行曰罷。周禮「以嘉石平罷民」，謂平之使善者也。**無國而不有愿民，無國而不有悍民；無國而不有美俗，無國而不有惡俗。兩者並行而國在，上偏而國安，在下偏而國危，**上偏，偏行上事也。謂治法多，亂法少；賢士多，罷士少；愿民多，悍民少之類。下偏反是。○王念孫曰：尋繹文義，「竝行」下不當有「而國」二字，蓋涉下文兩「而國」而衍。又云：國在，謂國存也，「在」字不屬下讀。「下偏」與「上偏」相對，「下偏」上不當有「在」字。據楊注云「上偏，偏行上事也，謂治法多，亂法少，賢士多，罷士少之類，下偏反是」，則所見本作「下偏而國危」明甚。後人誤以「在上」二字連讀，又於「下偏」上增「在」字，而不知與正文注文皆不合也。余前謂「兩者竝行」下衍「而國」二字，失之。**上一而王，下一而亡。**一，謂令行也。○先謙案：「上一」「下一」，與上「上偏」「下偏」相對爲文。下云「四者齊，是謂上一」，荀又自釋之矣。楊以一爲令行，誤。**故其法治，其佐賢，其民愿，其俗美，**○謝本從盧校作「其治法」。王念孫曰：呂、錢本「其治法」作「其法治」。案上文「治法」與「亂法」對，「賢士」與「罷士」對，「愿民」與「悍民」對，「美俗」與「惡俗」對，此云「其法治，其佐賢，其民愿，其俗美」，皆承上文而言，則作「其法治」者是也。先謙案：王説是，今改從呂、錢本。**而四者齊，夫是之謂上一。如是則不戰而勝，不攻而得，甲兵不勞而天下服。**○盧文弨曰：「甲兵」，宋本作「用兵」，今從元刻。先謙案：宋台州本作「甲兵」。**故湯以亳，武王以鄗，**鄗與鎬同。**皆百里之地也，天下爲一，諸侯爲臣，通達之屬莫不從服，無它故焉，四者齊也。**齊，謂無所闕也。**桀、紂即序於有天下之埶，索爲匹夫而不可得也，**即序於有天下之埶，謂就王者之次序爲天子也。○王念孫曰：「序」字義不可通，「序」當爲「厚」，字之誤也。（隸書「厚」「序」相似，傳寫易誤，説見墨子非攻篇。）言桀、紂有天下之勢雖厚，曾不得以匹夫終其身也。仲尼篇曰「桀、紂厚於有天下之勢，而不得以匹夫老」，彊國篇曰「厚於有天下之勢，索爲匹夫，不可得也，桀、紂是也」，皆其證。楊望文生義而曲爲之説。**是無它故焉，四者竝亡也。故百王之法不同若是，所歸者一也。**

上莫不致愛其下而制之以禮，上之於下，如保赤子。政令制度，所以接下之人百姓，有不理者如豪末，則雖孤獨鰥寡必不加焉。不以豪末不理加於孤獨鰥寡也。四者人所輕賤，故聖王尤愛之。孝經曰：「不敢侮於鰥寡，而況於士民乎！」**故下之親上歡如父母，可殺而不可使不順。君臣上下，貴賤長幼，至於庶人，莫不以是爲隆正。**是，謂親上也。皆以親上爲隆正也。○先謙案：隆正，猶中正，説見致士篇。**然後皆内自省以謹於分，**愛敬其上，故不敢踰越也。**是百王之所以同也，而禮法之樞要也。**是百王之同用愛民之道而得民也。○盧文弨曰：正文「以同」疑當作「同以」，觀注以「同用」爲言，可見。王念孫曰：盧説非也。「是百王之所以同」，「以」，衍文也。上下文皆云「是百王之所同，而禮法之大分也」，禮論篇云「是百王之所同，古今之所一也」，皆言「所同」，不言「所以同」，則「以」爲衍文明矣。據楊注言「同用愛民之道」，則所見本似已衍「以」字。**然後農分田而耕，賈分貨而販，百工分事而勸，士大夫分職而聽，建國諸侯之君分土而守，三公揔方而議，則天子共己而止矣。**

○先謙案：以上文證之，當爲「共己」。各本作「其己」，形近致誤，今從宋台州本改正。**出若入若，天下莫不平均，莫不治辨，是百王之所同而禮法之大分也。**亦謂致愛其下，故皆勸勉。餘並已解上也。**若夫貫日而治平，權物而稱用，**貫日，積日也。使條理平，正權制物，使稱於用。稱，尺證反。○郝懿行曰：荀書多言「貫日」，貫者，穿也。日以爲事，如聯絡貫穿此日也。俞樾曰：上文云「若夫貫日而治詳」，君道篇云「并耳目之樂，而親自貫日而治詳」，兩文相同。此文「平」字，疑亦當作「詳」，蓋叚「羊」爲「詳」，又誤「羊」爲「平」耳。楊注非。**使衣服有制，宫室有度，人徒有數，喪祭械用皆有等宜，以是用挾於萬物，**人徒，謂胥徒，給繇役者也。械用，器用也。皆有等宜，言等差皆得其宜也。挾，讀爲浹。○王念孫曰：案「用挾」二字文義不明，「用」當爲「周」，字之誤也。「周挾」即「周浹」。君道篇曰：「先王審禮，以方皇周浹於天下。」禮論篇曰「方皇周挾，曲得其次序」，楊彼注曰：「挾，讀爲浹，帀也。言於是禮之中，徘徊周帀，委曲皆得其次序而不亂。」此注亦曰「挾，讀爲浹」，則楊本正作「周挾」明矣。**尺寸尋丈莫得不循乎制度數量然後行，**○盧文弨曰：各本作「制數度量」，今從宋本。王念孫曰：作「制數度量」者是也。富國篇曰「無制數度量則國貧」，是其證。宋本「數度」二字互誤耳。禮記王制「度量數制」，鄭注曰：「度，丈尺也。量，斗斛也。數，百十也。制，布帛幅廣狹也。」「數制」即「制數」。**則是官人使吏之事也，不足數於大君子之前。**官人，列官之人。使吏，所使役之吏。數，閱數也。

大君子，謂人君也。○先謙案：大君子，君子之尤著者，猶聖人崇稱之曰「大聖人」也，不指人君言。仲尼篇兩云「彼固曷足稱乎大君子之門哉」，大君子即指仲尼，尤其明證。稱、數義同。楊注誤。**故君人者立隆政本朝而當，**隆政，所隆之政也。當，丁浪反。○郝懿行曰：「隆政」，下作「隆正」，是也。此「隆政」爲假借。楊注失檢。彊國篇以「隆正」「修政」竝言，益知此注之非，蓋由望文生訓，恆坐此失。**所使要百事者誠仁人也，**主百事之要約綱紀者。謂相也。**則身佚而國治，功大而名美，上可以王，下可以霸；立隆正本朝而不當，所使要百事者非仁人也，則身勞而國亂，功廢而名辱，社稷必危：是人君者之樞機也。**樞機在得賢相。「人君」當爲「君人」也。○謝本依盧校「也」上有「者」字。王念孫曰：下「者」字涉上「者」字而衍。呂、錢本「也」上皆無「者」字。先謙案：王説是，今依呂、錢本刪。**故能當一人而天下取，失當一人而社稷危，不能當一人而能當千人百人者，説無之有也。**論説之中無此事。能當，謂能用人之當也。當，皆丁浪反。**既能當一人，則身有何勞而爲，**而、爲，皆助語也。**垂衣裳而天下定。故湯用伊尹，文王用呂尚，武王用召公，成王用周公旦。卑者五伯，**卑，言功業卑於王者。伯，讀爲霸。**齊桓公閨門之内，縣樂奢泰游抏之修，**縣，簨簴也。泰與汏同，抏與玩同。言齊桓唯此是脩也。**於天下不見謂修，**天下不謂之修飾也。**然九合諸侯，一匡天下，爲五伯長，是亦無它故焉，知一政於管仲也，是君人者之要守也。**要守在任賢也。**知者易爲之興力而功名綦大，**智者，知任賢之君也。**舍是而孰足爲也？**舍是任賢之事，何足爲之？言其餘皆不足爲也。**故古之人有大功名者，必道是者也；**道，行也。必行此任賢之事。**喪其國、危其身者，必反是者也。故孔子曰：「知者之知，固以多矣，有以守少，能無察乎！**上知音智，下如字。有，讀爲又，下同。守少，謂任賢、恭己而已也。**愚者之知，固以少矣，有以守多，能無狂乎！」此之謂也。**守多，謂自任，主百事者也。事煩則狂亂也。

治國者，分已定，則主相、臣下、百吏各謹其所聞，不務聽其所不聞；謹，謂守行，無越思。**各謹其所見，不務視其所不見。所聞所見誠以齊矣，**齊，謂各當其事，不侵越也。**則雖幽閒隱辟，百姓莫敢不敬分安制以化其上，是治國之徵也。**閒，讀爲閑。辟，讀爲僻。安制，謂安於國之制度，不敢踰分。徵，驗也。治國之徵驗在分定。○謝本從盧校，作「以禮化其上」。王念孫曰：元刻無「禮」字，是也。主相、臣下、百吏各謹其所見聞，（見上文。）而民自化之，故曰「莫敢不敬分安制以化其上」，「化」上不當有「禮」字。俗書「禮」字或作「礼」，形與「化」相似，「化」誤爲「礼」，後人因改爲「禮」。（淮南道應篇「孔子亦可謂知化矣」，今本「化」誤爲「禮」。）宋本作「禮化」者，一本作「禮」，一本作「化」，而寫者因誤合之也。羣書治要正作「以化其上」，無「禮」字。先謙案：王說是。今從元刻删「禮」字。**主道治近不治遠，**人主之道如此。

治明不治幽，治一不治二。主能治近則遠者理，主能治明則幽者化，主能當一則百事正。夫兼聽天下，日有餘而治不足者如此也，是治之極也。既能治近，又務治遠；既能治明，又務見幽；既能當一，又務正百：當，丁浪反。是過者也。過，猶不及也，○王念孫曰：元刻作「過，猶不及也」，語意較足。羣書治要與元刻同。先謙案：謝本從盧校作「猶不及也」。今依王説，從元刻增「過」字。辟之是猶立直木而求其景之枉也。不能治近，又務治遠；不能察明，又務見幽；不能當一，又務正百：是悖者也，悖，惑。辟之是猶立枉木而求其景之直也。故明主好要而闇主好詳。任一相而委之，是好要；不委人而自治百事，是好詳也。主好要則百事詳，主好詳則百事荒。力不及，故荒也。君者，論一相，陳一法，明一指，以兼覆之，兼炤之，以觀其盛者也。論，選擇也。指，指歸也。一法、一指，皆謂紀綱也。盛，讀爲成。觀其成功也。相者，論列百官之長，要百事之聽，列，置於列位也。聽，治也。要，取百事之治，考其得失也。要，一堯反。以飾朝廷臣下百吏之分，修飾使各當分。度其功勞，論其慶賞，歲終奉其成功以效於君。當則可，不當則廢，效，致也。周禮大宰「歲終，則令百官府各正其治，受其會，聽其政事而詔王廢置」也。故君人勞於索之，而休於使之。索，求也。休，息也。

用國者，○盧文弨曰：「用」，各本「周」，宋本、元刻竝作「用」。得百姓之力者富，得百姓之死者彊，得百姓之譽者榮。三得者具而天下歸之，三得者亡而天下去之；天下歸之之謂王，天下去之之謂亡。湯、武者，循其道，○先謙案：虞、王本「循」作「修」。行其義，興天下同利，除天下同害，天下歸之。故厚德音以先之，明禮義以道之，致忠信以愛之，賞賢使能以次之，「賞」，當爲「尚」。爵服賞慶以申重之，時其事、輕其任以調齊之，潢然兼覆之，養長之，如保赤子。潢與滉同，大水貌也。○先謙案：潢然，解在富國篇。生民則致寬，生民，生活民，謂衣食也。使民則綦理，辯政令制度，所以接天下之人百姓，有非理者如豪末，則雖孤獨鰥寡必不加焉。○王念孫曰：案「天下之人百姓」，「天」字後人所加也。下者，對上而言。上文云「上之於下，如保赤子，政令制度，所以接下之人百姓，有不理者如豪末，則雖孤獨鰥寡必不加焉」，文正與此同。又王制篇云「之所以接下之人百姓者，則庸寬惠」，又云「之所以接下之人百姓者，則好取侵奪」；又云「之所以接下之人百姓者，則好用其死力矣，而慢其功勞，好用其籍斂矣，而忘其本務」，議兵篇云「其所以接下之人百姓者，無禮義忠信」，彊國篇云「今上不貴義，不敬義，如是則下之人百姓皆有棄義之志而有趨姦之心矣」：（人百姓，猶言衆百姓。王霸篇曰「朝廷羣臣之俗若是，則夫衆庶百姓亦從而成俗，不隆禮義而好貪利矣」，語意略與此同。彼言「衆庶百姓」，猶此言「人百姓」也。又見下。）皆其證也。又案：「下之人百姓者」，人，衆也，謂下之衆百姓也。儒效篇云「塗之人百姓，積善而全盡，謂之聖人」，亦謂塗之衆百姓也。師象傳曰：「師，衆也。」爾雅曰「師，人也」，郭注曰：「謂人衆。」是人與衆同義。春秋隱四年「衛人立晉」，公羊傳曰：「其稱人何？衆立之之辭也。」穀梁傳曰：「衛人者，衆辭也。」柴誓曰「人無譁」，鄭注曰：「人，謂軍之士衆。」史記鄒陽傳「人無不按劍相眄者」，漢書「人」作「衆」，皆其證也。**是故百姓貴之如帝，親之如父母，爲之出死斷亡而不愉者，無它故焉，**「不愉」，「不」字剩耳。○郝懿行曰：按富國篇作「出死斷亡而愉」，此作「不愉」，故楊云「不字剩」。但攷古書，「水」旁「心」旁，易爲淆譌。故地理志「慎陽」乃「滇陽」也。準是而言，「不愉」或「不渝」之形譌，亦未可定。渝者，變也，其義自通。先謙案：楊、郝二説，並非也。愉，讀爲偷，説具富國篇。羣書治要作「偷」。**道德誠明，利澤誠厚也。亂世不然：汙漫、突盜以先之，**突，陵觸。盜，竊也。**權謀傾覆以示之，俳優、侏儒、婦女之請謁以悖之，**俳優，倡優。侏儒，短人可戲弄者。悖，亂也。**使愚詔知，使不肖臨賢，生民則致貧隘，使民則綦勞苦。**○先謙案：羣書治要「綦」作「甚」。**是故百姓賤之如⿰亻王，惡之如鬼，**字書無「⿰亻王」字，蓋當爲「尫」，病人也。禮記曰：「吾欲暴尫而奚若？」新序作「賤之如⿺尢鬼豕」。○郝懿行曰：按「⿰亻王」當作「⿺尢鬼」，與「鬼」相韻。注引新序（今本無。）作「賤之如⿺尢鬼豕」，「豕」字衍耳。楊云「⿰亻王」當爲「尫」，似不如依新序作「⿺尢鬼」爲長。「尫」形近「⿰亻王」，「⿺尢鬼」形略亦相近。**日欲司閒而相與投藉之，去逐之。**司閒，伺其閒隙。投，擿也。藉，踐也。一作「投錯之」。**卒有寇難之事，又望百姓之爲己死，不可**

得也，説無以取之焉。論説之中，無以此事爲得也。卒，千忽反。孔子曰：「審吾所以適人，適人之所以來我也。」此之謂也。適人，往與人也。審慎其與人之道，爲其復來報我也。○王念孫曰：下「適」字涉上「適」字而衍。據楊注云「審慎其與人之道，爲其復來報我也」，則無下「適」字明矣。羣書治要無下「適」字。

傷國者何也？曰：以小人尚民而威，尚，上也。使小人在上位而作威也。以非所取於民而巧，若邱甲田賦之類也。○俞樾曰：按非所，猶非時也。文十三年公羊傳「往黨衞侯會公于沓」，何休解詁曰：「黨，所也。所，猶時也。」以非時取於民而巧，言以非時取民而巧爲之名也。是傷國之大災也。大國之主也，而好見小利，是傷國；其於聲色、臺謝、園囿也，愈厭而好新，是傷國；厭，足也，一占反。不好循正其所以有，啖啖常欲人之有，是傷國。啖啖，并吞之貌。○盧文弨曰：案「循正」，本卷前作「修正」，似「修」字是。郝懿行曰：案啖者，噍啖也。啖啖，欲食之貌。上云「不修正其所以有，然常欲人之有」，此作「循正」，「循」「修」古字通也。王引之曰：啖啖，猶欿欿也。説文：「欿，欲得也，讀若貪。」「欿」與「啖」聲近而字通，故曰「啖啖然常欲人之有」。楊云「啖啖，并吞之貌」，則誤讀爲「啖食」之啖矣。先謙案：王氏雜志云：「今本修誤作循，據上文改。政與正同。啖啖然，今本脱然字，據上文補。」據此，王所見本「正」作「政」，荀書「正」「政」通用也。（本作「政」。）「啖啖」下應有「然」字，王説是。啖啖爲欲食貌，義自可通，不必如王說讀啖爲欲。三邪者在匈中，而又好以權謀傾覆之人斷事其外，事，任也。謂斷決任事於外也。若是，則權輕名辱，社稷必危，是傷國者也。大國之主也，不隆本行，不敬舊法，而好詐故，故，事變也。○王念孫曰：故，亦詐也。晉語「多爲之故以變其志」，韋注曰：「謂多作計術以變易其志。」呂氏春秋論人篇「釋智謀，去巧故」，高注曰：「巧故，僞詐也。」淮南主術篇「上多故則下多詐」，高注曰：「故，巧也。」是故與詐同義。王制篇曰「進退貴賤則舉幽險詐故」，大戴記文王官人篇曰「以故取利」，管子心術篇曰「恬愉無爲，去知與故」，淮南原道篇曰「偶𥈭智故，曲巧僞詐」，故皆謂詐也。故曰：「不隆本行，不敬舊法，而好詐故。」楊分詐故爲二義，失之。若是，則夫朝廷羣臣亦從而成俗於不隆禮義而好傾覆也。以不隆禮義爲成俗。○謝本從盧校，無「於」字。王念孫曰：呂、錢本「成俗」下皆有「於」字。案呂、錢本是也。「亦從而成俗於不隆禮義而好傾覆也」十五字爲一句，下文云「則夫衆庶百姓亦從而成俗於不隆禮義而好貪利矣」，句法正與此同。元刻以下脱「於」字，則失其句矣。先謙案：王說是，今依呂、錢本增。朝廷羣臣之俗若是，則夫衆庶百姓亦從而成俗於不隆禮義而好貪利矣。君臣上下之俗莫不若是，則地雖廣，權必輕；人雖衆，兵必弱；刑罰雖繁，令不下通。夫是之謂危國，是傷國者也。儒者爲之不然，必將曲辨：辨，理也。委曲使歸於理也。○郝懿行曰：按「辨」，古「辯」字。先謙案：虞、王本作「辯」，下同。朝廷必將

隆禮義而審貴賤，若是，則士大夫莫不敬節死制者矣。節，忠義。制，職分。○盧文弨曰：「敬節」，元刻作「貴節」。王引之曰：「敬」，當作「敄」，「敄」與「務」，古字通。（說文：「敄，彊也。」爾雅：「務，彊也。」「敄」與「敬」字相似而誤。）務節，謂以節操爲務也。曲禮曰：「士死制。」務節與死制同義，下文云「士大夫務節死制」是其證。今本作「敬節」，則於義疏矣。元刻作「貴節」者，以意改之耳。**百官則將齊其制度，重其官秩，若是，則百吏莫不畏法而遵繩矣。**秩，禄也。其制馭百官，必將齊一其制度，使有守也；厚重其秩禄，使不貪也。**關市幾而不征，質律禁止而不偏，**質律，質劑也，可以爲法，故言質律也。禁止而不偏，謂禁止姦人，不偏聽也。周禮小宰「聽賣買以質劑」，鄭司農云：「質劑，平市價，今之月平是也。」鄭康成云：「兩書一札，同而別之，長曰質，短曰劑，皆今之券書也。」左氏傳曰：「趙盾爲政，董逋逃，由質要。」或曰：質，正也。**如是，則商賈莫不敦愨而無詐矣。百工將時斬伐，佻其期日而利其巧任，如是，則百工莫不忠信而不楛矣。**時斬伐。即周禮「仲冬斬陽木，仲夏斬陰木」是也。佻與傜同，緩也，謂不迫促也。巧任，巧者之任。不迫促則百工自利矣。楛，謂器惡不牢固也。晏子春秋曰：「景公之時，晏子請發粟，公不許，當爲路寢之臺，令吏重其績，遠其涂，佻其日而不趨。三年臺成，而民振欲，上悦乎君游，民足乎食。」彼「佻」亦與此同也。○盧文弨曰：案所引晏子，見褉上篇，作「故上悦乎游，民足乎食」，微不同。又云：注當云「佻與窕同」。案爾雅云：「窕，肆也。」古書「窕」

字皆訓寬肆，不當作「傜」。俞樾曰：「巧任」與「期日」對文，楊注非其義也。莊子秋水篇曰「任士之所勞」，釋文引李注曰：「任，能也。」然則巧任猶巧能也。言佻緩其期日，而其巧能者則豐厚其氣稟〔一〕以利之，百工乃忠信而不楛矣。**縣鄙將輕田野之税，省刀布之斂，罕舉力役，無奪農時，如是，則農夫莫不朴力而寡能矣。**但質朴而力作，不務它能也。**士大夫務節死制，然而兵勁。**「然而」，當爲「然後」。○王念孫曰：案楊以下文作「然後」，故云「當爲然後」，不知此「然而」與他處言「然而」者不同。然，如是也。（説見釋詞。）言如是而兵勁也。文王世子曰「然而衆知父子之道矣」，義與此「然而」同。**百吏畏法循繩，然後國常不亂。商賈敦慤無詐，則商旅安，貨通財，而國求給矣。**所求之物皆給足也。○王念孫曰：「商旅安，貨通財」，當作「商旅安，貨財通」。「貨財通」與「商旅安」對文，今本作「貨通財」，則義不可通。王制篇「使賓旅安而貨財通」，是其證。（今本「賓」誤作「賓」，辯見王制篇。）**百工忠信而不楛，則器用巧便而財不匱矣。農夫朴力而寡能，則上不失天時，下不失地利，中得人和，而百事不廢。是之謂政令行，風俗美，以守則固，以征則彊，居則有名，動則有功。此儒之所謂曲辨也。**

〔一〕「氣稟」，似當作「餼廩」。

荀子卷第八 ○盧文弨曰：此卷各本皆無注。

君道篇第十二

有亂君，無亂國；有治人，無治法。○先謙案：無治法者，法無定也，故貴有治人。致士篇云「有良法而亂者有之，有君子而亂者，自古及今，未嘗聞也」，意與此同。羿之法非亡也，而羿不世中；禹之法猶存，而夏不世王。故法不能獨立，類不能自行，○先謙案：類，例也。荀書多法類並舉，説詳大畧篇。得其人則存，失其人則亡。法者，治之端也；君子者，法之原也。故有君子則法雖省，足以徧矣；無君子則法雖具，失先後之施，不能應事之變，足以亂矣。不知法之義而正法之數者，雖博，臨事必亂。故明主急得其人，而闇主急得其埶。○先謙案：埶，位也，説見儒效篇。急得其人，則身佚而國治，功大而名美，上可以王，下可以霸；不急得其人而急得其埶，則身勞而國亂，功廢而名辱，社稷必危。故君人者勞於索之，而休於使之。書曰：「惟文王敬忌，一人以擇。」此之謂也。

合符節、别契券者，所以爲信也；上好權謀，則臣下百吏誕詐之人乘是而後欺。探籌、投鉤者，所以爲公也；○郝懿行曰：探籌，刻竹爲書，令人探取，蓋如今之掣籤。投鉤，未知其審。古有藏彄，今有拈鬮，疑皆非是。慎子曰：「投鉤以分財，投策以分馬。」上好曲私，則臣下百吏乘是而後偏。衡石、稱縣者，所以爲平也；上好傾覆，則臣下百吏乘是而後險。斗、斛、敦、槩者，所以爲嘖也；○盧文弨曰：「斗」，元刻作「勝」。案三輔黄圖：「御宿園出粟〔一〕，十五枚一勝，大梨如五勝。」勝與升通用。「敦槩」，即「準槩」。嘖，情也。易繫辭傳「見天下之賾」，京房作「嘖」，太玄礥「初一」，測：「黄純于潛，化在嘖也」，皆訓情。此當作情實解。郝懿行曰：「斗斛」，或作「勝斛」。勝與升雖同音假借，然作「斗斛」爲長。槩，即杚也，所以平斗斛者。敦亦其類，但形狀今未聞。上好貪利，則臣下百吏乘是而後豐取刻與，以無度取於民。○謝本從盧校「而後」下有「鄙」字。盧文弨曰：宋本、世德堂本皆無「鄙」字，今從元刻。王念孫曰：案元刻有「鄙」字者，後人以意加之也。後人以上文云「乘是而後欺」、「乘是而後偏」、「乘是而後險」，疑此處「乘是而後」下脱一字，又以上句言「貪利」，故加入「鄙」字耳。今案：上文「欺」與「信」相反，「偏」與「公」相反，「險」與「平」相反，此下「豐取刻與，以無度取於民」，「無

〔一〕「粟」，似當作「栗」。

度」與「嘖」亦相反。嘖者，齊也。（説文：「嫧，齊也。」嫧與嘖通。又説文：「齰，齒相值也。」釋名曰：「幘，賾也，下齊眉賾然也。」又曰：「柵，賾也，以木作之，上平賾然也。」又曰：「册，賾也，敕使整賾，不犯法也。」竝聲近而義同。）無度則不齊，故與「嘖」相反。若云「乘是而後鄙」，則「鄙」與「嘖」義非相反，與上三條不合。且加一「鄙」字，則下文「豐取刻與」云云竟成贅語矣。盧據元刻加「鄙」字，又訓嘖爲情，皆失之。呂、錢本皆無「鄙」字。先謙案：王説是。今從宋本删「鄙」字。

故械數者，治之流也，非治之原也；君子者，治之原也。官人守數，君子養原，原清則流清，原濁則流濁。故上好禮義，尚賢使能，無貪利之心，則下亦將綦辭讓、致忠信而謹於臣子矣。如是則雖在小民，不待合符節、別契券而信，不待探籌、投鉤而公，不待衡石、稱縣而平，不待斗、斛、敦、槩而嘖。故賞不用而民勸，罰不用而民服，有司不勞而事治，政令不煩而俗美，百姓莫敢不順上之法，象上之志，而勸上之事，而安樂之矣。○盧文弨曰：「而勸上之事」，元刻作「勤上之事」。故藉斂忘費，事業忘勞，寇難忘死，城郭不待飾而固，兵刃不待陵而勁，○先謙案：陵，謂厲兵刃也。敵國不待服而詘，四海之民不待令而一。夫是之謂至平。詩曰：「王猶允塞，○謝本從盧校「猶」作「猷」。王念孫曰：呂、錢本「猷」作「猶」。又見議兵篇。先謙案：呂、錢本是。今改正。説詳議兵。徐方既來。」此之謂也。

請問爲人君？曰：以禮分施，均徧而不偏。請問爲人臣？曰：以禮待君，忠順而不懈。○郝懿行曰：「待」字誤。韓詩外傳四作「事」，是也。蓋「事」譌爲「侍」，又譌爲「待」耳。「懈」，宜依韓詩外傳作「解」，古書皆然，轉寫者依今書作「懈」耳。請問爲人父？曰：寬惠而有禮。請問爲人子？曰：敬愛而致文。○郝懿行曰：「文」，韓詩外傳四作「恭」，於義較長。請問爲人兄？曰：慈愛而見友。請問爲人弟？曰：敬詘而不苟。○盧文弨曰：元刻作「不悖」。請問爲人夫？曰：致功而不流，致臨而有辨。○郝懿行曰：「辨」，韓詩外傳四作「別」。謂夫婦有別也。「致功而不流」句未詳，疑有譌字。請問爲人妻？曰：夫有禮，則柔從聽侍；夫無禮，則恐懼而自竦也。此道也，偏立而亂，俱立而治，其足以稽矣。請問兼能之奈何？曰：審之禮也。古者先王審禮以方皇周浹於天下，○郝懿行曰：方，讀爲旁，古字通用。旁、薄、唐、皇，皆大也。周、浹，皆徧也。荀書「浹」多作「挾」。先謙案：此「浹」字，後人所改也。依荀書皆作「挾」。動無不當也。故君子恭而不難，敬而不鞏，○盧文弨曰：恭而不難，所謂「恭而安」也。說文：「鞏，以韋束也。」此亦謂敬而不過於拘束也。王引之曰：難，讀詩「不戁不竦」之「戁」。鞏，讀方言「蛩烘，戰栗也」之「蛩」。說見經義述聞大戴記曾子立事篇。盧說皆失之。貧窮而不約，富貴而不驕，竝遇變態而不窮，審之禮也。○謝本從盧校「態」作「應」。盧文弨曰：「變應」，宋本作「變態」。郝懿行曰：「變應」，韓詩外傳四作「應變」。王念孫曰：案元刻以下文有「應變故」，故改「變態」爲「變應」，而不知其謬也。竝遇變態而不窮者，竝，猶普也，偏也，（説見周易述聞「竝受其福」下。）言偏遇萬事之變態而應之不窮也。下文云「其應變故也，齊給便捷而不惑」，「變故」，即此所謂「變態」也。改「變態」爲「變應」，則反與下文不合矣。先謙案：王説是。今依宋本改。故君子之於禮，敬而安之；其於事也，徑而不失；其於人也，寡怨寬裕而無阿；其所爲身也，謹修飾而不危；○盧文弨曰：「修飾」，元刻作「修勑」。案飾與飭、勑，古皆通用。勑音賚，然漢已來亦即作「勑」字用。王念孫曰：案危讀爲詭。言君子修飭其身而不詭於義也。（淮南主術篇注：「詭，違也。」）「詭」「危」古字通，説見經義述聞緇衣。其應變故也，齊給便捷而不惑；其於天地萬物也，不務説其所以然而致善用其材；其於百官之事、技藝之人也，不與之爭能而致善用其功；其待上也，忠順而不懈；○盧文弨曰：「待」，俗間本作「侍」。先謙案：依上郝説，「待上」亦當爲「事上」。其使下也，均偏而不偏；其交遊也，緣義而有類；○盧文弨曰：元刻作「緣類而有義」。郝懿行曰：韓詩外傳四作「緣類而有義」，較長。其居鄉里也，容而不亂。是故窮則必有名，達則必有功，仁厚兼覆天下而不閔，明達用天地、理萬變而不疑，○盧文弨曰：元刻作「理萬物變而不凝」。王念孫曰：用天地而不疑，義不可通，「用」當爲「周」，字之誤也。言其智足以周天地、理萬變而不疑。血氣和平，志意廣大，行義塞於天地之間，仁知之極也。夫是之謂聖人。審之禮也。

請問爲國？曰：聞修身，未嘗聞爲國也。君者，儀也，儀正而景正；君者，槃也，槃圓而水圓；君者，盂也，盂方而水方。○盧文弨曰：案帝範注引「君者儀也」下有「民者景也」句，又「君者槃也」下有「民者水也」句，無「君者盂也」二句。王念孫曰：案廣韻「君」字注所引，與帝範注同。既言「儀正而景正」，則當有「民者景也」句；既言「槃圓而水圓」，則當有「民者水也」句。（呂、錢本竝有「民者水也」句。）既以槃喻君，則不必更以盂喻。二書所引有「民者景也」、「民者水也」，而無「君者盂也」二句，於義爲長。（藝文類聚雜器物部、太平御覽器物部二竝引作「君者盤也，民者水也，盤圓則水圓，盤方則水方」。）君射則臣決。楚莊王好細腰，故朝有餓人。故曰：聞修身，未嘗聞爲國也。

君者，民之原也，原清則流清，原濁則流濁。故有社稷者而不能愛民，不能利民，而求民之親愛己，不可得也。民不親不愛，而求其爲己用，爲己死，不可得也。○謝本從盧校「不親不愛」上有「之」字。王念孫曰：元刻無「之」字。案無「之」字者是也。下文「民不爲己用，不爲己死，而求兵之勁，城之固，不可得也」，「民」下無「之」字，是其證。韓詩外傳無「之」字。先謙案：文義不當有「之」字。今依元刻刪。民不爲己用，不爲己死，而求兵之勁，城之固，不可得也。兵不勁，城不固，而求敵之不至，不可得也。敵至而求無危削，不滅亡，不可得也。○王念孫曰：元刻「滅」上無「不」字，是也。宋本有上「不」字者，涉上下諸「不」字而衍。無亦不也。（説見釋詞。）無危削滅亡，卽不危削滅亡也。外傳作「不危削滅亡」，是其證。先謙案：羣書治要有「不」字。危削滅亡之情舉積此矣，而求安樂，是狂生者也。○盧文弨曰：元刻作「是聞難狂生者也」。王念孫曰：錢佃校本亦云：「『是狂生者也』，諸本作『是聞難狂生者也』。」案此文本作「危削滅亡之情舉積此矣，而求安樂是聞，不亦難乎，是狂生者也」，今本脱「聞不亦難乎是」六字。（此因兩「是」字相亂而脱去六字。）元刻亦僅存「聞難」二字。外傳作「夫危削滅亡之情皆積於此，而求安樂是聞，不亦難乎，是枉生者也」，「枉」蓋「狂」之誤。（臣道篇亦云「迷亂狂生」。）俞樾曰：「狂」，卽「㞷」之叚字。説文土部：「㞷，草木妄生也。從之在土上，讀若皇。」「狂」，説文作「𤞣」，本從㞷聲，故義得通。狂生，蓋以草木爲比，故下云「不胥時而落」，落，亦以草木言也。臣道篇「迷亂狂生」，義同。楊倞注曰「迷亂其君，使生狂也」，未得其義。韓詩外傳作「枉生」，「枉」亦「㞷」之叚字。狂生者不胥時而落。○盧文弨曰：胥，須也。先謙案：謝本從盧校「樂」作「落」。宋台州本作「樂」，是也。釋詁：「毗、劉，暴，樂也。」大雅桑柔「捋采其劉」，傳：「劉，爆爍而希也。」箋：「及已捋采之時，則葉爆爍而疏。」「樂」「爍」同字。荀書作「樂」，與雅訓合。宋槧呂本影鈔本作「樂」，世德堂本改「落」，由不知古義耳。盧失校，今正。餘詳攷證。故人主欲彊固安樂，則莫若反之民；欲附下一民，則莫若反之政；欲修政美國，則莫若求其人。○王念孫曰：案外傳作「修政美俗」，是也。上文曰「政令不煩而俗美」，儒效篇曰「在本朝則美政，在下位則美俗」，王霸篇曰「政令行，風俗美」，皆以「政」與「俗」竝言之，蓋二者恒相因也。今本「美俗」作「美國」，則泛而不切矣。先謙案：羣書治要作「美國」。彼或蓄積而得之者不世絶，彼其人者，生乎今之世而志乎古之道。以天下之王公莫好之也，然而于是獨好之；以天下之民莫欲之也，然而于是獨爲之；好之者貧，爲之者窮，然而于是獨猶將爲之也，○王念孫曰：案三「于是」，皆義不可通，當依外傳作「是子」。「是子」二字，對上文「王公」與「民」而言。下文曰「非于是子莫足以舉之，故舉是子而用之」，是其證。今本作「于是」者，「是子」譌爲「是于」，後人因改爲「于是」耳。「莫欲之」，亦當依外傳作「莫爲之」。「莫好之」與「獨好之」相應，「莫爲之」亦與「獨爲之」相應。今本作「欲之」，則既與「爲之」不相應，又與「好之」相複矣。「于是獨猶將爲之」，當作「是子猶將爲之」，言雖好之者貧，爲之者窮，而是子猶將爲之也。「猶」上不當有「獨」字，蓋涉上文兩「獨」字而衍，外傳無。不爲少頃輟焉。曉然獨明於先王之所以得之，所以失之，知國之安危臧否若別白黑。是其人者也，○王念孫曰：案衍「者」字。此句或爲結上之詞，或爲起下之詞，皆不當有「者」字。外傳作「則是其人也」，無「者」字。大用之則天下爲一，諸侯爲臣，小用之則威行鄰敵，縱不能用，使無去其疆域，則國終身無故。故君人者愛民而安，好士而榮，兩者無一焉而亡。詩曰：「介人維藩，大師維垣。」此之謂也。○盧文弨曰：「介人」，詩攷與元刻同，宋本作

「价」。

道者何也？曰：君道也。○王念孫曰：案此篇以君道爲題，而又釋之曰「道者何也？曰君道也」，則贅矣。韓詩外傳作「道者何也？曰君之所道也」，於義爲長。君之所道，謂君之所行也。儒效篇曰「道者，人之所道也」，與此文同一例。今本蓋脱「之所」二字。君者何也？曰：能羣也。能羣也者何也？曰：善生養人者也，善班治人者也，○先謙案：班，讀曰辨。儀禮士虞注：「古文班或爲辨。」辨、治同義，説詳不苟篇。善顯設人者也，○俞樾曰：設者，大也。考工記桃氏曰「中其莖，設其後」，鄭注曰：「從中以卻稍大之也。」賈疏曰：「後鄭意訓設爲大。故易繫辭曰『益長裕而不設』，鄭注曰：『設，大也。』」是設有大誼。顯設，猶云顯大。先謙案：設，用也。顯設人，猶言顯用人。臣道篇云「正義之臣設」，言正義之臣用也。議兵篇云：「請問王者之兵，設何道何行而可？」言用何道何行而可也。説文：「設，施陳也。」廣雅釋詁：「設，施也。」是設與施同義。施訓用，故設亦通訓爲用矣。（施，義詳臣道篇。）善藩飾人者也。善生養人者人親之，善班治人者人安之，善顯設人者人樂之，善藩飾人者人榮之。四統者俱而天下歸之，夫是之謂能羣。不能生養人者人不親也，不能班治人者人不安也，不能顯設人者人不樂也，不能藩飾人者人不榮也。四統者亡而天下去之，○先謙案：統，猶言總要也。夫是之謂匹夫。故曰：道存則國存，道亡則國亡。省工賈，衆農夫，禁盜賊，除姦邪，是所以生養之也。天子三公，諸侯一相，大夫擅官，○先謙案：説文：「擅，專也。」言得專其官事。士保職，莫不法度而公，是所以班治之也。論德而定次，○先謙案：「論」，當爲「掄」，説見儒效篇。量能而授官，皆使其人載其事而各得其所宜。○王念孫曰：人載其事而各得其所宜，謂人人皆載其事而得其宜也。「使」下不當有「其」字，蓋涉下兩「其」字而衍。榮辱篇曰「皆使人載其事而各得其宜」，正論篇曰「皆使民載其事而各得其宜」，「使」下皆無「其」字。上賢使之爲三公，次賢使之爲諸侯，下賢使之爲士大夫，是所以顯設之也。修冠弁、衣裳、黼黻、文章、琱琢、刻鏤皆有等差，是所以藩飾之也。故由天子至於庶人也，莫不騁其能，得其志，安樂其事，是所同也。衣煖而食充，居安而游樂，事時制明而用足，是又所同也。若夫重色而成文章，重味而成珍備，○俞樾曰：「珍備」二字無義。此本作「重味而備珍怪」。正論篇「食飲則重太牢而備珍怪」，是其證也。因涉上句「重色而成文章」誤衍「成」字，遂倒「備珍」爲「珍備」，而臆删「怪」字矣。韓詩外傳作「重色而成文，累味而備珍」，上句無「章」字，下句無「怪」字，然「成文」「備珍」正本荀子，可據以訂正。是所衍也。○盧文弨曰：「衍」，俗閒本作「術」。先謙案：賦篇「暴人衍矣」，楊注：「衍，饒也。」此言重色重味皆所饒爲之，有餘之意也。故云「財衍以明辨異」。下文「衍及百姓」同。聖王財衍以明辨異，○盧文弨曰：「財衍」，元刻作「則術」。上以飾賢良而明貴賤，下以飾長幼而明親疏，上在王公之朝，下在百姓之家，天下曉然皆知其非以爲異也，將以明分達治而保萬世也。故天子諸侯無靡費之用，士大夫無流淫之行，百吏官人無怠慢之事，衆庶百姓無姦怪之俗，無盜賊之罪，其能以稱義徧矣。故曰：「治則衍及百姓，亂則不足及王公。」此之謂也。

至道大形，○先謙案：言至道至於大形之時。隆禮至法則國有常，尚賢使能則民知方，○先謙案：知方，皆知所向。纂論公察則民不疑，○先謙案：爾雅釋詁：「纂，繼也。」纂論，謂使人相繼論議之，與「公察」對文，皆所以使民不疑也。成相篇云：「公察善思，論不亂。」賞克罰偷則民不怠，○王念孫曰：「克」，當爲「免」，字之誤也。免與勉同。言勉者賞之，偷者罰之也。王制篇曰「百吏免盡而衆庶不偷」是其證也。又樂論篇「弟子免學」，漢書薛宣傳「宣因移書勞免之」，（今本「免」作「勉」，乃後人所改。宋毛晃增修禮部韻畧引此尚作「免」。）谷永傳「閔免遁樂」，竝以「免」爲「勉」。韓詩外傳正作「賞勉罰偷」。兼聽齊明則天下歸之。然後明分職，序事業，材技官能，○先謙案：材以驗技，官以程能。上文云「量能而授官」，王制篇云「無能不官」，正論篇云「能不稱官」，即官能之義。莫不治理，則公道達而私門塞矣，公義明而私事息矣。如是，則德厚者進而佞說者止，貪利者退而廉節者起。書曰：「先時者殺無赦，不逮時者殺無赦。」人習其事而固，○先謙案：固者，不移易之謂。易繫辭下傳注：「固，不傾移也。」禮論篇云：「禮之中焉，能勿易，謂之能固。」人之百事如耳目鼻口之不可以相借官也，故職分而民不探，次定而序不亂，○王念孫曰：「不探」二字義不可通。外傳作「不慢」，是也。下文曰「臣下百吏至於庶人，莫不修己而後敢安正，（與政同。）誠能而後敢受職」，正所謂「職分而民不慢」也。隸書「曼」字或作「㬈」，與「罙」字畧相似，故「慢」誤爲「探」。兼聽齊明而百事不留。如是，則臣下百吏至于庶人莫不修己而後敢安正，誠能而後敢受職，百姓易俗，小人變心，姦怪之屬莫不反慤。夫是之謂政教之極。故天子不視而見，不聽而聰，不慮而知，不動而功，塊然獨坐而天下從之如一體，如四胑之從心。○盧文弨曰：「四胑」，宋本作「四支」。夫是之謂大形。詩曰：「温温恭人，維德之基。」此之謂也。

爲人主者，莫不欲彊而惡弱，欲安而惡危，欲榮而惡辱，是禹、桀之所同也。要此三欲，辟此三惡，果何道而便？曰：在慎取相，道莫徑是矣。○先謙案：徑猶疾也、便也。修身篇云「莫徑由禮義」，與此同。故知而不仁不可，仁而不知不可，既知且仁，是人主之寶也，而王霸之佐也。不急得，不知；得而不用，不仁。無其人而幸有其功，愚莫大焉。今人主有六患：○俞樾曰：下文「使賢者爲之，則與不肖者規之；使知者慮之，則與愚者論之；使修士行之，則與汙邪之人疑之」，止可云「三患」，不可云「六患」，「六」疑「大」字之誤。學者誤以下文一句爲一患，故臆改爲「六」，不知合二句方成一患。若止是使賢者爲之，知者慮之，修士行之，非患也。使賢者爲之，則與不肖者規之；使知者慮之，則與愚者論之；使修士行之，則與汙邪之人疑之。◯先謙案：羣書治要「汙」作「姧」，下同。雖欲成功，得乎哉！譬之是猶立直木而恐其景之枉也，惑莫大焉。語曰：「好女之色，惡者之孽也。◯王念孫曰：孽，猶害也。下文云「衆人之痤」、「汙邪之賊」，義竝與此同。議兵篇曰「百姓莫不敦惡，莫不毒孽」，言莫不毒害也。緇衣引大甲曰「自作孽」，言自作害也。小雅十月篇「下民之孽」，箋曰：「孽，妖孽，謂相爲災害也。」昭十年左傳「蘊利生孽」，杜注曰：「孽，妖害也。」公正之士，衆人之痤也。◯先謙案：玉篇：「痤，癤也。」循乎道之人，汙邪之賊也。」◯盧文弨曰：元刻「循」作「修」。王念孫曰：「循道之人」，與「好女之色」、「公正之士」對文，則「循」下不當有「乎」字。羣書治要無。俞樾曰：「循」乃「修」字之誤。元刻是也。「懿道」與「汙邪」相反。上文曰「使修士行之，則與汙邪之人疑之」，亦以「修」與「汙邪」對，是其證。今使汙邪之人論其怨賊而求其無偏，得乎哉！譬之是猶立枉木而求其景之直也，亂莫大焉。故古之人爲之不然。其取人有道，其用人有法。取人之道，參之以禮；用人之法，禁之以等。◯先謙案：彊國篇云「夫義者，所以限禁人之爲惡與姦者也」，「限禁」連文，是禁與限同義。禁之以等，猶言限之以階級耳。行義動靜，度之以禮；知慮取舍，稽之以成；日月積久，校之以功。故卑不得以臨尊，輕不得以縣重，愚不得以謀知，是以萬舉不過也。故校之以禮，而觀其能安敬也；與之舉錯遷移，而觀其能應變也；與之安燕，而觀其能無流慆也；○盧文弨曰：「流慆」，疑即「流淫」。元刻作「陷」，無「流」字。接之以聲色、權利、忿怒、患險，而觀其能無離守也。彼誠有之者與誠無之者，若白黑然，可詘邪哉！○先謙案：廣雅釋詁：「詘，屈也。」呂覽壅塞篇注：「詘，枉也。」言白黑分明，焉可枉屈乎哉！故伯樂不可欺以馬，而君子不可欺以人，此明王之道也。人主欲得善射，射遠中微者，縣貴爵重賞以招致之，內不可以阿子弟，外不可以隱遠人，能中是者取之，是豈不必得之之道也哉！○王念孫曰：案不猶非也，說見釋詞。雖聖人不能易也。欲得善馭速致遠者，一日而千里，○盧文弨曰：「善馭」下，俗間本有「及」字。王念孫曰：「欲得善馭速致遠者」，（宋呂、錢本竝如是。）元刻、世德堂本「速」上有「及」字。盧從宋本，云「俗閒本有及字」。案有「及」字者是也。「及速」與「致遠」對文。行速則難及，道遠則難致，故唯善馭者乃能及速致遠，非謂其致遠之速也，則不得以「速致遠」連讀。「善馭及速致遠」與「善射射遠中微」對文，若無「及」字，則與上文不對，一證也。王霸篇云「欲得善射，射遠中微則莫若羿、蠭門矣；欲得善馭，及速致遠則莫若王良、造父矣」，與此文同一例，二證也。淮南主術篇云「夫載重而馬羸，雖造父不能以致遠；車輕而馬良，雖中工可使追速」，「追速」「致遠」，即「及速」「致遠」，三證也。羣書治要有「及」字，四證也。俞樾曰：王謂有「及」字者是，不知此與彼文不同。彼無「一日而千里」五字，故有「及速」二字。此云「一日而千里」，則及速不待言矣。荀子原文，不獨無「及」字，並無「速」字。儒效篇曰「輿固馬選矣，而不能以致遠一日而千里，則非造父也」，亦言「一日千里」，而無「及速」之文，可證也。俗本據王霸篇誤加「及速」二字。呂、錢本無「及」字，而有「速」字，則删之未盡者耳。縣貴爵重賞以招致之，內不可以阿子弟，外不可以隱遠人，能致是者取之，是豈不必得之之道也哉！雖聖人不能易也。欲治國馭民，調壹上下，將內以固城，外以拒難，治則制人，人不能制也，亂則危辱滅亡可立而待也。然而求卿相輔佐，則獨不若是其公也，案唯便嬖親比己者之用也，豈不過甚矣哉！故有社稷者莫不欲彊，俄則弱矣；莫不欲安，俄則危矣；莫不欲存，俄則亡矣。古有萬國，今有數十焉，○王念孫曰：案富國篇「數十」作「十數」，是也。當荀子著書時，國之存者已無數十矣。是無它故，莫不失之是也。○先謙案：是，謂用人不公。故明主有私人以金石珠玉，無私人以官職事業，是何也？曰：本不利於所私也。○先謙案：「本」字無義，「大」之誤也。富國篇云「有分者，天下之本利也」，楊注「本，當爲大」，與此正同。彼不能而主使之，則是主闇也；臣不能而誣能，○先謙案：誣能，自以爲能。大畧篇云：「不能而居之，誣也。」則是臣詐也。主闇於上，臣詐於下，滅亡無日，俱害之道也。夫文王非無貴戚也，非無子弟也，非無便嬖也，倜然乃舉太公於州人而用之，○郝懿行曰：按倜，超遠也。韓詩外傳四

「倜」作「超」，「州」作「舟」。此作「州」者，或形譌，或假借字耳。俞樾曰：按「州人」，當從韓詩外傳作「舟人」。太公身爲漁父而釣於渭濱，故言「舟人」也。「舟」「州」古字通。豈私之也哉！以爲親邪？則周姬姓也，而彼姜姓也，以爲故邪？則未嘗相識也。以爲好麗邪？則夫人行年七十有二，齫然而齒墮矣。○盧文弨曰「齫」當作「齫」，與「齳」同。韓詩外傳作「齳」。郝懿行曰：按「齫」，當依韓詩外傳四作「齳」。說文：「齳，無齒也。」蓋篆文「齳」與「齫」形近而譌耳。然而用之者，夫文王欲立貴道，欲白貴名，以惠天下，而不可以獨也，非于是子莫足以舉之，故舉是子而用之。○盧文弨曰：兩「是子」，宋本俱作「子是」。於是乎貴道果立，貴名果明，○顧千里曰：「明」，疑當作「白」。荀子屢言「貴名白」。上文「欲白貴名」，下文亦作「白」，不作「明」，又屢言「白」，皆其證也。（儒效篇「一朝而白」，楊注「白」誤「伯」。）此篇楊注亡。宋本與今本同，蓋皆誤。韓詩外傳四有此句，正作「貴名果白」，亦其一證。兼制天下，立七十一國，姬姓獨居五十三人，周之子孫苟不狂惑者，莫不爲天下之顯諸侯，如是者，能愛人也。故舉天下之大道，立天下之大功，然後隱其所憐所愛，○先謙案：呂覽圜道篇高注：「隱，私也。」其下猶足以爲天下之顯諸侯。故曰：「唯明主爲能愛其所愛，闇主則必危其所愛。」此之謂也。

牆之外，目不見也；里之前，耳不聞也；而人主之守司，遠者天下，近者境內，不可不略知也。天下之變，境内之事，有弛易齵差者矣，○先謙案：易繫辭「易者使傾」，注：「易，慢易也。」弛易，猶言弛慢。齒不正曰齵。齵差，參差不齊。而人主無由知之，則是拘脅蔽塞之端也。耳目之明，如是其狹也；人主之守司，如是其廣也；其中不可以不知也，如是其危也。○王念孫曰：呂、錢本「其」下有「中」字。案呂、錢本是也。其中，謂廣與狹之中也。耳目之所及甚狹，其所不及者甚廣，其中之事或弛易齵差，而人主不知，則必有拘脅蔽塞之患，故曰「其中不可以不知，若是其危也」，元刻始脱「中」字。先謙案：謝本從盧校脱「中」字，今依王説，從宋本增。然則人主將何以知之？曰：便嬖左右者，人主之所以窺遠收衆之門户牖嚮也，不可不早具也。○盧文弨曰：嚮與向同。故人主必將有便嬖左右足信者然後可，其知惠足使規物、○盧文弨曰：「惠」，宋本作「慧」，古通用。先謙案：便嬖，猶近習也。荀書用「便嬖」，不作邪佞解。其端誠足使定物然後可，夫是之謂國具。人主不能不有遊觀安燕之時，則不得不有疾病物故之變焉。如是國者，事物之至也如泉原，一物不應，亂之端也。故曰：人主不可以獨也。卿相輔佐，人主之基、杖也，○俞樾曰：「基杖」二字義不可通，「基」當爲「綦」。儀禮士喪禮「組綦繫于踵」，鄭注曰：「綦，屨係也，所以拘止屨也。」漢書揚雄傳：「屨欃槍以爲綦。」外戚傳：「思君兮屨綦。」綦也、杖也，皆人所以行者，故以爲喻。不可不早具也。故人主必將有卿相輔佐足任者然後可，其德音足以填撫百姓、○盧文弨曰：「填」卽「鎮」字。元刻作「鎮」。其知慮足以應待萬變然後可，夫是之謂國具。四鄰諸侯之相與，不可以不相接也，然而不必相親也。○先謙案：不皆和好之國。故人主必將有足使喻志決疑於遠方者然後可。其辯說足以解煩，其知慮足以決疑，其齊斷足以距難，不還秩，不反君，○王念孫曰：「秩」，當爲「私」，字之誤也。還，讀爲營。言不營私，不叛君也。「營」與「還」，古同聲而通用。管子山至數篇曰「大夫自還而不盡忠」，謂自營其私也。秦策曰「公孫鞅盡公不還私」，謂不營私也。（成相篇「比周還主黨與施」，還主，謂營惑其主也。字或作「環」，臣道篇「朋黨比周，以環主圖私爲務」是也。又齊風還篇「子之還兮」，漢書地理志「還」作「營」，亦以聲同而借用。）「還」字或作「環」。韓子五蠹篇曰「古者蒼頡之作書也，自環者謂之私」，（「私」本作「厶」，見下。）說文「厶」字解引作「自營爲厶」。管子君臣篇曰「兼上下以環其私」，韓子人主篇曰「當途之臣，得勢擅事以環其私」，皆謂營其私也。然而應薄扞患足以持社稷，○俞樾曰：薄之言迫也。僖二十三年左傳「薄而觀之」，文十二年傳「薄之河」，杜注竝曰：「薄，迫也。」然則應薄猶應迫也。言有偪迫者，足以應之也。臣道篇曰「應卒遇變」，卒與薄義相近。然後可，夫是之謂國具。故人主無便嬖左右足信者謂之闇，無卿相輔佐足任者謂之獨，所使於四鄰諸侯者非其人謂之孤，孤獨而晻謂之危。國雖若存，古之人曰亡矣。詩曰：「濟濟多士，文王以寧。」此之謂也。

材人：○盧文弨曰：謂王者因人之材而器使之之道也。愿慤拘録，○盧文弨曰：榮辱篇作「軥録」，注謂「軥與拘同」，蓋據此文。然吏材非僅取愿慤檢束而已，必將取其勤勞趨事者，則作「劬録」義長。計數纖嗇而無敢遺喪，是官人使吏之材也。修飭端正，○盧文弨曰：元刻「修飭」作「修飾」。尊法敬分而無傾側之心，守職循業，○盧文弨曰：元刻「循」作「修」。不敢損益，可傳世也，而不可使侵奪，是士大夫官師之材也。知隆禮義之爲尊君也，知好士之爲美名也，知愛民之爲安國也，知有常法之爲一俗也，知尚賢使能之爲長功也，知務本禁末之爲多材也，知無與下爭小利之爲便於事也，知明制度、權物稱用之爲不泥也，○先謙案：不泥者，明制度、權物稱用有似乎拘泥也。是卿相輔佐之材也，未及君道也。能論官此三材者而無失其次，是謂人主之道也。若是，則身佚而國治，功大而名美，上可以王，下可以霸，是人主之要守也。人主不能論此三材者，不知道此道，○先謙案：道此道，由此道也。安值將卑埶出勞，并耳目之樂，○先謙案：值與直同，并與屏同。彊國篇「并己之私欲」，楊注「并，讀曰屏，屏，棄也」，與此同。而親自貫日而治詳，一内而曲辨之，○先謙案：王霸篇作「一日而曲辨之」。「内」蓋「日」之誤。慮與臣下爭小察而綦偏能，自古及今，未有如此而不亂者也。是所謂「視乎不可見，聽乎不可聞，爲乎不可成」，此之謂也。○盧文弨曰：「不知道此」下三十二字，元刻無。

荀子卷第九

臣道篇第十三

人臣之論：論人臣之善惡。○先謙案：「論」者，「倫」之借字，說見儒效篇，下同。有態臣者，有篡臣者，有功臣者，有聖臣者。解竝在下。內不足使一民，外不足使距難，百姓不親，諸侯不信，然而巧敏佞說，音悅，或作「悅」。善取寵乎上，是態臣者也。以佞媚爲容態。上不忠乎君，下善取譽乎民，不卹公道通義，朋黨比周，以環主圖私爲務，是篡臣者也。環主，環繞其主，不使賢臣得用。圖，謀也。篡臣者，篡奪君政也。○王念孫曰：楊說甚迂。環，讀爲營。營，惑也。謂營惑其主也。（呂氏春秋尊師篇注曰：「營，惑也。」大戴禮文王官人篇曰「煩亂以事而志不營」，又曰「臨之以貨色而不可營」，荀子宥坐篇曰「言談足以飾邪營衆」，皆是也。營訓爲惑，故或謂之營惑，漢書淮南王安傳「營惑百姓」是也。）營與環，古同聲而通用。（春秋文十四年「有星孛入于北斗」，穀梁傳曰：「其曰入北斗，斗有環域也。」「環域」卽「營域」，猶「營繞」之爲「環繞」，「營衞」之爲「環衞」。餘見前「不還秩」下。）字或作「還」。成相篇云「比周還主黨與施」是也。（楊注「還，繞也」，誤與此注同。還與營，古亦通用，說見前「不還秩」下。）內

足使以一民，外足使以距難，民親之，士信之，上忠乎君，下愛百姓而不倦，是功臣者也。民親士信，然後立功也。○盧文弨曰：兩「以」字，元刻無，宋本有。**上則能尊君，下則能愛民，政令教化，刑下如影，**刑，制也。言施政令教化以制其下，如影之隨形，動而輒隨，不使違越也。○盧文弨曰：「刑」，元刻作「形」，注同。今從宋本。郝懿行曰：刑與型同，模範之屬，作器之法也。此言政令教化爲民所法。刑猶形也，民猶影也，如影隨形，不暫停也。「影」當作「景」，轉寫從俗。王念孫曰：古無訓刑爲制者。刑如「刑于寡妻」之刑。刑，法也。言下之法上，如影之從形。先謙案：宋台州本「影」作「景」。**應卒遇變，齊給如響，**齊，疾也。給，供給也。應事而至，謂之給。夫卒變，人所遲疑，今聖臣應之疾速，如響之應聲。卒，蒼忽反。**推類接譽，以待無方，曲成制象，是聖臣者也。**此明應卒遇變之意。無方，無常也。推其比類，接其聲譽，言見其本而知其末也。待之無常，謂不滯於一隅也。委曲皆成制度法象，言物至而應，無非由法，不苟而行之也。聖者，無所不通之謂也。○俞樾曰：楊注未得接譽之義。接其聲譽，豈遂足應無方乎？譽，當讀爲豫。昭二年左傳「宣子譽之」，孟子梁惠王篇引作「豫」。梁惠王篇「一游一豫」，昭二年注引作「譽」。是古字「譽」與「豫」通也。大略篇曰「先事慮事謂之接，先患慮患謂之豫」，即此文「接譽」之義。先謙案：楊、俞說皆非。「譽」，即「與」字，說見儒效篇。**故用聖臣者王，用功臣者彊，用篡臣者危，用態臣者亡。態臣用則必死，篡臣用則必危，**此言態臣甚於篡臣者，蓋當時多用佞媚變詐之人，深欲戒之，故極言之也。**功臣用則必尊。故齊之蘇秦，**蘇秦初相趙，後仕燕，終死於齊，故曰「齊之蘇秦」。**楚之州侯，**楚襄王佞臣也。戰國策莊辛諫襄王曰：「君王左州侯，右夏侯，輦從鄢陵君與壽陵君，載方府之金，與之馳騁乎雲夢之中，不知穰侯方受令乎秦王，填黽塞之內而投己乎黽塞之外。」韓子曰：「州侯相荊貴，而荊王疑之，因問左右，對曰『無有』，如出一口也。」**秦之張儀，可謂態臣者也。**皆變態佞媚之臣。「儀」或作「禄」。**韓之張去疾，**蓋張良之祖。漢書：「良，其先韓人。大父開地，相韓昭侯、宣惠王、襄哀王。父平，相釐王、悼惠王。五世事韓。」戰國策韓有張翠納賂於宣太后。○盧文弨曰：「韓昭侯」至「五世事」，俗本皆脱去。宋本、元刻竝有之，唯少「襄哀王」三字。今並攷良傳補正。**趙之奉陽，**後語：「蘇秦説趙肅侯，肅侯之弟奉陽君爲相，不説蘇秦，蘇秦乃去之。」又戰國策蘇秦説趙王曰：「天下之卿相人臣，乃至布衣之士，莫不高大王之行義，皆願奉教陳忠於前之日久矣。雖然，奉陽君妬，大王不得任事，是以外賓客游談之士無敢盡忠於前。」盧藏用云：「奉陽君名成。」又案後語：奉陽君卒，蘇秦乃從燕而來，説肅侯合從之事。而公子成，武靈王時猶不肯胡服。即公子成非奉陽君也。**齊之孟嘗，可謂篡臣也。**史記曰：「齊閔王既滅宋，益驕，欲盡滅孟嘗。孟嘗君恐，乃如魏。魏昭王以爲相，西合於秦、趙，與燕共伐破齊。後齊襄王立，孟嘗中立於〔一〕諸侯，無所屬。襄王新立，畏孟嘗而與連和。」是篡臣也。○盧文弨曰：「欲盡滅孟嘗」，史記作「欲去孟嘗君」。齊之管仲，晉之咎犯，咎與舅同。晉文公之舅狐偃，犯，其字也。楚之孫叔敖，可謂功臣矣。殷之伊尹，周之太公，可謂聖臣矣。是人臣之論也，吉凶賢不肖之極也，國之吉凶，人君賢不肖，極於論臣也。必謹志之而慎自爲擇取焉，足以稽矣。志，記也。言必謹記此四臣之安危而慎自擇取，則足以稽考用臣也。從命而利君謂之順，從命而不利君謂之諂；逆命而利君謂之忠，逆命而不利君謂之篡；不卹君之榮辱，不卹國之臧否，偷合苟容，以持禄養交而已耳，謂之國賊。養交，謂養其與君交接之人，不忤犯使怒也。或曰：養其外交，若蘇秦、張儀、孟嘗君，所至爲相也。○王念孫曰：後説是。持禄養交，見後議兵篇「持養」下。君有過謀過事，將危國家、殞社稷之懼也，大臣父兄有能進言於君，用則可，不用則去，謂之諫；○盧文弨曰：「父兄」，宋本作「父子兄弟」，今從元刻。有能進言於君，用則可，不用則死，謂之争；有能比知同力，比，合也。知，讀爲智。率羣臣百吏而相與彊君撟君，彊，其亮切。撟與矯同，屈也。○盧文弨曰：「撟」，宋本作「橋」，卷内

〔一〕「於」，原本作「爲」，據史記孟嘗君列傳改。

同。先謙案：羣書治要作「矯」。君雖不安，不能不聽，遂以解國之大患，除國之大害，成於尊君安國，謂之輔；事見平原君傳。有能抗君之命，竊君之重，反君之事，以安國之危，除君之辱，功伐足以成國之大利，謂之拂。抗，拒也。戰功曰伐。左傳：「郄至驟稱其伐。」拂，讀爲弼。弼，所以輔正弓弩者也。或讀爲咈，違君之意也。謂若信陵君違魏王之命，竊其兵符，殺晉鄙，反軍不救趙之事，遂破秦而存趙。夫輔車相依，今趙存則魏安，故曰「安國之危，除君之辱」也。○盧文弨曰：注「或讀爲咈」，舊本「咈」作「佛」，訛。案説文：「咈，違也。」今改正。故諫、争、輔、拂之人，社稷之臣也，國君之寶也，明君所尊厚也，○先謙案：羣書治要作「明君之所尊所厚也」。宋台州本同治要。而闇主惑君以爲己賊也。○盧文弨曰：「主惑」二字疑衍。故明君之所賞，闇君之所罰也；闇君之所賞，明君之所殺也。伊尹、箕子，可謂諫矣；伊尹諫太甲，箕子諫紂。比干、子胥，可謂争矣；平原君之於趙，可謂輔矣；信陵君之於魏，可謂拂矣。○盧文弨曰：「於趙」「於魏」下，俗本竝有「也」字，宋本、元刻皆無。傳曰：「從道不從君。」此之謂也。故正義之臣設，則朝廷不頗；設，謂置於列位。頗，邪也。○先謙案：設，猶用也，説見君道篇。諫、争、輔、拂之人信，則君過不遠；信，謂見信於君。或曰：信，讀爲伸，謂道行也。○先謙案：以上下文例之，或説較長。爪牙之士施，則仇讎不作；爪牙之士，勇力之臣也。施，謂展其材也。○俞樾曰：莊子秋水篇「是謂謝施」，釋文引司馬注曰：「施，用也。」淮南子原道篇「施之無窮」，高誘注亦曰：「施，用也。」爪牙之士施，猶曰「爪牙之士用」。楊訓施爲展，而以展其材足成之，迂矣。**邊境之臣處，則疆垂不喪。**垂與陲同。○先謙案：羣書治要作「界垂」。**故明主好同而闇主好獨，**獨，謂自任其智。**明主尚賢使能而饗其盛，**盛謂大業。言饗其臣之功業也。○先謙案：盛，成也，説具榮辱篇。楊注非。**闇主妬賢畏能而滅其功。**滅，掩没也。**罰其忠，賞其賊，夫是之謂至闇，桀、紂所以滅也。**

事聖君者，有聽從，無諫争；聖君無失。**事中君者，有諫争，無諂諛；**中君，可上可下，若齊桓公者也，諂諛則遂成闇君也。**事暴君者，有補削，無撟拂。**補，謂彌縫其闕。削，謂除去其惡。言不敢顯諫，闇匡救之也。撟，謂屈其性也。拂，違也。撟拂則身見害，使君有殺賢之名，故不爲也。拂音佛。○盧文弨曰：拂，讀爲弼，前注是也。此音佛，誤。王引之曰：楊分補與削爲二義，非也。「聽從」「諫争」「諂諛」「補削」「撟拂」，皆兩字同義。補削，謂彌縫其闕也。削者，縫也。韓子難篇曰「管仲善制割，賓胥無善削縫，隰朋善純緣，衣成，君舉而服之」，「制割」「削縫」「純緣」亦兩字同義。（舊注以削爲翦削，誤與楊注同。）呂氏春秋行論篇曰：「莊王方削袂。」燕策曰：「身自削甲札，妻自組甲絣。」蓋古者謂縫爲削，而後世小學書皆無此訓，失其傳久矣。**迫脅於亂時，窮居於暴國，而無所避之，則崇其美，揚其善，違其惡，**○王念孫曰：違，讀爲諱。諱其惡，與隱其敗同意。曲禮注曰：「諱，辟也。」（辟與避同。）緇衣注曰：「違，辟也。」諱、違皆從韋聲，而皆訓爲避，故字亦相通。（墨子非命篇「福不可請而禍不可諱」，諱與違同。）**隱其敗，言其所長，不稱其所短，以爲成俗。**謂危行言遜以避害也。以爲成俗，言如此而不變，若舊俗然也。**詩曰：「國有大命，不可以告人，妨其躬身。」**○郝懿行曰：有命不以告人，明哲所以保身。上云「以爲成俗」，言彼習非勝是，不可變移，默足以容，庶不有害於躬也。「躬、身」一耳，爲足句，兼取韻。**此之謂也。**逸詩。

恭敬而遜，聽從而敏，不敢有以私決擇也，敏，謂承命而速行，不敢更私自決斷選擇也。○盧文弨曰：「不敢有」下，元刻無「以」字，下句同。**不敢有以私取與也，以順上爲志，是事聖君之義也。**但稟命而已。**忠信而不諛，諫爭而不諂，撟然剛折，端志而無傾側之心，**撟，彊貌。禮記曰：「和而不流，彊哉撟。」剛折，剛直面折也。端志，不邪曲也。**是案曰是，非案曰非，是事中君之義也。調而不流，柔而不屈，寬容而不亂，**雖調和而不至流湎，雖柔從而不屈曲，雖寬容而不與爲亂也。**曉然以至道而無不調和也，**曉然，明喻之貌。至道，無爲不争之道。以至道則暴君不能加怒，無不調和，言皆不違拂也。○俞樾曰：「然」字衍文，當作「曉以至道而無不調和也」。言事暴君者當以至道曉之也。楊注不詞。**而能化易，時關内之，是事暴君之義也。**「關」，當爲「開」，傳寫誤耳。内與納同。言既以沖和事之，則能化易其暴戾之性，時以善道開納之也。或曰：以道關通於君之心中也。○郝懿行曰：關，閉也。内，入也。化易者，謂開導其善心。關内者，謂掩閉其邪志。王念孫曰：或説近之。凡通言於上曰關。周官條狼氏「誓大夫曰『敢不關，鞭五百』」，先鄭司農曰：「不關，謂不關於君也。」史記梁孝王世家曰：「大臣及袁盎等有所關説於景帝。」佞幸傳曰「公卿皆因關説」，索隱曰：「關，通也。謂公卿因之而通其詞説。」漢書注曰：「關説者，言由之而納説。」是關與納義近。書大傳「雖禽獸之聲，猶悉關於律」，鄭注曰：「關，猶入也。」入，亦納也。（下文曰：「因其喜也而入其道。」）故曰「時關内之」，不當改「關」爲「開」。**若馭樸馬，**樸馬，未調習之馬，不可遽牽制，必縱緩之。事暴君之難，故重明之也。**若養赤子，**赤子，嬰兒也，未有所知，必在順適其性，不驚懼也。**若食餧人，**使飢渴於至道，如餧人之欲食。或曰：餧人，併與之食則必死。今以善道節量與之，不使狂惑也。莊子曰：「人惑則死。」○郝懿行曰：樸馬，未調也；赤子，難曉也；餧人，毋速飽也：三者正明化易關内之事。蓋必順從其意，與之推移，因而逆遏其邪，施之楗閉，庶令回心易嚮，日遷善而不自知也。下四句，仍申明此恉。其妙全在於因憂懼喜怒，其因之之事也；改過、辨故、入道、除怨，其因之之權也。**故因其懼也，而改其過；**懼則思德，故因使其改過。**因其憂也，而辨其故；**辨其致憂之端則遷善也。○王念孫曰：楊説「辨」字「故」字之義皆誤。辨，讀爲變。變其故，謂去故而就新也。憂懼者，改過遷善之機，故曰「因其懼也而改其過，因其憂也而變其故」。變，亦改也。「辨」或作「辯」。廣雅曰：「辯，變也。」坤文言「由辯之不早辯也」，「辯」，荀本作「變」。莊子逍遥遊篇「乘天地之正而御陰陽之辯」，辯與變同。**因其喜也，而入其道；**欣喜之時，多所聽納，故因以道入之。**因其怒也，而除其怨；**怨惡之人，因君怒除去之也。**曲得所謂焉。**雖憂懼喜怒之殊，委曲皆得所謂。所謂，即化易君性也。**書曰：「從命而不拂，微諫而不倦，爲上則明，爲下則遜。」此之謂也。**書，伊訓也。○盧文弨曰：案此逸書也。郝懿行曰：此逸書，楊以爲伊訓異文，非是。

事人而不順者，不疾者也；不順上意也。疾，速也。不疾，言怠慢也。**疾而不順者，不敬者也；敬而不順者，不忠者也；忠而不順者，無功者也；有功而不順者，無德者也。故無德之爲道也，傷疾、墮功、滅苦，故君子不爲也。**傷疾、墮功、滅苦，未詳，或恐錯誤耳。「爲」，或爲「違」。○盧文弨曰：「故無德」，元刻作「故德」。郝懿行曰：疾者，速也。苦者，勞也。言事人之道，苟無德以將之，則雖有敏疾之美，自傷敗之；雖有功業，自墮壞之；雖有勤苦，自滅没之。所以然者，才不勝德，功不補過，有而不能自保其有也。古來功勤忠敏之士，或搆凶釁，不能善處功名之際者，無德故耳。傷疾、墮功，義具上文。敬、忠皆得謂之勞苦，故以滅苦包之。楊氏未加省照，疑其錯誤，非也。王念孫曰：「苦」，當爲「善」，字之誤也。（隸書「苦」字作「苦」，與「善」相似。）疾與功，已見上文。善，即上文之忠敬也。傷疾、墮功、滅善，皆承上文言之。先謙案：郝、王二説竝通。

有大忠者，有次忠者，有下忠者，有國賊者：以德復君而化之，大忠也；復，報也。以德行之事報白於君，使自化於善。周禮「宰夫掌諸臣之復、萬民之逆」也。○俞樾曰：韓詩外傳「復」作「覆」，當從之。以德覆君，謂其德甚大，君德在其覆冒之中，故足以化之。下文曰「若周公之於成王也，可謂大忠矣」，是大忠之名非周公不足當也。楊氏不知復與覆通，而訓復爲報，謂「以德行之事報白於君」，然則如次忠之以德調君而補之者，豈不以德行報白乎？且但報白而已，又何足以化之乎？先謙案：羣書治要正作「覆」。以德調君而補之，次忠也；謂匡救其惡也。○郝懿行曰：「補之」，韓詩外傳作「輔之」，亦於義爲長。楊注非。以是諫非而怒之，下忠也；使君有害賢之名，故爲下忠也。不卹君之榮辱，不卹國之臧否，偷合苟容，以之持禄養交而已耳，國賊也。若周公之於成王也，可謂大忠矣；若管仲之於桓公，可謂次忠矣；若子胥之於夫差，可謂下忠矣；若曹觸龍之於紂者，可謂國賊矣。說苑曰：「桀貴爲天子，富有天下，其左師觸龍者，諂諛不正。」此云「紂」，未知孰是。○先謙案：議兵篇「微子開封於宋，曹觸龍斷於軍」，皆殷紂時事，則說苑誤也。

仁者必敬人。凡人非賢則案不肖也。人賢而不敬，則是禽獸也；禽獸不知敬賢。○盧文弨曰：正文「不敬」，舊作「不能」，誤，今改正。或疑是「不能」下脫「敬」字。人不肖而不敬，則是狎虎也。狎，輕侮也。言必見害。禽獸則亂，狎虎則危，災及其身矣。詩曰：

「不敢暴虎，不敢馮河。人知其一，莫知其它。戰戰兢兢，如臨深淵，如履薄冰。」此之謂也。詩，小雅小旻之篇。暴虎，徒搏。馮河，徒涉。人知其一，莫知其它，言人皆知暴虎馮河立至於害，而不知小人爲害有甚於此也。○王引之曰：荀子引詩，至「莫知其它」而止，「戰戰兢兢」三句，則後人取詩詞增入也。此承上文「人不肖而不敬，則是狎虎」而言，言人但知暴虎馮河之害，而不知不敬小人之害與此同，故曰「『不敢暴虎，不敢馮河，人知其一，莫知其它』，此之謂也」。「此之謂也」四字，正承「人知其一，莫知其它」而言，若加入「戰戰兢兢」三句，則與「此之謂也」義不相屬矣。據楊注但釋「不敢暴虎」四句，而不釋「戰戰兢兢」三句，則所見本無此三句甚明，一證也。又小閔傳曰：「它，不敬小人之危殆也。」箋曰：「人皆知暴虎馮河立至之害，而無知當畏慎小人能危亡也。」傳、箋皆本於荀子，二證也。呂氏春秋安死篇：「詩曰：『不敢暴虎，不敢馮河，人知其一，莫知其它。』此言不知鄰類也。」所引詩詞，至「莫知其它」而止。高注曰：「人皆知小人之爲非，不知不敬小人之危殆，故曰『不知鄰類也』。」淮南本經篇：「詩云：『不敢暴虎，不敢馮河，人知其一，莫知其它。』此之謂也。」文與荀子正同。高注曰：「人皆知暴虎馮河立至害也，故曰『知其一』；而不知當畏慎小人危亡也，故曰『莫知其它』。此不免於惑，故曰『此之謂也』。」呂覽、淮南高注皆本於荀子，三證也。

故仁者必敬人。敬人有道：賢者則貴而敬之，不肖者則畏而敬之；賢者則親而敬之，不肖者則疏而敬之。其敬一也，其情二也。若夫忠信端愨而不害傷，則無接而不然，是仁人之質也。其敬雖異，至於忠信端愨不傷害，則凡所接物皆然。言嘉善而矜不能，不以人之不肖逆詐待之，而欲傷害之也。質，體也。**忠信以爲質，端愨以爲統，**統，綱紀也。言以端愨自處而待物者也。○先謙案：注「以」，各本作「已」，據宋台州本改正。**禮義以爲文，**用爲文飾。**倫類以爲理，**倫，人倫。類，物之種類。言推近以知遠，以此爲條理也。**喘而言，臑而動，而一可以爲法則。**臑，與勸學篇蝡同。喘，微言也。臑，微動也。一，皆也。言一動一息之閒皆可以爲法則也。臑，人允反。○先謙案：「蝡」，集韻或作「蠕」。史記匈奴傳索隱引三蒼云：「蠕蠕，動貌，音軟。」今正文及注作「臑」，是「蠕」之誤字。說文：「臑，臂羊矢。」據注引勸學篇及音義，知楊所見本尚作「蠕」，不作「臑」也。**詩曰：「不僭不賊，鮮不爲則。」此之謂也。**詩，大雅抑之篇。言不僭差賊害，則少爲人法則矣。

恭敬，禮也；調和，樂也；調和，不爭競也。**謹慎，利也；鬭怒，害也。故君子安禮樂利，謹慎而無鬭怒，**○王念孫曰：「樂利」，當爲「樂樂」，「樂樂」與「安禮」對文。「安禮樂樂」，承上「禮」「樂」而言；「謹慎而無鬭怒」，承上「謹慎」「鬭怒」而言。今本作「樂利」者，涉上「利也」而誤。俞樾曰：「樂利」當爲「和樂」，「和樂」與「安禮」相對成文。「安禮和樂」承上「禮」「樂」而言，「謹慎而無鬭怒」承上「謹慎」「鬭怒」而言。因「和」字譌作「利」，又涉上文「謹慎，利也」，疑「利」字屬「謹慎」言，遂移置「樂」字之下，使「安禮樂，利謹慎」兩句相對，而文義俱違矣。先謙案：二說竝通。**是以百舉不過也。小人反是。**

通忠之順，忠有所壅塞，故通之，然而終歸於順也。權險之平，權危險之事，使至於平也。禍亂之從聲，君雖禍亂，應聲而從之也。或曰：權，變也。既不可扶持，則變其危險，使治平也。三者，非明主莫之能知也。闇君不知，所以殺害忠賢而身死國亡也。争然後善，戾然後功，出死無私，致忠而公，夫是之謂通忠之順，信陵君似之矣。諫争君，然後能善，違戾君，然後立功，出身死戰，不爲私事，而歸於至忠至公。信陵君諫魏王，請救趙，不從，遂矯君命破秦，而魏國以安，故似之。奪然後義，殺然後仁，上下易位然後貞，奪者，不義之名。殺者，不仁之稱。上下易位，則非貞也，而湯、武惡桀、紂之亂天下而奪之，是義也；不忍蒼生之涂炭而殺之，是仁也；雖上下易位，而使賢愚當分，歸於正道，是貞也。功參天地，澤被生民，夫是之謂權險之平，湯、武是也。過而通情，○先謙案：君本過也，而曲通其情，以爲順善。和而無經，經，常也。但和順上意而無常守。不卹是非，不論曲直，偷合苟容，迷亂狂生，迷亂其君，使生狂也。○先謙案：「狂」是「㞷」之借字，説見君道篇。夫是之謂禍亂之從聲，飛廉、惡來是也。傳曰：「斬而齊，枉而順，不同而壹。」此言反經合道，如信陵、湯、武者也。所以斬之，取其齊也；所以枉曲之，取其順也；所以不同，取其一也。初雖似乖戾，然終歸於理者也。詩曰：「受小球大球，爲下國綴旒。」此之謂也。詩，商頌長發之篇。球，玉也。鄭玄云：「綴，猶結也。旒，旌旗之垂者。言湯既爲天所命，則受小玉，謂尺二寸圭也；受大玉，謂珽也，長三尺。執圭搢珽，以與諸侯會同，結定其心，如旌旗之旒縿著焉。」引此以明湯、武取天下，權險之平，爲救下國者也。

致士篇第十四 明致賢士之義。

衡聽、顯幽、重明、退姦、進良之術：衡，平也。謂不偏聽也。顯幽，謂使幽人明顯，不雍蔽也。重明，謂既明，又使明也。書曰：「德明惟明。」能顯幽則重明矣，能退姦則良進矣。○俞樾曰：按楊注「衡，平也」，下文「衡至」，注曰「衡讀爲横」，前後兩字異訓，失之。「衡聽」之「衡」，亦當讀爲横，蓋彼以衡至，故亦以衡聽也。古「横」「衡」同字。詩衡門篇釋文曰：「衡，古文横字。」是其證也。漢書王莽傳「昔帝堯横被四表」，魏志文帝紀引獻帝傳曰「廣被四表」。是横、廣音近義通。流言之屬，一時而竝至，故曰「横至」，猶曰「大至」矣。先謙案：重明，猶書堯典之「明明」。此言用人之術。**朋黨比周之譽，君子不聽；殘賊加累之譖，君子不用；**殘賊，謂賊害人。加累，以罪惡加累誣人也。**隱忌雍蔽之人，君子不近；**隱，亦蔽也。忌，謂妬賢。雍，讀曰擁。○王念孫曰：楊誤分隱忌爲二義。且下文言「雍蔽」，則隱忌非雍蔽也。隱忌即意忌，謂妬賢也。史記平津侯傳云：「弘爲人意忌，外寬内深。」酷吏傳云：「張湯文深意忌。」唯其意忌，是以雍蔽。秦誓曰「人之有技，冒疾以惡之」，所謂意忌也。又曰「人之彦聖而違之，俾不達」，所謂雍蔽也。意、隱聲相近，「意忌」之爲「隱忌」，若左氏春秋經之「季孫意如」，公羊作「隱如」矣。（史記孝文紀

「故楚相蘇意」，漢紀作「蘇隱」。凡之部之字，或與諄部相轉，上、去聲亦然。樂記「天地訢合」，鄭注：「訢，讀爲熹。」射義「耄期稱道不亂者」，大雅行葦傳作「耄勤」。左傳「曹公子欣時」，公羊作「喜時」。荀子性惡篇「驊騮、騹、驥」，即「騏、驥」，皆其例也。）**貨財禽犢之請，君子不許。**行賂請謁者也。**凡流言、流説、流事、流謀、流譽、流愬，不官而衡至者，君子慎之。**流者，無根源之謂。愬，譖也。不官，謂無主首也。衡，讀爲横。横至，横逆而至也。**聞聽而明譽之，**君子聞聽流言流説，則明白稱譽。謂顯露其事，不爲隱蔽。如此，則姦人不敢獻其謀也。**定其當而當，然後士其刑賞而還與之，**「士」，當爲「事」，行也。言定其當否，既當之後，乃行其刑賞，反與之也。謂其言當於善，則事之以賞；當於惡，則事之以刑。當，丁浪反。○郝懿行曰：士者，事也。古「士」「仕」「事」俱通用。此「士」，謂事其事也。王引之曰：「士」字義不可通，「士」當爲「出」，字之誤也。（隸書「出」字或省作「士」，故諸書中「出」字或誤作「士」，説見大略篇「教出」下。）高注淮南説林篇曰：「當（丁浪反。）猶實也。」言定其善惡之實而當然後出其刑賞而還與之也。楊讀士爲事，又訓事爲行，展轉以求其通，鑿矣。先謙案：王説是。**如是則姦言、姦説、姦事、姦謀、姦譽、姦愬莫之試也，忠言、忠説、忠事、忠謀、忠譽、忠愬莫不明通，方起以尚盡矣。**明通，謂明白通達其意。方起，竝起。尚與上同。上盡，謂盡忠於上也。○俞樾曰：盡忠於上而曰上盡，甚爲不詞。盡，當讀爲進。列子天瑞篇「終進乎不知也」，張湛注曰：「進，當爲盡。」是其證也。漢書高帝紀「主進」，顔師古注曰：「進，字本作賮，又作賮，音皆同耳。古字叚借，故轉而爲進。」然則以「盡」爲「進」，猶以「進」爲「賮」矣。爾雅釋詁：「藎，進也。」藎從盡聲，則盡亦進也。尚盡，猶言上進。忠言、忠説、忠事、忠謀、忠譽、忠愬皆願進於上，故曰「莫不明通方起以上進矣」。楊氏知尚之爲上，而不知盡之爲進，於古人叚借之義未盡得也。夫是之謂衡聽、顯幽、重明、退姦、進良之術。○盧文弨曰：下似當别爲一條。先謙案：盧説是，今從之。

川淵深而魚鼈歸之，山林茂而禽獸歸之，刑政平而百姓歸之，禮義備而君子歸之。故禮及身而行修，義及國而政明，能以禮挾而貴名白，天下願，令行禁止，王者之事畢矣。挾，讀爲浹。能以禮浹洽者，則貴名明白，天下皆願從之也。○盧文弨曰：「貴名白」，王制篇作「名聲日聞」。此恐有訛。王念孫曰：儒效篇曰「貴名白而天下治」，君道篇曰「文王欲立貴道，欲白貴名」，則「貴名白」三字不訛。韓詩外傳作「貴名自揚」，義亦同也。王制篇作「名聲日聞」，乃後人所改，辯見王制。顧千里曰：「禮」下，疑當有「義」字，承上「禮義備而君子歸之，故禮及身而行修，義及國而政明」言之。楊注已無「義」字，非也。韓詩外傳五有此句，作「能以禮扶身」，疑「扶身」二字亦「義挾」二字之誤。詩曰：「惠此中國，以綏四方。」此之謂也。詩，大雅民勞之篇。中國，京師也。四方，諸夏也。引此以明自近及遠也。川淵者，龍魚之居也；山林者，鳥獸之居也；國家者，士民之居也。川淵枯則龍魚去之，山林險則鳥

獸去之，○郝懿行曰：「險」當爲「儉」，「儉」與「險」古通用。儉，如山之童、林木之濯濯皆是。王念孫曰：「險」乃「儉」借字。（否象傳「君子以儉德辟難」，虞注：「儉，或作險。」）大戴記文王官人篇「多稽而儉貌」，逸周書「儉」作「險」。襄二十九年左傳「險而易行」，杜注：「險，當爲儉。」）山林儉則鳥獸無所依而去之，猶川淵枯而龍魚去之也。此與上文「山林茂」正相反。**國家失政則士民去之。無土則人不安居，無人則土不守，無道法則人不至，無君子則道不舉。故土之與人也、道之與法也者，國家之本作也，**本作，猶本務也。○王念孫曰：楊未解「作」字之義。「國家之本作」，「道法之總要」，相對爲文。作者，始也，始，亦本也；總，亦要也。上文云「無土則人不安居，無人則土不守，無道法則人不至」，故此四者爲國家之本始也。魯頌駉篇傳曰：「作，始也。」（廣雅同。）皋陶謨「烝民乃粒，萬邦作乂」，「作」與「乃」相對爲文，言烝民乃粒，萬邦始乂也。禹貢「萊夷作牧」，言萊夷水退始放牧也。「沱、潛既道，雲夢土作乂」，「作」與「既」相對爲文，言沱、潛之水既道，雲夢之土始乂也。（竝見經義述聞。）**君子也者，道法之摠要也，不可少頃曠也。得之則治，失之則亂；得之則安，失之則危；得之則存，失之則亡。故有良法而亂者有之矣，有君子而亂者，自古及今，未嘗聞也。傳曰：「治生乎君子，亂生乎小人。」此之謂也。**○盧文弨曰：前王制篇亦有此數語，或是脱簡於彼。

得衆動天。得衆則可以動天。言人之所欲，天必從之。**美意延年。**美意，樂意也。無憂患則延年也。**誠信如神。**誠信則如神明，言物不能欺也。**夸誕逐魂。**逐魂，逐去其精魂，猶喪精也。矜夸妄誕，作僞心勞，故喪其精魂。此四者皆言善惡之應也。○郝懿行曰：按四句一韻，文如箴銘，而與上下頗不相蒙，疑或它篇之誤脱。魂者，神也。夸，奢。誕，謾。所謂逐物意移、心動神疲者也。先謙案：郝説是，今别爲一條。

人主之患，不在乎不言用賢，而在乎誠必用賢。○盧文弨曰：此句有誤，當作「而在乎不誠用賢」。王念孫曰：案當作「而在乎不誠必用賢」，言用賢之不誠不必也。管子九守篇曰「用賞者貴誠，用刑者貴必」，吕氏春秋論威篇曰「又況乎萬乘之國而有所誠必乎」，賈子道術篇曰「伏義誠必謂之節」，淮南兵略篇曰「將不誠必則卒不勇敢」，枚乘七發曰「誠必不悔，決絶以諾」，皆以「誠必」連文，則「必」字不可删。先謙案：羣書治要作「不在乎不言，而在乎不誠」。治要引書，多節删而不增字，其引此文，「誠」上有「不」字，此脱「不」字之明證。**夫言用賢者口也，卻賢者行也，**無善行則賢不至也。**口行相反而欲賢者之至、不肖者之退也，不亦難乎！夫耀蟬者務在明其火、振其樹而已，**○郝懿行曰：「耀」，俗「燿」字。燿者，照也。燿蟬者，火必明而後蟬投焉，蟬以陽明爲趨也。照蟹者，火必闇而後蟹赴焉，蟹以陰闇爲居也。二者，君子小人之分途也，故明主求賢如燿蟬，闇主蒐慝如照蟹。**火不明，雖振其樹，無益也。**南方人照蟬，取而食之。禮記有「蜩、范」是也。**今人主有能明其德，則天下歸之，若蟬之歸明火也。**

臨事接民而以義，變應寬裕而多容，恭敬以先之，政之始也；多容，廣納也。然後中和察斷以輔之，政之隆也；政之崇高，在輔以中和察斷。斷，丁亂反。○王念孫曰：政之隆，謂政之中也。孝經曰：「夫孝，始於事親，中於事君，終於立身。」彼以「中」對「始」「終」，此以「隆」對「始」「終」，是「隆」卽「中」也。楊以隆爲崇高，失之。又正論篇「凡議必將立隆正然後可也，無隆正則是非不分而辯訟不決」，隆正，謂中正也。（王霸篇曰：「君臣上下，貴賤長幼，至于庶人，莫不以是爲隆正。」）下文「天下之大隆」，亦謂大中也。楊以隆爲崇高，亦失之。然後進退誅賞之，政之終也。故一年與之始，三年與之終。夫不教而殺謂之虐，故爲政之始，寬裕多容，三年政成，然後進退誅賞也。用其終爲始，則政令不行而上下怨疾，亂所以自作也。先賞罰後德化則亂。書曰：「義刑義殺，勿庸以卽，女惟曰『未有順事』。」言先教也。書，康誥。言雖義刑義殺，亦勿用卽行之，當先教後刑也。雖先後不失，尚謙曰「我未有順事，故使民犯法」、「躬自厚而薄責於人」也。

程者，物之準也；程者，度量之揔名也。禮者，節之準也。節，謂君臣之差等也。程以立數，禮以定倫，言有程則可以立一二之數，有禮則可以定君臣父子之倫也。德以敘位，能以授官。度其德以序上下之位，考其能以授所任之官，若夔典樂、伯夷典禮之比也。凡節奏欲陵，而生民欲寬，節奏，謂禮節奏。陵，峻也。侵陵，亦嚴峻之義。生民，謂以德教生養民也。

言人君自守禮之節奏，則欲嚴峻不弛慢；養民則欲寬容，不迫切之也。○王念孫曰：楊說「陵」字之義及下「節奏陵而文」，注皆非是。節奏欲陵而生民欲寬者，陵謂嚴密也，故與寬相反。富國篇曰「其於貨財取與計數也，寬饒簡易；其於禮義節奏也，陵謹盡察」，陵謹與寬饒亦相反。節奏陵謹，卽此所云「節奏欲陵」也。（楊訓陵爲侵陵，誤與此注同。）節奏陵而文，生民寬而安。節奏雖峻，亦有文飾，不至於刻急。○郝懿行曰：陵者，丘陵，喻高峻也。節奏以禮言，欲其高峻，防踰越也。生民以田畜言，欲其寬饒，不陝隘也。節奏陵而文，敦禮讓也。生民寬而安，樂太平也。王念孫曰：而，猶則也。（孟子公孫丑篇「可以仕則仕，可以止則止，可以久則久，可以速則速」，萬章篇作「可以速而速，可以久而久，可以處而處，可以仕而仕」。）言節奏陵則文，生民寬則安也。節奏密則成文章，樂記曰「節奏合以成文」是也。「陵」字或作「淩」，管子中匡篇曰：「有司寬而不淩。」上文下安，功名之極也，不可以加矣。

君者，國之隆也；父者，家之隆也。隆猶尊也。隆一而治，二而亂，自古及今，未有二隆爭重而能長久者。

師術有四，而博習不與焉：術，法也。言有四德則可以爲人師，師法不在博習也。與音豫。尊嚴而憚，可以爲師；耆艾而信，可以爲師；五十曰艾，六十曰耆。誦說而不陵不犯，可以爲師；誦，謂誦經；說，謂解說。謂守其誦說，不自陵突觸犯。言行其所學。○先謙案：不陵不犯，謂謹守師説者。下「知微而論」，如「喪欲速貧，死欲速朽」，有若以爲非夫子之言是也。**知微而論，可以爲師。**知精微之理而能講論。論，盧困反。○郝懿行曰：「論」與「倫」，古字通。言知極精微而皆中倫理也。注非。**故師術有四，而博習不與焉。水深而回，**回，流旋也。水深不湍峻，則多旋流也。**樹落則糞本，**謂木葉落，糞其根也。○謝本從盧校，作「水深則回，樹落糞本」。盧文弨曰：宋本作「水深而回，樹落則糞本」，今從元刻。郝懿行曰：回，旋流也。糞，壅根也。二句喻弟子於師，不忘水源木本之意。俞樾曰：「樹落」下當有「則」字。此以上二句喻下一句，若無「則」字，句法不一律矣。盧從元刻，其實宋本是也。古書每以「而」「則」互用。孟子告子篇「人有雞犬放則知求之，有放心而不知求」，墨子明鬼篇「非父則母，非兄而姒」，史記欒布傳「與楚則漢破，與漢而楚破」，皆其證也。宋本上句用「而」字，下二句用「則」字，必荀子之原文。先謙案：俞説是，今從宋本。**弟子通利則思師。**思其厚於己也。**詩曰：「無言不讎，無德不報。」此之謂也。**此言爲善則物必報之也。

賞不欲僭，刑不欲濫，賞僭則利及小人，刑濫則害及君子。若不幸而過，寧僭無濫；與其害善，不若利淫。○盧文弨曰：此數語全本左傳。考荀卿以左氏春秋授張蒼，蒼授賈誼，荀子固傳左氏者之祖師也。

新編諸子集成

荀子集解

下

〔清〕王先謙 撰
沈嘯寰 王星賢 點校

中華書局

荀子卷第十

議兵篇第十五

臨武君與孫卿子議兵於趙孝成王前。臨武君，蓋楚將，未知姓名。戰國策曰：「天下合從，趙使魏加見楚春申君曰：『君有將乎？』春申君曰：『有矣。僕欲將臨武君。』魏加曰：『臣少之時好射，臣願以射譬，可乎？』春申君曰：『可。』魏加曰：『異日者，更嬴與魏王處京臺之下，更嬴曰：「臣能爲王引弓虚發而下鳥。」有閒，鳴雁從東方來，更嬴以虚發而下之。王曰：「射之精，乃至於此乎？」更嬴曰：「此孽也。」王曰：「先生何以知之？」對曰：「其飛徐者，其故創痛也。其鳴悲者，久失羣也。故創未息而驚心未去，聞弦音烈而高飛，故隕也。今臨武君嘗爲秦孽，不可以爲距秦之將。」』」趙孝成王，晉大夫趙夙之後，簡子十世孫。或曰：劉向敍云：「孫卿至趙，與孫臏議兵趙孝成王前。」臨武君即孫臏也。今案史記年表，齊宣王二年，孫臏爲軍師，則敗魏於馬陵至趙孝成王元年，已七十餘年，年代相遠，疑臨武君非此孫臏也。○盧文弨曰：案楊氏改書名作荀卿子，而此篇正文仍作孫卿子，依漢以來相傳之舊也，本篇内「微子開封於宋」注甚明。注「更嬴」，楚策作「更羸」。又「其故創痛也」，策無「其」字，此注脱「故」字，今增。又「故創未息」作「故創痛未息」。今從策删「痛」字。王曰：「請問兵要。」臨武君對曰：「上得天時，若順太歲、反孤虚之類也。○先謙案：「反」，各本譌「及」，據宋台州本改正。下得地利，若右背山陵、前左水澤之比也。觀敵之變動，後之發，先之至，此用兵之要術也。」孫卿子曰：「不然。臣所聞古之道，凡用兵攻戰之本在乎壹民。弓矢不調，則羿不能以中微；六馬不和，則造父不能以致遠；士民不親附，則湯、武不能以必勝也。故善附民者，是乃善用兵者也。故兵要在乎善附民而已。」○王念孫曰：元刻無「善」字。（宋龔本同。）案無「善」字者是也。下文臨武君曰「豈必待附民哉」，正對此句而言，則無「善」字明矣。宋本有「善」字者，涉上文「善附民者」而衍。羣書治要亦無「善」字。臨武君曰：「不然。兵之所貴者埶利也，乘埶争利。所行者變詐也。奇計。○盧文弨曰。「所行」，新序三作「所上」。善用兵者，感忽悠闇，莫知其所從出，感忽、悠闇，皆謂倏忽之閒也。感忽，恍忽也。悠闇，遠視不分辨之貌。莫知所從出，謂若九天之上，九地之下，使敵人不測。魯連子曰「弃感忽之恥,立累世之功」也。

盧文弨曰:案齊策載魯連與燕將書云:「除感忿之恥而立累世之功。」彼上文云「去忿恚之心而成終身之名」，則下句不當又云「感忿」，此引作「感忽」，是也。新序又作「奄忽」，義亦同。注「立」字舊脱，今補。郝懿行曰：案感，讀如撼。「撼」「撼」，古今字也。感忽，摇疾之意。悠闇，神秘之意。兵貴神速，如處女脱兔之喻也。孫、吴用之，無敵於天下，豈必待附民哉！」孫，謂吴王闔閭將孫武。吳，謂魏武侯將吳起也。**孫卿子曰：「不然。臣之所道，仁人之兵，王者之志也。**帝王之志意如此也。**君之所貴，權謀埶利也；所行，攻奪變詐也：諸侯之事也。仁人之兵，不可詐也。彼可詐者，怠慢者也，路亶者也，**路，暴露也。亶，讀爲袒。露袒，謂上下不相覆蓋。新序作「落單」。○郝懿行曰：「路亶」，新序作「落單」，蓋離落單薄之意。楊注非。王念孫曰：路單，猶羸憊也。上不恤民則民皆羸憊，故下句云「君臣上下之閒滑然有離德也」。孟子滕文公篇「是率天下而路也」，趙注云：「是率導天下之人以羸路也。」（今本「羸路」作「羸困之路」，乃後人所改，辯見管子五輔篇。）管子五輔篇云：「匡貧窶，振罷露，資乏絶。」韓子亡徵篇云：「好罷露百姓。」呂氏春秋不屈篇云：「士民罷潞。」路、露、潞竝通，是路爲羸憊也。爾雅云：「𤺺，病也。」大雅板篇「下民卒癉」，毛傳云：「𤺺，病也。」病亦謂羸憊也。緇衣引詩「下民卒𤺺」，釋文「𤺺」作「亶」。癉、𤺺、亶竝通。秦策「士民潞病於内」，高注云：「潞，羸也。」潞病與路亶亦同義。新序雜事篇作「落單」。晏子外篇云：「路世之政，單事之教。」或言「路亶」，或言「路單」，或言「落單」，其義一而已矣。楊説皆失之。**君臣上下之閒滑然有離德者也。**滑，亂也，音骨。言彼可欺詐者皆如此之國。○王引之曰：「滑」，當爲「渙」。序卦曰：「渙者，離也。」雜卦曰：「渙，離也。」下文「事大敵堅則渙然離耳」，是渙爲離貌，故曰「渙然有離德」。俗書「渙」字作「渙」，「滑」字作「滑」，二形略相似，故「渙」譌爲「滑」。新序雜事篇正作「渙然有離德」。韓詩外傳作「突然有離德」，「突」乃「奐」之譌。「渙」「奐」古字通。（文選琴賦注引蒼頡篇云：「奐，散也。」）

故以桀詐桀，猶巧拙有幸焉，以桀詐堯，譬之若以卵投石，以指撓沸，撓，攪也。以指撓沸，言必爛也。新序作「以指繞沸」。若赴水火，入焉焦没耳。○王念孫曰：案焉，猶則也，説見釋詞。故仁人上下，説仁人上下相愛之意。百將一心，三軍同力，臣之於君也，下之於上也，若子之事父，弟之事兄，若手臂之扞頭目而覆胸腹也，詐而襲之，與先驚而後擊之，一也。先擊頭目，使知之而後擊之，豈手臂有不救也？○先謙案：言此兩者俱無所用，注義似隔。且仁人之用十里之國，則將有百里之聽；聽，猶耳目也。言遠人自爲其耳目。或曰：謂間諜者。用百里之國，則將有千里之聽；用千里之國，則將有四海之聽。必將聰明警戒，和傳而一。耳目明而警戒，相傳以和，無有二心也。一云：「傳」，或爲「博」。博，衆也。而一，如一也。言和衆如一也。○先謙案：「傳」爲「摶」字之誤，説見儒效篇。故仁人之兵聚則成卒，散則成列，卒，卒伍。列，行列。言動皆有備也。延則若莫邪之長刃，嬰之者斷；兑則若莫邪之利鋒，當之者潰；兑，猶聚也，與隊同，謂聚之使短。潰，壞散也。新序作「鋭則若莫邪之利鋒也」。○盧文弨曰：「延」，新序作「鋋」。韓詩外傳三作「延居」，又「兑」作「鋭居」。案延讀「延袤」之延，東西曰延。「嬰」，今「攖」字。謂横布則其鋒長，攖之者皆斷也。兑，讀爲鋭。謂直擣則其鋒利遇之者潰也。外傳兩「居」字與下文「圜居」一例，可知注未是矣。郝懿行曰：延者，長也。兑與鋭同，荀書皆然，古字通也。「延」，新序作「鋋」，誤字，或叚借耳。延訓長，故云「若莫邪之長刃」；兑訓利，故言「若莫邪之利鋒」。楊注非。韓詩外傳作「延居」「鋭居」，與下「圜居」爲儷，其義甚明。　俞樾曰：楊訓兑爲聚，不如盧説之長；惟依外傳「延居」「鋭居」爲説，則非也。「延則若莫邪之長刃」，「兑則若莫邪之利鋒」，與上文「聚則成卒，散則成列」句法一律，不得有「居」字。下文云「圜居而方止」，此自以「圜居」「方止」相對成義。外傳因「圜居」之文，改作「方居」以對之，遂於此文「延」下「鋭」下各衍「居」字。盧據以説荀子，誤矣。延之言長也，故若長刃；鋭之言利也，故若利鋒。以文義論，亦不當有「居」字。**圜居而方止，則若盤石然，觸之者角摧，**圜居方止，謂不動時也，則如大石之不可移動也。○盧文弨曰：「方止」，各本作「方正」，今從新序。案外傳作「方居」。　郝懿行曰：韓詩外傳作「圜居則若丘山之不可移也，方居則若盤石之不可拔也」，語尤明晰。此「方止」即「方居」，變文以儷句耳。　先謙案：郝説方止，非也，説詳上。**案角鹿埵、隴種、東籠而退耳。**其義未詳，蓋皆摧敗披靡之貌。或曰：鹿埵，垂下之貌，如禾實垂下然。埵，丁果反。隴種，遺失貌，如隴之種物然。或曰：即「龍鍾」也。東籠，與涷瀧同，沾溼貌，如衣服之沾溼然。新序作「隴種而退」，無「鹿埵」字。○盧文弨曰：「垂下之貌」，舊脱「垂」字，今補。案説文，禾實垂下謂之𥟖，丁果切。楊意埵讀爲𥟖，故音義皆與之同也。又，「即龍鍾也」，舊脱「龍」字，「龍鍾」乃當時常語，今補。又案，方言：「瀧涿，謂之霑漬。」廣韻：「涷瀧，霑漬也。」故楊云「涷瀧，沾溼貌」。舊誤作「涷隴」，今改正。「沾」亦「霑」之誤字也。　劉台拱曰：「鹿埵」上「角」字，涉上而誤衍。案，語詞。　郝懿行曰：鹿埵、隴種、東籠，蓋皆摧敗披靡之貌。顧氏炎武（見日知録廿七。）引舊唐書竇軌傳「我隴種車騎，未足給公」，北史李穆傳「籠涷軍士，爾曹主何在，爾獨住此」，葢周、隋時人尚有此語。此等皆古方俗之言，不必强解。楊氏既云「未詳」，又引或説鹿埵、龍鍾、涷瀧，似皆失之。新序止有「隴種」，無「鹿埵」。且夫暴國之君，將誰與至哉？彼其所與至者，必其民也。而其民之親我歡若父母，其好我芬若椒蘭；彼反顧其上則若灼黥，如畏灼黥。若仇讎。人之情，雖桀、跖，豈又肯爲其所惡賊其所好者哉！○盧文弨曰：「豈又」，新序作「豈有」。是猶使人之子孫自賊其父母也，彼必將來告之，夫又何可詐也？不可得詐襲也。故仁人用，國日明，日益明察。○俞樾曰：楊注非也。明之言盛也。淮南子説林篇曰「長而愈明」，高注曰：「明，猶盛也。」禮記明堂位正義曰：「明，堂盛貌。」然則明之訓盛，蓋古誼也。國日明，猶言國日盛矣。諸侯先順者安，後順者危，慮敵之者削，反之者亡。謀慮與之爲敵者，土地必見侵削。反，謂不服從也。○先謙案：慮，大氐也，説見王制篇。詩曰：『武王載發，有虔秉鉞，如火烈烈，則莫我敢遏。』此之謂也。」詩，殷頌。武王，湯也。發，讀爲旆。虔，敬。遏，止也。湯建旆興師，本由仁義，雖用武持鉞，而猶以敬爲先，故得如火之盛，無能止之也。○郝懿行曰：發，揚起也，猶書之言「我武惟揚」也。毛詩作「載旆」，傳云：「旆，旗也。」毛詩本出荀卿，不應有異，説文引詩又作「載坺」，然則「坺」「發」蓋皆「旆」之同音叚借字耳。韓詩外傳引亦作「旆」。孝成王、臨武君曰：「善！請問王者之兵設何道何行而可？」設，謂制置。道，謂論説教令也。行，動用也。○王念孫曰：道，術也。楊以道爲論説教令，失之。先謙案：設，猶用也，説見君道篇。孫卿子曰：「凡在大王，將率末事也。臣請遂道王者諸侯彊弱存亡之效、安危之埶：率與帥同，所類反。道，説也。效，驗也。孝成王見荀卿論兵謂王者以兵爲急，故遂問用兵之術。荀卿欲陳王道，因不答其問，故言凡在大王之所務，將帥乃其末事耳，所急教化也，遂廣説湯、武、五霸及戰國諸侯之事。○先謙案：以下文「凡在於軍，將率末事也」證之，是謂凡在大王之將率者，皆末事也。楊注誤。君賢者其國治，君不能者其國亂；隆禮貴義者其國治，簡禮賤義者其國亂。治者强，亂者弱，是强弱之本也。上足卬，則下可用也；上不卬，則下不可用也。「卬」，古「仰」字。不仰，不足仰也。下託上曰仰，宜向反。能教且化，長養之，是足仰。○謝本作「上不足卬」。盧文弨曰：以注觀之，正文當本是「上不卬」，衍「足」字。先謙案：盧説是。此後人妄加，今依注文删「足」字，以復唐人注本之舊。下可用則强，下不可用則弱，是强弱之常也。隆禮效功，上也；重禄貴節，次也；上功賤節，下也：是强弱之凡也。效，驗也。功，戰功也。效功，謂不使賞僭也。重禄，重難其禄，不使素餐也。節，忠義也。君能隆禮驗功則强，上戰功、輕忠義則弱，大凡如此也。好士者强，不好士者弱；士，賢士也。愛民者强，不愛民者弱；政令信者强，政令不信者弱；信，謂使下可信。民齊者强，民不齊者弱；

齊，謂同力。○謝本從盧校作「不齊者弱」。　王念孫曰：案元刻「不齊」上亦有「民」字，是也。（宋龔本同。）上文之「政令」，下文之「賞」「刑」「械用兵革」，皆於上下句兩見，則「民」字亦當兩見。先謙案：王説是，今依元刻增「民」字。**賞重者强，賞輕者弱；**重難其賞，使必賞有功則强，輕易其賞則弱也。**刑威者强，刑侮者弱；**刑當罪，使民可畏則强，不當罪則人侮慢，故弱也。**械用兵革攻完便利者强，**「攻」，當爲「功」。功，精好加功者也。器械牢固，便利於用則强也。○盧文弨曰：攻與工、功，古多通用。攻，治也。即依本字不改亦可。**械用兵革窳楛不便利者弱；**窳，器病也，音庾。楛，濫惡，謂不堅固也。**重用兵者强，輕用兵者弱；**重難用兵者强。**權出一者强，權出二者弱：**政多門則弱也。**是强弱之常也。齊人隆技擊，**技，材力也。齊人以勇力擊斬敵者，號爲技擊。孟康曰：「兵家之技巧。」技巧者，習手足，便器械，積機關，以立攻守之勝。」**其技也，得一首者則賜贖錙金，無本賞矣。**八兩曰錙。本賞，謂有功同受賞也。其技擊之術，斬得一首則官賜錙金贖之。斬首，雖戰敗亦賞；不斬首，雖勝亦不賞：是無本賞也。○郭嵩燾曰：此與秦首虜之法同，以得首爲功賞，不問其戰事之勝敗，故曰「無本賞」。漢世軍法，抵罪得贖免，當亦起於戰國之季。言苟得首者，有罪當贖，僅納錙金。以得首爲重，取決一夫之勇也。**是事小敵毳則偷可用也，**可偷竊用之也。毳，讀爲脆。史記聶政謂嚴仲子曰「屠可以旦夕得甘脆以養親」也。○先謙案：晉語「其下偷以幸」，韋注：「偷，苟且也。」偷可用，謂苟且用之猶爲可也。楊注非。事大敵堅則焉渙離耳。易序〔一〕卦曰：「渙者，離也。」若飛鳥然，傾側反覆無日，若飛鳥，言無憑依也。無日，言傾側反覆之速，不得一日也。○盧文弨曰：注「言無憑依也」，宋本作「言無憑依而易也」，今從元刻。是亡國之兵也，兵莫弱是矣，是其去賃市、傭而戰之幾矣。此與賃市中傭作之人而使之戰相去幾何也。○盧文弨曰：正文「其去」，宋本作「其出」，今從元刻。魏氏之武卒，以度取之，武卒，選擇武勇之卒，號爲武卒。度取之，謂取其長短材力中度者。○汪中曰：度，程也，下文所云是也。注非。衣三屬之甲，如淳曰：「上身一，髀褌一，脛繳一，凡三屬也。」衣，於氣反。屬，之欲反。○盧文弨曰：案考工記釋文：「屬，之樹反。」操十二石之弩，負服矢五十个，置戈其上，置戈於身之上，謂荷戈也。○盧文弨曰：元刻作「負矢」，無「服」字，與漢書同。王念孫曰：此本作「服矢五十个」。「服矢」即「負矢」。負與服，古同聲而通用，（考工記車人「牝服」，先鄭司農云：「服，讀爲負。」）故漢書作「負」。今本作「負服矢」者，校書者依漢書旁記「負」字，而寫者誤合之也。元刻無「服」字，則又後人依漢書删之也。俞樾曰：「服」字實不可無。「服」者，「箙」之叚字。說文竹部：「箙，弩矢箙也。」經傳通以「服」爲之。詩采薇篇「象弭魚服」，國語齊語「服無矢」，皆是也。負服矢五十个者，盛矢五十个於

〔一〕「序」，原本誤爲「說」，今改。

服而負之也。若但云「負矢」，則矢無服不可負；若云「負矢服」，則疑五十个以服計矣，故曰「負服矢五十个」，古人之辭所以簡而明也。漢書奪「服」字，元刻從之，非是。置戈其上，承「負服矢五十个」而言，所謂「其上」者，矢服之上也。蓋負矢服於背而荷戈於肩，戈之上半適在矢服之上，故曰「置戈其上」也。楊注不解「服」字之義，故於此句亦失其解，而曰「置戈於身之上」，不可通矣。先謙案：俞説是。**冠軸帶劍，**軸與胄同。漢書作「胄帶劍」，顔師古曰：「著兜鍪而又帶劍也。」**贏三日之糧，日中而趨百里，**贏，負擔也。日中，一日之中也。○俞樾曰：日中者，自旦至於日中。蓋半日而趨百里也。楊注謂「一日之中」，則但云「日趨百里」足矣。**中試則復其户，利其田宅，**復其户，不徭役也。利其田宅，不征衆也。顔師古曰：「利，謂給其便利之處。」中，丁仲反。復，方目反。○盧文弨曰：注「不征衆」，「衆」字誤，疑作「税」。先謙案：試之而中程，則用爲武卒，優之如此，上所謂「以度取之」。**是數年而衰而未可奪也，改造則不易周也。**此中試者筋力數年而衰，亦未可遽奪其優，復使皆怨也。改造，更選擇也，則又如前。**是故地雖大，其税必寡，是危國之兵也。**優復既多則税寡，資用貧乏故國危。**秦人，其生民也陿阸，其使民也酷烈，**生民，所生之民。陿阸，謂秦地險固也。酷烈，嚴刑罰也。地險固則寇不能害，嚴刑罰則人皆致死也。○盧文弨曰：「陿阸」，俗本作「狹隘」，今從宋本。郝懿行曰：陿阸，猶狹隘也，謂民生計窮蹙。王霸篇云「生民則致貧隘」，語意正同。注以「陿阸，謂秦地險固」，非也。下云「隱之以阸」，亦非地險。王念孫曰：楊注沿刑法志注而誤。**劫之以埶**，謂以威埶劫迫之，使出戰。**隱之以阸**，謂隱蔽以險阸，使敵不能害。鄭氏曰：「秦地多阸，藏隱其民於阸中也。」○郭嵩燾曰：秦遠交近攻，侵伐無虚日，未嘗以險阸自隱也。劫之以埶，承上「酷烈」言；隱之以阸，承上「狹隘」言。其民本無生計，又甚迫蹙之，使亟鶩於戰以邀賞也。下文「阸而用之」正申此義。**忸之以慶賞**，忸與狃同，串習也。戰勝則與之賞慶，使習以爲常。忸，女九反。**鰌之以刑罰**，鰌，藉也。不勝則以刑罰陵藉之。莊子：風謂蛇曰「鰌我亦勝我」，音秋。或作「蹭」，七六反。○盧文弨曰：鰌，亦音蹴，見彊國篇注。元刻「七六」作「七由」，非，今從宋本。**使天下之民所以要利於上者，非鬬無由也。**○顧千里曰：「天」字疑不當有。此以「下之民」與「要利於上」相對爲文，謂秦民，非謂天下之民明甚。宋本與今本同，蓋皆誤。**阸而用之，得而後功之**，守險阸而用之，既得勝，乃賞其功，所以人自爲戰而立功者衆也。○先謙案：阸而用之，彊國篇所云如「牆厭」「雷擊」。下文「除阸其下，獲其功用」義與此同。楊謂「守險阸」，非也。**功賞相長也，五甲首而隸五家**，有功而賞之使相長，獲得五甲首，則役隸鄉里之五家也。**是最爲衆彊長久，多地以正。故四世有勝，非幸也，數也。**爲之有根本，不邀一時之利，故能衆强長久也。不復其户，利其田宅，故多地也。以正，言比齊、魏之苟且爲正。言秦亦非天幸，有術數然也。四世，孝公、惠王、武王、昭王也。**故齊之技擊不可以遇魏氏之武卒，魏氏之武卒不可以遇秦之鋭士，**

秦之鋭士不可以當桓、文之節制，桓、文之節制不可以敵湯、武之仁義，有遇之者，若以焦熬投石焉。以魏遇秦，猶以焦熬之物投石也。熬，五刀反。○盧文弨曰：「有遇之者」二句，似專言天下無有能敵仁義者。注惟云「以魏遇秦」，殆以當時無湯、武，竝無桓、文故也，然無妨據理爲説。或云：末二句當竝從齊説下。王念孫曰：或説是。俞樾曰：楊注「猶以焦熬之物投石也」，然以投石爲喻，不必言焦熬之物，注義未安。上文云「以桀詐堯，譬之若以卵投石，以指撓沸」，此文「以焦熬投石」，疑有奪誤，當云「以指焦熬，以卵投石」。焦，讀爲撨。廣雅釋詁曰：「撨，拭也。」説文火部：「熬，乾煎也。」然則以指撨熬，其義猶以指撓沸也。先謙案：下文明言「招近募選，隆埶詐，尚功利之兵，勝不勝無常，代翕代張」云云，則此「有遇之者」二句專謂湯、武之仁義無敵。楊注誤。**兼是數國者，皆干賞蹈利之兵也，傭徒鬻賣之道也，未有貴上、安制、綦節之理也；**干，求也。言秦、魏雖足以相勝，皆求賞蹈利之兵，與傭徒之人鬻賣其力作無異，未有愛貴其上，爲之致死，安於制度，自不踰越，極於忠義，心不爲非之理者也。**諸侯有能微妙之以節，則作而兼殆之耳。**微妙，精盡也。節，仁義也。作，起也。殆，危也。諸侯有能精盡仁義，則能起而兼危此數國。謂擒滅之。○盧文弨曰：舊本注作「則能起而無危也，兼此數國」，誤。今據正文删正。**故招近募選，隆埶詐，尚功利，是漸之也；**「近」當爲「延」，傳寫誤耳。招延，謂引致之也。募選，謂以財召之，而選擇可者。此論齊之技擊也。隆埶詐，謂以威埶變詐爲尚，此論秦也。尚功利，謂有功則利其田宅，論魏也。漸，進也。言漸進而近於法，未爲理也。或曰：漸，浸漬也。謂其賞罰纔可漸染於外，中心未悅服。漸，子廉切。○俞樾曰：楊云「近當爲延」，是也。「招延」二字同義，則「募選」二字亦必同義，「募」乃「纂」字之誤。纂、選，皆具也，說詳王制篇。楊注「募選，謂以財召之，而選擇可者」，非是。先謙案：漸，詐欺也，說詳不苟篇。**禮義教化，是齊之也。**服其心，是齊壹人之術也。**故以詐遇詐，猶有巧拙焉；**猶齊之技擊不可以當魏之武卒也。**以詐遇齊，辟之猶以錐刀墮太山也，**辟音譬。墮，毀也。錐，許唯反。**非天下之愚人莫敢試。**一舉而定，不必試也。**湯、武之誅桀、紂也，拱挹指麾而彊暴之國莫不趨使，**誅其元惡，其餘獷悍者皆化而來臣役也。○王念孫曰：「拱挹指麾」，盧依富國篇改「挹」爲「揖」。案揖與挹通，不煩改字。（宥坐篇「挹而損之」，淮南道應篇「挹」作「揖」。晏子諫篇「晏子下車挹之」，「挹」卽「揖」。）諸本皆作「挹」。吕本「挹」作「揖」，盧因改爲「揖」，誤。先謙案：謝本從盧校作「拱揖」，今依王說改正。**誅桀、紂若誅獨夫。故泰誓曰『獨夫紂』，此之謂也。故兵大齊則制天下，小齊則治鄰敵。**以禮義教化大齊之，謂湯、武也。小，謂未能大備，若五霸者也。治鄰敵，言鄰敵受其治化耳。○盧文弨曰：宋本「故兵大齊」提行起。今案：連上文是，或中閒有注，脱去耳。王念孫曰：治讀爲殆。殆，危也。謂危鄰敵也。王制篇曰：「威彊未足以殆鄰敵。」王霸篇曰：「威動天下，彊殆中國。」彊國篇曰：「威動海內，彊殆中國。」「殆」「治」古字通。（彊國篇「彊殆中國」，楊注：「殆或爲治。」史記范雎傳「夫以秦卒之勇，車騎之衆，以治諸侯，譬若馳韓盧而搏蹇兔也」，「治諸侯」即「殆諸侯」。）楊謂「受其治化」，則非用兵之事矣。**若夫招近募選、隆埶詐、尚功利之兵，則勝不勝無常，代翕代張，代存代亡，相爲雌雄耳矣。**翕，斂也。代翕代張，代存代亡，若言代强代弱也。○先謙案：宋台州本注「若」作「猶」。**夫是之謂盜兵，君子不由也。**由，用也。以詐力相勝，是盜賊之兵也。**故齊之田單，楚之莊蹻，秦之衛鞅，燕之繆蟣，是皆世俗之所謂善用兵者也；**田單，齊襄王臣安平君也。史記：莊蹻者，楚莊王苗裔。楚威王使爲將，將兵循江而上，略蜀、黔中以西。蹻至滇池，方三百里，地肥饒數千里，以兵威定屬楚。欲歸報，會秦擊奪楚巴、黔中郡，道塞不通，因還，以其衆王〔一〕滇，變服，從其俗焉。衛鞅，秦孝公臣，封爲商君者也。繆蟣，未聞也。**是其巧拙强弱則未有以相君也，若其道一也，**雖術不同，皆出於變詐，故曰「其道一也」。○盧文弨曰：「相君」，元刻作「相若」，注首有「相若，相似也」五字。今從宋本。先謙案：相君，猶言相長也。廣雅釋詁：「長，君也。」長訓君，則君亦訓長。元刻及注五字皆妄人增改。**未及和齊也，**數子之術，未能及於和齊人心也。**掎契司詐，權謀傾覆，未免盜兵也。**契讀爲挈。挈，持也。

〔一〕「王」，原本作「至」，據史記西南夷列傳改。

掎挈，猶言掎摭也。司讀爲伺。詐，欺詐也。皆謂因其危弱，卽掩襲之也。齊桓、晉文、楚莊、吴闔閭、越句踐，是皆和齊之兵也，可謂入其域矣，入禮義教化之域。孟康曰：「入王兵之域也。」然而未有本統也，本統，謂前行素修，若湯、武也。故可以霸而不可以王。是强弱之效也。」湯、武王而桓、文霸，齊、魏則代存代亡，是其效也。孝成王、臨武君曰：「善！請問爲將。」孫卿子曰：「知莫大乎棄疑，不用疑謀，是智之大。○先謙案：言用人不疑。行莫大乎無過，事莫大乎無悔。○先謙案：當理而行，故無過。慮必先事，故無悔。事至無悔而止矣，成不可必也。不可必，不得必。謂成功忘其警備。莊子曰：「聖人以必不必，故多功；衆人以不必必，故無功也。」○盧文弨曰：「成不可必也」五字，乃起下之詞。注「不得必」三字，宋本、元刻皆無，俗閒本有之。下引莊子語，舊本多訛，今悉從元刻改正。先謙案：言成功不能期必於一出，故下云「有功如幸」，文義甚明。楊、盧説非。故制號政令欲嚴以威；慶賞刑罰欲必以信；處舍收臧欲周以固；處舍，營壘也。收藏，財物也。周密牢固，則敵不能陵奪矣。徙舉進退欲安以重，欲疾以速；靜則安重而不爲輕舉，動則疾速而不失機權。窺敵觀變欲潛以深，欲伍以參；謂使閒諜觀敵，欲潛隱深入之也。伍參，猶錯雜也。使閒諜或參之，或伍之，於敵之閒，而盡知其事。韓子曰：「省同異之言，以知朋黨之分；偶參伍之驗，以責陳言之實。」又曰「參之以比物，伍之以合參」也。遇敵決戰必道吾所明，無道吾所疑：道，言也，行也。○王念孫曰：道，當訓爲行。夫是之謂六術。自「制號政令」已下有六也。無欲將而惡廢，○先謙案：無以所欲而將之，無以所惡而廢之，唯視其能否，無私好惡。荀書多以「欲」「惡」代「好」「惡」。無急勝而忘敗，無威内而輕外，無見其利而不顧其害，强使人出戰而輕敵。凡慮事欲孰而用財欲泰，孰，謂精審。泰，謂不吝賞也。夫是之謂五權。五者，爲將之機權也。所以不受命於主有三：可殺而不可使處不完，可殺而不可使擊不勝，可殺而不可使欺百姓，夫是之謂三至。至，謂一守而不變。凡受命於主而行三軍，三軍既定，百官得序，羣物皆正，百官，軍之百吏。得序，各當其任。則主不能喜，敵不能怒，不苟徇上意，故主不能喜。不爲變詐，故敵不能怒也。夫是之謂至臣。爲臣之至當也。慮必先事而申之以敬，謀慮必在事先，重之以敬，常戒懼而有備也。慎終如始，終始如一，夫是之謂大吉。言必無覆敗之禍也。凡百事之成也必在敬之，其敗也必在慢之。故敬勝怠則吉，怠勝敬則滅；計勝欲則從，欲勝計則凶。戰如守，不務越逐也。書曰：「不愆于五步六步，乃止齊焉。」行如戰，有功如幸。不務驕矜。敬謀無壙，無壙，言不敢須臾不敬也。壙與曠同。敬事無壙，敬吏無壙，敬衆無壙，敬敵無壙：夫是之謂五無壙。慎行此六術、五權、三至而處之以恭敬無壙，夫是之謂天下之將，則通於神明矣。」天下莫及之將。臨武君曰：「善！請問王者之軍制。」孫卿子曰：「將死鼓，死，謂不棄之而奔亡也。左傳曰：「師之耳目，在吾旗鼓。」御死轡，百吏死職，士大夫死行列。聞鼓聲而進，聞金聲而退，順命爲上，有功次之。軍之所重，在順命，故有功次之。令不進而進，猶令不退而退也，其罪惟均。令，教令也。言使之不進而進，猶令不退而退，其罪同也。不殺老弱，不獵禾稼，獵與躐同，踐也。服者不禽，格者不舍，犇命者不獲。服，謂不戰而退者，不追禽之。格，謂相距捍者。犇命，謂犇走來歸其命者，不獲之爲囚俘也。犇與奔同。凡誅，非誅其百姓也，誅其亂百姓者也。百姓有扞其賊，則是亦賊也。扞其賊，謂爲賊之扞蔽也。以故順刃者生，蘇刃者死，犇命者貢。順刃，謂不戰，偝之而走者。蘇，讀爲傃。傃，向也，謂相向格鬭者。貢，謂取歸命者獻於上將也。微子開封於宋，紂之庶兄，名啟，歸周後封於宋。此云開者，蓋漢景帝諱，劉向改之也。曹觸龍斷於軍，說苑曰：「桀貴爲天子，富有四海，其臣有左師觸龍者，諂諛不正。」此云紂臣，當是說苑誤。又戰國策趙有左師觸龍，說太后，請長安君質秦。豈復與古人同官名乎？○盧文弨曰：史記趙世家「左師觸龍，言願見太后」，「言」字當屬下讀。趙策誤作「觸讋」，當以此注爲正。殷之服民，所以養生之者也，無異周人。○先謙案：「服民」，當作「民服」，此誤倒耳。當封而封，當殺而殺，皆所以養生其民，故殷民服之。故近者歌謳而樂之，遠者竭蹷而趨之，竭蹷，顛仆，猶言匍匐也。新序作「竭走而趨之」。無幽閒辟陋之國莫不趨使而安樂之，四海之内若一家，通達之屬莫不從服，夫是之謂人師。師，長。

詩曰：『自西自東，自南自北，無思不服。』此之謂也。詩，大雅文王有聲之篇。王者有誅而無戰，城守不攻，兵格不擊。德義未加，所以敵人不服，故不攻擊也，且恐傷我之士卒也。上下相喜則慶之。敵人上下相愛悦，則慶賀之，豈況侵伐乎？不屠城，屠謂毀其城，殺其民，若屠者然也。不潛軍，○先謙案：潛，襲敵之不備。不留衆，不久留暴露於外也。師不越時。古者行役不踰時也。故亂者樂其政，不安其上，欲其至也。」東征西怨之比。臨武君曰：「善！」

陳囂問孫卿子曰：「先生議兵，常以仁義爲本。陳囂，荀卿弟子。言先生之議，常言兵以仁義爲本也。仁者愛人，義者循理，然則又何以兵爲？愛人則懼其殺傷，循理則不欲争奪，焉肯抗兵相加乎？凡所爲有兵者，爲争奪也。」非謂愛人循理。孫卿子曰：「非女所知也。彼仁者愛人，愛人，故惡人之害之也；義者循理，循理，故惡人之亂之也。彼兵者，所以禁暴除害也，非争奪也。故仁人之兵，所存者神，所過者化，所存止之處，畏之如神；所過往之國，無不從化。若時雨之降，莫不説喜。是以堯伐驩兜，伐，亦誅也。書曰「放驩兜于崇山」也。舜伐有苗，命禹伐之。書曰：「帝曰：『咨禹，惟時有苗弗率，汝徂征之。』」禹伐共工，書曰：「流共工于幽州。」皆堯之事，此云「禹伐共工」，未詳也。湯伐有夏，文王伐崇，武王伐紂，此四帝兩王，夏、殷或稱王，或稱帝。曲禮曰：「措之廟，立之主，曰帝。」蓋亦論夏、殷也。至周自貶損，全稱王，故以文、武爲兩王也。皆以仁義之兵行於天下也。故近者親其善，遠方慕其德，○王念孫曰：「慕其德」，「德」本作「義」，後人改「義」爲「德」，以與「服」「極」爲韻，而不知與下文「德」字相複也。文選爲袁紹檄豫州文注、石闕銘注、太平御覽兵部五十三引此竝作「義」。兵不血刃，遠邇來服，德盛於此，施及四極。詩曰：『淑人君子，其儀不忒。』此之謂也。」詩，曹風尸鳩之篇。○陳奂曰，案玩上文語意，其下尚有「其儀不忒，正是四國」二句，今脱之也。「儀」卽「義」也，故尸鳩篇儀皆讀爲義。王念孫曰：此正承上文「遠方慕義」而言，所引詩，蓋本作「其義不忒」，今本「義」作「儀」者，後人據詩改之耳。

李斯問孫卿子曰：李斯，孫卿弟子，後爲秦相。「秦四世有勝，兵强海内，威行諸侯，非以仁義爲之也，以便從事而已。」便其所從之事而已。謂若劫之以埶、隱之以阸、忸之以慶賞、鰌之以刑罰之比。孫卿子曰：「非女所知也。女所謂便者，不便之便也；汝以不便人爲便也。吾所謂仁義者，大便之便也。吾以大便人爲便也。彼仁義者，所以修政者也，政修則民親其上，樂其君，而輕爲之死。故曰：『凡在於軍，將率，末事也。』荀卿前對趙孝成王有此言語，弟子所知，故引以答之也。○謝本從盧校「軍」作「君」。盧文弨曰：舊本作「凡在於軍」，今案：當是「君」字。先謙案：「凡在」下作一句讀，不改「軍」爲「君」，説自可通，盧不當臆改。秦四世有勝，諰諰然常恐天下之一合而軋己也，漢書「諰」作「鰓」，蘇林曰：「讀如『愼而無禮禮則葸』之『葸』。鰓，懼貌也。」先禮反。張晏曰：「軋，踐轢也。」此所謂末世之兵，未有本統也。本統，前行素脩。故湯之放桀也，非其逐之鳴條之時也，武王之誅紂也，非以甲子之朝而後勝之也，皆前行素修也，此所謂仁義之兵也。前行素修，謂前已行之，素已修之。行，讀如字。今女不求之於本而索之於末，此世之所以亂也。」本，謂仁義；末，謂變詐。世所以亂，亦由不求於本而索於末，如李斯之説也。

禮者，治辨之極也，强國之本也，威行之道也，功名之總也。辨，別也。總，要也。强國，謂强其國也。○先謙案：「强國」，史記作「强固」，正義云：「固，堅固也。」言國以禮義，四方欽仰，無有攻伐，故爲强而且堅固之本也。以禮義導天下，天下服而歸之，故爲威行之道也。以禮義率天下，天下咸遵之，故爲功名之總。總，合也，聚也。王公由之，所以得天下也；○盧文弨曰：元刻「得」作「一」，史記禮書、韓詩外傳四皆同。不由，所以隕社稷也。○先謙案：史記「隕」作「捐」。故堅甲利兵不足以爲勝，高城深池不足以爲固，嚴令繁刑不足以爲威，由其道則行，不由其道則廢。由，用也。道，卽禮也。用禮卽行，不用禮，雖堅甲嚴刑，皆不足恃也。楚人鮫革犀兕以爲甲，鞈如金石，鞈，堅貌。以鮫魚皮及犀兕爲甲，堅如金石之不可入。史記作「堅如金石」。鞈，古洽反。管子曰：「制重罪入以兵甲，犀脅二戟；輕罪入蘭盾，鞈革二戟。」犀兕堅如金石之狀也。○王念孫曰：楊本作「鞈如金石」，與史記不同。然鞈訓堅貌，諸書未有明文。説文「鞈，防扞也」，（今本「扞」譌作「汗」，據玉篇、廣韻改。）尹注管子小匡篇曰「鞈革，重革，當心著之，可以禦矢」，皆不訓爲堅貌。史記而外，韓詩外傳亦作「堅如金石」。文選三月三日曲水詩序注引荀子正作「堅」，太平御覽兵部八十七同。鈔本北堂書鈔武功部九引作「牢如金石」，（陳禹謨本改爲「堅」。）此是避隋文帝諱，故改「堅」爲「牢」。然則虞所見本正作「堅」，與楊本異也。　俞樾曰：史記禮書作「堅如金石」，故楊注訓鞈爲堅貌，卽引史記爲證。然鞈之訓堅貌，諸書皆無明文，殆非也。説文「鞈」有二：其一見革部，爲正篆；其一見鼓部，爲「鼛」，篆之古文。鼛，鼓聲也。故文選上林賦「鏗鎗闛鞈」李善注曰：「鏗鎗，鐘聲也。闛鞈，鼓聲也。」此文「鞈如金石」，當以聲言，不當以貌言，謂扣之而其聲鞈然如金石也。必以鼓聲相況者，鼓是革所爲。上云「鮫革犀兕以爲甲」，則亦革所爲也，正見其屬辭之密。史記作「堅」，自與荀子異，不得竝爲一談也。**宛鉅鐵釶，慘如蠭蠆，**宛，地名，屬南陽。徐廣曰：「大剛曰鉅。」釶與鍦同，矛也。方言云：「自關而西謂之矛，吳、揚之閒謂之鍦。」言宛地出此剛鐵爲矛，慘如蠭蠆。言其中人之慘毒也。鍦音啻。○盧文弨曰：案今方言云「矛，吳、揚、江、淮、南楚、五湖之閒謂之鍦」，無「自關而西謂之矛」七字。　先謙案：史記作「宛之鉅鐵，施鑽如蠭蠆」，索隱云：「鑽，謂矛刃及矢鏃也。」史「釶」爲「施」，「慘」爲「鑽」，故索隱以「施」屬下讀，望文解之。例以上下文「鞈如金石」、「卒如飄風」，則荀子本書文義較長。**輕利僄遬，卒如飄風，**言楚人之趫捷也。僄，亦輕也，匹妙反。或當爲「嫖姚」之「嫖」，嫖，驍勇也。遬與速同。**然而兵殆於垂沙，唐蔑死，**殆，謂危亡也。垂沙，地名，未詳所在。漢地理志沛郡有垂鄉，豈垂沙乎？史記楚懷王二十八年，「秦與齊、韓、魏共攻楚，殺楚將唐昧，取我重丘而去」。昧與蔑同。○盧文弨曰：「垂沙」，史記作「垂涉」。王念孫曰：案「垂」字古讀若陀，（說見唐韻正。）垂沙，蓋地名之疊韻者。韓詩外傳及淮南兵略篇竝作「兵殆於垂沙」，楚策云「垂沙之事，死者以千數」，則作「垂沙」者是。**莊蹻起，楚分而爲三四。**司馬貞史記索隱曰：「莊蹻，楚將。言其起爲亂後，楚遂分爲四。」韓子曰：「楚王欲伐越。莊子曰：『臣患目能見百步而不見其睫。王之兵敗於齊、晉，莊蹻爲盜境内，吏不能禁，而欲伐越，此智之如目也。』」蹻初爲盜，後爲楚將。○先謙案：史記引「三四」作「四參」。參與三同。索隱誤以「參」字下屬。**是豈無堅甲利兵也哉？其所以統之者非其道故也。汝、潁以爲險，江、漢以爲池，限之以鄧林，緣之以方城，**鄧林，北界鄧地之山林。緣，繞也。方城，楚北界山名也。**然而秦師至而鄢、郢舉，若振槁然。**舉，謂舉而取之。鄢、郢，楚都。振，擊也。槁，枯葉也。謂白起伐楚，一戰舉鄢、郢也。**是豈無固塞隘阻也哉？其所以統之者非其道故也。紂刳比干，囚箕子，爲炮烙刑，**列女傳曰：「炮烙，爲膏銅柱，加之炭上，令有罪者行焉，輒墮火中，紂與妲己大笑。」烙，古責反。○盧文弨曰：「炮烙之刑」，古書亦作「炮格之刑」。格，讀如「庋格」之「格」，古「閣」「格」一也。史記索隱：「鄒誕生音閣。」此注云「烙，古責反」，可證楊時本尚作「格」也。王念孫曰：此段氏若膺說也，說見鍾山札記。（昔嘗聞盧校荀子多用段說，故盧本前列參訂名氏有金壇段若膺，而書中所引段説則唯有禮論篇「持虎」一條。余未見段氏校本，無從採録，故但據所見之書略舉一二焉。）殺戮無時，臣下懔然莫必其命，懔然，悚栗之貌。莫自謂必全其命也。然而周師至而令不行乎下，不能用其民。是豈令不嚴、刑不繁也哉？其所以統之者非其道故也。古之兵，戈矛弓矢而已矣，然而敵國不待試而詘；試，用也。詘，服也。城郭不辨，辨，治也，或音辨。○郝懿行曰：古無「辦」字，荀書多以「辨」爲「辦」。此注音義兩得之。溝池不拑，「拑」，古「掘」字。史記作「城郭不集，溝池不掘」。文子曰：「無伐樹木，無鉗墳墓。」鉗亦音掘。或曰：「拑」當作「抇」，篆文「抇」字與「拑」字相近，遂誤耳。○盧文弨曰：案甘聲之「拑」，不當爲古「掘」字。注前一説非，後一説「當作抇」是也。正論篇：「大古薄葬，故不抇亂，今厚葬飾棺，故抇也。」又列子説符篇「俄而抇其谷」，呂覽節喪篇「葬淺則狐狸抇之」，皆作「抇」字，知此「拑」字誤。固塞不樹，機變不張，固塞，謂使邊境險固，若今之邊城也。樹，立也。塞，先代反。機變，謂器械變動攻敵也。○先謙案：説文：「固，四塞也。」周禮掌固注：「固，國所依阻者也。」國曰固，野曰險。此篇「固塞」與「機變」對文，上與「隘阻」對文，彊國篇「固塞險，形埶便」，「固塞」與「形埶」對文，皆二字平列，與富國篇云「其塞固」者不同。楊注未了「機變」二字平列，注云「器械變動」，亦未安。然而國晏然不畏外而明内者，無它故焉，「内」當爲「固」。史記作「晏然不畏外而固」也。○王念孫曰：此當依史記作「不畏外而固」。今本「而」

下有「明」字者，涉下文「明道」而衍。**明道而分鈞之，**○盧文弨曰：史記、外傳俱作「均分之」。王念孫曰：均與鈞通。亦當依史記、外傳乙轉。**時使而誠愛之，下之和上也如影嚮，**和，胡卧反。**有不由令者然後誅之以刑。**○王念孫曰：「誅之以刑」，本作「俟之以刑」，此後人不解「俟」字之義而妄改之也。韓詩外傳、史記皆作「俟之以刑」，正義訓俟爲待。王制篇曰「以不善至者待之以刑」，足與此互相證明矣。宥坐篇亦曰：「躬行不從，然後俟之以刑。」（今本「躬行」作「邪民」，辯見宥坐。）**故刑一人而天下服，罪人不郵其上，知罪之在己也。是故刑罰省而威流，**郵，怨也。流，行也。言通流也。○先謙案：史記「郵」作「尤」，「威流」作「威行如流」。**無它故焉，由其道故也。古者帝堯之治天下也，蓋殺一人、刑二人而天下治。**殺一人，謂殛鯀于羽山。刑二人，謂流共工于幽州，放驩兜于崇山。○郝懿行曰：刑、殺皆未聞，楊注謬。鯀死於殛所，非堯殺之。「殛」，古書本作「極」，極，非殺也。上云「堯伐驩兜，舜伐有苗，禹伐共工」，此等皆不必强解。**傳曰：「威厲而不試，刑錯而不用。」此之謂也。**厲謂抗舉，使人畏之。○王念孫曰：諸書無訓厲爲抗舉者。余謂厲，猛也。（定十二年左傳注：「厲，猛也。」）王制篇曰：「威嚴猛厲。」）錯，置也。置，設也。言威雖猛而不試，刑雖設而不用也。宥坐篇「威厲而不試，刑錯而不用」，義同。（楊彼注云「厲，抗也，但抗其威而不用也；錯，置也，如置物於地不動也」，亦非。錯訓「設置」之置，與史記周本紀「刑錯四十餘年」之「錯」不同。）

凡人之動也，爲賞慶爲之則見害傷焉止矣。故賞慶、刑罰、埶詐不足以盡人之力，致人之死。爲人主上者也，其所以接下之百姓者無禮義忠信，焉慮率用賞慶、刑罰、埶詐除阸其下，獲其功用而已矣。焉慮，無慮，猶言大凡也。除，謂驅逐；阸，謂迫蹙。若秦劫之以埶、隱之以阸、狃之以慶賞之類。「阸」或爲「險」也。○王念孫曰：此當作「其所以接下之人百姓者（人百姓，衆百姓也。今本無「人」字，乃後人不曉古義而妄删之，說見前「天下之人百姓」下。）無禮義忠信，（句。）焉慮率用賞慶、刑罰、埶詐除阸其下，獲其功用而已矣」。焉，語詞也。（說見釋詞。）慮，大凡也。（說見前「慮以王命全其德」下。）「除阸」二字，義不相屬。楊以除爲驅逐，非也。「除」當爲「險」，俗書之誤也。（俗書「險」字作「険」，形與「除」相似。）險與阸同義，馮衍顯志賦「悲時俗之險阸」是也。或作「險隘」，楚辭離騷「路幽昧以險隘」是也。楊注「阸或爲險」，當作「除或爲險」，今作「阸」者，因正文及注内三「阸」字而誤。除與險俗書相近，阸與險形聲皆相遠，以是明之。**大寇則至，使之持危城則必畔，遇敵處戰則必北，**北，敗走也。北者，乖背之名，故以敗走爲北也。○盧文弨曰：「大寇則至」，元刻「則」字在「至」字下，屬下句。王念孫曰：大寇則至，則者，若也，與下三「則」字異義。又禮論篇「今夫大鳥獸則失亡其羣匹」云云，則，亦若也。古或謂若爲則，說見釋詞「則」字下。**勞苦煩辱則必犇，**犇與奔同。**霍焉離耳，下反制其上。**霍焉，猶涣焉也。離散之後則上下易位，若秦、項然。○先謙案：焉，猶然也。上文云：「滑然有離德。」又云：「涣焉離耳。」「涣」「霍」「滑」三字一聲之轉。故賞慶、刑罰、埶詐之爲道者，傭徒粥賣之道也，不足以合大衆、美國家，故古之人羞而不道也。故厚德音以先之，明禮義以道之，致忠信以愛之，尚賢使能以次之，爵服慶賞以申之，時其事、輕其任事，作業。任，力役。以調齊之，長養之，如保赤子。政令以定，風俗以一，有離俗不順其上，則百姓莫不敦惡，莫不毒孽，若祓不祥，敦，厚也。毒，害也。孽，謂祅孽。祓，除之也。○盧文弨曰：方言：「諄憎，所疾也。宋、魯凡相惡謂之諄憎。」此「敦」當與諄同。王念孫曰：楊説敦惡，禮論篇同，又云「或曰敦讀爲頓，頓，困躓也」，皆非也。説文：「憝，怨也。」廣雅：「憝，惡也。」康誥「罔不憝」傳曰：「人無不惡之者。」孟子萬章篇引書作「譈」。法言重黎篇「楚懟羣策而自屈其力」，李注：「懟，惡也。」譈、懟、敦竝與憝同。本篇「敦惡」與「毒孽」對文，禮論篇之「敦惡」與「喜樂」「哀痛」對文，則敦不得訓爲厚，亦不得讀爲「困頓」之「頓」也。盧引方言「諄憎，所疾也，（諄，郭音之潤反。）宋、魯凡相惡謂之諄憎」，諄與敦，亦聲之轉。然後刑於是起矣。是大刑之所加也，辱孰大焉？將以爲利邪？則大刑加焉，身苟不狂惑戇陋，誰睹是而不改也哉！然後百姓曉然皆知修上之法，○王念孫曰：「修」當爲「循」，字之誤也。（隸書「循」「修」二字，傳寫往往譌溷，説見管子形勢篇。）循，順也。謂順上之法也。（説文：「循，順行也。」鄭注尚書中候曰：「循，順。」）君道篇曰「百姓莫敢不順上之法，象上之志而勸上之事，而安樂之矣」，文略與此同，順與循古同聲而通用也。（大射儀「順左右隈」，今文「順」爲「循」。莊子天下篇「己之大順」，「順」或作「循」。書大傳「三正若循連環」，白虎通義引此「循」作「順」。）像上之志而安樂之。於是有能化善、修身、正行、積禮義、尊道德，於是像之中，更有能自修德者也。百姓莫不貴敬，莫不親譽，然後賞於是起矣。是高爵豐禄之所加也，榮孰大焉？將以爲害邪？則高爵豐禄以持養之，持此以養之也。○王念孫曰：「持養」二字平列，持亦養也，非「持此以養之」之謂。臣道篇云「偷合苟容，以持禄養交而已耳」，管子明法篇云「小臣持禄養交」，晏子春秋問篇云「仕者持禄，游者養交」，皆以「持禄」「養交」對文。荀子正論篇又以「持老」「養衰」對文。故吕氏春秋異用篇「仁人之得飴，以養疾持老也」，高注曰：「持，亦養也。」（今本「持」誤作「侍」。）又勸學篇云「除其害者以持養之」；榮辱篇云「以相羣居，以相持養」；墨子天志篇云「内有以食飢息勞，持養其萬民」；非命篇云「上以事天鬼，下以持養百姓」；（今本「持」誤作「侍」。）吕氏春秋長見篇云「申侯伯善持養吾意」：亦皆以「持」「養」對文。生民之屬，孰不願也？雕雕焉縣貴爵重賞於其前，雕雕，章明之貌。○盧文弨曰：雕雕，猶昭昭也。縣明刑大辱於其後，雖欲無化，能乎哉！故民歸之如流水，所存者神，所爲者化存，至也。言所至之處，畏之如神，凡所施爲，民皆從化也。而順，○盧文弨曰：此上有脱文。下云「爲之化而愿」、「爲之化而公」，知此句亦當是「爲之化而順」。其上脱六字或若干字，不可知矣。

王念孫曰：汪氏中云：「『而順』上疑脱九字。此句與下三句一類，句末當是『爲之化而順』。因上有化字，遂相承脱去耳。」（見丙申校本。）盧用汪説而小變其文。俞樾曰：此句與下二句本一律，多一「順」字則不詞矣。「而順」當作「順而」，順而，猶從而也。順而暴悍勇力之屬爲之化而愿，旁辟曲私之屬爲之化而公，矜糾收繚之屬爲之化而調，皆承上文「所存者神，所爲者化」而言。性惡篇曰「順是，故争奪生而辭讓亡焉」，「順是，故殘賊生而忠信亡焉」，「順是，故淫亂生而禮義文理亡焉」，諸「順」字竝與此同，猶言「順是而暴悍勇力之屬皆爲之化焉」。因「順而」譌爲「而順」，文義遂不可通，或乃疑其有闕文矣。先謙案：「化而」二字衍。此文本作「所存者神，所爲者順」，文義甚明。後人因孟子「所存者神，所過者化」二語，妄於「者」下加「化」字，傳寫者緣下文三「化而」句例，復於「化」下加「而」字，本文遂不可通矣。**暴悍勇力之屬爲之化而愿，**順，從也。謂好從暴悍勇力之人皆化而愿慤也。**旁辟曲私之屬爲之化而公，**旁，偏頗也。辟，讀爲僻。○先謙案：旁辟，猶便辟。「旁」「便」雙聲字。**矜糾收繚之屬爲之化而調，**矜，謂夸汰。糾，謂好發摘人過者也。收，謂掠美者也。繚，謂繚繞，言委曲也。四者皆鄙陋之人，今被化則調和也。○郝懿行曰：收者，拘也。繚者，繞也。此謂矜嚴、糾察、拘牽、繳繞之屬皆化而調和也。注説收繚，非是。王念孫曰：案廣雅：「矜，急也。」一切經音義卷二十三引廣雅曰：「糾，急也。」齊語注曰：「糾，收也。」（糾、收竝從丩聲，而義亦相同。説文：「糾，繩三合也。」今人猶謂糾繩爲收繩。）楚辭九章注曰：「糾，戾也。」繚，謂繚戾也。鄉飲酒禮注曰：「繚，猶紾也。」孟子告子篇注曰：「紾，戾也。」矜糺收繚，皆急戾之意，故與調和相反。（暴悍勇力，與愿相反。旁辟曲私，與公相反。矜糺收繚，與調相反。）楊説皆失之。夫是之謂大化至一。大化者，皆化也。至一，極一也。詩曰：「王猶允塞，徐方既來。」此之謂也。○謝本從盧校作「王猷允塞，徐方其來」。盧文弨曰：詩，大雅常武之篇，當本有注，脱之耳。宋本作「王猶允塞，徐方既來」，與今詩同。今從元刻。君道篇亦作「猷」字。王念孫曰：案「謀猶」字，詩皆作「猶」。説文有「猶」無「猷」。作「猷」者，隸變耳。俗以「猶」爲「猶若」字，「猷」爲「謀猷」字，非也。君道篇作「猷」者，亦隸變耳。（宋錢本作「猶」。）「徐方既來」，吕、錢本竝如是，與今詩同。且君道篇正作「徐方既來」，不作「其來」也。元刻不可從。此處楊氏無注者，注已見於君道篇也。（今本君道篇注文全脱。）盧云「注脱」，亦非。先謙案：王説是。今改從宋本。

凡兼人者有三術：有以德兼人者，有以力兼人者，有以富兼人者。彼貴我名聲，美我德行，欲爲我民，故辟門除涂以迎吾入，辟與闢同，開也。除涂，治其道涂也。因其民，襲其處，而百姓皆安，因其民之愛悦，襲取其處。皆安，言不驚擾也。○先謙案：襲，亦因也。楊云「襲取其處」，非。立法施令莫不順比。比，親附也。施令則民親比之。是故得地而權彌重，兼人而兵俞强，是以德兼人者也。俞，讀爲愈，下同。非貴我名聲也，非美我德行也，彼畏我威，劫我埶，爲我埶所劫也。故民雖有離心，不敢有畔慮，若是，則戎甲俞衆，奉養必費，奉養戎甲，必煩費也。是故得地而權彌輕，兼人而兵俞弱，是以力兼人者也。非貴我名聲也，非美我德行也，用貧求富，用飢求飽，虚腹張口來歸我食，若是，則必發夫掌窌之粟以食之，地臧曰窌。掌窌，主倉稟之官。窌，匹孝反。○王引之曰：「掌」，當爲「稟」。「稟」，古「廩」字也。榮辱篇「有囷窌」，楊彼注云：「圜曰囷，方曰廩。」彼言「囷窌」，猶此言「稟窌」。稟、窌皆所以藏粟，故云「發稟窌之粟以食之」。若云「發掌窌之粟」，則義不可通。隸書「掌」，或作「掌」，與「稟」略相似，故諸書「稟」字或譌爲「掌」，説見管子輕重甲篇「一掌」下。委之財貨以富之，立良有司以接之，立温良之有司以慰接之，懼其畔去也。已朞三年，然後民可信也，已，過也。過一朞之後，至於三年，然後新歸之民可信，本非慕化故也。○王引之曰：朞者，周也。謂已周三年也。楊注非。俞樾曰：楊注迂曲。荀子書多用「綦」字作窮極之義，此「朞」字蓋亦「綦」字之誤。已綦三年，猶云「已極三年」也。宥坐篇「綦三年而百姓往矣」，可證此文之譌。正論篇「期臭味」，注曰「期，當爲綦」，得之矣。先謙案：俞説是。是故得地而權彌輕，兼人而國俞貧，是以富兼人者也。故曰：以德兼人者王，以力兼人者弱，以富兼人者貧。古今一也。

兼并易能也，唯堅凝之難焉。凝，定也。堅固定有地爲難。○盧文弨曰：舊本不提行，今案當分段。齊能并宋而不能凝也，故魏奪之；燕能并齊而不能凝也，故田單奪之；

韓之上地，方數百里，完全富足而趨趙，趙不能凝也，故秦奪之。上地，上黨之地。完全，言城邑也。富足，言府庫也。趨，歸也，七朱反。史記：秦攻上黨，韓不能救，其守馮亭以上黨降趙。趙使馬服子將兵距秦，秦使白起大破馬服於長平，坑四十餘萬而奪其地，殺戮蕩盡。○盧文弨曰：注「蕩」，疑作「殆」。故能并之而不能凝，則必奪；不能并之又不能凝其有，則必亡。能凝之，則必能并之矣。得之則凝，兼并無强。得其地則能定之，則無有强而不可兼并者也。古者湯以薄，武王以滈，薄與亳同，滈與鎬同。皆百里之地也，天下爲一，諸侯爲臣，無它故焉，能凝之也。故凝士以禮，凝民以政，禮修而士服，政平而民安。士服民安，夫是之謂大凝，以守則固，以征則强，令行禁止，王者之事畢矣。

荀子卷第十一

彊國篇第十六

刑范正，刑與形同。范，法也。刑范，鑄劍規模之器也。○郝懿行曰：刑與型同，范與笵同，皆鑄作器物之法也。楊注非。金錫美，工冶巧，火齊得，火齊得，謂生孰齊和得宜。考工記云：「金有六齊。」齊，才細反。剖刑而莫邪已。剖，開也。莫邪，古之良劍。然而不剥脱，不砥厲，則不可以斷繩；剥脱，謂刮去其生澀。砥厲，謂磨淬也。剥脱之，砥厲之，則劙盤盂、刎牛馬忽然耳。劙，割也，音戾。劙盤盂，刎牛馬，蓋古用試劍者也。戰國策趙奢謂田單曰：「吴干將之劍，肉試則斷牛馬，金試則截盤盂。」盤、盂，皆銅器。猶剸鍾無聲及斬牛馬者也。忽然，言易也。○盧文弨曰：「劙」，宋本作「𨭆」，元刻作「𨭆」，皆訛，今改正。彼國者，亦彊國之剖刑已。如彊國之初開刑也。然而不教誨，不調一，則入不可以守，出不可以戰；教誨之，調一之，則兵勁城固，敵國不敢嬰也。彼國者亦有砥厲，禮義節奏是也。節奏，有法度也。○先謙案：節奏，包法度在内，不能訓節奏爲有法度，説見富國篇。故人之命在天，國之命在禮。人君者隆禮尊賢而王，重法愛民而霸，好利多詐而危，權謀、傾覆、幽險而亡。幽深傾險，使下難知，則亡也。○盧文弨曰：正文及注「亡」字上，元刻竝有「盡」字，宋本無。

威有三：有道德之威者，有暴察之威者，有狂妄之威者。此三威者，不可不孰察也。禮樂則修，分義則明，分，謂上下有分。義，謂各得其宜。舉錯則時，愛利則形，形，見也。愛利人之心見於外也。○郝懿行曰：「形」，韓詩外傳六作「刑」。刑者，法也。愛人利人皆有法，不爲私恩小惠。注云「形，見」，非是。如是，百姓貴之如帝，高之如天，帝，天神也。親之如父母，畏之如神明，故賞不用而民勸，罰不用而威行。夫是之謂道德之威。禮樂則不修，分義則不明，舉錯則不時，愛利則不形；然而其禁暴也察，其誅不服也審，其刑罰重而信，其誅殺猛而必，申、商之比。黭然而雷擊之，如牆厭之。黭然，卒至之貌。説文云：「黭，黑色。」猶闇然。黭，烏感反。厭，讀爲壓。○郝懿行曰：黭與奄同。奄然，猝乍之貌。而與如，古通用。奄然如雷擊之，如牆壓之，皆言暴察之威所劫。韓詩外傳六「黭」作「闇」，「而」作「如」。劉台拱曰：韓詩外傳作「如雷擊之」。此「而」字義亦作「如」。王念孫曰：古書多以「而」「如」互用，而其義則皆爲如。小雅都人士篇「彼都人士，垂帶而厲。彼君子女，卷髮如蠆」；大戴記衛將軍文子篇「滿而不滿，實如虛，見善如不及」；孟子離婁篇「文王視民如傷，望道而未之見」，皆其證。**如是，百姓劫則致畏，**見劫脅之時則畏也。○盧文弨曰：正文「致」字，據宋本補。韓詩外傳六亦同。**嬴則敖上，**稍嬴緩之則敖謾。嬴音盈。○盧文弨曰：俗本「上」字在下句首，今從宋本移正。外傳亦同。郝懿行曰：嬴，猶盈也。此言百姓被威劫脅則氣怯而致畏，放縱寬舒則氣盈而敖上。嬴與贏同。贏，有餘也。有餘卽弛緩，故注訓嬴爲緩。**執拘則最，得閒則散，**最，聚也。閒，隙也。公羊傳曰「會，猶最也」，何休曰：「最，聚也。」○郝懿行曰：「最」，依字書應作「冣」，音才句切，卽古「聚」之假借字也。俗作「最」，非。韓詩外傳六作「聚」，是矣。王引之曰：說文：「冣，積也。」徐鍇云：「古以聚物之聚爲冣。」「冣」與「最」字相似，世人多見「最」，少見「冣」，故書傳中「冣」字皆譌作「最」。韓詩外傳作「執拘則聚」，卽「冣」字也。隱元年公羊傳及何注皆本作「冣」，今譌作「最」。（楊所見本已然。）辯見經義述聞。**敵中則奪，**敵人得中道則奪其國。一曰：中，擊也，丁仲反。○俞樾曰：此以民情言，不以敵國言，楊注非是。敵，當讀爲適，古字通用。論語里仁篇「無適也」，釋文曰「鄭本作敵」；禮記玉藻篇「敵者不在」，釋文曰「敵本作適」：竝其證也。上文言「劫則致畏，嬴則敖上，執拘則最，得閒則散」，竝就其一偏者而言之。此云「敵中」，謂適乎其中也。既不用道德之威而用暴察之威，適乎其中，則反失其所以爲暴察矣，故曰「適中則奪」。下文曰「非劫之以形埶，非振之以誅殺，則無以有其下」，正承此文而言，足見楊注之非。**非劫之以形埶，非振之以誅殺，則無以有其下。**振，動。**夫是之謂暴察之威。無愛人之心，無利人之事，而日爲亂人之道，百姓讙敖**

則從而執縛之，刑灼之，不和人心。讙，喧譁也。敖，喧噪也。亦讀爲嗷，謂叫呼之聲嗷嗷然也，五刀反。**如是，下比周賁潰以離上矣，**賁讀爲憤，憤然也。民逃其上曰潰。○郝懿行曰：「賁」與「奔」，古字通。賁潰，謂奔走潰散而去也。「賁」，韓詩外傳六作「憤」，此作「賁」，二義俱通，似不必依彼讀憤也。**傾覆滅亡可立而待也。夫是之謂狂妄之威。此三威者，不可不孰察也。道德之威成乎安彊，暴察之威成乎危弱，狂妄之威成乎滅亡也。**

公孫子曰：「子發將西伐蔡，克蔡，獲蔡侯，公孫子，齊相也，未知其名。後語：孟嘗君客有公孫戍，豈後爲齊相乎？或曰：公孫名忌。子發，楚令尹，未知其姓。戰國策莊辛諫楚襄王曰：「蔡聖侯南遊乎高陂，北陵乎巫山，左枕幼妾，右擁嬖女，馳騁乎高、蔡之閒而不以國家爲事，不知夫子發方受命于宣王，繫以朱絲而見之。」史記蔡侯齊爲楚惠王所滅，莊辛云「宣王」，與史記不同。○盧文弨曰：案楚策「左枕」作「左抱」。蔡無聖侯，吴師道謂當作「靈侯」。或者古通稱歟？鮑彪云：「昭十一年，楚子誘蔡侯般，殺之於申。經傳不書子發，蓋使子發召之。楚子，靈王。若宣王，蔡滅八十年矣。淮南道應訓『子發伐蔡，踰之，宣王郊迎』，人閒訓又言『獲罪威王』者，皆失考也。」今案：鮑、吴之説，以爲楚靈王。然誘之與伐，其事不同，闕疑可也。王念孫曰：蔡在楚北，非在楚西，不得言「西伐蔡」。將，子匠反。「西」，當爲「而」。言子發將兵而伐蔡也。**歸致命曰：『蔡侯奉其社稷而歸之楚，**歸致命于君，言蔡侯自奉其社稷歸楚，非己之功也。舍屬二三子而治其地。』舍，子發名。屬，請也，之欲反。二三子，楚之諸臣也。理其地，謂安輯其民也。子發不欲獨擅其功，故請諸臣理其地也。○王念孫曰：古無訓屬爲請者。屬，會也。（見孟子梁惠王篇注，左傳哀十三年注，齊語、晉語、楚語注。）言會諸臣以治之。先謙案：正文，宋台州本、謝本作「治」，浙局本依注改「理」，非。注自避唐諱。既，楚發其賞，既，謂論功之後。發，行也。子發辭曰：『發誡布令而敵退，是主威也；徙舉相攻而敵退，是將威也；合戰用力而敵退，是衆威也。誡，教也。凡發誡布令而敵退，則是畏其主；徙舉相攻而敵退，則是畏其將；合戰用力而敵退，則是畏其衆也。臣舍不宜以衆威受賞。』是時合戰用力而滅蔡，故曰「衆威」。此已上，公孫子美子發之辭也；已下，荀卿之辭也。譏之曰：「子發之致命也恭，其辭賞也固。固，陋也。其致命難，其辭賞則固陋，非坦明之道也。夫尚賢使能，賞有功，罰有罪，非獨一人爲之也，自古皆然。彼先王之道也，一人之本也，善善惡惡之應也，彼，彼賞罰也。言彼賞罰者，乃先王之道，齊一人之本，善善惡惡之報應也。治必由之，古今一也。爲治必用賞罰。古者明王之舉大事，立大功也，大事已博，大功已立，則君享其成，羣臣享其功，享，獻也。謂受其獻也。士大夫益爵，官人益秩，庶人益禄。爵，謂若秦庶長、不更之屬。官人，羣吏也。庶人，士卒也。秩、禄，皆謂廩食也。是以爲善者勸，爲不善者沮，上下一心，三軍同力，是以百事成而功名大也。今子發獨不然，反先王之道，亂楚國之法，墮興功之臣，恥受賞之屬，人皆受賞，子發獨辭，是使興功之臣墮廢其志，受賞之屬慚恥於心。無僇乎族黨而抑卑其後世，夫先祖有寵錫，則子孫揚其功；族黨遭刑戮，則後世蒙其恥。今子發自謂無功，則子孫無以稱揚，雖無刑戮之恥，而後世亦抑損卑下，無以光榮也。○盧文弨曰：正文「卑其」，宋本作「卑乎」。案獨以爲私廉，豈不過甚矣哉！故曰：子發之致命也恭，其辭賞也固。」荀卿子說齊相曰：○盧文弨曰：此七字，元刻無，從宋本補。顧千里曰：宋錢佃本卷末云：「監本有七字。」宋呂夏卿本有。疑楊注所見與監本不同，或不止少七字，亦王伯厚所說「監本未必是」之類也。「處勝人之埶，行勝人之道，天下莫忿，湯、武是也；處勝人之埶，不以勝人之道，以，用。厚於有天下之埶，索爲匹夫不可得也，桀、紂是也。然則得勝人之埶者，其不如勝人之道遠矣。夫主相者，勝人以埶也，是爲是，非爲非，能爲能，不能爲不能，併己之私欲，必以道夫公道通義之可以相兼容者，是勝人之道也。併，讀曰屏，棄也。屏棄私欲，遵達公義也。今相國上則得專主，下則得專國，相國之於勝人之埶，亶有之矣。亶，讀爲擅，本亦或作「擅」。或曰：亶，誠也。○王念孫曰：或說是也。本或作「擅」者，借字耳。然則胡不敺此勝人之埶赴勝人之道，敺，謂驚馭之也。或作「謳歌此勝人之埶」，誤也。求仁厚明通之君子而託王焉，求賢而託之以王，使輔佐也。與之參國政，正是非？如是，則國孰敢不爲義矣？國内皆化之也。君臣上下，貴賤長少，至於庶人，莫不爲義，則天下孰不欲合義矣？天下皆來歸義也。賢士願相國之朝，能士願相國之官，好利之民莫不願以齊爲歸，是一天下也。相國舍是而不爲，案直爲是世俗之所以爲，不爲勝人之道，但爲勝人之埶。○先謙案：「以」字疑衍。則女主亂之宫，詐臣亂之朝，貪吏亂之官，衆庶百姓皆以貪利爭奪爲俗，曷若是而可以持國乎？今巨楚縣吾前，楚在齊南，故曰前。縣，聯繫之也。大燕鰌吾後，燕在齊北，故曰後。鰌，蹴也，藉也。如蹴踏於後。莊子風謂蛇曰：「鰌我必勝我。」本亦作「蹲吾後」也。勁魏鉤吾右，魏在齊西，故曰右。鉤，謂如鉤取物也。西壤之不絶若繩，西壤，齊西界之地。若繩，言細也。楚人則乃有襄賁、開陽以臨吾左。襄賁、開陽，楚二邑，在齊之東者也。漢書地理志二縣皆屬東海郡。賁音肥。○俞樾曰：「乃」，疑「又」字之誤。上已云「巨楚縣吾前」，故此云「楚人則又有襄賁、開陽以臨吾左」。是一國作謀則三國必起而乘我。一國謀齊，則三國乘其敝。○俞樾曰：「三國」乃「二國」之誤。上文止有楚、燕、魏三國，若依此文，則是四國矣，故知其誤也。先謙案：言一國作謀，則三國共起乘我，「三」非「二」之誤。如是，則齊必斷而爲四，三國分齊，則斷爲四。謂楚取其二，魏、燕各取其一也。三國若假城然耳，言齊如三國之寄城耳，不久當歸之也。○俞樾曰：楚雖當齊之二面，要是一國，不當分爲二，楊注非也。「四」字疑衍文，當云「齊必斷而爲三」。其下句則云「國若假城耳」，言齊之國若假人之城，不久當歸之也。古「四」字作「亖」，與「三」字混。疑「三」譌爲「亖」，後人校正作「三」，傳寫者遂竝存「四三」兩字。楊氏不能是正，以「四」字屬上讀，「三」字屬下讀，而兩句俱不可通矣。　先謙案：議兵篇云「兵殆於垂沙，唐蔑死，莊蹻起，楚分而爲三四」，史記禮書引作「四參」，參、三同也。（勸學篇云「君子博學而日參省乎己」，羣書治要作「三省」，是「參」「三」同字之證。）據此，荀子本書必有作「四三」者。「三四」「四三」，總謂國之分裂，不爲定數。此文亦言「齊必斷而爲四三」，與議兵篇「楚分而爲四三」同意，「國若假城然耳」自爲一句。楊注失其讀，俞氏又欲減字以成其義，皆非也。**必爲天下大笑。曷若？**天下必笑其無謀滅亡，問以爲何如也。○王念孫曰：「曷若」二字，與上下文義不相屬，此涉上文「曷若是」而衍。「兩者」二字，指上文「勝人之道」與「勝人之埶」而言，則不當有「曷若」二字明矣。楊云「問以爲何如也」，此望文生義而曲爲之説。**兩者孰足爲也？**兩者，勝人之道與勝人之埶。一則天下歸，一則天下笑，問何者可爲也。**夫桀、紂，聖王之後子孫也，有天下者之世也，**世，謂繼也。**埶籍之所存，天下之宗室也，**埶，謂國籍之所在也。○王念孫曰：案楊注本作「埶位、圖籍之所在也」，（禮運「在埶者去」，鄭注：「埶，埶位也。」是埶與位同義。儒效篇「履天子之籍」，楊彼注曰「籍，謂天下之圖籍也」，故此注亦曰「埶位、圖籍之所在」。今本「位」作「謂」，「圖」作「國」，則義不可通。又案：楊以籍爲圖籍，非也。籍，亦位也。儒效篇曰「周公履天子之籍」，又曰「反籍於成王」，是籍與位同義，非謂圖籍也。正論篇曰「聖王之子也，有天下之後也，埶籍之所在也，天下之宗室也」，文義竝與此同。盧云「埶籍，謂埶力憑籍也」，亦非。（見正論篇。）先謙案：王室爲天下所宗，故云「宗室」。土地之大，封內千里，人之衆數以億萬，其數億萬。俄而天下倜然舉去桀、紂而犇湯、武，倜然，高舉之貌。舉，皆也。犇與奔同。反然舉惡桀、紂而貴湯、武，反音翻。翻然，改變貌。惡，烏路反。是何也？夫桀、紂何失而湯、武何得也？假設問答。曰：是無它故焉，桀、紂者，善爲人所惡也；而湯、武者，善爲人所好也。人之所惡何也？曰：汙漫、爭奪、貪利是也。汙漫，謂穢汙不修潔也。或曰：漫，謂欺誑也。汙，烏路反。漫，莫但反。人之所好者何也？曰：禮義、辭讓、忠信是也。今君人者，辟稱比方則欲自竝乎湯、武，辟，讀爲譬。稱，尺證反。若其所以統之，則無以異於桀、紂，而求有湯、武之功名可乎？統，制治也。故凡得勝者必與人也，凡得人者必與道也。道也者何也？曰：禮讓忠信是也。故自四五萬而往者彊勝，非衆之力也，隆在信矣；而往，猶已上也。言有兵四五萬已上者，若能崇信，則足以自致彊勝，不必更待與國之衆也。若不崇信，雖有與國之衆，猶無益，故曰「非衆之力也」。自數百里而往者安固，非大之力也，隆在修政矣。有數百里之地，修政則安固，不必更在廣也。荀卿嘗言湯、武以百里之地王天下，今言此者，若言常人之理，非論聖人也。○王念孫曰：政，非「政事」之政，「修政」即「修正」也。（古書通以「政」爲「正」。）言必自修自正，然後國家可得而安也。富國篇曰「必先修正其在我者」，王霸篇曰「內不修正其所以有」，皆其證。信，卽上所謂「忠信」，對下「陶誕比周」而言；修正，卽上所謂「禮義」，對下「汙漫突盜」而言。荀子書多言「修正」，作「政」者，借字耳，非修政事之謂也。楊説「修政」二字未了。先謙案：王説是。儒效篇「平正和民之善」，「平正」卽「平政」，王霸篇「立隆政本朝而當」，「隆政」卽「隆正」，與此一例。**今已有數萬之衆者也，陶誕、比周以争與；**「陶」當爲「檮杌」之「檮」。或曰：當爲「逃」，謂逃匿其情。與，謂黨與之國也。○先謙案：陶誕，義具榮辱篇。**已有數百里之國者也，汙漫、突盜以争地。**突，謂相淩犯也。**然則是棄己之所安彊，而争己之所以危弱也，損己之所不足，以重己之所有餘，**損，減也。重，多也。不足，謂信與政。有餘，謂衆與地也。**若是其悖繆也，而求有湯、武之功名可乎？辟之是猶伏而咶天，救經而引其足也，**咶與舐同。經，縊也。救縊而引其足，縊愈急也。○先謙案：二語與仲尼篇同。**説必不行矣，愈務而愈遠。爲人臣者不恤己行之不行，**上行下孟反，下行如字。**苟得利而已矣，是渠衝入穴而求利也，**渠，大也。渠衝，攻城之大車也。詩曰：「臨衝閑閑。」韓子曰：「奏百。貍首射侯，不當彊弩趨發；平城距衝，不若堙内伏槖。」或作「距衝」，蓋言可以距石矣。○盧文弨曰：案所引韓子，見八説篇，云：「登降周旋，不逮日中奏百；貍首射侯，不當强弩趨發；平城距衝，不若堙穴伏槖。」所云「日中奏百」，卽荀卿議兵篇所謂「魏之武卒，日中而趨百里」是也。「奏百」自屬上文，不當連引。内、穴，古多通用，橐、槖互異，疑此「槖」字是與韻協，若不用韻，則疑是「橐」字，與鞴同，吹火韋囊也。管子揆度篇有此字。**是仁人之所羞而不爲也。**屈大就小，務於苟得，故羞而不爲也。**故人莫貴乎生，莫樂乎安，所以養生安樂者莫大乎禮義。**○王念孫曰：案「安樂」當爲「樂安」。「養生樂安」與「貴生樂安」並承上「莫貴乎生，莫樂乎安」而言。今本「樂安」二字倒轉，則與上下文不合。**人知貴生樂安而弃禮義，辟之是猶欲壽而歾頸也，**「歾」，當爲「刎」。○王念孫曰：案説文「歾」或作「殁」。吕氏春秋高義篇「石渚殁頭乎王庭」，「殁頭」即「刎頭」也。歾、刎皆從勿聲，故歾又讀爲刎。史記循吏傳「石奢（即石渚。）自歾而死」，索隱：「歾，音亡粉反。」（宋毛晃增修禮部韻略及班馬字類皆如是。今本則改「歾」爲「刎」，而删去其音矣。）是「歾」字兼有殁、刎二讀，無煩改「歾」爲「刎」也。**愚莫大焉。故君人者愛民而安，好士而榮，兩者無一焉而亡。詩曰：『价人維藩，大師維垣。』此之謂也。」**詩，大雅版之篇，義已解上。○盧文弨曰：案今詩作「板」，爾雅釋訓作「版」，二字古通用也。章懷注後漢書董卓傳論、李善注劉孝標辨命論，引詩皆作「上帝版版」。先謙案：虞、王本作「介人」。

力術止，義術行。曷謂也？曰：秦之謂也。力術，彊兵之術。義術，仁義之術。止，謂不能進取霸王也。言用力術則止，用義術則行，發此論以謂秦也。新序：「李斯問孫卿曰：『當今之時，爲秦柰何？』孫卿曰：『力術止，義術行，秦之謂也。』」○盧文弨曰：此所引新序，今本脱。郝懿行曰：彊力之術，雖進終止；杖義之術，無往不行。依注引新序，此答李斯之問，爲秦發也。威彊乎湯、武，廣大乎舜、禹，然而憂患不可勝校也，校，計。諰諰然諰，思里反。常恐天下之一合而軋己也，此所謂力術止也。曷謂乎威彊乎湯、武？○先謙案：以下文例之，此處當有「曰」字，而今脱之。湯、武也者，乃能使説己者用耳。説音悦。○俞樾曰：下「使」字當訓從。爾雅釋詁：「使，從也。」今楚父死焉，國舉焉，負三王之廟而辟於陳、蔡之閒，此楚頃襄王之時也。父謂懷王，爲秦所虜而死也。至二十一年，秦將白起遂拔我鄢、郢，燒先王墓於夷陵。襄王兵散，遂不復戰，東北保陳城廟主也。辟，如字，謂自屏遠也。或曰：讀爲避。視可、司閒，案欲剡其脛而以蹈秦之腹，視可，謂觀其可伐也。剡，亦斬也。○盧文弨曰：元刻「伐也」下有「司音伺。閒，隙也」六字，宋本無。王念孫曰：斬脛以蹈秦之腹，義不可通。玉藻：「弁行，剡剡起屨。」（正義：「弁，急也。」）是剡剡爲起屨之貌。然則剡其脛以蹈秦之腹，亦謂起其脛以蹈秦之腹也。漢書賈誼傳「剡手以衝仇人之匈」，義與此同。（顔注「剡，利也」，亦非。）然而秦使左案左，使右案右，是乃使讎人役也，秦能使讎人爲之徒役。謂楚襄王七年迎婦於秦城，十五年與秦伐燕，二十七年復與秦平而入太子質之類也。○先謙案：言秦之役楚，使左則左，使右則右。此文二「案」字以代「則」字。此所謂威彊乎湯、武也。曷謂廣大乎舜、禹也？曰：古者百王之一天下、臣諸侯也，未有過封内千里者也。封畿之内。今秦南乃有沙羡與俱，是乃江南也，漢書地理志沙羡縣屬江夏郡。此地俱屬秦，是有江南也。○盧文弨曰：羡音夷。先謙案：沙羡城在今武昌府江夏縣西南。**北與胡、貉爲鄰，西有巴、戎，**巴在西南，戎在西，皆隸屬秦。**東在楚者乃界於齊，**謂東侵土地，所得者乃與齊爲界也。**在韓者踰常山乃有臨慮，**漢書地理志臨慮，縣名，屬河內，今屬相州也。○盧文弨曰：慮音廬。先謙案：地理志作「隆慮」，避後漢殤帝諱改林慮，故城即今彰德府林縣治。林慮以山氏縣，即臨慮矣。**在魏者乃據圉津，即去大梁百有二十里耳，**「圉」，當爲「圍」。漢書「曹參下修武，度圍津」，顔師古曰：「在東郡。」豈古名圍津，轉寫爲「圉」？或作「韋津」，今有韋城，豈是邪？史記无忌[一]謂魏安釐王曰：「秦固有懷、茅、邢丘，城垝津以臨河內，河內共、汲必危。」垝、圍聲相近，疑同垝，居委反。**其在趙者剡然有苓而據松柏之塞，**剡然，侵削之貌。苓，地名，未詳所在。或曰：苓與靈同。漢書地理志常山郡有靈壽縣，今屬真定。或曰：「苓」當爲「卷」。案卷縣屬河南，非趙地也。松柏之塞，蓋趙樹松柏，與秦爲界，今秦據有之。**負西海而固常山，**負，背也。常山，本趙山，秦今有之。言秦背西海，東向以常山爲固也。**是地徧天下也。威動海內，彊殆中國，**秦之彊能危殆中國。「殆」，或爲「治」。○先謙案：「治」是「殆」之誤字，說見議兵篇。**然而憂患不可勝校也，諰諰然常恐天下之一合而軋己也，**○盧文弨曰：宋本無「然」

[一]「无」，原本作「朱」，據史記魏世家改。

字，元刻有，與前同。**此所謂廣大乎舜、禹也。**○盧文弨曰：此句或疑當在「彊殆中國」句下。王念孫曰：案此汪氏中説也。汪直移此句於上文「彊殆中國」下，是也。俞樾曰：案上文「威彊乎湯、武，廣大乎舜、禹」相對爲文，是於湯、武言「威彊」，舜、禹言「廣大」。若「威動海内，彊殆中國」下接「此所謂廣大乎舜、禹也」，則文義錯雜矣。汪説非也。「此所謂」句當移在「是地徧天下也」句下。試以上文例之：上文曰「是乃使讎人役也，此所謂威彊乎湯、武也」，此文曰「是地徧天下也，此所謂廣大乎舜、禹也」，文法正相準。「威動海内，彊殆中國」二句，又承「威彊乎湯、武」句以起下文。言「威彊」不言「廣大」者，舉一以包其一耳。**然則柰何？曰：節威反文，**節減威彊，復用文理。**案用夫端誠信全之君子治天下焉，**全，謂德全。**因與之參國政，正是非，治曲直，聽咸陽，**使聽咸陽之政。**順者錯之，不順者而後誅之，**錯，置也。謂捨而不伐。**若是，則兵不復出於塞外而令行於天下矣；若是，則雖爲之築明堂於塞外而朝諸侯，殆可矣。**明堂，天子布政之宫。「於塞外」三字衍也。以前有「兵不復出於塞外」，故誤重寫此三字耳。殆，庶幾也。秦若使賢人爲政，雖築明堂，朝諸侯，庶幾可矣。或曰：塞外，境外也。明堂，壇也。謂巡狩至方岳之下，會諸侯，爲宫方三百步，四門，壇十有二尋，深四尺，加方明於其上。左氏傳「爲王宫於踐土」，亦其類也。或曰：築明堂於塞外，謂使他國爲秦築帝宫也。戰國策韓王謂張儀曰「請比秦郡縣，築帝宫，祠春秋，稱東蕃」是也。○王念孫曰：楊前説是也，後説皆非。**假**

今之世，益地不如益信之務也。

應侯問孫卿子曰：「入秦何見？」應侯，秦相范雎，封於應也。杜元凱云「應國在襄陽城父縣西南」也。○盧文弨曰：案杜注無「南」字。孫卿子曰：「其固塞險，形埶便，山林川谷美，謂多良材及溉灌之利也。天材之利多，所出物産多也。是形勝也。形，地形，便而物産多，所以爲勝。故曰如高屋之上而建瓴水也。入境，觀其風俗，其百姓樸，其聲樂不流汙，流，邪淫也。汙，濁也。不流汙，言清雅也。其服不挑，挑，偷也。不爲奇異之服。詩序曰「長民者衣服不貳，從容有常，以齊其民，則民德歸壹」也。○盧文弨曰：案周語「郤至佻天」，説文引作「挑天」，是挑與佻同。甚畏有司而順，古之民也。及都邑官府，及，至也。至縣邑之解署。其百吏肅然莫不恭儉、敦敬、忠信而不楛，古之吏也。楛音苦，濫惡也。或曰：讀爲「王事靡盬」之「盬」。盬，不堅固也。入其國，觀其士大夫，出於其門，入於公門，出於公門，歸於其家，無有私事也，不比周，不朋黨，倜然莫不明通而公也，古之士大夫也。倜然，高遠貌。觀其朝廷，其閒聽決百事不留，恬然如無治者，古之朝也。其閒，朝退也，古莧反。恬然，安閑貌。如無治者，如都無聽治處也。故四世有勝，非幸也，數也。是所見也。故曰：佚而治，約而詳，不煩而功，治之至也。秦類之矣。雖佚而治，雖約而詳，雖不煩而有功，古之至治有如此者，今秦似之。雖然，則有其諰矣。諰，懼。○盧文弨曰：正文元刻作「則甚有其謬也」。兼是數具者而盡有之，然而縣之以王者之功名，則倜倜然其不及遠矣。縣音懸，謂聯繫。○先謙案：楊訓縣爲聯繫，非也。縣，猶衡也。謂衡之以王者之功名則不及也。荀書或言「縣衡」，或單言「縣」，單言「衡」，其義竝同。王霸篇云「禮之所以正國也，譬猶衡之於輕重也」，君道篇云「輕不得以縣重」，是縣猶衡也。君道篇又云「衡石稱縣者，所以爲平也」；禮論篇云「衡誠縣矣，則不可欺以輕重」；正名篇云「衡不正則重縣於仰而人以爲輕，輕縣於俛而人以爲重」；解蔽篇云「聖人兼陳萬物而中縣衡焉，是以衆異不得相蔽」：皆「縣」「衡」連言。王制篇云「名聲未足以縣天下也」；王霸篇云「以是縣天下，一四海」；正論篇云「聖人備道全美，是縣天下之權稱也」；又云「聖王没，有埶籍者罷，不足以縣天下」。所謂「縣天下」者，王者在上，能爲天下持平如縣衡然。荀書明言「縣天下之權稱」，是縣天下卽謂縣衡天下。楊訓縣爲繫，亦非也。漢書鄒陽傳「臣聞秦倚曲臺之宮，縣衡天下」，正用荀書「縣天下」義。是何也？則其殆無儒邪！故曰：粹而王，粹，謂全用儒道。駁而霸，無一焉而亡。此亦秦之所短也。」

積微，月不勝日，時不勝月，歲不勝時。積微細之事，月不如日。言常須日日留心於庶事，不可怠忽也。凡人好敖慢小事，大事至然後興之務之，如是則常不勝夫敦比於小事者矣。敦比，精審躬親之謂。○郝懿行曰：敦，讀如堆。敦比者，敦迫比近，叢集於前也。注似未了。先謙案：敦比，治也，義具榮辱篇。**是何也？則小事之至也數，其縣日也博，其爲積也大；**數音朔。博，謂所縣繫時日多也。大，謂積小以成大，若蟻蛭然也。**大事之至也希，其縣日也淺，其爲積也小。**時日既淺，則所積亦少也。**故善日者王，善時者霸，補漏者危，大荒者亡。**善謂愛惜，不怠棄也。補漏，謂不能積功累業，至於敝漏然後補之。大荒，謂都荒廢不治也。**故王者敬日，**敬，謂不敢慢也。故曰「吉人爲善，惟日不足」。**霸者敬時，**動作皆不失時。或曰：時變則懼治之不立也。**僅存之國危而後戚之，**戚，憂。**亡國至亡而後知亡，至死而後知死，亡國之禍敗不可勝悔也。**所悔之事不可勝舉，言多甚也。**霸者之善著焉，可以時託也，**霸者其善明著，以其所託不失時也。○俞樾曰：「託」乃「記」字之譌。言霸者之善所以明著者，以其可以時記也。下文云「王者之功名不可勝日志也」，正王者敬日、霸者敬時之意。記、志義同，「記」譌作「託」，則「時託」與「日志」不倫矣。**王者之功名不可勝日志也。**日記識其政事，故能功名不可勝數。○王念孫曰：玩楊注，則正文「不可勝」下當有「數」字。俞樾曰：「日志也」上亦當有「可以」二字，與「可以時記也」一例。**財物貨寶以大爲重，政教功名反是，能積微者速成。詩曰：「德輶如毛，民鮮克舉之。」此之謂也。**詩，大雅烝民之篇。輶，輕也。引之以明積微至著之功。

凡姦人之所以起者，以上之不貴義、不敬義也。上行下效。**夫義者，所以限禁人**

之爲惡與姦者也。今上不貴義，不敬義，如是，則下之人百姓皆有棄義之志，而有趨姦之心矣，此姦人之所以起也。且上者，下之師也，夫下之和上，譬之猶響之應聲、影之像形也。故爲人上者不可不順也。不可不順義。或曰：當爲「慎」。夫義者，内節於人而外節於萬物者也，節，即謂限禁也。○俞樾曰：節，猶適也。呂氏春秋重己篇「故聖人必先適欲」，高注曰：「適，猶節也。」然則節亦猶適矣。管子禁藏篇「故聖人之制事也，能節宫室、適車輿以實藏」，是節與適同義。下文曰「上安於主而下調於民者也」，訓節爲適，則與「調」「安」相近。楊注非是。上安於主而下調於民者也。得其節則上安而下調也。内外上下節者，義之情也。義之情皆在得其節。然則凡爲天下之要，義爲本而信次之。古者禹、湯本義務信而天下治，桀、紂棄義倍信而天下亂，故爲人上者必將慎禮義、務忠信然後可。此君人者之大本也。「慎」，或爲「順」。

堂上不糞，則郊草不瞻曠芸；曠，空也。空，謂無草也。芸，謂有草可芸鋤也。堂上猶未糞除，則不暇瞻視郊野之草有無也。言近者未理，不暇及遠。魯連子謂田巴曰：「堂上不糞者郊草不芸也」。○郝懿行曰：「糞」者，「坌」之假借，隸變作「拚」。少儀曰：「埽席前曰拚。」經典俱通作「糞」。王念孫曰：此言事當先其所急，後其所緩，故堂上不糞除，則不暇芸野草也。「芸」上不當有「瞻曠」二字，不知何處脱文闌入此句中也。據楊注引魯連子「堂上不糞者郊草不芸也」，無「瞻曠」二字，即其證。楊注又曰「堂上猶未糞除，則不暇瞻視郊野之草有無也」，此則不得其解而曲爲之説。**白刃扞乎胸，則目不見流矢；**扞，蔽也。扞蔽於胸，謂見斬刺也。懼白刃之甚，不暇憂流矢也。○王念孫曰：案扞蔽非斬刺之義，楊説非也。扞之言干也。干，犯也。謂白刃犯胸，則不暇顧流矢也。史記游俠傳「扞當世之文罔」，謂犯法也。漢書董仲舒傳「抵冒殊扞」，文穎曰：「扞，突也。」突，亦犯也。**拔戟加乎首，則十指不辭斷。**言不惜十指而救首也。「拔」，或作「校」，或作「枝」。○郝懿行曰：拔，讀如少儀「毋拔來」之拔，鄭注：「拔，疾也。」釋文：「拔，王本作校。」然則此注「拔或作校」亦可；注又云「或作枝」，則非。古無枝戟之名。**非不以此爲務也，疾養緩急之有相先者也。**疾，痛也。養與癢同。言非不以郊草、流矢、十指爲務，痛癢緩急有所先救者也。言此者，明人君當先務禮義，然後及它事也。

天論篇第十七

天行有常，天自有常行之道也。○俞樾曰：爾雅釋宫：「行，道也。」天行有常，即天道有常，楊注「天自有常行之道」，則「道」字反爲增出矣。**不爲堯存，不爲桀亡。應之以治則吉，應之以亂則凶。**吉凶由人，非天愛堯而惡桀也。**彊本而節用，則天不能貧；**本，謂農桑。**養備而動時，則天不能病；**養備，謂使人衣食足。動時，謂勸人勤力，不失時，亦不使勞苦也。

養生既備，動作以時，則疾疹不作也。**修道而不貳，則天不能禍。**貳，即倍也。○王念孫曰：案「修」當爲「循」，字之誤也。（隸書「循」「修」相似，説見管子形勢篇。）循，順也。「貳」當爲「貣」，亦字之誤也。（凡經傳中「貣」字多誤作「貳」，説見管子勢篇。）貣與忒同。（管子正篇「如四時之不貣」，史記宋世家「二衍貣」，竝以「貣」爲「忒」。字本作「忒」，又作「貸」，説見管子勢篇。又作「慝」、作「匿」，説見後「匿則大惑」下。）忒，差也。言所行皆順乎道而不差，則天不能禍也。下文曰「倍道而妄行，則天不能使之吉」，正與此相反。今本「循」作「修」，「貣」作「貳」，則非其旨矣。楊不知「貳」爲「貣」之誤，又見下文言「倍道妄行」，遂釋之曰「貳即倍也」，此望下文生義，而非本句之旨。羣書治要作「循道而不忒」，足正楊本之誤。又禮論篇「萬物變而不亂，貳之則喪也」，「貳」亦當爲「貣」。貣，差也。言禮能治萬變而不亂，若於禮有所差忒，則必失之也。大戴記禮三本篇作「貸之則喪」，是其證。（貸見上注。）楊云「貳謂不一」，亦失之。又解蔽篇「心枝則無知，傾則不精，貳則疑惑」，「貳」亦當爲「貣」，言差忒則生疑惑也。貣則疑惑，猶天論篇言「匿則大惑」也。（匿與慝、忒通，説見「匿則大惑」下。）彼以「中」「從」爲韻，「畸」「爲」爲韻，「匿」「惑」爲韻，此以「枝」「知」爲韻，「傾」「精」爲韻，「貣」「惑」爲韻。忒、貣、慝、匿竝通，故「貣」「匿」竝與「惑」爲韻，「貳」則非韻矣。（貣從弋聲，於古音屬之部；貳從弍聲，於古音屬脂部。）**故水旱不能使之飢渴，寒暑不能使之疾，祆怪不能使之凶。**畜積有素，故水旱不能使之飢渴。既無飢寒之患，則疫癘所不能加之也。○劉台拱曰：「渴」字衍，「飢」當作「饑」。此承上文而言：彊本節用，故水旱不能使之饑；養

備動時，故寒暑不能使之疾；修道不貳，故袄怪不能使之凶。王念孫曰：案羣書治要無「渴」字。下文「水旱未至而飢」，亦無「渴」字。注內「渴」字，亦後人據已衍之正文加之。**本荒而用侈，則天不能使之富；養略而動罕，則天不能使之全；**略，減少也。罕，希也。養略，謂使人衣食不足也。動希，言怠惰也。衣食減少而又怠惰，則天不能全也。○俞樾曰：上云「養備而動時，則天不能病」，「備」與「略」義正相對，「時」與「罕」則不倫矣。「罕」，疑「屰」字之誤，「屰」，卽今「逆」字。説文干部：「屰，不順也。」辵部：「逆，迎也。」是「逆」爲「送逆」字，其「順逆」字本作「屰」也。「養略而動屰」，正與「養備而動時」相對成義。**倍道而妄行，則天不能使之吉。故水旱未至而飢，寒暑未薄而疾，**薄，迫也，音博。**袄怪未至而凶。**○王念孫曰：「未至」二字，與上文複。羣書治要「至」作「生」，是也。下文「袄是生於亂」卽其證。「生」「至」字相似，又涉上文「未至」而誤。**受時與治世同，而殃禍與治世異，不可以怨天，其道然也。**非天降災，人自使然。**故明於天人之分，則可謂至人矣。**知在人不在天，斯爲至人。**不爲而成，不求而得，夫是之謂天職。**不爲而成，不求而得，四時行焉，百物生焉，天之職任如此，豈愛憎於堯、桀之閒乎？**如是者，雖深，其人不加慮焉；雖大，不加能焉；雖精，不加察焉：夫是之謂不與天爭職。**其人，至人也。言天道雖深遠，至人曾不措意測度焉，以其無益於理。若措其在人者，慕其在天者，是爭職也。莊子曰「六合之外，聖人存而不論」也。**天有其時，地有其**

財，人有其治，夫是之謂能參。人能治天時地財而用之，則是參於天地。**捨其所以參而願其所參，則惑矣。**捨人事而欲知天意，斯惑矣。**列星隨旋，日月遞炤，四時代御，陰陽大化，風雨博施，**列星，有列位者，二十八宿也。隨旋，相隨回旋也。炤與照同。陰陽大化，謂寒暑變化萬物也。博施，謂廣博施行，無不被也。**萬物各得其和以生，各得其養以成，不見其事而見其功，夫是之謂神。**和，謂和氣。養，謂風雨。不見和養之事，但見成功，斯所以爲神，若有真宰然也。**皆知其所以成，莫知其無形，夫是之謂天。**言天道之難知。或曰：當爲「夫是之謂天功」，脱「功」字耳。○王念孫曰：或説是也。人功有形而天功無形，故曰「莫知其無形，夫是之謂天功」。「天功」二字，下文凡三見。**唯聖人爲不求知天。**既天道難測，故聖人但修人事，不務役慮於知天也。**天職既立，天功既成，形具而神生，好惡、喜怒、哀樂臧焉，夫是之謂天情。**言人之身亦天職、天功所成立也。形，謂百骸九竅。神，謂精魂。天情，所受於天之情也。**耳目鼻口形能，各有接而不相能也，夫是之謂天官。**耳辨聲，目辨色，鼻辨臭，口辨味，形辨寒熱疾癢。其所能皆可以接物而不能互相爲用。官，猶任也。言天之所付任有如此也。○王念孫曰：楊以「耳目鼻口形」連讀，而以「能」字屬下讀，於義未安。余謂「形能」當連讀，能讀爲態。楚辭招魂注曰：「態，姿也。」形態，即形也。言耳目鼻口形態各與物接而不能互相爲用也。古字「能」與「耐」通，（説詳唐韻正。）故亦與「態」通。楚辭九章「固庸態也」，論衡累害篇

「態」作「能」。漢書司馬相如傳「君子之態」，史記作「能」。（徐廣本如是，今本作「態」，非。）易林「无妄之賁，女工多能，亂我政事」，「能」卽「態」字也。（多態謂淫巧。）故以「形能」連文。正名篇以「耳目口鼻」與「形體」竝列，彼言「形體」，猶此言「形態」。**心居中虛以治五官，夫是之謂天君。**心居於中空虛之地，以制耳目鼻口形之五官，是天使爲形體之君也。**財非其類，以養其類，夫是之謂天養。**財與裁同。飲食衣服與人異類，裁而用之，可使養口腹形體，故曰「裁非其類，以養其類」，是天使奉養之道如此也。**順其類者謂之福，逆其類者謂之禍，夫是之謂天政。**順其類，謂能裁者也。逆其類，謂不能裁者也。天政，言如賞罰之政令。自「天職既立」已上，竝論天所置立之事；已下，論逆天、順天之事在人所爲也。**暗其天君，**昏亂其心。**亂其天官，**聲色臭味過度。**棄其天養，**不能務本節用。**逆其天政，**不能養其類也。**背其天情，**好惡、喜怒、哀樂無節。**以喪天功，**喪其生成之天功，使不蕃滋也。**夫是之謂大凶。**此皆言不修政違天之禍。**聖人清其天君，正其天官，備其天養，順其天政，養其天情，以全其天功。如是，則知其所爲，知其所不爲矣，**知務導達，不攻異端。**則天地官而萬物役矣。**言聖人自修政則可以任天地、役萬物也。**其行曲治，其養曲適，其生不傷，夫是之謂知天。**其所自修行之政，曲盡其治；其所養人之術，曲盡其適；其生長萬物，無所傷害：是謂知天也。言明於人事則知天物，其要則曲盡也。**故大巧在所不爲，大智在所不慮。**此明不務知天，是乃知天也。亦猶大巧在所不爲，如天地之成萬物也，若偏有所爲，則其巧小矣；大智在所不慮，如聖人無爲而治也，若偏有所慮，則其智窄矣。**所志於天者，已其見象之可以期者矣；**志，記識也。聖人雖不務知天，猶有記識以助治道。所以記識於天者，其見垂象之文，可以知其節候者是也。謂若堯「命羲和，欽若昊天，曆象日月星辰，敬授人時」者也。〇俞樾曰：禮記緇衣篇曰「爲上可望而知也，爲下可述而志也」，鄭注：「志，猶知也。」所志於天者，卽所知於天者。下文「志於地」、「志於四時」、「志於陰陽」，竝同。此卽承上文「知其所爲，知其所不爲」而言。楊訓志爲記識，非。**所志於地者，已其見宜之可以息者矣；**所以記識於地者，其見土宜可以蕃息嘉穀者是也。**所志於四時者，已其見數之可以事者矣；**數，謂春作夏長，秋斂冬臧，必然之數。事，謂順時理其事也。所記識於四時者，取順時之數而令生長收臧者也。**所志於陰陽者，已其見知之可以治者矣。**知，謂知其生殺也。所以記識陰陽者，爲知其生殺，效之爲賞罰以治之也。「知」或爲「和」。〇王念孫曰：作「和」者是也。上文云「陰陽大化」，「萬物各得其和以生」，是其證。陰陽見其和而聖人法之以爲治，故曰「所志於陰陽者，以其見和之可以治者矣」。「和」與「知」字相似而誤。楊前注謂「知其生殺，而效之爲賞罰以治之」，此曲說也。**官人守天而自爲守道也。**官人，任人。欲任人守天，在於自守道也。皆明不務知天之義也。

治亂天邪？曰：日月、星辰、瑞曆，是禹、桀之所同也，或曰：當時星辰書之名也。

○郝懿行曰：堯典「曆象日月星辰」，此「瑞曆」卽「曆象」也。象謂璿、璣、玉衡，神其器，故言瑞。禹以治，桀以亂，治亂非天也。時邪？曰：繁啟蕃長於春夏，繁，多也。蕃，茂也。畜積收臧於秋冬，是又禹、桀之所同也，禹以治，桀以亂，治亂非時也。地邪？曰：得地則生，失地則死，是又禹、桀之所同也，禹以治，桀以亂，治亂非地也。皆言在人，不在天地與時也。詩曰：「天作高山，大王荒之，彼作矣，文王康之。」此之謂也。詩，周頌天作之篇。引此以明吉凶由人，如大王之能尊大岐山也。

天不爲人之惡寒也輟冬，地不爲人之惡遼遠也輟廣，君子不爲小人匈匈也輟行。匈匈，諠譁之聲，與訩同，音凶，又許用反。行，下孟反。○盧文弨曰：三「輟」字上，俗閒本皆有「而」字，宋本無。先謙案：「小人」下，羣書治要有「之」字。以上文例之，有「之」字是也。文選答客難用此文，亦有「之」字。天有常道矣，地有常數矣，君子有常體矣。君子道其常，而小人計其功。道，言也。君子常造次必守其道，小人則計一時之功利，因物而遷之也。詩曰：「何恤人之言兮！」此之謂也。逸詩也。以言苟守道不違，何畏人之言也。○俞樾曰：「何恤」上本有「禮義之不愆」五字，而今奪之。文選答客難篇：「傳曰：『天不爲人之惡寒而輟其冬，地不爲人之惡險而輟其廣，君子不爲小人之匈匈而易其行。天有常度，地有常形，君子有常行。君子道其常，小人計其功。詩云：「禮義之不愆，何恤人之言！」』」李善注曰：「皆孫卿子文。」是其證也。正名篇引此詩曰「禮義之不愆兮，何恤人之言兮」，亦其證也。**楚王後車千乘，非知也；君子啜菽飲水，非愚也：是節然也。**節，謂所遇之時命也。○劉台拱曰：正名篇：「節遇謂之命。」俞樾曰：節，猶適也，説詳彊國篇。是節然也，猶曰「是其適然者也」。劉引正名篇「節遇謂之命」釋之，「節遇」之「節」亦當訓適，適與之遇，所謂命也。楊注竝非。又大略篇「湯旱而禱曰『政不節與』」，節亦適也，謂不調適。**若夫心意修，**○王念孫曰：「心意」當爲「志意」，字之誤也。荀子書皆言「志意修」，無言「心意修」者。修身篇曰「志意修則驕富貴」，富國篇曰「修志意，正身行」，皆其證。又榮辱篇曰「志意致脩，德行致厚，智慮致明」，正論篇曰「志意修，德行厚，知慮明」，皆與此文同一例，尤其明證。**德行厚，知慮明，生於今而志乎古，則是其在我者也。故君子敬其在己者，**○俞樾曰：「敬」，當爲「茍」。説文茍部：「茍，自急敕也。」經典通作「亟」。爾雅釋詁「亟，疾也」，釋文曰「字又作茍」是也。君子茍其在己者，猶云「君子急其在己者」，正與「小人錯其在己者」相對成義。學者罕見「茍」字，因誤爲「敬」耳。**而不慕其在天者；**在天，謂富貴也。**小人錯其在己者，而慕其在天者。**錯，置。**君子敬其在己者而不慕其在天者，是以日進也；**求己而不苟，故日進。**小人錯其在己者而慕其在天者，是以日退也。**望徼倖而不求己，故日退也。**故君子之所以日進與小人之所以日退，一也。**皆有慕有不慕。**君子小人之所以相縣者在此耳。**

星隊、木鳴，國人皆恐。○俞樾曰：木不能鳴，或因風而鳴，人亦不恐，而此云然者，蓋古有「社鳴」之説。文選運命論「里社鳴而聖人出」，李善注引春秋潛潭巴曰：「里社明，此里有聖人出。其呴，百姓歸，天辟亡。」「明」與「鳴」，古字通。所謂「社鳴」者，社必樹其土所宜木，故古文「社」從木作「𥘸」，社鳴，實卽其木鳴也。古人蓋甚畏之，故荀子以「星隊、木鳴」竝言也。曰：是何也？曰：無何也，假設問答。無何也，言不足憂也。是天地之變、陰陽之化、物之罕至者也，星隊，天地之變。木鳴，陰陽之化。罕，希也。怪之可也，而畏之非也。以其罕至，謂之怪異則可，因遂畏懼則非。夫日月之有蝕，風雨之不時，怪星之黨見，黨見，頻見也，言如朋黨之多。見，賢遍反。○郝懿行曰：黨，宜訓朗，出方言注，不謂朋黨也。韓詩外傳二「黨」作「晝」，於義爲長。楊注望文生訓耳。王念孫曰：楊説甚迂，且訓黨爲頻，於古無據。惠氏定宇九經古義曰：「黨見，猶所見也。」訓黨爲所，雖據公羊注，然「怪星之所見」殊爲不詞。余謂「黨」，古「儻」字，儻者或然之詞。「怪星之黨見」，與「日月之有蝕，風雨之不時」對文，謂怪星之或見也。莊子繕性篇「物之儻來寄也」，釋文：「儻，崔本作黨。」史記淮陰侯傳「恐其黨不就」，漢書伍被傳「黨可以徼幸」，黨竝與儻同。韓詩外傳作「怪星之晝見」，「晝」字恐是後人所改。羣書治要引此正作「怪星之儻見」。是無世而不常有之。○先謙案：羣書治要「常」作「嘗」，是也。上明而政平，則是雖竝世起，無傷也；竝世起，謂一世之中竝起也。上闇而政險，則是雖無一至者，無益也。夫星之隊，木之鳴，是天地之變、陰陽之化、物之罕至者也，怪之可也，而畏之非也。物之已至者，人祅則可畏也。物之既至可畏，謂在人之祅也。楛耕傷稼，耘耨失薉，政險失民，楛耕，謂麤惡不精也。失薉，謂耘耨失時，使穢也。政險，威虐也。薉與穢同。○盧文弨曰：「耘耨失薉」，韓詩外傳二作「枯耘傷歲」，枯與楛同，疑是也。此處句法不一律，注强爲之説，頗難通。郝懿行曰：「耘耨失薉」，韓詩外傳二作「枯耘傷歲」，與上句相儷，是也。此蓋轉寫之譌，不成文義。王念孫曰：盧説是也。「楛耘失歲」，上對「楛耕傷稼」，下對「政險失民」。今本作「耘耨失薉」，則文不成義。「歲」之爲「薉」，乃涉下文「田稼薉惡」而誤，而楊所見本已然，故强爲之説而不可通。田薉稼惡，糴貴民飢，道路有死人，夫是之謂人祅。政令不明，舉錯不時，本事不理，夫是之謂人祅。舉，謂起兵動衆。錯，謂懷安失於事機也。本事，農桑之事也。禮義不修，内外無别，男女淫亂，則父子相疑，上下乖離，○王念孫曰：案「内外無别」二句爲一類，「父子相疑」二句爲一類，「父子」上不當有「則」字。羣書治要無「則」字，韓詩外傳亦無。寇難竝至，夫是之謂人祅。○先謙案：羣書治要三「謂人祅」下竝有「也」字，下「無安國」下有「矣」字，「棄而不治」下有「也」字。祅是生於亂，三者錯，無安國。三者，三人祅也。錯，置也。置此三祅於中，國則無有安也。○王念孫曰：錯，交錯也。（説文作「逪」，云：「逪，遣也。」）言此三祅交錯於國中，則國必危也。楊讀錯爲「措置」之「措」，失之。其説甚

爾，其菑甚慘。爾，近也。三人祅之説，比星隊、木鳴爲淺近，然其災害人則甚慘毒也。**勉力不時，則牛馬相生，六畜作祅，**勉力，力役也，不時則人多怨曠，其氣所感，故生非其類也。○盧文弨曰：宋本此段在「禮義不修」之上，注首有「此三句，直承『其菑甚慘』之下」十一字，然後接以「勉力，力役也」云云。　王念孫曰：案吕本所載正文，此三句本在上文「禮義不修」之上。勉力不時則牛馬相生，六畜作祅，此是祅由人興，故曰「祅是生於亂」。自錢本始依楊注移置於下文「可怪也，而不可畏也」之上，（楊注「勉力不時」三句云：「此三句直承『其菑甚慘』之下。」注「可怪也」二句云：「此二句承『六畜作祅』之下。」）且刪去楊注，而各本及盧本從之，謬矣。今録吕本原文於左：「星隊、木鳴，國人皆恐。曰：是何也？曰：無何也。是天地之變、陰陽之化、物之罕至者也，怪之可也，而畏之非也。夫日月之有蝕，風雨之不時，怪星之黨見，是無世而不常有之。上明而政平，則是雖竝世起，無傷也；上闇而政險，則是雖無一至者，無益也。夫星之隊、木之鳴，是天地之變、陰陽之化、物之罕至者也，怪之可也，而畏之非也。物之已至者，人祅則可畏也。楛耕傷稼，耘耨失薉，政險失民，田薉稼惡，糴貴民飢，道路有死人，夫是之謂人祅。政令不明，舉錯不時，本事不理，夫是之謂人祅。（案此句當在下文「六畜作祅」之下，乃總上之詞。今倒在「勉力不時」之上，則文義不順。「政令不明，舉錯不時，本事不理，勉力不時」四句相連，「牛馬相生」二句乃總承此四句而言，非專承「勉力不時」而言。）勉力不時，則牛馬相生，六畜作祅；禮義不修，内外無别，男女淫亂，則父子相疑，上下乖離，寇難竝至，夫是之謂人祅。祅是生於亂，三者錯，無安邦。

其説甚爾，其菑甚慘，可怪也，而不可畏也。」（「不可畏也」，當作「亦可畏也」。蓋星隊、木鳴乃天地之變，陰陽之化，非人事之所招，故曰「怪之可也，而畏之非也」。若牛馬相生，六畜作袄，則政亂之所致，所謂人袄也。其説甚邇，其菑甚慘，可怪也，而亦可畏矣。上文云「物之已至者，人袄則可畏也」，正與此句相應；若作「不可畏」，則與上文相反矣。楊不知「不」爲「亦」之誤，故欲顛倒其文耳。外傳曰：「星隊、木鳴，國人皆恐，何也？曰：是天地之變、陰陽之化、物之罕至者也，怪之可也，畏之非也。夫日月之薄蝕，怪星之晝見，風雨之不時，是無世而不嘗有也。上明政平，是雖竝至，無傷也；上闇政險，是雖無一至，無益也。夫萬物之有災，人妖最可畏也。曰：何謂人妖？曰：枯耕傷稼，枯耘傷歲，政險失民，田穢稼惡，糴貴民饑，道有死人，寇賊竝起，上下乖離，鄰人相暴，對門相盜，禮義不循，牛馬相生，六畜作妖，臣下殺上，父子相疑，是謂人妖，是生於亂。」案此文與荀子略同。「牛馬相生，六畜作妖」在「是謂人妖」之上，是「牛馬相生」二句乃人妖也。然則荀子原文本作「政令不明，舉錯不時，本事不理，勉力不時，則牛馬相生，六畜作妖，夫是之謂人妖」明矣。）**可怪也，而不可畏也。**○盧文弨曰：宋本有注云「此二句承『六畜作袄』之下，蓋録之時錯亂迷誤，失其次也」，共二十二字。元刻已如其説移正，故盡删去。**傳曰：「萬物之怪，書不説。**書，謂六經也。可以勸戒則明之，不務廣説萬物之怪也。**無用之辯，不急之察，棄而不治。」若夫君臣之義，父子之親，夫婦之别，則日切瑳而不舍也。**○郝懿行曰：切瑳，言務學也。韓詩外傳二云「夫子之門內，切瑳以孝」，與此義合。「磋」，古作「瑳」，今作「磋」。

雩而雨，何也？曰：無何也，猶不雩而雨也。雩，求雨之禱也。或者問：歲旱，雩則得雨，此何祥也？對以與不雩而雨同，明非求而得也。周禮司巫「國大旱，則率巫而舞雩」也。日月食而救之，天旱而雩，卜筮然後決大事，非以爲得求也，以文之也。得求，得所求也。言爲此以示急於災害，順人之意，以文飾政事而已。故君子以爲文，而百姓以爲神。以爲文則吉，以爲神則凶也。順人之情，以爲文飾，則無害；淫祀求福，則凶也。

在天者莫明於日月，在地者莫明於水火，在物者莫明於珠玉，在人者莫明於禮義。故日月不高，則光暉不赫；水火不積，則暉潤不博；珠玉不睹乎外，則王公不以爲寶；○王念孫曰：「不睹乎外」四字，文義不明，「睹」當爲「睹」。說文：「睹，旦明也，從日，者聲。」玉篇：「丁古切。」睹之言著也。上言「日月不高則光煇不赫，水火不積則煇潤不博」，則此言「珠玉睹乎外」，亦謂其光采之著乎外，故上文云「在物者莫明於珠玉」也。世人多見「睹」，少見「睹」，故「睹」誤爲「睹」。夏小正傳「蓋陽氣且睹也」，今本「且睹」作「旦睹」，誤與此同。禮義不加於國家，則功名不白。故人之命在天，國之命在禮。君人者隆禮尊賢而王，重法愛民而霸，好利多詐而危，權謀、傾覆、幽險而盡亡矣。幽險，謂隱匿其情而凶虐難測也。權謀、多詐、幽險三者，盡亡之道也。○先謙案：「盡」字無義，衍文也。彊國篇四語與此同，無「盡」字。大天而思之，孰與物畜而制之？尊大天而思慕之，欲其豐富，孰與使物畜積而我裁制之也。○王念孫曰：「物畜而制之」，「制」當爲「裁」。「思」「裁」爲韻，「頌」「用」爲韻，「待」「使」爲韻，「多」「化」爲韻。「思」「裁」二字，於古音竝屬之部，「制」字於古音屬祭部，不得與「思」爲韻也。又案：楊注云「使物畜積而我裁制之」，此釋正文「物畜而裁之」也。正文作「裁之」，而注言「裁制之」者，加一「制」字以申明其義耳。今正文作「制之」，即因注内「制之」而誤。**從天而頌之，孰與制天命而用之？**頌者，美盛德也。從天而美其盛德，豈如制裁天之所命而我用之？謂若曲者爲輪，直者爲桷，任材而用也。**望時而待之，孰與應時而使之？**望時而待，謂若農夫之望歲也，孰與應春生夏長之候，使不失時也？**因物而多之，孰與騁能而化之？**因物之自多，不如騁其智能而化之使多也。若后稷之播種然也。**思物而物之，孰與理物而勿失之也？**思得萬物以爲己物，孰與理物皆得其宜，不使有所失喪？**願於物之所以生，孰與有物之所以成？故錯人而思天，則失萬物之情。**物之生雖在天，成之則在人也。此皆言理平豐富，在人所爲，不在天也。若廢人而妄思天，雖勞心苦思，猶無益也。

百王之無變，足以爲道貫。無變，不易也。百王不易者，謂禮也。言禮可以爲道之條貫也。**一廢一起，應之以貫，**雖質文廢起時有不同，然其要歸以禮爲條貫。論語：「孔子曰：『殷因於夏禮，所損益可知也；周因於殷禮，所損益可知也；其或繼周者，雖百代可知也。』」**理貫不亂。**知禮則其條貫不亂也。**不知貫，不知應變，**不知以禮爲條貫，則不能應變。言必差錯而亂也。○郝懿行曰：逸詩云「九變復貫，知言之選」，蓋荀此語所本。上云「百王之無變，足以爲道貫」，道卽禮也。**貫之大體未嘗亡也。亂生其差，治盡其詳。**差，謬也。所以亂者，生於條貫差謬；所以治者，在於精詳也。**故道之所善，中則可從，畸則不可爲，匿則大惑。**畸者，不偶之名，謂偏也。道之所善，得中則從，偏側則不可爲。匿，謂隱匿其情。禮者，明示人者也，若隱匿，則大惑。畸音羈。○王念孫曰：隱匿與大惑，義不相屬，楊曲爲之説，非也。匿與慝同。（逸周書大戒篇「克禁淫謀，衆匿乃雍」，管子七法篇「百匿傷上威」，竝以「匿」爲「慝」。又管子明法篇「比周以相爲匿」，明法解「匿」作「慝」。漢書五行志「朔而月見東方，謂之仄慝」，書大傳「慝」作「匿」。）慝，差也。（洪範「民用僭忒」，漢書王嘉傳引此「忒」作「慝」，而釋之曰：「民用僭差不壹。」董仲舒雨雹對曰：「無有差慝。」）言大惑生於差慝也。上文曰「亂生其差」，正謂此也。道貴乎中，畸則偏，差則惑矣，故曰「中則可從，畸則不可爲，慝則大惑」。又，樂論篇曰「亂世之徵，其聲樂險，其文章匿而采」，匿，亦讀爲慝，慝，邪也，言文章邪慝而多采飾也。（鄘風柏舟傳曰：「慝，邪也。」漢書嚴安傳「樂失而淫，禮失而采」，如淳曰：「采，飾也。」）**水行者表深，表不明則陷；**表，標準也。陷，溺也。○俞樾曰：「水行」，當作「行水」。「行水者表深」，與下文「治民者表道」一律。孟子離婁篇「如智者，若禹之行水也」，此「行水」二字之證。**治民者表道，表不明則亂。禮者，表也。非禮，昏世也。昏世，大亂也。**昏世，謂使世昏闇也。**故道無不明，外内異表，隱顯有常，民陷乃去。**道，禮也。外，謂朝聘；内，謂冠昏。所表識章示各異也。隱顯，卽内外也。有常，言有常法也。如此，民陷溺之患乃去也。○郝懿行曰：外、内，皆謂禮也。禮有内心，有外心。竹箭有筠，禮之外心也；松柏有心，禮之内心也。注非。

萬物爲道一偏，一物爲萬物一偏，愚者爲一物一偏，愚者不能盡一物也。**而自以爲知道，無知也。**以偏爲知道，豈有知哉？**慎子有見於後，無見於先；**慎到本黄、老之術，明不尚賢、不使能之道。故莊子論慎到曰：「塊不失道。」以其無争先之意，故曰「見後而不見先」也。漢書藝文志慎子著書四十二篇，班固曰「先申、韓，申、韓稱之」也。**老子有見於詘，無見於信；**老子，周之守藏史，姓李，字伯陽，號稱老聃，孔子之師也。著五千言，其意多以屈爲伸，以柔勝剛，故曰「見詘而不見信」也。信讀爲伸。**墨子有見於齊，無見於畸；**畸，謂不齊也。墨子著書，有上同、兼愛，是見齊而不見畸也。**宋子有見於少，無見於多。**宋子名鈃，宋人也，與孟子同時。下篇云：「宋子以人之情爲欲寡，而皆以己之情爲欲多，爲過也。」據此説，則是少而不見多也。鈃音形，又胡泠反。漢書藝文志有宋子十八篇，班固曰：「荀卿道宋子，其言黄、老意。」○盧文弨曰：注引下篇，元刻作「宋子以人之情欲寡，而皆以己之情欲多，是過也」，與下篇合。但引書不必定全依本文，楊氏以「情欲」二字相連，慮人不明，故以兩「爲」字間之，不可謂衍文。今并下一「爲」字，皆從宋本。**有後而無先，則羣衆無門；**夫羣衆在上之開導，皆處後而不處先，羣衆無門户也。**有詘而無信，則貴賤不分；**貴者伸而賤者詘，則分别矣。若皆貴柔弱卑下，則無貴賤之别矣。有齊而無畸，則政令不施；夫施政令，所以治不齊者。若上同，則政令何施也？有少而無多，則羣衆不化。夫欲多則可以勸誘爲善。若皆欲少，則何能化之？書曰：「無有作好，遵王之道；無有作惡，遵王之路。」此之謂也。書，洪範。以喻偏好則非遵王道也。

荀子卷第十二

正論篇第十八

世俗之爲説者曰：「主道利周。」是不然。此一篇皆論世俗之乖謬，荀卿以正論辨之。周，密也，謂隱匿其情，不使下知也。世俗以爲主道利在如此也。○先謙案：楊注「此一篇」至「辨之」十七字應在「正論篇第十八」下，傳鈔者誤入正文。主者，民之唱也；上者，下之儀也。謂下法上之表儀也。○先謙案：周語「儀之於民」，韋注：「儀，準也。」文選東京賦「儀姬伯之渭陽」，薛注：「儀，則也。」言上是下之準則。彼將聽唱而應，視儀而動。唱默則民無應也，儀隱則下無動也。不應不動，則上下無以相有也。上不導其下，則下無以效上，是不相須也。○先謙案：「有」當爲「胥」，字之誤也。據注云「是不相須也」，則正文非「相有」明甚。詩桑扈疏：「胥、須，古今字。」孟子萬章篇趙注：「胥，須也。」是「胥」「須」字義竝同，故正文云「無以相胥」，注卽以「是不相須也」釋之。「胥」與「有」形近致誤。若是，則與無上同也，不祥莫大焉。故上者，下之本也，上宣明則下治辨矣，宣，露。辨，别也。下知所從，則明别於事也。○郝懿行曰：辨與辦同，非「辨别」之辨。上端誠則下愿愨矣，上公正則下易直矣。上公正，則下不敢險曲也。治辨則易一，愿慤則易使，易直則易知。易一則彊，易使則功，易知則明，是治之所由生也。上周密則下疑玄矣，玄，謂幽深難知。或讀爲眩，惑也，下同。○郝懿行曰：玄與眩同，注後説是。上幽險則下漸詐矣，幽，隱也。險，難測也。漸，進也，如字。又曰：漸，浸也，謂浸成其詐也，子廉反。○郝懿行曰：漸讀爲潛。「潛」與「漸」，古音同字通。潛者，深也。潛詐者，謂幽深而險詐也。先謙案：漸亦詐也，説見不苟篇。上偏曲則下比周矣。疑玄則難一，疑或不知所從，故難一也。漸詐則難使，比周則難知。人人懷私親比，則上不可知其情。禮記曰「下難知則君長勞」也。難一則不彊，難使則不功，難知則不明，是亂之所由作也。故主道利明不利幽，利宣不利周。故主道明則下安，主道幽則下危。下知所從則安，不知所從則自危也。故下安則貴上，下危則賤上。貴，猶愛也。賤，猶惡也。故上易知則下親上矣，上難知則下畏上矣。下親上則上安，下畏上則上危。畏則謀上。故主道莫惡乎難知，莫危乎使下畏己。傳曰：「惡之者衆則危。」書曰：「克明明德。」書多方曰：「成湯至於帝乙，罔不明德慎罰。」詩曰：「明明在下。」詩，大雅大明之篇。言文王之德明明在下，故赫赫然著見於天也。故先王明之，豈特玄之耳哉！特，猶直也。

世俗之爲説者曰：「桀、紂有天下，湯、武篡而奪之。」是不然。以桀、紂爲常有

天下之籍則然，以常主天下之圖籍則然。○盧文弨曰：案「常」當爲「嘗」，「籍」當爲「憑藉」之「藉」。下文云「執籍」，爲執力憑藉也。有之而不能用，故曰不能親有。**親有天下之籍則不然，**躬親能有天下則不然，以其不能治之也。○先謙案：兩「天下之籍」並當作「天子之籍」，説見儒效篇。常有，謂世相及。親有，身爲天子也。上盧説非。「則不然」當作「則然」，説見下。**天下謂在桀、紂則不然。**○王引之曰：上「則不然」亦當作「則然」。親有天下之籍則然，天下謂在桀、紂則不然者，言桀、紂雖親有天下之籍，而天下之人心已去桀、紂而歸湯、武也。今本「則然」作「則不然」，涉下句而誤耳。下文云「有天下之後也，執籍之所在也」，則桀、紂固親有天下之籍矣，何得云「不然」乎？楊曲爲之説，非是。**古者天子千官，諸侯百官。**○郝懿行曰：明堂位云「有虞氏官五十，夏后氏官百，殷二百，周三百」，鄭注：「周之六卿，其屬各六十，則周三百六十官也。」以夏、周推前後之差，有虞氏官宜六十，夏后氏宜百二十，殷宜二百四十，不得如此記也。然則依鄭此説，參以記文，可知天子千官，古未有矣。**以是千官也，令行於諸夏之國，謂之王；**夏，大也。中原之大國。**以是百官也，令行於境内，國雖不安，不至於廢易遂亡，謂之君。**僅存之君。○先謙案：遂讀爲墜，説見王制篇。**聖王之子也，**子，子孫也。**有天下之後也，執籍之所在也，**○先謙案：執籍猶執位，説見儒效篇。**天下之宗室也；然而不材不中，**不中，謂處事不當也。中，丁仲反。○王念孫曰：中，讀「中正」之「中」。孟子離婁篇「中也養不中，材也養不材」是其證。楊説非。內則百姓疾之，外則諸侯叛之，近者境內不一，遥者諸侯不聽，令不行於境內，甚者諸侯侵削之，攻伐之，若是，則雖未亡，吾謂之無天下矣。聖王没，有埶籍者罷不足以縣天下，聖王，禹、湯也。有埶籍者，謂其子孫也。罷，謂弱不任事也。縣，繫也，音懸。○先謙案：注「弱不任事」，各本「任」誤「在」，據宋台州本正。縣天下，謂持天下之衡，説詳彊國篇。楊注非。天下無君，桀、紂不能治天下，是無君。諸侯有能德明威積，海內之民莫不願得以爲君師，師，長。然而暴國獨侈，安能誅之，暴國，即桀、紂也。侈謂奢汰放縱。○先謙案：以上下文義求之，「能」字不當有。此以「安」代「則」字用，暴國獨侈，安誅之者，暴國獨侈則誅之也。此「能」字緣上下文「能」字而衍。必不傷害無罪之民，誅暴國之君若誅獨夫，天下皆去，無助之者，若一夫然。若是，則可謂能用天下矣。能用天下之謂王。湯、武非取天下也，非奪桀、紂之天下也。修其道，行其義，興天下之同利，除天下之同害，而天下歸之也。桀、紂非去天下也，非天下自去也。反禹、湯之德，亂禮義之分，禽獸之行，積其凶，全其惡，而天下去之也。天下歸之之謂王，天下去之之謂亡。故桀、紂無天下而湯、武不弒君，由此效之也。天下皆去桀、紂，是無天下也。湯、武誅獨夫耳，豈爲弒君乎？由，用也。效，明也。用此論明之。○先謙案：注「豈」，各本誤「其」，據宋台州本正。湯、武者，民之父母也；桀、紂者，民之怨賊也。今世俗之爲説者，以桀、紂爲君而以湯、武爲弒，然則是誅民之父母而師民之怨賊也，師，長。不祥莫大焉。以天下之合爲君，則天下未嘗合於桀、紂也。然則以湯、武爲弒，則天下未嘗有説也，直墮之耳。自古論説，未嘗有此，世俗之人墮損湯、武耳。○郝懿行曰：墮者，毀也。言以湯、武爲弒，非有説也，直爲妄言詆毀之耳。王念孫曰：「天下未嘗有説」，「天下」二字涉上文而衍。據楊注云「自古論説，未嘗有此」，則本無「天下」二字明矣。先謙案：天下，王説是也，此緣上文「天下」字而衍。墮之，郝説是也。仲尼篇云「則墮之者衆」，富國篇云「非將墮之也」，議兵篇云「辟之猶以錐刀墮太山也」，與此文皆當訓爲毀。注云「墮損」，其義未諦。故天子唯其人。天下者，至重也，非至彊莫之能任；物之至彊者乃能勝重任。至大也，非至辨莫之能分；至大則難詳，故非小智所能分別也。至衆也，非至明莫之能和。天下之人至衆，非極知其情僞，不能和輯也。此三至者，非聖人莫之能盡。故非聖人莫之能王。重大如此三者，非聖人安能王乎？王，于況反。聖人備道全美者也，是縣天下之權稱也。縣天下如權稱之懸，揔知輕重也。稱，尺證反。桀、紂者，其知慮至險也，其至意至闇也，「至意」當爲「志意」。○先謙案：荀書「至」「志」通借，説見儒效篇。其行之爲至亂也；○王引之曰：「知慮」「志意」「行爲」相對爲文，則「行」下不當有「之」字。（荀子書「行爲」字皆作「僞」，今作「爲」者，後人以其所知改其所不知耳。）親者疏之，賢者賤之，生民怨之，禹、湯之後也，而不得一人之

與；刳比干，囚箕子，身死國亡，爲天下之大僇，後世之言惡者必稽焉；言惡者必稽考桀、紂以爲龜鏡也。**是不容妻子之數也。**不能容有其妻子，是如此之人數也。猶言不能保妻子之徒也。列子梁王謂楊朱曰「先生有一妻一妾不能治」也。○王念孫曰：楊未曉「數」字之意。數猶道也。（呂氏春秋壅塞篇「寡不勝衆，數也」，高注：「數，道數也。」）言是不容妻子之道也。凡道有吉有凶。下文曰：「故至賢疇四海，湯、武是也；至罷不容妻子，桀、紂是也。」然則如湯、武者，是疇四海之道也，吉道也；如桀、紂者，是不容妻子之道也，凶道也。**故至賢疇四海，湯、武是也；至罷不容妻子，桀、紂是也。**疇四海，謂以四海爲疇域。或曰：疇與籌同，謂計度也。○盧文弨曰：古以「疇」爲「儔」，楊注未是。郝懿行曰：疇者，匹也。罷者，病也，言不能任事也。齊語云：「罷士無伍，罷女無家。」又云：「人與人相疇，家與家相疇。」俞樾曰：疇者，保也。國語楚語「臣能自壽也」，韋注：「壽，保也。」晏子雜篇「賴君之賜，得以壽三族」，「壽三族」即「保三族」也。管子霸言篇「國在危亡而能壽者，明聖也」，「能壽」即「能保」也。此文作「疇」者，古字通耳。説文土部：「壔，保也。」凡作「疇」作「壽」，皆「壔」之叚字。**今世俗之爲説者，以桀、紂爲有天下而臣湯、武，豈不過甚矣哉！**以桀、紂爲君，以湯、武爲臣而殺之，是過甚也。**譬之是猶傴巫、跛匡大自以爲有知也。**匡讀爲尪，廢疾之人。王霸篇曰「賤之如尪」，與此「匡」同。禮記曰：「吾欲暴尪而奚若？」言世俗此説猶巫尪大自以爲神異也。○俞樾曰：「大」乃「而」

之謌，「而」「大」篆文相似，因而致誤。注云「猶巫尫大自以爲神異」，則曲爲之説矣。**故可以有奪人國，不可以有奪人天下；**○先謙案：以下「竊國」「竊天下」例之，兩「人」字當衍。下文「有擅國，無擅天下」句例亦同。**可以有竊國，不可以有竊天下也。**一國之人易服，故可以有竊者；天下之心難歸，故不可也。竊國，田常、六卿之屬是也。**可以奪之者可以有國，而不可以有天下，**○王念孫曰：「奪之」上不當有「可以」二字，此涉上下文而衍。**竊可以得國，而不可以得天下。是何也？曰：國，小具也，可以小人有也，可以小道得也，可以小力持也；天下者，大具也，不可以小人有也，不可以小道得也，不可以小力持也。國者，小人可以有之，然而未必不亡也，**小人既可以有之，則易滅亡。明取國與取天下殊也。**天下者，至大也，非聖人莫之能有也。**

世俗之爲説者曰：「治古無肉刑而有象刑：治古，古之治世也。肉刑，墨、劓、剕、宫也。象刑，異章服，恥辱其形象，故謂之象刑也。書曰「皋陶方施，象刑惟明」，孔安國云：「象，法也。」案書之象刑，亦非謂形象也。**墨黥；**世俗以爲古之重罪，以墨涅其面而已，更無劓、刖之刑也。或曰：「墨黥」當爲「墨幪」，但以墨巾幪其頭而已。○盧文弨曰：注「幪」，俗本作「幪」，今從説文、玉篇改正，下同。**慅嬰；**當爲「澡嬰」，謂澡濯其布爲纓，鄭云：「凶冠之飾，令罪人服之。」禮記曰「緦冠澡纓」，鄭云：「有事其布以爲纓也。」澡，或讀爲草，慎子作「草纓」也。**共，艾畢；**

共，未詳，或衍字耳。艾，蒼白色。畢與韠同，紱也，所以蔽前，君以朱，大夫素，士爵韋。令罪人服之，故以蒼白色爲韠也。○盧文弨曰：注「紱」當作「韍」。**菲，對屨；**菲，草屨也。「對」當爲「紨」，傳寫誤耳。紨，枲也，慎子作「紨」。言罪人或菲或枲爲屨，故曰「菲紨屨」。紨，方孔反。「對」或爲「蒯」。禮有「疏屨」，傳曰：「藨蒯之菲也。」**殺，赭衣而不純。**以赤土染衣，故曰「赭衣」。純，緣也。殺之，所以異於常人之服也。純音準。殺，所介反。慎子曰：「有虞氏之誅，以畫跪當黥，以草纓當劓，以履紨當刖，以艾畢當宮。此有虞之誅也。」又尚書大傳曰：「唐、虞之象刑，上刑赭衣不純，中刑雜屨，下刑墨幪。」幪，巾也。○劉台拱曰：「共」當作「宮」，「菲」當作「剕」，「殺」當如字讀。言犯墨黥之罪者以草纓代之，宮罪以艾畢代之，刖罪以紨屨代之，殺罪以赭衣不純代之。注引尚書大傳及慎子之言，正可參證。郝懿行曰：此皆謂古有象刑也。墨，一名黥。此「墨黥」，謂以墨畫代黥，不加刻涅，慎子所謂「畫跪當黥」也。（按，今本作「幪巾當墨」。）「慅嬰」，慎子作「草纓」，「草」與「慅」，蓋音同假借字耳。詩之「勞人草草」，即「慅慅」矣。「共，艾畢」者，「共」當爲「宮」，亦假借字，慎子謂「以艾畢當宮」是也。（今本「畢」作「韠」。）艾，讀當與刈同，蓋斬艾其韠以代宮刑也。「對屨」，慎子作「履紨」。（今作「菲履」，蓋誤。紨，枲履也。「對」當爲「紨」。「菲」當爲「剕」。）「殺，赭衣而不純」，純，緣也，殺，殺罪也。今慎子作「布衣無領當大辟」，「布衣」即「赭衣」，「無領」即「不緣」也，去其衣領以代死刑。慎子以爲有虞氏之誅，尚書大傳以爲唐、虞之象刑，竝與此義合。王念孫曰：「墨黥」二字語意未完，當有脫文，以慎子言「畫跪當黥」、書大傳言

「下刑墨幪」知之。「慅嬰」上，葢脱「劓」字，以慎子言「草纓當劓」知之。治古如是。」世俗説以治古如是。是不然。以爲治邪？則人固莫觸罪，非獨不用肉刑，亦不用象刑矣。以爲人或觸罪矣，而直輕其刑，然則是殺人者不死，傷人者不刑也。罪至重而刑至輕，庸人不知惡矣，亂莫大焉。惡，烏路反。凡刑人之本，禁暴惡惡，且徵其未也。徵讀爲懲。未謂將來。殺人者不死而傷人者不刑，是謂惠暴而寬賊也，非惡惡也。故象刑殆非生於治古，竝起於亂今也。今之亂世妄爲此説。治古不然。凡爵列、官職、賞慶、刑罰，皆報也，以類相從者也。報，謂報其善惡。各以類相從，謂善者得其善、惡者得其惡也。一物失稱，亂之端也。失稱，謂失其所稱類，不相從也。稱，尺證反。○先謙案：稱，權稱也。失稱，謂失其平，楊注非。夫德不稱位，能不稱官，賞不當功，罰不當罪，不祥莫大焉。昔者武王伐有商，誅紂，斷其首，縣之赤旆。史記「武王斬紂頭，縣之太白旗」，此云「赤旆」，所傳聞各異也。禮記明堂位説旗曰「殷之大白，周之大赤」，卽史記之説非也。○謝本從盧校作「赤旂」。王念孫曰：吕本作「赤旂」。錢本「旂」作「旆」，（注「旂」字同。）元刻、世德堂本同。案解蔽篇云「紂縣於赤旆」，則作「旆」者是。先謙案：王説是。今依錢本改「赤旆」。虞、王本同。夫征暴誅悍，治之盛也。殺人者死，傷人者刑，是百王之所同也，未有知其所由來者也。刑稱罪則治，不稱罪則亂。故治則刑重，亂則刑輕，治世刑必行，則不敢犯，故重；

亂世刑不行，則人易犯，故輕。李奇注漢書曰：「世所以治，乃刑重；所以亂，乃刑輕也。」**犯治之罪固重，犯亂之罪固輕也。**治世家給人足，犯法者少，有犯則衆惡之，罪固當重也。亂世人迫於飢寒，犯法者多，不可盡用重典，當輕也。○郝懿行曰：治期無刑，故重；亂用哀矜，故輕。注兩説，前義較長。**書曰：「刑罰世輕世重。」此之謂也。**書，甫刑。以言世有治亂，故法有輕重也。

世俗之爲説者曰：「湯、武不能禁令，是何也？言不能施禁令，故有所不至者。**曰：楚、越不受制。」是不然。湯、武者，至天下之善禁令者也。**○先謙案：至猶極。**湯居亳，武王居鄗，皆百里之地也，天下爲一，諸侯爲臣，通達之屬莫不振動從服以化順之，**振與震同，恐也。**曷爲楚、越獨不受制也？彼王者之制也，視形埶而制械用，稱遠邇而等貢獻，豈必齊哉！**稱，尺證反。等，差也。**故魯人以糖，衛人用柯，齊人用一革，**未詳。或曰：方言云：「盌謂之糖。盂謂之柯。」或曰：方言「糖，張也」，郭云：「謂彀張也。」○盧文弨曰：案方言「盌謂之櫂」，宋本荀子注正作「櫂」，但與正文似不合。「盂」，宋本作「或」字，今方言作「盂」。至「糖，張也」之「糖」，方言作「搪」，從手。此注恐有傅會。郝懿行曰：注引方言「盌謂之糖，盂謂之柯」，蓋楊所見古本如是。今本「糖」作「櫂」，宋本荀子注已作「櫂」，或唐以後人據方言改耳。

即禮記所謂「廣谷大川異制，民生其閒者異俗，器械異制，衣服異宜」也。

「一革」二字，雖未能詳，然攷史記貨殖傳「適齊，爲鴟夷子皮」，索隱引大顏云：「若盛酒者鴟夷也，用之則多所容納，不用則可卷而懷之。」據此，知鴟夷以革爲之。吴語「盛以鴟鶇而投之於江」，韋注：「鴟鶇，革囊。」參以揚雄酒賦，則鴟夷乃酒器。范蠡適齊而爲鴟夷子皮，此正齊人所用，與魯人以糖、衞人用柯，文義正合。先謙案：以、用同義，承上「貢獻」言，各以其土物也。**土地刑制不同者，械用備飾不可不異也。故諸夏之國同服同儀，**儀謂風俗也。諸夏迫近京師，易一以教化，故同服同儀也。○郝懿行曰：儀與義同。「義」，古作「誼」，謂行誼也。此言「同服同儀」，猶中庸言「同軌同倫」。王念孫曰：風俗不得謂之儀。儀，謂制度也。下文「蠻、夷、戎、狄之國同服不同制」，正與此相反。**蠻、夷、戎、狄之國同服不同制。**夷、狄遐遠，又各在一方，雖同爲要、荒之服，其制度不同也。**封内甸服，**王畿之内也。禹貢「五百里甸服」，孔安國曰：「爲天子服治田也。」○盧文弨曰：案周語「封」俱作「邦」。古封、邦通用。**封外侯服，**畿外也。禹貢「五百里侯服」，孔云：「甸服之外五百里也。侯，候也。斥候而服事王也。」韋昭云：「侯服，侯圻也。」**侯衞賓服，**韋昭注國語曰：「侯，侯圻。衞，衞圻。自侯圻至衞圻，其閒五圻，圻五百里，五五二千五百里，中國之界也，謂之賓服，常以服貢賓見於王。五圻者，侯圻之外甸圻，甸圻之外男圻，男圻之外采圻，采圻之外衞圻。康誥曰『侯、甸、男、采、衞』是也。」此據周官職方氏，與禹貢異制也。**蠻夷要服，**職方氏云：「衞服之外五百里曰蠻服，又其外五百里曰夷服。」孔安國云：「要，謂要束以文教。」要，一昭反。**戎狄荒服。**職方氏所謂「鎮服」「蕃服」也。韋昭曰：「各相去五百里。九州之外，荒裔之地，與戎、狄同俗，故謂之荒。荒忽無常之言也。」**甸服者祭，侯服者祀，賓服者享，要服者貢，荒服者終王。**韋昭曰：「日祭，祭於祖考，上食也。近漢亦然。月祀於曾祖也，時享於二祧也，歲貢於壇墠也。終謂世終，朝嗣王也。」○盧文弨曰：「曾祖」，今韋注作「曾高」。顧千里曰：「終」字疑不當有。觀上文四句「祭」「祀」「享」「貢」，不言「日」「月」「時」「歲」，知此句「王」不言「終」明甚，涉下「終王之屬也」及楊注而衍。**日祭、月祀、時享、歲貢，**此下當有「終王」二字，誤脱耳。**夫是之謂視形埶而制械用，稱遠近而等貢獻，是王者之至也。**「至」當爲「志」。所以志識遠近也。○王念孫曰：「至」當爲「制」。上文云「彼王者之制也，視形埶而制械用，稱遠邇而等貢獻」，下文云「則未足與及王者之制也」，皆其證。楊説非。**彼楚、越者，且時享、歲貢、終王之屬也，必齊之日祭、月祀之屬然後曰受制邪？是規磨之説也，**規磨之説，猶言差錯之説也。規者正圓之器，磨久則偏盡而不圓，失於度程也。文子曰：「水雖平，必有波；衡雖正，必有差。」韓子曰：「規有磨而水有波，我欲更之，無奈之何。」此通於權者言也。」○郝懿行曰：「磨」當作「摩」，古今字也。規摩，蓋言規畫揣摩，不必無失也。**溝中之瘠也，**謂行乞之人在溝壑中羸瘠者，以喻智慮淺也。**則未足與及王者之制也。**○俞樾曰：此文當在「東海之樂」下。荀子原文，蓋云「語曰『淺不足與測深，愚不足以謀知，坎井之鼃不可與語東海之樂，溝中之瘠未足與及王者之制』，此之謂也」。「坎井之鼃」二句，所謂「淺不足與測深」也；「溝中之瘠」二句，所謂「愚不足以謀知」也。傳寫誤倒在上，又衍兩「也」字、一「則」字。**語曰：「淺不足與測深，愚不足與謀知，坎井之鼃不可與語東海之樂。」此之謂也。**言小不知大也。司馬彪曰：「坎井，壞井也。鼃，蝦蟇類也。」事出莊子。「坎井」或作「壇井」。鼃，户媧反。○盧文弨曰：正文「淺不足」，宋本作「淺不可」。

世俗之爲説者曰：「堯、舜擅讓。」擅與禪同，墠亦同義。謂除地爲墠，告天而傳位也。後因謂之禪位。世俗以爲堯、舜德厚，故禪讓聖賢；後世德薄，故父子相繼。荀卿言堯、舜相承，但傳位於賢而已，與傳子無異，非謂求名而禪讓也。案書序曰「將遜于位，讓于虞舜」，是亦有讓之説。此云非禪讓，葢書序美堯之德，雖是傳位，與遜讓無異，非是先自有讓意也。孟子亦云：「萬章曰：『堯以天下與舜，有諸？』孟子曰：『天子不能以天下與人。』曰：『孰與之？』曰：『天與之。』」又曰「天與賢則與賢，天與子則與子」也。**是不然。天子者，執位至尊，無敵於天下，夫有誰與讓矣？**讓者，執位敵之名，若上下相縣，則無與讓矣。有，讀爲又也。**道德純備，智惠甚明，南面而聽天下，生民之屬莫不振動從服以化順之，天下無隱士，無遺善，**無隱藏不用之士也。**同焉者是也，異焉者非也，夫有惡擅天下矣？**夫自知不堪其事，則求賢而禪位。今以堯、舜之明聖，事無不理，又烏用禪位哉？**曰：「死而擅之。」**或者既以生無禪讓之事，因謂堯、舜預求聖賢，至死後而禪之。是又不然。聖王在上，圖德而定次，量能而授官，○盧文弨曰：舊校云：「一本作『決德而定次』。」先謙案：作「決」者是，説見儒效篇。皆使民載其事而各得其宜，不能以義制利，不能以僞飾性，則兼以爲民。僞，謂矯其本性也。無能者則兼并之，令盡爲民氓也。○先謙案：僞與爲同，謂作爲也。聖王已没，天下無聖，則固莫足以擅天下矣。固無禪讓。天下有聖而在後者，則天下不離，有聖繼其後者，則天下有所歸，不離叛也。○俞樾曰：「後」下當有「子」字。下文云「聖不在後子而在三公，則天下如歸」，楊注曰：「後子，嗣子，謂丹朱、商均；三公，宰相，謂舜、禹。」此説是也。荀子之意，謂傳賢與傳子同。天下有聖而在後子，則傳之子可也；聖不在後子而在三公，則傳之賢可也。故兩言「天下厭然與鄉無以異也，以堯繼堯，夫又何變之有矣」，正見傳賢、傳子之不異也。自此文奪「子」字而其義不顯，楊氏遂疑後三句爲重出矣。朝不易位，國不更制，天下厭然與鄉無以異也，厭然，順服貌，一涉反。鄉音向。○先謙案：「厭然」，謝本誤「厭焉」，據宋台州本正。以堯繼堯，夫又何變之有矣？言繼位相承，與一堯無異，豈爲禪讓改變與他人乎？聖不在後子而在三公，則天下如歸，猶復而振之矣，後子，嗣子，謂丹朱、商均也；三公，宰相，謂舜、禹。天下如歸，言不歸後子而歸三公也。復而振之，謂猶如天下已去而衰息，今使之來復而振起也。天下厭然與鄉無以異也，以堯繼堯，夫又何變之有矣？疑此三句重也。唯其徙

朝改制爲難。謂殊徽號、異制度也。舜、禹相繼，與父子無異，所難而不忍者，在徙朝改制也。後世見其改易，遂以爲擅讓也。**故天子生則天下一隆，致順而治，論德而定次；**天下一隆，謂天下之人皆得其崇厚也。致，極也。○先謙案：一隆者，天下之人有專尊也，注非。「論」當爲「決」，説見儒效篇。**死則能任天下者必有之矣。夫禮義之分盡矣，擅讓惡用矣哉？**夫讓者，禮義之名，今聖王但求其能任天下者傳之，則是盡禮義之分矣，豈復更求禪讓之名哉？**曰：「老者不堪其勞而休也。」是又畏事者之議也。**或者自以畏憚勞苦，以爲聖王亦然也。**曰：「老衰而擅。」是又不然。血氣筋力則有衰，若夫智慮取舍則無衰。曰：「老者不堪其勞而休也。」是又畏事者之議也。天子者，埶至重而形至佚，心至愉而志無所詘，而形不爲勞，尊無上矣。衣被則服五采，雜閒色，**衣被，謂以衣被身。服五采，言備五色也。閒色，紅、碧之屬。禮記曰「衣正色，裳閒色」也。**重文繡，加飾之以珠玉；食飲則重大牢而備珍怪，期臭味，**重，多也。謂重多之以太牢也。珍怪，奇異之食也。「期」當爲「綦」，極也。**曼而饋，**「曼」當爲「萬」。饋，進食也。列萬舞而進食。○郝懿行曰：曼訓長也。傳粢進膳，列人持器，以次遞傳，故曰曼也。論語「詠而饋」，謂祭也。（論衡明雩篇。）此云「曼而饋」，謂食也。**代睪而食，**睪，未詳，葢香草也。或曰：睪讀爲藁，即所謂蘭茝本也。或曰：當爲「澤」。澤，蘭也。既夕禮：「茵著用荼，實綏澤焉。」俗書「澤」字作「水」傍「睪」，傳寫誤遺其「水」耳。代睪而食，謂焚香氣歇，即更以新者代之。○盧文弨曰：案正文「罘」本作「皋」，故注一云「皋未詳」，再云「皋當蘪，卽所謂蘭茝蘪本也」，三云「當爲澤，俗書澤字作水旁皋，傳寫誤遺其水耳」。史記天官書「其色大圜黄滜」，卽「黄澤」，是其證。今本及宋本皆脱誤。若「水」旁作「罘」，乃「澤」字正體，不得云「俗書」也。郝懿行曰：「罘」卽「皋」字。下云「側載罘芷」，葢皆謂香草也。此云「代罘」，葢進食人更迭佩帶，助其馨香。洪頤煊曰：淮南主術訓「鼖鼓而食，奏雍而徹」，與此上下文義同。「鼖」「皋」，古字通用。劉台拱曰：「代罘」當爲「伐皋」。主術訓注引詩「鼓鐘伐鼖」，考工記韗人作「皋鼓」。王念孫曰：周官大司樂：「王大食，三侑，皆令奏鍾鼓。」又案：淮南亦本作「伐鼖而食」，與「奏雍而徹」對文。淮南卽本於荀子也。高注引詩「鼓鍾伐鼖」，正釋「伐鼖」二字之義。今本正文作「鼖鼓」者，涉注文而誤。玉海一百九引淮南正作「伐鼖而食」。**雍而徹乎**雍，詩周頌樂章名。奏雍而徹饌。論語曰「三家者以雍徹」，言其僭也。**五祀，**○劉台拱曰：此當以「雍而徹乎五祀」爲句。徹乎五祀，謂徹於竈也。周禮膳夫職云：「王卒食，以樂徹于造。」淮南主術訓云：「奏雍而徹，已飯而祭竈。」葢徹饌而設之於竈，若祭然，天子之禮也。「造」「竈」，古字通用。大祝「六祈」，「二曰造」。故書「造」作「竈」。吴語「係馬舌，出火竈」，吴越春秋作「出火於造」。（王念孫云：史記秦本紀「客卿竈」，秦策作「造」。管子輕重己篇「熯竈泄井」，禁藏篇作「造」。）專言之則曰竈，連言之則曰五祀，若謂丞相爲三公、左馮翊爲三輔也。楊氏失其句讀，乃爲是多方駢枝之説。此言天子奉養之盛，而以祭祀爲言，何當乎？**執薦者百人侍西房；**周禮宗伯「以血祭祭社稷、五祀」，鄭云「五祀，四時迎五行之氣於四郊，而祭五德之帝」也。或曰：此五祀謂礿、祠、烝、嘗及大祫也。或曰：國語展禽曰：「禘、郊、祖、宗、報，此五者，國之祀典也。」皆王者所親臨之祭，非謂户、竈、中霤、門、行之五祀也。薦，謂所薦陳之物，籩豆之屬也。侍，侍立也。西房，西廂。「侍」，或爲「待」也。○劉台拱曰：天子羞用百有二十品。執薦者百人，舉成數。**居則設張容，負依而坐，諸侯趨走乎堂下**；居，安居也，聽朝之時也。容，謂羽衞也。居則設張其容儀，負依而坐也。户牖之閒謂之依，亦作「扆」。扆、依音同。或曰：爾雅云「容謂之防」，郭璞云「如今牀頭小曲屏風，唱射者所以自防隱」也。言施此容於户牖閒，負之而坐也。○盧文弨曰：注「所以自防隱也」，宋本作「所以隱見也」，誤，今攷正。郝懿行曰：張與帳同，古以「張」爲「帳」也。容則楊注引爾雅郭注是也。張、容二物，與負依而爲三。王念孫曰：「坐」當爲「立」，説見儒效篇。**出户而巫覡有事**，出户，謂出内門也。女曰巫，男曰覡。有事，祓除不祥。**出門而宗祀有事**，出門，謂車駕出國門。宗者，主祭祀之官。「祀」當爲「祝」。有事，謂祭行神也。國語曰：「使名姓之後能知四時之生，犧牲之物，玉帛之類，采服之儀，彝器之量，次主之度，屏攝之位，壇場之所，上下之神祇，氏姓之所出，而心帥舊典者，爲之宗。」又曰：「使先聖之後能知山川之號，宗廟之事，昭穆之世，齊敬之勤，禮節之宜，威儀之則，容貌之崇，忠信之質，禋絜之服，而敬恭明神者，爲之祝。」韋昭曰：「宗，大宗伯也，掌祭祀之禮。祝，大祝，掌祈福祥也。」○盧文弨曰：注「上下之神祇，氏姓之所出」，今國語無「祇」字「所」字，宋本有之，與周禮大宗伯注合。「宗，大宗伯也」，韋注無「大」字。又「祝，大祝」，舊本誤作「禮記曰大祝」，今皆攷正。**乘**

大路、趨越席以養安，大路，祭天車。禮記曰：「大路，繁纓一就。」「趨」，衍字耳。越席，結蒲爲席。養安，言恐其不安，以此和養之。按，禮以大路、越席爲質素，此云養安以爲盛飾，未詳其意。或曰：古人以質爲重也。○先謙案：史記禮書正義云：「蒲草爲席，既潔且柔，潔可以祀神，柔可以養體也。」**側載睪芷以養鼻，**睪芷，香草也，已解上。於車上傍側載之，用以養鼻也。○先謙案：史記作「側載臭茝」，索隱引劉氏云：「側，特也。臭，香也。茝，香草也。言天子行，特得以香草自隨也，其餘則否。」今以側爲邊側。載者，置也。言天子之側常置芳香於左右。**前有錯衡以養目，**詩曰「約軧錯衡」，毛云：「錯衡，文衡。」**和鸞之聲，步中武、象，騶中韶、護以養耳，**和、鸞，皆車上鈴也。韓詩外傳云：「鸞在衡，和在軾前。」升車則馬動，馬動則鸞鳴，鸞鳴則和應，皆所以爲行節也。許慎曰：「和取其敬，鸞以象鳥之聲。」武、象、韶、護，皆樂名。「騶」當爲「趨」。步謂車緩行。趨謂車速行。周禮大馭云「凡馭路，行以肆夏，趨以采齊，以鸞和爲節」，鄭云：「行，謂大寢至路門；趨，謂路門至應門也。」**三公奉軶持納，**軶，轅前也。納與軜同。軜謂驂馬内轡繫軾前者。詩曰：「鋈以觼軜。」○盧文弨曰：注「内轡」，舊作「内軜」。今據説文改正。**諸侯持輪挾輿先馬，**挾輿，在車之左右也。先馬，導馬也。或持輪者，或挾輿者，或先馬者。**大侯編後，大夫次之，**大侯，國稍大，在五等之列者。**小侯、元士次之，**小侯，僻遠小國及附庸也。元士，上士也。禮記曰：「庶大、小侯，入天子之國，曰某人。」又曰「天子之元士視附庸」也。**庶士介**

而夾道，庶士，軍士也。介而夾道，被甲夾於道側，以禦非常也。○謝本從盧校作「坐道」，注二「夾」字竝作「坐」。王念孫曰：宋呂本作「庶士介而夾道」。錢本及元刻「夾道」竝誤作「坐道」，而盧本從之。案作「坐道」者非也。上文云「天子出則三公奉軶持納，諸侯持輪挾輿先馬」，然則庶士豈得坐道乎？當從呂本作「夾道」。周官條狼氏「王出入則八人夾道」是也。楊注本云「介而夾道，被甲夾於道側，以禦非常也」，而今本注文兩「夾」字亦誤爲「坐」矣。先謙案：王説是，今從呂本改。**庶人隱竄，莫敢視望；居如大神，動如天帝，**言畏敬之甚也。**持老養衰，猶有善於是者與不？老者，休也，休猶有安樂恬愉如是者乎？**不老，老也，猶言不顯，顯也。或曰：「不」字衍耳。夫老者，休息之名，言豈更有休息安樂過此。○郝懿行曰：不老者，不衰老也，猶詩之言「永錫難老」矣。故以「天子無老」申之。楊注「不老，老也」，又曰「不字衍」，二説皆非。王念孫曰：或説是。俞樾曰：案此當作「猶有善於是者不與」，不讀爲否，傳寫誤倒在「與」下。楊注曰「不老，老也」，或曰「衍不字」，竝非。**故曰：諸侯有老，天子無老，**諸侯供職貢朝聘，故有筋力衰竭求致仕者，與天子異也。**有擅國，無擅天下。古今一也。**讓者，執位敵之名。一國事輕，則有請於天子而讓賢，天下則不然也。**夫曰「堯、舜擅讓」，是虛言也，是淺者之傳、陋者之説也，不知逆順之理，小大、至不至之變者也，**小謂一國，大謂天下。至不至，猶言當不當也。**未可與及天下之大理者也。**

世俗之爲説者曰：「堯、舜不能教化，是何也？曰：朱、象不化。」是不然也。堯、舜，至天下之善教化者也，南面而聽天下，生民之屬莫不振動從服以化順之；言天下無不化。然而朱、象獨不化，是非堯、舜之過，朱、象之罪也。朱、象乃罪人之當誅戮者，豈堯、舜之過哉？論語曰「上智與下愚不移」是也。堯、舜者，天下之英也；鄭康成注禮記云：「英，謂俊選之尤者。」朱、象者，天下之嵬、一時之瑣也。言嵬瑣之人，雖被堯、舜之治，猶不可化。言教化所不及。嵬瑣，已解在非十二子之篇。○先謙案：嵬瑣猶委瑣，説見前。儒效篇云「英傑化之，嵬瑣逃之」，亦以「英傑」「嵬瑣」對文。今世俗之爲説者不怪朱、象而非堯、舜，豈不過甚矣哉！夫是之謂嵬説。狂妄之説。羿、蠭門者，天下之善射者也，不能以撥弓、曲矢中；撥弓，不正之弓。中，丁仲反。○陳奂曰：案「中」下脱「微」字。撥弓、曲矢不能中微，與下文辟馬、毀輿不能致遠句法相同。儒效篇曰：「輿固馬選矣，而不能以致遠一日而千里，則非造父也；弓調矢直矣，而不能以射遠中微，則非羿也。」王霸篇曰：「人主欲得善射，射遠中微，則莫若羿、蠭門矣；欲得善馭，及速致遠，則莫若王良、造父矣。」君道篇曰：「人主欲得善射，射遠中微者；欲得善馭，及速致遠者。」議兵篇曰：「弓矢不調則羿不能以中微，六馬不和則造父不能以致遠。」皆「中微」與「致遠」作對文，可證。小雅毛傳曰「殪，壹發而死，言能中微而制大也」，語本荀子。王梁、造父者，天下之善馭者也，不能以辟馬、毀輿致遠；辟與躄同，必亦反。堯、舜者，天下之善教化者也，不能使嵬瑣化。何世而無嵬，何時而無瑣，自太皞、燧人莫不有也。太皞，伏羲也。燧人，太皞前帝王，始作火化者。故作者不祥，學者受其殃，非者有慶。作嵬瑣者不祥也。有慶，言必無刑戮也。○俞樾曰：此謂作世俗之說者不祥，學者從而傳述之，必受其殃，能非而闢之則有慶也。下文引詩曰「下民之孽，匪降自天，噂沓背憎，職競由人」，可見荀子之意，深疾世俗之說，故爲此言。楊注未得其旨。詩曰：「下民之孽，匪降自天，噂沓背憎，職競由人。」此之謂也。詩，小雅十月之交篇。言下民相爲妖孽，災害非從天降，噂噂沓沓然相對談語，背則相憎，爲此者，蓋由人耳。

世俗之爲說者曰：「太古薄葬，棺厚三寸，衣衾三領，葬田不妨田，故不掘也。此蓋言古之人君也。三領，三稱也。禮記「君陳衣於序東，西領南上」，故以「領」言。葬田不妨田，言所葬之地不妨農耕也。殷已前平葬，無丘壠之識也。亂今厚葬飾棺，故抇也。」是不及知治道，而不察於抇不抇者之所言也。抇，穿也，謂發冢也，胡骨反。凡人之盜也，必以有爲，其意必有所云爲也。不以備不足，足則以重有餘也。○盧文弨曰：下「足」字衍。而聖王之生民也，皆使當厚優猶不知足，而不得以有餘過度。當謂得中也，丁浪反。優猶寬泰也。「不知足」，「不」字亦衍耳。言聖王之養民，輕賦薄斂，皆使寬泰而知足也；又有禁限，不得以有餘過度也。○王念孫曰：「當厚」二字不詞，楊說非也。「當厚」蓋「富厚」之誤。（秦策：「勢位富厚。」)下「優猶知足」,正承「富厚」言之。**故盜不竊,賊不刺,**盜賊,通名。分而言之,則私竊謂之盜,刼殺謂之賊。○俞樾曰:楊蓋以刺爲「刺殺」之刺,實非然也。漢書郊祀志「刺六經中作王制」,師古注曰:「刺,采取之也。」又丙吉傳「至公車刺取」,注曰:「刺,謂探候之也。」然則刺者,探取之義。「盜不竊,賊不刺」,變文以成句耳,非有異義也。**狗豕吐菽粟,而農賈皆能以貨財讓,**農賈庶人猶讓,則其餘無不讓也。○郝懿行曰:吐者,棄也。(倉頡篇。)此蓋極言菽粟之多耳,非食而吐之也。孟子言「狗彘食人食」,揚雄蜀都賦云「糶米肥賭」,非聖世之事也。**風俗之美,男女自不取於涂而百姓羞拾遺。**○郝懿行曰:大略篇云「國法禁拾遺」,蓋必中、商之法有此禁令,故荀舉以爲言。**故孔子曰:「天下有道,盜其先變乎!」**衣食足,知榮辱。**雖珠玉滿體,文繡充棺,黄金充椁,加之以丹矸,重之以曾青,**丹矸,丹砂也。曾青,銅之精,形如珠者,其色極青,故謂之曾青。加以丹矸,重以曾青,言以丹青采畫也。**犀象以爲樹,**樹之於壙中也。**琅玕、龍茲、華覲以爲實,**琅玕似珠,崑崙山有琅玕樹。龍茲,未詳。「覲」當爲「瑾」。華,謂有光華者也。或曰:龍茲,卽今之龍鬚席。公羊傳曰:「衛侯朔屬負茲。」爾雅曰:「蓐謂之茲。」史記曰「衛叔封布茲」,徐廣曰:「茲者,藉席之名。」列女傳無鹽女謂齊宣王曰:「漸臺五重,黄金、白玉,琅玕、龍疏、翡翠、珠璣,莫落連飾,萬民疲極,此二殆也。」疑「龍茲」卽「龍疏」,疏、鬚音相近也。曹大家亦不解。實,謂實於棺椁中。或曰:茲與髭同。○郭慶藩曰:上言「以爲樹」,下言「以爲實」，蓋謂植樹犀象而以珠玉爲之實也。上言「琅玕」，下言「華覲」，則龍兹非席明矣。列女傳之「龍疏」，亦列於珠玉之閒，不得爲席。「龍疏」或卽「龍兹」，當爲珠玉名，猶左昭二十九年傳所稱「龍輔」爲玉名也。楊訓實爲實於棺椁，失之。人猶且莫之扣也。是何也？則求利之詭緩，而犯分之羞大也。詭，詐也。求利詭詐之心緩也。○郝懿行曰：詭者，責也。言扣人冢墓以求利，國法必加罪責也。詭訓責，古義也。漢書趙充國、陳湯、京房、尹賞、王莽傳及後漢孟嘗、陳重傳注皆以「詭」爲「責」也。俞樾曰：「詭」，疑「説」字之誤。言古者民生富厚，求利之説在所緩也。「詭」「説」形似致誤。楊注非。先謙案：郝説是。以犯分爲羞，非畏罪責也。夫亂今然後反是：上以無法使，下以無度行，知者不得慮，能者不得治，賢者不得使。不得在位使人。若是，則上失天性，下失地利，中失人和，故百事廢，財物詘而禍亂起。王公則病不足於上，庶人則凍餧羸瘠於下，於是焉桀、紂羣居，而盗賊擊奪以危上矣。言在上位者盡如桀、紂也。安禽獸行，虎狼貪，故脯巨人而炙嬰兒矣。若是，則有何尤扣人之墓、抉人之口而求利矣哉？抉，挑也。抉人口，取其珠也。○先謙案：有讀爲又。雖此倮而薶之，猶且必扣也，安得葬薶哉？不可得葬薶而不發。彼乃將食其肉而齕其骨也。夫曰「太古薄葬，故不扣也；亂今厚葬，故扣也」，是特姦人之誤於亂説，以欺愚者而潮陷之以偷取利焉，夫是之謂大姦。言是乃特姦人自誤惑於亂説，因以欺愚者，猶於泥潮之中陷之。謂使陷於不仁不孝也。以偷取利，謂偝弃死者而苟取其利於生者也。是時墨子之徒説薄葬以惑當世，故以此譏之。○盧文弨曰：「潮」當作「淖」。古「潮」字作「淖」，故「淖」誤爲「淖」，又誤爲「潮」。傳曰：「危人而自安，害人而自利。」此之謂也。危害死者以利生者，與此義同。

子宋子曰：「明見侮之不辱，使人不鬬。宋子，已解在天論篇。宋子言若能明侵侮而不以爲辱之義，則可使人不鬬也。莊子説宋子曰：「見侮不辱，救民之鬬。」尹文子曰：「見侮不辱，見推不矜，禁暴息兵，救世之鬬，此人君之德，可以爲王矣。」宋子蓋尹文弟子。何休注公羊曰：「以子冠氏上者，著其師也。」言此者，蓋以難宋子之徒也。人皆以見侮爲辱，故鬬也；知見侮之爲不辱，則不鬬矣。」應之曰：然則亦以人之情爲不惡侮乎？曰：「惡而不辱也。」雖惡其侮，而不以爲辱。惡，烏路反，下同。曰：若是，則必不得所求焉。求不鬬，必不得。凡人之鬬也，必以其惡之爲説，非以其辱之爲故也。凡鬬，在於惡，不在於辱也。今俳優、侏儒、狎徒詈侮而不鬬者，是豈鉅知見侮之爲不辱哉？狎，戲也。鉅與遽同。言此倡優豈速遽知宋子有見侮不辱之論哉？○謝本從盧校，注「豈」下無「速」字。王念孫曰：豈鉅知者，豈知也。鉅亦豈也，古人自有複語耳。或言「豈鉅」，或言「豈遽」，或言「庸鉅」，或言「何遽」，其義一而已矣。（説見漢書陸賈傳。）楊讀鉅爲遽，而云「豈速遽知」，失之。盧删注「速」字，各本皆有。先謙案：王説是。今依各本增。**然而不鬭者，不惡故也。今人或入其央瀆，竊其豬彘，**央瀆，中瀆也，如今人家出水溝也。**則援劍戟而逐之，不避死傷，是豈以喪豬爲辱也哉？然而不憚鬭者，惡之故也。雖以見侮爲辱也，不惡則不鬭；**不知宋子之論者也。**雖知見侮爲不辱，惡之則必鬭。**知宋子之論也。**然則鬭與不鬭邪，亡於辱之與不辱也，乃在於惡之與不惡也。夫今子宋子不能解人之惡侮，而務説人以勿辱也，豈不過甚矣哉！**解，達也。不知人情惡侮，而使見侮不辱，是過甚也。解，如字。説讀爲税。**金舌弊口，猶將無益也。**金舌，以金爲舌。金舌弊口，以喻不言也。雖子宋子見侵侮，金舌弊口而不對，欲以率先，猶無益於不鬭也。揚子法言曰：「金口而木舌。」金，或讀爲噤。○盧文弨曰：上云「説人以勿辱」，此蓋言舌弊猶不見聽耳。一説：遒人木鐸，金口木舌，今卽爲之金舌，振之至於口弊，亦何益哉？俞樾曰：金舌弊口，謂説人，非謂不言，楊注非也。此文當作「金口弊舌」。金讀爲唫。説文口部：「唫，口急也。」弊讀爲敝。言雖説之至於口唫舌敝，猶無益也。戰國策秦策「舌敝耳聾」，此可證敝舌之義。今作「金舌弊口」，義不可通。據楊注引法言「金口而木舌」，又似本作「金口」者，豈爲後人改竄故歟？**不知其無益則不知；**不知此説無益，是不知也。**知其無益也，直以欺人則不仁。不仁不知，辱莫大焉。**發論而不仁不知，辱無過此也。**將以爲有益於人，則與無益於人也，**與讀爲預。本謂有益於人，反預於無益人之論也。

○盧文弨曰：注「論」，宋本作「謂」。王念孫曰：楊說甚迂。余謂與讀爲舉。（「舉」，古通作「與」，說見經義述聞禮運。）舉，皆也。（見左傳宣十七年注、哀六年注。）言其說皆無益於人也。則得大辱而退耳。說莫病是矣。本欲使人見侮不辱，反自得大辱耳。子宋子曰：「見侮不辱。」應之曰：凡議，必將立隆正然後可也。崇高正直，然後可也。○先謙案：隆正，猶中正。下文「大隆」，卽「大中」也，說見致士篇。無隆正，則是非不分而辨訟不決。故所聞曰：「天下之大隆，是非之封界，分職名象之所起，王制是也。」名謂指名。象謂法象。王制，謂王者之舊制。故凡言議期命，是非以聖王爲師，期，物之所會也；命，名物也：皆以聖王爲法也。○王引之曰：「是非」當作「莫非」。正文云「莫非以聖王爲師」，故楊注云「皆以聖王爲師」，「皆」字正釋「莫非」二字。（凡本書中言「莫非」「莫不」者，注悉以「皆」字釋之。）今本「莫非」作「是非」，則義不可通，蓋涉上文兩「是非」字而誤。而聖王之分，榮辱是也。聖王以榮辱爲人之大分，豈如宋子以見侮爲不辱哉？是有兩端矣：榮辱各有二也。有義榮者，有埶榮者；有義辱者，有埶辱者。志意修，德行厚，知慮明，是榮之由中出者也，夫是之謂義榮。爵列尊，貢祿厚，形埶勝，貢，謂所受貢賦，謂天子諸侯也。祿，謂受君之祿，卿相士大夫也。形埶，謂埶位也。上爲天子諸侯，下爲卿相士大夫，是榮之從外至者也，夫是之謂埶榮。流淫、汙僈，汙，穢行也。「僈」當爲「漫」，已解在榮辱篇。犯分、亂理，驕暴、貪利，是辱之由中出者也，夫是之謂義辱。詈侮捽搏，捽，持頭也。搏，手擊也。捶笞、臏腳，捶、笞，皆杖擊也。臏，膝骨也。「腳」，古「脚」字。臏腳，謂刖其膝骨也。鄒陽曰：「司馬喜臏腳於宋，卒相中山。」斬、斷、枯、磔，斷，如字。枯，弃市暴屍也。磔，車裂也。周禮「以疈辜祭四方百物」，注謂披磔牲體也。或者枯與疈辜義同歟？韓子曰：「楚南之地，麗水之中生金，民多竊采之。采金之禁，得而輒辜磔。所辜磔甚衆，而民竊金不止。」疑「辜」即「枯」也。又莊子有「辜人」，謂犯罪應死之人也。○王念孫曰：後説是也。周官掌戮「殺王之親者辜之」，鄭注曰：「辜之言枯也，謂磔之。」藉、靡、舌縪，藉，見淩藉也，才夜反。靡，繫縛也，與縻義同，即謂胥靡也，謂刑徒之人以鐵鎖相連繫也。舌縪，未詳。或曰：莊子云「公孫龍口呿而不合，舌舉而不下」，謂辭窮，亦恥辱也。是辱之由外至者也，夫是之謂埶辱。是榮辱之兩端也。故君子可以有埶辱，而不可以有義辱；小人可以有埶榮，而不可以有義榮。有埶辱無害爲堯，有埶榮無害爲桀。義榮、埶榮，唯君子然後兼有之；義辱、埶辱，唯小人然後兼有之。是榮辱之分也。聖王以爲法，士大夫以爲道，官人以爲守，百姓以爲成俗，萬世不能易也。言上下皆以榮辱爲治也。士大夫，主教化者。官人，守職事之官也。○王念孫曰：第四句本作「百姓以成俗」，與上三句對文。晉語注曰：「爲，成也。」（廣雅同。）「以成俗」，即「以爲俗」。今本「成」上有「爲」字，乃涉上三「爲」字而衍。吕本無「爲」字。禮論篇「官人以爲守，百姓以成俗」，

「成」上亦無「爲」字。**今子宋子案不然，獨詘容爲己，慮一朝而改之，説必不行矣。**言宋子不知聖人以榮辱爲大分，獨欲屈容受辱爲己之道，其謀慮乃欲一朝而改聖王之法，説必不行矣。**譬之是猶以塼涂塞江海也，以焦僥而戴太山也，**塼涂，以涂壘塼也。焦僥，短人長三尺者。○盧文弨曰：「塼」，俗字。荀書當本作「摶」。摶塗泥而塞江海，必無用矣。**蹎跌碎折不待頃矣。**蹎與顛同，躓也。頃，少頃也。○郝懿行曰：蹎者，僵仆也。經典俱假借作「顛」，唯此是其本字。注云「蹎與顛同」，蓋不知「顛」乃假借耳。**二三子之善於子宋子者，殆不若止之，將恐得傷其體也。**二三子，慕宋子道者也。止，謂息其説也。傷其體，謂受大辱。○盧文弨曰：得，未詳。或云：古與「礙」通。梵書以「㝵」爲「礙」，亦有所本。俞樾曰：「得」字無義，疑「復」字之誤。復者，反也。猶曰「將恐反傷其體也」。言子宋子之説非徒無益於人，或反以傷其體耳。**子宋子曰：「人之情欲寡，而皆以己之情爲欲多，是過也。」**宋子以凡人之情，所欲在少，不在多也。莊子説宋子曰「以禁攻寢兵爲外，以情欲寡少爲内」也。○謝本從盧校作「欲爲多」。王念孫曰：「人之情」三字連讀，「欲寡」二字連讀，非以「情欲」連讀也。「而皆以己之情欲爲多」，吕本作「而以己之情爲欲多」，是也。（錢校亦云：「監本作『情爲欲多』。」）「己之情」三字連讀，「欲多」二字連讀。謂人皆以己之情爲欲多不欲寡也。自錢本始誤作「以己之情欲爲多」，則似以「情欲」二字連讀矣。（互見下條。）天論篇注引此正作「以己之情爲欲多」。先謙案：王説是，今從吕本改作「爲欲多」。故率其羣徒，辨其談説，明其譬稱，將使人知情欲之寡也。稱，謂所宜也。稱，尺證反。「情欲之寡」，或爲「情之欲寡」也。○王念孫曰：案或本是也。此謂宋子將使人知情之欲寡不欲多也。下文云「古之人以人之情爲欲多而不欲寡」，「今子宋子以人之情爲欲寡而不欲多也」，（下「人之情」，各本作「是之情」。案「人之情」三字，上文凡七見，今據改。）是其證。楊本作「情欲之寡」，非。應之曰：然則亦以人之情爲欲。○盧文弨曰：此「欲」字衍，句當連下。一説：當作「亦以人情爲不欲乎」。先謙案：前説是。目不欲綦色，耳不欲綦聲，口不欲綦味，鼻不欲綦臭，形不欲綦佚。此五綦者，亦以人之情爲不欲乎？曰：「人之情欲是已。」○先謙案：欲是者，欲上五綦。曰：若是，則説必不行矣。以人之情爲欲此五綦者而不欲多，譬之是猶以人之情爲欲富貴而不欲貨也，好美而惡西施也。古之人爲之不然。以人之情爲欲多而不欲寡，故賞以富厚而罰以殺損也，謂以富厚賞之，以殺損罰之。殺，減也，所介反。是百王之所同也。故上賢禄天下，次賢禄一國，下賢禄田邑，愿慤之民完衣食。以人之情爲欲多，故使德重者受厚禄，下至愿慤之民，猶得完衣食，皆所以報其功。今子宋子以是之情爲欲寡而不欲多也，然則先王以人之所不欲者賞而以人之所欲者罰邪？亂莫大焉。如宋子之説，乃大亂之道。今子宋子嚴然而好説，嚴讀爲儼。好説，自喜其説也。好，呼報反。聚人徒，立師學，成文曲，文曲，文章也。○

王念孫曰：成文曲義不可通，「曲」當爲「典」，字之誤也。故楊注云：「文典，文章也。」（今本注文亦誤作「文曲」。）成文典，謂作宋子十八篇也。（見蓺文志。）非十二子篇云「終日言成文典」，是其證。**然而説不免於以至治爲至亂也，豈不過甚矣哉！**

荀子卷第十三

禮論篇第十九舊目録第二十三，今升在論議之中，於文爲比。

禮起於何也？曰：人生而有欲，欲而不得，則不能無求；求而無度量分界，則不能不争；量，力嚮反。○先謙案：宋台州本無此四字，有「分，扶問反」四字。争則亂，亂則窮。窮，謂計無所出也。先王惡其亂也，故制禮義以分之，以養人之欲，給人之求，有分，然後欲可養，求可給。使欲必不窮乎物，物必不屈於欲，兩者相持而長，是禮之所起也。屈，竭也。先王爲之立中道，故欲不盡於物，物不竭於欲，欲與物相扶持，故能長久，是禮所起之本意者也。故禮者，養也。芻豢稻粱，五味調香，所以養口也；○王念孫曰：香，臭也，非味也，與「五味調」三字義不相屬。下文云「椒蘭芬苾，所以養鼻」，是香以養鼻，非以養口也。「香」當爲「盉」。説文：「盉，調味也，從皿，禾聲」。今通作「和」。昭廿年左傳曰：「和如羹焉。水火醯醢鹽梅，以亨魚肉，宰夫和之，齊之以味，濟其不及，以洩其過，君子食之，以平其心。」故曰「五味調盉，所以養口也」。「盉」與「香」字相似，故「盉」誤爲「香」，而楊注不釋「盉」字，則所見本已誤爲「香」矣。説文又曰：「鬻，（與羹同。）五味盉羹也。」博古圖所載商、周器皆有盉，蓋因其可以盉羹而名之，故其字從皿而以禾爲聲。今經傳皆通用「和」字，而「盉」字遂廢。此「盉」字若不誤爲「香」，則後人亦必改爲「和」矣。**椒蘭芬苾，所以養鼻也；雕琢、刻鏤、黼黻、文章，所以養目也；鍾鼓、管磬、琴瑟、竽笙，所以養耳也；疏房、檖須、越席、牀第、几筵，所以養體也。**疏，通也。疏房，通明之房也。須，古「貌」字。檖須，未詳。或曰：檖讀爲邃。貌，廟也。廟者，宮室尊嚴之名。或曰：須讀爲邈。言屋宇深邃緜邈也。第，牀棧也。越席，蒻蒲席也，古人所重。司馬貞曰：「疏，窗也。」○先謙案：宋台州本注「緜」作「緬」。**故禮者，養也。君子既得其養，又好其別。曷謂別？曰：**○先謙案：史記禮書作「又好其辨也，所謂辨者」。**貴賤有等，長幼有差，貧富輕重皆有稱者也。**稱，謂各當其宜，尺證反。**故天子大路越席，所以養體也；側載睪芷，所以養鼻也；**○盧文弨曰：睪芷，説在上篇。史記禮書作「臭茝」，「臭」亦「皋」之誤。**前有錯衡，所以養目也；和鸞之聲，步中武、象，趨中韶、護，所以養耳也；**竝解在正論篇。**龍旗九斿，所以養信也；**龍旗，畫龍旗。爾雅曰：「素陞龍于縿，練斿九。」旗正幅爲縿，斿所以屬之者也。信謂使萬人見而信之，識至尊也。養猶奉也。○盧文弨曰：注「正幅爲縿」，宋本「縿」作「緇」，元刻作「綠」，皆誤，今改正。元刻「練斿」作「練旒」，與今爾雅同。郝懿行曰：信與神同。畫龍於旗，取其神變。此「信」蓋「神」之叚借。古多借「信」爲「伸」，此又借「信」爲「神」，「神」與「伸」皆同聲之字，故可相通。楊氏不知叚借之義，故云「信謂使人見而信之」，其望文生訓，不顧所安，往往如此。**寢兕、**謂武士寢處於甲胄者也。**持虎、**謂以虎皮爲弓衣，武士執持者也。詩曰：「虎韔鏤膺。」劉氏云「畫虎於鈴竿及楯」也。○盧文弨曰：「持」當爲「特」，字之誤也。寢兕、特虎，謂畫輪爲飾也。劉昭注輿服志引古今注：「武帝天漢四年，令諸侯王朱輪，特虎居前，左兕右麋；小國朱輪，畫特熊居前，寢麋居左右。」白虎通亦曰：「朱輪特熊居前，寢麋居左右。」此謂朱輪每輪畫一虎居前，兕麋在兩旁，卻後而相竝，故虎稱特。左右，謂每輪兩旁也。寢，伏也。大國畫特虎，兕麋不寢；小國則畫特熊，二寢麋，無兕。天子乘輿，蓋畫二寢兕居輪左右，畫特虎居前歟？此段若膺說。**蛟韅、**韅，馬服之革，蓋象蛟形。徐廣曰：「以蛟魚皮爲之。」○盧文弨曰：史記「蛟」作「鮫」，古字通用。注「馬服」乃「馬腋」之誤。徐說本說文。楊云「象蛟形」，與上下文「虎」「兕」「龍」一例，勝徐說。**絲末、**末與幦同。禮記曰「君羔幦虎犆」，鄭云：「覆苓也。」絲幦，蓋織絲爲幦，亡狄反。○盧文弨曰：「絲末」，史記無。**彌龍，所以養威也；**彌，如字，又讀爲弭。弭，末也。謂金飾衡軛之末爲龍首也。徐廣曰：「乘輿車以金薄繆龍爲輿倚較，文虎伏軾，龍首銜軛。」○盧文弨曰：「彌」，卽說文之「⿸麻耳」。廣韻引說文云：「⿸麻耳，乘輿金耳也，讀若渳水。一讀若月令『靡艸』之『靡』。」金耳謂車耳，卽重較也。徐廣說爲得之。「繆龍」，史記作「璆龍」，索隱云：「璆然，龍貌。」徐又云「文虎伏軾，龍首銜軛」，此引古類及之，非正釋也。「銜軛」，當從史記注作「衡軛」爲是。郝懿行曰：金耳者，金飾車耳也。於倚較上刻爲交龍之形，飾之以金，以養威重。龍，取其威也。王念孫曰：盧注亦段說也。今本說文作「乘輿金飾馬耳也」，經段氏校正。説見段氏説文注。故大路之馬必倍至教順，然後乘之，所以養安也。倍至，謂倍加精至也。或以「必倍」爲句。倍謂反之，車在馬前，令馬熟識車也。至極教順，然後乘之，備驚奔也。○盧文弨曰：史記「倍至」作「信至」。先謙案：「倍」，當依史記作「信」。「信」「倍」形近而譌。據楊注，則所見本已誤。信至，謂馬調良之極。孰知夫出死要節之所以養生也！孰，甚也。出死，出身死寇難也。要節，自要約以節義，謂立節也。使其孰知出死要節，盡忠於君，是乃所以受禄養生也。若不能然，則亂而不保其生也。要，一遥反。○盧文弨曰：此注舊本有牘有脱，今訂正。先謙案：史記「出死」上多一「士」字。孰知夫出費用之所以養財也！費，用財以成禮，謂問遺之屬，是乃所以求奉養其財，不相侵奪也。○郭嵩燾曰：「用」上疑奪文。或作「出費制用」，四句爲一例。先謙案：史記「出」作「輕」，文義大異。孰知夫恭敬辭讓之所以養安也！無恭敬辭讓，則亂而不安也。孰知夫禮義文理之所以養情也！無禮義文理，則縱情性，不知所歸也。故人苟生之爲見，若者必死；言苟唯以生爲所見，不能出死要節，若此者必死也。苟利之爲見，若者必害；苟唯以利爲所見，不能用財以成禮，若此者必遇害也。苟怠惰偷儒之爲安，若者必危；儒讀爲儒。言苟以怠惰爲安居，不能恭敬辭讓，若此者必危也。○盧文弨曰：「偷儒」，非十二子篇作「偷儒」，是也。此與勸學篇作「偷儒」，皆非。先謙案：宋台州本「安」下有「居」字。據注，似正文本有「居」字。苟情説之爲樂，若者必滅。説讀爲悦。言苟以情悦爲樂，不知禮義文理，恣其所欲，若此者必滅亡也。故人一之於禮義，則兩得之矣；一之於情性，則兩喪之矣。專一於禮義，則禮義情性兩得；專一於情性，則禮義情性兩喪也。故儒者將使人兩得之者也，墨者將使人兩喪之者也，是儒、墨之分也。

禮有三本：天地者，生之本也；先祖者，類之本也；類，種。君師者，治之本也。無天地惡生？無先祖惡出？無君師惡治？三者偏亡焉，無安人。偏亡，謂闕一也。故禮上事天，下事地，尊先祖而隆君師，是禮之三本也。所以奉其三本。故王者天太祖，謂以配天也。太祖，若周之后稷。諸侯不敢壞，謂不祧其廟，若魯周公。史記作「不敢懷」，司馬貞云「思也」，蓋誤耳。大夫士有常宗，繼别子之後，爲族人所常宗，百世不遷之大宗也。别子，若魯三桓也。所以别貴始。貴始，得之本也。「得」當爲「德」。言德之本在貴始。穀梁傳有此語。○盧文弨曰：「得」，大戴禮作「德」，古二字通用。先謙案：此上是貴始之義。史記作「所以别貴賤，貴賤治，德之本也」，傳鈔致誤。郊止乎天子，○先謙案：史記作「郊疇乎天子」，索隱：「疇，類也。天子類得郊天，餘並不合祭。」而社止於諸侯，○先謙案：史記作「社至諸侯」，索隱：「言天子已下至諸侯得立社。」説文：「社，地主也。」孝經緯：「社，土地之主也。土地闊，不可盡敬，故封土爲社，以報功也。」案「止」字義不合，當作「至」，「至」「止」形近而誤。楊所見荀子本亦作「至於諸侯」。若作「止於諸侯」，不訓爲「自諸侯通及士大夫」矣。**道及士大夫，**道，通也。言社自諸侯通及士大夫也。或曰：道，行神也。祭法，大夫適士皆得祭門及行。史記「道」作「蹈」，亦作「啗」，司馬貞曰：「啗音含，苞也。」言士大夫皆得苞立社。倞謂當是「道」誤爲「蹈」，傳寫又誤以「蹈」爲「啗」耳。○盧文弨曰：史記集解本「道及」作「函及」。郝懿行曰：案祭法云「大夫以下成羣立社，曰置社」，鄭注：「羣，衆也。大夫以下，謂下至庶人也。大夫不得特立社，與民族居，百家以上則共立一社，今時里社是也。」此則社之禮下達庶人。道，謂通達也。王念孫曰：楊注皆出於小司馬。其説「道」「啗」二字，皆非也。（楊以道爲行神，亦非。）道及者，覃及也，説見史記禮書。先謙案：史記作「函及士大夫」，集解：「函音含。」索隱作「啗」，云：「啗音含。含謂包容。鄒誕生音徒濫反。大戴禮作導，導亦通也。今此爲啗者，當以導與蹈同，後其字『足』失『止』，唯有『口』存，故使解者穿鑿也。」錢氏大昕云：「函及者，覃及也。説文：『马，嘾也，讀若含。』函，從马得聲，亦與嘾同義。古文導與禫同。士喪禮『中月而禫』，古文禫作導。説文，棪讀若『三年導服』之導，亦謂禫服也。導與禫通，則亦與覃、嘾通，而啗又與嘾同音，是文異而實不異。小司馬疑啗爲蹈之譌，由不知古音之變易也。」王氏念孫云：「錢謂導與覃通，導及即覃及，是也。大雅蕩篇：『覃及鬼方。』爾雅：『覃，延也。』言社自諸侯延及士大夫也。函當爲臽。（今作「陷」。）啗從臽得聲，是臽與啗古同聲，故鄒本作啗，即臽之異文也。啗與覃，古亦同聲，故鄒本之『啗及』，即詩之『覃及』也。錢以函及爲覃及，非也。函訓爲容，非覃及之義。函與啗亦不同聲，若本是函字，無緣通作啗也。臽字本作臽，形與函相似，因譌爲函。後人多見函，少見臽，故經史中臽字多譌爲函。」（説詳經義述聞「若合而函吾中」下。）所以別尊者事尊，卑者事卑，宜大者巨，宜小者小也。○先謙案：宋台州本有「也」字，各本無。以上下文例之，當有，今據補。

故有天下者事十世，「十」當爲「七」。穀梁傳作「天子七廟」。○先謙案：大戴禮、史記皆作「七」。有一國者事五世，有五乘之地者事三世，古者十里爲成，成出革車一乘。五乘之地，謂大夫有菜地者，得立三廟也。○盧文弨曰：注「菜」，俗閒本作「采」，宋本、元刻皆作「菜」。案諸經正義中亦多作「菜」字。白虎通京師篇凡三見，皆作「菜」。後漢馮魴傳：「食菜馮城。」是以匡謬正俗云：「古之經史，采、菜相通。」有三乘之地者事二世，祭法所謂「適士立二廟」也。持手而食者不得立宗廟，持其手而食，謂農工食力也。○先謙案：「持手」，大戴禮作「待年」，史記作「有特牲」。禮記曰：「庶人祭於寢。」所以別積厚，積厚者流澤廣，積薄者流澤狹也。積與績同，功業也。穀梁傳僖公十五年：「震夷伯之廟。」夷伯，魯大夫，因此以見天子至於士皆有廟也。天子七廟，諸侯五，大夫三，士二。故德厚者流光，德薄者流卑。是以貴始，德之本也。○盧文弨曰：大戴及史記「積厚」二字不重。王念孫曰：不重者是也。上文「所以別尊者事尊，卑者事卑」與此文同一例，則「積厚」二字不當重。大饗，尚玄尊，俎生魚，先大羹，貴食飲之本也。大饗，祫祭先王也。尚，上也。玄酒，水也。大羹，肉汁無鹽梅之味者也。本，謂造飲食之初。

禮記曰「郊血，大饗腥」也。**饗，尚玄尊而用酒醴，先黍稷而飯稻粱；**饗與享同，四時享廟也。用，謂酌獻也。以玄酒爲上而獻以酒醴，先陳黍稷而後飯以稻粱也。**祭，齊大羹而飽庶羞，貴本而親用也。**祭，月祭也。齊讀爲嚌，至齒也。謂尸舉大羹，但至齒而已矣，至庶羞而致飽也。用，謂可用食也。○盧文弨曰：大戴禮「齊」作「嚌」，史記「嚌」下有「先」字。俞樾曰：楊注「齊讀爲嚌」，此因大戴記而誤也。「齊」當爲「躋」，禮記樂記篇鄭注曰「齊讀爲躋」是也。文二年左傳「躋僖公」，杜注曰：「躋，升也。」然則躋大羹者，升大羹也，正與上文「尚玄尊」、「先黍稷」一律。下文云「豆之先大羹也」，是其義也。大戴記禮三本篇作「嚌」，疑卽「躋」之壞字。史記禮書「嚌」下有「先」字，疑史公原文作「先大羹」，後人因大戴之文，妄增「嚌」字耳。**貴本之謂文，親用之謂理，**文謂修飾。理謂合宜。**兩者合而成文，**○郝懿行曰：文、理一耳。貴本則溯追上古，禮至備矣，兼備之謂文；親用則曲盡人情，禮至察矣，密察之謂理。理統於文，故兩者通謂之文也。**以歸大一，夫是之謂大隆。**貴本、親用，兩者相合，然後備成文理。大讀爲太。太一，謂太古時也。禮記曰：「夫禮必本於太一。」言雖備成文理，然猶不忘本而歸於太一，是謂大隆於禮。司馬貞曰：「隆，盛也。得禮文理，歸於太一，是禮之盛也。」**故尊之尚玄酒也，俎之尚生魚也，俎之先大羹也，一也。**一，謂一於古也。此以象太古時，皆貴本之義，故云一也。○先謙案：下「俎」字，大戴禮、史記作「豆」。大羹盛於登，俎、豆蓋通言之。**利爵之不醮也，成事之不**

俎不嘗也，三臭之不食也，一也。醮，盡也。謂祭祀畢，告利成，利成之時，其爵不卒，奠於筵前也。史記作「不啐」。成事，謂尸既飽禮成，不嘗其俎。儀禮：「尸又三飯，上〔一〕佐食，受尸牢肺、正脊加於肵。」是臭謂歆其氣，謂食畢也，許又反。皆謂禮畢無文飾，復歸於朴，亦象太古時也。史記作「三侑之不食」，司馬貞曰：「禮，祭必立侑以勸尸食，至三飯而止。每飯有侑一人，故曰三侑。既是勸尸，故不自食也。」○俞樾曰：楊注利爵不醮未盡其義。利者謂佐食也。利爵不醮，蓋據大夫儐尸之禮。有司徹篇「利洗爵獻於尸，尸酢獻祝，祝受祭酒，啐酒奠之」，是其事也。利既獻尸，尸卒爵酢利，利又獻祝，祝受奠之。不啐，示祭事畢也。先謙案：索隱云「成事，卒哭之祭，故記曰『卒哭曰成事』，既是卒哭始從吉祭，故受爵而不嘗俎」，與楊注義異。孔廣森云：「一也，三者皆禮之終。」**大昏之未發齊也，大廟之未入尸也，始卒之未小斂也，一也。**皆謂未有威儀節文，象太古時也。史記作「大昏之未廢齊也」，司馬貞曰：「廢齊，謂婚禮父親醮子而迎，故曲禮云：『齊戒以告鬼神。』」「此三〔二〕者皆禮之初始，質而未備，故云一也。」○盧文弨曰：案古廢、發音同通用。俞樾曰：齊當讀爲醮。發，猶致也。昏禮，父親醮子而命之迎。未發醮者，未致醮也。先謙案：孔廣森云「未入尸，謂若饋食，尸未入之前爲陰厭」也。**大路之素未集也，郊之麻**

〔一〕「上」，原本作「士」，據儀禮少牢饋食禮改。
〔二〕「三」，史記禮書索隱作「五」。

絻也，喪服之先散麻也，一也。大路，殷祭天車，王者所乘也。未集，不集丹漆也。禮記云：「大路素而越席。」又曰：「丹漆雕幾之美，素車之乘。」麻絻，緝麻爲冕，所謂大裘而冕，不用衮龍之屬也。士喪禮：「始死，主人散帶，垂長三尺。」史記作「大路之素幬」，司馬貞曰：「幬音稠。謂車蓋素帷，示質也。」○盧文弨曰：注末，舊本作「亦質者也」。俞樾曰：楊注「未集，不集丹漆也」，則但言「素」而其義已足矣，不必言「未集」。且「未集」二字義亦未足，楊注非也。「未」字當爲「末」。素末一事，素集一事，蓋一本作「末」，一本作「集」，傳寫誤合之，而因改「末」爲「未」，以曲成其義，非荀子原文也。「末」者，「幦」之叚字。上文「絲末」，楊注曰：「末與幦同。」禮記曰『君羔幦虎犆』，鄭云：『覆笭〔一〕也。』」然則「大路之素末」亦卽「素幦」耳。大戴記禮三本篇作「素幭」，幭與幦同。荀子作「末」之本，與大戴合。「集」者，「幬」之叚字，集音轉而爲就。詩小旻篇「是用不集」，韓詩作「是用不就」是也。故得讀爲幬。爾雅釋訓「幬謂之帳」，釋文曰：「幬，本或作㡓。」是「幬」字或從周聲。山海經中山經「暴山，其獸多麋、鹿、麢、就」，郭注曰：「就，雕也。」然則以「就」爲「㡓」，猶以「就」爲「雕」矣。史記禮書正作「素幬」。荀子作「集」之本，與史記合。先謙案：大戴禮「散麻」作「散帶」，孔廣森云：「帶，要絰也。」喪禮，小斂，主人始絰，散垂之，既成服，乃絞。雜記曰：「大功以上散帶。」三者皆從質，故云一也。**三年之喪，哭之不文也；清廟之歌，一倡而**

〔一〕「笭」，禮記玉藻鄭注作「苓」。

三歎也；縣一鍾，尚拊之膈，朱絃而通越也，一也。不文，謂無曲折也。禮記曰：「斬衰之哭，若往而不反。」清廟之歌，謂工以樂歌清廟之篇也。一人倡，三人歎，言和之者寡也。縣一鍾，比於編鍾爲簡略也。尚拊之膈，未詳。或曰：尚謂上古也。拊，樂器名。膈，擊也。即所謂「戞擊鳴球，搏拊琴瑟」也。尚古樂，所以示質也。揚子雲長楊賦曰「拮膈鳴球」，韋昭曰：「古文膈爲擊。」或曰：「膈」當爲「搏」。大戴禮作「搏拊」，一名相。禮記曰：「治亂以相拊，所以輔樂。」相亦輔之義。書曰「搏拊琴瑟」，孔安國曰：「搏拊，以韋爲之，實之以糠，所以節樂也。」周禮：「大祭祀，登歌令奏擊拊。」司馬貞曰：「拊鬲，謂縣鍾格也。不擊其鍾而拊其格，不取其聲，示質也。」朱絃疏越，鄭玄云：「朱絃，練朱絃也。練則聲濁。越，瑟底孔也，所以發越其聲，故謂之越。疏通之，使聲遲也。」史記作「洞越」。或曰：膈讀爲戞也。○盧文弨曰：「不文」，大戴禮、史記皆作「不反」。觀注意，此亦似本作「不反」，「文」字疑誤。郝懿行曰：樂論篇以「拊鞷」與「鞉柷」「椌楬」相儷，則皆樂器名也。拊者以韋爲之，實以糠。「膈」彼作「鞷」，其字從革，竊疑亦拊之類，不得依此注以膈爲擊也。若長楊賦之「拮膈鳴球」，則又借「拮膈」爲「戞擊」，楊注爲誤引矣。以此互相訂正，則此當「縣之一鍾」句，「尚拊膈」句，文誤倒耳。尚者上也。鐘聲宏大，言不貴彼而上此聲之近質者也。　先謙案：「不文」當作「不反」，盧說是也。大戴禮「鍾」作「罄」，與「磬」同，「拊膈」作「拊搏」，無「之」字，史記亦無，明此「之」字衍。尚書大傳曰：「古者帝王升歌清廟之樂，大琴練絃達越，大瑟朱絃達越。」**凡禮，始乎梲，成乎文，終乎悅校。**史記作「始乎脫，成乎文，終乎稅」。

言禮始於脱略，成於文飾，終於税滅。禮記曰：「禮主其減。」校，未詳。大戴禮作「終於隆」，隆，盛也。○盧文弨曰：注「隆」字，舊本不重。案，大戴作「終於隆」，史記索隱所引同，云：「隆謂盛也。」今据增。郝懿行曰：「税」，史記作「脱」。疑此當作「税」，税者斂也；「校」當作「恔」，恔者快也。孟子「於人心獨無恔乎」，趙注「恔，快」是矣。此言禮始乎收斂，成乎文飾，終乎悦快。故至備，情文俱盡；情文俱盡，乃爲禮之至備。情謂禮意，喪主哀、祭主敬之類。文謂禮物、威儀也。其次，情文代勝；不能至備，或文勝於情，情勝於文，是亦禮之次也。其下，復情以歸大一也。雖無文飾，但復情以歸質素，是亦禮也。若潢汙行潦之水可薦於鬼神也。天地以合，日月以明，四時以序，星辰以行，江河以流，萬物以昌，好惡以節，喜怒以當，言禮能上調天時，下節人情，若無禮以分別之，則天時人事皆亂也。昌，謂各遂其生也。以爲下則順，以爲上則明，萬物變而不亂，貳之則喪也。禮豈不至矣哉！禮在下位則使人順，在上位則治萬變而不亂。貳謂不一在禮。喪，亡也。○顧千里曰：「物」字、「而」字，疑不當有。大戴記禮三本篇無此二字，可以爲證。先謙案：「貳」乃「貣」之誤字，説見天論篇。大戴禮作「貸之則喪」。張參五經文字云：「貸，相承或借爲貣。」吕覽、管子、史記皆以「貣」爲「忒」。立隆以爲極，而天下莫之能損益也。立隆盛之禮以極盡人情，使天下不復更能損益也。本末相順，司馬貞曰：「禮之盛，文理合以歸太一；禮之殺，復情以歸太一：是本末相順也。」○俞樾曰：順讀爲巡。禮記祭義篇「終始相巡」，此云「本末相巡」，其義正同。順、巡竝從川聲，故得叚用。終始相應，司馬貞曰：「禮始於脱略，終於税，税亦殺也。殺亦〔一〕脱略，是終始相應也。」至文以有別，至察以有説。言禮之至文，以其有尊卑貴賤之別；至察，以其有是非分別之説。司馬貞曰：「説音悦。言禮之至察，有以明隆殺委曲之情文，足以悦人心也。」○王念孫曰：以，猶而也。（説見釋詞。）言至文而有別，至察而有説也。史記「以有」二字皆倒轉，誤也。楊前説誤解「以」字，後用小司馬説，讀説爲悦，尤非。天下從之者治，不從者亂；從之者安，不從者危；從之者存，不從者亡。小人不能測也。○先謙案：「測」，史記誤「則」。禮之理誠深矣，「堅白」「同異」之察入焉而溺；其理誠大矣，擅作典制辟陋之説入焉而喪；其理誠高矣，暴慢、恣睢、輕俗以爲高之屬入焉而隊。「隊」，古「墜」字，墮也。以其深，故能使「堅白」者溺；以其大，故能使擅作者喪；以其高，故能使暴慢者墜。司馬貞曰：「恣睢，毁訾也。」○先謙案：史記「理」竝作「貌」，「喪」作「嗛」。故繩墨誠陳矣，則不可欺以曲直；衡誠縣矣，則不可欺以輕重；規矩誠設矣，則不可欺以方圓；君子審於禮，則不可欺以詐僞。故繩者，直之至；衡者，平之至；規矩者，方圓之至；禮者，人道之極也。然而不法禮，不足禮，謂之

〔一〕「亦」，史記禮書索隱作「與」。

無方之民；法禮足禮，謂之有方之士。足，謂無闕失。方猶道也。○郝懿行曰：方猶隅也。廉隅，謂有棱角。士知砥厲，故德有隅；民無廉恥，故喪其隅者也。王念孫曰：足禮，謂重禮也。不足禮，謂輕禮也。儒效篇云「縱性情而不足問學，則爲小人矣」，樂論篇云「百姓不安其處，不樂其鄉，不足其上」，與此言「不足禮」同。反是則足禮矣。上文云「禮者人道之極也」，正足禮之謂也。楊注失之。又曰：「足」當爲「是」。爾雅曰：「是，則也。」則亦法也。非十二子篇曰「不法先王，不是禮義」，（脩身篇曰：「不是師法而好自用。」）猶此言「不法禮，不是禮」也。「是」與「足」字相似而誤。先謙案：王前說是。禮之中焉能思索，謂之能慮；禮之中焉能勿易，謂之能固。勿易，不變也。若不在禮之中，雖能思索、勿易，猶無益。能慮能固，加好者焉，○先謙案：史記「者」作「之」。此句當作「加好之者焉」，史記引删「者」字，荀書奪「之」字也。無「之」字則語不圓足。王制篇云「爲之、貫之、積重之、致好之者，君子之始也」，「致好」下有「之」字，是其例。斯聖人矣。故天者，高之極也；地者，下之極也；無窮者，廣之極也；東西南北無窮。聖人者，道之極也。故學者固學爲聖人也，非特學爲無方之民也。禮者，以財物爲用，以貢獻問遺之類爲行禮之用也。以貴賤爲文，以車服旗章爲貴賤文飾也。以多少爲異，多少異制，所以別上下也。以隆殺爲要。隆，豐厚；殺，減降也。要，當也。禮或厚或薄，唯其所當爲貴也。文理繁，情用省，是禮之隆也；文理謂威儀；情用謂忠誠。若享獻之禮，賓主百拜，情唯主敬，文過於情，是禮之隆盛也。○先謙案：史記「理」作「貌」，「用」作「欲」，下同。**文理省，情用繁，是禮之殺也；**若尊之尚玄酒，本於質素，情過於文，雖減殺，是亦禮也。**文理、情用相爲内外表裏，竝行而襍，是禮之中流也。**或豐或殺，情文代勝，竝行相襍，是禮之中流。中流，言如水之清濁相混也。○王念孫曰：襍讀爲集。爾雅：「集，會也。」言文理、情用竝行而相會也。「集」「襍」古字通。（月令「四方來集」，呂氏春秋仲秋紀「集」作「襍」。論衡別通篇「集糅非一」，即「襍糅」。）楊未達假借之旨。俞樾曰：襍讀爲帀。古襍與帀通。呂氏春秋圜道篇「圜周復襍」，注曰：「襍，猶帀也。」淮南子詮言篇「以數襍之壽，憂天下之亂」，注曰：「襍，帀也。人生子，從子至亥爲一帀。」然則竝行而襍，言竝行而周帀也。楊注非。先謙案：中流，猶中道。下有複句，可互證。楊注非。**故君子上致其隆，下盡其殺，而中處其中。**君子，知禮者。致，極也。言君子於大禮則極其隆厚，小禮則盡其降殺，中用得其中，皆不失禮也。**步驟、馳騁、厲鶩不外是矣，是君子之壇宇、宮廷也。**厲鶩，疾鶩也。史記作「廣鶩」。言雖馳騁，不出於隆殺之閒。壇宇、宮廷，已解於上。**人有是，士君子也；外是，民也；**是猶此也。民，民氓無所知者。○王念孫曰：是謂禮也。有讀爲域。孟子公孫丑篇注曰：「域，居也。」人域是，人居是也，故與「外是」對文。商頌玄鳥篇「奄有九有」，韓詩作「九域」。（見文選册魏公九錫文注。）魯語「共工氏之伯九有也」，韋注曰：「有，域也。」漢書律曆志引祭典曰：「共工氏伯九域。」是域、有古通用。史記禮書正作「人域是」。（索隱：「域，居也。」）於是其中焉，方皇周挾，曲得其次序，是聖人也。方皇讀爲仿偟，猶徘徊也。挾讀爲浹，帀也。言於是禮之中，徘徊周帀，委曲皆得其次序而不亂，是聖人也。故厚者，禮之積也；大者，禮之廣也；高者，禮之隆也；明者，禮之盡也。聖人所以能厚重者，由積禮也；能弘大者，由廣禮也；崇高者，由隆禮也；明察者，由盡禮也。司馬貞曰：「言君子聖人有厚大之德，則爲禮之所歸積益弘廣也。」詩曰：「禮儀卒度，笑語卒獲。」此之謂也。引此明有禮，動皆合宜也。

禮者，謹於治生死者也。謹，嚴。生，人之始也；死，人之終也：終始俱善，人道畢矣。故君子敬始而慎終。終始如一，是君子之道、禮義之文也。夫厚其生而薄其死，是敬其有知而慢其無知也，是姦人之道而倍叛之心也。君子以倍叛之心接臧穀，猶且羞之，而況以事其所隆親乎！臧，已解在王霸篇。莊子曰：「臧與穀相與牧羊。」音義云：「孺子曰穀。」或曰：穀，讀爲「鬭穀於菟」之「穀」。穀，乳也，謂哺乳小兒也。所隆親，所厚之親也。○王引之曰：隆，尊也。（見經解注。）「隆親」二字平列。所隆謂君也。所親謂父母也。下文曰「臣之所以致重其君，子之所以致重其親」，是其證。楊注非。故死之爲道也，一而不可得再復也，臣之所以致重其君，子之所以致重其親，於是盡矣。以其一死不可再復，臣、子於極重之道不可不盡也。故事生不忠厚、不敬文謂之野，忠厚，忠心篤厚。敬文，恭敬有文飾。野，野人，不知禮者也。**送死不忠厚、不敬文謂之瘠。**瘠，薄。**君子賤野而羞瘠，故天子棺槨十重，諸侯五重，大夫三重，士再重，**禮記曰：「天子之棺四重，水兕革棺被之，其厚三寸，杝棺一，梓棺二，四者皆周。棺束，縮二，衡三，衽每束一。柏槨以端，長六尺。」又禮器曰「天子七月而葬，五重八翣」，鄭云：「五重，謂抗木與茵也。」今十重，蓋以棺槨與抗木合爲十重也。諸侯以下，與禮記多少不同，未詳也。○郝懿行曰：「十」當作「五」。古「五」作「乂」，與「十」形近易譌。上「有天下者事十世」，「十」當爲「七」。然天子七重，於古無文，作「五」或猶近之。而檀弓云「天子之棺四重」，鄭注「諸公三重，諸侯再重，大夫一重，士不重」，與此復不同。若依鄭義推之，此重數俱有加，亦當言「天子五重，諸侯三重，大夫二重，士一重」矣。王引之曰：「十」，疑當作「七」。（凡經傳中「七」「十」二字多互譌，不可枚舉。）禮自上以下，降殺以兩，天子七重，故諸侯減而爲五，大夫減而爲三也。楊注非。**然後皆有衣衾多少厚薄之數，皆有翣菨文章之等以敬飾之，**衣謂衣衾。禮記所謂「君陳衣於庭，百稱」之比者也。衾謂君錦衾，大夫縞衾，士緇衾也。食謂遣車所苞。遣，奠也。「翣菨」當爲「蔞翣」，鄭康成云「蔞翣，棺之牆飾」也。翣，以木爲筐，衣以白布，畫爲雲氣，如今之攝也。周禮縫人「衣翣柳之材」，鄭云：「必先纏衣其木，乃以張飾也。柳之言聚也，諸飾所聚。」柳以象宮室也。劉熙釋名云：「輿棺之車，其蓋曰柳。」文章之等，謂君龍帷，三池，振容，黼荒，火三列，黻三列，素錦褚，加帷荒，纁紐六，齊，五采，五貝，黼翣二，黻翣二，畫翣二，皆戴圭，魚躍拂池。君纁戴六，纁披六。大夫以下各有差也。○盧文弨曰：正文「衣衾」，案注，當本作「衣食」。元刻於注頗有刪節，今悉依宋本。王念孫曰：盧説是也。正文本作「然後皆有衣食多少厚薄之數」。（「衣」字統衣衾而言。）楊注本作「衣謂衣衾。（此釋正文「衣」字。）衣，禮記所謂『君陳衣於庭，百稱』之比者也。衾謂君錦衾，大夫縞衾，士緇衾也。（此是楊氏自釋注內「衣衾」二字，非釋正文也。正文本無「衾」字。）食謂遣車所苞。遣，奠也。」（此釋正文「食」字。）宋本正文「食」字誤而爲「衾」，注文「禮記」上又脱一「衣」字，則義不可通，而元刻遂妄加刪節矣。

使生死終始若一，一足以爲人願，是先王之道、忠臣孝子之極也。 生死如一，則人願皆足，忠孝之極在此也。

天子之喪動四海，屬諸侯；諸侯之喪動通國，屬大夫；大夫之喪動一國，屬修士；修士之喪動一鄉，屬朋友； 屬，謂付託之，使主喪也。通國，謂通好之國也。一國，謂同在朝之人也。修士，士之進脩者，謂上士也。一鄉，謂一鄉内之姻族也。春秋傳曰：「天子七月而葬，同軌畢至；諸侯五月而葬，同盟至；大夫三月，同位至；士踰月，外姻至。」○王念孫曰：屬，合也。（四「屬」字義竝同。）下文云「庶人之喪合族黨，動州里」是也。周官州長「各屬其州之民而讀法」，鄭注曰：「屬，猶合也、聚也。」晉語「三屬諸侯」，韋注：「屬，會也。」楊注失之。

庶人之喪合族黨，動州里。

刑餘罪人之喪不得合族黨，獨屬妻子，棺椁三寸，衣衾三領，不得飾棺，不得晝行，以昏殣，凡緣而往埋之， 刑餘，遭刑之餘死者。墨子曰：「桐棺三寸，葛以爲緘。」趙簡子亦云。然則厚三寸，刑人之棺也。喪大記：「士陳衣於序東，三十稱。」今云「三領」，亦貶損之甚也。殣，道死人也。詩曰：「行有死人，尚或殣之。」

今昏殣，如掩道路之死人，惡之甚也。凡，常也。緣，因也。言其妻子如常日所服而埋之，不更加絰杖也。今猶謂無盛飾爲緣身也。○郝懿行曰：按「緣身」，今俗亦有此語。**反無哭泣之節，無衰麻之服，無親疏月數之等，各反其平，各復其始，**○王引之曰：「平」字文義不明，「平」當爲「本」，字之誤也。本，亦始也。（吕氏春秋孝行篇注：「本，始也。」晉語注：「始，本根也。」）反其本，卽復其始。復其始，謂若無喪時也。又曰：「平」字不誤。下文曰「久而平」，楊注「久則哀殺如平常也」，是其證。前謂「平當爲本」，失之。**已葬埋，若無喪者而止，夫是之謂至辱。**此蓋論墨子薄葬，是以至辱之道奉君父也。**禮者，謹於吉凶不相厭者也。**厭，掩也，烏甲反。謂不使相侵掩也。或曰不使相厭惡，非也。**紸纊聽息之時，則夫忠臣孝子亦知其閔已，**紸讀爲注。「注纊」卽「屬纊」也。言此時知其必至於憂閔也。或曰：「紸」當爲「絓」。絓，苦化反。以爲「黈」字，非也。○俞樾曰：楊注文義迂曲，殆非也。爾雅釋詁：「閔，病也。」詩柏舟篇「覯閔既多」，鴟鴞篇「鬻子之閔斯」，毛傳並曰：「閔，病也。」亦知其閔已，猶言亦知其病已。病謂疾甚也。儀禮既夕記注曰：「疾甚曰病。」**然而殯斂之具未有求也；**所謂不相厭也。**垂涕恐懼，然而幸生之心未已，持生之事未輟也；卒矣，然後作、具之。**作之，具之。**故雖備家，必踰日然後能殯，三日而成服，**備，豐足也。○郝懿行曰：備，具也，皆也。物皆饒多夙具，故謂富家爲備家。郭嵩燾曰：「備家」不詞，當卽下「備物」。此時雖備物，不敢遽也。踰日而殯，三日而成服，而後所備之物畢作也。然後告遠者出矣，備物者作矣。故殯，久不過七十日，速不損五十日。此皆據士喪禮首尾三月者也。損，減也。是何也？曰：遠者可以至矣，百求可以得矣，百事可以成矣，其忠至矣，其節大矣，其文備矣。忠，誠也。節，人子之節也。文，器用儀制也。子思曰：「喪三日而殯，凡附於身者，必誠必信，勿之有悔焉耳。三月而葬，凡附於棺者，必誠必信，勿之有悔焉耳。」然後月朝卜日，月夕卜宅，然後葬也。月朝，月初也。月夕，月末也。先卜日知其期，然後卜宅，此大夫之禮也。士則筮宅。士喪禮先筮宅，後卜日。此云「月朝卜日，月夕卜宅」，未詳也。○郝懿行曰：「夕」與「昔」，古字通。昔者舊也。舊已卜宅，月朝乃卜日也。王引之曰：當作「月朝卜宅，月夕卜日」。今本「宅」「日」二字上下互誤耳，斷無先卜日後卜宅之理。當是時也，其義止，誰得行之？其義行，誰得止之？聖人爲之節制，使賢者抑情，不肖者企及。故三月之葬，其須以生設飾死者也，殆非直留死者以安生也，須，象也。言其象以生之所設器用飾死者，三月乃能備也。是致隆思慕之義也。

喪禮之凡：凡謂常道。○盧文弨曰：「喪禮」，宋本作「卒禮」，下同。變而飾，謂殯斂每加飾。動而遠，禮記：「子游云：『飯於牖下，小斂於户内，大斂於阼，殯於客位，祖於庭，葬於墓，所以即遠也。』」久而平。久則哀殺，如平常也。故死之爲道也，不飾則惡，惡則不哀，尒則翫，尒與邇同。翫，戲狎也。翫則厭，厭則忘，忘則不敬。一朝而喪其嚴親，○俞樾曰：禮記大傳篇「收族故宗廟嚴」，鄭注曰：「嚴，猶尊也。」嚴親卽尊親。嚴謂君，親謂父母。**而所以送葬之者不哀不敬，則嫌於禽獸矣，君子恥之。故變而飾，所以滅惡也；動而遠，所以遂敬也；**遂，成也。邇則懼敬不成也。**久而平，所以優生也。**優養生者，謂送死有已、復生有節也。**禮者斷長續短，損有餘，益不足，達愛敬之文，而滋成行義之美者也。**皆謂使賢不肖得中也。賢者則達愛敬之文而已，不至於滅性；不肖者用此成行義之美，不至於禽獸也。**故文飾、麤惡，聲樂、哭泣，恬愉、憂戚，是反也，**是相反也。**然而禮兼而用之，時舉而代御。**御，進用也。時吉則吉，時凶則凶也。○王念孫曰：此「時」字非謂天時，時者更（音庚。）也。謂文飾與麤惡、聲樂與哭泣、恬愉與憂戚，皆更舉而代御也。方言曰：「蒔，（郭音侍。）更也。」古無「蒔」字，故借「時」爲之。莊子徐無鬼篇云：「堇也，桔梗也，雞廱也，豕零也，是時爲帝者也。」（爾雅：「帝，君也。」）淮南齊俗篇云：「見雨則裘不用，升堂則蓑不御，此代爲帝者也。」（「帝」，今本誤作「常」。）說林篇云：「旱歲之土龍，疾疫之芻靈，是時爲帝者也。」（今本脫「時」字，據高注補。）太平御覽器物部十引馮衍詣鄧禹牋云：「見雨則裘不用，上堂則蓑不御，此更爲適者也。」（適讀「嫡子」之嫡。廣雅：「嫡，君也。」）或言「時爲」，或言「代爲」，或言「更爲」，是時、代皆更也。（方言：「更，代也。」說文：「代，更也。」）故曰「時舉而代御」。楊說「時」字之義未了。**故文飾、聲樂、恬愉，所以持平奉吉也；麤衰、哭泣、憂戚，**○王念孫曰：「麤衰」本作「麤惡」，此後人不曉文義而妄改之也。「麤惡」對「文飾」，「哭泣」對「聲樂」，「憂戚」對「恬愉」，皆見上文。「麤惡」二字所包者廣，不止麤衰一事，不得改「麤惡」爲「麤衰」也。下注云「立麤衰以爲居喪之飾」，則楊所見本已誤。**所以持險奉凶也。**持，扶助也。險，謂不平之時。**故其立文飾也至於窕冶；**窕讀爲姚。姚冶，妖美也。**其立麤衰也，不至於瘠棄；**立麤衰以爲居喪之飾，亦不使羸瘠自棄。**其立聲樂恬愉也，不至於流淫惰慢；其立哭泣哀戚也，不至於隘懾傷生：是禮之中流也。**隘，窮也。懾猶戚也，之怯反。中流，禮之中道也。**故情貌之變足以別吉凶，明貴賤親疏之節，期止矣，**「期」當爲「斯」。**外是，姦也，雖難，君子賤之。故量食而食之，量要而帶之。相高以毁瘠，是姦人之道也，非禮義之文也，非孝子之情也，將以有爲者也。**非禮義之節文、孝子之真情，將有作爲，以邀名求利，若演門也。○盧文弨曰：注「演門」，未詳。**故說豫娩澤，憂戚萃惡，是吉凶憂愉之情發於顔色者也。**說讀爲悦。豫，樂也。娩，媚也，音晚。澤，顔色潤澤也。萃與顇同。惡，顔色惡也。發，見也。○王念孫曰：娩讀若問。娩澤，顔色潤澤也。「說豫」與「憂戚」對文，「娩澤」與「萃惡」對文，故曰「是憂愉之情發於顔色者也」。内則「免薨」鄭注：「免，新生者。薨，乾也。」釋文：「免音問。」「娩」「免」古字通。内則以「免」對「薧」，猶此文之以「娩澤」對「惡萃」也。楊讀爲「婉娩」之娩，分「娩澤」爲二義，與「萃惡」不對矣。**歌謠謸笑，哭泣諦號，是吉凶憂愉之情發於聲音者也。**謸與傲同，戲謔也。

説文云「譈，悲聲」，與此義不同。諦讀爲啼。管子曰：「豕人立而諦。」古字通用。號，胡刀反。○盧文弨曰：案春秋繁露執贄篇「羊殺之不諦」，淮南精神訓「病疵瘕者踸踔而諦」，竝以「諦」爲「啼」。**芻豢、稻粱、酒醴、餰鬻，魚肉、菽藿、酒漿，是吉凶憂愉之情發於食飲者也。**餰鬻、菽藿，喪者之食。○郝懿行曰：藿，豆葉也。説苑十一：「藿食者尚何與焉？」是菽、藿皆卑賤之所食也。王念孫曰：「酒漿」當爲「水漿」。芻豢、稻粱、酒醴、魚肉，吉事之飲食也；餰鬻、菽藿、水漿，凶事之飲食也。今本「水漿」作「酒漿」，則既與凶事不合，又與上文「酒醴」相複矣。此「酒」字卽涉上「酒醴」而誤。俞樾曰：王説是也。「魚肉」二字當在「餰鬻」二字之上。蓋芻豢、稻粱、酒醴、魚肉屬吉，餰鬻、菽藿、水漿屬凶，方與上下文一律。今「魚肉」字誤倒在「餰鬻」下，則吉凶不倫矣。楊注「餰鬻、菽藿，喪者之食」，疑楊氏所見本尚未倒，故以「餰鬻、菽藿」連文也。當據以訂正。**卑絻、黼黻、文織，資麤、衰絰、菲繐、菅屨，是吉凶憂愉之情發於衣服者也。**卑絻，與裨冕同，衣裨衣而服冕也。裨之言卑也。天子六服，大裘爲上，其餘爲卑，以事尊卑服之，諸侯以下皆服焉。文織，染絲織爲文章也。資與齋同，卽齊衰也。麤，麤布也。今麤布亦謂之資。菲，草衣，蓋如蓑然，或當時喪者有服此也。繐，繐衰也。鄭玄云：「繐衰，小功之縷，四升半之衰也。凡布細而疎者謂之繐，今南陽有鄧繐布。」菅，茅也。春秋傳曰「晏子杖菅屨」也。○盧文弨曰：注「鄧繐布」，今儀禮無「布」字。王念孫曰：案富國篇曰：「天子袾裷衣冕，諸侯玄裷衣冕，大夫裨冕，士皮弁。」大略篇曰：「天子山冕，諸侯玄冠，大夫裨冕，士韋弁。」其制上下不同，此不當獨舉「禆冕」言之。楊以卑絻爲禆冕，未是也。「卑絻」，疑當爲「㝸絻」，「㝸」卽今「弁」字。「弁絻、黼黻、文織」，皆二字平列，且「弁絻」二字兼上下而言。此篇曰：「弁絻、黼黻、文織。」君道篇曰：「冠弁、衣裳、黼黻、文章。」曾子問曰：「天子賜諸侯大夫冕弁服。」禮運曰：「冕弁兵革。」昭元年左傳曰：「吾與子弁冕端委。」九年傳曰：「猶衣服之有冠冕。」宣元年公羊傳曰：「已練可以弁冕。」僖八年穀梁傳曰：「弁冕雖舊，必加於首。」或言「弁冕」，或言「冕弁」，或言「冠冕」，或言「冠弁」，皆二字平列，且兼上下而言，故知「卑絻」爲「㝸絻」之誤。説文：「覍，冕也。」籀文作「㝸」，或作「廾」。今經傳皆作「弁」，而「覍」「㝸」「廾」三字遂廢。此「㝸」字若不誤爲「卑」，則後人亦必改爲「弁」矣。 疏房、檖䫉、越席、牀笫、几筵，屬茨、倚廬、席薪、枕塊，是吉凶憂愉之情發於居處者也。茨，蓋屋草也。屬茨，令茨相連屬而已，至疎漏也。倚廬，鄭云：「倚木爲廬。」謂一邊著地，如倚物者。既葬，柱楣塗廬也。 兩情者，人生固有端焉。兩情，謂吉與凶、憂與愉。言此兩情固自有端緒，非出於禮也。 若夫斷之繼之，博之淺之，益之損之，類之盡之，盛之美之，使本末終始莫不順比，足以爲萬世則，則是禮也，人雖自有憂愉之情，必須禮以節制進退，然後終始合宜。類之，謂觸類而長。比，附會也，毗至反。 非順孰脩爲之君子莫之能知也。順，從也。孰，精也。脩，治也。爲，作也。 故曰：性者，本始材朴也；僞者，文理隆盛也。無性則僞之無所加，無僞則性不能自美。之，往。○郝懿行曰：「朴」當爲「樸」。

樸者，素也。言性本質素，禮乃加之文飾，所謂「素以爲絢」也。「僞」卽「爲」字。之不訓往，注非。下云「性僞合，然後聖人之名一」，言必性僞合一，斯乃聖人所以成名。性惡篇云「聖人化性而起僞，僞起於性而生禮義」，卽此所謂「性僞合」矣。**性僞合，然後聖人之名一，天下之功於是就也。**一，謂不分散。言性僞合，然後成聖人之名也。**故曰：天地合而萬物生，陰陽接而變化起，性僞合而天下治。天能生物，不能辨物也；地能載人，不能治人也；宇中萬物、生人之屬，待聖人然後分也。詩曰：「懷柔百神，及河喬嶽。」此之謂也。**引此喻聖人能並治之。詩，周頌時邁之篇。**喪禮者，以生者飾死者也，大象其生以送其死也。故如死如生，如亡如存，終始一也。**不以死異於生、亡異於存。○郝懿行曰：案檀弓云「之死而致生之，不知而不可爲也」，故言「如死」者，知之盡也。又云「之死而致死之，不仁而不可爲也」，故言「如生」者，仁之至也。中庸曰「事死如生，事亡如存」，仁知備矣。俞樾曰：「如死如生，如亡如存」，義不可通，當作「事死如生，事亡如存」，上兩「如」字誤也。篇末云「哀夫敬夫，事死如事生，事亡如事存」，可知此文之譌，當據以訂正。**始卒，沐浴、鬠體、飯唅，象生執也。**儀禮「鬠用組」，鄭云：「用組，組，束髮也。古文鬠皆爲括。」體，謂爪揃之屬。士喪禮「主人左扱米，實於右三，實一貝，左、中亦如之，凡實米，唯盈」，鄭云：「于右，尸口之右。唯盈，取滿而已。」是飯唅之禮也。象生執，謂象生時所執持之事。「執」或爲「持」。**不沐則濡櫛三律而止，不浴則**

濡巾三式而止。律，理髮也。今秦俗猶以枇髮爲栗。濡，溼也。式與拭同。士喪禮尸無有不沐浴者，此云「不」，蓋末世多不備禮也。○盧文弨曰：注「枇髮」，舊本「枇」作「批」，誤。案魏志管輅傳：筮十三物，「一一名之，惟以梳爲枇耳」。古「枇」作「比」。漢書有「比疏」，蓋梳疏而比密也。說文「櫛」下云：「梳、比之總名。」郝懿行曰：「枇」當作「比」。比者，梳之密者也。律猶類也。今齊俗亦以比去蟣蝨爲律，言一類而盡除之也。律、栗音同，注内「栗」字，依正文作「律」亦可，不必別出「栗」字也。**充耳而設瑱，**士喪禮「瑱用白纊」，鄭云：「瑱，充耳。纊，新緜也。」**飯以生稻，唅以槁骨，反生術矣。**生稻，米也。槁，枯也。槁骨，貝也。術，法也。前說象其生也，此已下，說反於生之法也。**說褻衣，襲三稱，縉紳而無鉤帶矣。**縉與搢同，扱也。紳，大帶也。搢紳，謂扱於帶。鉤之所用弛張也，今不復解脫，故不設鉤也。褻衣，親身之衣也。士喪禮：飯唅後「乃襲三稱，明衣不在算，設韐帶，搢笏」。禮記曰「季康子之母死，陳褻衣」，鄭玄云：「褻衣非上服，陳之將以斂也。」○盧文弨曰：正文「說」字，疑當作「設」。王念孫曰：錢本「說」作「設」，與盧說合。先謙案：宋台州本作「設」。**設掩面儇目，鬠而不冠笄矣。**士喪禮：「掩用練帛，廣終幅，長五尺。」儇與還同，繞也。士喪禮：「幎目用緇，方尺二寸，䞓裏，著組繫。」幎讀如縈。縈與還義同。鬠而不笄，謂但鬠髮而已，不加冠及笄也。士喪禮「笄用桑」，又云「鬠用組，乃笄」，此云「不笄」，或後世略也。**書其名，置於其重，則名不見而柩獨明矣。**書其名於旌也。士喪禮：「爲銘各以其物，亡則以緇，長半幅，經末長終幅，廣三寸。書銘於末曰：『某氏某之柩。』」重，以木爲之，長三尺。夏祝鬻餘飯，用二鬲，縣於重，冪用葦席。書其名，置於重，謂見所書置於重，則名已無，但知其柩也。士喪禮：「祝取銘置於重。」案銘皆有名，此云「無」，蓋後世禮變，今猶然。**薦器則冠有鍪而毋縰，**薦器，謂陳明器也。鍪，冠捲如兜鍪也。縰，韜髮者也。士冠禮：「緇纚廣終幅，長六尺。」謂明器之冠也，有如兜鍪加首之形，而無韜髮之縰也。鍪之言蒙也，冒也，所以冒首，莫侯反。或音冒。**甕、廡虛而不實，**士喪禮：「甕三，醯醢屑；廡二，醴酒。」皆有冪。蓋喪禮陳鬼器、人器，鬼器虛，人器實也。禮記：「宋襄公葬其夫人，醯、醢百甕。」曾子曰：『既曰明器，而又實之。』」○盧文弨曰：此與下所引士喪禮，皆見既夕篇中。鄭云：「古文甒皆作廡。」**有簟席而無牀第，**此言棺中不施牀第，大斂小斂則皆有也。**木器不成斲，陶器不成物，薄器不成內，**木不成於雕琢，不加功也。瓦不成於器物，不可用也。薄器，竹葦之器。不成內，謂有其外形，內不可用也。「內」，或爲「用」。禮記曰「竹不成用，瓦不成味」，鄭云：「成，善也。竹不可善用，謂籩無縢也。味當作沬。沬，靧也。」○郝懿行曰：內與納同，古皆以「內」爲「納」。內者，入也，入即納也，非「內外」之內，注誤。注云「內或爲用」，「用」字於義較長。檀弓云：「竹不成用。」王念孫曰：案作「用」者是，「內」即「用」之譌。注前説非。**笙竽具而不和，琴瑟張而不均，**鄭云「無宮商之調」也。**輿藏而馬反，告不用也。**輿，謂輁軸也，國君謂之輴。藏，謂埋之也。馬，謂駕輁軸之馬。告，示也，言也。士喪禮：「既啟，遷于祖廟，用軸。」禮記「君葬用輴，四綍二碑，夫人葬用輴，二綍二碑，士葬用團車」，皆至葬時埋之也。**具生器以適墓，象徙道也。**生器，用器也，弓矢、盤盂之屬。徙，遷改也。徙道，其生時之道。器當在家，今以適墓，以象人行，不從常行之道，更徙它道也。○郝懿行曰：徙者，迻也。象徙道者，謂如將迻居然耳，亦不忍死其親之意。注似未了。**略而不盡，須而不功，趨輿而藏之，金革轡靷而不入，明不用也。**略而不盡，謂簡略而不盡備也。須，形也。言但有形須，不加功精好也。趨輿而藏之，謂以輿趨於墓而藏之。趨者，速藏之意。金，謂和鸞。革，車鞎也。説文云：「靷，所以引軸者也。」杜元凱云：「靷在馬胷。」或曰：須讀如邈，像也。今謂畫物爲須。下須皆同義。○盧文弨曰：「趨者」下，俗閒本有「速也」二字，宋本、元刻皆無。「車鞎」，舊誤作「車軼」，今據爾雅改正。王念孫曰：金革，即小雅蓼蕭所謂「鞗革」也。説文「鞗」作「鋚」，云：「轡首銅也，從金，攸聲。」（石鼓文及寅簋文作「鋚勒」，焦山鼎作「攸勒」，伯姬鼎作「攸勒」，辛辟父敦作「攸革」。）爾雅曰：「轡首謂之革。」故曰「金革轡靷」。楊以金爲和鸞，失之。又曰：「革，車鞅也」，宋本「鞅」譌作「軮」，今本譌作「軼」，盧又改「軼」爲「鞎」，皆與「金革」無涉。**象徙道，又明不用也，**以器適墓，象其改易生時之器，亦所以明不用。**是皆所以重哀也。**有異生時，皆所以重孝子之哀也。**故生器文而不功，明器須而不用。**生器，生時所用之器，士喪禮曰「用器」，弓矢、耒耜、兩敦、兩杅、盤匜之屬。明器，鬼器，木不成斲、竹不成用、瓦不成沫之屬。禮記曰「周人兼用之」，以言不知死者有知無知，故襍用生器與明器也。

凡禮，事生，飾歡也；送死，飾哀也；祭祀，飾敬也；師旅，飾威也：是百王之所同，古今之所一也，未有知其所由來者也。故壙壠，其須象室屋也；壙，墓中。壠，冢也。禮記曰：「適墓不登壠。」須，猶意也，言其意以象生時也，或音邈。棺椁，其須象版、蓋、斯、象、拂也；版，謂車上障蔽者。蓋，車蓋也。斯，未詳。象，衍字。拂即茀也。爾雅釋器云「輿革，前謂之䩞，後謂之茀」，郭云：「以韋靶車軾及後户也。」○郝懿行曰：版蓋者，棺椁所以象屋，旁爲版，上爲蓋，非車之版蓋也。斯，疑縰之音譌。（縰與纚同。）象非衍字。拂與茀同。斯象拂者，蓋如喪大記云「飾棺，君龍帷黼荒」、「大夫畫帷畫荒」、「士布帷布荒」之類，皆所以蒙茀棺上，因以爲飾也。禮記問喪篇「雞斯」，當爲「笄纚」，聲之誤，此誤正同。俞樾曰：版者，車轓也。漢書景帝紀「令長吏二千石車朱兩轓，千石至六百石朱左轓」，應劭曰：「車耳反。出所以爲之藩屏，翳塵泥也。」廣雅釋器曰：「轓謂之軓。」版與軓通。楊注説「版」字未了。又云「斯，未詳；象，衍字」，既爲衍字，則「斯拂」連文。楊云「拂即茀也」，然則斯與拂必同類之物。爾雅釋器云：「輿革，前謂之䩞，後謂之茀。」「䩞」字從艮聲，與斤聲相近，故「垠」從艮聲，或體作「圻」，從斤聲，是其例也。「斯」，疑「靳」字之誤。靳之本義當膺，而古或借爲「䩞」。廣雅釋器：「弸轅謂之靳。」王氏疏證亦云「未詳」，不知弸轅之靳即「輿革，前謂之䩞」也。惟其在前，故繫於轅也。此以「版、蓋」「靳、拂」竝言，版即軓也，在車旁，蓋者，車蓋也，在車上，靳在前，拂在後，其所説至爲詳備矣。「靳」字本當作「䩞」，而借用「靳」，亦猶「齒」本字本當作「齗」，而太玄密「次八，琢齒依齦」，則借用「齦」。齦者，齧也，非齒本也。艮、斤聲近，故字得通耳。乃「靳」又誤作「斯」，則其義遂不可見矣。**無、帾、絲、歶、縷、翣，其須以象菲、帷、幬、尉也；**無讀爲幠。幠，覆也，所以覆尸者也。士喪禮「幠用斂衾、夷衾」是也。帾與褚同。禮記曰「素錦褚」，又曰「褚幕丹質」，鄭云「所以覆棺」也。絲、歶，未詳，蓋亦喪車之飾也。或曰：絲讀爲緌。禮記曰「畫翣二，皆戴緌」，鄭云「以五采羽注於翣首」也。歶讀爲魚。謂以銅魚縣於池下。禮記曰：「魚躍拂池。」縷讀爲柳，「蔞」字誤爲「縷」字耳。菲，謂編草爲蔽，蓋古人所用障蔽門户者，今貧者猶然。或曰：「菲」當爲「扉」，隱也，謂隱奥之處也。或曰：菲讀爲扉，户扇也。幬讀爲帳。尉讀爲罻。罻，網也。帷帳如網也。○王念孫曰：幠者，柳車上覆，卽禮所謂「荒」也。喪大記曰「飾棺，君龍帷，黼荒，素錦褚，加僞荒」，鄭注曰：「荒，蒙也。（鄘風君子偕老傳曰：「蒙，覆也。」）在旁曰帷，在上曰荒，皆所以衣柳也。」「僞，當爲帷。大夫以上，有褚以襯覆棺，乃加帷荒於其上。」（以上鄭注。）荒、幠一聲之轉，皆謂覆也。故柳車上覆謂之荒，亦謂之幠。帾，卽「素錦褚」之褚。幠、帾皆所以飾棺，幠在上，象幕，帾在下，象幄，故曰：「其須象菲、帷、幬、尉也。」周官縫人「掌縫棺飾」，鄭注曰「若存時居於帷幕而加文繡」是也。若斂衾、夷衾，非所以飾棺，不得言「象菲、帷、幬、尉」矣。詩公劉傳曰：「荒，大也。」閟宮傳曰：「荒，有也。」爾雅曰：「幠，大也，有也。」是幠與荒同義。幠從無聲，荒從巟聲，巟從亡聲，荒之轉爲幠，猶亡之轉爲無。故詩「遂荒大東」，爾雅注引作「遂幠大東」；禮記「毋幠毋敖」，大戴作「無荒無傲」矣。**抗折，其須以象槾茨、番、閼也。**士喪禮「陳明器於乘車之西，折横覆之」，鄭云：「折如牀，縮者三，横者五，無簀，窆事畢，加之壙上，以承抗席。」抗，禦也，所以禦止土者。槾，扞也。茨，蓋屋也。槾茨，猶塈茨也。槾，莫于反。番讀爲藩。藩，籬也。閼，謂門户壅閼風塵者。抗所以禦土，折所以承抗，皆不使外物侵内，有象於槾茨、藩、閼也。○盧文弨曰：舊本注引士喪禮多脱誤，今補正。**故喪禮者，無它焉，明死生之義，送以哀敬而終周藏也。故葬埋，敬藏其形也；**葬也者，藏也。所以爲葬埋之禮，敬藏其形體也。**祭祀，敬事其神也；其銘、誄、繫世，敬傳其名也。**銘，謂書其功於器物，若孔悝之鼎銘者；誄，謂誄其行狀以爲謚也；繫世，謂書其傳襲，若今之譜諜也：皆所以敬傳其名於後世也。○俞樾曰：周官小史職曰「奠世繫，辨昭穆」，鄭司農云「繫世，謂帝繫、世本之屬」是也。以帝繫解「繫」字，世本解「世」字，則繫也、世也自是二事，與銘、誄相對。楊注未得。**事生，飾始也；送死，飾終也。終始具而孝子之事畢，聖人之道備矣。刻死而附生謂之墨，刻生而附死謂之惑，**刻，損減。附，增益也。墨，墨子之法。惑，謂惑亂過禮也。○王念孫曰：「墨」與「惑」「賊」對文，則墨非墨子之謂。上文云「事生不忠厚、不敬文謂之野，送死不忠厚、不敬文謂之瘠」，（楊注：「瘠，薄。」）此云「刻死而附生謂之墨」，樂論云「亂世之徵，其養生無度，其送死瘠墨」，又以「瘠墨」連文，則墨非墨子明矣。**殺生而送死謂之賊。**殉葬殺人，與賊同也。**大象其生以送其死，使死生終始莫不稱宜而好善，是禮義之法式也，儒者是矣。**

三年之喪何也？曰：稱情而立文，鄭康成曰：「稱人之情輕重而制其禮也。」因以飾羣別、親疏、貴賤之節而不可益損也，故曰無適不易之術也。羣別，謂羣而有別也。適，往也。無往不易，言所至皆不可易此術。或曰：適讀爲敵。謝本從盧校作「不是」。郝懿行曰：依注，「是」當爲「易」，轉寫之譌。或曰「適讀爲敵」，亦通。先謙案：各本譌「是」，據宋台州本正作「易」。創巨者其日久，痛甚者其愈遲，三年之喪，稱情而立文，所以爲至痛極也；創，傷也，楚良反。日久、愈遲，互言之也。皆言久乃能平，故重喪必待三年乃除，亦爲至痛之極，不可朞月而已。齊衰、苴杖、居廬、食粥、席薪、枕塊，所以爲至痛飾也。「齊衰」，禮記作「斬衰」。苴杖，謂以苴惡色竹爲之杖。鄭云：「飾，謂章表也〔一〕。」三年之喪，二十五月而畢，哀痛未盡，思慕未忘，然而禮以是斷之者，豈不以送死有已、復生有節也哉！斷，決也，丁亂反。鄭云：「復生，謂除喪反生者之事也。」凡生乎天地之閒者，有血氣之屬必有知，有知之屬莫不愛其類。今夫大鳥獸則失亡其羣匹，○先謙案：則，猶若也，說見議兵篇。越月踰時則必反鉛過故鄉，則必徘徊焉，鳴號焉，躑躅焉，踟蹰焉，然後能去之也。鉛與沿同，循也。禮記作「反巡過故鄉」。徘徊，回旋飛翔之貌。躑躅，以足擊地也。踟蹰，不

〔一〕鄭注禮記三年問作「飾，情之表章也」。

能去之貌。小者是燕爵，猶有啁噍之頃焉，然後能去之。燕爵，與鷰雀同。故有血氣之屬莫知於人，故人之於其親也，至死無窮。鳥獸猶知愛其羣匹，良久乃去，況人有生之最智，則於親喪，悲哀之情至死不窮已，故以三年節之也。將由夫愚陋淫邪之人與？則彼朝死而夕忘之，然而縱之，則是曾鳥獸之不若也，彼安能相與羣居而無亂乎？將由夫脩飾之君子與？則三年之喪，二十五月而畢，若駟之過隙，然而遂之，則是無窮也。隙，壁孔也。鄭云：「喻疾也。遂之，謂不時除也。」故先王聖人安爲之立中制節，一使足以成文理，則舍之矣。禮記作「焉爲之立中制節」，鄭云：「焉，猶然。立中制節，謂服之年月也。舍，除也。」王肅云：「一，皆也。」○郝懿行曰：此云「安爲之」，下云「案以此象之」，又云「案使倍之」、「案使不及」，此三「案」一「安」，禮記三年問俱作「焉」，皆語辭也。鄭注「焉猶然」，亦語辭。然則何以分之？分，半也，半於三年矣。曰：至親以期斷。斷，決也。鄭云：「言服之正，雖至親，皆期而除也。」是何也？鄭云：「問服斷於期之義也。」曰：天地則已易矣，四時則已偏矣，其在宇中者莫不更始矣，宇中者，謂萬物。故先王案以此象之也。然則三年何也？鄭云：「法此變易，可以期，何乃三年爲？」曰：加隆焉，案使倍之，故再期也。鄭云：「言於父母加厚其恩，使倍期也。」由九月以下何也？由，從也，從大功以下也。曰：案使不及也。鄭云：「言使其恩不若父母。」故三年以爲隆，緦、小功以爲殺，期、九月以爲閒。隆，厚也。殺，減也，所介反。閒，廁其閒也，古莧反。情在隆殺之閒也。上取象於天，下取象於地，中取則於人，人所以羣居和一之理盡矣。鄭云：「取象於天地，謂法其變易也。自三年以至緦，皆歲時之數。言既象天地，又足盡人聚居粹厚之恩也。」○盧文弨曰：注「恩」字，俗本在「聚居」上，宋本上下皆有。今案：上「恩」字衍，去之。下「恩」字，元刻作「理」，即依本文，似未是。故三年之喪，人道之至文者也。夫是之謂至隆，至文飾人道，使成忠孝。鄭云：「言三年之喪，喪禮之最盛也。」是百王之所同，古今之所一也。一，謂不變。君子喪所以取三年，何也？問君之喪何取於三年之制。曰：君者，治辨之主也，文理之原也，情貌之盡也，相率而致隆之，不亦可乎！治辨，謂能治人，使有辨別也。文理，法理條貫也。原，本也。情，忠誠也。貌，恭敬也。致，至也。言人所施忠敬，無盡於君者，則臣下相率服喪而至於三年，不亦可乎！○郝懿行曰：率者，循也。循人子爲父母喪三年推之，爲君亦致隆三年也。先謙案：辨，亦治也。楊注非。詩曰：「愷悌君子，民之父母。」彼君子者，固有爲民父母之説焉。○俞樾曰：「子」字衍文。此本説君之喪所以三年之故，故引詩而釋之曰「彼君者固有爲民父母之説焉」。下文云「父能生之，不能養之；母能食之，不能教誨之；君者已能食之矣，又善教誨之者也」。下言「君者」，則此文亦當作「君者」，涉上「愷悌君子」之文而衍「子」字耳。父能生之，不能養之，養，謂哺乳之也。養或謂食。○王念孫曰：作「食」者是也。下文兩「食」字，竝承此「食」字而言。母能食之，不能教誨之；食音嗣也。君者，已能食之矣，又善教誨之者也，食，謂禄廩。教誨，謂制命也。三年畢矣哉！君者兼父母之恩，以三年報之，猶未畢也。乳母，飲食之者也，而三月；慈母，衣被之者也，而九月；君，曲備之者也，三年畢乎哉！曲備，謂兼飲食衣服。得之則治，失之則亂，文之至也；文，謂法度也。治亂所繫，是有法度之至也。得之則安，失之則危，情之至也。情，謂忠厚。使人去危就安，是忠厚之至也。兩至者俱積焉，以三年事之猶未足也，直無由進之耳。直，但也。故社，祭社也；稷，祭稷也；社，土神，以句龍配之，稷，百穀之神，以棄配之，但各止祭一神而已。郊者，并百王於上天而祭祀之也。百王，百神也，或「神」字誤爲「王」。言社稷唯祭一神，至郊天則兼祭百神，以喻君兼父母者也。○郝懿行曰：上云「祭社」、「祭稷」，配止一人；此言郊祭上天，配以百王，尊之至也。百王，百世之王，皆前世之君也。楊注欲改「王」爲「神」，則謬矣。郭嵩燾曰：「故社」以下數語，在此終爲不類，疑當在下「尊尊親親之義至矣」下。言社以報社，稷以報稷，郊者并百神而盡報之，皆志意思慕之積也。三月之殯何也？此殯，謂葬也。○王引之曰：死三日而殯，三月而葬，則殯非葬也。三月之殯，謂既殯之後，未葬之前，約有三月之久也。上文曰「殯，久不過七十日，速不損五十日」，楊彼注云「此皆據士喪禮首尾三月者也」，是其義矣。下文曰「將舉錯之，遷徙之，離宮室而歸丘陵也」，乃言葬事耳。曰：大之也，重之也，所致隆也，所致

親也，將舉錯之，遷徙之，離宮室而歸丘陵也，先王恐其不文也，是以繇其期、足之日也。所至厚至親，將徙而歸丘陵，不可急遽無文飾，故繇其期足之日，然後葬也。繇讀爲由，從也。○王引之曰：繇讀爲遥。（凡從䍃之字，多竝見於蕭、尤二韻，故「徭役」之徭，漢書多作「繇」。「歌謡」之謡，漢書李尋傳作「繇」。首飾之步摇，周官追師注作「繇」。）遥其期，謂遠其葬期也。足之日，謂足其日數也。楊誤讀繇爲由，且誤以「期足之日」連讀。**故天子七月，諸侯五月，大夫三月，皆使其須足以容事，事足以容成，成足以容文，文足以容備，曲容備物之謂道矣。**須，待也。謂所待之期也。事，喪具也。道者，委曲容物備物者也。○王引之曰：須者，遲也。（論語樊須字遲。）謂遲其期，使足以容事也。楊訓待，失之迂。**祭者，志意思慕之情也。**○王念孫曰：情與志意義相近，可言「思慕之情」，不可言「志意思慕之情」，「情」當爲「積」，字之誤也。（儒效篇「師法者所得乎情」，楊注：「或曰：情當爲積。」）志意思慕積於中而外見於祭，故曰「祭者，志意思慕之積也」。下文「唈僾」，注云「氣不舒，憤鬱之貌」，正所謂志意之積也。又下文「則其於志意之情者惆然不嗛」，「情」亦當爲「積」，言志意之積於中者不慊也。楊云「忠臣孝子之情悵然不足」，則所見本已誤。**愅詭、唈僾而不能無時至焉。**愅，變也；詭，異也：皆謂變異感動之貌。唈僾，氣不舒，憤鬱之貌。爾雅云「僾，唈也」，郭云：「嗚唈，短氣也。」言人感動或憤鬱不能無時而至，言有待而至也。愅音革。唈音邑。僾音愛。○盧文弨曰：「唈」，宋本作「悒」。案爾雅作

「唈」，陸德明釋文作「邑」，烏合反。今從元刻作「唈」。郝懿行曰：愅與革，恑與詭，竝同。恑，變也。革，更也。此言祭者思慕之情。愅、恑，皆變動之貌；唈僾，氣不舒之貌：四字俱以雙聲爲義。故人之歡欣和合之時，則夫忠臣孝子亦愅詭而有所至矣。歡欣之時，忠臣孝子則感動而思君親之不得同樂也。彼其所至者甚大動也，言所至之情甚大感動也。案屈然已，則其於志意之情者惆然不嗛，其於禮節者闕然不具。屈，竭也。屈然，空然也。惆然，悵然也。嗛，足也。言若無祭祀之禮，空然而已，則忠臣孝子之情悵然不足，禮節又闕然不具也。○先謙案：「志」，各本作「至」。荀書「至」「志」同字，然上下文皆作「志」。今依宋台州本改正。故先王案爲之立文，尊尊親親之義至矣。文，謂祭禮節文。故曰：祭者，志意思慕之情也，忠信愛敬之至矣，禮節文貌之盛矣，苟非聖人，莫之能知也。聖人明知之，士君子安行之，官人以爲守，百姓以成俗。其在君子，以爲人道也；其在百姓，以爲鬼事也。以爲人道，則安而行之；以爲鬼事，則畏而奉之。故鐘鼓、管磬、琴瑟、竽笙，韶、夏、護、武、汋、桓、箾、簡象，是君子之所以爲愅詭其所喜樂之文也。因説祭，遂廣言喜樂、哀痛、敦惡之意本皆因於感動而爲之文飾也。喜樂不可無文飾，故制爲鐘鼓、韶、夏之屬。箾音朔，賈逵曰：「舞曲名。」武、汋、桓，皆周頌篇名。簡，未詳。象，周武王伐紂之樂也。○王念孫曰：箾、象，即左傳之象、箾也。自「鐘鼓管磬」以下，皆四字爲句，則「箾、象」之閒不當有「簡」字，疑即「箾」字之誤而衍者。**齊衰、苴杖、居廬、食粥、席薪、枕塊，是君子之所以爲愅詭其所哀痛之文也。**感動其所哀痛而不可無文飾，故制爲齊衰、苴杖之屬。言本皆因於感動也。**師旅有制，刑法有等，莫不稱罪，是君子之所以爲愅詭其所敦惡之文也。**師旅，所以討有罪。制，謂人數也。有等，輕重異也。敦，厚也。厚惡，深惡也。或曰：敦讀爲頓。頓，困躓也。本因感動敦惡，故制師旅刑法以爲文飾。○盧文弨曰：案方言七：「諄憎，所疾也。宋、魯凡相惡謂之諄憎。」敦與諄音義同。**卜筮視日，齋戒修涂，几筵、饋、薦、告祝，如或饗之；**視日之吉凶。史記「周文爲項燕視日修涂」，謂修自宮至廟之道塗也。几筵，謂祝筵几於室中東面也。饋，獻牲體也。薦，進黍稷也。告祝，謂尸命祝以嘏於主人曰「皇尸命工祝，承致多福無疆於女孝孫，來女孝孫，使女受禄於天，宜稼於田，眉壽萬年，勿替引之」，如或歆饗其祀然也。○王念孫曰：涂讀爲除。周官典祀「若以時祭祀，則帥其屬而修除」，鄭注曰：「修除，芟埽之。」「修除」二字，專指廟中而言，作「涂」者，借字耳，非謂「修自宮至廟之道涂」也。**物取而皆祭之，如或嘗之；**物取，每物皆取也。謂祝命挼祭，尸取菹擩於醢，祭於豆閒，佐食取黍稷肺授尸啐祭之，又取肝擩於鹽，振祭嚌之是也。如或嘗之，謂以尸啐嚌之，如神之親嘗然也。**毋利舉爵，**當云「無舉利爵」，卽上文云「利爵之不醮也」。○俞樾曰：案特牲饋食禮，主人、主婦、賓長三獻之後，長兄弟、衆賓長又行加爵之禮，然後利洗，散獻於尸。鄭注謂「以利待尸，禮將終，宜一進酒」。然則利之獻尸，非祭之正，故以祭禮將終，始行之也。此云「毋利舉爵」，蓋以主人爲重，猶言不使利代舉爵耳，故下云「主人有尊，如或觴之」。楊注「當云『無舉利爵』」，則與下意不貫矣。主人有尊，如或觴之；謂主人設尊酌以獻尸，尸飲之，如神飲其觴然。賓出，主人拜送，反易服，卽位而哭，如或去之。此襍説喪祭也。易服，易祭服，反喪服也。賓出，祭事畢，卽位而哭，如神之去然也。哀夫敬夫！事死如事生，事亡如事存，狀乎無形影，然而成文。狀，類也。言祭祀不見鬼神，有類乎無形影者，然而足以成人道之節文也。

荀子卷第十四

○盧文弨曰：「此卷各本皆無注。」

樂論篇第二十

夫樂者，樂也，人情之所必不免也，故人不能無樂。樂則必發於聲音，形於動靜，而人之道，聲音、動静、性術之變盡是矣。故人不能不樂，樂則不能無形，形而不爲道，則不能無亂。先王惡其亂也，故制雅、頌之聲以道之，使其聲足以樂而不流，使其文足以辨而不諰，○盧文弨曰：禮記樂記作「論而不息」，史記樂書作「綸而不息」。此作「諰」，乃「諰」字之訛。莊子人閒世篇「氣息茀然」，向本作「諰」，崔本亦同。案詩「南有喬木，不可休息」，「息」亦是「思」字，此二字形近易訛也。郝懿行曰：「諰」乃別字，古止作「息」，樂記作「論而不息」是也。荀書多以「諰」爲「葸」，此又以「諰」爲「息」，皆假借也。使其曲直、繁省、廉肉、節奏足以感動人之善心，○盧文弨曰：「繁省」，史記同，禮記作「繁瘠」。使夫邪汙之氣無由得接焉。是先王立樂之方也，而墨子非之，奈何！○盧文弨曰：墨子書有非樂篇。故樂在宗廟之中，君臣上下同聽之，則莫不和敬；閨門之内，父子兄弟同聽之，則莫不和親；鄉里族長之中，長少同聽之，則莫不和順。故樂者，審一以定和者也，比物以飾節者也，合奏以成文者也，○盧文弨曰：禮記作「節奏合以成文」，史記同。郝懿行曰：節以分析言之，奏以合聚言之，語甚明晰。樂記作「節奏合以成文」，則總統言之，而此於義較長。足以率一道，足以治萬變。是先王立樂之術也，而墨子非之，奈何！故聽其雅、頌之聲，而志意得廣焉；執其干戚，習其俯仰屈伸，而容貌得莊焉；行其綴兆，要其節奏，而行列得正焉，進退得齊焉。故樂者，出所以征誅也，入所以揖讓也。征誅揖讓，其義一也。出所以征誅，則莫不聽從；入所以揖讓，則莫不從服。故樂者，天下之大齊也，中和之紀也，人情之所必不免也。是先王立樂之術也，而墨子非之，奈何！且樂者，先王之所以飾喜也；軍旅鈇鉞者，先王之所以飾怒也。先王喜怒皆得其齊焉。○盧文弨曰：禮記「齊」作「儕」。郝懿行曰：齊，才細切，謂分齊也。樂記作「儕」，假借字耳。先謙案：史記樂書作「齊」。是故喜而天下和之，怒而暴亂畏之。先王之道，禮樂正其盛者也，而墨子非之。故曰：墨子之於道也，猶瞽之於白黑也，猶聾之於清濁也，猶欲之楚而北求之也。○先謙案：各本脱「欲」字，據宋台州本補正。夫聲樂之入人也深，其化人也速，故先王謹爲之文。樂中平則民和而不流，樂肅莊則民齊而不亂。民和齊則兵勁城固，敵國不敢嬰也。如是，則百姓莫不安其處，樂其鄉，以至足其上矣。然後名聲於是白，光輝於是大，四海之民莫不願得以爲師。○先謙案：師，長也，説詳儒效篇。是王者之始也。樂姚冶以險，則民流僈鄙賤矣。流僈則亂，鄙賤則争。亂争則兵弱城犯，敵國危之。如是，則百姓不安其處、不樂其鄉、不足其上矣。故禮樂廢而邪音起者，危削侮辱之本也。故先王貴禮樂而賤邪音。其在序官也，曰：「修憲命，審誅賞，禁淫聲，以時順修，使夷俗邪音不敢亂雅，太師之事也。」○先謙案：「序官」以下，語見王制篇。「審誅賞」，當爲「審詩商」之誤，説詳彼注。墨子曰：「樂者，聖王之所非也，而儒者爲之，過也。」君子以爲不然。樂者，聖人之所樂也，而可以善民心，其感人深，其移風易俗，○先謙案：史記作「其風移俗易」，語皆未了。此二語相儷，當是「其感人深，其移風俗易」，與富國篇「其道易，其塞固，其政令一，其防表明」句法一例。上文「聲樂之入人也深，其化人也速」，卽是此意。讀者據下文妄改耳。故先王導之以禮樂而民和睦。夫民有好惡之情而無喜怒之應則亂。先王惡其亂也，故脩其行，正其樂，而天下順焉。故齊衰之服，哭泣之聲，使人之心悲；帶甲嬰軸，歌於行伍，使人之心傷；○俞樾曰：歌於行伍，何以使人心傷？義不可通。「傷」當爲「愓」。荀子書多用「愓」字。修身篇曰「加愓悍而不順」，注引韓侍郎云：「愓與蕩同。字作心邊昜，謂放蕩兇悍也。」又榮辱篇曰「愓悍憍暴」，注亦云：「愓與蕩同。」歌於行伍，則使人之心爲之動蕩，故曰「使人之心愓」。

「惕」「傷」形似，因致譌耳。先謙案：說文「胄」，司馬法作「韋」，又見議兵篇。姚冶之容，鄭、衛之音，使人之心淫；紳端章甫，舞韶歌武，使人之心莊。故君子耳不聽淫聲，目不視女色，口不出惡言。此三者，君子慎之。凡姦聲感人而逆氣應之，逆氣成象而亂生焉；正聲感人而順氣應之，順氣成象而治生焉。唱和有應，善惡相象，故君子慎其所去就也。君子以鐘鼓道志，以琴瑟樂心，動以干戚，飾以羽旄，從以磬管。○盧文弨曰：元刻作「簫管」，與禮記同。故其清明象天，其廣大象地，其俯仰周旋有似於四時。○盧文弨曰：元刻「周旋」作「隨還」。故樂行而志清，禮脩而行成，耳目聰明，血氣和平，移風易俗，天下皆寧，美善相樂。○謝本從盧校作「莫善於樂」。盧文弨曰：宋本作「美善相樂」。王念孫曰：元刻以上文言「移風易俗」，又以孝經言「移風易俗，莫善於樂」，故改爲「莫善於樂」也。不知「美善相樂」正承上五句而言。唯其樂行志清，禮修行成，是以天下皆移風易俗而美善相樂。此「樂」字讀「喜樂」之樂，下文「君子樂得其道，小人樂得其欲」云云，皆承此「樂」字而言。若改爲「莫善於樂」，則仍讀「禮樂」之樂，與上下文皆不相應矣。樂記亦云：「故樂行而倫清，耳目聰明，血氣和平，移風易俗，天下皆寧。」此下若繼之曰「莫善於樂」，尚成文理乎？仍當依宋本作「美善相樂」爲是。先謙案：王說是，今改從宋本。故曰：樂者，樂也。君子樂得其道，小人樂得其欲。以道制欲，則樂而不亂；以欲忘道，則惑而不樂。故樂者，所以道樂也。金石絲竹，所以道德也。樂行而民鄉方矣。故樂者，治人之盛者也，而墨子非之。且樂也者，和之不可變者也；禮也者，理之不可易者也。樂合同，禮別異。禮樂之統，管乎人心矣。窮本極變，樂之情也；著誠去僞，禮之經也。墨子非之，幾遇刑也。明王已没，莫之正也。愚者學之，危其身也。君子明樂，乃其德也。亂世惡善，不此聽也。○顧千里曰：「德」字，疑當作「人」，與上下韻。此篇楊注亡，宋本與今本同，蓋皆誤。俞樾曰：自「窮本極變，樂之情也」至「弟子勉學，無所營也」十八句，皆有韻之文，獨「德」字不入韻，當必有誤。荀子原文，疑作「乃斯聽也」。「斯」與「此」文異義同。「乃斯聽也」與「不此聽也」，反復相明。古人用韻，不避重複。如采薇首章連用二「玁狁之故」句，正月一章連用二「自口」字，十月之交首章連用二「而微」字，車舝三章連用二「庶幾」字，文王有聲首章連用二「有聲」字，召旻卒章連用二「百里」字，竝其例也。後人疑兩句不得疊用「聽」字，因改上句爲「乃其德也」，不特於韻不諧，而亦失其義矣。於乎哀哉！不得成也。弟子勉學，無所營也。○盧文弨曰：「勉」，元刻作「免」，古通用。

聲樂之象：鼓大麗，○盧文弨曰：宋本作「天麗」。○先謙案：作「大」者是。鼓之爲物大，音亦大也。麗者，方言三郭注：「偶物爲麗。」説文：「周禮六鼓：靁鼓八面，靈鼓六面，路鼓四面，鼖鼓、皋鼓、晉鼓皆兩面。」鐘統實，○先謙案：統者，鐘統衆樂爲君。樂叶圖徵曰：「據鐘以知君，鐘聲調則君道得。」實者，成實也。五經通義曰：「鐘，秋分之音，萬物至秋而成也。」**磬廉制**，○先謙案：廣雅釋詁：「廉，棱也。」磬有隅棱曰廉。禮記樂記疏：「制，謂裁斷也。」磬以明貴賤、親疏、長幼之節，是有制也。詳白虎通禮樂篇。下文「莫不廉制」，亦謂舞之容節莫不廉棱而有裁斷也。**竽笙簫和**，○王引之曰：「簫」當爲「肅」。言竽笙之聲既肅且和也。漢書劉向傳曰「雜遝眾賢，罔不肅和」是也。「竽笙肅和，筦籥發猛，塤篪翁博」，三句相對爲文。今本「肅」作「簫」者，因「竽笙」二字相連而誤加「竹」耳。又下文云「鼓似天，鐘似地，磬似水，竽笙筦籥似星辰日月」，今本「竽笙」下有「簫和」二字，亦因上文而衍。**筦籥發猛**，○先謙案：樂書集解引王肅曰：「猛起，發揚。」是發、猛同義。**塤篪翁博**，○俞樾曰：「翁」當爲「滃」。文選江賦曰：「氣滃渤以霧杳。」翁博，猶滃渤也。博與渤亦一聲之轉。**瑟易良**，○先謙案：非十二子篇云「其容良」，注：「良，謂樂易也。」是易、良同義。**琴婦好**，○郝懿行曰：「鼓天麗」已下，蓋古樂經之文，而荀子述之，故以終篇。俞樾曰：賦篇蠶賦曰「此夫身女好而頭馬首者與」，注云：「女好，柔婉也。」婦好當與女好同，亦柔婉之意。**歌清盡**，○先謙案：盡者，反復以盡之。**舞意天道兼**。**鼓，其樂之君邪！故鼓似天，鐘似地，磬似水，竽笙、簫和、筦籥似星辰日月，鞉、柷、拊、鞷、椌、楬似萬物**。○郝懿行曰：「拊鞷」，禮論篇作「拊膈」，其義當同。又「簫和」與「竽笙」「筦籥」相儷，亦皆樂器名，所未聞。先謙案：「簫和」二字衍，說見上。**曷以知舞之意？曰：目不自見，耳不自聞也，然而治俯仰、詘信、進退、遲速莫不廉制，**

盡筋骨之力以要鐘鼓俯會之節，而靡有悖逆者，衆積意謘謘乎！〇盧文弨曰：元刻無「意」字。「謘」，説文作「譂」，云：「語諄也，直离切。」元刻正同。　郝懿行曰：此論舞意與衆音繁會而應節，如人告語之熟，謘謘然也。

吾觀於鄉，而知王道之易易也。〇盧文弨曰：案禮記鄉飲酒義，此爲孔子之言，句首「孔子曰」三字似當有。　主人親速賓及介，而衆賓皆從之，至于門外，主人拜賓及介而衆賓皆入，貴賤之義別矣。〇盧文弨曰：兩「皆」字，元刻作「自」，與禮記同。　三揖至于階，三讓以賓升，拜至，獻酬，辭讓之節繁。及介省矣。至于衆賓，升受，坐祭，立飲，不酢而降。隆殺之義辨矣。〇謝本從盧校，無「降」字。　盧文弨曰：元刻「而」字下有「降」字，與禮記同。　王念孫曰：元刻是。　先謙案：宋本奪「降」字，今從元刻。　工入，升歌三終，主人獻之；笙入三終，主人獻之；閒歌三終，合樂三終，工告樂備，遂出。二人揚觶，乃立司正。焉知其能和樂而不流也。賓酬主人，主人酬介，介酬衆賓，少長以齒，終於沃洗者焉。〇謝本從盧校，無「洗」字。　盧文弨曰：元刻「沃」下有「洗」字，與禮記同。　王念孫曰：元刻是。「焉」字下屬爲句，説見劉氏經傳小記。　先謙案：宋本奪「洗」字。今從元刻。　知其能弟長而無遺也。降，説屨，升坐，脩爵無數。飲酒之節，朝不廢朝，莫不廢夕。賓出，主人拜送，節文終遂。焉知其能安燕而不亂也。貴賤明，隆殺辨，和樂而不流，弟長而無遺，安燕而不亂：此五行者，是足以正身安國矣。○盧文弨曰：元刻無「是」字，與禮記同。彼國安而天下安。故曰：吾觀於鄉，而知王道之易易也。

亂世之徵：○盧文弨曰：舊本不提行，今案當分段。其服組，○先謙案：書禹貢馬注：「組，文也。」服組，謂華侈。其容婦，其俗淫，其志利，其行襍，其聲樂險，○先謙案：廣雅釋詁：「險，衺也。」其文章匿而采，○先謙案：匿，讀曰慝，邪也，說見天論篇。其養生無度，其送死瘠墨，○郝懿行曰：禮論篇云「送死不忠厚、不敬文謂之瘠」，「刻死而附生謂之墨」。墨者，墨子之教，以薄爲道也。瘠，亦儉薄之意。賤禮義而貴勇力，貧則爲盜，富則爲賊。治世反是也。

荀子卷第十五

解蔽篇第二十一

蔽者，言不能通明，滯於一隅，如有物壅蔽之也。

凡人之患，蔽於一曲而闇於大理。一曲，一端之曲説。是時各蔽於異端曲説，故作此篇以解之。○先謙案：「是時」二句，當在「如有物壅蔽之也」下。**治則復經，兩疑則惑矣。**言治世用禮義，則自復經常之正道。兩疑，謂不知一於正道，而疑蔽者爲是。一本作「兩則疑惑矣」。○俞樾曰：兩，讀如「兩政」之「兩」。桓十八年左傳：「竝后、匹嫡、兩政、耦國。」是兩與匹、耦義同。疑，讀如「疑妻」「疑適」之「疑」。管子君臣篇：「内有疑妻之妾，此宫亂也。庶有疑適之子，此家亂也。朝有疑相之臣，此國亂也。」字亦作「擬」。韓子説疑篇：「孽有擬適之子，配有擬妻之妾，廷有擬相之臣，臣有擬主之寵，此四者，國之所危也。」意與管子同。天下之道，一而已矣。有與之相敵者，是爲兩；有與之相亂者，是爲疑。兩焉、疑焉，惑從此起，故曰「兩疑則惑矣」。如楊注，則疑即惑也，於義複矣。一本則不得其解而誤乙其文也。**天下無二道，聖人無兩心。今諸侯異政，百家異説，則必或是或非，或治或亂。**○盧文弨曰：宋本「或」皆作「惑」。元刻「治」作「理」。**亂國之君，亂家之人，此其誠心莫不求正而以自爲也，妬繆於道而人誘其所**

迨也。迨，近也。近，謂所好也。言亂君、亂人本亦求理，以其嫉妒迷繆於道，故人因其所好而誘之，謂若好儉則墨氏誘之、好辯則惠氏誘之也。○郝懿行曰：迨者，及也。注訓近，則借爲「殆」字，殆，訓近也，其義較長。**私其所積，唯恐聞其惡也；**積，習。**倚其所私，以觀異術，唯恐聞其美也。**倚，任也。或曰：偏倚也，猶傍觀也。言妬於異術也。○盧文弨曰：案「傍觀」，元刻作「倚觀」。**是以與治雖走而是己不輟也，**走，竝馳。治，謂正道也。既私其所習，妬繆於道，雖與治竝馳，而自是不輟。「雖」，或作「離」。○郝懿行曰：「雖」，當依注作「離」，此乃形譌。與治離走，謂離去正道而走，而自以爲是，不輟止也。王念孫曰：作「離」是也。言與治離走而自是不已也。作「雖」者，字之誤耳。（隸書「離」「雖」相似，說見淮南天文篇。）前說非。**豈不蔽於一曲而失正求也哉！心不使焉，則白黑在前而目不見，雷鼓在側而耳不聞，況於使者乎！**雷鼓，大鼓聲如雷者。使，役也。以論不役心於正道，則自無聞見矣，況乎役心於異術，豈復更聞正求哉！○俞樾曰：下「使」字乃「蔽」字之誤。白黑之形，雷鼓之聲，尚且不見不聞，況於蔽者乎！此承上文「蔽於一曲」而言，下文「欲爲蔽，惡爲蔽」諸句，又承此而極言之，故篇名解蔽也。因涉「心不使焉」句而誤作「使」。既云「心不使焉」，又云「況於使者乎」，文不可通。楊曲爲之說，非是。**德道之人，**有賢德也。○王念孫曰：「德道」，卽「得道」也。（剥「上九，君子得輿」，釋文：「得，京本作德。」論語泰伯篇「民無得而稱焉」，季氏篇作「德」。大戴記文王官人篇「小施而好大得」，逸周書作「德」。）楊說失之。**亂國之君非之上，亂家之人非之下，豈不哀哉！**上下共非，故可哀也。

故爲蔽：數爲蔽之端也。○謝本從盧校作「數爲蔽」。盧文弨曰：正文「數」，宋本作「故」。郝懿行曰：案「數」當作「故」。故，語詞也。此句爲下十蔽總冒，作「數」於義爲短。王念孫曰：作「故」者是也。吕、錢本竝如是。注言「數爲蔽之端」者，數，所主反。下文言人之蔽有十，故先以「故爲蔽」三字總冒下文，然後一一數之於下。注言「數爲蔽之端」，亦是總冒下文之詞，而正文自作「故」，不作「數」也。若云「數爲蔽」，則不辭甚矣。元刻作「數」，卽涉注文而誤。俞樾曰：故，猶胡也。墨子尚賢中篇「故不察尚賢爲政之本也」，下文作「胡不察尚賢爲政之本也」，是故與胡同。管子侈靡篇「公將有行，故不送公」，亦以「故」爲「胡」。「故爲蔽」，猶云「胡爲蔽」。胡之言何也，乃設爲問辭，下文「欲爲蔽」云云，乃歷數以應之也。元刻涉注文而誤作「數爲蔽」，盧氏從之，非。先謙案：郝、王說是，今從宋本改正。故，訓爲胡，俞說是也。**欲爲蔽，惡爲蔽，始爲蔽，終爲蔽，遠爲蔽，近爲蔽，博爲蔽，淺爲蔽，古爲蔽，今爲蔽。**此其所知、所好滯於一隅，故皆爲蔽也。**凡萬物異則莫不相爲蔽，此心術之公患也。**公，共也。所好異則相爲蔽。**昔人君之蔽者，夏桀、殷紂是也。桀蔽於末喜、斯觀，**○郝懿行曰：斯觀，無攷。楚語云「啟有五觀」，謂之姦子。然則斯觀豈其苗裔？**而不知關龍逢，以惑其心而亂其行；**

末喜，桀妃。斯觀，未聞。韓侍郎云：「斯，或當爲斟。斟觀，夏同姓國，蓋其君當時爲桀佞臣也。」國語史蘇曰：「昔夏桀伐有施，有施人以末喜女焉。」賈侍中云：「有施，喜姓國也。」**紂蔽於妲己、飛廉，而不知微子啟，以惑其心而亂其行。**妲己，紂妃。飛廉，紂之佞臣，惡來之父，善走者，秦之祖也。微子，紂之庶兄。微國子爵，啟，其名也。國語曰：「殷紂伐有蘇，有蘇氏以妲己女焉。」賈侍中云：「有蘇，己姓國也。」**故羣臣去忠而事私，百姓怨非而不用，**事，任也。不用，不爲上用也。「非」，或爲「誹」。**賢良退處而隱逃，此其所以喪九牧之地而虛宗廟之國也。**九牧，九州之牧。虛讀爲墟。**桀死於亭山，**亭山，南巢之山，或本作「鬲山」。案漢書地理志，廬江有灊縣。當是誤以「灊」爲「鬲」，傳寫又誤爲「亭」。灊音潛。○王念孫曰：案作「鬲山」者是也。鬲讀與歷同，字或作「歷」。太平御覽皇王部七引尸子曰：「桀放於歷山。」淮南務修篇「湯整兵鳴條，困夏南巢，譙以其過，放之歷山」，高注曰：「歷山，蓋歷陽之山。」（案漢歷陽故城爲今和州治，其西有歷湖，即淮南俶真篇所謂「歷陽之都，一夕反而爲湖」者也。）史記夏本紀正義引淮南子曰：「湯放桀於歷山，與末喜同舟浮江，奔南巢之山而死。」（此所引蓋許注。）歷山，即鬲山也。史記滑稽傳「銅歷爲棺」，索隱曰：「歷，即釜鬲也。」是「鬲」「歷」古字通。楊以「鬲山」爲「灊山」之誤，非也。（魯語「桀奔南巢」，韋注曰：「南巢，楊州地，巢伯之國，今廬江居巢縣是。」是南巢地在漢之居巢，不在灊縣也。且廬江有灊縣而無灊山，今以鬲山爲灊山之誤，則是以縣名爲山名矣，尤非。）**紂縣於赤旆，**史記武王斬紂頭，縣於太白旗，此云「赤旆」，所傳聞異也。**身不先知，**

人又莫之諫，此蔽塞之禍也。成湯監於夏桀，故主其心而慎治之，主其心，言不爲邪佞所惑也。是以能長用伊尹而身不失道，此其所以代夏王而受九有也。文王監於殷紂，故主其心而慎治之，是以能長用吕望而身不失道，此其所以代殷王而受九牧也。九有、九牧，皆九州也。撫有其地則謂之九有，養其民則謂之九牧。遠方莫不致其珍，故目視備色，耳聽備聲，口食備味，形居備宫，名受備號，生則天下歌，死則四海哭，○盧文弨曰：案元刻作「天下哭」。夫是之謂至盛。詩曰：「鳳凰秋秋，其翼若干，其聲若簫。有鳳有凰，樂帝之心。」此不蔽之福也。逸詩也。爾雅：「鶠，鳳，其雌凰。」秋秋，猶蹌蹌，謂舞也。干，楯也。此帝，蓋謂堯也。堯時鳳凰巢於阿閣。言堯能用賢不蔽，天下和平，故有鳳凰來儀之福也。○王念孫曰：「有鳳有凰」，本作「有凰有鳳」。「秋」「簫」爲韻，「鳳」「心」爲韻。説文，鳳從凡聲，古音在侵部，故與「心」爲韻。鳳從凡聲而與「心」爲韻，猶風從凡聲而與「心」爲韻也。（「鳳」字古文作「朋」，又作「鵬」，而古音蒸、侵相近，則「朋」「鵬」二字亦可與「心」爲韻。秦風小戎篇以「膺」「弓」「縢」「興」「音」爲韻，大雅大明篇以「林」「興」「心」爲韻，生民篇以「登」「升」「歆」「今」爲韻，魯頌閟宫篇以「乘」「縢」「弓」「綅」「增」「膺」「懲」「承」爲韻，皆其例也。）後人不知古音而改爲「有鳳有凰」，則失其韻矣。王伯厚詩攷引此已誤。藝文類聚祥瑞部、太平御覽人事部、羽族部引此竝作「有皇有鳳」。（先言「皇」而後言「鳳」者，變文協韻耳。古書中若此者甚多，後人不達，每以妄改而失其韻。衛風竹竿篇「遠兄弟父母」，與「右」爲韻，而今本作「遠父母兄弟」。大雅皇矣篇「同爾弟兄」，與「王」「方」爲韻，而今本作「同爾兄弟」。莊子秋水篇「無西無東」，與「通」爲韻，而今本作「無東無西」。逸周書周祝篇「惡姑柔剛」，與「明」「陽」「長」爲韻，而今本作「剛柔」。管子内業篇「能無卜筮而知凶吉乎」，與「一」爲韻，而今本作「吉凶」。淮南原道篇「與萬物終始」，與「右」爲韻，而今本作「始終」。文選鵩鳥賦「或趨西東」，與「同」爲韻，而今本作「東西」。答客難「外有廩倉」，與「享」爲韻，而今本作「倉廩」：皆其類也。）**昔人臣之蔽者，唐鞅、奚齊是也。**唐鞅，宋康王之臣。呂氏春秋曰：「宋康王染於唐鞅、田不禋。」奚齊，晉獻公驪姬之子。論衡曰：「宋王問唐鞅曰：『吾殺戮甚衆，而羣臣愈不畏，何也？』對曰：『王之所罪，盡不善者也。罪不善者，善者胡爲畏？王欲羣臣之畏也，不若無辨其善與不善，一時罪之，則羣臣畏矣。』宋王從之。」○盧文弨曰：宋本此注多脱字，從元刻補正。呂氏淫辭篇亦載此事，「一時罪之」作「而時罪之」。**唐鞅蔽於欲權而逐載子，**載，讀爲戴。戴不勝，使薛居州傅王者，見孟子。或曰：戴子，戴驩也。韓子曰：「戴驩爲宋太宰，夜使人曰：『吾聞數夜有乘輜車至李史門者，謹爲我司之。』使者報曰：『不見輜車，見有奉笥而與李史，史受笥。』」又戴驩謂齊王曰：「王大仁於薛公，大不忍人。」據其時代，當是戴驩也。蓋爲唐鞅所逐奔齊也。○盧文弨曰：案引韓子，前一段見内儲説上，宋本字有錯誤，據本書訂正。「輜車」，本書作「輼車」。後一段，本書作「成驩」。又内儲説下云「戴驩、皇喜二人，争事相害，皇喜遂殺宋君而奪其政」，則非唐鞅所逐也。或説似牽合。**奚齊蔽於欲國而罪**

申生，申生，晉獻公之太子，奚齊之兄，爲驪姬所譖，獻公殺之。春秋穀梁傳曰：「晉里克殺其君之子奚齊。『其君之子』云者，國人不子也，不正其殺世子申生而立之也。」唐鞅戮於宋，奚齊戮於晉。逐賢相而罪孝兄，身爲刑戮，然而不知，此蔽塞之禍也。故以貪鄙、背叛、争權而不危辱滅亡者，自古及今，未嘗有之也。鮑叔、寧戚、隰朋仁知且不蔽，故能持管仲而名利福禄與管仲齊；持，扶翼也。召公、吕望仁知且不蔽，故能持周公而名利福禄與周公齊。傳曰：「知賢之謂明，輔賢之謂能。○盧文弨曰：宋本「彊」作「能」。案「彊」字與上下韻叶。王念孫曰：盧説非也。「知賢之謂明」，承上文「仁知且不蔽」而言；「輔賢之謂能」，承上文「能持管仲」、「能持周公」而言；「勉之彊之，其福必長」，承上文「名利福禄與管仲齊」、「與周公齊」而言。此四句本不用韻，元刻「能」作「彊」，乃涉下「勉之彊之」而誤。吕、錢本竝作「能」。先謙案：謝本從盧校作「彊」。今依王説，從宋本改「能」。勉之彊之，其福必長。」此之謂也。此不蔽之福也。勉之彊之，言必勉彊於知賢、輔賢，然後其福長也。彊，直亮反。

昔賓孟之蔽者，亂家是也。賓孟，周景王之佞臣，欲立王子朝者。亂家，謂亂周之家事，使庶孽争位也。○俞樾曰：楊注誤。下文歷數墨子諸人之蔽，全與賓孟無涉。此二語上無所承，下無所應，殊爲不倫。據上文云「昔人君之蔽者，夏桀、殷紂是也」，下乃極言桀、紂之蔽，而終以成湯、文王之不蔽者，明不蔽之福。又云「昔人臣之蔽者，唐鞅、奚齊是也」，下乃極言唐鞅、奚齊之蔽，而終以鮑叔、寧戚諸人之不蔽者，明不蔽之福。此文云「昔賓孟之蔽者，亂家是也」；下乃歷舉墨子諸人之蔽，而終以孔子之不蔽者，明不蔽之福。三段相對成文，則「賓孟之蔽」句正與上文「人君之蔽」、「人臣之蔽」相對。所云賓孟，殆非周之賓孟，且非人名也。孟，當讀爲萌，孟與明古音相近，故「孟」可爲「萌」，猶「孟豬」之爲「明都」、「孟津」之爲「盟津」也。呂氏春秋高義篇載墨子之言曰：「若越王聽吾言，用吾道，翟度身而衣，量腹而食，比於賓萌，未敢求仕」，高注曰：「賓，客也。萌，民也。」所謂「賓萌」者，葢當時有此稱。戰國時遊士往來諸侯之國，謂之「賓萌」，若下文墨子、宋子、愼子、申子、惠子、莊子，皆其人矣。然則上言「人君之蔽」、「人臣之蔽」，此言「賓萌之蔽」，文正相對。人君之蔽，人臣之蔽，止舉兩人，故可曰「夏桀、殷紂是也」、「唐鞅、奚齊是也」；賓萌之蔽則所舉人多，不可竝列，故曰「亂家是也」。亂家包下文諸子而言。上文云「亂國之君，亂家之人」，又曰「亂國之君非之上，亂家之人非之下」，此「亂家」二字之證也。「賓萌」之稱，它書罕見，而字又叚「孟」爲「萌」，適與周賓孟之名同，其義益晦矣。**墨子蔽於用而不知文**，欲使上下勤力，股無胈，脛無毛，而不知貴賤等級之文飾也。**宋子蔽於欲而不知得**，宋子以人之情，欲寡而不欲多，但任其所欲則自治也，蔽於此說而不知得欲之道也。○俞樾曰：古「得」「德」字通用。「蔽於欲而不知德」，正與下句「愼子蔽於法而不知賢」一律，注失之。**愼子蔽於法而不知賢**，愼子本黃、老，歸刑名，多明不尚賢、不使能之道，故其說曰「多賢不可以多君，無賢不可以無君」。其意但明得其法，雖無賢亦可以爲治，而不知法待賢而後舉也。**申子蔽於埶而不知知**，申子，名不害，河南京縣人，韓昭侯相也。其説但賢〔一〕得權埶，以刑法馭下，而不知權埶待才智然後治，亦與慎子意同。下知音智。惠子蔽於辭而不知實，惠子蔽於虚辭而不知實理。虚辭，謂若「山出口，丁子有尾」之類也。莊子蔽於天而不知人。天，謂無爲自然之道。莊子但推治亂於天，而不知在人也。故由用謂之道，盡利矣；由，從也。若由於用，則天下之道無復仁義，皆盡於求利也。○先謙案：如注，「道」字下屬，「謂之」二字無著。此言由用而謂之道，則人盡於求利也。下竝同。數者，道之一隅，而墨、宋諸人自以爲道，所以爲蔽也。楊失其讀。由俗謂之道，盡嗛矣；「俗」，當爲「欲」。嗛與慊同，快也。言若從人所欲，不爲節限，則天下之道盡於快意也。嗛，口簟反。○盧文弨曰：「盡用矣〔二〕」，「盡嗛矣」，元刻兩「矣」字俱作「也」，今從宋本。由法謂之道，盡數矣；由法而不由賢，則天下之道盡於術數也。由埶謂之道，盡便矣；便，便宜也。從埶而去智，則盡於逐便，無復修立。由辭謂之道，盡論矣；論，辨説也。由天謂之道，盡因矣：因，任其自然，無復治化也。此數具者，皆道之一隅也。夫道者，體常而盡變。一隅不足以舉之。言道者體常盡變，猶天地常存，能盡萬物之變化也。曲知之人，觀於道之一隅而未之能識

〔一〕「賢」，似當爲「貴」，形近而誤。
〔二〕「盡用矣」，據正文，似當作「盡利矣」。

也，曲知，言不通於大道也。一隅猶昧，況大道乎！故以爲足而飾之，謂其持之有故，其言之成理也。○先謙案：「而」或作「五」，從宋台州本正。內以自亂，外以惑人，上以蔽下，下以蔽上，此蔽塞之禍也。亂，雜也。言其多才藝，足以及先王也。○郝懿行曰：亂者，治也。學治天下之術。「亂」之一字，包治、亂二義。孔子仁知且不蔽，故學亂術，足以爲先王者也。注非。一家得周道，舉而用之，不蔽於成積也。一家得，謂作春秋也。周道舉，謂刪詩、書，定禮、樂。成積，舊習也。言其所用不滯於衆人舊習，故能功業如此。○郝懿行曰：「一家得周道」句，「舉而用之」句。此言孔子志在春秋，行在孝經，又曰「吾學周禮，今用之，吾從周」，蓋能攷論古今，成一家言，不蔽於諸子雜説也。先謙案：郝讀是也。言孔子爲春秋一家之言，而得周之治道，可以舉而用之，是匹夫而有天子之道，由其不蔽於成積也。儒效篇云「并一而不二，所以成積也」，「并一而不二，則通於神明，參於天地」，「涂之人百姓，積善而全盡，謂之聖人」。道由積而成，故謂之成積。不蔽於成積者，猶言「不蔽於道之全體」也，正對上「道之一隅」言之。榮辱篇云「安知廉恥隅積」，亦以「隅積」對文，與此可互證。楊以成積爲舊習，誤甚。故德與周公齊，名與三王竝，此不蔽之福也。聖人知心術之患，見蔽塞之禍，故無欲無惡，無始無終，無近無遠，無博無淺，無古無今，兼陳萬物而中縣衡焉。不滯於一隅，但當其中而縣衡，揣其輕重也。是故衆異不得相蔽以亂其倫也。倫，理。何謂衡？曰：道。道，謂禮義。

故心不可以不知道。心不知道，則不可道而可非道。心不知道，則不以道爲可。可，謂合意也。**人孰欲得恣而守其所不可，以禁其所可？**人心誰欲得縱恣而肯守其不合意之事，以自禁其合意者？**以其不可道之心取人，則必合於不道人，而不知合於道人。**各求其類。○俞樾曰：「知」字衍。下文云「以其可道之心取人，則合於道人而不合於不道人」，正與此文相對。彼云「不合」，而不云「不知合」，則此文亦無「知」字明矣。**以其不可道之心，與不道人論道人，亂之本也。**必有妬賢害善。○盧文弨曰：宋本作「與不可道之人論道人」，元刻作「與不道人」，無「可」「之」「論道人」五字。今案：當作「與不道人論道」。兩本有衍有脱，下一「人」字亦可去。王念孫曰：盧説非也。與不道人論道人，（道人，見上。）謂與小人論君子，非謂與之論道也。上文云「得道之人，亂國之君非之上，亂家之人非之下，豈不哀哉」，正所謂「與不道人論道人」也。與不道人論道人，則道人退而不道人進，國之所以亂也，故曰「與不道人論道人，亂之本也」。故楊云「必有妬賢害善」。**夫何以知！**問何道以知道人也。○俞樾曰：「夫何以知」，與下文「何患不知」相對。葢言心不知道則將與不道人論道人，必至妬賢害善矣，夫何以知；心知道則與道人論非道，必能懲姦去惡矣，何患不知。此兩「知」字，與「知道」之知不同，當讀爲智。夫何以知，猶言「夫何能智」也。楊注以爲問辭，失之甚矣。**曰：心知道，然後可道；**○俞樾曰：「曰」字衍。「心知道然後可道」，與上文「心不知道則不可道而可非道」相對成文，皆承「故心不可以不知道」而言。因上句「夫何以知」，楊注誤以爲問辭，後人遂以此數句爲答辭，妄加「曰」字。可道，然後能守道以禁非道。以其可道之心取人，則合於道人，而不合於不道之人矣。以其可道之心，與道人論非道，治之要也。必能懲姦去惡。○盧文弨曰：正文「非」字疑衍，注似曲爲之説。王念孫曰：盧説亦非也。與道人論非道，謂與道人論非道之人，非謂與之論道也。與道人論非道人，則非道人退而道人進，國之所以治也，故曰「與道人論非道，治之要也」。楊云「必能懲姦去惡」，正釋「治之要」三字，非曲爲之説也。「非道」二字，上文凡兩見。何患不知？心苟知道，何患不知道人。故治之要在於知道。人何以知道？既知道人在於知道，問知道之術如何也。曰：心。在心無邪。心何以知？曰：虚壹而靜。能然，則可以知道也。○郝懿行曰：壹者，專壹也。轉寫者亂之，故此作「壹」，下俱作「一」。心未嘗不臧也，然而有所謂虚；臧，讀爲藏，古字通，下同。言心未嘗不苞藏，然有所謂虚也。心未嘗不滿也，然而有所謂一；「滿」，當爲「兩」。兩，謂同時兼知。心未嘗不動也，然而有所謂靜。雖動，不使害靜也。人生而有知，知而有志。志也者，臧也，在心爲志。然而有所謂虚，不以所已臧害所將受謂之虚。見善則遷，不滯於積習也。○謝本從盧校，作「已所臧」。盧文弨曰：「已所臧」，元刻作「所已臧」。郝懿行曰：「臧」，古「藏」字。將者，送也；受者，迎也。言不以已心有所藏而妨害於所將送、迎受者，則可謂中虚矣。王念孫曰：「所已臧」與「所將受」

對文，元刻是也。楊注「積習」二字，正釋「所已臧」三字。錢本、世德堂本竝作「所已臧」。先謙案：王説是，今從元刻改。**心生而有知，知而有異，異也者，同時兼知之。同時兼知之，兩也，然而有所謂一，不以夫一害此一謂之壹。**既不滯於一隅，物雖輻湊而至，盡可以一待之也。○先謙案：夫，猶彼也。知雖有兩，不以彼一害此一。荀書用「夫」字，皆作「彼」字解，此尤其明證。楊注未晰。**心，卧則夢，偷則自行，使之則謀。**卧，寢也。自行，放縱也。使，役也。言人心有所思，寢則必夢，偷則必放縱，役用則必謀慮。○先謙案：夢、行、謀，皆心動之驗。或以夢爲夢然無知，非。**故心未嘗不動也，然而有所謂静，不以夢劇亂知謂之静。**夢，想象也。劇，囂煩也。言處心有常，不蔽於想象、囂煩，而介於胷中以亂其知，斯爲静也。此皆明不蔽於一端，虚受之義也。**未得道而求道者，謂之虚壹而静。**有求道之心，不滯於偏見曲説，則是虚壹而静。**作之，則將須道者之虚則人，將事道者之壹則盡，盡將思道者静則察。**此義未詳，或恐脱誤耳。或曰：此皆論虚壹而静之功也。作，動也。須，待也。將，行也。當爲「須道者，虚則將；事道者，壹則盡；思道者，静則察」，其餘字皆衍也。作之則行，言人心有動作則自行也。以虚心須道，則萬事無不行；以一心事道，則萬物無不盡；以静心思道，則萬變無不察。此皆言執其本而末隨也。○王引之曰：楊訓將爲行，而以「作之則將」絶句，又增删下文而强爲之解，皆非也。此當以「作之」二字絶句。下文當作「則將須道者之虚，虚則入；將事道者之壹，壹則盡；將思道者之靜，靜則察」。此承上文「虛一而靜」言之。將，語詞也。道者，即上所謂「道人」也。言心有動作，則將須道者之虛，虛則能入；將事道者之壹，（事，如「請事斯語」之事。）壹則能盡；將思道者之靜，靜則能察也。虛則入者，入，納也，猶言虛則能受也。故上文云「不以所已臧害所將受謂之虛」也。壹則盡者，言壹心於道，則道無不盡也。靜則察者，言靜則事無不察也。今本「入」誤作「人」，其餘又有脱文衍文耳。**知道察，知道行，體道者也。**知道察，謂思道者靜則察也。知道行，謂須道者虛則將也。體，謂不離道也。**虛壹而靜，謂之大清明。**言無有壅蔽者。○盧文弨曰：元刻無「大」字。**萬物莫形而不見，莫見而不論，莫論而失位。**既虛壹而靜，則通於萬物，故有形者無不見，見則無不能論説，論説則無不得其宜。○郝懿行曰：見，讀爲現。現者，示也。論，讀爲倫。倫者，理也。言萬物莫有形而不顯示於人，莫顯示人而不有倫理，理無不宜而分位不失。**坐於室而見四海，處於今而論久遠，**○盧文弨曰：元刻「論」作「聞」。**疏觀萬物而知其情，參稽治亂而通其度，**疏，通。參，驗。稽，考。度，制也。**經緯天地而材官萬物，制割大理，而宇宙裏矣。**材，謂當其分。官，謂不失其任。「裏」，當爲「理」。「材」，或爲「裁」也。**恢恢廣廣，孰知其極！睪睪廣廣，孰知其德！涫涫紛紛，孰知其形！明參日月，大滿八極，夫是之謂大人。夫惡有蔽矣哉！**此皆明虛壹而靜則通於神明，人莫能測也，又安能蔽哉？睪讀爲皞。皞皞，廣大貌。涫涫，沸貌。紛紛，雜亂貌。

涫音官，又音貫。○盧文弨曰：正文上「夫」字，宋本無。顧千里曰：廣廣，疑當有誤，與上文「恢恢廣廣」重出二字。以楊注「睪讀爲皞」例之，則此句廣讀爲曠也。「孰知其形」，「形」字不入韻，疑當作「則」。**心者，形之君也，而神明之主也，出令而無所受令。**心出令以使百體，不爲百體所使也。**自禁也，自使也，自奪也，自取也，自行也，自止也。**此六者，皆由心使之然，所以爲形之君也。**故口可劫而使墨云，形可劫而使詘申，心不可劫而使易意，是之則受，非之則辭。**劫，迫也。云，言也。百體可劫，心不可劫，所以尤宜慎擇所好，懼蔽塞之患也。○郝懿行曰：墨與默同。云者，言也。或默或語，皆可力劫而威使之。「申」，當作「信」，而讀爲申，荀書皆然。陳奐曰：案墨與默同。楚辭九章「孔静幽默」，史記屈原傳作「墨」。商君傳：「殷紂墨墨以亡。」**故曰：心容其擇也，無禁必自見，其物也襍博，**容，受也。言心能容受萬物，若其選擇無所禁止，則見襍博不精，所以貴夫虚壹而静也。○先謙案：此承上文「心者，形之君也」云云，而引古言以明之。心自禁使，自奪取，自行止，是容其自擇也。正名篇亦云：「離道而内自擇。」容，訓如非十二子篇「容辨異」之「容」。無作受令，是無禁也。神明之主出令，是必自見也。物雖襍博，精至則不貳。「心容其擇也」句，「無禁必自見」句。楊失其讀。**其情之至也不貳。**其情之至極，在一而不貳，若襍博則惑。○盧文弨曰：元刻「情」作「精」，注同。先謙案：元刻作「精」，是也。作「情」者，「精」之借字。脩身篇「術順墨而精雜汙」，注：「精，當爲情。」此荀書精、情互通之證。**詩云：「采采卷耳，不盈頃筐。嗟我懷人，寘彼周行。」**詩，周南卷耳之篇。毛公云：「采采，事采之也。卷耳，苓耳也。頃筐，畚屬，易盈之器也。思君子置於周之列位也。」○盧文弨曰：注「卷耳，苓耳也」，宋本、元刻皆同。俗本依廣雅改作「枲耳」，不知毛傳自用爾雅爲訓耳。**頃筐易滿也，卷耳易得也，然而不可以貳周行。**采易得之物，實易滿之器，以懷人寘周行之心貳之，則不能滿；況乎難得之正道，而可以它術貳之乎？○郝懿行曰：貳，謂貳之也。言所懷在於寘周行，意不在於事采，故雖易盈之器而不盈也。毛傳正用其師說。**故曰：心枝則無知，傾則不精，貳則疑惑。以贊稽之，萬物可兼知也。**枝，旁引如樹枝也。贊，助也。稽，考也。以一而不貳之道助考之，則可兼知萬物；若博襍，則愈不知也。○郝懿行曰：案枝與岐同，古字通用。岐者，不一也。此申上文貳之之意。郭嵩燾曰：荀意言心不貳而推類可以知萬物，至以身盡道，惟無貳而已，類不可以兩求也。楊注失之。先謙案：王氏念孫云「貳是貣之誤字」，說見天論篇。今案：此「貳」字與上下文緊相承，注不當作「貣」，王說非也。**身盡其故則美，**故，事也。盡不貳之事則身美矣。**類不可兩也，故知者擇一而壹焉。**凡事類皆不可兩，故知者精於一道而專一焉，故異端不能蔽也。**農精於田而不可以爲田師，賈精於市而不可以爲賈師，工精於器而不可以爲器師。**皆蔽於一技，故不可爲師長也。○王念孫曰：呂、錢本「賈師」作「市師」，是也。上文以兩「田」字相承，下文以兩「器」字相承，則此文亦當以兩「市」字相承。吕本作「賈師」〔一〕者，涉上「賈精於市」而誤。**有人也，不能此三技而可使治三官，曰：精於道者也，**精於一道，故可以理萬事。**精於物者也。**○盧文弨曰：案此句當在「不可以爲器師」之下，誤脱在此。王念孫曰：此汪説也，見丙申校本。俞樾曰：「精於物」上，疑當有「非」字。言此人不能三技而可治三官者，精於道，非精於物也。精於物，若農精於田、賈精於市、工精於器是也。精於道，則君子是也。下文云「精於物者以物物，精於道者兼物物，故君子一於道而以贊稽物」，可證其義。今本奪「非」字，則「精於道者也，精於物者也」兩語平列，而其義違矣。**精於物者以物物，**謂能各物其一物，若農賈之屬也。○盧文弨曰：注「各」字，舊本皆作「名」，訛。今改正，下同。**精於道者兼物物。**謂能兼治，各物其一物者也。**故君子壹於道而以贊稽物。**一於道，所以助考物也。助考，謂兼治也。**壹於道則正，以贊稽物則察，以正志行察論，則萬物官矣。**在心爲志，發言爲論。官，謂各當其任，無差錯也。**昔者舜之治天下也，不以事詔而萬物成。**舜能一於道，但委任衆賢而已，未嘗躬親以事告人。**處一危之，其榮滿側；養一之微，榮矣而未知。**一，謂心一也。「危之」，當爲「之危」。危，謂不自安，戒懼之謂也。側，謂迫側，亦充滿之義。微，精妙也。處心之危，言能戒懼，兢兢業業，

〔一〕「吕本作『賈師』」，與「吕錢本『賈師』作『市師』」前後矛盾，似有誤。

終使之安也。養心之微，謂養其未萌，不使異端亂之也。處心之危有形，故其榮滿側可知也。養心之微無形，故雖榮而未知。言舜之爲治，養其未萌也。○王念孫曰：成相篇云：「思乃精，志之榮，好而壹之神以成。」賦篇云：「血氣之精也，志意之榮也。」四「榮」字竝同義。**故道經曰：「人心之危，道心之微。」**今虞書有此語，而云道經，蓋有道之經也。孔安國曰：「危則難安，微則難明，故戒以精一，信執其中。」引此以明舜之治在精一於道，不蔽於一隅也。○郝懿行曰：道經，蓋古言道之書。今書大禹謨有此，乃梅賾所采竄也。唯「允執其中」一語，爲堯授舜、舜授禹之辭耳。**危微之幾，惟明君子而後能知之。**幾，萌兆也，與機同。○王念孫曰：阮氏元曰：「此篇言知道者皆當專心壹志，虛靜而清明，不爲欲蔽，故曰『昔者舜之治天下也』云云。案後人在尚書內解此者姑弗論，今但就荀子言荀子，其意則曰：舜身行人事而處以專壹，且時加以戒懼之心，所謂危之也。惟其危之，所以滿側皆獲安榮，此人所知也。舜心見道而養以專壹，在於幾微，其心安榮，則他人未知也。如此解之，則引道經及『明君子』二句與前後各節皆相通矣。楊注謂『危之當作之危』，非也。危之者，懼蔽於欲而慮危也；之危者，已蔽於欲而陷危也。謂榮爲安榮者，儒效篇曰：『爲君子則常安榮矣，爲小人則常危辱矣。凡人莫不欲安榮而惡危辱。』據此，則荀子常以『安榮』與『危辱』相對爲言。此篇言『處一危之，其榮滿側』，若不以本書證之，則『危榮』二字難得其解矣。故解道經當以荀子此說爲正，非所論於古文尚書也。」案此說是也。下文言「闢耳目之欲，遠蚊䖟之聲」，「可謂危矣，未可謂微也」，言人能如舜之危，不能如舜之微也。然則所謂危者，非蔽於欲而陷於危之謂。故人心譬如槃水，正錯而勿動，則湛濁在下而清明在上，湛，讀爲沈，泥滓也，下同。則足以見鬚眉而察理矣。理，肌膚之文理。○郝懿行曰：「鬚」，古止作「須」，今俗作「鬚」。「理」上當脱「膚」字。榮辱篇及性惡篇竝云「骨體膚理」，是矣。微風過之，湛濁動乎下，清明亂於上，則不可以得大形之正也。○先謙案：「大」字無義。上言槃水見鬚眉膚理，非能見身之全形也。「大形」疑當爲「本形」。富國篇「天下之本利也」，「本」當爲「大」，明二字互誤。心亦如是矣。故導之以理，養之以清，物莫之傾，清，謂沖和之氣。則足以定是非、決嫌疑矣。小物引之則其正外易，其心内傾，則不足以決庶理矣。言此者，以喻心不一於道，爲異端所蔽，則惑也。○盧文弨曰：「庶理」，宋本作「麤理」，今從元刻。故好書者衆矣，而倉頡獨傳者，壹也；倉頡，黄帝史官。言古亦有好書者，不如倉頡一於其道，異術不能亂之，故獨傳也。○盧文弨曰：案宋本此注之末有「情箸古者倉頡之有天下守法授親神農亦然也」十九字，文義不順，今删去之。好稼者衆矣，而后稷獨傳者，壹也；好樂者衆矣，而夔獨傳者，壹也；好義者衆矣，而舜獨傳者，壹也。倕作弓，浮游作矢，而羿精於射；倕，舜之共工。世本云「夷牟作矢」，宋衷注云：「黄帝臣也。」此云「浮游」，未詳。或者浮游，夷牟之别名，或聲相近而誤耳。言倕、游雖作弓矢，未必能射，而羿精之也。弓矢，舜已前有之，此云「倕作弓」，當是改制精巧，故亦言作也。奚仲作車，乘杜作乘馬，而造父精於御。

自古及今，未嘗有兩而能精者也。奚仲，夏禹時車正。黄帝時已有車服，故謂之軒轅，此云「奚仲」者，亦改制耳。世本云：「相土作乘馬。」杜與土同。乘馬，四馬也。四馬駕車，起於相土，故曰「作乘馬」。以其作乘馬之法，故謂之乘杜。乘，並音剩。相土，契孫也。呂氏春秋曰：「乘馬作一駕。」○盧文弨曰：呂氏春秋勿躬篇作「乘雅作駕」，一本「乘雅」作「乘持」，疑「持」爲「杜」字之訛。王念孫曰：古無謂相土爲乘杜者，「乘杜」蓋「桑杜」之誤。相、桑，古同聲，故借「桑」爲「相」。（爾雅釋蟲「諸慮，奚相」，釋文：「相，舍人本作桑。」）隸書「桑」或作「桒」，「乘」或作「乗」，（見漢安平相孫根碑。）二形相似，又因下文「乘馬」而誤爲「乘」耳。（漢書王子侯表「桑邱節侯將夜」，今本「桑」誤作「乘」。）楊云「以其作乘馬之法，故謂之乘杜」，此則不得其解而曲爲之説。曾子曰：「是其庭可以搏鼠，惡能與我歌矣！」「是」，蓋當爲「視」。曾子言有人視庭中可以搏擊鼠，則安能與我成歌詠乎？言外物誘之，思不精，故不能成歌詠也。○盧文弨曰：正文「矣」字，元刻作「乎」。郝懿行曰：此言庭虚無人，至静矣，恐有潛修其中而深思者，我何可以歌詠亂之乎？荀義當然，注似失之。空石之中有人焉，其名曰觙，空石，石穴也。蓋古有善射之人，處深山空石之中，名之曰觙。「觙」字及事並未詳所出，或假設喻耳。其爲人也，善射以好思。好，喜也。清静思其射之妙。○俞樾曰：案凡射者必心手相得，方可求中，非徒思之而已。且其下文曰「耳目之欲接，則敗其思；蚊䖟之聲聞，則挫其精」，無一字及射，然則楊注非也。此「射」字乃「射策」「射覆」之射。漢書蓺文志蓍龜家有「隨曲射匿五十卷」。「射匿」，疑卽「射覆」。覆而匿之，人所不知，以意縣揣而期其中，此射之義也。呂氏春秋重言篇載成公賈説荆莊王曰：「有鳥止於南方之阜，三年不動，不飛，不鳴，是何鳥也？」王射之曰：「有鳥止於南方之阜，其三年不動，將以定志意也。其不飛，將以長羽翼也。其不鳴，將以覽民則也。」然則古人設爲廋辭隱語而使人意度之，皆謂之射。此云「善射以好思」，卽謂此也，非真援弓而射之也。**耳目之欲接則敗其思，蚊䖟之聲聞則挫其精，是以闢耳目之欲，而遠蚊䖟之聲，閑居静思則通。**挫，損也。精，精誠也。闢，屏除也。言閑居静思，不接外物，故能通射之妙。**思仁若是，可謂微乎？**言静思仁，如空石之人思射，則可謂微乎？假設問之辭也。**孟子惡敗而出妻，可謂能自彊矣；**此已下，答之之辭。孟子惡其敗德而出其妻，可謂能自彊於脩身也。**有子惡卧而焠掌，可謂能自忍矣，未及好也。**有子，蓋有若也。焠，灼也。惡其寢卧而焠其掌，若刺股然也。「未及好也」，當爲「未及好思也」，誤分在下，更作一句耳。有子焠掌，可謂能自忍其身，則未及善射好思者也。若思道之至人，則自無寢，焉用焠掌乎？○郝懿行曰：當依楊注作「未及好思也」。先謙案：楊、郝説皆非，當如郭説，見下。**闢耳目之欲，可謂能自彊矣，未及思也。蚊䖟之聲聞則挫其精，可謂危矣，未可謂微也。**「可謂能自彊矣，未及思也」十字，竝衍耳。可謂危矣，言能闢耳目之欲，則可謂能自危而戒懼，未可謂微也。微者，精妙之謂也。○郝懿行曰：此文錯亂不可讀，當作「闢耳目之欲，而遠蚊䖟之聲，可謂能自危矣，未可爲微也」。如此訂正，方可讀，餘皆涉上文而誤衍。郭嵩燾曰：下兩言「何彊，何忍，何危」，則此七句正作三項言之。疑此「可謂能自彊矣」六字衍，「未及思也」句當在前「可謂能自彊」下。忍堅於彊，好甚於思。出妻，猶身外也，焠掌則及身矣。蚊蝱之聲，即係之耳目者，二句究屬一義，不應分言，故知此段文句有誤倒，亦有衍文。先謙案：郭説是也。此承上觙之好思言之，不分二事。上言「可謂微乎」，故此答以「未可謂微也」。楊、郝説並非。**夫微者，至人也。**惟精惟一如舜者。**至人也，何彊，何忍，何危？**既造於精妙之域，則冥與理會，不在作爲，苟未臻極，雖在空石之中，猶未至也。**故濁明外景，清明内景。**景，光色也。濁謂混迹；清謂虚白。○俞樾曰：大戴記曾子天圓篇：「參嘗聞之夫子曰：『天道曰圓，地道曰方。方曰幽而圓曰明。明者，吐氣者也，是故外景；幽者，含氣者也，是故内景。故火日外景而金水内景。』」荀子「濁明外景，清明内景」之説，即孔子之緒言也。楊注所説，未盡其旨。**聖人縱其欲，兼其情，而制焉者理矣。夫何彊，何忍，何危？**兼，猶盡也。聖人雖縱欲盡情而不過制者，由於暗與理會故也，何必如空石之徒乎？○先謙案：「縱」，當爲「從」。聖人無縱欲之事。從其欲，猶言從心所欲。**故仁者之行道也，無爲也；聖人之行道也，無彊也。**無爲，謂知違理則不作，所謂造形而悟也。無彊，謂全無違理彊制之萌也。**仁者之思也恭，聖人之思也樂。此治心之道也。**思，慮也。恭，謂乾乾夕惕也。樂，謂性與天道無所不適。○郝懿行曰：恭則虚壹而静，樂則何彊、何忍、何危，結上之辭。楊注「樂，謂性與天道無所不適」，「道」當爲「通」。楊本不誤，俗人依論語妄改，故誤耳。（「性與天通」，語出晉書。）

凡觀物有疑，中心不定，則外物不清；清，明審也。**吾慮不清，則未可定然否也。冥冥而行者，見寢石以爲伏虎也，見植林以爲後人也，**○俞樾曰：上文「見寢石以爲伏虎也」，「伏」與「寢」義相應，此云「後人」，則與「植林」不相應矣。植林豈必在後乎？疑荀子原文本作「立人」，「立」與「植」正相應。下文曰「俯見其影，以爲伏鬼也；卬視其髮，以爲立魅也」，亦以「伏」「立」對文，可證也。今作「後人」者，疑涉上文誤「立」爲「伏」，又誤「伏」爲「後」耳。**冥冥蔽其明也。**冥冥，暮夜也。**醉者越百步之溝，以爲蹞步之澮也，**蹞與跬同。半步曰跬。澮，小溝也。**俯而出城門，以爲小之閨也，酒亂其神也。**閨，小門也。○郭嵩燾曰：説文：「閨，特立之户，上圜下方，似圭。」故以城門擬之。釋宮：「宮中之門謂之闈，其小者謂之閨。」閨爲宮門之小者，不得徑謂之小門。楊注未晰。**厭目而視者，視一以爲兩；掩耳而聽者，聽漠漠而以爲哅哅：埶亂其官也。**厭，指按也，一涉反。漠漠，無聲也。哅哅，喧聲也。官，司主也。言埶亂耳目之所主守。哅，許用反。**故從山上望牛者若羊，而求羊者不下牽也，遠蔽其大也；從山下望木者，十仞之木若箸，而求箸者不上折也，高蔽其長也。**皆知爲高遠所蔽，故不往求。然則守道者亦宜知異術之蔽類此也。**水動而景搖，人不以定美惡，水埶玄**

也。玄，幽深也，或讀爲眩。瞽者仰視而不見星，人不以定有無，用精惑也。精，目之明也。有人焉，以此時定物，則世之愚者也。彼愚者之定物，以疑決疑，決必不當。夫苟不當，安能無過乎？以疑決疑，猶愼、墨之屬也。夏首之南有人焉，曰涓蜀梁，夏首，夏水之首。楚詞云「過夏首而西浮，顧龍門而不見」，王逸曰：「夏首，夏水口也。」涓蜀梁，未詳何代人，姓涓，名蜀梁。列仙傳有涓子，齊人，隱於宕山，餌朮，能致風雨者也。其爲人也，愚而善畏。善，猶喜也。好有所畏。明月而宵行，俯見其影，以爲伏鬼也，卬視其髮，以爲立魅也，卬與仰同。背而走，比至其家，失氣而死，豈不哀哉！背，弃去也。失氣，謂困甚氣絶也。○盧文弨曰：正文「比至其家」下，宋本有「者」字，今從元刻去之。凡人之有鬼也，必以其感忽之間、疑玄之時正之。感，驚動也。感忽，猶慌惚也。玄，亦幽深難測也。必以此時定其有鬼也。○郝懿行曰：感，讀爲撼，解已見議兵篇。玄，讀爲眩，荀書皆然。王念孫曰：「正」，當爲「定」，聲之誤也。（下文「正事」同。）必以其感忽之間、疑玄之時定之者，必以感忽之間、疑眩之時而定其有鬼也。據楊注云「必以此時定其有鬼」，則所見本是「定」字明矣。「定」字上文凡六見。此人之所以無有而有無之時也，無有，謂以有爲無也。有無，謂以無爲有也。此皆人所疑惑之時也。而已以正事。故傷於溼而擊鼓鼓痺，則必有敝鼓喪豚之費矣，而未有俞疾之福也。己以正事，謂人以此定事也。痺，冷疾也。傷於溼則患痺，反擊鼓烹豚以禱神，何益於愈疾乎？若以此定事，則與俗不殊也。俞，讀爲愈。○郝懿行曰：傷於溼而病痹，擊鼓鼓之，無損於疾，徒取費耳。此言愚惑之蔽。王念孫曰：自「鼓痹」以上，脱誤不可讀，似當作「故傷於溼而痹，痹而擊鼓烹豚，則必有弊鼓喪豚之費矣，而未有俞疾之福也」。楊云「傷於溼則患痹，反擊鼓烹豚以禱神，何益於愈疾乎」，是其證。**故雖不在夏首之南，則無以異矣。**慎、墨之蔽，亦猶是也。

凡以知，人之性也；可以知，物之理也。以知人之性推之，則可知物理也。**以可以知人之性，求可以知物之理而無所疑止之，則没世窮年不能徧也。**疑止，謂有所不爲。窮年，盡其年壽。「疑」，或爲「凝」。○郝懿行曰：疑止，説已見王制篇。荀書多作「凝止」，皆俗人妄改之，惟此未改。楊注「疑，或爲凝」，蓋俗誤久矣。俞樾曰：詩桑柔篇「靡所止疑」，傳曰：「疑，定也。」疑訓定，故與止同義。此云「疑止」猶詩云「止疑」。荀子傳詩，故用詩義耳。楊注「疑，或爲凝」，非是。**其所以貫理焉雖億萬，已不足以浹萬物之變，與愚者若一。**貫，習也。浹，周也，子叶反，或當爲「接」。○俞樾曰：已，猶終也。言終不足以浹萬物之變也。詩葛藟篇「終遠兄弟」，傳曰：「已相遠矣。」箋云：「今已遠棄族親。」是傳、箋竝訓終爲已。僖二十四年左傳「婦怨無終」，杜注曰：「終，猶已也。」故已亦猶終也。先謙案：荀書以「挾」代「浹」。此亦當爲「挾」，作「浹」者，後人所改。**學，**○郭嵩燾曰：「學」字當斷句。學焉，至老而不免於愚，則執一之不足相通也。**老身長子而與愚者若一，猶不知錯，夫是之謂妄人。**錯，置也，謂廢捨也。

身已老矣，子已長矣，猶不知廢捨無益之學，夫是之謂愚妄人也。故學也者，固學止之也。惡乎止之？曰：止諸至足。曷謂至足？曰：聖也。或曰：「聖」下更當有「王」字，誤脱耳。言人所學當止於聖人之道及王道，不學異術也。聖王之道，是謂至足也。聖也者，盡倫者也；王也者，盡制者也。倫，物理也。制，法度也。兩盡者，足以爲天下極矣。所以爲至足也。故學者，以聖王爲師，案以聖王之制爲法，法其法，以求其統類，以務象效其人。統類，法之大綱。○謝本從盧校重一「類」字。盧文弨曰：「法其法」，元刻作「治其法」。王念孫曰：元刻無下「類」字。案元刻是也。「法其法，以求其統類，以務象效其人」，三句一氣貫注，若多一「類」字，則隔斷上下語脈矣。宋本下「類」字卽涉上「類」字而衍。先謙案：王説是。今依元刻删。嚮是而務，士也；類是而幾，君子也；幾，近也。類聖人而近之，則爲君子。士者，修飾之名。君子，有道德之稱也。知之，聖人也。知聖王之道者。故有知非以慮是，則謂之懼；自知其非，以圖慮於是，則謂之能戒懼也。有勇非以持是，則謂之賊；勇於爲非，以持制是也。察孰非以分是，則謂之篡；孰，甚也。察甚其非，以分爲是之心，此篡奪之人也。多能非以修蕩是，則謂之知；修，飾也。蕩，動也。多能知非，修飾蕩動而爲是，則謂之知。言智者能變非爲是也。辯利非以言是，則謂之詍。辯説利口而飾非，以言亂是，則謂之詍。詍，多言也。詩曰：「無然詍詍。」○王引之曰：「懼」字義不可通，「懼」當爲「攫」，字之誤也。攫，謂攫取之也。不苟篇：「小人知（與智同。）則攫盜而漸。」（漸，詐也。說見尚書述聞「民興胥漸」下。）故曰「有知非以慮是，則謂之攫」。脩，讀爲滌。（周官司尊彝「凡酒修酌」，鄭注：「修，讀爲『滌濯』之滌。」）謂滌蕩使潔清也。此言智也、勇也、察也、多能也、辯利也，皆必用之於是而後可。（「是」字，指聖王之制而言，見上文。）若有智而不以慮是，則謂之攫；有勇而不以持是，則謂之賊；孰於察而不以分是，則謂之篡；多能而不以滌蕩是，則謂之智；（智，謂智故也。淮南主術篇注曰：「故，巧也。」管子心術篇曰「恬愉無爲，去知與故」，莊子胠篋篇曰「知詐漸毒」，荀子非十二子篇曰「知而險，賊而神，爲詐而巧」，淮南原道篇曰「偶睉智故，曲巧僞詐」：竝與此「知」字同義。）辯利而不以言是，則謂之詍也。楊說皆失之。傳曰：「天下有二：非察是，是察非。」衆以爲是者而非之，以爲非者而察之。謂合王制與不合王制也。所以非察是，是察非，觀其合王制與否也。天下有不以是爲隆正也，然而猶有能分是非、治曲直者邪？有不以合王制與不合爲隆正者，而能分是非，治曲直乎？言必不能也。○先謙案：隆正，猶中正。若夫非分是非，非治曲直，非辨治亂，非治人道，雖能之無益於人，不能無損於人。案直將治怪說，玩奇辭，以相撓滑也；案彊鉗而利口，厚顔而忍詬，無正而恣睢，妄辨而幾利；滑，亂也，音骨。彊，彊服人。鉗，鉗人口也。詬，詈也。恣睢，矜夸也。幾，近也。妄辨幾利，謂妄爲辨說，所近者惟利也。○王念孫曰：方言：「鉗，惡也。（廣雅同。）南楚凡人殘罵謂之鉗。」

郭璞曰：「殘，猶惡也。」然則彊鉗者，既彊且惡也，非鉗人口之謂。詬，恥也。大戴禮曾子立事篇「君子見利思辱，見惡思詬」，定八年左傳「公以晉詬語之」，杜、盧注竝曰：「詬，恥也。」字或作「詢」。昭二十年左傳「余不忍其詢」，杜注曰：「詢，恥也。」又作「呴」。大戴禮武王踐阼篇「口生呴」，盧注曰：「呴，恥也。」又作「垢」。宣十五年左傳「國君含垢」，杜注曰：「忍垢恥。」（漢書路温舒傳作「國君含詬」。）詬，訓爲恥，故曰「厚顏而忍詬」，非謂忍詈也。楚辭離騷曰「忍尤而攘詬」，（王注：「詬，恥也。」）呂氏春秋離俗篇曰「彊力忍詢」，（高注：「詢，辱也。」）淮南氾論篇曰「忍詢而輕辱」，史記伍子胥傳曰「剛戾忍詢」，皆其證也。非十二子篇「無廉恥而忍謨詢」，即此所謂「厚顏而忍詬」也。説文：「謑，恥也。」或作「謨」。詬謑，詬恥也。或作「詢」。（廣雅作「謨詬」。）楊注以謨詢爲詈辱，亦失之。俞樾曰：大玄玄瑩篇「箝知休咎」，范望注曰：「箝，求也。」鬼谷子有飛箝篇，其文曰：「以飛箝之辭，鉤其所好，以箝求之。」此范望注所本。鉗，猶箝也。彊鉗，謂彊求也。楊注以「鉗人口」釋之，非是。**不好辭讓，不敬禮節，而好相推擠：此亂世姦人之説也，則天下之治説者方多然矣。**愼、墨、宋、惠之屬。**傳曰：「析辭而爲察，言物而爲辨，君子賤之；博聞彊志，不合王制，君子賤之。」此之謂也。**所謂析言破律、亂名改作者也。**爲之無益於成也，求之無益於得也，憂戚之無益於幾也，**言役心無益，復憂戚，亦不能近道也。○俞樾曰：幾者，事之微也。無益於幾，即無益於事。憂戚之而仍於事無益，則爲君子所不取矣。楊注謂「憂戚亦不能近道」，是訓幾爲近，又增出「道」字，非其旨也。**則廣焉能弃之矣。**

不以自妨也，不少頃干之胷中。廣，讀爲曠，遠也。不以自妨，謂不以無益害有益也。○王念孫曰：按能，讀爲而。曠焉而弃之，謂遠弃之也。（楊注：「廣，讀爲曠，遠也。」）古多以「能」爲「而」，説見釋詞。**不慕往，不閔來，無邑憐之心，**不慕往，謂不悦慕無益之事而往從之也。不閔來，謂不憂閔無益之事而來正之也。或曰：往，古昔也。來，將來也。不慕往古，不閔將來，言惟義所在，無所繫滯也。邑憐，未詳。或曰：邑與悒同。悒，怏也。憐，讀爲吝，惜也。言棄無益之事，更無悒怏吝惜之心。此皆明不爲異端所蔽也。**當時則動，物至而應，事起而辨，治亂可否，昭然明矣。**

周而成，泄而敗，明君無之有也；以周密爲成，以漏泄爲敗，明君無此事也。明君日月之照臨，安用周密也？**宣而成，隱而敗，闇君無之有也。**以宣露爲成，以隱蔽爲敗，闇君亦無此事也。闇君務在隱蔽而不知昭明之功也。○先謙案：注中四「爲」字皆當作「而」。**故君人者周則讒言至矣，直言反矣，小人邇而君子遠矣。詩云：「墨以爲明，狐狸而蒼。」此言上幽而下險也。**逸詩。墨，謂蔽塞也。狐狸而蒼，言狐狸之色，居然有異。若以蔽塞爲明，則臣下誑君，言其色蒼然無别，猶指鹿爲馬者也。幽，暗也。險，傾側也。○盧文弨曰：正文「墨以爲明」，元刻「明」作「朗」。「狐狸而蒼」，宋本「而」作「其」。王伯厚詩攷引作「而」，今從之。又注「傾側也」，元刻作「詐也」。郝懿行曰：墨者，幽闇之意。詩言以闇爲明，以黃爲蒼，所謂「玄黃改色，馬鹿易形」也。（二語見後漢文苑傳。）趙高欲爲亂，以青爲黑，以黑爲黄，民言從之，（語見禮器注。）此正上幽下險之事。**君人者宣則直言至矣，而讒言反矣，君子邇而小人遠矣。**反，還也。讒言復歸而不敢出矣。或曰：反，倍也。言與讒人相倍反也。○先謙案：「讒言」上「而」字衍。或説非。**詩曰：「明明在下，赫赫在上。」此言上明而下化也。**詩，大雅大明之篇。言文王之德明明在下，故赫赫然著見於天也。

荀子卷第十六

正名篇第二十二

是時公孫龍、惠施之徒亂名改作，以是爲非，故作正名篇。尹文子曰：「形以定名，名以定事，事以驗名。察其所以然，則形名之與事物無所隱其理矣。名有三科：一曰命物之名，方圓白黑是也。二曰毁譽之名，善惡貴賤是也。三曰況謂之名，賢愚愛憎是也。」○盧文弨曰：「事以驗名」，案本書作「檢名」。

後王之成名：後之王者有素定成就之名。謂舊名可法效者也。**刑名從商，爵名從周，文名從禮。**商之刑法未聞。康誥曰「殷罰有倫」，是亦言殷刑之允當也。爵名從周，謂五等諸侯及三百六十官也。文名，謂節文、威儀。禮，即周之儀禮也。○郝懿行曰：文名謂節文、威儀，禮即周之儀禮，其説是也。古無儀禮之名，直謂之禮，或謂之禮經。**散名之加於萬物者，則從諸夏之成俗曲期，**成俗，舊俗方言也。期，會也。曲期，謂委曲期會物之名者也。○郝懿行曰：曲期，謂曲折期會之地，猶言委巷也。此與「遠方異俗」相儷。楊注斷「曲期」上屬，似未安。先謙案：郝云「曲期」二字下屬，是也，而解爲委巷，非也。下文云「命不喻然後期，期不喻然後説」，

注：「期，會也。物之稍難名，命之不喻者，則以形狀大小會之。若是事多，會亦不喻者，則說其所以然。」是曲期者，乃委曲以會之。萬物之散名，從諸夏之成俗，以委曲期會於遠方異俗之鄉，而因之以爲通，所謂「名從中國」是也。**遠方異俗之鄉則因之而爲通。**遠方異俗，名之乖異者，則因其所名，遂以爲通，而不改作也。**散名之在人者：**舉名之分散在人者。**生之所以然者謂之性。**人生善惡，故有必然之理，是所受於天之性也。**性之和所生，精合感應，不事而自然謂之性。**和，陰陽沖和氣也。事，任使也。言人之性，和氣所生，精合感應，不使而自然。言其天性如此也。精合，謂若耳目之精靈與見聞之物合也。感應，謂外物感心而來應也。○先謙案：「性之和所生」，當作「生之和所生」。此「生」字與上「生之」同，亦謂人生也。兩「謂之性」相儷，生之所以然者謂之性，生之不事而自然者謂之性，文義甚明。若云「性之不事而自然者謂之性」，則不詞矣。此傳寫者緣下文「性之」而誤。注「人之性」，「性」當爲「生」，亦後人以意改之。**性之好、惡、喜、怒、哀、樂謂之情。**人性感物之後，分爲此六者，謂之情。**情然而心爲之擇謂之慮。**情雖無極，心擇可否而行，謂之慮也。**心慮而能爲之動謂之僞。**僞，矯也。心有選擇，能動而行之，則爲矯拂其本性也。○郝懿行曰：荀書多以「僞」爲「爲」。楊注訓僞爲矯，不知古字通耳。下云「正利而爲謂之事，正義而爲謂之行」，與此「能爲」之「爲」俱可作「僞」。**慮積焉、能習焉而後成謂之僞。**心雖能動，亦在積久習學，然後能矯其本性也。○盧文弨曰：此「僞」字，元刻作

「爲」，非也。觀荀此篇及禮論等篇，「僞」即今「爲」字。故曰「桀、紂性也，堯、舜僞也」，謂堯、舜不能無待於人爲耳。後儒但知有「真僞」字，昧古六書之法而訾之者衆矣。下兩「而爲」，承上文，亦必本是「而譌」〔一〕。**正利而爲謂之事。**爲正道之事利，則謂之事業。謂商農工賈者也。**正義而爲謂之行。**苟非正義，則謂之姦邪。行，下孟反。○俞樾曰：廣韻：「正，正當也。」正利而爲，正義而爲，猶文四年左傳曰「當官而行」也。楊注以正道釋之，非是。**所以知之在人者謂之知。知有所合謂之智。**知之在人者，謂在人之心有所知者。知有所合，謂所知能合於物也。○盧文弨曰：「謂之智」，亦當同上作「謂之知」，而皆讀爲智耳。下「能」字亦可不分兩音。先謙案：在人者，明藏於心。有合者，遇物而形。下兩「謂之能」同。**智所以能之在人者謂之能。**智有所能，在人之心者，謂之能。能，才能也。○盧文弨曰：句首「智」字衍。注當云「在人有所能謂之能」。此似有舛誤。**能有所合謂之能。**「能」當爲「耐」，古字通也。耐，謂堪任其事。耐，乃來、乃代二反。○郝懿行曰：案楊注能、耐古通，此語非是。楊既知爲古字通矣，何必上爲「能」，下爲「耐」，强生分别？即如上文二「知」、二「智」，亦是强生分别，古本必皆作「知」，如「僞」「爲」之例也。若依楊注，則上文「謂之性」，此兩「性」字不知當何分别？戴記禮運、樂記二篇竝用

〔一〕「而譌」，似當作「而僞」。

「耐」字，鄭康成注：「耐，古能字也。」此蓋楊注所本。然鄭此説，未見所出。既云「古字時有存者」，又云「亦有今誤」，（禮運注。）然則鄭意亦不以爲定論也。且以荀書訂之，仲尼篇云「能耐任之」，又云「能而不耐任」，楊注：「耐，忍也。」此則一句之中「耐」「能」兼用，其不以爲一字明矣。又攷説文：「能，熊屬」也，「能獸堅中，故稱賢能，而彊壯偁能傑也」。又云「耐，或耏字」，不言爲古「能」字。然則經典用「能」，不用「耐」，當依許叔重書。康成之説，與許不同，疑未可據。先謙案：二「僞」、二「知」、二「能」，竝有虛實動静之分。知，皆讀智。能，皆如字，不分兩讀。楊説非也。**性傷謂之病。**傷於天性，不得其所。**節遇謂之命。**節，時也。當時所遇，謂之命。命者，如天所命然。○先謙案：節，猶適也，説詳天論篇。**是散名之在人者也，是後王之成名也。**略舉此上事，是散名之在人者，而後王可因襲成就素定之名也。而或者乃爲「堅白」之説，以是爲非，斯亂名之尤也。**故王者之制名，名定而實辨，道行而志通，則慎率民而一焉。**道，謂制名之道。志通，言可曉也。禮記曰：「黄帝正名百物以明民。」慎率民而一焉，言不敢以異端改作也。**故析辭擅作名以亂正名，使民疑惑，人多辨訟，則謂之大姦，其罪猶爲符節、度量之罪也。**新序曰：「子産決鄧析教民之難，約大獄袍衣，小獄襦袴。民之獻袍衣、襦袴者不可勝數，以非爲是，以是爲非，鄭國大亂，民口讙譁。子産患之，於是討鄧析而僇之，民乃服，是非乃定。」是其類也。○盧文弨曰：今本新序缺此文。王念孫曰：「析辭擅作」下本無「名」字，有「名」字則成累句矣。此「名」字涉下「正名」而衍。下文「離正道而擅作」，「作」下無「名」字，即其證。先謙案：爲與僞同。**故其民莫敢託爲奇辭以亂正名。故其民慤，慤則易使，易使則公。**○顧千里曰：「公」，疑當作「功」，荀子屢言「功」，可以爲證。下文「則其迹長矣。迹長功成，治之極也」，承此「功」言之，不作「公」明甚。宋本與今本同，蓋皆誤。**其民莫敢託爲奇辭以亂正名，故壹於道法而謹於循令矣。如是，則其迹長矣。**迹，王者所立之迹也。下不敢亂其名，畏服於上，故迹長也。長，丁丈反。**迹長功成，治之極也，是謹於守名約之功也。**謹，嚴也。約，要約。**今聖王没，名守慢，奇辭起，名實亂，是非之形不明，則雖守法之吏、誦數之儒，亦皆亂也。**奇辭亂實，故法吏迷其所守，偏儒疑其所習。○先謙案：誦數猶誦説，説見勸學篇。**若有王者起，必將有循於舊名，有作於新名。**名之善者循之，不善者作之。故孔子曰：「必也正名乎。」○先謙案：舊名，上所云「成名」也。新名，上所云「託奇辭以亂正名」也。既循舊名，必變新名，以反其舊。作者，變也。禮記哀公問鄭注：「作，猶變也。」楊注未晰。**然則所爲有名，與所緣以同異，與制名之樞要，不可不察也。**緣，因也。樞要，大要總名也。物無名則不可分辨，故因而有名也。名不可一貫，故因耳目鼻口而制同異又不可常别，雖萬物萬殊，有時欲舉其大綱，故制爲名之樞要。謂若謂之禽，知其二足而羽；謂之獸，知其四足而毛。既爲治在正名，則此三者不可不察而知其意也。○謝本從盧校作「有同異」。王念孫曰：元刻「有」作「以」。（宋龔本同。）案作「以」者是也。下文云「然則何緣而以同異」，又云「此所緣而以同異也」，三「以」字前後相應。宋本作「有」者，涉上句「有名」而誤。先謙案：王説是，今改從元刻。**異形離心**萬物之形各異，則分離人之心。言人心知其不同也。此已下覆明有名之意。**交喻，異物名實玄紐，**玄，深隱也。紐，結也。若不爲分別立名，使物物而交相譬喻之，則名實深隱，紛結難知也。○郝懿行曰：「玄」卽「眩」字。紐，系也，結也。言名實眩亂，連系交結而難曉也。王念孫曰：名實互紐，卽上文所謂「名實亂」也。今本「互」字上下皆誤加點。楊所見本已然，故誤讀爲胡涓切，而所説皆非。先謙案：楊注之非，由失其讀。「異形離心交喻」句，「異物名實玄紐」句。離心交喻，謂人心不同，使之共喻，下文所云「名聞而實喻」也。異形者離心交喻，異物者名實眩紐，此所以有名也。**貴賤不明，同異不別，如是則志必有不喻之患，而事必有困廢之禍。故知者爲之分別，制名以指實，**無名則物雜亂，故智者爲之分界制名，所以指明實事也。**上以明貴賤，下以辨同異。貴賤明，同異別，如是則志無不喻之患，事無困廢之禍，此所爲有名也。**有名之意在此。**然則何緣而以同異？**設問，覆明同異之意也。**曰：緣天官。**天官，耳目鼻口心體也。謂之官，言各有所司主也。緣天官，言天官謂之同則同，謂之異則異也。**凡同類、同情者，其天官之意物也同，故比方之疑似而通，是所以共其約名以相期也。**同類同情，謂若天下之馬雖白黑大小不同，天官意想其同類，所以共其省約之名，以相期會而命之名也。○盧文弨曰：注末「名也」上，宋本有「各爲制」三字，衍。

王念孫曰：約，非省約之謂。約名，猶言名約。上文云「是謹於守名約之功也」，楊彼注云「約，要約」是也。下文云「名無固宜，約之以命，約定俗成謂之宜」；「名無固實，約之以命，（今本「命」下有「實」字，辯見下。）約定俗成謂之實名」，又其一證也。**形體、色、理以目異，**形體，形狀也。色，五色也。理，文理也。言萬物形體色理，以目別異之而制名。○王引之曰：色理，膚理也。榮辱、性惡二篇竝云：「骨體膚理。」彼言「骨體膚理」，此言「形體色理」。形體，猶骨體也。色理，猶膚理也。楊云「色，五色也」，失之。**聲音清濁、調竽奇聲以耳異，**清濁，宮、徵之屬。調竽，謂調和笙竽之聲也。竽，笙類，所以導衆樂者也。不言革木之屬而言竽者，或曰：竽，八音之首。故黄帝使泠倫取竹作管，是竹爲聲音之始。莊子「天籟」「地籟」，亦其義也。奇，奇異也。奇聲，萬物衆聲之異者也。○盧文弨曰：「調竽」二字，上下必有脱誤，不必從爲之辭。俞樾曰：笙竽之聲而獨言竽，義不可通。楊又引或説，謂「竽，八音之首」，斯曲説也。「調竽」，疑當爲「調笑」，字之誤也。孟子告子篇曰：「則己談笑而道之。」「調笑」與「談笑」，文異而誼同。玉篇、廣韻竝曰：「談，戲調也。」蓋談與調，一聲之轉耳。「笑」「竽」形似，因而致誤。先謙案：「調竽」當爲「調節」。「竽」「節」字皆從竹，故「節」誤爲「竽」。禮記仲尼燕居篇「樂也者，節也」，孔疏：「節，制也。」檀弓篇「品節斯」，疏：「節，制斷也。」是節爲制也。調者，説文：「和也。」聲音之道，調以和合之，節以制斷之，故曰「調節」，與「清濁」同爲對文，「奇聲」與下「奇味」「奇臭」對文。楊、俞説皆非。**甘、苦、鹹、淡、辛、酸、奇味以口異，**奇味，衆味之異者也。**香、臭、芬、鬱、腥、臊、洒、酸、奇臭**

以鼻異，芬，花草之香氣也。鬱，腐臭也。禮記曰：「烏皫色而沙鳴。」鬱、洒，未詳。酸，暑浥之酸氣也。奇臭，衆臭之異者。氣之應鼻者爲臭，故香亦謂之臭。禮記曰：「皆佩容臭。」或曰：「洒」當爲「漏」，篆文稍相似，因誤耳。禮記曰「馬黑脊而般臂，漏」，鄭音「螻，螻蛄臭」者也。○盧文弨曰：洒，從水，西聲，古音與辛相同。洒酸猶辛酸，辣氣之觸鼻者。王念孫曰：辛、酸，皆味也，非臭也。宋玉高唐賦「孤子寡婦，寒心酸鼻」，阮籍詠懷詩「感慨懷辛酸，怨毒常苦多」，皆非辣氣觸鼻之謂。西，古讀若先。「先」字古在諄部，「辛」字古在真部，不得言西、辛古音相同，盧説非也。楊以「洒」爲「漏」之誤，是也。余謂「酸」乃「庮」字之誤，庮從酉聲，與「酸」字左畔相同，又涉上文「辛酸」而誤也。周官内饔及内則竝云「牛夜鳴則庮」，先鄭司農云：「庮，朽木臭也。」（説文：「庮，久屋朽木。周禮曰：『牛夜鳴則庮。』臭如朽木。」）内則注曰：「庮，惡臭也。」春秋傳曰：「一薰一庮。」（僖四年。今左傳作「蕕」，杜注：「蕕，臭草。」）鬱、腥、臊、漏、庮，竝見周官、禮記，則「洒酸」必「漏庮」之誤也。酸亦味也，非臭也。楊以爲暑浥之酸氣，亦失之。**疾、養、滄、熱、滑、鈹、輕、重以形體異，**疾，痛也。養與癢同。滄，寒也。滑與汩同，鈹與披同，皆壞亂之名。或曰：滑如字。「鈹」當爲「鈒」，傳寫誤耳，與澀同。輕重，謂分銖與鈞石也。此皆在人形體别異之而立名也。滄，初亮反，又楚陵反。**説、故、喜、怒、哀、樂、愛、惡、欲以心異。**説，讀爲脱，誤也。脱、故，猶律文之「故」「誤」也。○先謙案：説者，心誠悦之。故者，作而致其情也，與性惡篇「習僞故」之「故」同義。二字對文。楊注非。**心有徵知。**徵，召也。言心能召萬物而知之。**徵知則緣耳**

而知聲可也，緣目而知形可也，緣，因也。以心能召萬物，故可以因耳而知聲，因目而知形。爲之立名，心雖有知，不因耳目，亦不可也。**然而徵知必將待天官之當簿其類然後可也。**天官，耳目也。當，主也，丁浪反。簿，簿書也。當簿，謂如各主當其簿書，不雜亂也。類，謂可聞之物，耳之類；可見之物，目之類。言心雖能召所知，必將任使耳目，令各主掌其類，然後可也。言心亦不能自主之也。○俞樾曰：楊注曰「天官，耳目也」，疑此文及注竝有奪誤。上文云「然則何緣而以同異，曰緣天官」，注曰：「天官，耳目鼻口心體也。」是天官本兼此六者而言，此何以獨言耳目乎？疑「天官」乃「五官」之誤。上云「心有徵知」，此當云「然而徵知必將待五官之當簿其類」，注當云「五官，耳目鼻口體也」。所以不數心者，徵知卽心也。下文云「五官簿之而不知，心徵之而無説」，卽承此文而言，可知「天官」爲「五官」之譌。因「五官」譌爲「天官」，而注又有闕文，遂不可讀。**五官簿之而不知，心徵之而無説，則人莫不然謂之不知，此所緣而以同異也。**五官，耳目鼻口心也。五官能主之，而不能知，心能召而知之，若又無説，則人皆謂之不知也。以其如此，故聖人分別，因立同異之名，使人曉之也。○王念孫曰：「莫不然謂之不知」，「然」字涉上下文而衍。五官者，耳目鼻口與形體也。（見上文。）言五官能簿之而不能知，心能徵之而又無説，則人皆謂之不智也。楊注亦當作「五官，耳目鼻口體也」，今本「體」作「心」，乃後人不知其義而妄改之。上注云「天官，耳目鼻口心體也」，足正此注之誤。（天論篇以耳目鼻口形能爲五官，「能」卽「態」字。此篇以耳目鼻口形體爲五官，「形體」卽「形態」。）郭嵩燾曰：王説非也。簿，猶記録也。心徵於耳目而後有知，所聞所見，心徵而知之，由耳目之記籍其名也。與耳目相接而終不知其名，心亦能徵之耳目而莫能言其名，則終不知而已。「莫不然謂之不知」，「然」亦語詞，不必爲衍文。**然後隨而命之：**既分同異之後，然後隨所名而命之。此已下覆明制名樞要之意也。**同則同之，異則異之，**同類則同名，異類則異名。**單足以喻則單，單不足以喻則兼，**單，物之單名也。兼，復名也。喻，曉也。謂若止喻其物，則謂之馬；喻其毛色，則謂之白馬、黄馬之比也。○盧文弨曰：注「復名」，宋本作「複名」。案復亦與複通用。**單與兼無所相避則共，雖共，不爲害矣。**謂單名、復名有不可相避者，則雖共同其名，謂若單名謂之馬，雖萬馬同名，復名謂之白馬亦然，雖共，不害於分别也。**知異實者之異名也，故使異實者莫不異名也，不可亂也，**知，謂人心知之。異實者異名，則不亂也。謂若牛與馬爲異實也。**猶使異實者莫不同名也。**恐異實、異名卒不可偏舉，故猶使異實者有時而同一名也。或曰：「異實」當爲「同實」。言使異實者異名，其不可相亂，猶如使同實者莫不同名也。○王念孫曰：或説是也。上文「同則同之，異則異之」是其證。前説非。**故萬物雖衆，有時而欲偏舉之，故謂之物。物也者，大共名也。推而共之，共則有共，至於無共然後止。**推此共名之理，則有共至於無共。言自同至於異也。起於總，謂之物，散爲萬名，是異名者本生於别同名者也。○王念孫曰：「共則有共」之「有」，讀爲又。謂共而又共，至於無共然後止也。楊説失之。**有時而欲偏舉之，故謂之鳥獸。鳥**

獸也者，大別名也。推而別之，別則有別，至於無別然後止。言自異至於同也。謂總其萬名，復謂之物，是同名者生於欲都舉異名也。言此者，所以別異名、同名之意。○王念孫曰：案此「偏」字當作「別」，與上條不同。上條以同爲主，故曰「徧舉之」，此條以異爲主，故曰「別舉之」。（下文皆作「別」。）鳥獸不同類，而鳥獸之中又各不同類，推而至於一類之中，又有不同，（若雉有五雉，雇有九雇，牛馬毛色不同，其名亦異之類。）故曰「鳥獸也者，大別名也。推而別之，別則有別，（有讀爲又，見上條。）至於無別然後止」也。今本作「偏舉」，則義不可通，蓋涉上條「徧舉」而誤。楊說皆失之。俞樾曰：此「偏」字乃「徧」字之誤。上云「徧舉之」，乃普徧之義，故曰「大共名也」。此云「偏舉之」，乃一偏之義，故曰「大別名也」。「偏」與「徧」形似，因而致誤。先謙案：俞說是。**名無固宜，約之以命。約定俗成謂之宜，異於約則謂之不宜。**名無固宜，言名本無定也。約之以命，謂立其約而命之，若約爲天，則人皆謂之天也。○先謙案：注「固宜」，各本誤「故宜」，今正。**名無固實，約之以命實，約定俗成謂之實名。**實名，謂以名實各使成言語文辭。謂若天地日月之比也。○王念孫曰：「約之以命實」，「實」字涉上下文而衍。上文「名無固宜，約之以命」，楊注云「約之以命，謂立其約而命之」，則此言「約之以命」，義亦與上同。若「命」下有「實」字，則義不可通，且楊必當有注矣。**名有固善，徑易而不拂，謂之善名。**徑疾平易而不違拂，謂易曉之名也。即謂呼其名遂曉其意，不待訓解者。拂音佛。**物有同狀而異所者，**謂若兩馬同狀，各在一處之類也。**有異狀而同所者，**謂若老幼異狀，同是一身也。蠶、蛾之類亦是也。可別也。狀同而爲異所者，雖可合，謂之二實。卽謂兩馬之類，名雖可合，同謂之馬，其實二也。狀變而實無別而爲異者，謂之化。有化而無別，謂之一實。狀雖變而實不別爲異所，則謂之化。化者，改舊形之名，若田鼠化爲鴽之類，雖有化而無別異，故謂之一實，言其實一也。此事之所以稽實定數也，稽考其實而定一二之數也。此制名之樞要也。此皆明制名之大意，是其樞要也。後王之成名，不可不察也。此三者，制名之實，後王可因其成名而名之，故不可不察也。

「見侮不辱」，「聖人不愛己」，「殺盜非殺人也」，此惑於用名以亂名者也。「見侮不辱」，宋子之言也。「聖人不愛己」，未聞其說，似莊子之意。「殺盜非殺人」，亦見莊子。宋子言「見侮不辱則使人不鬬」，或言「聖人不愛己而愛人」，莊子又云「殺盜賊不爲殺人」，言此三者，徒取其名，不究其實，是惑於用名以亂正名也。驗之所以爲有名而觀其孰行，則能禁之矣。驗其所爲有名，本由不喻之患、困廢之禍，因觀「見侮不辱」之說精孰可行與否，則能禁也。言必不可行也。○王引之曰：「驗之所」下「以」字，及下文「驗之所緣」下「無」字，皆後人所增。據注云「驗其所爲有名」、「驗其所緣同異」，則上無「以」字、下無「無」字明甚。上文云「所爲有名，（「爲」，卽「以」也，說見釋詞。）與所緣以同異，不可不察也」，故此承上文而言之。又案：孰者，何也。（說見釋詞。）觀其孰行者，觀其何所行也。觀其孰調者，觀其何所調也。楊讀孰爲熟，而訓爲精熟，則義

不可通。「山淵平」,「情欲寡」,「芻豢不加甘,大鍾不加樂」,此惑於用實以亂名者也。山淵平,即莊子云「山與澤平」也。情欲寡,即宋子云「人之情,欲寡」也。芻豢不加甘,大鍾不加樂,墨子之説也。古人以山爲高,以泉爲下,原其實,亦無定,但在當時所命耳,後世遂從而不改。亂名之人既以高下是古人之一言,未必物之實也,則我以山泉爲平,奚爲不可哉? 古人言情欲多,我以爲寡,芻豢甘,大鍾樂,我盡以爲不然,亦可也。此惑於用實本無定,以亂古人之舊名也。**驗之所緣無以同異而觀其孰調,則能禁之矣。**驗其所緣同異,本由物一貫,則不可分別,故定其名而別之。今「山淵平」之説,以高爲下,以下爲高,若觀其精孰,得調理與否,則能禁惑於實而亂名者也。○郭嵩燾曰:此三惑,仍承上言之。用名以亂名,則驗其所以爲名而觀其行;用實以亂名,則驗其所緣以爲同異而調使平;用名以亂實,則驗其制名之原而觀其所以爲辭受。荀用此三者,以明諸家立言之旨,所以爲正名也。此文「驗之所緣無以同異」,與前文不合,明「無」字衍文。**「非而謁楹有牛,馬非馬也」,此惑於用名以亂實者也。**非而謁楹有牛,未詳所出。馬非馬,是公孫龍白馬之説也。白馬論曰:「言白,所以命色也;馬,所以命形也。色非形,形非色,故曰白馬非馬也。」是惑於形色之名而亂白馬之實也。**驗之名約,以其所受悖其所辭,則能禁之矣。**名約,即名之樞要也。以,用也。悖,違也。所受,心之所是。所辭,心之所非。驗其名之大要,本以稽實定數,今馬非馬之説則不然。若用其心之所受者,違其所辭者,則能禁之也。

凡邪説辟言之離正道而擅作者,無不類於三惑者矣。辟,讀爲僻。**故明君知其分而**

不與辨也。明君守聖人之名分，不必亂名辨説是非也。**夫民易一以道而不可與共故，**故，事也。言聖人謹守名器，以道一民，不與之共事，共則民以它事亂之。故老子曰「國之利器，不可以示人」也。○郝懿行曰：故，謂所以然也。夫民愚而難曉，故但可偕之大道，而不可與共明其所以然，所謂「民可使由之，不可使知之」。**故明君臨之以埶，道之以道，**道達之以正道。**申之以命，章之以論，禁之以刑。故其民之化道也如神，辨埶惡用矣哉！**申，重也。章，明也。論，謂先聖格言。但用此道馭之，不必更用辨埶也。辨埶，謂説其所以然也。○盧文弨曰：以注末釋「辨説」觀之，則正文「辨埶」乃「辨説」之訛，注「埶」字亦當作「説」。下文屢云「辨説」，則此之爲誤顯然，蓋因上有「臨之以埶」語而誤涉耳。先謙案：據盧説，注皆作「辨埶」。今繙謝本者竝作「辨説」，誤，據虞、王本改正。**今聖王没，天下亂，姦言起，君子無埶以臨之，無刑以禁之，故辨説也。**荀卿自述正名及辨説之意也。**實不喻然後命，命不喻然後期，期不喻然後説，説不喻然後辨。**命，謂以名命之也。期，會也。言物之稍難名，命之不喻者，則以形狀大小會之，使人易曉也。謂若白馬，但言馬則未喻，故更以白會之。若是事多，會亦不喻者，則説其所以然。若説亦不喻者，則反覆辨明之也。**故期、命、辨、説也者，用之大文也，而王業之始也。**無期、命、辨、説，則萬事不行，故爲用之大文飾。王業之始，在於正名，故曰「王業之始也」。**名聞而實喻，名之用也。**名之用，本在於易知也。**累而成文，名之麗也。**累名而成文辭，所以爲名之華麗，詩、書之言皆是也。或曰：麗與儷同，配偶也。○盧文弨曰：注「麗與儷同」，舊本脱「與儷」二字，今補。**用、麗俱得，謂之知名。**淺與深，俱不失其所，則爲知名。**名也者，所以期累實也。**名者，期於累數其實，以成言語。或曰：「累實」當爲「異實」。言名者所以期於使實各異也。**辭也者，兼異實之名以論一意也。**辭者，説事之言辭。兼異實之名，謂兼數異實之名，以成言辭。猶若「元年春，王正月，公卽位」，兼説亡實之名，以論公卽位之一意也。○王念孫曰：「論」當爲「諭」，字之誤也。（淮南齊俗篇「不足以諭之」，今本「諭」誤作「論」。）諭，明也。言兼説異實之名以明之也。字或作「喻」。下文曰「辯説也者，不異實名以喻動靜之道也」是其證。上下文言「喻」者甚多，此不應獨作「論」也。楊説以春秋，云「論公卽位之一意」，則所見本已誤。**辨説也者，不異實名以喻動靜之道也。**動靜，是非也。言辨説者不唯兼異常實之名，所以喻是非之理。辭者論一意，辨者明兩端也。**期命也者，辨説之用也。**期，謂委曲爲名以會物也。期與命，所以爲辨説之用。**辨説也者，心之象道也。**辨説所以爲心想象之道，故心有所明則辨説也。**心也者，道之工宰也。**工能成物，宰能主物，心之於道亦然也。○陳奐曰：工宰者，工，官也。官宰，猶言主宰。（廣雅：「官，主君也。」）解蔽篇曰「心者，形之君也，而神明之主也，出令而無所受令」，是其義。舊注失之。**道也者，治之經理也。**經，常也。理，條貫也。言道爲理國之常法條貫也。**心合於道，説合於心，辭合於説，**言經爲説，成文爲辭。謂心能知道，説能合心，辭能成言也。正名而期，質請而喻。辨異而不過，推類而不悖，聽則合文，辨則盡故。以正道而辨姦，猶引繩以持曲直，是故邪説不能亂，百家無所竄。正名而期，謂正其名以會物，使人不惑也。質，物之形質。質請而喻，謂若形質自請其名然，因而喻知其實也。辨異而不過，謂足以別異物，則己不過説也。推類而不悖，謂推同類之物，使共其名，不使乖悖也。聽則合文，辨則盡故，謂聽它人之説則取其合文理者，自辨説則盡其事實也。正道，謂正名之道。持，制也。竄，匿也。百家無所隱竄，言皆知其姦詐也。○王念孫曰：楊説「質請」，甚迂。質，本也。（繫辭傳「原始要終，以爲質也」，曲禮「禮之質也」，鄭、虞注竝曰：「質，本也。」）請讀爲情。情，實也。言本其實而曉喻之也。上文云「名聞而實喻」，是其證也。正名而期，質情而喻，情卽是實，實與名正相對也。古者情、請同聲而通用。（成相篇「明其請」，楊注：「請，當爲情。」禮論篇「情文俱盡」，史記禮書「情」作「請」，徐廣曰：「古情字或假借作請，諸子中多有此比。」列子説符篇「發於此而應於外者唯請」，張湛曰：「請，當作情。」又墨子尚同、明鬼、非命諸篇，皆以「請」爲「情」。）有兼聽之明而無奮矜之容，有兼覆之厚而無伐德之色。説行則天下正，説不行則白道而冥窮，是聖人之辨説也。是時百家曲説，皆競自矜伐，故述聖人辨説雖兼聽兼覆，而無奮矜伐德之色也。白道，明道也。冥，幽隱也。冥窮，謂退而窮處也。○俞樾曰：楊説冥窮之義，甚爲迂曲。窮，當讀爲躬。白道而冥躬者，明白其道而幽隱其身也。古窮與躬通用。論語鄉黨篇「鞠躬如也」，聘禮鄭注作「鞠窮」，是其證。詩曰：「顒顒卬卬，如珪如璋，令聞令望。豈弟君子，四方爲綱。」此之謂也。詩，大雅卷阿之篇。顒顒，體貌敬順也。卬卬，志氣高朗也。

辭讓之節得矣，長少之理順矣，忌諱不稱，祆辭不出，以仁心說，以學心聽，以公心辨。以仁心說，謂務於開導，不騁辭辨也。以學心聽，謂悚敬而聽它人之說，不争辨也。以公心辨，謂以至公辨它人之說是非也。不動乎衆人之非譽，不以衆人是非而爲之動，但自正其辭說也。不治觀者之耳目，其所辨說，不求夸眩於衆人。○王念孫曰：「治」字義不可通。「治」當爲「冶」，字之誤也。不冶觀者之耳目，謂不爲祆辭以惑衆人之耳目也。（祆辭，見上文。）「冶」與「蠱」，古字通。集韻上聲三十五馬：「蠱，以者切，媚也。」文選南都賦「侍者蠱媚」，五臣本蠱音冶。劉良曰：「蠱媚，美容儀也。」舞賦「貌嫽妙以妖蠱」，五臣作「妖冶」。後漢書張衡傳「咸姣麗以蠱媚」，注曰：「蠱音野。謂妖麗也。」是「冶」即「蠱惑」之「蠱」也。「不冶觀者之耳目」，「不利勢」，二句一意相承。據楊注云「其所辯說，不求夸眩於衆人」，則所見本當是「冶」字。若是「治」字，則不得言「夸眩於衆」矣，以是明之。不賂貴者之權埶，不爲貨賂而移貴者之權埶也。不利傳辟者之辭，利，謂說愛之也。辟，讀爲僻。故能處道而不貳，吐而不奪，利而不流，貴公正而賤鄙争，是士君子之辨說也。吐而不奪，謂吐論而人不能奪。「利」，或爲「和」。○俞樾曰：楊說非也。「吐」當爲「咄」，形似而誤。從土從出之字，隸書每相亂，若「敹」從出而今譌爲

「敖」,「𧶠」從出而今譌爲「賣」是也。「咄」者,「詘」之叚字。從口從言之字,古或相通,若「詠」之爲「咏」、「諎」之爲「唶」、「吟」之爲「訡」、「嘖」之爲「謮」是也。「詘而不奪,利而不流」,二句相對,言雖困詘而不可劫奪,雖通利而不至流蕩也。上文於聖人之辨說曰「說行則天下正,說不行則白道而冥窮」;此於士君子之辨說曰「詘而不奪,利而不流」:詘謂說不行,利謂說行,其文正相配也。詩曰:「長夜漫兮,永思騫兮。大古之不慢兮,禮義之不愆兮,何恤人之言兮!」此之謂也。逸詩也。漫,謂漫漫,長夜貌。騫,咎也。引此以明辨說得其正,何憂人之言也?

君子之言,涉然而精,俛然而類,差差然而齊。彼正其名,當其辭,以務白其志義者也。涉然,深入之貌。俛然,俯就貌。俛然而類,謂俯近於人,皆有統類,不虛誕也。差差,不齊貌。謂論列是非,似若不齊,然終歸於齊一也。當,丁浪反。彼名辭也者,志義之使也,足以相通則舍之矣;苟之,姦也。通,謂得其理。使,所吏反。故名足以指實,辭足以見極,則舍之矣。極,中也,本也。見,賢遍反。外是者謂之訒,是君子之所弃,而愚者拾以爲己寶。訒,難也。過於志義相通之外,則是務爲難說耳,君子不用也。故愚者之言,芴然而粗,嘖然而不類,誻誻然而沸。芴與忽同。忽然,無根本貌。粗,踈略也。嘖,爭言也,助革反。或曰:與賾同,深也。誻誻,多言也。謂愚者言淺則踈略,深則無統類,又誻誻然沸騰也。彼誘其名,眩其辭,而無深於其志義者也。誘,誑也。但欺誑其名而不正,眩惑其辭而不實，又不深明於志義相通之理也。**故窮藉而無極，甚勞而無功，貪而無名。**藉，踐履也，才夜反。謂踐履於無極之地。貪而無名，謂貪於立名而實無名也。**故知者之言也，**知，讀爲智。**慮之易知也，行之易安也，持之易立也，成則必得其所好而不遇其所惡焉。而愚者反是。詩曰：「爲鬼爲蜮，則不可得，有靦面目，視人罔極。作此好歌，以極反側。」此之謂也。**詩，小雅何人斯之篇。毛云：「蜮，短狐也。靦，姡也。」鄭云：「使女爲鬼爲蜮也，則女誠不可得見也。姡然有面目，女乃人也，人相視無有極時，終必與女相見。作此歌，求女之情，女之情展轉極於是也。」

凡語治而待去欲者，無以道欲而困於有欲者也。凡言治待使人盡去欲，然後爲治，則是無道欲之術，而反爲有欲者所困也。**凡語治而待寡欲者，無以節欲而困於多欲者也。**若待人之寡欲然後治之，則是無節欲之術，而反爲多欲者所困。故能導欲則欲自去矣，能節欲則欲自寡矣。**有欲無欲，異類也，生死也，非治亂也。**二者異類，如生死之殊，非治亂所繫。在於導欲則治，不導欲則亂也。○王念孫曰：「生死也」三字，與上下文義不相屬，楊曲爲之説，非也。「生死也」，當作「性之具也」。（「生」「性」字相近，又因下文有「生死」字而誤。）下文「性之具也」，卽此句之衍文。有欲無欲，是生而然者也，故曰「性之具也」。「性之具也」，「情之數也」，二句相對爲文。下文「雖爲守門，欲不可去」，「雖爲天子，欲不可盡」，四句亦相對爲文，若闌入「性之具也」一句，則隔斷上下語氣。楊曲爲之説，亦非也。**欲之多寡，異類也，情之數也，非治亂也。**情之數，言人情必然之數也。治亂所繫，在節欲則治，不節欲則亂，不在欲之多寡也。**欲不待可得，而求者從所可。**凡人之情欲，雖未可得，以有欲之意求之，則從其所可得者也。○盧文弨曰：宋本注多賸字，今删正。俞樾曰：「待」字衍，當作「欲不可得，而求者從所可」。楊注不釋「待」字，故知爲衍文。郭嵩燾曰：「待」字不可少。人生而有欲，不待其可得而後欲之，此根於性者也。若無「待」字，則文不成義。俞説非，下同。**欲不待可得，所受乎天也；求者從所可，受乎心也。**天性有欲，心爲之節制。○俞樾曰：「待」字亦衍文也。「受乎心也」上，當有「所」字。「所受乎心」，與「所受乎天」正相對。下文亦以「所受乎天」「所受乎心」竝言，則此文有「所」字明矣，當據補。**所受乎天之一欲，制於所受乎心之多，固難類所受乎天也。**此一節未詳，或恐脱誤耳。或曰：當爲「所受乎天之一欲，制於所受乎心之計」，其餘皆衍字也。一欲，大凡人之情欲也。言所受乎天之大欲，皆制節於所受心之計度，心之計度亦受於天，故曰「所受」。○俞樾曰：或説甚晦，義不可通。此文當云「所受乎天之一，所受乎心之多，固難類也」。所受乎天，所受乎心，卽承上文而言，「一」與「多」正相對。所受乎天之一，言天之與人有定也。所受乎心之多，言人之心無窮也。固難類也，猶言固不可同耳。郭嵩燾曰：生之有欲，一而已矣。制於所受乎心之多者，以有欲之性聽命於心，而欲遂多紛馳，而日失其故，漓其真，則與所受於天之一欲，又不可以類求也。文義顯然。楊、俞説皆非。人之所欲，生甚矣，人之所惡，死甚矣，然而人有從生成死者，非不欲生而欲死也，不可以生而可以死也。此明心制欲之義。故欲過之而動不及，心止之也。動，謂作爲也。言欲過多，而所作爲不及其欲，由心制止之也。○先謙案：此文即以上生死明之。所欲有過於生，而動不及於求生者，心之中理止之也，故欲雖多，不傷於治；所欲不及於死，而動過之，自取死者，如鬭很亡身之類，心之失理使之也，故欲雖寡，無止於亂：此在心不在欲也。楊注似未全通。心之所可中理，則欲雖多，奚傷於治！欲不及而動過之，心使之也。言若心止之而中理，欲雖多，無害於治也。心之所可失理，則欲雖寡，奚止於亂！心使之失理，則欲雖寡，亦不能止亂。故治亂在於心之所可，亡於情之所欲。明在心不在欲。不求之其所在，而求之其所亡，雖曰我得之，失之矣。所在，心也。所亡，欲也。性者，天之就也；情者，性之質也；欲者，情之應也。性者成於天之自然，情者性之質體，欲又情之所應，所以人必不免於有欲也。○謝本從盧校無「所」字。以所欲爲可得而求之，情之所必不免也；盧文弨曰：「以欲爲可得」，宋本作「以所欲以爲可得」。今從元刻。王念孫曰：宋錢、吕本、世德堂本竝作「以所欲以爲可得而求之」，盧從元刻删「所」字及下「以」字。案「所」字不當删，下文曰「所欲雖不可盡，求者猶近盡」是其證。先謙案：王説是。今依宋本存「所」字。以爲可而道之，知所必出也。心以欲爲可得而道達之，智慮必出於此也。**故雖爲守門，欲不可去，**夫人各有心，故雖至賤，亦不能去欲也。**性之具也。雖爲天子，欲不可盡。**具，全也。若全其性之所欲，雖爲天子，亦不能盡，秦皇、漢武之比也。**欲雖不可盡，可以近盡也；**以，用也。近盡，近於盡欲也。言天子雖不可盡欲，若知道，則用可近盡而止之，不使故肆之也。**欲雖不可去，求可節也。**雖至賤，亦不可去欲，若知道，則求節欲之道而爲之也。**所欲雖不可盡，求者猶近盡；欲雖不可去，所求不得，慮者欲節求也。**爲賤者之謀慮，皆在節其所求之欲也。○盧文弨曰：注「賤者」，舊本作「貴賤」，訛，今改正。**道者，進則近盡，退則節求，天下莫之若也。**道，謂中和之道，儒者之所守也。進退，亦謂貴賤也。道者，貴則可以知近盡，賤則可以知節求，天下莫及之也。**凡人莫不從其所可，而去其所不可。知道之莫之若也，而不從道者，無之有也。**知節欲無過於道，則皆從道也。**假之有人而欲南無多，而惡北無寡，豈爲夫南者之不可盡也，離南行而北走也哉？**有人欲往南而惡往北也。欲南無多，謂南雖至多，猶欲之也。惡北無寡，謂北雖至寡，猶惡之也。言此人既欲南而惡北，豈爲夫南之不可得盡，因肯捨南而走北乎？**今人所欲無多，所惡無寡，豈爲夫所欲之不可盡也，離得欲之道而取所惡也哉？**今夫人情，欲雖至多，猶欲之，惡雖至寡，猶惡之，豈爲欲之不可得盡，因肯取所惡哉？聖人以道節欲，則各安其分矣。而宋、墨之徒不喻斯理，而彊令去欲寡欲，此何異使之離南而北走，捨欲而取惡？必不可得也。**故可道而從之，奚以損之而亂！**可道，合道也。損，減也。言若合道則從之，奚以損亂而過此也。**不可道而離之，奚以益之而治！**不合道則離之，奚以益治而過此。此明上合道，雖爲有欲之説，亦可從之；不合道，雖爲去欲之説，亦可離之也。**故知者論道而已矣，小家珍説之所願皆衰矣。**知治亂者，論合道與不合道而已矣，不在於有欲無欲也。能知此者，則宋、墨之家自珍貴其説，願人之去欲、寡欲者皆衰矣。**凡人之取也，所欲未嘗粹而來也；其去也，所惡未嘗粹而往也。故人無動而不可以不與權俱。**粹，全也。凡人意有所取，其欲未嘗全來，意有所去，其惡未嘗全去，皆所不適意也。權者，稱之權，所以知輕重者也，能權變適時，故以喻道也。言人之欲惡常難適意，故其所舉動而不可不與道俱，不與道俱則惑於欲惡矣。故達道者不戚戚於貧賤，不汲汲於富貴，故能遺夫得喪，欲惡不以介懷而欲自節矣。○王念孫曰：上「不」字衍。此言人之舉動不可不與權俱。（權，謂道也。）不與權俱，則必爲欲惡所惑，故曰「人無動而可以不與權俱」。今本「可」上有「不」字者，涉注文「不可不與道俱」而衍。**衡不正，則重縣於仰而人以爲輕，輕縣於俛而人以爲重，此人所以惑於輕重也。**衡，稱之衡也。不正，謂偏舉也。衡若均舉之，則輕重等而平矣。若偏舉之，則重縣於仰、輕縣於俛而猶未平也，遂以此定輕重，是惑也。**權不正，則禍託於欲而人以爲福，福託於惡而人以爲禍，此亦人所以惑於禍福也。**權不正，謂不知道而偏見，如稱之權不正者也。禍託於欲，謂無德而禄，因以爲福，不知禍不旋踵也。福託於惡，謂若有才未偶，因以爲禍，不知先號後笑也。言不知道則惑於倚伏之理也。道者，古今之正權也，離道而内自擇，則不知禍福之所託。道能知禍福之正，如權之知輕重之正。離權則不知輕重，離道則不知禍福也。易者以一易一，人曰無得亦無喪也；易，謂以物相易。以一易兩，人曰無喪而有得也；以兩易一，人曰無得而有喪也。計者取所多，謀者從所可。以兩易一，人莫之爲，明其數也。從道而出，猶以一易兩也，奚喪！從道則無所喪，儒術是也。離道而内自擇，是猶以兩易一也，奚得！離道則無所得，宋、墨是也。其累百年之欲，易一時之嫌，然且爲之，不明其數也。累，積也。嫌，惡也。此謂不以道求富貴，終遇禍也。有嘗試深觀其隱而難其察者，有，讀爲又。雖隱而難察，以下四事觀之，則可知也。○王念孫曰：「隱而難其察」，「其」字涉上文而衍。據楊注云「隱而難察」，則無「其」字明矣。志輕理而不重物者，無之有也；理爲道之精微。○顧千里曰：案「不」下疑當有「外」字。下文「外重物而不内憂者，無之有也；行離理而不外危者，無之有也；外危而不内恐者，無之有也」，一氣承接，「外重物」與「外危」二句爲同例也。外重物而不内憂者，無之有也；行離理而不外危者，無之有也；外危而不内恐者，無之有也。心憂恐則口銜芻豢而不知其味，耳聽鐘鼓而不知其聲，目視黼黻而不知其狀，輕煖平簟而體不知其安。故嚮萬物之美而不能嗛也，嚮，讀爲享，獻也，謂受其獻也。嗛，足也，快也。史記樂毅曰：「先王以爲嗛於志。」嗛，口簟反。○俞樾曰：平乃席名，故與「簟」竝言。説文艸部：「蒻，蒲子，可以爲平席。」釋名釋牀帳曰：「蒲平，以蒲作之，其體平也。」竝可爲證。假而得問而嗛之，則不能離也。假或有人問之，蹔以爲足其意，終亦不能離於不足也。○王念孫曰：「得問」二字，義不可通，楊曲爲之説，非也。「得問」當爲「得閒」，（古莧反。）字之誤也。言憂恐在心，則雖享萬物之美而心不慊，卽使暫時得閒而慊之，而其不慊者仍在也。故嚮萬物之美而盛憂，兼萬物之利而盛害。如此者，其求物也，養生也？粥壽也？「也」，皆當爲「邪」，問之辭。故欲養其欲而縱其情，縱其情，則欲終不可養也。欲養其性而危其形，欲養其樂而攻其心，欲養其名而亂其行。皆外重物之所致也。如此者，雖封侯稱君，其與夫盜無以異；乘軒戴絻，其與無足無以異。絻與冕同。○盧文弨曰：「夫盜」，元刻無「夫」字，「乘軒」上有「雖」字。無足，當謂貧人之本不足者。俞樾曰：無足，謂刖者也。乘軒戴絻而行，榮之至矣，然實與無足者之跉卓而行無以異也。「無足」與「乘軒」相應。盧未得其義。夫是之謂以己爲物役矣。己爲物之役使。心平愉，則色不及傭而可以養目，所視之物不及傭作之人，亦可養目。聲不及傭而可以養耳，蔬食菜羹而可以養口，麤布之衣、麤紃之履而可以養體，麤紃之履，麤麻屨也。○盧文弨曰：「蔬食」，當作「疏食」。屋室、廬庾、葭稾蓐、尚机筵而可以養形。廬，草屋也。庾，屋如廩庾者。葭，蘆也。

以廬庾爲屋室，葭槀爲席蓐，皆貧賤人之居也。尚机筵，未詳。或曰：尚，言尚古，猶若稱「尚書」之「尚」也。尚机筵，質樸之机筵也。○王念孫曰：以廬庾爲屋室，而云「屋室廬庾」，則文義不明，且與「葭槀蓐」文非一律。初學記器物部引作「局室、蘆簾、槀蓐」，於義爲長。説文：「局，促也。」局室，謂促狹之室。蘆簾、槀蓐，謂以蘆爲簾、以槀爲蓐也。「屋室」蓋「局室」之誤，「廬庾」蓋「蘆簾」之誤。（「簾」「廉」古字通。）「槀蓐」與「蘆簾」對文，則「槀」上不當有「葭」字，且葭卽蘆也，又與「蘆」相複。**故無萬物之美而可以養樂，無埶列之位而可以養名。**埶列，班列也。名，美名也。**如是而加天下焉，其爲天下多，其和樂少矣，**以是無貪利之心，加以天下之權，則爲天下必多，爲己之私和樂少矣。○王念孫曰：「和」，當爲「私」，字之誤也。（管子法禁篇「脩上下之交，以私親於民」，今本「私」誤作「和」。）言以是不貪之心治天下，則其爲天下必多，而爲己之私樂必少也。私樂對天下之樂而言。若云「和樂少」，則義不可通。楊云「爲己之私和樂少」，則未知「和」卽「私」之誤也。先謙案：王説是。注中「和」字，乃後人因正文誤「私」爲「和」而羼入之，楊所見本蓋不誤。**夫是之謂重己役物。**知道則心平愉，心平愉則欲惡有節，不能動，故能重己而役物。自「有嘗試」已下，皆論知道不知道也。**無稽之言，不見之行，不聞之謀，君子慎之。**無稽之言，言無考驗者也。不見之行，不聞之謀，謂在幽隱，人所不聞見者，君子尤當戒慎，不可忽也。中庸曰：「戒慎乎其所不覩，恐懼乎其所不聞，莫見乎隱，莫顯乎微，故君子慎其獨也。」説苑作「無類之説，不戒之行，不贊之辭，君子慎之」。此三句不似此篇之意，恐誤在此耳。○盧文弨曰：案此篇由孔子「必也正名」之恉推演之，極言人不能無欲，必貴乎導欲以合乎道，而不貴乎絶欲。此荀子之闢小家珍説，而與孔、孟所言治己治人之恉相合。後儒專言遏制凈盡者，幾何不以雍而潰矣。

荀子卷第十七

性惡篇第二十三

當戰國時，競爲貪亂，不脩仁義，而荀卿明於治道，知其可化，無勢位以臨之，故激憤而著此論。書曰「惟天生民，有欲無主，乃亂，惟聰明時乂」，亦與此義同也。舊第二十六，今以是荀卿論議之語，故亦升在上。○盧文弨曰：書作「惟天生聰明時乂」，此無「天生」二字，似誤脱。

人之性惡，其善者僞也。僞，爲也，矯也，矯其本性也。凡非天性而人作爲之者，皆謂之僞。故爲字「人」傍「爲」，亦會意字也。○郝懿行曰：性，自然也。僞，作爲也。「僞」與「爲」，古字通。楊氏不了，而訓爲矯，全書皆然，是其蔽也。先謙案：郝説是。荀書僞，皆讀爲。下文「器生於工人之僞」尤其明證。**今人之性，生而有好利焉，順是，故争奪生而辭讓亡焉；**天生性也。順是，謂順其性也。**生而有疾惡焉，順是，故殘賊生而忠信亡焉；**疾與嫉同。惡，烏路反。**生而有耳目之欲，有好聲色焉，**○先謙案：下「有」字疑衍。**順是，故淫亂生而禮義文理亡焉。**文理，謂節文、條理也。**然則從人之性，**○先謙案：論語八佾篇集解：「從，讀曰縱。」下同。順人之情，必出於争奪，合於犯分亂理而歸於暴。○俞樾曰：「犯分」，當作「犯文」。此本以「文」「理」相對。上文曰「順是，故淫亂生而禮義文理亡焉」，下文曰「合於文理，而歸於治」，並其證也。「合於犯文亂理」，與「合於文理」正相對成義。今作「犯分」，則與下文不合矣。當由後人習聞「犯分」，罕聞「犯文」而誤改之耳。故必將有師法之化、禮義之道，道與導同。然後出於辭讓，合於文理，而歸於治。用此觀之，然則人之性惡明矣，其善者僞也。故枸木必將待檃栝、烝、矯然後直，枸，讀爲鉤，曲也，下皆同。檃栝，正曲木之木也。烝，謂烝之使柔。矯，謂矯之使直也。鈍金必將待礱、厲然後利。礱、厲，皆磨也。厲與礪同。○盧文弨曰：注「礪」，舊作「勵」，誤。今人之性惡，必將待師法然後正，得禮義然後治。今人無師法則偏險而不正，○王念孫曰：廣雅：「險，衺也。」成相篇曰：「險陂傾側。」大戴記衛將軍文子篇曰：「如商也，其可謂不險矣。」無禮義則悖亂而不治。古者聖王以人之性惡，以爲偏險而不正，悖亂而不治，是以爲之起禮義，制法度，以矯飾人之情性而正之，以擾化人之情性而導之也。始皆出於治、合於道者也。矯，彊抑也。擾，馴也。今之人，化師法、積文學、道禮義者爲君子；縱性情、安恣睢，而違禮義者爲小人。用此觀之，然則人之性惡明矣，其善者僞也。孟子曰：「人之學者，其性善。」孟子言人之有學，適所以成其天性之善，非矯也。與告子所論者是也。曰：是不然。是不及知人之

性，而不察乎人之性、僞之分者也。不及知，謂智慮淺近，不能及於知，猶言不到也。書曰「予沖人，不及知」也。**凡性者，天之就也，不可學，不可事；禮義者，聖人之所生也，人之所學而能、所事而成者也。**聖人之所生，明非天性也。事，爲也，任也。周禮太宰職「六曰事典，以富邦國，以任百官」，鄭云：「任，事也。」○盧文弨曰：鄭注本云「任，猶傳也」。玩楊意，卻只作「事」。**不可學、不可事而在人者謂之性，可學而能、可事而成之在人者謂之僞。是性、僞之分也。**不可學、不可事，謂不學而能、不事而成也。○顧千里曰：「而在人者」，「而」，疑當作「之」，「人」，疑當作「天」，與「可學而能、可事而成之在人者謂之僞」爲對文也。上文「凡性者，天之就也，不可學，不可事」亦其明證。**今人之性，目可以見，耳可以聽。夫可以見之明不離目，可以聽之聰不離耳，**可見之明常不離於目，可聽之聰常不離於耳也。**目明而耳聰，不可學明矣。**如目明耳聰之不假於學，是乃天性也。**孟子曰：「今人之性善，將皆失喪其性故也〔一〕。」**孟子言失喪本性，故惡也。**曰：若是，則過矣。今人之性，生而離其朴，離其資，必失而喪之。**朴，質也。資，材也。言人若生而任其性，則離其質朴而偷薄，離其資材而愚惡，其失喪必也。○郝懿行曰：「朴」，當爲「樸」。樸者，素也。言人性生而已離其質樸

〔一〕「故也」，據楊注，似當作「故惡也」。

與其資材，其失喪必矣，非本善而後惡。用此觀之，然則人之性惡明矣。○王念孫曰：此下亦當有「其善者僞也」句。「人之性惡，其善者僞也」二句，前後凡九見，則此亦當然。所謂性善者，不離其朴而美之，不離其資而利之也。不離質朴資材，自得美利，不假飾而善，此則爲天性。使夫資朴之於美，心意之於善，若夫可以見之明不離目，可以聽之聰不離耳，使質朴資材自善，如聞見之聰明常不離於耳目，此乃天性也。故曰目明而耳聰也。故曰如目明耳聰，此乃是其性，不然，則是矯僞使之也。今人之性，飢而欲飽，寒而欲煖，勞而欲休，此人之情性也。今人飢，見長而不敢先食者，將有所讓也；○俞樾曰：注不釋「長」字，蓋以爲尊長也。然下文云「勞而不敢求息者，將有所代也」，無爲尊長任勞之文，則此句「長」字亦非謂尊長也。長，讀爲粻。爾雅釋言：「粻，糧也。」詩崧高篇「以峙其粻」，鄭箋曰：「粻，糧也。」「見粻而不敢先食」，與下文「勞而不敢求息」意正相配，若作「見長」，則轉與下意不倫矣。勞而不敢求息者，將有所代也。所以代尊長也。夫子之讓乎父，弟之讓乎兄，子之代乎父，弟之代乎兄，此二行者，皆反於性而悖於情也。悖，違。然而孝子之道，禮義之文理也。故順情性則不辭讓矣，辭讓則悖於情性矣。用此觀之，然則人之性惡明矣，其善者僞也。

問者曰：「人之性惡，則禮義惡生？」禮義從何而生？惡音烏。應之曰：凡禮義者，是生於聖人之僞，非故生於人之性也。故，猶本也。言禮義生於聖人矯僞抑制，非本生於人性也。故陶人埏埴而爲器，陶人，瓦工也。埏，擊也。埴，埴黏土也。擊黏土而成器。埏音羶。然則器生於工人之僞，非故生於人之性也。言陶器自是生於工人學而爲之，非本生於人性自能爲之也。或曰：「工人」當爲「陶人」。故，猶本也。○王念孫曰：楊後説以此「工人」爲「陶人」之誤，是也。此文本作「故陶人埏埴而爲器，然則器生於陶人之僞，非故生於陶人之性也。故工人斲木而成器，然則器生於工人之僞，非故生於工人之性也」。今本「陶人之性」、「工人之性」，皆作「人之性」，此涉上下文「人之性」而誤。下文云「瓦埴豈陶人之性」、「器木豈工人之性」，是其明證矣。故工人斲木而成器，然則器生於工人之僞，非故生於人之性也。聖人積思慮，習僞故，以生禮義而起法度，然則禮義法度者，是生於聖人之僞，非故生於人之性也。自是聖人矯人性而爲之，如陶人、工人然也。若夫目好色，耳好聲，口好味，心好利，骨體膚理好愉佚，是皆生於人之情性者也，膚理，皮膚文理也。佚與逸同。人勞苦則皮膚枯槁也。感而自然，不待事而後生之者也。受性自爾，不待學而知也。夫感而不能然，必且待事而後然者，謂之生於僞。○王引之曰：僞音爲。「謂之僞」三字中不當有「生於」二字，此涉上「生於」而衍也。上文曰「可學而能、可事而成之在人者謂之僞」，正名篇曰「慮積焉、能習焉而後成謂之僞」，皆其證。是性、僞之所生，其不同之徵也。徵，驗。故聖人化性而起僞，言聖人能變化本性而興起矯僞也。僞起而生禮義，老子曰「智惠出，有大僞」，莊子亦云「仁相僞也，義相虧也」，皆言非其本性也。○謝本從盧校作「僞起於性」。王念孫曰：宋錢佃校本云：「『僞起於性而生禮義』，諸本作『僞起而生禮義』，無『於性』二字。」案諸本是也。上文云「凡禮義者，是生於聖人之僞，非故生於人之性也」，則不得言「僞起於性而生禮義」明矣。宋本有「於性」二字者，不曉荀子之意而妄加之也。禮義生於聖人之僞，故曰「僞起而生禮義」。下文云「能化性，能起僞，僞起而生禮義」，是其明證矣。先謙案：王說是。今從諸本删「於性」二字。禮義生而制法度。然則禮義法度者，是聖人之所生也。故聖人之所以同於衆，其不異於衆者，性也；○俞樾曰：同於衆，卽不異於衆也，於文複矣。據下文云「所以異而過衆者，僞也」，疑此文亦當作「所以同於衆而不過於衆者，性也」。「而」譌作「其」，「過」譌作「異」，而詞意俱不可通矣。所以異而過衆者，僞也。聖人過衆，在能起僞。夫好利而欲得者，此人之情性也。假之人有弟兄資財而分者，且順情性，好利而欲得，若是，則兄弟相拂奪矣；拂，違戾也。或曰：「拂」字從「木」旁「弗」，擊也。方言云：「自關而西謂之柫。」今之農器連枷也。且，發辭也。○盧文弨曰：「拂奪」，宋本作「佛奪」，注同。俞樾曰：楊注「違戾」之訓既得之矣，讀拂爲柫，義轉迂曲。說文：「拂，過擊也。」拂自可訓擊，何必改爲「柫」乎？柫者，農器也，施之於此，非所安矣。又案：說文色部艴䒈怒色也。此「拂」字，疑「艴」之叚音。言兄弟必艴然争奪也。先謙案：據下文言「讓乎國人」，則非兄弟分財之謂，明「弟兄」二字衍文也。有資財而分，順情性則兄弟相奪，化禮義則讓乎國人，文義正相對待，若兄弟分財而讓及國人，非情理所有矣。「弟兄」二字，乃淺人緣下文「兄弟相拂奪」妄加之。且化禮義之文理，若是則讓乎國人矣。故順情性則弟兄争矣，化禮義則讓乎國人矣。凡人之欲爲善者，爲性惡也。爲其性惡，所以欲爲善也。夫薄願厚，惡願美，狹願廣，貧願富，賤願貴，苟無之中者，必求於外；故富而不願財，貴而不願埶，苟有之中者，必不及於外。既有富貴於中，故不及財埶於外也。用此觀之，人之欲爲善者，爲性惡也。無於中，故求於外，亦猶貧願富之比。今人之性，固無禮義，故彊學而求有之也；性不知禮義，故思慮而求知之也。然則生而已，則人無禮義，不知禮義。生而已，謂不矯僞者。○盧文弨曰：「生而已」，元刻作「性而已」，下同。人無禮義則亂，不知禮義則悖。然則生而已，則悖亂在己。用此觀之，人之性惡明矣，其善者僞也。不矯而爲之，則悖亂在己，以此知其性惡也。

孟子曰：「人之性善。」曰：是不然。凡古今天下之所謂善者，正理平治也；所謂惡者，偏險悖亂也。是善惡之分也已。善惡之分，在此二者。分，扶問反。今誠以人之性固正理平治邪？則有惡用聖王、惡用禮義矣哉！有，讀爲又。惡音烏。雖有聖王禮義，將曷加於正理平治也哉！今不然，人之性惡。今以性善爲不然者，謂人之性惡也。故古者聖人以人之性惡，以爲偏險而不正，悖亂而不治，故爲之立君上之埶以臨之，明禮義以化之，起法正以治之，重刑罰以禁之，使天下皆出於治、合於善也。是聖王之治，而禮義之化也。今當試去君上之埶，○先謙案：「當」，是「嘗」之借字。當試，猶嘗試，説見君子篇。無禮義之化，去法正之治，無刑罰之禁，倚而觀天下民人之相與也，倚，任也。或曰：倚，偏倚。猶傍觀也。○王念孫曰：楊説非也。倚者，立也。言立而觀之。説卦傳「參天兩地而倚數」，虞翻曰：「倚，立也。」（廣雅同。）楚辭九辯「澹容與而獨倚兮」，謂獨立也。招隱士「白鹿麏麚兮，或騰或倚」，謂或騰或立也。列子黄帝篇曰「有七尺之骸，手足之異，戴髮含齒，倚而趣者，謂之人」，謂立而趣也。淮南氾論篇曰：「立之於本朝之上，倚之於三公之位。」若是，則夫彊者害弱而奪之，衆者暴寡而譁之，衆者陵暴於寡而諠譁之，不使得發言也。○俞樾曰：如楊注「譁」與「奪」義不倫。禮記曲禮篇「爲國君華之」，鄭注曰：「華，中裂之。」此文「譁」字，當讀爲華，而從「中裂」之訓。陵暴於寡而分裂之，與害弱而奪之者無異也。天下之悖亂而相亡不待頃矣。頃，少頃也。本或爲「須」，須臾也。用此觀之，然則人之性惡明矣，其善者僞也。故善言古者必有節於今，善言天者必有徵於人。節，準。徵，驗。○郝懿行曰：節者，信也。言論古必以今事爲符信。四語，董子書偁之。王引之曰：諸書無訓節爲準者。節，亦驗也。禮器注云：「節，猶驗也。」下文曰「凡論者，貴其有辨合，有符驗」，

「符驗」即「符節」。（哀六年公羊傳注：「節，信也。」齊策注：「驗，信也。」或言「符節」，或言「符驗」，或言「符信」，一也。）漢書董仲舒傳作「善言古者必有驗於今」，是「節」即「驗」也。凡論者，貴其有辨合，有符驗，辨，别也。周禮小宰「聽稱責以傅别」，鄭司農云：「别之爲兩，兩家各執其一。」符，以竹爲之，亦相合之物。言論議如别之合，如符之驗，然可施行也。故坐而言之，起而可設，張而可施行。今孟子曰「人之性善」，無辨合符驗，坐而言之，起而不可設，張而不可施行，豈不過甚矣哉！故性善則去聖王、息禮義矣；性善則不假聖王禮義也。性惡則與聖王、貴禮義矣。○謝本從盧校「與」作「興」。王念孫曰：吕、錢本「興」皆作「與」。案齊語「桓公知天下諸侯多與己也」，韋注曰：「與，從也。」與聖王，從聖王也。「與」與「去」正相反，則作「與」者是，從元刻作「興」非。先謙案：王説是。今改正。故檃栝之生，爲枸木也；繩墨之起，爲不直也；立君上，明禮義，爲性惡也。用此觀之，然則人之性惡明矣，其善者僞也。直木不待檃栝而直者，其性直也；枸木必將待檃栝、烝、矯然後直者，以其性不直也。今人之性惡，必將待聖王之治、禮義之化，然後皆出於治、合於善也。用此觀之，然則人之性惡明矣，其善者僞也。

問者曰：「禮義積僞者，是人之性，故聖人能生之也。」言禮義雖是積僞所爲，亦皆人之天性自有，聖人能生之，衆人但不能生耳。○先謙案：禮義積僞者，積作爲而起禮義也。楊注非。應之曰：是不然。夫陶人埏埴而生瓦，然則瓦埴豈陶人之性也哉？豈陶人亦性而能瓦埴哉？亦積僞然後成也。工人斲木而生器，然則器木豈工人之性也哉？夫聖人之於禮義也，辟則陶埏而生之也，辟，讀爲譬。然則禮義積僞者，豈人之本性也哉？凡人之性者，堯、舜之與桀、跖，其性一也；君子之與小人，其性一也。言皆惡也。今將以禮義積僞爲人之性邪？然則有曷貴堯、禹，曷貴君子矣哉？所以貴堯、禹者，以其能化性、異於衆也。有，讀爲又。凡所貴堯、禹、君子者，能化性，能起僞，僞起而生禮義。然則聖人之於禮義積僞也，亦猶陶埏而生之也。聖人化性於禮義，猶陶人埏埴而生瓦。○王念孫曰：吕、錢本「亦」下皆有「猶」字。案上文云「夫聖人之於禮義也，辟亦陶埏而生之也」，則此句内當有「猶」字。故楊注亦云：「聖人化性於禮義，猶陶人埏埴而生瓦。」先謙案：謝本從盧校無「猶」字。今依王説，從吕、錢本增。用此觀之，然則禮義積僞者，豈人之性也哉？卽類陶埏而生，明非本性也。所賤於桀、跖、小人者，從其性，順其情，安恣睢，以出乎貪利爭奪。故人之性惡明矣，其善者僞也。桀、跖、小人，是人之本性也。天非私曾、騫、孝已而外衆人也，曾、騫，曾參、閔子騫也；孝已，殷高宗之太子：皆有至孝之行也。然而曾、騫、孝已獨厚於孝之實而全於孝之名者，何也？以綦於禮義故也。三人能矯其性，極爲禮義故也。天非私齊、魯之民而外秦人也，然而於父子之義、夫婦之別，不如齊、魯之孝具敬父者，何也？孝具，能具孝道。「敬父」，當爲「敬文」，傳寫誤耳。敬而有文，謂夫婦有别也。○王念孫曰：敬文，見勸學、禮論二篇。「於父子之義、夫婦之别」上，當有「秦人」二字，而今本脱之。「孝具」二字不詞，且與「敬文」不對，「具」當爲「共」，字之誤也。「孝共」，即「孝恭」，（「令德孝恭」，見周語。）正與「敬文」對。楊云「孝具，能具孝道」，此望文生義而非其本旨。以秦人之從情性、安恣睢、慢於禮義故也。豈其性異矣哉？綦禮義則爲曾、閔，慢禮義則爲秦人，明性同於惡，唯在所化耳。若以爲性善，則曾、閔不當與衆人殊，齊、魯不當與秦人異也。

「塗之人可以爲禹」，曷謂也？塗，道路也。舊有此語，今引以自難。言若性惡，何故塗之人皆可以爲禹也。曰：凡禹之所以爲禹者，以其爲仁義法正也。然則仁義法正有可知可能之理，人皆有之。然而塗之人也，皆有可以知仁義法正之質，皆有可以能仁義法正之具，然則其可以爲禹明矣。今以仁義法正爲固無可知可能之理邪？然則唯禹不知仁義法正，不能仁義法正也。唯，讀爲雖。將使塗之人固無可以知仁義法正之質，而固無可以能仁義法正之具邪？然則塗之人也，且内不可以知父子之義，外不可以知君臣之正。不然。以塗之人無可知可能之論爲不然也。○俞樾曰：「不然」二字當在「今」字之下，「今不然」三字爲句。上文云「今不然，人之性惡」是其例也。今塗之人者，皆内可以知父子之義，外可以知君臣之正，然則其可以知之質，可以能之具，其在塗之人明矣。今使塗之人者以其可以知之質，可以能之具，本夫仁義之可知之理、可能之具，然則其可以爲禹明矣。今使塗之人伏術爲學，專心一志，思索孰察，加日縣久，積善而不息，則通於神明，參於天地矣。伏術，伏膺於術。孰察，精孰而察。加日，累日也。縣久，縣繫以久長。○郝懿行曰：「伏」與「服」，古字通。服者，事也。古書「服事」亦作「伏事」，「服膺」亦作「伏膺」。王念孫曰：術者，道也。（見大傳注、樂記注、魯語、晉語注。）服術，猶言事道。故聖人者，人之所積而致矣。雖性惡，若積習，則可爲聖人。書曰：「惟狂克念作聖。」曰：「聖可積而致，然而皆不可積，何也？」曰：可以而不可使也。可以爲而不可使爲，以其性惡。故小人可以爲君子而不肯爲君子，君子可以爲小人而不肯爲小人。小人、君子者，未嘗不可以相爲也，然而不相爲者，可以而不可使也。故塗之人可以爲禹則然，塗之人能爲禹未必然也。○盧文弨曰：「故塗之人可以爲禹」下，元刻有「未必然也，塗之人可以爲禹」十一字，宋本無。雖不能爲禹，無害可以爲禹。足可以偏行天下，然而未嘗有能偏行天下者也。夫工匠、農、賈，未嘗不可以相爲事也，事，業。然而未嘗能相爲事也。用此觀之，然則可以爲，未必能也；雖不能，無害可以爲。然則能不能之與可不可，其不同遠矣，其不可以相爲明矣。工、賈可以相爲而不能相爲，是可與能不同也。可與能既不同，則終不可以相爲也。此明禹亦性惡，以能積僞爲聖人，非禹性本善也。聖人異於衆者，在化性也。堯問於舜曰：「人情何如？」舜對曰：「人情甚不美，又何問焉？妻子具而孝衰於親，嗜欲得而信衰於友，爵禄盈而忠衰於君。人之情乎！人之情乎！甚不美，又何問焉？」唯賢者爲不然。引此亦以明性之惡。韓侍郎作性原〔一〕曰：「性也者，與生俱生也；情也者，接於物而生也。性之品有三，而其所以爲性五；情之品有三，而其所以爲情七。曰：何也？曰：性之品有上、中、下三。上焉者，善而已矣；中焉者，可道而上下也；下焉者，惡焉而已矣。其所以爲性者五：曰仁，曰禮，曰信，曰義，曰智。上焉者之於五也，主於一而行於四；中焉者之於五也，一不少有焉，則少反焉，其於四也混；下焉者之於五也，反於一而悖於四。性之於情，視其品。情之品有上、中、下三，其所以爲情者七：曰喜，曰怒，曰哀，曰懼，曰愛，曰惡，曰欲。上焉者之於七也，動而處其中；中焉者之於七也，有所甚，有所亡，然而求合其中者也；下焉者之於七也，亡與甚，直情而行者也。情之於性，視其品。孟子之言性曰：『人之性善。』荀子之言性曰：『人之性惡。』揚子之言性曰：『人之性，善惡混。』夫始善而進惡，與始惡而進善，與始也混而今也善惡，皆舉其中而遺其上下者也，得其一而失其二者也。叔魚之生也，其母視之，知其必以賄死。楊食我之生也，叔向之母聞其號也，知必滅其宗。越椒之生

〔一〕「性原」，似當作「原性」。

也，子文以爲大慼，知若敖氏之鬼不食也。人之性果善乎？后稷之生也，其母無災；其始匍匐也，則岐岐然，嶷嶷然。文王之在母也，母不憂；既生也，傅不勤；既學也，師不煩。人之性果惡乎？堯之朱，舜之均，文王之管、蔡，習非不善也，而卒爲姦。瞽叟之舜，鮌之禹，習非不惡也，而卒爲聖。人之性，善惡果混乎？故曰：三子之言性也，舉其中而遺其上下者也，得其一而失其二者也。曰：然則性之上下者，其終不可移乎？曰：上之性，就學而愈明；下之性，畏威而寡罪。是故上者可學而下者可制也，其品則孔子謂『不移』也。曰：今之言性者異於此，何也？曰：今之言者，雜老、佛而言也。雜老、佛而言之也者，奚言而不異？」**有聖人之知者，有士君子之知者，有小人之知者，有役夫之知者：多言則文而類，終日議其所以，言之千舉萬變，其統類一也，是聖人之知也。**文，謂言不鄙陋也。類，謂其統類不乖謬也。雖終日議其所以然，其言千舉萬變，終始條貫如一，是聖人之知也。**少言則徑而省，論而法，若佚之以繩，是士君子之知也。**徑，易也。省，謂辭寡。論而法，謂論議皆有法，不放縱也。「論」或爲「倫」。佚，猶引也。佚以繩，言其直也。聖人經營事廣，故曰「多言」；君子止恭其所守，故曰「少言」也。○郝懿行曰：徑者，直也。論，猶倫也。古「論」「倫」字亦通。佚者，隱也。言若闇合於繩墨，不邪曲也。楊注非。俞樾曰：楊注「佚，猶引也」，然佚無引義，恐不可從。佚，當讀爲秩。秩之言次也、序也。僖三十一年公羊傳「天子秩而祭之」，何休注曰：「秩者，隨其大小、尊卑、高下所宜。」故字亦通作「程」。尚書堯典「平秩東作」、「平秩南訛」、「平秩西成」，史記五帝本紀「秩」皆作「程」。

段玉裁以説文「戴」「𧾷」字皆讀若詩「秩秩大猷」爲證。是程與秩，聲義俱相近。秩之以繩，猶程之以繩也。致仕篇曰「程者，物之準也」是其義也。**其言也謟，其行也悖，其舉事多悔，是小人之知也。**言謟、行悖，謂言行相違也。○盧文弨曰：宋本「謟」作「諂」，「悔」作「侮」，今從元刻。俞樾曰：「多悔」義不可通，盧從元刻作「悔」，是也。詩生民篇「庶無罪悔」，鄭箋曰：「無有罪過。」是過謂之悔也。襄二十九年公羊傳「尚速有悔於予身」，何休解詁曰：「悔，咎。」是咎謂之悔也。多悔，猶云「多過」「多咎」耳。其本字當作「痗」，「悔」乃叚借字。詩十月之交篇「亦孔之痗」，釋文曰：「痗，本作悔。」**齊給、便敏而無類，雜能、旁魄而無用，**齊，疾也。給，謂應之速，如供給者也。便，謂輕巧。敏，速也。無類，首尾乖戾。雜能，多異術也。旁魄，廣博也。無用，不應於用。便，匹延反。魄音薄。○盧文弨曰：「無用」，宋本、元刻俱作「毋用」，注同。郝懿行曰：類者，善也。「旁魄」即「旁薄」，皆謂大也。**析速、粹孰而不急，**析，謂析辭，若「堅白」之論者也。速，謂發辭捷速。粹孰，所著論甚精孰也。不急，言不急於用也。○謝本從盧校「析」作「折」，注同。郝懿行曰：折速者，言轉折疾速也。粹與萃同，聚也。萃孰，言論薈萃而練孰也。此皆以言語爭勝，故下遂云：「不恤是非，不論曲直，以期勝人爲意，是役夫之知也。」王念孫曰：吕、錢本皆作「析速」。案楊注云「析，謂析辭，（今本注文亦譌作「折」。案析辭見解蔽、正名二篇。）若『堅白』之論者也」，則本作「析」明矣。盧從元刻作「折」，非。先謙案：王説是，今從吕、錢本並注文改正。郝説非。**不恤是非，不論曲直，以期勝人爲意，是役夫之知也。**期於必勝人，惠施之論也。徒自勞苦爭勝而不知禮義，故曰「役夫之知也」。有上勇者，有中勇者，有下勇者：天下有中，敢直其身；中，謂中道。敢，果決也。直其身，謂中立而不倚，無回邪也。先王有道，敢行其意；言不疑也。上不循於亂世之君，下不俗於亂世之民；循，順從也。俗，謂從其俗也。○俞樾曰：楊注以從其俗爲俗，義不可通。「俗」乃「鉛」字之誤。荀子書屢用「鉛」字。榮辱篇曰「鉛之重之」，又曰「反鉛察之而俞可好也」，禮論篇曰「則必反鉛過故鄉」，注並曰：「鉛與沿同，循也。」是鉛、循同誼。「上不循於亂世之君，下不鉛於亂世之民」，兩句一律。「鉛」「俗」字形相似，傳寫者因而致誤耳。先謙案：王念孫云「不俗，不習也」，說見榮辱篇。王不改字，義較長。俞說亦通。仁之所在無貧窮，仁之所亡無富貴；唯仁所在，謂富貴。禮記曰：「不祈多積多文以爲富也。」○盧文弨曰：案此言仁之所在，雖貧窮甘之；仁之所亡，雖富貴去之。注非。王念孫曰：此汪中說也，見內申校本。天下知之，則欲與天下同苦樂之；得權位則與天下之人同休戚。「苦」，或爲「共」也。○王念孫曰：作「共」者是也。此本作「欲與天下共樂之」。上言「仁之所在無貧窮，仁之所亡無富貴」，則此言「與天下共樂之」者，謂共樂此仁也，「樂」上不當有「苦」字。今本作「同苦樂之」者，「共樂」誤爲「苦樂」，後人又於「苦樂」上加「同」字耳。楊云「與天下同休戚」，此望文生義而爲之說耳。太平御覽人事部七十六引作「欲與天下共樂之」，無「同」字，則宋初本尚有不誤者。天下不知之，則傀然獨立天地之間而不畏：是上勇也。傀，傀偉，大貌也，公回反。或曰：傀與塊同，獨居之貌也。○王念孫曰：後説是也。君道篇云：「塊然獨坐。」**禮恭而意儉，大齊信焉而輕貨財，**大，重也。齊信，謂整齊於信也。○王念孫曰：爾雅：「齊，中也。」言大中信而輕貨財也。康王之誥〔一〕「底至齊信」，傳以「齊信」爲「中信」，是其證。「齊信」與「貨財」對文。非十二子篇「大儉約而僈差等」，與此文同一例，則齊信非「整齊於信」之謂。**賢者敢推而尚之，不肖者敢援而廢之，是中勇也。**尚，上也。援，牽引也。**輕身而重貨，恬禍而廣解，**恬，安也。謂安於禍難也。而廣自解説，言以辭勝人也。解，佳買反。**苟免，不恤是非、然不然之情，以期勝人爲意，是下勇也。**○盧文弨曰：「苟免」上當脱三字，以上二句例之自明。王念孫曰：此亦汪氏中説也。汪又云：『苟免』，或是注文混入。」先謙案：「不然」，「然」字衍，説見儒效篇。**繁弱、鉅黍，古之良弓也，**繁弱，封父之弓。左傳曰：「封父之繁弱。」鉅與拒同。「黍」當爲「來」。史記蘇秦説韓王曰「谿子、少府時力、距來」，司馬貞云：「言弓弩執勁，足以拒於來敵也。」○郝懿行曰：性惡篇末自「繁弱、鉅黍」以下，皆言身有美質，亦須師友漸靡而成，然則性質本惡，必資師友切劘而善，其意自明矣。然亦可知性善、性惡皆執一偏而言，若就渾全而論，自當善惡竝存。所以孔子語性，惟言「相近」，可知善惡存焉爾；又言「相遠」，可知善惡分焉爾。故曰「羣言淆亂衷諸聖」也。王念孫曰：案作「鉅黍」者是，説見史記

〔一〕「康王之誥」，原本作「顧命」，據尚書改。

蘇秦傳。然而不得排檠則不能自正。排檠，輔正弓弩之器。檠，巨京反。桓公之蔥，大公之闕，文王之録，莊君之曶，闔閭之干將、莫邪、鉅闕、辟閭，此皆古之良劒也，蔥、闕、録、曶，齊桓公、齊太公、周文王、楚莊王之劒名，皆未詳所出。蔥，青色也，録與緑同，二劒以色爲名。曹植七啓説劒云「雕以翠緑」，亦其類也。曶，劒光采慌忽難視，以形爲名也。闕，未詳。或曰：闕，缺也。劒至利則喜缺，因以爲名，鉅闕亦是也。干將、莫邪、巨闕，皆吴王闔閭劒名。辟閭，未詳。新序閭丘卬謂齊宣王曰：「辟閭、巨闕，天下之良劒也。」或曰：辟閭，卽湛盧也。閭、盧聲相近。盧，黑色也。湛盧，言湛然如水而黑也。又張景陽七發〔一〕説劒曰「舒辟不常〔二〕」，李善云：「辟，卷也。言神劒柔，可卷而懷之，舒則可用。」辟閭或此義歟？○盧文弨曰：「曶」，舊本作「⿱勿月」，訛，今改正，注同。然而不加砥厲則不能利，不得人力則不能斷。驊騮、騹、驥、纖離、緑耳，此皆古之良馬也，皆周穆王八駿名。騹讀爲騏，謂青驪，文如博棊。列子作「赤驥」，與此不同。纖離，卽列子「盜驪」也。○王念孫曰：「騏驥」之爲「騹驥」，猶「耄期」之爲「耄勤」也。（凡之部之字，或與諄部相轉，説見致士篇「隱忌」下。）楊云「騹讀爲騏」是也，而云「謂青驪，文如博棊」則非。然而前必有銜轡之制，後有鞭策之威，○王念孫曰：「前必有」本作「必前有」。

〔一〕七發乃枚乘作，此當爲「七命」。

〔二〕「舒辟不常」，七命作「舒辟無方」，未見李善注。

「前有」「後有」皆承「必」字而言，若作「前必有」，則與下句不貫矣。羣書治要及初學記人部中、太平御覽人事部四十五竝引作「必前有」。加之以造父之馭，然後一日而致千里也。夫人雖有性質美而心辯知，必將求賢師而事之，擇良友而友之。得賢師而事之，則所聞者堯、舜、禹、湯之道也；得良友而友之，則所見者忠信敬讓之行也。身日進於仁義而不自知也者，靡使然也。靡，謂相順從也。或曰：靡，磨切也。今與不善人處，則所聞者欺誣詐僞也，所見者汙漫、淫邪、貪利之行也，汙，穢行也。漫，誕漫欺誑也。莊子北人無擇曰「舜以其辱行漫我」也。身且加於刑戮而不自知者，靡使然也。傳曰：「不知其子視其友，不知其君視其左右。」靡而已矣，靡而已矣。

君子篇第二十四

凡篇名多用初發之語名之，此篇皆論人君之事，即「君子」當爲「天子」，恐傳寫誤也。舊第三十一，今升在上。

天子無妻，告人無匹也。告，言也。妻者，齊也。天子尊無與二，故無匹也。四海之内無客禮，告無適也。適，讀爲敵。禮記曰：「天子無客禮，莫敢爲主焉。君適其臣，升自阼階，不敢有其室也。」足能行，待相者然後進；口能言，待官人然後詔。官人，掌喉舌之官也。不視而見，不聽而聰，不言而信，不慮而知，不動而功，告至備也。盡委於羣下，故能至備也。天子也者，埶至重，形至佚，心至愈，愈，讀爲愉。志無所詘，形無所勞，尊無上矣。詩曰：「普天之下，莫非王土；率土之濱，莫非王臣。」此之謂也。詩，小雅北山之篇。率，循也。濱，涯也。聖王在上，分義行乎下，則士大夫無流淫之行，○先謙案：羣書治要「流」作「沈」，二字通用，說見勸學篇。百吏官人無怠慢之事，衆庶百姓無姦怪之俗，無盜賊之罪，莫敢〔一〕犯大上之禁。大，讀爲太。太上，至尊之號。○俞樾曰：楊說非也。此當作「莫敢犯上之大禁」，傳寫倒之耳。下文云「皆知夫犯上之禁不可以爲安也」，不言「犯太上之禁」，可知此文之誤矣。先謙案：羣書治要正作「莫敢犯上之禁」，無「大」字。天下曉然皆知夫盜竊之人不可以爲富也，皆知夫賊害之人不可以爲壽也，○王念孫曰：「盜竊之」、「賊害之」下，皆本無「人」字，後人加兩「人」字，而以「盜竊之人」、「賊害之人」與「犯上之禁」對文，謬矣。盜竊不可以爲富，賊害不可以爲壽，皆指其事而言，非指其人而言，不得加入兩「人」字也。羣書治要無「人」字。先謙案：壽，謂年命短長。人自賊害者，非其壽命本如此也。皆知夫犯上之禁不可以爲安也。由其道，則人得其所好焉；不由其道，則必遇其所惡焉：道，謂政令。是故刑罰綦省而威行如流。世曉然皆知夫爲姦則雖隱竄逃亡之由不足

〔一〕「敢」，原本作「取」，形近而誤，據注文改。

以免也，故莫不服罪而請。自請刑戮。○謝本從盧校「世」上有「治」字。盧文弨曰：「治世」，元刻無「治」字。由、猶通。「故莫不」，宋本無「故」字。王念孫曰：無「治」字者是也。世曉然，猶上文言「天下曉然」，則「世」上不當有「治」字。自「聖王在上」以下至此，皆治世之事，則無庸更言「治世」，「治」字卽上「流」字之誤而衍者。宋錢佃校本亦云：「諸本無治字。」俞樾曰：請，當讀爲情。成相篇「明其請」，注曰：「請，當爲情。」禮論篇「情文俱盡」，史記禮書「情」作「請」，徐廣曰：「古情字或叚借作請。」是其證也。情，實也。莫不服罪而情，猶莫不服罪而實也。言服罪而不敢虛誕也。論語所謂「則民莫敢不用情」也。楊注以本字釋之，誤矣。成相篇曰「下不欺上，皆以情言明若日」，卽此「情」字之義。先謙案：王說無「治」字，是也。今從諸本删正。**書曰：「凡人自得罪。」此之謂也。**言人人自得其罪，不敢隱也。與今康誥義不同，或斷章取義與？

故刑當罪則威，不當罪則侮；爵當賢則貴，不當賢則賤。不當則爲下所侮賤。**古者刑不過罪，爵不踰德，故殺其父而臣其子，殺其兄而臣其弟。**言當罪而用賢，歸於至公也。謂若殛鯀興禹，殺管叔、封康叔之比也。**刑罰不怒罪，爵賞不踰德，**○郝懿行曰：怒，蓋盈溢之意，與踰義近。楊氏無注，或以恚怒爲説，則非。王念孫曰：怒、踰，皆過也。（淮南主術篇注：「踰猶過也。」）方言曰：「凡人語而過，東齊謂之弩。」又曰：「弩，猶怒也。」是「怒」卽「過」也。上言「刑不過罪」，此言「刑罰不怒罪」，其義一而已矣。**分然各以其誠通。**善惡分然，其忠誠皆得通達，無屈滯。○先謙案：分然，又説見儒效篇。**是以爲善者勸，爲不善者沮，刑罰綦省而威行如流，政令致明而化易如神。**○俞樾曰：易，當讀爲施。詩皇矣篇「施于孫子」，鄭箋曰：「施，猶易也。」故「施」「易」二字古通用。何人斯篇「我心易也」，釋文曰：「易，韓詩作施。」是其證也。化易如神者，化施如神也，正與上句「威行如流」一律。**傳曰：「一人有慶，兆民賴之。」此之謂也。**尚書甫刑之辭。**亂世則不然：刑罰怒罪，爵賞踰德，以族論罪，以世舉賢。**泰誓所謂「罪人以族，官人以世」。公羊亦云：「尹氏卒，曷爲貶？譏世卿也。」**故一人有罪而三族皆夷，德雖如舜，不免刑均，是以族論罪也。**三族，父、母、妻族也。夷，滅也。均，同也。謂同被其刑也。○盧文弨曰：案士昏禮記「惟是三族之不虞」，鄭注：「三族，謂父昆弟、己昆弟、子昆弟也。」又注周禮小宗伯、禮記仲尼燕居，皆云：「三族，父、子、孫。」**先祖當賢，後子孫必顯，行雖如桀、紂，列從必尊，此以世舉賢也。**當賢，謂身當賢人之號也。列從，謂行列相從。「當」，或爲「嘗」也。○王念孫曰：元刻無「後」字，羣書治要同。案「先祖當賢」，即「先祖嘗賢」，作「當」者，借字耳。正名篇曰「嘗試深觀其隱而難察者」，性惡篇曰「當試去君上之勢」，「當試」即「嘗試」也。楊謂「身當賢人之號」，失之。古多以「當」爲「嘗」，説見墨子天志下篇注。**以族論罪，以世舉賢，雖欲無亂，得乎哉！詩曰：「百川沸騰，山冢崒崩；高岸爲谷，深谷爲陵。哀今之人，胡憯莫懲！」此之謂也。**詩，小雅十月之交之篇。毛云：「沸，出也。

騰，乘也。山頂曰冢。崒者，崔嵬。『高岸爲谷，深谷爲陵』，言易位也。」鄭云：「憯，曾也。懲，止也。變異如此，禍亂方至，哀哉！今在位之人，何曾無以道德止之！」論法聖王，則知所貴矣；論議法，效聖王。以義制事，則知所利矣。以義制事則利博。論知所貴，則知所養矣；事知所利，則動知所出矣。養，謂自奉養。所出，謂所從也。○陳奂曰：案養，取也。知所養，知所取法也。周頌毛傳云：「養，取也。」是養有取義。注「養，謂自奉養」，失之。　俞樾曰：四句相對成文，下句不應多「動」字。注亦不及「動」字之誼，則「動」字衍文也。二者，是非之本、得失之原也。故成王之於周公也，無所往而不聽，知所貴也。桓公之於管仲也，國事無所往而不用，知所利也。吳有伍子胥而不能用，國至於亡，倍道失賢也。故尊聖者王，貴賢者霸，敬賢者存，慢賢者亡，古今一也。故尚賢使能，等貴賤，分親疏，序長幼，此先王之道也。故尚賢、使能，則主尊下安；貴賤有等，則令行而不流；流，邪移也。各知其分，故無違令。○王念孫曰：流，讀爲畱。各安其分，則上令而下從，故令行而不留也。君道篇曰「兼聽齊明而百事不畱」是也。羣書治要正作「令行而不畱」，作「流」者，借字耳。（繫辭傳「旁行而不流」，釋文：「流，京作留。」荀子王制篇「無有滯畱」，韓詩外傳作「無有流滯」。）楊以流爲邪移，失之。親疏有分，則施行而不悖，施，謂恩惠。親疏有分，則恩惠各親其親，故不乖悖。施，式豉反。分，扶問反。長幼有序，則事業捷成而有所休。捷，速也。長幼各任其力，故事業速成，而亦有所休息之時也。○郝懿行曰：捷者，接也。夫少長有禮，晉人知其可用；洙、泗無斷，魯俗覘其尤美。故知長幼循其序，而後事業有所歸。捷與接同。言相接續而成，故人得休息也。捷不訓速，楊注恐非。**故仁者，仁此者也；**仁，謂愛説也。此，謂尚賢、使能、等貴賤、分親疏、序長幼五者也。愛説此五者，則爲仁也。**義者，分此者也；**分別此五者，使合宜，則爲義也。**節者，死生此者也；**能爲此五者死生，則爲名節也。**忠者，惇慎此者也。**慎，讀如順。人臣能厚順此五者，則爲忠也。○郝懿行曰：慎者，誠也。言能惇厚誠信於此五者，謂之忠也。（説見不苟篇。）俞樾曰：「厚」與「順」誼不倫，楊説非是。「敦慎」，當作「敦慕」。儒效篇曰「敦慕焉，君子也」，王氏引之云：「敦、慕，皆勉也。」爾雅曰：「敦，勉也。」又曰：「慔慔，勉也。」釋文：「慔，亦作慕。」是敦、慕竝爲勉。此文疑本作「忠者敦慔此者也」，「敦慔」與「敦慕」，文異而義同，言人臣能勉此則爲忠也。説文心部：「慔，勉也。」是「慔」其本字，「慕」其叚字。此用本字作「慔」，因譌爲「慎」矣。先謙案：羣書治要「惇慎」下有「於」字。**兼此而能之，備矣。**兼此仁、義、忠、節而能之，則爲德備也。**備而不矜，一自善也，謂之聖。**一，皆也。德備而不矜伐於人，皆所以自善，則謂之聖人。夫衆人之心，有一善則揚揚如也。聖人包容萬物，與天地同功，何所矜伐爲也？○郝懿行曰：上言兼此仁、義、忠、節而能之，備矣，德備而不矜伐於人，一一自然盡善，非聖人不能也。先謙案：楊注未順。郝説增文成義，即言「備」，又言「一一盡善」，於文爲複矣。自，猶己也。德備而不以己之一善自矜，非聖人不能也。**不矜矣，夫故天下不與争能而致善用其功。**不矜而推衆力，故天下不敢争能，而極善用於衆功。矜則有敵，故不尊也。**有而不有也，夫故爲天下貴矣。**有能而不自有。**詩曰：「淑人君子，其儀不忒。其儀不忒，正是四國。」此之謂也。**詩，曹風尸鳩之篇。言善人君子，其儀不忒，故能正四方之國。以喻正身待物則四國皆化，恃才矜能則所得者小也。

荀子卷第十八

成相篇第二十五

以初發語名篇，雜論君臣治亂之事，以自見其意，故下云「託於成相以喻意」。漢書藝文志謂之成相雜辭，蓋亦賦之流也。或曰：成功在相，故作成相三章。舊第八，今以是荀卿雜語，故降在下。○盧文弨曰：成相之義，非謂「成功在相」也，篇内但以國君之愚闇爲戒耳。禮記「治亂以相」，相乃樂器，所謂舂牘。又古者瞽必有相。審此篇音節，卽後世彈詞之祖。篇首卽稱「如瞽無相何倀倀」，義已明矣。首句「請成相」，言請奏此曲也。漢藝文志「成相雜辭十一篇」，惜不傳，大約託於瞽矇諷誦之詞，亦古詩之流也。逸周書周祝解亦此體。王引之曰：楊、盧二説皆非也。楊謂「漢書藝文志謂之成相雜辭」，案志所載成相雜辭在漢人雜賦之末，非謂荀子之成相篇也。楊又云「成功在相」，稍爲近之，然亦非荀子所謂「成相」也。盧以相爲樂器之舂牘，斯爲謬矣。以相爲樂器，則「成相」二字義不可通，且樂器多矣，何獨舉舂牘言之乎？

若篇首稱「如瞽無相」，乃指相瞽之人而言，非樂器，亦非樂曲也。竊謂相者，治也。（昭九年左傳「楚所相也」，二十五年傳「相其室」，杜注竝曰：「相，治也。」小爾雅同。）成相者，成此治也。成相者，請言成治之方也。自「世之殃」以下，乃先言今之不治，然後言成治之方也。（下文「請布基」、「請牧基」，皆言成治之方也，與「請成相」同義。）下文云「凡成相，辨法方」，又云「請成相，道聖王」，又云「請成相，言治方」，是「成相」卽「成治」也。（又云「治之經，禮與刑」、「治之志，後勢富」、「治之道，美不老」。）後言「託於成相以喻意」者，成相爲此篇之總名，謂託此一篇之詞以喻意，非謂託於矇瞽諷誦之詞也。俞樾曰：盧說是也。惟引「治亂以相」及「瞽必有相」以釋「相」字，則皆失之。樂器多矣，何獨舉舂牘爲言？旣以爲樂器，又以爲瞽必有相，義又兩歧矣。此「相」字，卽「舂不相」之相。禮記曲禮篇「鄰有喪，舂不相」，鄭注曰：「相，謂送杵聲。」蓋古人於勞役之事，必爲歌謳以相勸勉，亦舉大木者呼邪許之比，其樂曲卽謂之相。請成相者，請成此曲也。漢志有成相襍辭，足徵古有此體。王氏必以盧說爲謬，何也？先謙案：俞說近是。

王以成相爲成治，於漢書之成相襍辭及本篇云「託於成相以喻意」義未洽。郝氏讀相爲平聲，尤非。

請成相，請言成相之辭。**世之殃，愚闇愚闇墮賢良。**世之殃，由於愚闇，此愚闇以重墮賢良也。墮，許規反。○盧文弨曰：案「愚闇」重言之者，即下文「愚以重愚，闇以重闇」之意。注似尚有脱誤。又「墮」字即「陊」字之俗。説文於「隓」下作「許規切」，下有「墮」，注爲「篆文」。又載「陊」字注「今俗作墮，徒果切」，則此字當從徒果切。廣韻亦然。且繹尚書「元首叢脞」之韻可見。王念孫曰：大戴記曾子制言篇「是以惑闇惑闇終其世而已矣」，亦重言「惑闇」。**人主無賢，如瞽無相何倀倀！**倀倀，無所往貌。相，息亮反。倀，丑羊反。**請布基，慎聖人，**慎，讀爲順。請説陳布基業，在乎順聖人也。○郝懿行曰：基者，設也。慎者，誠也。言請布陳設施，必在誠用聖人也。詩云「考慎其相」，慎訓誠，相訓質也。「誠」與「成」，古字通。是即成相名篇，篇中「相」字，俱讀平聲。釋言云：「基，設也。」篇内皆同。注云「基業」，失之。顧千里曰：「人」字，疑當有誤，不入韻。本篇「人」字，下文兩見：一、「平」「傾」「人」「天」韻，一、「精」「榮」「成」「人」韻。此上韻「基」，下韻「治」「災」，互爲歧異，非原文耳。俞樾曰：「人」字不入韻，疑當作「慎聽之」。聖與聽，音近而譌。尚書無逸篇「此厥不聽」，漢石經作「不聖」；秦泰山碑「皇帝躬聽」，史記作「躬聖」，竝其證也。「聽」譌作「聖」，則「聖之」二字不成義，後人因改爲「聖人」矣。請布基，慎聽之，欲人慎聽其言，下文云「請牧基，賢者思」，欲賢者思其言，義正同也。「慎聽之」三字，本禮記仲尼燕居篇。愚而自專事不治。主忌苟勝，羣臣莫諫必逢災。主既猜忌，又苟欲勝人也。論臣過，反其施，言論人臣之過，在乎不行施惠。施，式豉反。○先謙案：言論人臣之過，當反其所施行，即下所云「拒諫飾非，愚而上同」也。楊以施爲施惠，非。尊主安國尚賢義。○郝懿行曰：施，古讀如莎。義，古讀如俄。此皆古韻，餘可類推。俞樾曰：義，讀爲儀。儀亦賢也。尚書大誥篇「民獻有十夫」，枚傳訓獻爲賢，大傳作「民儀有十夫」。廣雅釋言曰：「儀，賢也。」尚賢儀，言崇尚賢者也。作「義」者，古字通用。拒諫飾非，愚而上同國必禍。所以尊主安國，在崇尚賢義。若拒諫飾非，以愚闇之性苟合於上，則必禍也。曷謂罷？國多私，假設問答以明其義。罷，讀曰疲，謂弱不任事者也。所以弱者，由於多私。國語曰「罷士無伍」，韋昭曰：「罷，病也。無行曰病。」比周還主黨與施。還，繞。○王念孫曰：還，讀爲營。比周營主，謂朋黨比周以營惑其主也。施，張也。楊訓還爲繞，失之，説見君道篇「不還秩」下。遠賢近讒，忠臣蔽塞主埶移。曷謂賢？明君臣，明君臣之道則爲賢。上能尊主愛下民。○王念孫曰：「愛下民」，當作「下愛民」，與「上能尊主」對文。不苟、臣道二篇竝云「上則能尊君，下則能愛民」，是其證。主誠聽之，天下爲一海内賓。主之孽，讒人達，賢能遁逃國乃蹷。孽，災也。蹷，顛覆也。愚以重愚、闇以重闇成爲桀。久而愚闇愈甚，遂至於桀也。世之災，妬賢能，飛廉知政任惡

來。惡來，飛廉之子，秦之先也。史記曰「惡來有力，飛廉善走，父子俱以材力事紂」也。**卑其志意，大其園囿高其臺。**卑其志意，言無遠慮，不慕往古。○盧文弨曰：「臺」下，宋本有「榭」字，元刻無。以韻讀之，元刻是也，今從之。郝懿行曰：能，讀如泥；來，讀如黎；臺，讀如題，皆古韻。**武王怒師牧野，紂卒易鄉啓乃下。**易鄉，回面也。謂前徒倒戈攻于後。啓，微子名。下，降也。鄉，讀爲向。**武王善之，封之於宋立其祖。**立其祖，使祭祀不絶也。左傳曰：「宋祖帝乙。」○俞樾曰：楊注未得「祖」字之義。説文示部：「祖，始廟也。」葢祖之本義爲廟。故尚書甘誓曰「用命賞于祖，弗用命戮于社」，考工記匠人曰「左祖右社」，竝以「祖」「社」對文，猶言「廟」「社」也。鄭康成注考工記曰「祖，宗廟」，得其義矣。封之於宋立其祖，言封之於宋而立其宗廟也。今人但知有爾雅「祖，王父也」之訓，而説文「祖，始廟也」之訓遂爲所奪，古誼之湮久矣。**世之衰，讒人歸，比干見刳箕子累。**累，讀爲縲。書曰：「釋箕子之囚。」**武王誅之，吕尚招麾殷民懷。**招麾，指揮也。**世之禍，惡賢士，子胥見殺百里徙。**子胥，吴大夫伍員字也，爲夫差所殺。百里奚，虞公之臣。徙，遷也。謀不見用，虞滅係虜，遷徙於秦。**穆公任之，强配五伯六卿施。**穆公，秦穆公任好也。伯，讀曰霸。六卿，天子之制。春秋時，大國亦僭置六卿。六卿施，言施六卿也。**世之愚，惡大儒，逆斥不通孔子拘。**逆拒斥逐大儒，不使通也。拘，謂畏匡戹陳也。**展禽三絀，春中道綴基畢輸。**展禽，魯大夫無駭之後，名獲，字子禽，謚曰惠，居於柳下。

三絀，爲士師，三見絀也。春申，楚相黄歇，封爲春申君。綴，止也，與輟同。畢，盡也。輸，傾委也。言春申爲李園所殺，其儒術、政治、道德、基業盡傾覆委地也。○盧文弨曰：此「春申」句有誤，必非指黄歇，注非。郝懿行曰：此荀卿自道。荀本受知春申，爲蘭陵令，蓋將借以行道，迨春申亡而道亦連綴俱亡，基亦輸矣。輸者，墮也。言己布陳設施畢墮壞也。王念孫曰：楊説「輸」字之義甚迂。輸者，墮也。言基業盡墮壞也。公羊春秋隱六年「鄭人來輸平」，傳曰：「輸平者何？輸平，猶墮成也。何言乎墮成？敗其成也。」穀梁傳亦曰：「輸者，墮也。」小雅正月篇「載輸爾載」，鄭箋曰：「輸，墮也。」盧説本汪氏，見丙申校本。先謙案：注「三絀」下，宋台州本有「謂」字。**請牧基，賢者思，**牧，治。**堯在萬世如見之。讒人罔極，險陂傾側此之疑。**陂與詖同。言當疑此讒人傾險也。○王念孫曰：疑，恐也，畏也。（既濟象傳：「終日戒，有所疑也。」襍記「五十不致毁，六十不毁，七十飲酒食肉，皆爲疑死」，鄭注：「疑，猶恐也。」宥坐篇「其赴百仞之谷不懼」，大戴記勸學篇「懼」作「疑」。）此之疑，此是畏也。言此險陂傾側之讒人甚可畏也。臯陶謨曰「何畏乎巧言令色孔壬」是也。楊未喻「疑」字之義。俞樾曰：爾雅釋言：「疑，戾也。」郭注曰：「戾，止也。疑者亦止。」儀禮鄉射禮「賓升西階上疑立」，鄭注曰：「疑，止也。」是疑有止義。其字蓋「𠤕」之叚借。説文七部：「𠤕，定也。」定，故爲止。今説文譌作「未定」，而疑之訓止，遂不可曉矣。讒人罔極，險陂傾側此之疑，承上文「堯在萬世如見之」而言。此之疑者，此之止也。言堯明見萬世，雖險陂傾側之徒，莫不由此而止也。楊注「言當疑此讒人陂險」，則與上意不貫矣。

基必施，辨賢、罷，罷，讀曰疲。○王念孫曰：施，張也。言必欲張大其基業，當先辨賢、罷也。下文曰「道古賢聖基必張」，上文曰「請布基」，布與張亦同義。文、武之道同伏戲。文、武，周文王、武王。伏戲，古三皇太昊氏，始畫八卦、造書契者。戲與羲同。由之者治，不由者亂何疑爲？○郝懿行曰：爲，古讀如譌〔一〕，與「施」「罷」「戲」皆韻。凡成相，辨法方，至治之極復後王。後王，當時之王。言欲爲至治，在歸復後王。謂隨時設教，必〔二〕拘於古法。○先謙案：浙局本注「法」爲「大」字，依各本改。復慎、墨、季、惠，百家之説誠不詳。慎到、墨翟、惠施。或曰：季，即莊子曰「季真之莫爲」者也。又曰「季子聞而笑之」。據此，則是梁惠王、犀首、惠施同時人也。韓侍郎云：「或曰季梁也。」列子曰：「季梁，楊朱之友。」言四子及百家好爲異説，故不用心詳明之。「詳」，或爲「祥」。○王念孫曰：「祥」「詳」，古字通。不祥，不善也。楊説失之。治復一，脩之吉，君子執之心如結。言堅固不解也。衆人貳之，讒夫棄之形是詰。衆人則不能復一，讒夫則兼棄之，但詰問治之形狀。言侮嫚也。或曰：「形」當爲「刑」。無德化，唯刑戮是詰。言苛暴也。○郝懿行曰：「形」與「刑」，古字通。詰者，治也。書云：「度作刑以詰四方。」水

〔一〕「譌」屬歌韻，似當作「僞」。

〔二〕「必」，似當作「不」。或「必」上脱「不」字。

至平，端不傾，心術如此象聖人。聖人心平如水。而有埶，直而用抴必參天。「而有埶」之上，疑脱一字。言既得權埶，則度己以繩，接人用抴，功業必參天也。○郝懿行曰：「而有埶」句之上，疑脱「人」字，葢與「聖人」「人」字相涉而誤脱也。此以「平」「傾」「人」「天」相韻，古讀平如偏也。世無王，窮賢良，無王者興，賢良窮困。暴人芻豢仁人糟糠。○郝懿行曰：二句當爲七字一句。王引之曰：下「人」字涉上「人」字而衍。上已言「暴人」，則下「人」字可蒙上而省。此篇之例，兩三字句下皆用七字句，以是明之。禮樂滅息，聖人隱伏墨術行。治之經，禮與刑，君子以修百姓寧。明德慎罰，國家既治四海平。治之志，後埶富，爲治之意，後權埶與富者，則公道行而貨賂息也。君子誠之好以待。君子必誠此意，好以待用。處之敦固，有深藏之能遠思。敦，厚也。有，讀爲又。既處之厚固，又能深藏遠慮。思乃精，志之榮，好而壹之神以成。好而不二，則通於神明也。精神相反，一而不貳爲聖人。相反，謂反覆不離散也。○王引之曰：「反」，當爲「及」，字之誤也。精神相及，故一而不貳。楊説失之。治之道，美不老，老，休息也。莊子曰：「佚我以老。」爲治當日新，爲美無休息也。君子由之佼以好。佼，亦好也，音絞。下以教誨子弟，上以事祖考。接下以仁，事親以孝也。成相竭辭不蹷，竭，盡也。論成相之事，雖終篇，無顛蹷之辭。蹷音厥。君子道之順以達。道，言説也。辭既不蹷，君子言之必弘順而通達。○王念孫曰：道，行也。言君子能行此言，則順以達也。楊說失之。**宗其賢良，辨其殃孽。**君子尋成相之辭，必能宗其賢良以致治，辨其殃孽之爲害也。○顧千里曰：此句以前後例之，應十一字，今存八字，疑尚少三字，無可補也。（下文「道古賢聖基必張」亦應十一字，今存七字，尚少四字。）又下文「託於成相以喻意」，案此句例之，應十一字，亦疑尚少四字。本篇之例，兩三字句、一七字句、一十一字句爲一章，每章凡四句，每句有韻。其十一字句，或上八下三，或上四下七，各見本篇。上八下三者，如「愚以重愚、闇以重闇成爲桀」之屬是也。上四下七者，如「主誠聽之，天下爲一海内賓」之屬是也。唯「下以教誨子弟，上以事祖考」，又「孰（楊注：「孰或爲郭。」）公長父之難，厲王流于彘」兩處，則上六下五，雖變例，正可推知其十一字句矣。盧校語定上四下七爲兩句，言五句爲一章，以前後例之，不合。

請成相，道聖王，道亦言說。前章意未盡，故再論之也。○王念孫曰：道聖王，從聖王也。（古謂從爲道，說見史記淮南衡山傳。）下文「道古賢聖基必張」，義與此同。楊說失之。又案：「道古賢聖基必張」上，當有一四字句，而今本脱之。（此篇之例，兩三字句，一七字句，一四字句，又一七字句，共五句爲一章，今少一四字句。）此指當時之君而言，與上成湯異事，故知有脱文。**堯、舜尚賢身辭讓。許由、善卷，重義輕利行顯明。**莊子曰：「堯讓天下於許由，許由不受。又讓於子州支父，子州支父曰：『予適有幽憂之病，方且治之，未暇治天下也。』」遂不受。「舜讓天下於善卷，善卷不受，遂入深山，不知其處」也。**堯讓賢，以爲民，**爲萬民求明君，所以不私其子。**氾利兼愛德施均。辨治上下，貴賤有等明君臣。堯授能，舜遇時，尚賢推德天下治。**

雖有賢聖，適不遇世孰知之？蓋以自歎。堯不德，舜不辭，皆歸至公。妻以二女任以事。大人哉舜！南面而立萬物備。委任羣下，無爲而理。舜授禹，以天下，舜所以授禹，亦以天下之故也。○王念孫曰：此不言「舜以天下授禹」，而言「舜授禹以天下」者，倒文以合韻耳，（「禹」「下」爲韻。）非有深意也。楊反以過求而失之。尚得推賢不失序。「得」，當爲「德」。外不避仇，內不阿親賢者予。謂殛鯀興禹，又不私其子。予，讀爲與。○郝懿行曰：予者，相推予也。「予」「與」，古今字。禹勞心力，堯有德，干戈不用三苗服。○王引之曰：「力」上本無「心」字，後人以左傳言「君子勞心，小人勞力」，故以意加「心」字耳。不知禹抑洪水，本是勞力於民，故淮南氾論篇、論衡祭意篇竝言「禹勞力天下」，非「小人勞力」之謂也。且此篇之例，凡首二句皆三字，加一「心」字，則與全篇之例不符矣。舉舜甽畝，任之天下身休息。甽與畎同。得后稷，五穀殖，夔爲樂正鳥獸服。謂「擊石拊石，百獸率舞」、「笙鏞以閒，鳥獸蹌蹌」也。契爲司徒，民知孝弟尊有德。禹有功，抑下鴻，抑，遏也。下，謂治水使歸下也。鴻，卽洪水也。書曰「禹，降水警予」也。辟除民害逐共工。今尚書舜「流共工于幽州」，此云「禹」，未詳。北決九河，通十二渚疏三江。案禹貢道弱、黑、漾、沇、淮、渭、洛七水，又有「濰、淄其道」、「伊、洛、瀍、澗既入于河」數則，不止於十二。此云「十二」者，未詳其說也。○郝懿行曰：共工，蓋主水土之官，禹抑鴻水，故假言逐去之，非實事也。通十二渚，卽肇十二州也。小州曰渚，故假「渚」言之。注皆未了。**禹傅土，平天下，**傅，讀爲敷。孔安國云「洪水泛溢，禹分布治九州之土」也。**躬親爲民行勞苦。**行，讀如字。謂所行之事也。**得益、皋陶、横革、直成爲輔。**横革、直成，未聞。韓侍郎云：「此論益、皋陶之功，横而不順理者革之，直者成之也。」○盧文弨曰：困學紀聞曰：「吕氏春秋：『得陶、化益、真窺、横革、之交五人佐禹，故功績銘乎金石，著於盤盂。』陶卽皋陶也，化益卽伯益也，真窺卽直成也，并横革、之交二人，皆禹輔佐之名。」案「窺」與「成」音同，與「窺」形似，吕氏春秋葢本作「窺」，傳寫誤爲「窺」耳。「直」與「真」亦形似。吕氏語見求人篇。王念孫曰：盧説是也。「横革、直成爲輔」，此句例當用七字，今本脱一字，或在「爲」上，或在「爲」下，俱未可知。**契玄王，生昭明，**詩曰「天命玄鳥，降而生商」，又曰「玄王桓撥」，皆謂契也。史記曰「契爲堯司徒，封於商，賜姓子氏」，「契卒，子昭明立」也。**居于砥石遷于商。**砥石，地名，未詳所在。或曰：卽砥柱也。左氏傳曰：「閼伯居商丘，相土因之。」相土，昭明子也。言契初居砥石，至孫相土，乃遷商丘也。**十有四世，乃有天乙是成湯。**史記曰「契卒，子昭明立。昭明卒，子相土立。相土卒，子昌若立。昌若卒，子曹圉立。曹圉卒，子冥立」，爲夏司空，勤其官，死於水，殷人郊之。「冥卒，子振立。振卒，子微立。微卒，子報丁立。報丁卒，子報乙立。報乙卒，子報丙立。報丙卒，子主壬立。主壬卒，子主癸立。主癸卒，子乙立。」是十四世也。**天乙湯，論舉當，身讓卞隨舉牟光。**莊子曰湯讓天下於卞隨、務光二人，不受，皆投水死。牟與務同也。

〇俞樾曰：舉，當讀爲與，古「舉」「與」字通。周官師氏職曰「王舉則從」，鄭注曰：「故書舉爲與。」史記呂后紀「蒼天舉直」，徐廣曰：「舉，一作與。」是其證也。此文本云「身讓卞隨與牟光」，作「舉」者，叚字耳。**道古賢聖基必張。**道，說。古之賢聖，基業必張大也。

願陳辭，世亂惡善不此治。不知治此世亂惡善之弊。〇王引之曰：「願陳辭」下，脱一三字句。**隱諱疾賢，良由姦詐鮮無災。**隱諱過惡，疾害賢良，長用姦詐，少無災也。〇郝懿行曰：「諱疾」二字誤倒，當作「隱疾賢良，諱由姦詐鮮無災」，亦四字、七字句。王念孫曰：「良」，當爲「長」，楊注「長用姦詐」，是其證。今本「長」作「良」者，涉注文「疾害賢良」而誤。（注言「疾害賢良」者，加一「良」字，以申明其義耳。若正文則以「隱諱疾賢」爲句，「長由姦詐鮮無災」爲句，無「良」字。）先謙案：王說是。宋台州本、謝本竝作「由」，浙局本作「用」，蓋臆改。但依注，作「用」爲是，蓋「由」「用」形相似而誤。**患難哉！阪爲先，聖**阪與反同。反先聖之所爲。〇盧文弨曰：「患難哉！阪爲先」二句，句三字，「聖知不用愚者謀」七字句，與「辭」「治」「災」「哉」「時」韻。「阪爲先」三字未詳，楊注不得其句。蓋此篇通例，兩三字句，一七字句，一四字句，又一七字句，如此五句爲一章也。郝懿行曰：盧斷「聖知」二字屬下爲句，是也。阪爲先者，阪猶反也，所行反側頗僻爲先。先，古音西，亦與下韻。王念孫曰：「阪爲先」，「先」，疑當作「之」。此言爲治者當進聖知而退愚，今不用聖知而用愚，是反爲之也。楊謂「阪與反同」，是也，但誤以「先聖」連讀耳。「之」字本作「㞢」。說文「先」字從儿、㞢，（儿與人同。）此文「之」字，蓋本從古作「㞢」，寫者誤加

「儿」耳。「㞢」字正與「辭」「治」「災」「哉」「謀」「時」爲韻。**知不用愚者謀。前車已覆，後未知更何覺時！**前車已覆，猶不知戒，更何有覺悟之時也。○盧文弨曰：「前車已覆」四字句。更，改也。**不覺悟，不知苦，迷惑失指易上下。中不上達，蒙揜耳目塞門户。**不能闢四門也。○盧文弨曰：「中」，元刻作「忠」，古通用。俞樾曰：中，讀爲忠。言忠誠之士不能上達也。漢張遷碑「中謇於朝」，魏橫海將軍呂君碑「君以中勇」，竝叚「中」爲「忠」。國語周語曰「考中度衷爲忠」，蓋以「中」「衷」「忠」三字義竝通耳。**門户塞，大迷惑，悖亂昬莫不終極。**莫，冥寞，言闇也。不終極，無已時也。**是非反易，比周欺上惡正直。**惡，烏路反，下同。**正直惡，心無度，邪枉辟回失道途。**辟，讀爲僻。**己無郵人，我獨自美豈獨無故！**故，事也。不可尤責於人，自美其身，己豈無事，己亦有事而不知其過也。或曰：下無「獨」字。○盧文弨曰：無「獨」字則與全篇句法合。**不知戒，後必有，恨**恨，悔。○盧文弨曰：「後必有」三字爲句。有，讀曰又，所謂貳過也，古音戒。又「悔」「態」爲韻。王念孫曰：盧說是矣，而未盡也。「恨後遂過」四字，義不相屬。恨與很同。（爾雅：「鬩，恨也。」孫炎本作「很」。）「後」，當爲「復」，字之誤也。（「復」「後」形相近，又因上文「後必有」而誤。）復與愎同。（韓子十過篇「夫知伯之爲人也，好利而鷙愎」，趙策「愎」作「復」，亦通作「覆」。管子五輔篇「下愈覆鷙而不聽從」是也。又通作「蝮」。史記酷吏傳贊「京兆無忌、馮翊殷周蝮鷙」是也。）言很愎不從諫，以遂其過也。莊子漁父篇曰：「見過不更，聞諫愈甚，謂之很。」逸周書謚法篇曰：「愎很遂過曰剌。」**後遂過不肯悔。**不肯悔前之非。**讒夫多進，反覆言語生詐態。**○王念孫曰：態，讀爲「姦慝」之慝。（下「人之態」同。）言言語反覆，則詐慝從此生也。（襄四年左傳：「樹之詐慝，以取其國家。」）以「態」爲「慝」者，古聲不分去、入也。秦策曰「科條既備，民多僞態」，又曰「上畏大后之嚴，下惑姦臣之態」；淮南齊俗篇曰「禮義飾，則生僞態之本」；漢書李尋傳曰「賀良等反道惑衆，姦態當窮竟」：皆借「態」爲「慝」，非「姿態」之態也。**人之態，不如備，**「如」，當爲「知」。言人爲詐態，上不知爲備。**爭寵嫉賢利惡忌。**利在惡忌賢者。○王念孫曰：「利惡忌」三字，義不相屬，楊曲爲之説，非也。「利」，當爲「相」，字之誤也。「相惡忌」，正承「爭寵嫉賢」言之。**妬功毀賢，下斂黨與上蔽匿。**斂，聚也。下聚黨與則上蔽匿也。**上壅蔽，失輔埶，**失輔弼之臣，則埶不在上。**任用讒夫不能制。孰公長父之難，**孰公、長父，皆厲王之嬖臣，未詳其姓名。墨子曰「厲王染於虢公長父、榮夷終」，「虢公」與「孰公」不同，未知孰是。或曰：孰公長父，即詩所云「皇父」也。「孰」，或爲「郭」。○盧文弨曰：案古「郭」「虢」字通，郭公長父即吕氏春秋當染篇之虢公長父也，作「郭」字爲是。「之難」二字，當屬下爲七字句。注「虢公」，宋本從立，元刻從糸，字書皆無攷。墨子所染篇作「厲公」。王念孫曰：「之」者，「是」也。言難厲王者是此人也。楚語云「秦徵衙實難桓、景」，「實難」即「是難」。俞樾曰：「之難厲王流于彘」七字爲句，義終未安。此篇之例，雖以兩三字句、一七字句、一四字句、一七字句爲一節，然古人之文變動不居，如云「治之道，美不老，君子由之佼以好，下以教誨子弟，上以事祖考」，此節詞意明白，無奪文譌字，其弟四句六字，其弟七句五字，豈能以「子弟」二字屬下爲七字句乎？　然則此文以「郭公長父之難」六字爲句，「厲王流于彘」五字爲句，於義較安，不必拘泥字數，轉致不通也。　先謙案：俞説是。　**厲王流于彘。**　彘，地名，在河東。　左傳晉大夫有彘子。　言孰公長父姦邪，遂使難作，厲王流竄于彘。　**周幽、厲，所以敗，不聽規諫忠是害。　嗟我何人，獨不遇時當亂世！**　言自古忠良多有遇害，何獨我哉！　自慰勉之辭也。

欲衷對，言不從，衷，誠也。　欲誠意以對時君，恐言不從而遇禍也。　○郝懿行曰：「對」字失韻，疑「封」字之形譌。　衷封者，言中衣內懷藏封事也。　王念孫曰：此篇之例，凡首句必入韻，唯此處「對」字與下文之「從」「凶」「江」不協。　「衷對」當爲「剖衷」。　言欲剖衷以諫，而無如言之不見聽也。（史記蔡澤傳「披腹心，示情素」，卽「剖衷」之謂。）欲剖衷，言不從，卽上文所謂「中不上達」也。「中」與「衷」，古字同耳。　「衷」字正與「從」「凶」「江」爲韻。　今本作「欲衷對」者，「剖」誤爲「對」，又誤在「衷」字之下耳。　楊説失之。　俞樾曰：王氏改「欲衷對」爲「欲剖衷」，此臆説也。　「對」字實不誤，但當在「衷」字上。　對，讀爲遂。　爾雅釋言：「對，遂也。」詩皇矣篇「以對于天下」，江漢篇「對揚王休」，蕩篇「流言以對」，毛傳竝曰：「對，遂也。」又禮記祭義篇「對揚以辟之」，鄭注亦曰：「對，遂也。」葢對、遂音近，以聲相訓耳。　欲對衷者，欲遂衷也。　言欲遂其衷忱，而無如言之不從也。　今本作「欲衷對」者，因淺人不知「對」之爲「遂」，而疑「對衷」二字無義，因倒其文。　楊氏卽據以爲說，曰

「欲誠意以對」，失之矣。先謙案：俞説是。**恐爲子胥身離凶。進諫不聽，剄而獨鹿棄之江。**獨鹿，與屬鏤同。本亦或作「屬鏤」，吴王夫差賜子胥之劒名。屬，之欲反。鏤，力朱反。國語里革曰：「鳥獸成，水蟲孕，水虞於是禁罝、罜麗。」此當是自剄之後，盛以罜麗，棄之江也。賈逵云：「罜麗，小罟也。」○盧文弨曰：案楊云「本或作屬鏤」，則訓劒不可易，「國語」以下，必後人采它説附益之。罝，韋昭云：「當爲罜。」此衍「罝」字，而又訛「罜」作「罣」。宋本亦同，又無「水虞」二字。郝懿行曰：黄縣蓬萊閒人，皆以獨鹿爲酒器名。此言「獨鹿」，蓋爲革囊盛尸，所謂鴟夷者也。「獨鹿」與魯語之「罜麗」音義相近，而與屬鏤義遠。若作「剄而屬鏤」，語復不詞。王念孫曰：後人讀獨鹿爲罜麗者，蓋未解「而」字之義故也。其意謂獨鹿果爲劒名，則不當言「剄而獨鹿」，故讀爲罜麗，謂是「既剄之後，盛以罜麗而棄之江也」。今案：而，猶以也。謂剄以獨鹿也。古者「而」與「以」同義。顧命曰「眇眇予末小子，其能而亂四方」，言其能以治四方也。（某氏傳「能如父祖治四方」，非是。）墨子尚賢篇曰「使天下之爲善者可而勸也，爲暴者可而沮也」，言可以勸、可以沮也。吕氏春秋去私篇曰「晉平公問於祁黄羊曰『南陽無令，其誰可而爲之』」，言誰可以爲之也。（高注「而，能也」，非是，辯見吕氏春秋。）「而」與「以」同義，故二字可以互用。同人彖傳曰「文明以健，中正而應」，繫辭傳曰「蓍之德圓而神，卦之德方以知」，宣十五左傳曰「易子而食，析骸以爨」，皆以二字互用。「而」與「以」同義，故又可以通用。繫辭傳「上古結繩而治」，論衡齊世篇引此「而」作「以」。昭元年左傳「櫜甲以見子南」，考工記函人鄭司農注引此「以」作「而」。**觀往事，以**

自戒，治亂是非亦可識。託於成相以喻意。識，如字，亦讀爲志也。○顧千里曰：案此句例之，應十一字，亦疑尚少四字。

請成相，言治方，言爲治之方術。君論有五約以明。君謹守之，下皆平正國乃昌。論爲君之道有五，甚簡約明白。謂「臣下職」，一也；「君法明」，二也；「刑稱陳」，三也；「言有節」，四也；「上通利」至「莫敢恣」，五也。臣下職，莫游食，游食，謂不勤於事，素飡游手也。務本節用財無極。事業聽上，莫得相使一民力。所興事業皆聽於上，羣下不得擅相役使，則民力一也。禮記曰「用民之力，歲不過三日」也。守其職，足衣食，民不失職，則衣食足矣。厚薄有等明爵服。貴賤有別。利往卬上，莫得擅與孰私得？利之所往，皆卬於上，莫得擅爲賜與，則誰敢私得於人乎？擅相賜與，若齊田氏然。卬與仰同，宜亮反。○王引之曰：「往」字文義不順，楊說非也。「往」，當爲「隹」。「隹」，古「唯」字也。（「唯」，或作「惟」「維」。古鐘鼎文「唯」字作「隹」，石鼓文亦然。）言臣民之利，唯仰於上，莫得擅有所與也。凡隸書從彳從亻之字多相亂，故「往」字或作「仼」，與「隹」相似而誤。君法明，論有常，君法所以明，在言論有常，不二三也。表儀既設民知方。進退有律，莫得貴賤孰私王？進人退人，皆以法律，貴賤各以其才，孰有私佞於王乎？君法儀，禁不爲，爲君之法儀，在自禁止，不爲惡。○俞樾曰：禁不爲惡，而止曰「禁不爲」，則辭不達，注義非也。「君法儀」之「儀」，當讀爲俄。説文人部：「俄，行頃也。」詩賓之初筵篇「側弁之俄」，鄭箋曰：「俄，頃貌。」廣雅釋詁曰：「俄，衺也。」是俄有頃邪之義。管子書或叚「義」爲之。明法解曰：「雖有大義，主無從知之。故明法曰：『佼衆譽多，外内朋黨，雖有大姦，其蔽主多矣。』」以「大姦」爲「大義」，是其證也。義、儀，古通用，「義」可爲「俄」，故「儀」亦可爲「俄」。「君法儀」，與上文「君法明」相對。上云「君法明，論有常」，此云「君法儀，禁不爲」，言君法明盛則其論有常，君法傾邪則當禁之使不爲也。蓋此皆蒙上文「臣下職」而言，所陳皆臣道也。楊注因上文「君論有五約以明」之句，妄舉五節以當之，而以「君法明」爲其一，所舉又不相連屬，更有它文以閒之，殆不足據也。**莫不説教名不移。**既能正己，則民皆悦上之教，而名器不移也。説讀爲悦。**脩之者榮，離之者辱孰它師？**孰敢以它爲師？言皆歸王道，不敢離貳也。○郝懿行曰：「它師」二字誤倒，當作「師它」，則與「儀」「爲」「移」皆韻矣。**刑稱陳，守其銀，**稱，謂當罪。當罪之法施陳，則各守其分限。稱，尺證反。銀與垠同。○王念孫曰：楊説「稱陳」二字未安。余謂陳者，道也。文登畢氏恬谿説尚書曰：「李斐注漢書哀帝紀曰：『陳，道也。』是古謂道爲陳。微子云『我祖底遂陳于上』，謂致成道於上也。君奭云『率惟兹有陳』，謂有道也。」念孫案：大戴記衛將軍文子篇「君陳則進，不陳則行而退」，亦謂道與不道也。言刑之輕重皆稱乎道，而各守其限也。**下不得用輕私門。**下不得專用刑法，則私門自輕。**罪禍有律，莫得輕重威不分。**禍，亦罪也。**請牧祺，明有基，**祺，祥也。請牧治吉祥之事，在明其所有之基業也。○俞樾曰：上文云「請牧基，賢者思」，此文亦當作「請牧基，明有祺」，傳寫者誤倒「基」「祺」兩字耳。據楊注，所見本已倒。**主好論議必善謀。五聽修領，莫不理續主執持。**五聽，折獄之五聽也。修領，謂修之使得綱領。莫不有文理相續，主自執持此道，不使權歸於下。○盧文弨曰：「修領」，宋本作「循領」。今從元刻，注同。王念孫曰：領，猶治也、理也。樂記「領父子君臣之節」，鄭注：「領，猶理治也。」仲尼燕居「領惡而全好」，注：「領，猶治也。」淮南本經篇「神明弗能領也」，高注：「領，理也。」言五聽皆修理也。「續」，當爲「績」。「主執持」，當爲「孰主持」。莫不理績孰主持者，爾雅曰「績，事也」，言百官莫不各理其事，夫孰得而主持之也。上文曰「莫得輕重威不分」，正所謂「孰主持」也。又曰「莫得擅與孰私得」，又曰「莫得貴賤孰私王」，竝與此文同一例。今本「績」誤作「續」，「孰」誤作「執」，「執」字又誤在「主」字下，則義不可通。楊說皆失之。顧千里曰：五聽，疑卽上文「君論有五約以明」也。弟一章「臣下職」云云，弟二章「守其職」云云，弟三章「君法明」云云，弟四章「君法儀」云云，弟五章「刑稱陳」云云，下文接以「五聽修領」，謂五章爲五聽明甚。下文又接以「聽之經」，謂聽爲五聽亦明甚。本屬一氣相承，而楊注別以「折獄之五聽」解之，非也。又於後注「耳目既顯，吏敬法令莫敢恣」，始云「此已上，論君有五之事也」，亦非也。**聽之經，明其請，**「請」，當爲「情」。聽獄之經，在明其情。○盧文弨曰：案請，古與情通用。列子說符篇楊朱曰：「發于此而應于彼者唯請。」釋文引徐廣曰：「古情字或假借作請。」又墨子書多以「請」爲「情」。先謙案：經，道也，說詳勸學篇。下文兼「賞刑」言，則聽非聽獄之謂，謂聽政也。王制篇「聽政之大分，以善至者待之以禮，以不善至者待之以刑」，卽「參伍明謹施賞刑」也。「賢不肖不雜，是非不亂」，「信、誕分」也。「無遺善，無隱謀」，「隱遠至」也。明其請者，彼云「凡聽，威嚴猛厲，則下不親」、「和解調通，則嘗試鋒起」，故非明其情不可。**參伍明謹施賞刑。**參伍，猶錯襍也。謂或往參之，或往伍之，皆使明謹，施其賞刑。言精研，不使僭濫也。**顯者必得，隱者復顯民反誠。**幽隱皆通，則民不詐僞也。**言有節，稽其實，**節，謂法度。欲使民言有法及不欺誑，在稽考行實也。**信、誕以分賞罰必。下不欺上，皆以情言明若日。上通利，隱遠至，**上通利不壅蔽，則幽隱遐遠者皆至也。**觀法不法見不視。**所觀之法非法，則雖見不視也。○郝懿行曰：此言觀法於法不及之地，見視於視不到之鄉，所以謂之「隱遠至」、「耳目顯」也。注似未了。**耳目既顯，吏敬法令莫敢恣。**此已上，論君有五之事也。**君教出，行有律，**五論之教既出，則民所行有法。言知方也。**吏謹將之無鈹、滑。**將，持也。詩曰：「無將大車。」鈹與披同，滑與汩同。言不使紛披汩亂也。○郝懿行曰：正名篇有「滑、鈹」，此言「鈹、滑」，其義同，皆謂骫骳、滑亂之意。漢書淮南厲王傳「骫天下正法」，顔注：「骫，古委字，謂曲也。」枚乘傳「其文骫骳」，骳與鈹同，謂曲戾也。滑蓋與猾同，謂攪亂也。**下不私請，各以宜舍巧拙。**請，謁。舍，止也。羣下不私謁，各以所宜，不苟求也。如此則以道事君，巧拙之事亦皆止。○盧文弨曰：「各以宜舍巧拙」句中脱一字，或當作「各以所宜舍巧拙」。**臣謹脩，君制變，**臣職在謹脩，君職在制變。○王念孫曰：「脩」，當爲「循」，字之誤也。（隸書「循」「脩」相亂，説見管子形勢篇。）此言臣當謹循舊法而不變其制，變則在君也。「循」與「變」「亂」「貫」爲韻。（此以諄、元二部通用。凡諄、元二部之字，古聲皆不分平、上、去。）此篇之例，首句無不入韻者。今本「循」作「脩」，則既失其義，而又失其韻矣。公察善思論不亂。先謙案：「倫」「論」，古字通。謂君臣之倫不亂也。説見儒效篇。以治天下，後世法之成律貫。律貫，法之爲條貫也。○盧文弨曰：案全篇與詩三百篇中韻同。

賦篇第二十六

所賦之事，皆生人所切，而時多不知，故特明之。或曰：荀卿所賦甚多，今存者唯此言也。舊第二十二，今亦降在下。

爰有大物，爰，於也。言於此有大物。夫人之大者莫過於禮，故謂之大物也。非絲非帛，文理成章。絲帛能成黼黻文章，禮亦然也。非日非月，爲天下明。生者以壽，死者以葬，城郭以固，三軍以强。粹而王，駁而伯，無一焉而亡。臣愚不識，敢請之王。言禮之功用甚大，時人莫知，故荀卿假爲隱語，問於先王云「臣但見其功，亦不識其名，唯先王能知，敢請解之」。先王因重演其義而告之。王曰：此夫文而不采者與？先王爲解説曰：「此乃有文飾而不至華采者與？」簡然易知而致有理者與？君子所敬而小人所不者與？性不得則若禽獸，性得之則甚雅似者與？雅，正也。似，謂似續古人。詩曰：「維其有之，是以似之。」匹夫隆之則爲聖人，諸侯隆之則一四海者與？致明而約，甚順而體，請歸之

禮。極明而簡約，言易知也。甚順而有體，言易行也。先王言唯歸於禮，乃合此義也。**禮。**○盧文弨曰：此目上事也。如禮記文王世子子貢問樂之比，下放此。

皇天隆物，以示下民，隆，猶備也。物，萬物也。○王念孫曰：隆與降同。（古字或以「隆」爲「降」，説見墨子尚賢中篇。）「示」，本作「施」，俗音之誤也。廣雅曰：「施，予也。」**或厚或薄，帝不齊均。**言人雖同見，方所知或多厚，或寡薄，天帝或不能齊均也。○王念孫曰：「帝」，本作「常」字之誤也。「物」字，卽指智而言。言皇天降智，以予下民，厚薄常不齊均，故有桀、紂、湯、武之異也。今本「施」作「示」，「常」作「帝」，則義不可通。藝文類聚人部五引此正作「皇天隆物，以施下民，或厚或薄，常不齊均」。楊説皆失之。**桀、紂以亂，湯、武以賢。涽涽淑淑，皇皇穆穆，**涽涽，思慮昏亂也。淑淑，未詳，或曰：美也。皇皇穆穆，言緒之美也。言或愚或智也。○俞樾曰：淑淑訓美，則與「涽涽」不倫矣。淑，當讀爲踧。文選長笛賦「蹜踧攢仄」，注曰：「蹜踧，迫蹙皃。」海賦「葩華踧沑」，注曰：「踧沑，蹙聚也。」踧踧之誼，亦猶是耳。**周流四海，曾不崇日。**崇，充也。言智慮周流四海，曾不充滿一日而徧也。**君子以修，跖以穿室。**跖，柳下惠之弟，太山之盜也。君子用智以修身，跖用智以穿室，皆「帝不齊均」之意也。**大參乎天，精微而無形。**言智慮大則參天，小則精微無形也。**行義以正，事業以成。**皆在智也。行，下孟反。**可以禁暴足窮，百姓待之而後寧泰。**足窮，謂使窮者足也。百姓待君上之智而後安。「寧泰」，當爲

「泰寧」也。臣愚不識，願問其名。曰：此夫安寬平而危險隘者邪？言智常欲見利遠害。脩潔之爲親而襍汙之爲狄者邪？智脩潔則可相親，若襍亂穢汙，則與夷狄無異。言險詐難近也。○王念孫曰：親，近也。狄，讀爲逖。逖，遠也。大雅瞻卬篇「舍爾介狄」，毛傳曰：「狄，遠也。」是狄與逖同。此言智之爲德，近於脩潔而遠於襍汙也。楊説皆失之。甚深藏而外勝敵者邪？法禹、舜而能弇迹者邪？弇，襲。行爲動靜，待之而後適者邪？血氣之精也，志意之榮也。精，靈。榮，華。百姓待之而後寧也，天下待之而後平也。明達純粹而無疵也，夫是之謂君子之知。此論君子之智，明小人之智不然也。○王引之曰：「疵」「知」爲韻。「疵」下「也」字，涉上文而衍，藝文類聚無。知。

有物於此，居則周静致下，動則綦高以鉅。居，謂雲物發在地時。周，密也。鉅，大也。圓者中規，方者中矩。言滿天地之圓方也。大參天地，德厚堯、禹。參，謂天地相似。雲所以致雨，生成萬物，其德厚於堯、禹者矣。○盧文弨曰：藝文類聚「大參」作「大齊」。注「天地相似」上似脱一「與」字。精微乎毫毛，而大盈乎大寓。寓與宇同。言細微之時則如毫毛，其廣大時則盈於大宇之内。宇，覆也，謂天所覆。三蒼云：「四方上下爲宇。」上「大參天地」，此又云「大盈大宇」，言説雲之變化或大或小，故重言之也。○王念孫曰：宋錢佃校本云：「諸本作『充盈乎大寓』，非。」案作「充盈」者是也。下文「充盈大宇而不窕」，卽其證。「充盈」與「精微」對。監本作「大盈」，則既與下「大」字複，又與「精微」不對矣。楊云「其廣大時則盈於大宇之内」，則所見本已作「大盈」。藝文類聚天部上引作「充盈乎天宇」。又曰：吕、錢本作「盈大乎寓宙」，葢本作「充盈乎大寓」，後脱「充」字，「乎大」又譌作「大乎」，後人又因注内兩言「宇宙」而增「宙」字。案，「盈大」文不成義，「寓」與上文「下」「鉅」「矩」「禹」爲韻，「寓」下不得有「宙」字，楊注釋「宇」字而不釋「宙」字，則本無「宙」字明甚。**忽兮其極之遠也，攭兮其相逐而反也，**攭與劙同。攭兮，分判貌。言雲或慌忽之極而遠舉，或分散相逐而還於山也。攭音戾。○王念孫曰：忽，遠貌。楚辭九歌曰「平原忽兮路超遠」，九章曰「道遠忽兮」，是忽爲遠貌。極，至也。言忽兮其所至之遠也。攭者，雲氣旋轉之貌。（考工記鳧氏：「鍾縣謂之旋。」程氏易疇通藝録曰：「旋，所以縣鍾者，設於甬上。孟子謂之『追蠡』，言追出於甬上者乃蠡也。蠡與螺通。文子所謂『聖人法蠡蚌而閉户』是也。螺小者謂之蜁蝸。郭璞江賦所謂『鸎螺蜁蝸』是也。曰旋，曰蠡，其義不殊，葢爲金枘於甬上，以貫於縣之者之鑿中，形如螺然，如此，則宛轉流動，不爲聲病矣。」水經睢水注云：「睢陽城内有高臺，謂之蠡臺。」續述征記曰：「回道如蠡，故謂之蠡臺。」是凡言蠡者，皆取旋轉之義。）反，亦旋也。故曰「攭兮其相逐而反也」。楊説皆失之。**卬卬兮天下之咸蹇也。**卬卬，高貌。雲高而不雨，則天下皆蹇難也。○俞樾曰：楊注非是。蹇，當讀爲攓。方言：「攓，取也。」雲行雨施，澤被天下，天下皆有取也，故曰「卬卬兮天下之咸攓也」。下文「德厚而不捐」，卽承此而言。若如楊注，則與下意不貫矣。**德厚而不捐，五采備而成文。**捐，弃也。萬物或美或惡，覆被之，皆無捐弃也。

往來惛憊，通于大神，惛憊，猶晦暝也。通于大神，言變化不測也。憊，困也。人困，目亦昏暗，故惛憊爲晦暝也。**出入甚極，莫知其門。**極，讀爲亟，急也。門，謂所出者也。**天下失之則滅，得之則存。**雲所以成雨也。**弟子不敏，此之願陳，君子設辭，請測意之。**弟子，荀卿自謂。言弟子不敏，願陳此事，不知何名，欲君子設辭，請測其意。亦言雲之功德，唯君子乃明知之也。○王引之曰：楊以意爲「志意」之「意」，非也。意者，度也。言請測度之也。禮運曰：「聖人耐以天下爲一家，以中國爲一人者，非意之也。」管子小問篇東郭郵曰：「君子善謀而小人善意，臣意之也。」是意爲度也。（意之言億也。韓子解老篇：「先物行、先理動之謂前識。前識者，無緣而忘意度也。」忘與妄同。莊子胠篋篇云「妄意室中之藏」是也。王褒四子講德論「今子執分寸而罔億度」，「罔億度」即「妄意度」。鄭注少儀曰：「測，意度也。」「意」，本又作「億」。論語先進篇「億則屢中」，漢書貨殖傳「億」作「意」。）**曰：此夫大而不塞者與？**雲氣無實，故曰「不塞」。**充盈大宇而不窕，入郄穴而不偪者與？**窕，讀爲窱，深貌也。言充盈則滿大宇，幽深則入郄穴，而曾無偪側不容也。窱，它弔反。○王念孫曰：楊訓窕爲深貌，又以「窕」字連下句解之，皆非也。「充盈大宇而不窕」爲句，窕者，間隙之稱，言充盈大宇而無間隙也。偪，不容也。偪與窕義正相反。廣雅曰：「窕，寬也。」昭二十一年左傳「鐘小者不窕，大者不摦，窕則不咸，摦則不容」，杜注曰：「窕，細不滿也。摦，橫大不入也。不咸，不充滿人心也。不容，心不堪容也。」大戴禮王言篇曰：「布諸天下而不窕，內諸尋常之室而不塞。」管子宙合篇曰：「其處大也不窕，其入小也不塞。」

墨子尚賢篇曰：「大用之天下則不窕，小用之則不困。」呂氏春秋適音篇曰：「音大鉅則志蕩，以蕩聽鉅則耳不容，不容則横塞，横塞則振大；小則志嫌，以嫌聽小則耳不充，不充則不詹，不詹則窕。」高注曰：「窕，不滿密也。」義竝與此同。**行遠疾速而不可託訊者與？** 訊，書問也。行遠疾速，宜於託訊，今雲者虛無，故不可。本或作「託訓」。或曰：與似續同也。言雲行遠疾速，不可依託繼續也。○盧文弨曰：「訊」不與前後韻協，疑是「訊託」誤倒耳。注「或作託訓」，亦似誤。王念孫曰：「訊」下「者與」二字，蓋因上下文而衍。「訊」字不入韻，上文「充盈大宇而不窕」，「窕」字亦不入韻也。盧云「訊不與前後韻協，疑是訊託誤倒」，非是。（「託」字於古音屬鐸部，「塞」「偪」等字於古音屬職部，改「託訊」爲「訊託」，仍不合韻。）**往來惽憊而不可爲固塞者與？** 雖往來晦暝，掩蔽萬物，若使牢固蔽塞，則不可。**暴至殺傷而不億忌者與？** 億，謂以意度之。論語曰：「億則屢中。」或曰：與抑同。謂雷霆震怒，殺傷萬物，曾不億度疑忌。言果決不測也。○王念孫曰：億，讀爲意。（「意」「億」古字通，説見前「測意之」下。）意，疑也。言暴至殺傷，而曾無所疑忌也。廣雅曰：「意，疑也。」漢書文三王傳「於是天子意梁」，顔師古注與廣雅同。韓子説疑篇「上無意，下無怪」，無意，無疑也。史記陳丞相世家「項王爲人，意忌信讒」，平津侯傳「弘爲人意忌，外寬内深」，酷吏傳「湯雖文深意忌」，皆謂疑忌也。楊以億爲億度，則分億與忌爲二義，失之矣。**功被天下而不私置者與？** 天下同被其功，曾無所私置。又言無偏頗。○王念孫曰：置，讀爲德。言功被天下而無私德也。繫辭傳「有功而不德」，「德」，鄭、陸、蜀才竝作「置」。鄭云：「置，當爲德。」逸周書官人篇「有施而弗德」，大戴禮文王官人篇作「有施而不置」。荀子哀公篇「言忠信而心不德」，大戴禮哀公問五義篇作「躬行忠信而心不置」。是「置」爲「德」之借字也。此段以「塞」「偪」「塞」「忌」「置」爲韻。忌，讀如極。（左傳「費無極」，史記作「費無忌」。）置與德同。**託地而游宇，友風而子雨。**風與雲竝行，故曰「友」。雨因雲而生，故曰「子」。**冬日作寒，夏日作暑。**在冬而凝寒，在夏而蒸暑也。**廣大精神，請歸之雲。**至精至神，通於變化，唯雲乃可當此說也。**雲。**雲所以潤萬物，人莫之知，故於此具明也。

有物於此，儳儳兮其狀，屢化如神。儳，讀如「其蟲倮」之倮。儳儳，無毛羽之貌。變化，卽謂三俯三起，成蛾蛹之類也。**功被天下，爲萬世文。**文，飾。**禮樂以成，貴賤以分。養老長幼，待之而後存。名號不美，與暴爲鄰。**侵暴者亦取名於蠶食，故曰「與暴爲鄰」也。○王引之曰：如楊說，則「蠶」下必加「食」字，而其義始明。竊謂方言：「慘，殺也。」說文：「慘，毒也。」字或作「憯」。莊子庚桑楚篇曰：「兵莫憯于志，鏌鋣爲下。」慘、蠶、憯聲相近，故曰「與暴爲鄰」。**功立而身廢，事成而家敗。**繭成而見殺，是身廢；絲窮而繭盡，是家敗。**弃其耆老，收其後世。**耆老，蛾也。後世，種也。**人屬所利，飛鳥所害。**人屬則保而用之，飛鳥則害而食之。**臣愚而不識，請占之五泰。**占，驗也。五泰，五帝也。五帝，少昊、顓頊、高辛、唐、虞。理皆務本，深知蠶之功大，故請驗之也。○盧文弨曰：此與下文「五泰」，宋本皆作「五帝」，無

「五泰，五帝也」五字注。今從元刻，與困學紀聞所引合。古音「帝」字不與「敗」「世」「害」韻，五支、六脂之別也。王念孫曰：「敗」「世」「害」「泰」，古音並屬祭部，非惟不與五支之去聲通，並不與六脂之去聲通。此盧用段説而誤也。説見戴先生聲韵攷。**五泰占之曰：此夫身女好而頭馬首者與？**女好，柔婉也。其頭又類馬首。周禮馬質「禁原蠶者」，鄭玄云：「天文辰爲馬。故蠶書曰：『蠶爲龍精，月值大火，則浴其種。』是蠶與馬同氣也。」**屢化而不壽者與？善壯而拙老者與？**壯得其養，老而見殺。**有父母而無牝牡者與？**爲蠶之時，未有牝牡也。**冬伏而夏游，食桑而吐絲，**游，謂化而出也。○俞樾曰：「食桑而吐絲，前亂而後治」，此文「游」字獨不入韻，疑「滋」字之誤。吕氏春秋明理篇曰「草木庳小不滋」，注曰：「滋，亦長也。」冬伏而夏滋，言冬伏而夏長也。楊以「化而出」釋「游」字，誼亦迂曲，非獨於韻不協也。**前亂而後治，**繭亂而絲治也。**夏生而惡暑，**生長於夏，先暑而化。**喜溼而惡雨。**溼，謂浴其種。既生之後，則惡雨也。○王念孫曰：蠶性惡溼，不得言「喜溼」，太平御覽資産部五引作「疾溼而惡雨」是也。惡雨與疾溼同意。楊云「溼，謂浴其種」，乃曲爲之説耳。俞樾曰：楊説甚得。荀子之意，蓋此句與上文「夏生而惡暑」相對。生於夏，宜不惡暑矣，而蠶則惡暑。其種必浴，有似喜溼者，宜不惡雨矣，而蠶則惡雨。此兩「而」字，正明其性之異也。太平御覽資産部引作「疾溼而惡雨」，蓋人疑蠶性惡溼，不得言「喜溼」，故妄改之。言「疾溼」，又言「惡雨」，辭複而意淺，非荀子原文也。王氏反據御覽以訂正荀子，誤矣。**蛹以爲母，蛾以爲父。**互言之也。**三俯三起，事乃大已。**俯，謂卧而不食。事乃大已，言三起之後，事乃畢也。謂化而成繭也。**夫是之謂蠶理。**五帝言此乃蠶之義理也。○郝懿行曰：理者，條理也。夫含生賦形，各有條理，條者似智，理者似禮。蠶、鍼爲物，條理尤深，莫精於蠶，莫密於鍼，所以二賦語已，皆言其理者也。**蠶。**蠶之功至大，時人鮮知其本。詩曰：「婦無公事，休其蠶織。」戰國時此俗尤甚，故荀卿感而賦之。

有物於此，生於山阜，處於室堂。山阜，鐵所生也。**無知無巧，善治衣裳。**知，讀爲智。**不盜不竊，穿窬而行。日夜合離，以成文章。**合離，謂使離者相合。文章亦待其連綴而成也。**以能合從，又善連衡。**從，豎也，子容反。衡，横也。言箴亦能如戰國合從、連横之人。南北爲從，東西爲衡也。**下覆百姓，上飾帝王。功業甚博，不見賢良。**見，猶顯也。不自顯其功伐。見，賢遍反。**時用則存，不用則亡。**順時行藏。**臣愚不識，敢請之王。王曰：此夫始生鉅，其成功小者邪？**爲鐵則巨，爲箴則小。**長其尾而鋭其剽者邪？**長其尾，謂線也。剽，末也，謂箴之鋒也。莊子曰：「有實而無乎處者，宇也；有長而無本剽者，宙也。」剽，杪末之意，匹小反。**頭銛達而尾趙繚者邪？**重説長其尾而鋭其剽。趙，讀爲掉。掉繚，長貌。言箴尾掉而繚也。掉，徒弔反。○郝懿行曰：趙之爲言超也。穆天子傳「天子北征趙行」，郭注「趙猶超騰」是也。「趙繚」「摇掉」，疊韻之字，今時俗語猶以「摇掉」爲「趙繚」也。**一往**

一來，結尾以爲事。結其尾線，然後行箴。無羽無翼，反覆甚極。極，讀爲亟，急也。尾生而事起，尾邅而事已。尾邅迴盤結，則箴功畢也。簪以爲父，管以爲母。簪形似箴而大，故曰「爲父」。言此者，欲狀其形也。管所以盛箴，故曰「爲母」。禮記曰「箴、管、線、纊」也。○盧文弨曰：「簪」，當爲「鑽」，子貫反。謂所以琢箴之線孔者也。箴賴以成形，故曰「爲父」。郝懿行曰：古之簪，形若大箴耳。箴肖簪，故父之；管韜箴，故母之。俞樾曰：「簪」，當爲「鐕」。禮記喪大記「用襍金鐕」，正義曰：「鐕，釘也。」釘與箴，形質皆同，磨之琢之而後成箴。方其未成箴之時，則箴亦一鐕而已矣，故曰「鐕以爲父」。作「簪」者，叚字耳。若是首筓之簪，則與箴全不相涉。楊注謂「言此者，欲狀其形」，失之迂矣。盧氏謂「簪，當爲鑽，所以琢箴之線孔者也。箴賴以成形，故曰爲父」，此尤曲説。箴所賴以成形者，豈特一鑽之功乎？王氏載之讀書襍志，誤矣。既以縫表，又以連裏。夫是之謂箴理。理，義理也。箴。古者貴賤皆有事，故王后親織玄紞，公侯夫人加之以紘綖，大夫妻成祭服，士妻衣其夫。末世皆不脩婦功，故託辭於箴，明其爲物微而用至重，以譏當世也。

天下不治，請陳佹詩：荀卿請陳佹異激切之詩，言天下不治之意也。天地易位，四時易鄉。皆言賢愚易位也。鄉，猶方也。春夏秋冬皆不當其方，言錯亂也。鄉，如字。列星殞墜，旦暮晦盲。列星，二十八宿有行列者。殞墜，以喻百官弛廢。旦暮晦盲，言無蹔明時也。或曰：

當時星辰殞墜，旦暮昏霧也。**幽晦登昭，日月下藏。**言幽闇之人，登昭明之位，君子明如日月，反下藏也。「昭」，或爲「照」。○王念孫曰：「幽晦」，元刻作「幽闇」，（宋龔本同。）是也。楊注「幽闇之人」是其證。宋本「闇」作「晦」者，涉上文「旦暮晦盲」而誤。藝文類聚人部八引作「幽暗登照」，暗與闇同。**公正無私，反見從橫，**言公正無私之人，反見謂從橫反覆之志也。○郝懿行曰：「藏」，古作「臧」，荀書皆然。「橫」，古作「衡」，上言「連衡」亦然。此皆俗人所改。王念孫曰：「反見從橫」四字文不成義。此本作「見謂從橫」，言公正無私之人反以從橫見謂於世也。楊注內「見謂」二字卽其證。凡見譽於人，曰「見謂」，若王霸篇曰「齊桓公閨門之內，縣樂奢泰游抏之循，於天下不見謂修」，賈子修政語篇曰「故言之者見謂智，學之者見謂賢，守之者見謂信，樂之者見謂仁，行之者見謂聖」，皆是也。見毁於人，亦曰「見謂」，若莊子達生篇曰「居鄉不見謂不修，臨難不見謂不勇」，漢書兒寬傳曰「張湯爲廷尉，盡用文史法律之吏，而寬以儒生在其閒見謂不習事」，邶風谷風箋曰「涇水以有渭，故見謂濁」，（今本「謂」譌作「渭」，據正義改。）及此言「見謂縱橫」，皆是也。後人不曉「見謂」二字之義，又以楊注云「反見謂從橫」，遂改正文「見謂」爲「反見」，不知楊注特加「反」字以申明其義，非正文所有也。藝文類聚人部八引此正作「見謂從橫」。**志愛公利，重樓疏堂，**欲在上位，行至公以利百姓，非謂重樓疏堂之榮貴也。**無私罪人，憋革貳兵。**憋與儆同，備也。貳，副也。謂無私罪人，言果於去惡也。言去邪嫉惡，乃以儆備增益兵革之道。言彊盛也。○王念孫曰：「貳兵」二字文義不明，「貳」當爲「戒」，字之誤也。（隸書「戒」字作

「忒」，與「貳」相似。）戒兵與憝革同義。楊云「貳，副也」，未安。**道德純備，讒口將將。**將，去也。言以讒言相退送。或曰：將將，讀爲鏘鏘，進貌。○郝懿行曰：將者，大也。逸詩云：「如霜雪之將將。」此言道德純備之人，讒口方張，不能用也。王念孫曰：楊後説讀將將爲鏘鏘是也，而云「進貌」，則古無此訓。余謂將將，集聚之貌也。周頌執競篇「磬筦將將」，毛傳曰：「將將，集也。」然則讒口將將，亦謂讒言之交集也。小雅十月篇「讒口囂囂」，箋云：「囂囂，衆多貌。」義亦與將將同。**仁人絀約，敖暴擅彊，**絀退窮約。**天下幽險，恐失世英。**天下幽暗凶險如此，必恐時賢不見用也。**螭龍爲蝘蜓，鴟梟爲鳳皇。**説文云：「螭，如龍而黄，北方謂之地螻。」蝘蜓，守宮。言世俗不知善惡，螭龍之聖，反謂之蝘蜓；鴟梟之惡，反以爲鳳皇也。**比干見刳，孔子拘匡。昭昭乎其知之明也，郁郁乎其遇時之不祥也。拂乎其欲禮義之大行也，闇乎天下之晦盲也。**郁郁，有文章貌。拂，違也。此蓋誤耳，當爲「拂乎其遇時之不祥也，郁郁乎其欲禮義之大行」。晦盲，言人莫之識也。**皓天不復，憂無疆也。千歲必反，古之常也。**皓與昊同。昊天，元氣昊大也。呼昊天而訴之，云世亂不復，憂不可竟也。復自解釋云亂久必反於治，亦古之常道。「千」，或爲「卒」。**弟子勉學，天不忘也。**言天道福善，故曰「不忘」。恐弟子疑爲善無益而解惰，故以此勉之也。**聖人共手，時幾將矣。**共，讀爲拱。聖人拱手，言不得用也。幾，辭也。將，送也，去也。言戰國之時，世事已去，不可復治也。○俞樾曰：如楊注，與上意不貫。上文曰「千歲必反，古之常也，弟子勉學，天不忘也」，是荀子之意，謂亂極必反，非謂世事已去，不可復治也。此二句乃望之之辭，言聖人於此，亦拱手而待之耳，所謂「千歲必反」者，此時殆將然矣。楊注非。**與愚以疑，願聞反辭。**反辭，反覆敘説之辭，猶楚詞「亂曰」。弟子言當時政事既與愚反疑惑之人，故更願以亂辭敘之也。**其小歌曰：**此下一章，卽其反辭，故謂之小歌，總論前意也。○盧文弨曰：「曰」，各本多作「也」。有一本作「曰」，今從之。**念彼遠方，何其塞矣！**遠方，猶大道也。○俞樾曰：楊注以遠方爲大道，其義未安。此章蓋亦遺春申君者。下文「仁人絀約，暴人衍矣」諸句，其意實譏楚也。不敢斥言楚國，故姑託遠方言之，若謂彼遠方之國有如此耳。此荀卿之危行言孫也。**仁人絀約，暴人衍矣。**衍，饒也。○盧文弨曰：「衍」不與「塞」「服」爲韻，「服」字本有作「般」者，則「塞」或「蹇」字之誤。**忠臣危殆，讒人服矣。**服，用也。本或作「讒人般矣」。般，樂也，音盤。

琁、玉、瑤、珠，不知佩也。説文云：「琁，赤玉。」「瑤，美玉也。」孔安國曰：「瑤，美石。」言不知以此四寶爲佩。説文云：「琁音瓊。」○盧文弨曰：瑤，説文本訓美石，楊所據乃誤本也。如孔安國曰「美石」，而今本禹貢注亦皆誤爲「美玉」。又曰：此章在遺春申君書後。此書但載其賦，而不載其書。今以楚策之文具録於此，以備考焉。客説春申君曰：「湯以亳，武王以鄗，（吳師道曰：「鎬通。」）皆不過百里，以有天下。今孫子，天下賢人也，君藉之以百里之勢，臣竊以爲不便，於君何如？」春申君曰：「善。」於是使人謝孫子。孫子去之趙，（鮑彪曰：「史言孫子，春申君死而貧困，家蘭陵，不言之趙。然卿書有與趙孝成王論兵，而史不言，失之。）趙以爲上卿。（後語作「上客」。）客又説春申君曰：「昔伊尹去夏入殷，殷王而夏亡；管仲去魯入齊，魯弱而齊强。夫賢者之所在，其君未嘗不尊，國未嘗不榮也。今孫子，天下賢人也，君何辭之？」春申君又曰：「善。」於是使人請孫子於趙，孫子爲書謝曰：「『癘人憐王』，（韓詩外傳四作「鄙語曰『癘人憐王』」。）此不恭之語也。雖然，（吴師道曰：「一本此下有『古無虚諺』四字。」）不可不審察也，此爲劫弒死亡之主言也。夫人主年少而矜材，無法術以知姦，則大臣主斷圖〔一〕私，以禁誅於己也，故弒賢長而立幼弱，廢正適而立不義。春秋戒之曰：（外傳作「春秋之志曰」。）『楚王子圍聘於鄭，未出竟，聞王病，反問疾，遂以冠纓絞王殺之，因自立也。』『齊崔杼之妻美，莊公通之，崔杼帥其君黨而攻莊公。莊公請與分國，崔杼不許；欲自刃於廟，崔杼不許。莊公走出，踰於外牆，射中其股，遂殺之，而立其弟景公。』近代所見，李兑用趙，餓主父於沙丘，百日而殺之；淖齒用齊，擢閔王之筋，縣於其廟梁，宿夕而死。夫癘雖癰腫胞疾，上比前世，未至絞纓射股；下比近代，未至擢筋而餓死也。夫劫弒死亡之主也，心之憂勞，形之困苦，必甚於癘矣。由此觀之，癘雖憐王可也。」因爲賦曰：「寶珍隋珠，不知佩兮。褘衣與絲，不知異兮。閭姝、子奢，莫知媒兮。嫫母求之，又甚喜之兮。以瞽爲明，以

〔一〕「圖」，原本作「國」，據韓詩外傳四改。

聾爲聰，以是爲非，以吉爲凶。嗚呼上天，曷惟其同！詩曰：『上天甚神，無自瘵也。』」（外傳所載賦，與荀書略同。「嘉」字，依兩書皆作「喜」。外傳末引詩作「上帝甚慆，無自瘵焉」。）郝懿行曰：「琁」即「瓊」字，韓詩外傳四作「璇」，非。**褋布與錦，不知異也。**褋布，麤布。○王念孫曰：此謂布與錦褋陳於前而不知別異。（説文：「布，枲織也。」）言美惡不分也。楊以「褋布」二字連讀，而訓爲麤布，失之。**閭娵、子奢，莫之媒也。**閭娵，古之美女，後語作「明陬」。楚詞七諫謂閭娵爲醜惡，蓋一名明陬。漢書音義韋昭曰：「閭娵，梁王魏嬰之美女。」「子奢」，當爲「子都」，鄭之美人。詩曰：「不見子都。」蓋「都」字誤爲「奢」耳。後語作「子都」。莫之媒，言無人爲之媒也。娵，子于反。○盧文弨曰：「明」是「閭」字之誤，楊未省照耳。汪中曰：都、奢，古本一音，不必改字。**嫫母、力父，是之喜也。**嫫母，醜女，黄帝時人。力父，未詳。喜，悦也。○盧文弨曰：「力父」，俗本作「刁父」。今從元刻，與韓詩外傳四同。**以盲爲明，以聾爲聰，以危爲安，以吉爲凶。**○郝懿行曰：「以危爲安」，韓詩外傳四作「以是爲非」。**嗚呼上天，曷維其同！**言或亂如此，故歎而告上天。曷維其同，言何可與之同也。後語作「曷其與同」。此章即遺春申君之賦也。

荀子卷第十九

大略篇第二十七

此篇蓋弟子雜録荀卿之語，皆略舉其要，不可以一事名篇，故總謂之大略也。舊第二十七。○盧文弨曰：此卷舊不分段，今案其意義之不相聯屬者，閒一格以識别之。

大略。舉爲標首，所以起下文也。君人者，隆禮尊賢而王，重法愛民而霸，好利多詐而危。

欲近四旁，莫如中央，故王者必居天下之中，禮也。此明都邑居土中之意，不近偏旁，居中央，取其朝貢道里均。禮也，言其禮制如此。

天子外屏，諸侯内屏，禮也。外屏，不欲見外也；内屏，不欲見内也。屏，猶蔽也。屏謂之樹。鄭康成云：「若今浮思也。」何休注公羊云：「禮，天子、諸侯臺門。天子外闕兩觀，諸侯内闕一觀。」「禮，天子外屏，諸侯内屏，大夫以簾，士以帷。」倞謂不欲見内外、不察泉中魚之義也。○郝懿行曰：釋宫但云「屏謂之樹」，不言内外。郭璞注謂「小牆，當門中」，此説是也。蓋屏之制如今之照壁。釋名云：「屏，自障屏也。」蒼頡篇云：「屏，牆也。」爾雅舍人注云：「以垣當門蔽爲樹。」然則屏取屏蔽之義，但令門必有屏，天子、諸侯似不必瑣瑣分別外内也。荀書每援禮文，此云「外屏」「内屏」，而云「禮也」，必是禮家舊説。何休公羊注亦稱之。淮南主術篇云「天子外屏，所以自障」，高誘注謂「屏，樹，垣也」，引爾雅曰：「門内之垣謂之樹。」據高所引，非卽爾雅本文，蓋已不主外屏之説矣。近浙人全鶚氏箸論，深是高説，以爲「天子外屏」，此言出於禮緯，鄭注禮記引其説，未可信也。太微垣有屏四星，在端門内，此天子内屏之象也。又云：「凡門皆有屏，惟皋門無之。應門内有屏，故寧在門、屏之間，門卽應門也。」其言甚辨，見所箸求古録，今採其説存之。

諸侯召其臣，臣不俟駕，顛倒衣裳而走，禮也。詩曰：「顛之倒之，自公召之。」天子召諸侯，諸侯輦輿就馬，禮也。輦，謂人輓車。言不暇待馬至，故輦輿就馬也。詩曰：「我出我輿，于彼牧矣。自天子所，謂我來矣。」詩，小雅出車之篇。毛云：「出車就馬於牧地。」鄭云：「有人自天子所，謂我來矣，謂以王命召己也。」此明諸侯奉上之禮也。

天子山冕，諸侯玄冠，大夫裨冕，士韋弁，禮也。山冕，謂畫山於衣而服冕，卽衮也。蓋取其龍則謂之衮冕，取其山則謂之山冕。鄭注周禮司服云：「古冕服十二章。」「衣五章：初一曰龍，次二曰山，次三曰華蟲，次四曰火，次五曰宗彝，皆畫。裳四章：次六曰藻，次七曰粉米，次八曰黼，次九曰黻，皆絺。」鄭注覲禮云：「裨之言卑也。天子六服，大裘爲上，其餘爲裨，以事尊卑服之。諸侯亦服焉。」「上公衮無升龍，侯伯鷩，子男毳，孤絺，卿大夫玄。」鄭云「大夫裨冕」，蓋亦言裨冕止於大夫，士已下不得服也。韋弁，謂以爵韋爲韠而載弁也。玉藻曰「韠，君朱，大夫素，士爵韋」也。

天子御珽，諸侯御荼，大夫服笏，禮也。御、服，皆器用之名，尊者謂之御，卑者謂之服。御者，言臣下所進御也。珽，大珪，長三尺，杼上終葵首，謂剡上，至其首而方也。「荼」，古「舒」字，玉之上圓下方者也。鄭康成云：「珽，挺然無所屈也。」荼，讀如「舒遲」之「舒」。舒儒者所畏在前也。

天子彤弓，諸侯彤弓，大夫黑弓，禮也。彫，謂彫畫爲文飾。彤弓，朱弓。此明貴賤服御之禮也。

諸侯相見，卿爲介，相見，謂於郄地爲會。介，副也。聘義：「卿爲上擯，大夫爲承擯，君親禮賓。」言主君見聘使則以卿爲上擯，出會則以卿爲上介也。**以其教出畢行，**教，謂戒令。畢行，謂羣臣盡行從君也。○王念孫曰：「教出」，當爲「教士」，謂常所教習之士也。大戴禮虞戴德篇云「諸侯相見，卿爲介，以其教士畢行」，文與此同也。下文「君子聽律習容而後士」，「士」當爲「出」，言必聽律習容而後出也。（楊云：「聽律，謂聽佩聲，使中音律也。」）玉藻云「習容觀玉聲乃出」，（鄭注曰：「玉，佩也。」）是其證也。隸書「士」「出」二字相似，傳寫往往譌溷。（隸書「出」字或省作「士」，若「敖」省作「敖」，「賣」省作「賣」，「款」省作「款」，皆是也。故諸書中「士」「出」二字傳寫多誤。僖二十五年左傳「諜出曰『原將降矣』」，呂氏春秋爲欲篇「諜出」譌作「諜士」。管子大匡篇「士欲通，吏不通」，今本「士」譌作「出」。史記呂后本紀「齊内史士」，徐廣曰：「一作出。」夏本紀「稱以出」，大戴禮五帝德篇作「稱以上士」，皆其證也。）楊説皆失之。**使仁居守。**使仁厚者主後事。春秋傳：「一子守，二子從。」此明諸侯出疆之禮。又穀梁傳曰：「智者慮，義者行，仁者守，然後可以會矣。」

聘人以珪，問士以璧，召人以瑗，絶人以玦，反絶以環。聘人以珪，謂使人聘他國以珪璋也。問，謂訪其國事，因遺之也。衞侯使工尹襄問子貢以弓，是其類也。説文云：「瑗者，大孔璧也。」爾雅：「好倍肉，謂之瑗。肉倍好謂之璧。」禮記曰：「君召臣以三節。」周禮「珍圭以徵守」，鄭云：「以徵召守國之諸侯，若今徵郡守以竹使符也。」然則天子以珍圭召諸侯，諸侯召臣以瑗歟？玦，如環而缺。肉、好若一謂之環。古者臣有罪，待放於境，三年不敢去，與之環則還，與之玦則絶，皆所以見意也。反絶，謂反其將絶者。此明諸侯以玉接人臣之禮也。○郝懿行曰：「士」，卽「事」也，古字通用。楊注不誤，而語未明晰。問士者，謂問人以事，則以璧爲摯，如魯哀公執摯於周豐也。

人主仁心設焉，知其役也，禮其盡也。故王者先仁而後禮，天施然也。人主根本所施設在仁，其役用則在智，盡善則在禮。天施，天道之所施設也。此明爲國以仁爲先也。

聘禮志曰：「幣厚則傷德，財侈則殄禮。」禮云禮云，玉帛云乎哉！志，記也。言玉帛，禮之末也。禮記曰「不以美没禮」也。○盧文弨曰：案聘禮記曰：「多貨則傷于德，幣美則没禮。」**詩曰：「物其指矣，唯其偕矣。」不時宜，不敬交，不驩欣，雖指，非禮也。**詩，小雅魚麗之篇。指與旨同，美也。偕，齊等也。時，謂得時；宜，謂合宜。此明聘好輕財重禮之義也。○俞樾曰：案上句「不時宜」，注「時」「宜」二字平列，下句「不驩欣」，亦二字平列，則此文「不敬交」疑「不敬文」之誤。勸學篇曰「禮之敬文也」，注曰：「禮有周旋揖讓之敬、車服等級之文也。」禮論篇曰「事生不忠厚、不敬文謂之野，送死不忠厚、不敬文謂之瘠」，注曰：「敬文，恭敬有文飾。」是荀子書屢言「敬文」。性惡篇曰「不如齊、魯之孝具敬父者，何也」，注曰：「敬父當爲敬文。」此「敬文」誤爲「敬交」，猶彼「敬文」誤爲「敬父」。楊氏於此無注，其所據本必未誤，「敬文」二字本書屢見，故不說也。

水行者表深，使人無陷；治民者表亂，使人無失。禮者，其表也，先王以禮表天下之亂。今廢禮者，是去表也。故民迷惑而陷禍患，此刑罰之所以繁也。表，標志也。此明爲國當以禮示人也。○郝懿行曰：天論篇云：「水行者表深，表不明則陷；治民者表道，表不明則亂。」此云「表亂」，謂表明其爲亂而後人不犯也。

舜曰：「維予從欲而治。」虞書舜美皋陶之辭。言皋陶明五刑，故舜得從欲而治。引之以喻禮能成聖，亦猶舜賴皋陶也。○郝懿行曰：此語今書以入大禹謨，「維」字作「俾」，荀所偁則未知出何書也。又解蔽篇偁道經曰「人心之危，道心之微」，今亦在大禹謨，二「之」字作「惟」矣。此引「舜曰」，彼援道經，皆不偁書。俞樾曰：此卽所謂「不思而得，不勉而中，從容中道，聖人也」。孔子七十而從心所欲不踰矩，可釋此文「從欲」之義。故下文曰：「禮之生，爲賢人以下至庶民也，非爲成聖也。」楊氏誤據古文尚書爲説，乃曰「引之以喻禮能成聖，亦猶舜賴皋陶也」，失之矣。**故禮之生，爲賢人以下至庶民也，非爲成聖也，然而亦所以成聖也。不學不成。**禮本爲中人設，然聖人不學亦不成也。**堯學於君疇，舜學於務成昭，禹學於西王國。**「君疇」，漢書古今人表作「尹壽」。又漢藝文志小説家有務成子十一篇，昭，其名也。尸子曰：「務成昭之教舜曰：『避天下之逆，從天下之順，天下不足取也。避天下之順，從天下之逆，天下不足失也。』」西王國，未詳所説。或曰：大禹生於西羌，西王國，西羌之賢人也。新序子夏對哀公曰：「黄帝學于太填，顓頊學于録圖，帝嚳學于赤松子，堯學于尹壽，舜學于務成跗，禹學于西王國，湯學于成子伯，文王學于時子思，武王學於郭叔。」此明聖人亦資於教也。○盧文弨曰：案新序五「太填」作「大真」，古今人表作「大填」；「録圖」作「緑圖」，表同。「尹壽」，元刻作「君壽」，宋本新序同，吴祕注法言引新序作「君疇」。「成子伯」，新序作「威子伯」；「時子思」作「鋑時子思」。

五十不成喪，七十唯衰存。不成喪，不備哭踊之節。衰存，但服縗麻而已。其禮皆可略也。禮記曰「七十唯衰麻在身」也。○郭嵩燾曰：五十不成喪，即檀弓「五十不致毁」也。

親迎之禮，父南鄉而立，子北面而跪，醮而命之：「往迎爾相，成我宗事，鄭云：「相，助也。宗事，宗廟之事也。」**隆率以敬先妣之嗣，若則有常。」**儀禮作「勖率」，鄭云：「勖，勉也。若，汝也。勉率婦道以敬其爲先妣之嗣也。汝之行則當有常，深戒之。詩云：『大姒嗣徽音。』」子曰：「諾。唯恐不能，敢忘命矣！」子言唯恐不能勉率以嗣先妣，不敢忘父命也。

夫行也者，行禮之謂也。所以稱行者，在禮也。禮也者，貴者敬焉，老者孝焉，長者弟焉，幼者慈焉，賤者惠焉。惠，亦賜也。言行禮如此五者，則可爲人之行也。

賜予其宮室，猶用慶賞於國家也；忿怒其臣妾，猶用刑罰於萬民也。宮室，妻子也。此明能治家則以治國也。○郭嵩燾曰：「宮室」與「國家」對文，「臣妾」與「萬民」對文。宮室者，門梱之內，庭户之閒，盡一家之人言之。楊注誤。

君子之於子，愛之而勿面，使之而勿貌，導之以道而勿彊。面、貌，謂以顔色慰悦之，不欲施小惠也。故易家人曰：「有嚴君焉。」勿彊，不欲使其愧也。此語出曾子。○郝懿行曰：此出曾子立事篇，荀稱之也。勿面，謂不形見於面。勿貌，謂不優以辭色。勿彊，謂匪怒伊教，使自得之。注謂「不欲使其愧」，非。

禮以順人心爲本，故亡於禮經而順人心者，皆禮也。禮記曰：「禮也者，義之實也。協諸義而協，則禮雖先王未之有，可以義起也。」○盧文弨曰：「皆禮也」，各本作「背禮者也」，誤。

禮之大凡：事生，飾驩也；送死，飾哀也；軍旅，飾威也。不可太質，故爲之飾。

親親、故故、庸庸、勞勞，仁之殺也。庸，功也。庸庸、勞勞，謂稱其功勞，以報有功勞者。殺，差等也。皆仁恩之差也。殺，所介反。貴貴、尊尊、賢賢、老老、長長，義之倫也。

倫，理也。此五者，非仁恩，皆出於義之理也。**行之得其節，禮之序也。**行仁義得其節，則是禮有次序。**仁，愛也，故親。義，理也，故行。禮，節也，故成。**非仁不親，非義不行，雖有仁義，無禮以節之，亦不成。**仁有里，義有門。**里與門，皆謂禮也。里所以安居，門所以出入也。**仁非其里而虛之，非禮也。義非其門而由之，非義也。**虛，讀爲居，聲之誤也。仁非其里，義非其門，皆謂有仁義而無禮也。○盧文弨曰：「非義也」，亦當爲「非禮也」。郝懿行曰：虛，讀爲墟。墟里，人所居，因借爲「居」字，非居聲之誤也。王念孫曰：「虛」，當爲「處」，字之誤也。下文云「君子處仁以義」是其證。（陳說同，又引論語「里仁爲美」、「擇不處仁」。）又案：楊云「仁非其里，義非其門，皆謂有仁義而無禮也」，盧云「『非義也』，亦當爲『非禮也』」，楊、盧之說皆非也。「非禮也」當作「非仁也」，（劉說同。）「非義也」，「義」字不誤。此文云「仁，非其里而處之，非仁也；義，非其門而由之，非義也」，下文云「君子處仁以義，然後仁也；行義以禮，然後義也」，前後正相呼應，以是明之。**推恩而不理，不成仁；**仁雖在推恩，而不得其理則不成仁。謂若有父子之恩，而無嚴敬之義。**遂理而不敢，不成義；**雖得其理，而不敢行則不成義。義在果斷，故曰「非知之艱，行之惟艱」。**審節而不知，不成禮；**雖能明審節制，而不知其意也。「知」，或爲「和」。○王念孫曰：作「和」者是也。禮以和爲貴，故審節而不和則不成禮。下文「和而不發」正承此「和」字言之。今本「和」作「知」，字之誤耳。（隸書「和」字或作「知」，與「知」相似，見漢白石神君碑。）既能審於禮節，則不得謂之「不知」。楊於「不知」下加「其意」二字，失之。**和而不發，不成樂。**雖和順積中，而英華不發於外，無以播於八音，則不成樂。**故曰：仁、義、禮、樂，其致一也。**言四者雖殊，同歸於得中，故曰「其致一也」。**君子處仁以義，然後仁也；**仁而能斷。**行義以禮，然後義也；**雖能斷而不違禮，然後爲義也。**制禮反本成末，然後禮也。**反，復也。本，謂仁義；末，謂禮節。謂以仁義爲本，終成於禮節也。**三者皆通，然後道也。**通明三者，然後爲道。

貨財曰賻，輿馬曰賵，衣服曰襚，玩好曰贈，玉貝曰唅。此與公羊、穀梁之説同。玩好，謂明器琴瑟笙竽之屬。何休曰：「此皆春秋之制也。賻，猶覆也；賵，猶助也：皆助生送死之禮。襚，猶遺也，遺是助死者之禮也。知生則賵、賻，知死則襚、唅。」○盧文弨曰：今公羊注作「知死者贈襚」。**賻、賵所以佐生也，贈、襚所以送死也。送死不及柩尸，弔生不及悲哀，非禮也。**皆謂葬時。**故吉行五十，犇喪百里，賵、贈及事，禮之大也。**既説弔贈及事，因明奔喪亦宜行遠也。禮記奔喪曰：「日行百里，不以夜行。」

禮者，政之輓也。如輓車然。**爲政不以禮，政不行矣。**

天子卽位，上卿進曰：「如之何憂之長也！能除患則爲福，不能除患則爲賊。」授天子一策。上卿，於周若冢宰也。皆謂書於策，讀之而授天子，深戒之也。言天下安危所繫，其憂甚遠長，問何以治之。能爲天下除患則百福歸之，不能則反爲賊害。策，編竹爲之，後易之以玉焉。中卿進曰：「配天而有下土者，先事慮事，先患慮患。先事慮事謂之接，接，讀爲捷，速也。中卿，若宗伯也。接則事優成；先患慮患謂之豫，豫則禍不生。事至而後慮者謂之後，後則事不舉；患至而後慮者謂之困，困則禍不可禦。」授天子二策。禦，禁。二策，弟二策也。下卿進曰：「敬戒無怠。慶者在堂，弔者在閭。下卿，若司寇也。慶者雖在堂，弔者已在門，言相襲之速。閭，門也。禍與福鄰，莫知其門。言同一門出入也。賈誼曰：「憂喜聚門。」豫哉！豫哉！萬民望之！」授天子三策。豫哉，言可戒備也。三策，弟三策。○先謙案：羣書治要作「務哉，務哉」。

禹見耕者耦立而式，過十室之邑必下。兩人共耕曰耦。論語曰：「長沮、桀溺耦而耕。」十室之邑，必有忠信，故下之也。

殺大蚤，朝大晚，非禮也。殺，謂田獵禽獸也。禮記曰：「天子殺則下大綏，諸侯殺則下小綏，大夫殺則止佐車。」蚤，謂下先上也。又曰：「朝，辨色始入。」殺太蚤，爲陵犯也。朝太晚，爲懈弛也。或曰：禮記曰「獺祭魚，然後虞人入澤梁，豺祭獸，然後田獵」，先於此，爲蚤也。又曰：「田不以禮，是暴天物也。」○王念孫曰：或説是也，前説非。治民不以禮，動斯陷矣。

平衡曰拜，下衡曰稽首，至地曰稽顙。平衡，謂罄折，頭與腰如衡之平。禮記「平衡」與此義殊。○郝懿行曰：「拜者必跪。拜手，頭至手也」，不至地，故曰「平衡」。稽首，亦頭至手，而手至地，故曰「下衡」。稽顙則頭觸地，故直曰「至地」矣。**大夫之臣拜不稽首，非尊家臣也，所以辟君也。**辟，讀爲避。

一命齒於鄉，再命齒於族，三命，族人雖七十，不敢先。一命，公侯之士；再命，大夫；三命，卿也。鄭注禮記曰：「此皆鄉飲酒時。齒，謂以年次坐若立也。」禮記曰：「三命不齒，族人雖七十者不敢先。」言不唯不與少者齒，老者亦不敢先也。**上大夫，中大夫，下大夫。**此覆一命、再命、三命也。一命雖公侯之士，子男之大夫也，故曰「下大夫」也。

吉事尚尊，喪事尚親。吉事，朝廷列位也。喪事，以親者爲主。禮記曰「以服之精麤爲序」也。

君臣不得不尊，父子不得不親，兄弟不得不順，夫婦不得不驩。少者以長，老者以養。不得，謂不得聖人之禮法。驩與歡同。**故天地生之，聖人成之。**○汪中曰：「君臣」以下四十一字錯簡，當在後「國家無禮不寧」之下。此因上「尚尊」「尚親」之文而誤。

聘，問也。享，獻也。私覿，私見也。使大夫出，以圭璋。聘，所以相問也。聘、享，奉束帛加璧。享，所以有獻也。享畢，賓奉束錦以請。覿，所以私見也。聘、享以賓禮見，私覿以臣禮見，故曰「私見」。鄭注儀禮云：「享，獻也。既聘又獻，所以厚恩意也。」

言語之美，穆穆皇皇。爾雅曰：「穆穆，敬也。」「皇皇，正也。」郭璞云：「皇皇，自脩正貌。」「穆穆，容儀謹敬也。」皆由言語之美，所以威儀脩飾。或曰：穆穆，美也。皇皇，有光儀也。詩曰：「皇皇者華。」**朝廷之美，濟濟鎗鎗。**鎗與蹌同。濟濟，多士貌。蹌蹌，有行列貌。

爲人臣下者，有諫而無訕，有亡而無疾，有怨而無怒。謗上曰訕。亡，去也。疾與嫉同，惡也。怨，謂若公弟叔肸、衛侯之弟鱄。怒，謂若慶鄭也。

君於大夫，三問其疾，三臨其喪；於士，一問一臨。諸侯非問疾弔喪，不之臣之家。之，往也。禮記曰「諸侯非問疾弔喪，而入諸臣之家，是謂君臣爲謔」也。

既葬，君若父之友，食之則食矣，不辟粱肉，有酒醴則辭。鄭云：「尊者之前可以食美，變於顔色亦不可也。」

寢不踰廟，設衣不踰祭服，禮也。謂制度精麤。設，宴也。○王念孫曰：「設」當爲「讌」，字之誤也。故楊注云：「讌，宴也。」（今注文「讌」字亦誤作「設」。）「寢」對「廟」而言，「讌衣」對「祭服」而言。王制「燕衣不踰祭服，寢不踰廟」是其證。

易之咸，見夫婦。易咸卦，艮下兑上。艮爲少男，兑爲少女，故曰「見夫婦」。**夫婦之道，**

不可不正也，君臣父子之本也。易序〔一〕卦曰「有天地然後有男女，有男女然後有夫婦，有夫婦然後有父子，有父子然後有君臣」，故以夫婦爲本。咸，感也，以高下下，以男下女，柔上而剛下。陽唱陰和，然後相成也。

聘士之義，親迎之道，重始也。聘士，謂若安車束帛，重其禮也。迎，魚敬反。

禮者，人之所履也，失所履，必顛蹷陷溺。所失微而其爲亂大者，禮也。

禮之於正國家也，如權衡之於輕重也，如繩墨之於曲直也。故人無禮不生，事無禮不成，國家無禮不寧。

和樂之聲，此言珩珮之聲和樂人心。步中武、象，趨中韶、護。佩玉之聲，緩則中武、象，速則中韶、護。禮記曰「古之君子必珮玉，右徵、角，左宮、羽，趨以采薺，行以肆夏」，是其類也。或曰：此「和樂」，謂在車和鸞之聲、步驟之節也。○顧千里曰：案，疑或説是也。正論篇、禮論篇「樂」皆作「鸞」，可以爲證。君子聽律習容而後士。君子，在位者之通稱。禮記曰：「既服，習容，觀玉聲。」聽律，謂聽珮聲，使中音律也。言威儀如此，乃可爲士。士者，修立之名也。○先謙案：「士」當爲「出」，説見上。

〔一〕「序」，原本誤爲「説」，今改。

霜降逆女，冰泮殺内。十日一御。此蓋誤耳，當爲「冰泮逆女，霜降殺内」。故詩曰：「士如歸妻，迨冰未泮。」殺，減也。内，謂妾御也。十日一御，卽殺内之義。冰泮逆女，謂發生之時合男女也。霜降殺内，謂閉藏之時禁嗜欲也。月令在十一月，此云「霜降」，荀卿與吕氏所傳聞異也。鄭云：「歸妻，謂請期也。冰未泮，正月中以前，二月可以成婚矣。」故云：「冰泮逆女。」殺，所介反。○盧文弨曰：詩陳風東門之楊毛傳云：「言男女失時，不待秋冬。」正義引荀卿語，竝云：「毛公親事荀卿，故亦以秋冬爲婚期。」家語所説亦同。匏有苦葉所云「迨冰未泮」，周官媒氏「仲春會男女」，皆是。要其終，言不過是耳。楊注非。十日一御，君子之謹游於房也，不必連「冰泮」言。郝懿行曰：東門之楊傳：「男女失時，不逮秋冬。」正義引「荀卿書云：『霜降逆女，冰泮殺止。』霜降，九月也。冰泮，二月也。荀卿之意，自九月至於正月，於禮皆可爲昏。荀在焚書之前，必當有所憑據。毛公親事荀卿，故亦以爲秋冬。家語云：『羣生閉藏爲陰，而爲化育之始，故聖人以合男女、窮天數也。霜降而婦功成，嫁娶者行焉。冰泮而農桑起，昏禮殺於此。』」又引董仲舒云：「聖人以男女陰陽，其道同類。觀天道，嚮秋冬而陰氣來，嚮春夏而陰氣去，故古人霜降始逆女，冰泮而殺止，與陰俱近而陽遠也。」孔疏發明毛義，與荀卿之説合。楊注偶未省照，乃云「此誤」而改其文，謬矣。十日一御，節於内也。今禮言五日御，此言十者，或古文「五」如側「十」之形，因轉寫致誤歟？（「五」，古文作「乂」。）王引之曰：此文本作「霜降逆女，冰泮殺止」，謂霜降始逆女，至冰泮而殺止也。召南摽有梅及陳風東門之楊正義兩引此文，皆作「冰泮殺止」。周官媒氏疏載王肅論引此文及韓詩傳，亦皆作「冰泮殺止」。又春秋繁露循天之道篇亦云：「古之人霜降而逆女，冰泮而殺止。」（東門之楊正義所引如是，今本作「殺內」，乃後人依誤本荀子改之。）自楊所見本「殺」下始脱「止」字，而楊遂以「殺內」二字連讀，誤矣。冰泮殺止，指嫁娶而言，「內」字下屬爲句。內十日一御，別是一事，非承「冰泮」而言。

坐視膝，立視足，應對言語視面。儀禮士相見云「子視父則游目，無上於面，無下於帶，若不言，立則視足，坐則視膝」，鄭云：「不言，則伺其行起而已。」**立視前六尺而大之，六六三十六，三丈六尺。**蓋臣於君前視也。近視六尺，自此而廣之，雖遠視，不過三丈六尺。曲禮曰：「立視五巂。」彼在車上，故與此不同也。○王引之曰：「大之」，當爲「六之」。言以六尺而六之，則爲三丈六尺也。楊以廣釋大，則所見本已誤。

文貌情用，相爲內外表裏，文，謂禮物；貌，謂威儀。情，謂中誠；用，謂語言。質文相成，不可偏用也。○王念孫曰：文貌在外，情用在內，故曰「相爲內外表裏」。禮論篇曰：「文理繁，情用省，是禮之隆也。文理省，情用繁，是禮之殺也。文理情用相爲內外表裏，竝行而雜，是禮之中流也。」彼言「文理」，猶此言「文貌」。楊彼注云「文理謂威儀，情用謂忠誠」，是也。此注失之。先謙案：王謂文貌猶文理，是也。禮論篇「文理」，史記竝引作「文貌」，是其證。**禮之中焉。**

能思索謂之能慮。

禮者，本末相順，終始相應。禮者，以財物爲用，以貴賤爲文，以多少爲異。竝解於禮論篇。下臣事君以貨，中臣事君以身，上臣事君以人。貨，謂聚斂及珍異獻君。身，謂死衛社稷。人，謂舉賢也。易曰：「復自道，何其咎？」易，小畜卦初九之辭。復，返也。自，從也。本雖有失，返而從道，何其咎過也？春秋賢穆公，以爲能變也。公羊傳曰：「秦伯使遂來聘。遂者何？秦大夫也。秦無大夫。此何以書？賢穆公也。何賢乎穆公？以爲能變也。」謂前不用蹇叔、百里之言，敗於殽、函，而自變悔，作秦誓，詢茲黄髮是也。

士有妒友，則賢交不親；君有妒臣，則賢人不至。蔽公者謂之昧，隱良者謂之妒，掩蔽公道，謂之暗昧。奉妒昧者謂之交譎。交通於譎詐之人，相成爲惡也。○俞樾曰：交，讀爲狡。禮記樂記篇「血氣狡憤」，釋文曰：「狡，本作交。」是「交」「狡」古通用。狡與譎同義。下文曰「交譎之人，妒昧之臣」，是「交譎」與「妒昧」皆兩字平列。楊注曰「交通於譎詐之人」，失之矣。交譎之人，妒昧之臣，國之薉孼也。薉與穢同。孼，妖孼。言終爲國之災害也。

口能言之，身能行之，國寶也；口不能言，身能行之，國器也。如器物雖不言而有行也。口能言之，身不能行，國用也。國賴其言而用也。口言善，身行惡，國妖也。治國者敬其寶，愛其器，任其用，除其妖。

不富無以養民情，衣食足，知榮辱。不教無以理民性。人性惡，故須教。故家五畝宅，百畝田，務其業而勿奪其時，所以富之也。宅，居處也。百畝，一夫田也。務，謂勸勉之。孟子曰：「五畝之宅，樹之以桑，五十者可以衣帛矣。百畝之田，無失其時，八口之家可以無飢矣。」立大學，設庠序，脩六禮，明十教，所以道之也。詩曰：「飲之食之，教之誨之。」王事具矣。禮記曰：「六禮，冠、昏、喪、祭、鄉、相見。」十教，卽十義也。禮記曰：「父慈、子孝，兄良、弟悌，夫義、婦聽，長惠、幼順，君仁、臣忠，十者謂之人義。」道，謂教道之也。「十」或爲「七」也。○王念孫曰：王制曰：「司徒脩六禮以節民性，明七教以興民德。」六禮：冠、昏、喪、祭、鄉、相見。七教：父子、兄弟、夫婦、君臣、長幼、朋友、賓客。則作「七教」者是也。凡經傳中「七」「十」二字，互誤者多矣。楊前注以禮運之十義爲十教，失之。

武王始入殷，表商容之閭，釋箕子之囚，哭比干之墓，天下鄉善矣。表，築旌之。言武王好善，天下鄉之。孔安國曰：「商容，殷之賢人，紂所貶退也。」

天下、國有俊士，世有賢人。天下之國皆有俊士，每世皆有賢人。迷者不問路，溺者不問遂，亡人好獨。以喻雖有賢俊，不能用也。所以迷，由於不問路；溺，由於不問遂；亡，由於好獨。遂謂徑隧，水中可涉之徑也。獨，謂自用其計。○洪頤煊曰：「遂」，當作「墜」。晏子春秋内篇雜上作「溺者不問墜」。郝懿行曰：「墜」，當作「隊」。「隊」「墜」，古今字。先謙案：詩載馳篇「大夫跋涉」，釋文引韓詩曰：「不由蹊遂而涉曰跋涉。」淮南脩務訓高注：「不從蹊遂曰跋涉。」二「遂」字與此義同。晏子作「墜」，乃誤文。洪據以爲説，非。**詩曰：「我言維服，勿用爲笑。先民有言，詢于芻蕘。」言博問也。**詩，大雅板之篇。毛云：「芻蕘，薪者也。」鄭云：「服，事也。我之所言，乃今之急事，汝無笑也。」

有法者以法行，無法者以類舉。皆類於法而舉之也。○郝懿行曰：類，猶比也，古謂之決事。比，今之所謂例也。下云「慶賞刑罰通類」，亦然。楊注未明晰，盧分段竝非。二句又見王制篇。俞樾曰：古所謂類，卽今所謂例。史記屈原賈生傳「吾將以爲類」，正義曰：「類，例也。」**以其本，知其末，以其左，知其右，凡百事異理而相守也。**其事雖異，其守則一。謂若爲善不同，同歸於理之類也。

慶賞刑罰，通類而後應。通明於類，然後百姓應之。謂賞必賞功，罰必罰罪，不失其類。**政教習俗，相順而後行。**順人心，然後可行也。

八十者一子不事，九十者舉家不事，廢疾非人不養者一人不事。父母之喪，三年不事。齊衰大功，三月不事。從諸侯不「不」當爲「來」。謂從他國來，或君之人入采地。與新有昏，朞不事。古者有喪、昏皆不事，所以重其哀戚與嗣續也。事，謂力役。

子謂子家駒續然大夫，不如晏子；子，孔子。謂，言也。子家駒，魯公子慶之孫，公孫歸父之後，名羈，駒其字也。續，言補續君之過。不能興功用，故不如晏子也。○盧文弨曰：「續然大夫」四字未詳。郝懿行曰：「續」，古作「賡」，賡之爲言庚也。庚然，剛强不屈之貌，言不阿諛也。晏子，功用之臣也，不如子產；雖有功用，不如子產之恩惠也。子產，惠人也，不如管仲。雖有恩惠，不如管仲之才略也。管仲之爲人，力功不力義，力知不力仁，雖九合諸侯，一匡天下，而不全用仁義也。野人也，不可以爲天子大夫。言四子皆類郊野之人，未浸漬於仁義，故不可爲王者佐。○郝懿行曰：此謂管仲尚功力而不脩仁義，不可爲王者之佐。注以「四子」言，恐非是。

孟子三見宣王不言事。門人曰：「曷爲三遇齊王而不言事？」孟子曰：「我先攻其邪心。」以正色攻去邪心，乃可與言也。

公行子之之燕，孟子曰「公行子有子之喪，右師往弔」，趙岐云：「齊大夫也。」子之，蓋其先也。遇曾元於塗，曰：「燕君何如？」曾元曰：「志卑。言不求遠大也。曾元，曾參之子。志卑者輕物，物，事。輕物者不求助。不求賢以自輔。苟不求助，何能舉？既無輔助，必不勝任矣。氏、羌之虜也，謂見俘掠。不憂其係壘也，而憂其不焚也。壘，讀爲纍。氏、羌之俗，死則焚其屍。今不憂虜獲而憂不焚，是愚也。呂氏春秋曰：「憂其死而不焚。」利夫秋豪，害靡國家，然且爲之，幾爲知計哉！」靡，披靡也。利夫秋豪之細，其害遂披靡而來，及於國家。言不卹其大而憂其小，與氐、羌之虜何異？幾，辭也。或曰：幾，讀爲豈。○陳奐曰：案靡，累也。言所利在秋豪，而其害累及國家也。詩周頌傳曰「靡，累也」，是其義。王念孫曰：靡者，滅也。言利不過秋豪，而害乃至於滅國家也。方言「靡，滅也」，郭璞曰：「或作『摩滅』字，音糜。」漢書賈山傳：「萬鈞之所壓，無不糜滅者。」司馬遷傳：「富貴而名摩滅。」摩與糜、靡，古同聲而通用。（說見唐韻正。）

今夫亡箴者，終日求之而不得，其得之，非目益明也，眸而見之也。心之於慮亦然。眸，謂以眸子審視之也。言心於思慮，亦當反覆盡其精妙，如眸子之求箴也。○俞樾曰：楊說未安。以眸子審視，豈可但謂之「眸」乎？眸，當讀爲瞐。說文目部：「瞐，低目視也，從目，冒聲。」與牟聲相近。釋名釋首飾曰：「牟，冒也。」眸之與瞐，猶牟之與冒矣。說文又有「瞀」篆，曰：「低目謹視也，從目，敄聲。」亦與牟聲相近。荀子成相篇「身讓卞[一]隨舉牟光」，即莊子大宗師篇之務光也，是其例矣。

義與利者，人之所兩有也。雖堯、舜不能去民之欲利，然而能使其欲利不克其好義也。克，亦勝也。雖桀、紂亦不能去民之好義，然而能使其好義不勝其欲利也。故義勝利者爲治世，利克義者爲亂世。上重義則義克利，上重利則利克義。故天子

[一]「卞」，原本誤作「十」，據成相篇改。

不言多少，諸侯不言利害，大夫不言得喪，皆謂言貨財也。**士不通貨財，**士賤，雖得言之，亦不得貿遷如商賈也。**有國之君不息牛羊，**息，繁育也。**錯質之臣不息雞豚，**錯，置也。質，讀爲贄。孟子曰：「出彊必載質。」蓋古字通耳。置贄，謂執贄而置於君。士相見禮曰：「士大夫奠贄於君，再拜稽首。」禮記曰：「畜乘馬者，不察於雞豚。」或曰：置質，猶言委質也。言凡委質爲人臣，則不得與下爭利。**冢卿不脩幣，大夫不爲場園，**冢卿，上卿。不脩幣，謂不脩財幣販息之也。治稼穡曰場，樹菜蔬曰園。謂若公儀子不奪園夫、工女之利也。○王念孫曰：「場園」，當爲「場圃」，字之誤也。韓詩外傳作「不爲場圃」。玩楊注，亦是「圃」字。論語子路篇馬注及射義鄭注，竝云「樹菜蔬曰圃」，即楊注所本。俞樾曰：上云「士不通財貨」，楊注「不得貿遷如商賈也」；此云「冢卿不脩幣」，注謂「不脩財幣販息之也」；然則與士之不通貨財何以異乎？據韓詩外傳作「冢卿不脩幣施」，疑此文奪「施」字。「幣」乃「敝」字之誤。「施」當爲「杝」，古同聲叚借字也。「杝」，即今「籬」字。一切經音義十四云「籬、杝同，力支反」，引通俗文云：「柴垣曰杝，木垣曰柵。」説文木部：「杝，落也。」冢卿不脩敝杝，謂籬落敝壞，不脩葺之也，與下文「大夫不爲場園」正同一意，皆不與民爭利之義。**從士以上皆羞利而不與民爭業，樂分施而恥積臧。然故民不困財，**○王念孫曰：羣書治要「財」作「則」，則以「民不困」爲句，「則」字下屬爲句。然故，猶是故也。堯問篇「然故士至」同，説見釋詞「然」字下。先謙案：羣書治要作「然後民不困財」，上方注云：「後作故，則作財。」是校者以作「則」者爲非，當從今本。**貧窶者有所竄其手。**竄，容也。謂容集其手而力作也。○先謙案：有所竄其手，猶言有所措手也。楊注失之泥。羣書治要作「有所竄其中矣」，疑以意改之。

文王誅四，武王誅二，周公卒業，至成、康則案無誅已。竝解在仲尼篇。言周公終王業，猶不得無誅伐，至成、康然後刑措也。重引此者，明不與民爭利則刑罰省也。

多積財而羞無有，羞貧。重民任而誅不能，使民不能勝任而復誅之。○先謙案：重民任，謂虐使之。此邪行之所以起，刑罰之所以多也。

上好羞，則民闇飾矣；好羞貧而事奢侈，則民闇自脩飾也。○王念孫曰：楊說迂曲而不可通。「羞」，當爲「義」。「羞」字上半與「義」同，又涉上文兩「羞」字而誤也。上好義則民闇飾者，言上好義則民雖處隱闇之中，亦自脩飾，不敢放於利而行也。（吕氏春秋具備篇載宓子賤治亶父，使民闇行，若有嚴刑於旁，卽所謂「民闇飾」也。賈子大政篇曰：「聖明則士闇飾矣。」）「上好義」與「上好富」對文，故下文又云「欲富乎」、「與義分背矣」。上好義則民闇飾，上好富則民死利，卽上文所云「上重義則義克利，上重利則利克義」也。（鹽鐵論錯幣篇「上好禮則民闇飾，上好貨則下死利」，卽用荀子而小變其文。）上好富，則民死利矣。二者，亂之衢也。衢，道。○劉台拱曰：「二者」二字，承上兩句而言，則「亂」上當有「治」字。民語曰：「欲富乎？忍恥矣，傾絕矣，絕故舊矣，與義分背矣。」忍恥，不顧廉恥。傾絕，謂傾身絕命而求也。分背，如人分背而行。上好富，則人民之行如此，安得不亂？湯旱而禱曰：「政不節與？○先謙案：節，猶適也。謂不調適。說見天論篇。使民疾與？何以不雨至斯極也！疾，苦。宮室榮與？婦謁盛與？何以不雨至斯極也！榮，盛。謁，請也。婦謁盛，謂婦言是用也。苞苴行與？讒夫興與？何以不雨至斯極也！」貨賄必以物苞裹，故總謂之苞苴。興，起也。鄭注禮記云「苞苴裹魚肉者，或以葦，或以茅」也。

天之生民，非爲君也。天之立君，以爲民也。故古者列地建國，非以貴諸侯而已；列官職，差爵禄，非以尊大夫而已。差，謂制等級也。

主道知人，臣道知事。人謂賢良，事謂職守。故舜之治天下，不以事詔而萬物成。不以事詔告，但委任而已。謂若使禹治水，不告治水之方略。農精於田而不可以爲田師，工賈亦然。

以賢易不肖，不待卜而後知吉。以治伐亂，不待戰而後知克。無人禦敵，故知必克。

齊人欲伐魯，忌卞莊子，不敢過卞。卞，魯邑。莊子，卞邑大夫，有勇者。晉人欲伐衞，畏子路，不敢過蒲。蒲，衞邑。子路，蒲宰。杜元凱云：「蒲邑在長垣縣西南。」

不知而問堯、舜，好問則無不知，故可比聖人也。無有而求天府。知無而求之，是有天府之富。○俞樾曰：案楊讀「不知而問」、「無有而求」絶句，故其解如此，實非荀子意也。不知而問之堯、舜，無有而求之天府，語意本連屬。下文「先王之道則堯、舜已，六貳之博則天府已」，乃自解「堯、舜」「天府」之義也。使謂不知而問卽是堯、舜，無有而求卽是天府，下文贅矣，故知楊注非也。「六貳」，當從盧説爲「六蓺」之誤。何謂堯、舜？先王之道是也。問者，問此而已，非必真起堯、舜而問之也。何謂天府？六蓺之博是也。求者，求此而已，非必真入天府而求之也。曰：先王之道，則堯、舜已；問先王之道，則可爲堯、舜。六貳之博，則天府已。求財於六貳之博，得之不窮，故曰「天府」。天府，天之府藏。言六貳之博，可以得貨財；先王之道，可以爲堯、舜，故以喻焉。六貳之博，卽六博也。王逸注楚辭云：「投六箸，行六棊，故曰六博。」今之博局，亦二六相對也。○盧文弨曰：「貳」，當作「蓺」，聲之誤也。卽六經也。

君子之學如蛻，幡然遷之。如蟬蛻也。幡與翻同。故其行效，其立效，其坐效，其置顔色、出辭氣效。效，放也。置，措也。言造次皆學而不捨也。無留善，有善卽行，無留滯。無宿問。當時卽問，不俟經宿。

善學者盡其理，善行者究其難。非知之艱，行之惟艱，故善行之者，是究其難。

君子立志如窮，似不能通變。雖天子三公問，正以是非對。至尊至貴，對之唯一，故曰「如窮」也。○先謙案：君子不以窮達易心，故立志常如窮時，雖君相問，必以正對。楊説非。

君子隘窮而不失，不失道而隕穫。○盧文弨曰：「隘窮」，卽「阨窮」。**勞倦而不苟，**不苟免也。**臨患難而不忘細席之言。**尸子：「子夏曰：『君子漸於飢寒而志不僻，侉於五兵而辭不懾，臨大事不忘昔席之言。』」昔席，蓋昔所踐履之言。此「細」，亦當讀爲昔。或曰：細席，講論之席。臨難不忘素所講習忠義之言。漢書王吉諫昌邑王曰：「廣廈之下，細旃之上。」○盧文弨曰：案廣韻：「侉，痛呼也，安賀切。」宋本作「銙」，字書無攷。今從元刻。郝懿行曰：「細席」，恐「茵席」之形譌。蓋「茵」假借爲「絪」，「絪」又譌爲「細」耳。王念孫曰：郝説是也。漢書霍光傳「加畫繡絪馮」，如淳曰「絪亦茵」，是其證。茵席之言，謂昔日之言，卽論語所謂「平生之言」也。故尸子云：「臨大事不忘昔席之言。」俞樾曰：郝、王之説塙矣。楊注引尸子「臨大事不忘昔席之言」，「昔」亦「茵」之譌。荀子作「細席」者，其原文是「絪席」也；尸子作「昔席」者，其原文是「茵席」也：兩文雖異而實同。**歲不寒無以知松柏，事不難無以知君子無日不在是。**無有一日不懷道，所謂「造次必於是」也。

雨小，漢故潛。未詳。或曰：爾雅云「漢爲潛」，李巡曰：「漢水溢流爲潛。」今云「雨小，漢故潛」，言漢者本因雨小，水濫觴而成，至其盛也，乃溢爲潛矣。言自小至大者也。○郝懿行曰：此語譌誤不可讀。楊氏曲爲之解，似違蓋闕之義。俞樾曰：「漢」字疑衍文。雨小故潛者，爾雅釋言曰：「潛，深也。」言雨小，故入地深也。下文云「夫盡小者大，積微者箸」，是其義矣。**夫盡小**

者大，積微者著，德至者色澤洽，行盡而聲問遠。色澤洽，謂德潤身。行，下孟反。○先謙案：「而」，蓋「者」之誤，四句一例。小人不誠於内而求之於外。

言而不稱師謂之畔，畔者，倍之半也。教而不稱師謂之倍。教人不稱師，其罪重，故謂之倍。倍者，反逆之名也。○郝懿行曰：倍者，反也。畔與叛同。叛者，反之半也。不稱師同，而罪異者，言謂自言，教謂傳授。夫民生於三，事之如一，師、儒得民，九兩攸繫，而乃居肰坐大，背棄師門，名教罪人，故以反叛坐之。檀弓記曾子怒子夏曰：「使西河之民疑女於夫子，爾罪一也。」鄭注：「言其不稱師也。」然則荀子斯言，蓋有因於古矣。倍畔之人，明君不内，朝士大夫遇諸塗不與言。

不足於行者説過，言説大過，故行不能副也。不足於信者誠言。數欲誠實其言，故信不能副，君子所以貴行不貴言也。○郝懿行曰：説過者，大言不怍；誠言者，貌言若誠。故春秋善胥命，而詩非屢盟，其心一也。春秋魯桓公三年「齊侯、衛侯胥命于蒲」，公羊傳曰：「相命也。何言乎相命？近正也。古者不盟，結言而退。」又詩曰：「君子屢盟，亂是用長。」言其一心而相信，則不在盟誓也。善爲詩者不説，善爲易者不占，善爲禮者不相，其心同也。皆言與理冥會者，至於無言説者也。相，謂爲人贊相也。

曾子曰：「孝子言爲可聞，行爲可見。發言使人可聞，不詐妄也；立行使人可見，不苟爲：斯爲孝子也。**言爲可聞，所以説遠也；行爲可見，所以説近也。近者説則親，遠者説則附。親近而附遠，孝子之道也。」**説，皆讀爲悦。近親遠附，則毁辱無由及親也。

曾子行，晏子從於郊，曰：「嬰聞之，君子贈人以言，庶人贈人以財。嬰貧無財，請假於君子，贈吾子以言：假於君子，謙辭也。晏子先於孔子，曾子之父猶爲孔子弟子，此云送曾子，豈好事者爲之歟？**乘輿之輪，太山之木也，示諸檃栝，三月五月，爲幬菜敝而不反其常。**此皆言車之材也。示，讀爲寘。檃栝，矯煣木之器也。言寘諸檃栝，或三月，或五月也。幬菜，未詳。或曰：菜，讀爲菑。謂轂與輻也。言矯煣直木爲牙，至於轂輻皆敝，而規曲不反其初，所謂三材不失職也。周禮考工記曰「望其轂，欲其眼也；進而眂之，欲其幬之廉也」，鄭云：「幬，冒轂之革也。革急則裹〔一〕木廉隅見。」考工記又曰「察其菑蚤不齵，則輪雖敝不匡」，鄭云：「菑，謂輻入轂中者。蚤，讀爲爪，謂輻入牙中者也。匡，刺也。」晏子春秋曰：「今夫車輪，山之直木，良匠煣之，其員中規，雖有槁暴，不復嬴矣。」**君子之檃栝不可不謹也。慎之！**爲移其性，故不可慢。**蘭茝、稾本，漸於蜜醴，一佩易之。**雖皆香草，然以浸於甘醴，一玉佩方可易買之。言所漸者美而加貴也。「佩」或爲「倍」，謂其一倍也。漸，浸也，子廉反。此語與晏子春秋

〔一〕「裹」，原本無，據周禮考工記輪人鄭注補。

不同也。○盧文弨曰：晏子作「今夫蘭本，三年而成，湛之苦酒，則君子不近，庶人不佩，湛之麋醢而賈匹馬矣」。説苑、家語略同，「麋醢」作「鹿醢」。案漸於蜜醴，與漸於酒、漸之滫中，皆謂其不可久，故一佩即易之。各書俱一意，注非。**正君漸於香酒，可讒而得也。**雖正直之君，其所漸染，如香之於酒，則讒邪可得而入。言甘醴變香草之性，甘言變正君之性，或爲美，或爲惡，皆在其所漸染也。○郝懿行曰：正君者，好是正直之君。讒言甘而易入，如飲醇醪，令人自醉，故以漸於香酒譬況之。**君子之所漸不可不慎也。」**

人之於文學也，猶玉之於琢磨也。詩曰：「如切如磋，如琢如磨。」謂學問也。和之璧，井里之厥也，玉人琢之，爲天子寶。和之璧，楚人卞和所得之璧也。井里，里名。厥也，未詳。或曰：厥，石也。晏子春秋作「井里之困」也。○盧文弨曰：案厥同橜。説文：「橜，門梱也。」「梱，門橜也。」荀子以「厥」爲「橜」，晏子以「困」爲「梱」，皆謂門限。意林不解，乃改爲「璞」矣。郝懿行曰：晏子春秋雜上篇作「井里之困」。據盧説，則厥與困一物，皆謂得石如門限木耳。王念孫曰：盧本段説，見鍾山札記。文選劉琨答盧諶詩序「天下之寶，當與天下共之」，注引此「和」下有「氏」字，（晏子春秋雜篇同。）「爲天子寶」作「爲天下寶」，（又引史記藺相如傳：「和氏璧，天下所共傳寶也。」）於義爲長。下文亦云子贛、季路，「爲天下列士」。**子贛、季路，故鄙人也，被文學，服禮義，爲天下列士。**

學問不厭，好士不倦，是天府也。言所得多。

君子疑則不言，未問則不立，道遠日益矣。未曾學問，不敢立爲論議，所謂「不知爲不知」也。爲道久遠，自日有所益，不必道聽塗説也。此語出曾子。○王念孫曰：「立」字義不可通。「立」，亦當爲「言」。（下文「未問則不立」同。）疑則不言、未問則不言，皆謂君子之不易（以豉反。）其言也。大戴記曾子立事篇「君子疑則不言，未問則不言」，此篇之文，多與曾子同也。隸書「言」字或作「音」，（若「㖞」作「𠶒」、「詹」作「詹」、「善」作「善」之類皆是。）因脱其半而爲「立」。秦策「秦王愛公孫衍，與之間，有所言」，今本「言」譌作「立」。楊曲爲之説，非。

多知而無親、博學而無方、好多而無定者，君子不與。無親，不親師也。方，法也。此皆謂雖廣博而無師法也。

少不諷，壯不論議，雖可，未成也。諷，謂就學諷詩、書也。言不學，雖有善質，未爲成人也。○王念孫曰：「少不諷」，當從大戴記作「少不諷誦」。「諷誦」與「論議」對文，少一「誦」字，則文不足意矣。楊云「諷，謂就學諷詩、書」，則所見本已脱「誦」字。

君子壹教，弟子壹學，亟成。壹，專壹也。亟，急也，己力反。

君子進則能益上之譽而損下之憂。進，仕。損，減。不能而居之，誣也；無益而厚受之，竊也。誣君，竊位。學者非必爲仕，而仕者必如學。如，往。○郝懿行曰：如，肖似也。此言仕必不負所學。注云「如，往」，非也。

子貢問於孔子曰：「賜倦於學矣，願息事君。」息，休息。孔子曰：「詩云：『温恭朝夕，執事有恪。』事君難，事君焉可息哉！」詩，商頌那之篇。「然則賜願息事親」。孔子曰：「詩云：『孝子不匱，永錫爾類。』事親難，事親焉可息哉」！詩，大雅既醉之篇。毛云：「匱，竭也。類，善也。」言孝子之養，無有匱竭之時，故天長賜以善也。「然則賜願息於妻子」。孔子曰：「詩云：『刑于寡妻，至于兄弟，以御于家邦。』妻子難，妻子焉可息哉」！詩，大雅思齊之篇。刑，法也。寡有之妻，言賢也。御，治也。言文王先立禮法於其妻，以至于兄弟，然後治于家邦。言自家刑國也。「然則賜願息於朋友。」孔子曰：「詩云：『朋友攸攝，攝以威儀。』朋友難，朋友焉可息哉！」亦既醉之篇。毛云：「言相攝佐者以威儀也。」「然則賜願息耕。」孔子曰：「詩云：『晝爾于茅，宵爾索綯，亟其乘屋，其始播百穀。』耕難，耕焉可息哉！」詩，豳風七月之篇。于茅，往取茅也。綯，絞也。亟，急也。乘屋，升屋，治其敝漏也。「然則賜無息者乎？」孔子曰：「望其壙，皋如也，嵮如也，鬲如也，此則知所息矣。」壙，丘壠。「皋」，當爲「宰」。宰，冢也。宰如，高貌。嵮與填同，謂土填塞也。鬲，謂隔絶於上。列子作「宰如」、「墳如」，張湛注云：「見其墳壤鬲異，則知息之有所也。」○盧文弨曰：公羊僖卅三年傳「宰上之木拱矣」，是宰訓冢也。冢，大也。如大山也。嵮，讀爲顛，山頂也。

鬲如，形如實五穀之器也。山有似甗者矣。列子「嵮如」作「墳如」，如大防也。郝懿行曰：皋，猶高也。言皋韜在上也。「嵮」，即「顛」字。「顛」，俗作「巔」，因又作「嵮」耳。鬲，鼎屬也，圓而弇上。此皆言丘壠之形狀，故以「如」字寫貌之。皋如，葢若覆夏屋者。嵮如，葢若防者露標顛也。列子天瑞篇作「墳如」。墳，大防也。鬲如，葢若覆釜之形，上小下大，今所見亦多有之。注竝非。劉台拱曰：今列子作「睪如也，宰如也」，「睪」即「皋」，豈楊氏所見本異邪？「睪如」「宰如」二句疊出，則不得破「皋」爲「宰」矣。王念孫曰：家語困誓篇亦作「睪如也」，王肅曰：「睪，高貌。」**子貢曰：「大哉死乎！君子息焉，小人休焉。」**○郝懿行曰：休、息一耳，此別之者，亦猶檀弓記言君子曰終、小人曰死之意。子貢始言願得休息，孔子四〔二〕言「焉可息哉」，必須死而後已。於是子貢悚然警悟，始知大塊勞我以生，逸我以死，作而歎曰：「大哉死乎！君子息焉，小人休焉。」言人不可苟生，亦不可徒死也。

國風之好色也，傳曰：「盈其欲而不愆其止。」好色，謂關雎樂得淑女也。盈其欲，謂好仇，寤寐思服也。止，禮也。欲雖盈滿而不敢過禮求之。此言好色人所不免，美其不過禮也。故詩序云：「關雎樂得淑女以配君子，憂在進賢，不淫其色，哀窈窕，思賢才，而無傷善之心焉。是關雎之義也。」**其誠可比於金石，其聲可內於宗廟。**」其誠，以禮自防之誠也。比於金石，言不

〔二〕「四」，據正文似當作「五」。

變也。其聲可內於宗廟，謂以其樂章播八音，奏於宗廟。鄉飲酒禮：「合樂，周南關雎、葛覃。」詩序云：「關雎，后妃之德，風之始也。所以風化天下，故用之鄉人焉，用之邦國焉。」既云「用之邦國」，是其聲可內於宗廟者也。**小雅不以於汙上，自引而居下，**以，用也。汙上，驕君也。言作小雅之人，不爲驕君所用，自引而疏遠也。**疾今之政，以思往者，其言有文焉，其聲有哀焉。**小雅多刺幽、厲而思文、武。言有文，謂不鄙陋；聲有哀，謂哀以思也。

國將興，必貴師而重傅，貴師而重傅則法度存。○俞樾曰：下文云「賤師而輕傅則人有快，人有快則法度壞」。據此，則「貴師而重傅」下疑有闕文。**國將衰，必賤師而輕傅，賤師而輕傅則人有快，**人有肆意。**人有快則法度壞。**

古者匹夫五十而士。禮四十而士，五十而後爵，此云「五十而士」，恐誤。或曰：爲卿士。○郝懿行曰：士者，事也。五十曰艾，服官政，然後可以任事也。俞樾曰：二說皆非也。下文云「天子、諸侯子十九而冠」，注曰：「先於臣下一年也。」然則四十而士，猶二十而冠，皆是論其常；五十而士，猶十九而冠，皆是言其異也。禮所謂「四十始仕，五十命爲大夫」者，蓋指卿大夫、元士之適子而言。此明言「匹夫」，則殆謂卿之俊士、選士矣。禮記王制篇正義曰：「鄉人既卑，節級升之，故爲選士、俊士。至於造士，若王子與公卿之子，本位既尊，不須積漸，學業既成，卽爲造士。」以是言之，古人於世族子弟及民間秀士，自有區別，故其始仕有十年之差也。荀子不直曰「古者五十而士」，必加「匹夫」二字，明與下文「天子、諸侯子」相對。知十九而冠爲天子、諸侯子之制，則知五十而士爲匹夫之制，不必疑其與禮經不合矣。

天子、諸侯子十九而冠，冠而聽治，其教至也。 十九而冠，先於臣下一年也。雖人君之子，猶年長而冠，冠而後聽其政治，以明教至然後治事，不敢輕易。○郝懿行曰：天子、諸侯子十九而冠者，異於常人，由其生質本異，其教又至，故能爾也。傳謂「國君十五生子，冠而生子，禮也」。於時魯侯年才十二，則太早矣。荀子所言，當是古法。

君子也者而好之，其人； 有君子之質，而所好得其人，謂得賢師也。**其人也而不教，不祥。** 祥，善。○王念孫曰：「其人也而不教」，「也」字當在上句「其人」下。（汪說同。）下文「非君子而好之，非其人也；非其人而教之，齎盜糧，借賊兵也」，上「非其人」下有「也」字，下「非其人」下無「也」字，是其證。先謙案：人有好善之誠，我不以善告之，是不祥也。**非君子而好之，非其人也；** 既無君子之質，又所好非其人也。**非其人而教之，齎盜糧，借賊兵也。** 若使不善人教非君子，是猶資借盜賊之兵糧，爲害滋甚，不如不教也。齎與資同。兵，五兵也。○盧文弨曰：此條言所好者君子，是爲得其人；非君子而好之，則所好非其人也。人可與言而不教，是爲不祥；不可與言而教之，則又資盜糧，借賊兵也。楊注不了。王念孫曰：此言能好君子則爲可教之人，可教而不教之，是爲不祥；若所好非君子，則爲不可教之人，不可教而教之，則是齎盜糧，借賊兵也。盧說亦未了。

不自嗛其行者，言濫過。嗛，足也。謂行不足也。所以不足其行者，由於言辭汎濫過度也。○郝懿行曰：嗛，不足也。言人不知自歉其行者，其言易於濫過而難副。楊注失之。「嗛」與「歉」，古字通，荀書多以「嗛」爲「歉」，楊氏不了。此注支離妄説，亦由訓嗛爲足，遂不顧文義之難通耳。**古之賢人，賤爲布衣，貧爲匹夫，食則饘粥不足，衣則豎褐不完，然而非禮不進，非義不受，安取此？**豎褐，僮豎之褐，亦短褐也。言賢人雖貧窮，義不苟進，安取此言過而行不副之事乎？

子夏貧，衣若縣鶉。人曰：「子何不仕？」曰：「諸侯之驕我者，吾不爲臣；大夫之驕我者，吾不復見。柳下惠與後門者同衣而不見疑，非一日之聞也。柳下惠，魯賢人公子展之後，名獲，字禽，居於柳下，謚惠；季，其伯仲也。後門者，君之守後門，至賤者。子夏言「昔柳下惠衣之敝惡與後門者同，時人尚無疑怪者」，言安於貧賤，渾迹而人不知也。非一日之聞，言聞之久矣。○盧文弨曰：案「柳下惠」一條，不當蒙上文。與後門同衣而不見疑，蓋即毛詩巷伯篇故訓傳所云「嫗不逮門之女，而國人不稱其亂」也。非一日之聞，言素行爲人所信。王念孫曰：案鍾山札記又引呂氏春秋長利篇云「戎夷違齊如魯，天大寒而後門」，高誘注：「後門，日夕，門已閉也。」韓非子外儲説左下云：「暮而後門。」**爭利如蚤甲而喪其掌。」**蚤與爪同。言仕亂世驕君，縱得小利，終喪其身。○盧文弨曰：「蚤」者，「叉」字之叚借。叉、甲同義，爪訓覆手，不與蚤同。此亦當别爲一條。郝懿行曰：此章言子夏貧無衣而不仕者，以時君、大夫皆驕慢，故衣雖縣鶉而自甘。又引柳下惠與後門同衣，意可見矣。又言得利如叉甲而喪其手掌，言仕之利小而害大也。楊注甚明，盧氏欲分段，似失之。

君人者不可以不慎取臣，匹夫不可以不慎取友。○謝本從盧校，作「匹夫者」。王念孫曰：「匹夫」下不當有「者」字，此涉上「君人者」而衍。吕、錢本「匹夫」下皆無「者」字。先謙案：王説是。今從吕、錢本删。**友者，所以相有也。**友與有同義。相有，謂不使喪亡。○郝懿行曰：有者，相保有也。詩云：「亦莫我有。」友、有聲義同，古亦通用。如云「有朋自遠方來」，「有」卽「友」矣。**道不同，何以相有也？均薪施火，火就燥；平地注水，水流溼。夫類之相從也，如此之著也，以友觀人，焉所疑？**察其友，則可以知人之善惡不疑也。**取友善人，不可不慎，是德之基也。**取友求善人，不可不慎，是德之基本。言所以成德也。○盧文弨曰：俗本正文亦作「取友求善人」，宋本、元刻皆無「求」字。若有，注可不費辭矣。先謙案：善人，使人善也。楊注非。**詩曰：「無將大車，維塵冥冥。」言無與小人處也。**詩，小雅無將大車之篇。將，猶扶進也。將車，賤者之事。塵冥冥蔽人目明，令無所見，與小人處亦然也。

藍苴路作，似知而非。未詳其義。或曰：苴，讀爲姐，慢也。趙蕤注長短經知人篇曰：「姐者，類智而非智。」或讀爲狙，伺也。姐，子野反。**偄弱易奪，似仁而非。**仁者不争而與物，故偄弱易奪者似之。易奪，無執守之謂也。○盧文弨曰：偄與懦同，從宋本。悍戇好鬬，似勇而非。悍，兇戾也。戇，愚也，丁絳反。

仁義禮善之於人也，辟之若貨財粟米之於家也，多有之者富，少有之者貧，至無有者窮。故大者不能，小者不爲，是棄國捐身之道也。○盧文弨曰：「捐」，宋本作「損」。今從元刻。

凡物有乘而來，乘其出者，是其反者也。反，復也。出，去也。凡乘執而來、乘執而去者，皆是物之還反也。言善惡皆所自取也。○王念孫曰：下「乘」字，疑涉上「乘」字而衍。凡物有乘而來者，乘，因也，（文選謝朓始出尚書省詩注引如淳漢書注。）言凡物必有所因而來。反乎我者，卽出乎我者也，故曰「其出者，是其反者也」。今本「來」下又有「乘」字，則義反晦矣。楊説失之。

流言滅之，貨色遠之。禍之所由生也，生自纖纖也，是故君子蚤絶之。流言，謂流轉之言，不定者也。滅，亦絶也。凡禍之所由生，自纖纖微細，故君子早絶其萌。此語亦出曾子。○盧文弨曰：元刻作「禍之所由生，自纖纖也」，與大戴曾子立事篇同。王念孫曰：宋龔本同元刻，汪從之。

言之信者，在乎區蓋之間。區，藏物處。蓋，所以覆物者。凡言之可信者，如物在器皿之間。言有分限，不流溢也。器名區者，與丘同義。漢書儒林傳「唐生、褚生應博士弟子選，試誦說，有法，疑者丘蓋不言」，丘與區同也。**疑則不言，未問則不立。**重引此兩句以明之。○郝懿行曰：此二句已見上。疑「立」皆當爲「言」，形近之譌。楊注說「立」，非也。區蓋者，古讀區若丘，注引漢儒林傳「疑者丘蓋不言」，此說是也。論語記孔子言「蓋」，皆疑而未定之詞。如云「君子於其所不知，蓋闕如也」；「蓋有不知而作之者，我無是也」；「蓋有之矣，我未之見也」。「蓋」皆疑詞，故謂疑者曰「丘蓋」，以音同借爲「區蓋」耳。楊注非是。漢書注：「蘇林曰：『丘蓋不言，不知之意也。』如淳曰：『齊俗以不知爲丘。』」二說皆得其意，但語未明晰耳。顔師古注以蓋爲發語之辭，亦非。

知者明於事，達於數，不可以不誠事也。誠，忠誠。言不可以虛妄事智者。○盧文弨曰：「事智者」，元刻作「了知也」。**故曰：「君子難說，說之不以道，不說也。」**說，竝音悅。

語曰：「流丸止於甌、臾，流言止於知者。」甌、臾，皆瓦器也。揚子雲方言云：「陳、魏、楚、宋之閒，謂罃爲臾。」甌臾，謂地之坳坎如甌臾者也。或曰：甌臾，窊下之地。史記曰「甌寠滿溝，污邪滿車」，裴駰云：「甌寠，傾側之地。污邪，下地〔一〕也。」邪與臾，聲相近，蓋同也。寠，力侯反。污，烏瓜反。**此家言邪學之所以惡儒者也。**家言，謂偏見，自成一家之言，若宋、墨者。

〔一〕史記滑稽列傳裴駰集解「下地」下有「田」字。

是非疑則度之以遠事，驗之以近物，參之以平心，流言止焉，惡言死焉。參驗之至，則流言息。死，猶盡也。鄭康成曰：「死之言澌。」澌，猶消盡也。

曾子食魚有餘，曰：「泔之。」門人曰：「泔之傷人，不若奧之。」泔與奧，皆烹和之名，未詳其説。○盧文弨曰：案非烹和也，曾子以魚多欲藏之耳。泔，米汁也。泔之，謂以米汁浸漬之。門人以易致腐爛，食之不宜於人，或致有腹疾之患，故以爲傷人。説文：「奧，宛也。」「宛，奧也。」奧與宛，皆與「鬱」音義同。今人藏魚之法，醉魚則用酒，醃魚則用鹽，置之甀中以鬱之，可以經久，且味美。奧，如「鬱韭」、「鬱麴」之「鬱」，（「鬱韭」見説文「䤈」字下，「鬱麴」見釋名。）皆謂治之，藏於幽隱之處。今魚經鹽酒者，於老者病者極相宜，正與傷人相反。（此條見龍城札記。）王念孫曰：米泔不可以漬魚，盧謂「以米汁浸漬之」，非也。「泔」，當爲「洎」。周官士師「洎鑊水」，鄭注曰：「洎，謂增其沃汁。」襄二十八年左傳「去其肉而以其洎饋」，正義曰：「添水以爲肉汁，遂名肉汁爲洎。」然則添水以爲魚汁，亦得謂之洎。洎之，謂添水以漬之也。呂氏春秋應言篇「多洎之則淡而不可食，少洎之則焦而不熟」，高注曰：「肉汁爲洎。」彼言「多洎之」、「少洎之」，即此所謂「洎之」矣。以洎漬魚，則恐致腐爛而不宜於食，故曰「洎之傷人」也。隸書「甘」字或作「目」，與「自」字極相似，故「洎」誤爲「泔」耳。（漢西嶽華山亭碑「甘澍弗布」，「甘」字作「目」，見漢隸字原。）奧，亦非烹和之名，盧訓奧爲鬱，是也。釋名曰：「膴，奧也。藏物於奧內，稍出用之也。」彼所謂「膴」，即此所謂「奧之」矣。然盧謂奧與宛、鬱同音，則非也。奧與宛、鬱同義而不同音，故諸書中

「鬱」字有通作「宛」者，而「宛」「鬱」二字無通作「奥」者。以宛、鬱釋奥則可，讀奥爲宛、鬱則不可。

曾子泣涕曰：「有異心乎哉！」傷其聞之晚也。曾子自傷不知以食餘之傷人，故泣涕，深自引過，謝門人曰：「吾豈有異心故欲傷人哉？乃所不知也。」言此者，以譏時人飾非自是，恥言不知，與曾子異也。○先謙案：曾子養親至孝，當時或進此魚而未知其傷人，親没後始聞此語，故觸念自傷。楊注未得其義。

無用吾之所短遇人之所長，遇，當也。言己才藝有所短，宜自審其分，不可彊欲當人所長而辨争也。故塞而避所短，移而從所仕。疏知而不法，察辨而操辟，勇果而亡禮，君子之所憎惡也。塞，掩也。移，就也。仕與事同，事所能也。言掩其不善，務其所能也。疏，通也。察辨而操辟，謂聰察其辨，所操之事邪僻也。操，七刀反。○俞樾曰：「仕」，疑「任」字之誤。莊子秋水篇「任士之所勞」，釋文引李注曰：「任，能也。」然則移而從所任者，移而從所能也，於義較捷矣。

多言而類，聖人也。應萬變，故多類。謂皆當其類而無乖越，此聖人也。少言而法，君子也。多言無法而流喆然，雖辯，小人也。「喆」，當爲「湎」。非十二子篇有此語，此當同。或曰：當爲「楛」也。○先謙案：而，當訓爲如，通用字。

國法禁拾遺，惡民之串以無分得也。串，習也，工患反。有夫分義則容天下而治，

○先謙案：容，受也。無分義則一妻一妾而亂。

天下之人，唯各特意哉，然而有所共予也。特意，謂人人殊意。予，讀爲與。○盧文弨曰：「唯」，元刻作「雖」。王念孫曰：「唯」，即「雖」字，説見經義述聞桓十四年穀梁傳。言味者予易牙，言音者予師曠，言治者予三王。易牙，齊桓公宰夫，知味者。師曠，晉平公樂師，知音者。三王既已定法度、制禮樂而傳之，有不用而改自作，何以異於變易牙之和、更師曠之律？無三王之法，天下不待亡，國不待死。言不暇有所待而死亡，速之甚也。更，工衡反。○謝本從盧校，作「無三王之治」。王念孫曰：吕、錢本「治」皆作「法」，是也。此承上「三王既已定法度」而言。先謙案：王説是。今從吕、錢本改。飲而不食者，蟬也；不飲不食者，浮蝣也。浮蝣，渠略，朝生夕死蟲也。言此者，以喻人既飲且食，必須求先王法略爲治，不得苟且如浮蝣輩也。○郝懿行曰：二句義似未足，文無所蒙，容有缺脱。汪中曰：此二語別是一義，與上文不相蒙，注非。

虞舜、孝已孝而親不愛，比干、子胥忠而君不用，仲尼、顔淵知而窮於世。劫迫於暴國而無所辟之，辟，讀爲避。聖賢者不遇時，危行言遜。則崇其善，揚其美，言其所長而不稱其所短也。惟惟而亡者，誹也；惟，讀爲唯，以癸反。唯唯，聽從貌。常聽從人而不免亡者，由於退後卽誹謗也。博而窮者，訾也；清之而俞濁者，口也。已解於榮辱篇。

在命。

君子能爲可貴，不能使人必貴己；能爲可用，不能使人必用己。修德在己，所遇在命。

誥誓不及五帝，誥誓，以言辭相誡約也。禮記曰：「約信曰誓。」又曰：「殷人作誓而民始畔。」盟詛不及三王，涖牲曰盟。謂殺牲歃血，告神以盟約也。交質子不及五伯。此言後世德義不足，雖要約轉深，猶不能固也。伯，讀曰霸。穀梁傳亦有此語。

荀子卷第二十

宥坐篇第二十八

此以下皆荀卿及弟子所引記傳雜事，故總推之於末。

孔子觀於魯桓公之廟，有欹器焉。春秋哀公三年「桓宮、僖宮災」，公羊傳曰：「此皆毀廟也。其言災何？復立也。」或曰：三桓之祖廟欹器傾。欹，易覆之器。孔子問於守廟者曰：「此爲何器？」守廟者曰：「此蓋爲宥坐之器。」宥與右同。言人君可置於坐右，以爲戒也。説苑作「坐右」。或曰：宥與侑同，勸也。文子曰「三王、五帝有勸戒之器，名侑卮」，注云：「欹器也。」○盧文弨曰：今説苑作「右坐」，見敬慎篇。孔子曰：「吾聞宥坐之器者，虚則欹，中則正，滿則覆。」孔子顧謂弟子曰：「注水焉！」弟子挹水而注之，挹，酌。中而正，滿而覆，虚而欹。孔子喟然而歎曰：「吁！惡有滿而不覆者哉！」子路曰：「敢問持滿有道乎？」孔子曰：「聰明聖知，守之以愚；功被天下，守之以讓；勇力撫世，守之以怯；撫，掩也。猶言蓋世矣。○盧文弨曰：據注，則「撫」乃「幠」字之誤。家語三恕篇作「振世」。富有四海，守之以謙。此所謂挹而損之之道也。」挹，亦退也。挹而損之，猶言損之又損。

孔子爲魯攝相，朝七日而誅少正卯。爲司寇而攝相也。朝，謂聽朝也。門人進問曰：「夫少正卯，魯之聞人也，夫子爲政而始誅之，得無失乎？」聞人，謂有名，爲人所聞知者也。始誅，先誅之也。孔子曰：「居！吾語女其故。人有惡者五，而盜竊不與焉：一曰心達而險，二曰行辟而堅，三曰言僞而辯，四曰記醜而博，五曰順非而澤。心達而險，謂心通達於事而凶險也。辟，讀曰僻。醜，謂怪異之事。澤，有潤澤也。此五者有一於人，則不得免於君子之誅，而少正卯兼有之。故居處足以聚徒成羣，言談足以飾邪營衆，强足以反是獨立，此小人之桀雄也，不可不誅也。營，讀爲熒。熒衆，惑衆也。强，剛愎也。反是，以非爲是也。獨立，人不能傾之也。是以湯誅尹諧，文王誅潘止，周公誅管叔，太公誅華仕，管仲誅付里乙，子産誅鄧析、史付，韓子曰：「太公封於齊，東海上有居士狂矞、華仕昆弟二人立議曰：『吾不臣天子，不友諸侯，耕而食之，掘而飲之。吾無求於人，無上之名，無君之禄，不仕而事力。』太公使執而殺之，以爲首誅。周公從魯聞，急傳而問之曰：『二子，賢者也，今日饗國殺之，何也？』太公曰：『是昆弟立議曰「不臣天子」，是望不得而臣也。「不友諸侯」，是望不得而使也。「耕而食之，掘而飲之，無求於人」，是望不得以賞罰勸禁也。且先王之所以使其臣民者，非爵禄則刑罰也。今四者不足以使之，則望誰爲君乎？是以誅之。』」尹諧、潘止、付里乙、史付，事迹竝未聞也。○盧文弨曰：家語作「管仲誅付乙，子產誅史何」。注「先王」，宋本作「夫王」，無下「民」字，今據韓子外儲説右上增正。此七子者，皆異世同心，不可不誅也。詩曰：『憂心悄悄，慍于羣小。』小人成羣，斯足憂矣。」詩，邶風柏舟之篇。悄悄，憂貌。慍，怒也。

孔子爲魯司寇，有父子訟者，孔子拘之，三月不別。別，猶決也。謂不辨別其子之罪。其父請止，孔子舍之。季孫聞之不説，曰：「是老也欺予，老，大夫之尊稱。春秋傳曰「使圍將不得爲寡君老」也。語予曰：『爲國家必以孝。』今殺一人以戮不孝，又舍之。」冉子以告。孔子慨然歎曰：「嗚呼！上失之，下殺之，其可乎！不教其民而聽其獄，殺不辜也。三軍大敗，不可斬也；獄犴不治，不可刑也，罪不在民故也。獄犴不治，謂法令不當也。犴，亦獄也。詩曰：「宜犴宜獄。」「獄」字從二「犬」，象所以守者。犴，胡地野犬，亦善守，故獄謂之犴也。嫚令謹誅，賊也；嫚與慢同。謹，嚴也。賊，賊害人也。今生也有時，斂也無時，暴也；言生物有時，而賦斂無時，是陵暴也。○盧文弨曰：「生也」二字，各本皆脱，今案注增。王念孫曰：「今」字當在「嫚令謹誅」上，總下三事言之，文義方順。家語始誅篇作「夫嫚令謹誅」，「夫」字亦總下之詞。不教而責成功，虐也。已此三者，然後刑可即也。已，止。卽，就。書曰：『義刑義殺，勿庸以卽，予維曰未有順事。』言先教也。」書，

康誥。言周公命康叔，使以義刑義殺，勿用以就汝之心，不使任其喜怒也。維刑殺皆以義，猶自謂未有使人可順守之事，故有抵犯者。自責其教之不至也。**故先王既陳之以道，上先服之；**服，行也。謂先自行之，然後教之。**若不可，尚賢以綦之；若不可，廢不能以單之；**綦，極也，謂優寵也。單，盡也。盡，謂黜削。「單」，或爲「殫」。○盧文弨曰：家語始誅篇作「尚賢以勸之，又不可，而後以威憚之」。此注「單，或爲殫」，元刻作「或爲憚」，與家語同。**綦三年而百姓往矣。**百姓從化，極不過三年也。○盧文弨曰：「往」乃「從」之誤，下注同。王念孫曰：案「從」下當有「風」字。今本無「風」字者，「從」誤爲「往」，則「往風」二字義不可通，後人因删「風」字耳。據楊注云「百姓從化」，「化」字正釋「風」字。太平御覽治道部五引此正作「百姓從風」，韓詩外傳及説苑政理篇竝同。**邪民不從，然後俟之以刑，則民知罪矣。**百姓既往，然後誅其姦邪也。○王念孫曰：案「邪民」本作「躬行」。上文云「上先服之」，「三年而百姓從風」，服者，行也，即此所謂「躬行」也，故云「躬行不從，然後俟之以刑」。隸書「躬」與「邪」相似，故「躬」誤爲「邪」。（見隸辨。案「躬行」作「邪行」，「邪」字誤而「行」字不誤。外傳亦誤作「邪行」，唯説苑不誤。今本荀子「邪行」作「邪民」，乃後人所改，辯見下。）家語始誅篇作「其有邪民不從化者，然後待之以刑」。案荀子之「躬行不從」誤作「邪行不從」，則義不可通。王肅不知「邪」爲「躬」之誤，故改「邪行不從」爲「邪民不從化」，以曲通其義，而今本荀子亦作「邪民」，則又後人以家語改之也。楊注云「百姓既從，然後誅其姦邪」，則所見本已同今本。説苑正作「躬行不從，而后俟之以刑」。**詩曰：「尹氏大師，維**

周之氏，秉國之均，四方是維，天子是庳，卑民不迷。」詩，小雅節南山之篇。氏，本也。庳，讀爲毗，輔也。卑，讀爲俾。是以威厲而不試，刑錯而不用，此之謂也。厲，抗也。試，亦用也。但抗其威而不用也。錯，置也。如置物於地不動也。今之世則不然：亂其教，繁其刑，其民迷惑而墮焉，則從而制之，是以刑彌繁而邪不勝。三尺之岸而虚車不能登也，百仞之山任負車登焉，何則？陵遲故也。岸，崖也。負，重也。任負車，任重之車也。遲，慢也。陵遲，言丘陵之勢漸慢也。王肅云：「陵遲，陂池〔一〕也。」○盧文弨曰：案淮南子泰族篇：「山以陵遲，故能高。」陵遲，猶迆邐、陂陀之謂。此注與匡謬正俗俱訓陵爲丘陵，似泥。王念孫曰：古無訓負爲重者。負，亦任也。魯語注曰：「任，負荷也。」楚辭九章注曰：「任，負也。」連言「任負」者，古人自有複語耳。倒言之，則曰「負任」，齊語「負任擔荷」是也。陵遲，盧説是也。説文：「夌，夌徲也。」其字本作「夌」，則非謂丘陵明矣。詳見漢書雜志末卷。數仞之牆而民不踰也，百仞之山而豎子馮而游焉，陵遲故也。○王念孫曰：馮者，登也。周官馮相氏注曰：「馮，乘也。相，視也。世登高臺以視天文之次序。」廣雅曰：「馮，登也。」故外傳作「童子登而游焉」。（説苑作「童子升而游焉」。升，亦登也。）今夫世之陵遲亦久矣，而能使民勿踰乎！

〔一〕「陂池」，似當作「陂陀」或「陂陁」。

詩曰：「周道如砥，其直如矢。君子所履，小人所視。眷焉顧之，潸焉出涕！」豈不哀哉！詩，小雅大東之篇。言失其砥矢之道，所以陵遲，哀其法度墮壞。

詩曰：「瞻彼日月，悠悠我思。道之云遠，曷云能來！」詩，邶風雄雉之篇。○盧文弨曰：舊本連上文，今案當分段。子曰：「伊稽首，不其有來乎？」稽首，恭敬之至。有所不來者，爲上失其道而人散也。若施德化，使下人稽首歸向，雖道遠，能無來乎？○俞樾曰：如楊注義，則「伊稽首」三字甚爲不詞，殆非也。首，當讀爲道。周書芮良夫篇「予小臣良夫稽道」，羣書治要作「稽首」，是首、道古通用。彼文「稽道」當爲「稽首」，此文「稽首」當爲「稽道」，皆古文叚借字也。尚書堯典曰「若稽古」，正義引鄭注曰：「稽，同也。」禮記儒行篇「古人與稽」，鄭注曰：「稽，猶合也。」合，亦同也。稽道，猶同道也。伊者，語詞，猶維也。詩言「道之云遠，曷云能來」，孔子言道苟同，則雖遠而亦來，故曰「伊稽道，不其有來乎」。蓋借詩言而反之，若唐棣之詩矣。

孔子觀於東流之水，子貢問於孔子曰：「君子之所以見大水必觀焉者是何？」孔子曰：「夫水，大偏與諸生而無爲也，似德。偏與諸生謂水能偏生萬物。爲其不有其功，似上德不德者。說苑作「偏予而無私」。○王念孫曰：案「偏與」上不當有「大」字，蓋涉上文「大水」而衍。據楊注云「偏與諸生，謂水能偏生萬物」，則無「大」字明矣。初學記地部中引此無「大」字，大戴記勸學篇、說苑雜言篇、家語三恕篇竝同。其流也埤下，裾拘必循其理，似義。

埤，讀爲卑。裾與倨同，方也。拘，讀爲鉤，曲也。其流必就卑下，或方或曲，必循卑下之理，似義者無不循理也。説苑作「其流卑下，句倨皆循其理，似義」。○盧文弨曰：案宋本引説苑作「其流也卑下，句倨之也，情義分然者也」，文義舛譌，今案本書雜言篇訂正。**其洸洸乎不淈盡，似道。**洸，讀爲滉。滉，水至之貌。淈，讀爲屈，竭也。似道之無窮也。家語作「浩浩無屈盡之期，似道」也。○王念孫曰：楊讀洸爲滉，滉滉，水至之貌，古無此訓。「洸洸」，當從家語作「浩浩」，字之誤也。（俗書「浇」字作「洸」，與「浩」略相似。）王制曰：「有餘曰浩。」故曰「浩浩乎不屈盡」。初學記引荀子正作「浩浩」，則所見本尚未誤。太平御覽地部二十三同。先謙案：説文：「洸，水涌光也。」作「洸洸」義通，似不必改作「浩浩」。**若有決行之，其應佚若聲響，其赴百仞之谷不懼，似勇。**決行，決之使行也。佚與逸同，奔逸也。若聲響，言若響之應聲也。似勇者，果於赴難也。○王念孫曰：「奔逸」與「聲響」義不相屬，楊説非也。佚，讀爲呹。（音逸。）呹，疾貌也。言其相應之疾，若響之應聲也。漢書楊雄傳甘泉賦「薌呹肸以掍根兮，聲駍隱而歷鍾」，師古曰：「言風之動樹，聲響振起，衆根合同駍隱而盛，歷入殿上之鍾也。」薌，讀與響同。呹，音丑乙反。文選李善注曰「呹，疾貌也，余日切」，正與「佚」字同音。古無「呹」字，故借「佚」爲之耳。**主量必平，似法。**主，讀爲注。量，謂阬受水之處也。言所經阬坎，注必平之然後過，似有法度者均平也。**盈不求概，似正。**概，平斗斛之木也。考工記曰：「概而不稅。」言水盈滿則不待概而自平，如正者不假於刑法之禁也。淖約微達，似察。淖，當爲綽。約，弱也。綽約，柔弱也。雖至柔弱，而侵淫通達於物，似察之見細微也。說苑作「綽弱微達」。以出以入，以就鮮絜，似善化。言萬物出入於水，則必鮮絜，似善化者之使人去惡就美也。說苑作「不清以入，鮮絜以出」也。其萬折也必東，似志。折，縈曲也。雖東西南北，千萬縈折不常，然而必歸於東，似有志不可奪者。說苑作「其折必東」也。是故君子見大水必觀焉。」

孔子曰：「吾有恥也，吾有鄙也，吾有殆也：幼不能彊學，老無以教之，吾恥之。無才藝以教人也。去其故鄉，事君而達，卒遇故人，曾無舊言，吾鄙之。舊言，平生之言。卒，倉忽反。與小人處者，吾殆之也。」

孔子曰：「如垤而進，吾與之；如丘而止，吾已矣。」今學曾未如肬贅，則具然欲爲人師。肬贅，結肉。莊子曰：「以生爲負贅懸肬。」肬音尤。具然，自滿足之貌也。○盧文弨曰：此條舊不提行，今案當分段。下兩條同。

孔子南適楚，戹於陳、蔡之閒，七日不火食，藜羹不糂，糂與糝同，蘇覽反。弟子皆有飢色。子路進問之曰：「由聞之：爲善者天報之以福，爲不善者天報之以禍。今夫子累德、積義、懷美，行之日久矣，奚居之隱也？」隱，謂窮約。孔子曰：「由不識，○盧文弨曰：家語在戹篇作「由未之識也」。吾語女。女以知者爲必用邪？王子比干不見剖心乎！女以忠者爲必用邪？關龍逢不見刑乎！○盧文弨曰：「逢」字從元刻，與家語同。宋本作「逄」，誤。女以諫者爲必用邪？吴子胥不磔姑蘇東門外乎！磔，車裂也。姑蘇，吴都名也。○俞樾曰：案子胥不被車裂之刑，楊注非是。漢書景帝紀「改磔曰棄市」，師古注曰：「磔，謂張其尸也。」當從此訓。夫遇不遇者，時也；賢不肖者，材也。君子博學深謀不遇時者多矣。由是觀之，不遇世者衆矣，○俞樾曰：「由是觀之」四字，當在「君子博學深謀」句上。何獨丘也哉！」且夫芷蘭生於深林，非以無人而不芳。君子之學，非爲通也；不爲求通。爲窮而不困，憂而意不衰也，知禍福終始而心不惑也。皆爲樂天知命。夫賢不肖者，材也；爲不爲者，人也；爲善、不爲善，在人也。遇不遇者，時也；死生者，命也。今有其人不遇其時，雖賢，其能行乎？苟遇其時，何難之有？故君子博學、深謀、脩身、端行以俟其時。孔子曰：「由，居！吾語女。昔晉公子重耳霸心生於曹，重耳，晉文公名，亡過曹，曹共公聞其駢脅，使其裸浴，薄而觀之。公因此激怒，而霸心生也。越王句踐霸心生於會稽，謂以甲盾五千棲於會稽也。齊桓公小白霸心生於莒。小白，齊桓公名，齊亂奔莒，蓋亦爲所不禮。故居不隱者思不遠，身不佚者志不廣。佚與逸同，謂奔竄也。家語作「常逸者」。女庸安知吾不得之桑落之下！」桑落，九月時也。夫子當時蓋暴露居此樹之下。○盧文弨曰：正文「桑落之下」下，宋本有「乎哉」二字，今案可省。

郝懿行曰：桑落，「索郎」反語也。索，言蕭索；郎，言郎當：皆謂困窮之貌。時孔子當阨，子路愠恚，故作隱語發其志意。楊注説固可通，而與上言曹、莒、會稽等義差遠。

子貢觀於魯廟之北堂，○盧文弨曰：舊本不提行，今案當分段。郝懿行曰：詩云：「焉得諼草，言樹之背！」背，北堂也。北堂，人所居，廟有北堂，亦所以居主。**出而問於孔子曰：「鄉者賜觀於太廟之北堂，吾亦未輟，還復瞻被九蓋皆繼，被有説邪？匠過絶邪？」**北堂，神主所在也。輟，止也。「九」，當爲「北」，傳寫誤耳。「被」，皆當爲「彼」。蓋音盍，户扇也。皆繼，謂其材木斷絶，相接繼也。子貢問：北盍皆繼續，彼有説邪？匠過誤而遂絶之邪？家語作「北蓋皆斷」，王肅云：「觀北面之蓋，皆斷絶也。」○王念孫曰：「繼」與「輟」「説」「絶」，韻不相協，「繼」當爲「㡭」，字之誤也。説文「㡭，古文絶」，正與「輟」「説」「絶」爲韻。「㡭」爲古文「絶」，而此文以「㡭」「絶」竝用者，古人之文不嫌於複。凡經傳中同一字而上下異形者，不可枚舉，卽用韻之文亦有之。皋陶謨曰「天聰明自我民聰明，天明畏自我民明威」，釋文：「畏，馬本作威。」周官鄉大夫注引作「天明威自我民明威」。是「畏」卽「威」也。小雅正月篇云「燎之方揚，寧或滅之，赫赫宗周，褒姒威之」，釋文：「威，本或作滅。」昭元年左傳引作「褒姒滅之」。是「威」卽「滅」也。越語云「死生因天地之刑，天地形之，聖人因而成之」，管子勢篇作「死死生生，因天地之形」。是「刑」卽「形」也。皆與此文之「㡭」「絶」竝用同例。今本「㡭」作「繼」，則既失其韻，而又失其義矣。楊云「皆繼，謂材木斷絶，相接繼」，非也。接繼與斷絶正相反。下文云「匠過絶邪」，則此文之不作「繼」

甚明。家語作「北蓋皆斷」，斷亦絶也。孔子曰：「太廟之堂，亦嘗有説。言舊曾説，今則無也。○王念孫曰：嘗，讀爲當。（「當」「嘗」，古字通。孟子萬章篇「是時孔子當阨」，説苑至公篇「當」作「嘗」。）言太廟之堂所以北蓋皆斷絶者，亦當有説也。下文「蓋曰貴文也」，正申明亦當有説之意。楊訓嘗爲曾，失之。官致良工，因麗節文，致，極也。官致良工，謂初造太廟之時，官極其良工，工則因隨其木之美麗節文而裁制之，所以斷絶。家語作「官致良工之匠，匠致良材，盡其功巧，蓋貴文也」。○王念孫曰：麗，非美麗之謂，麗者，施也。（見廣雅及多方、顧命、吕刑傳，士喪禮注。）言因良材而施之以節文也。（良材，見下文。）家語作「匠致良材，盡其功巧」，正謂施之以節文也。非無良材也，蓋曰貴文也。」非無良材大木，不斷絶者，蓋所以貴文飾也。此蓋明夫子之博識也。

子道篇第二十九

入孝出弟，人之小行也；弟與悌同。謂自卑如弟也。上順下篤，人之中行也；上順從於君父，下篤愛於卑幼。從道不從君，從義不從父，人之大行也。若夫志以禮安，言以類使，則儒道畢矣，志安於禮，不妄動也；言發以類，不怪説也。如此，則儒者之道畢矣。○盧文弨曰：「言以類使」，元刻作「言以類接」。雖舜，不能加毫末於是矣。孝子所以不從命有三：從命則親危，不從命則親安，孝子不從命乃衷；衷，善也。謂善發於衷心矣。○郝懿行曰：衷者，善也。從義不從命，乃爲善也。俞樾曰：衷與忠通。言孝子之不從命，乃其忠也。下文「乃義」「乃敬」，「忠」與「義」「敬」正一律，作「衷」者，叚字耳。國語楚語「又能齊肅衷正」，周禮春官序官鄭注引作「中正」。孝經「中心藏之」，釋文：「中，本亦作忠。」蓋「衷」「中」「忠」三字同聲而通用，楊注未得叚借之旨。從命則親辱，不從命則親榮，孝子不從命乃義；從命則禽獸，不從命則脩飾，孝子不從命乃敬。從命則陷身於禽獸之行，不從命則使親爲脩飾，君子不從命，是乃敬親。○先謙案：「乃衷」「乃義」「乃敬」下，羣書治要皆有「也」字。故可以從而不從，是不子也；未可以從而從，是不衷也。明於從不從之義，而能致恭敬、忠信、端慤以慎行之，則可謂大孝矣。傳曰：「從道不從君，從義不從父。」此之謂也。故勞苦彫萃而能無失其敬，彫，傷也。萃與顇同。雖勞苦彫萃，不敢解惰失敬也。災禍患難而能無失其義，則不幸不順見惡而能無失其愛，不幸以不順於親而見惡也。○王念孫曰：則與卽同，說見釋詞。非仁人莫能行。詩曰：「孝子不匱。」此之謂也。

魯哀公問於孔子曰：「子從父命，孝乎？臣從君命，貞乎？」三問，孔子不對。不敢違哀公之意，故不對。○盧文弨曰：舊本皆連上，今案當分段。篇內竝同。孔子趨出，以語子貢曰：「鄉者君問丘也，曰：『子從父命，孝乎？臣從君命，貞乎？』三問而丘不對，賜以爲何如？」子貢曰：「子從父命，孝矣；臣從君命，貞矣。夫子有奚對焉？」○盧文弨曰：有，讀爲又。孔子曰：「小人哉！賜不識也。昔萬乘之國有爭臣四人，則封疆不削；千乘之國有爭臣三人，則社稷不危；百乘之家有爭臣二人，則宗廟不毁。父有爭子，不行無禮；士有爭友，不爲不義。故子從父，奚子孝？臣從君，奚臣貞？審其所以從之之謂孝、之謂貞也。」審其可從則從，不可從則不從也。○盧文弨曰：家語三恕篇「四人」作「七人」，「三人」作「五人」，「二人」作「三人」，末句作「夫能審其所從之謂孝、之謂貞」也。

子路問於孔子曰：「有人於此，夙興夜寐，耕耘樹藝，手足胼胝，以養其親，然而無孝之名，何也？」樹，栽植。藝，播種。胼，謂手足勞。駢，併也。胝，皮厚也，丁皮反。孔子曰：「意者身不敬與？辭不遜與？色不順與？古之人有言曰：『衣與，繆與，不女聊。』繆，紕繆也。與，讀爲歟。聊，賴也。言雖與之衣而紕繆不精，則不聊賴於汝也。或曰：繆，綢繆也。言雖衣服我，綢繆我，而不敬不順，則不賴汝也。韓詩外傳作「衣予教予」，家語云「人與己不順欺也」，王肅云「人與己事實相通，不相欺也」，皆與此不同。○盧文弨曰：案今外傳九作「衣歟，食歟，曾不爾卽」，「卽」疑「聊」之譌。此云「教予」，疑是「飲予」之譌。今家語困誓篇作「人與，己與，不汝欺與」，此所引亦不同。今夙興夜寐，耕耘樹藝，手足胼胝，以養其親，無此三者，則何以爲而無孝之名也？」○王念孫曰：「以」字衍。韓詩外傳無「以」字，下文「何爲而無孝之名也」亦無「以」字。又案：外傳此句下有「意者所友非仁人邪」一句。玩本書亦似當有此句，下文「雖有國士之力」四句，正承此句而言。又下文「入而行不脩，身之罪也」，承上「身不敬」三句而言；「出而名不章，友之過也」，則承此句而言，若無此句，則與下文不相應矣。孔子曰：「由志之，吾語女。雖有國士之力，不能自舉其身，非無力也，勢不可也。國士，一國勇力之士。故入而行不脩，身之罪也；出而名不章，友之過也。故君子入則篤行，出則友賢，何爲而無孝之名也？」

子路問於孔子曰：「魯大夫練而牀，禮邪？」孔子曰：「吾不知也。」練，小祥也。禮記曰「期而小祥，居堊室，寢有席；又期而大祥，居復寢，中月而禫，禫而牀」也。子路出，謂子貢曰：「吾以夫子爲無所不知，夫子徒有所不知。」○先謙案：華嚴經音義下引劉熙云：「徒，猶獨也。」子貢曰：「女何問哉？」子路曰：「由問魯大夫練而牀，禮邪？夫子曰：『吾不知也。』」子貢曰：「吾將爲女問之。」子貢問曰：「練而牀，禮邪？」孔子曰：「非禮也。」子貢出，謂子路曰：「女謂夫子爲有所不知乎？夫子徒無所不知，女問非也。禮，居是邑，不非其大夫。」懼於訕上。

子路盛服見孔子，孔子曰：「由，是裾裾何也？裾裾，衣服盛貌。説苑作「襜襜」也。

○盧文弨曰：見説苑雜言篇。又案：韓詩外傳三作「疏疏」，家語三恕篇作「倨倨」。郝懿行曰：「裾裾」，説苑雜言篇作「襜襜」。裾與襜，皆衣服之名，因其盛服，卽以其名呼之。韓詩外傳三作「疏疏」，家語又作「倨倨」，則其義别。**昔者江出於㟭山，其始出也，其源可以濫觴，及其至江之津也，不放舟、不避風則不可涉也，**放，讀爲方。國語曰「方舟設泭」，韋昭曰：「方，竝也。編木爲泭。」説苑作「方舟，方泭」也。詩曰：「方之舟之。」○盧文弨曰：注「設泭」，舊本作「投柎」，今據齊語改正。**非維下流水多邪？**維與唯同。言豈不以下流水多，故人畏之邪？言盛服色厲亦然也。説苑作「非下衆水之多乎」。○盧文弨曰：今説苑作「非唯下流衆川之多乎」。**今女衣服既盛，顔色充盈，天下且孰肯諫女矣？**充盈，猛厲。**由！」**告之畢，又呼其名，丁寧之也。○俞樾曰：楊注非是。下文「孔子曰『志之，吾語女』」，此「由」字當在「孔子曰」之下，「由志之」三字連文。上文「孔子曰『由志之，吾語女，雖有國士之力，不能自舉其身』」，亦以「由志之」三字連文，可證「孔子曰」下必當有「由」字也。韓詩外傳正作「孔子曰『由志之，吾語汝』」。**子路趨而出，改服而入，蓋猶若也。**猶若，舒和之貌。禮記曰「君子蓋猶猶爾」也。○郝懿行曰：猶若，説見哀公篇「猶然」下。**孔子曰：「志之，吾語女。奮於言者華，奮於行者伐，色知而有能者，小人也。**奮，振矜也；色知，謂所知見於顔色；有能，自有其能：皆矜伐之意。○俞樾曰：韓詩外傳作「愼於言者不譁，愼於行者不伐」，當從之。「華」，卽「譁」之省文。

兩「奮」字，皆「昚」字之誤，乃古文「慎」字也。「昚」誤爲「奮」，則奮於言行，不能謂之不華不伐矣，於是又删去兩「不」字耳。楊氏據誤本作注，非也。故君子知之曰知之，不知曰不知，言之要也；能之曰能之，不能曰不能，行之至也。皆在不隱其情。言要則知，行至則仁。既知且仁，夫惡有不足矣哉！」

子路入，子曰：「由，知者若何？仁者若何？」子路對曰：「知者使人知己，仁者使人愛己。」子曰：「可謂士矣。」士者，脩立之稱。子貢入，子曰：「賜，知者若何？仁者若何？」子貢對曰：「知者知人，仁者愛人。」子曰：「可謂士君子矣。」顔淵入，子曰：「回，知者若何？仁者若何？」知者，皆讀爲智。顔淵對曰：「知者自知，仁者自愛。」子曰：「可謂明君子矣。」

子路問於孔子曰：「君子亦有憂乎？」孔子曰：「君子，其未得也，則樂其意，樂其意，自有所樂也。楊注非。既已得之，又樂其治。○先謙案：得，謂得位也。樂其意，謂樂其爲治之意。○先謙案：治，謂所事皆治。是以有終身之樂，無一日之憂。小人者，其未得也，則憂不得，既已得之，又恐失之，是以有終身之憂，無一日之樂也。」

法行篇第三十

禮義謂之法，所以行之謂之行。行，下孟反。○盧文弨曰：此篇舊本皆不提行，今各案其文義分之。

公輸不能加於繩，聖人莫能加於禮。公輸，魯巧人，名班。雖至巧，繩墨之外亦不能加也。○顧千里曰：案正文「繩」字下，據注，疑亦當有「墨」字，宋本同。今本蓋皆誤。禮者，衆人法而不知，聖人法而知之。衆人皆知禮可以爲法，而不知其義者也。

曾子曰：「無内人之疏而外人之親，無，禁辭也。内人之疏，外人之親，謂以疏爲内，以親爲外。家語曰：「不比於親而比於疏者，不亦遠乎！」韓詩外傳作「無内疏而無外親」也。○盧文弨曰：今家語賢君篇作「不比於數而比於疏，不亦遠乎」。説苑亦作「數」字。無身不善而怨人，無刑已至而呼天。内人之疏而外人之親，不亦遠乎！謂失之遠矣。身不善而怨人，不亦反乎！反，謂乖悖。○王念孫曰：「遠」當爲「反」，「反」當爲「遠」。内人親而外人疏，今疏内而親外，是反也，故曰「不亦反乎」。身不善而怨人，是舍近而求遠也，故曰「不亦遠乎」。下文曰「失之己而反諸人，豈不亦迂哉」，迂卽遠也，是其證。今本「反」與「遠」互誤，則非其旨矣。韓詩外傳正作「内疏而外親，不亦反乎！身不善而怨他人，不亦遠乎」。楊説皆失之。刑已至而呼天，不亦晚乎！詩曰：『涓涓源水，不雝不塞。轂已破碎，乃大其輻。事已敗矣，乃重大息。』其云益乎！」源水，水之泉源也。雝，讀爲壅。大其輻，謂壯大其輻也。重大息，嗟歎之甚也。三者皆言不慎其初，追悔無及也。○盧文弨曰：此所引詩，逸詩也。先謙案：云益，有益也，説見儒效篇。

曾子病，曾元持足。曾子曰：「元志之！吾語汝。曾元，曾子之子也。○盧文弨曰：大戴禮作「曾元抑首，曾華抱足」。夫魚鼈黿鼉猶以淵爲淺而堀其中，堀與窟同。○俞樾曰：「堀」下當有「穴」字。「堀穴其中」，「增巢其上」，相對爲文。晏子春秋諫篇「古者嘗有處橧巢窟穴」，亦以「窟穴」對「橧巢」，是其證也。大戴記曾子疾病篇作「鷹鶽以山爲卑，而曾巢其上；魚鼈黿鼉以淵爲淺，而蹷穴其中」。「蹷穴」，卽「堀穴」也。春秋文十年「次于厥貉」，公羊作「屈貉」。然則以「蹷」爲「堀」，猶以「厥」爲「屈」也。荀子此文本於曾子，彼作「蹷穴」，此作「堀穴」，乃古書以聲音叚借之常例。若無「穴」字，則文爲不備矣。鷹鳶猶以山爲卑而增巢其上，及其得也，必以餌。故君子苟能無以利害義，則恥辱亦無由至矣。」

子貢問於孔子曰：「君子之所以貴玉而賤珉者，何也？爲夫玉之少而珉之多邪？」孔子曰：「惡！賜，是何言也？惡音烏。猶言烏謂此義也。夫君子豈多而賤之、少而貴之哉！夫玉者，君子比德焉。温潤而澤，仁也；鄭康成云：

「色柔温潤似仁。」**栗而理，知也；**鄭云「栗，堅貌」也。理，有文理也。似智者處事堅固，又有文理。○謝本從盧校，「栗」上有「縝」字。王引之曰：吕本作「栗而理，知也」，錢本及元刻依聘義於「栗」上增「縝」字，而盧本從之，誤也。楊注但釋「栗理」二字而不釋「縝」字，則正文之無「縝」字甚明。説苑雜言篇説玉曰「望之温潤，近之栗理；望之温潤者，君子比德焉，近之栗理者，君子比智焉」，亦言「栗理」而不言「縝」。栗者，秩然有條理之謂，故有似於智。楊依聘義注，訓栗爲堅貌，亦非，説詳經義述聞聘義。先謙案：王説是。今從吕本刪。**堅剛而不屈，義也；**似義者剛直不回也。**廉而不劌，行也；**劌，傷也。雖有廉棱而不傷物，似有德行者不傷害人。**折而不橈，勇也；**雖摧折而不橈屈，似勇者。**瑕適竝見，情也；**瑕，玉之病也。適，玉之美澤調適之處也。瑕適竝見，似不匿其情者也。禮記曰：「瑕不掩瑜，瑜不掩瑕，忠也。」○郝懿行曰：瑕者，玉之病也。適者，善也。凡物調適謂之適，得意便安亦謂之適，皆善之意。故廣韻云：「適，善也。」管子水地篇説玉九德，大意與此略同，此句作「瑕適皆見，精也」，精亦情耳。古「精」「情」二字多通用。王念孫曰：適，讀爲謫。（經傳通以「適」爲「謫」。）謫，亦瑕也。老子曰「善言無瑕謫」是也。管子水地篇「瑕適皆見，精也」，（精與情同，説見管子。）尹知章曰：「瑕適，玉病也。」（吕氏春秋舉難篇：「寸之玉，必有瑕適。」）説苑曰：「玉有瑕，必見之於外，故君子比情焉。」此言「瑕適」，而説苑但言「瑕」，是「適」卽「瑕」也。情之言誠也。玉不自掩其瑕適，故曰情。春秋繁露仁義法篇云「自稱其惡謂之情」，義與此同。楊讀適爲「調適」之適，失之。**扣之，其聲清揚而遠聞，**

其止輟然，辭也。扣與叩同。似有辭辨，言發言則人樂聽之，言畢更無繁辭也。禮記作「叩之，其聲清越以長，其終屈然，樂也」。故雖有珉之雕雕，不若玉之章章。雕雕，謂雕飾文采也。章章，素質明著也。○郝懿行曰：雕雕、章章，皆文采宣著之貌。語意猶云星之昭昭，不如月之明明也。詩曰：『言念君子，温其如玉。』此之謂也。」詩，秦風小戎之篇。引之喻君子比德。

曾子曰：「同游而不見愛者，吾必不仁也；仁者必能使人愛。交而不見敬者，吾必不長也；不長厚，故爲人所輕。○郝懿行曰：長，謂敬長，非謂「不長厚」也，楊注失之。俞樾曰：不長者，無所長也。子道篇「色知而有能者，小人也」，韓詩外傳「能」作「長」，是不長猶不能也。吾無所能，宜其不見敬矣。臨財而不見信者，吾必不信也。廉潔不聞於人。○郝懿行曰：臨財之信，如鮑叔之與管仲。三者在身，曷怨人？當反諸己。怨人者窮，怨天者無識。無識，不知天命也。失之己而反諸人，豈不亦迂哉！」

南郭惠子問於子貢曰：「夫子之門，何其雜也？」南郭惠子，未詳其姓名，蓋居南郭，因以爲號。莊子有南郭子綦。夫子，孔子也。雜，謂賢不肖相雜而至。○盧文弨曰：尚書大傳略説作「東郭子思」，説苑雜言篇作「東郭子惠」。子貢曰：「君子正身以俟，欲來者不距，欲去者不止。且夫良醫之門多病人，檃栝之側多枉木，是以雜也。」○郝懿行曰：尚書大傳略説及説苑雜言篇竝有「砥厲之旁多頑鈍」句。

孔子曰：「君子有三恕。○顧千里曰：盧文弨刻本無「孔子曰」三字，與世德堂刻本合，與宋本不合，疑非也。先謙案：謝本從盧校，無「孔子曰」三字。今依顧説從宋本增。有君不能事，有臣而求其使，非恕也；有親不能報，有子而求其孝，非恕也；報，孝養也。詩曰：「欲報之德。」有兄不能敬，有弟而求其聽令，非恕也。士明於此三恕，則可以端身矣。」

孔子曰：「君子有三思，而不可不思也。少而不學，長無能也；老而不教，死無思也；無門人思其德。有而不施，窮無與也。窮乏之時，無所往託。是故君子少思長則學，老思死則教，有思窮則施也。」

哀公篇第三十一

魯哀公問於孔子曰：「吾欲論吾國之士，與之治國，敢問何如取之邪？」○盧文弨曰：舊本脱「取」字，今據大戴禮哀公問五義、家語五儀解增。孔子對曰：「生今之世，志古之道，居今之俗，服古之服，志，記識也。服古之服，猶若夫子服逢掖之衣、章甫之冠也。舍此而爲非者，不亦鮮乎！」舍，去。此謂古也。哀公曰：「然則夫章甫、絇屨、紳而搢笏者，此賢乎？」章甫，殷冠。王肅云：「絇，謂屨頭有拘飾也。」鄭康成云：「絇之言拘也。以爲行戒，狀如刀衣鼻，在屨頭。」紳，大帶也。搢笏於紳者也。○王念孫曰：大戴記哀公問五義篇、家語五儀篇「紳」下有「帶」字，「賢」上有「皆」字，竝於義爲長。俞樾曰：「此」，當作「比」。說文白部：「皆，俱詞也，從比，從白。」徐鍇繫傳曰：「比，皆也。」是比有皆義。比賢乎，猶言皆賢乎。大戴禮保傅篇「於是比選天下端士」，漢書賈誼傳「比」作「皆」，是其證矣。此文亦見大戴記哀公問五義篇，作「此皆賢乎」，蓋「比」誤爲「此」，後人又增「皆」字耳。**孔子對曰：「不必然。夫端衣、玄裳、絻而乘路者，志不在於食葷；**端衣、玄裳，卽朝玄端也。絻與冕同。鄭云：「端者，取其正也。」士之衣袂，皆二尺二寸而廣幅，是廣袤等也。其袪尺二寸，大夫以上侈之。侈之者，蓋半而益一焉，則袂三尺三寸，袪尺八寸。路，王者之車，亦車之通名。舍人注爾雅云：「輅，車之大者。」葷，蔥、薤之屬也。○先謙案：端衣、玄裳、絻而乘路，所以祭也，故志不在於食葷。此下文「黼衣、黻裳者不茹葷，資衰、苴杖者不聽樂」，二喻正同。**斬衰、菅屨、杖而啜粥者，志不在於酒肉。**儀禮喪服曰：「斬者何？不緝也。」衰長六尺，博四寸，三升布爲之。鄭注喪服云：「上曰衰，下曰裳。」當心前有衰，後有負板，左右有辟領，孝子哀戚，無不在也。菅，菲也。此言服被於外，亦所以制其心也。**生今之世，志古之道，居今之俗，服古之服，舍此而爲非者，雖有，不亦鮮乎！」哀公曰：「善！」**

孔子曰：「人有五儀：言人之賢愚，觀其儀法有五也。○郝懿行曰：儀者，匹也。匹者，猶儔類也。大戴記哀公問五義卽「五儀」也，古「儀」字正作「義」。楊注「儀法」，非是。先謙案：儀，猶等也，說見王制篇。**有庸人，有士，有君子，有賢人，有大聖。」哀公曰：「敢問何如斯可謂庸人矣？」孔子對曰：「所謂庸人者，口不能道善言，必不知色色；**色色，謂以己色觀彼之色，知其好惡也。論語曰：「色斯擧矣。」○盧文弨曰：大戴禮作「志不邑邑」。郝懿行曰：「色」，當爲「邑」，字形之誤。大戴記作「志不邑邑」。楊注甚謬。邑邑與悒悒同。悒悒，憂逆短氣貌也。曾子立事篇云：「終身守此悒悒。」**不知選賢人善士託其身焉以爲己憂，**不知託賢，但自憂而已。○俞樾曰：此十五字爲一句。廣雅釋詁：「爲，瘉也。」爲有瘉義，故左傳有「疾不可爲」之文。爲己憂者，瘉己憂也。得賢人善士以託其身，則可瘉己之憂，而庸人不知也，故曰「不知選賢人善士託其身焉以爲己憂」。楊注失其義。**勤行不知所務，止交不知所定；**交，謂接待於物。皆言不能辨是非，倀倀失據也。○盧文弨曰：「止交」，大戴禮、韓詩外傳四皆作「止立」。郝懿行曰：大戴記「勤」作「動」，「交」作「立」，韓詩外傳四同。「動行」與「止立」對，疑此皆形誤。王引之曰：作「止立」者是。「止交」二字文不成義，楊注非也。「勤行」亦當依大戴作「動行」，皆字之誤也。外傳作「動作」。**日選擇於物，不知所貴；**不知可貴重者。**從物如流，不知所歸；**爲外物所誘蕩而不返也。○郝懿行曰：「如」，大戴記、韓詩外傳俱作「而」，而、如古通用。**五鑿爲正，心從而壞：如此，則可謂庸人矣。」**鑿，竅也。五鑿，謂耳目鼻口及心之竅也。言五鑿雖似於正，而其心已從外物所誘而壞矣，是庸愚之人也。一曰：五鑿，五情也。莊子曰「六鑿相攘」，司馬彪曰：「六情相攘奪。」韓詩外傳作「五藏爲正」也。○盧文弨曰：大戴禮作「五鑿爲政」，此「正」字義當與「政」同，古通用，注似非。郝懿行曰：楊注「五鑿，五情」是也。莊子「六鑿相攘」，謂六情，可證。王念孫曰：楊後説以五鑿爲五情，頗勝前説。**哀公曰：「善！敢問何如斯可謂士矣？」孔子對曰：「所謂士者，雖不能盡道術，必有率也；雖不能徧美善，必有處也。**率，循也。雖不能盡徧，必循處其一隅。言有所執守也。○郝懿行曰：美、善義同，而有淺深。大戴記作「雖不能盡善盡美」，韓詩外傳一作「雖不能盡乎美著」，家語五儀解作「備百善之美」，三書皆本此而各異。韓詩外傳此下多有缺略。**是故知不務多，務審其所知；**論語曰：「子路有聞，未之能行，唯恐有聞。」言不務多，務審其所謂；止於辨明事而已矣。○郝懿行曰：謂，猶言也。審其所當言，則言不謬妄。注非。**行不務多，務審其所由。**由，從也。謂不從不正之道。○郝懿行曰：由，道也。道，行也。謂務審其所常由，行不差忒也。注亦非。**故知既已知之矣，言既已謂之矣，行既已由之矣，則若性命肌膚之不可易也。**言固守所見，如愛其性命肌膚之不可以他物移易者也。**故富貴不足以益也，卑賤不足以損也，**皆謂志不可奪。**如此，則可謂士矣。」**士者，修立之稱。一曰：士，事也。言其善於任事，可以入官也。**哀公曰：「善！敢問何如斯可謂之君子矣？」孔子對曰：「所謂**

君子者，言忠信而心不德，不自以爲有德。仁義在身而色不伐，思慮明通而辭不争，故猶然如將可及者，君子也。」猶然，舒遲之貌。所謂「瞻之在前，忽然在後」。家語作「油然」，王肅曰：「不進貌也。」○郝懿行曰：猶然，即油然。家語作「油」，是也。孟子：「油油然與之偕。」言無以異於凡人也。注失之。哀公曰：「善！敢問何如斯可謂賢人矣？」孔子對曰：「所謂賢人者，行中規繩而不傷於本，言足法於天下而不傷於身，本，亦身也。言雖廣大而不傷其身也。所謂「言滿天下無口過，行滿天下無怨惡」。○郝懿行曰：楊注非是。本，猶質也。謂性之本質如木之有根榦。此言行中規矩準繩，然皆闇與理會，不假斲削而喪失其本真，所謂「漸近自然」也。富有天下而無怨財，富有天下，謂王者之佐也。怨，讀爲藴。言雖富有天下，而無藴畜私財也。家語作「無宛」。禮記曰：「事大積焉而不苑。」古藴、苑通，此因誤爲「怨」字耳。布施天下而不病貧，言廣施德澤，子惠困窮，使家給人足而上不憂貧乏。所謂「百姓與足，君孰不足」。○盧文弨曰：注末二句，與富國篇同。宋本乃從今論語本，當出後人所改。郝懿行曰：楊注得之，而義猶未盡。怨、宛皆從夗聲，此同聲假借也。音轉而爲菀，又轉而爲藴，此雙聲假借也。不知假借之義，故謂爲字誤耳。考工記云「眡其鑽空，欲其惌也」，（音於阮反。）鄭司農注：「惌，讀爲『宛彼北林』之『宛』。」（音鬱。）此即「怨」「宛」相借之例也。韓詩外傳二「子路與巫馬期薪於韞丘之下」，「韞丘」即「宛丘」。此即「苑」「藴」相借之例也。藴與韞，音義同。大戴記作「躬爲匹夫而願富，（句。）貴爲諸侯而無財」，義與此别。**如此，則可謂賢人矣。」**賢者，亞聖之名。説文云：「賢，多才。」**哀公曰：「善！敢問何如斯可謂大聖矣？」孔子對曰：「所謂大聖者，知通乎大道，應變而不窮，辨乎萬物之情性者也。**辨别萬物之情性也。**大道者，所以變化遂成萬物也；情性者，所以理然不、取舍也。**辨情性，乃能理是非之取舍而不惑。○先謙案：然不，猶然否，與「取舍」對文。注中「之」字衍。**是故其事大辨乎天地，**其事，謂聖人所理化之事。言辨别萬事，如天地之别萬物，各使區分。○郝懿行曰：辨與辯同。辯者，治辯也。「辯」與「平」，古字通，荀書多假「辨」爲「辯」耳。此上言「辨乎萬物之情性」，義亦同，似不宜訓辨别。王念孫曰：辨，讀爲徧。言其事大則徧乎天地，明則察乎日月也，與上「辨乎萬物之情性」不同。楊以辨爲辨别，則與「大」字義不相屬矣。「徧」、「辨」，古字通，説見日知録。俞樾曰：「大」字絶句，「是故其事大」與上文「大道者」相應。下「明」字衍文。「辨乎天地，察乎日月」，二語相對。説詳羣經平議大戴記。**明察乎日月，**聖人之明察如日月。**總要萬物於風雨，**總要，猶統領也。風以動之，雨以潤之。言統領萬物，如風雨之生成也。**繆繆肫肫，其事不可循，**「繆」，當爲「膠」，相加之貌。莊子云：「膠膠擾擾。」肫與訰同，雜亂之貌。爾雅云：「訰訰，亂也。」言聖人治萬物錯雜，膠膠訰訰，然而衆人不能循其事。訰，之句反。○郝懿行曰：大戴記作「穆穆純純，其莫之能循」。穆穆，和而美也。純純，精而密也。「穆」「繆」，古字通；「純」「肫」，聲相借耳。注並失之。**若天之嗣，其事不可識，**嗣，繼也。言聖人如天之繼嗣，衆人不能識其意。○郝懿行曰：嗣者，續也。言如天之純穆氣化，緜緜相續而不可測識也。大戴記作「若天之司，莫之能識」。「司」與「嗣」，「職」與「識」，蓋亦聲借字耳，其義則司、職皆訓主也。王念孫曰：嗣，讀爲司。鄭風羔裘傳曰：「司，主也。」言若天之主司萬化，其事不可得而知也。「司」「嗣」，古字通。大戴記正作「若天之司」。（高宗肜日「王司敬民」，史記殷本紀「司」作「嗣」。）楊注失之。**百姓淺然不識其鄰，**鄰，近也。百姓淺見，不能識其所近，況能識其深乎！所謂「日用而不知」者也。○盧文弨曰：「淺然」，大戴作「淡然」。郝懿行曰：「淺然」，當依大戴記作「淡然」。此言百姓不識、不知，謂帝力於我何有耳。**若此，則可謂大聖矣。」哀公曰：「善！」**

魯哀公問舜冠於孔子，孔子不對。哀公不問舜德，徒問其冠，故不對也。**三問，不對。哀公曰：「寡人問舜冠於子，何以不言也？」孔子對曰：「古之王者，有務而拘領者矣，其政好生而惡殺焉，**務，讀爲冒。拘與句同，曲領也。言雖冠衣拙朴，而行仁政也。尚書大傳曰「古之人，衣上有冒而句領者」，鄭康成注云：「言在德不在服也。古之人，三皇時也。冒，覆項也。句領，繞頸也。」禮，正服方領也。○郝懿行曰：尚書大傳作「冒而句領」。古讀冒、務音同，拘讀若句，（音鉤。）若其字通。鄭注：「冒，覆項也。句領，繞頸也。」按句者，曲也。韓詩外傳三云「舜麑衣而盩領」，盩之訓爲曲，即此「句領」矣。**是以鳳在列樹，麟在郊野，烏鵲之巢可附而**

窺也。君不此問而問舜冠，所以不對也。」

魯哀公問於孔子曰：「寡人生於深宮之中，長於婦人之手，寡人未嘗知哀也，未嘗知憂也，未嘗知勞也，未嘗知懼也，未嘗知危也。」孔子曰：「君之所問，聖君之問也。丘，小人也，何足以知之？」美大其問，故謙不敢對也。曰：「非吾子無所聞之也。」孔子曰：「君入廟門而右，登自胙階，仰視榱棟，俛見几筵，其器存，其人亡，君以此思哀，則哀將焉而不至矣！謂祭祀時也。胙與阼同。榱，亦椽也。哀將焉不至，言必至也。○盧文弨曰：正文「將焉」下，元刻有「而」字，下四句並同。而，當訓爲能，若以爲衍，不應五句皆誤。楊注王霸篇云：「而、爲，皆語助也。」又齊策：「管燕謂其左右曰：『子孰而與我赴諸侯乎？』」鮑彪注：「而，辭也。」以「而」字作語辭亦可，然訓能，語更順。高誘注呂氏春秋去私篇「南陽無令，其誰可而爲之」，又注士容篇「柔而堅，虛而實」，皆訓而爲能。其注淮南也亦然。易屯象「宜建侯而不寧」，釋文：「而，辭也。鄭讀而爲能。」然則此「焉而」正當讀爲焉能，不可易矣。王念孫曰：盧説是也。文選王文憲集序注引此有「而」字；其引此無「而」字者，皆後人不知古訓而删之也。古書多以「而」爲「能」，詳見淮南人間篇。君昧爽而櫛冠，昧，闇。爽，明也。謂初曉尚暗之時。平明而聽朝，一物不應，亂之端也，君以此思憂，則憂將焉而不至矣！君平明而聽朝，日昃而退，諸侯之子孫必有在君之末庭者，君以思勞，則勞將焉而不至矣！諸侯之子孫，謂奔亡至魯而仕者。自平明至日昃，在末庭而脩臣禮，君若思其勞，則勞可知也。以喻哀公亦諸侯之子孫，不戒慎脩德，亦將有此奔亡之勞也。君出魯之四門以望魯四郊，亡國之虛則必有數蓋焉，虛，讀爲墟。有數蓋焉，猶言蓋有數焉，倒言之耳。新序作「亡國之虛列必有數矣」。○盧文弨曰：數蓋，猶言數區也。魯有少皞氏之虛、大庭氏之庫也。郝懿行曰：「虛」「墟」，古今字。新序四作「虛列」，此「虛則」即「虛列」之譌。蓋者，苫也。言故虛羅列其閒，必有聚廬而居者焉。觀此易興亡國之感。君以此思懼，則懼將焉而不至矣！且丘聞之：君者舟也，庶人者水也。水則載舟，水則覆舟；君以此思危，則危將焉而不至矣！」

魯哀公問於孔子曰：「紳、委、章甫，有益於仁乎？」紳，大帶也。委，委貌，周之冠也。章甫，殷冠也。鄭注儀禮云：「委，安也。所以安正容貌。章，表明也。殷質，言所以表明丈夫也。」孔子蹴然曰：「君號然也！莊子音義：「崔譔云：『蹴然，變色貌。』」號，讀爲胡，聲相近，字遂誤耳。家語作「君胡然也」。資衰、苴杖者不聽樂，非耳不能聞也，服使然也。資與齊同。苴杖，竹也。苴，謂蒼白色自死之竹也。黼衣、黻裳者不茹葷，非口不能味也，服使然也。黼衣、黻裳，祭服也。白與黑爲黼，黑與青爲黻。禮，祭致齊，不茹葷。非不能味，謂非不能知味也。鄭注周禮司服云：「玄冕者，衣無文，裳刺黻而已。」且丘聞之：好肆不守折，長者不爲市。竊其有益與其無益，君其知之矣。」好，喜也。言喜於市肆之人，不使所守貨財折耗，而長者亦不能爲此市井盜竊之事，長者不爲市，而販者不爲非。家語王肅注云：「言市肆弗能爲廉，好肆則不折也。人爲市估之行則不守折，人爲長者之行則亦不爲市買之事。竊，宜爲察。」察其有益與其無益，以「竊」字屬下句。

魯哀公問於孔子曰：「請問取人？」問取人之術也。孔子對曰：「無取健，健羨之人。無取詌，未詳。家語作「無取鉗」，王肅云：「謂妄對不謹誠者。」或曰：捷給鉗人之口者。○盧文弨曰：案家語五儀解作「無取鉗」，「鉗」下作「無取啍啍」。無取口啍。啍與諄同。方言云：「齊、魯凡相疾惡謂之諄憎。」諄，之閏反。王肅云：「啍啍，多言。」或曰：詩云：「誨爾諄諄。」口諄，謂口教誨、心無誠實者。諄，之倫反。○盧文弨曰：注末舊作「諄諄，倫也」，訛，今訂正。郝懿行曰：「詌」蓋譌字，説苑尊賢篇作「拑」，是也。拑訓脅持。家語五儀解作「鉗」，亦假借字耳。「口啍」，家語作「啍啍」，王肅注：「多言也。」韓詩外傳四「詌」作「佞」，「口啍」作「口讒」，恐亦譌字，當作「口鑱」。鑱者，鋭也。今説苑正作「鋭」，是矣。楊注引作「口叡」，叡、鋭，蓋以音近，故譌耳。其引説苑，「無取拑」下脱去數字，遂不可讀。健，貪也；詌，亂也；口啍，誕也。健羨之人多貪欲，詌忌之人多悖亂，讒疾之人多妄誕。説苑曰：「哀公問於孔子曰：『人何若爲可取也？』孔子曰：『無取拑，捷者必兼人，不可爲法也。口叡者多誕而寡信，後恐不驗也。』」韓詩外傳云：「無取健，無取佞，無取口讒。健，驕也；佞，諂也；口讒，誕也。」皆大同小異也。○盧文弨曰：「口叡」，今説苑尊賢篇作「口鋭」。郝懿行曰：健無貪義，不知何字之譌。楊注甚謬。韓詩外傳作「健，驕也」，説苑「健者必欲兼人，不可以爲法」，以此參證，可知作「貪」必譌字矣。拑者利口捷給，變亂是非，故云「亂也」。誕者誇大，故説苑云「口鋭者多誕而寡信，後恐不驗也」。**故弓調而後求勁焉，馬服而後求良焉，士信慤而後求知能焉。士不信慤而有多知能，譬之其豺狼也，不可以身尒也。**有，讀爲又。尒與邇同。**語曰：『桓公用其賊，文公用其盜。』**謂管仲、寺人勃鞮也。盜亦賊也。以喻士信慤則仇讎可用，不信慤則親戚可疏。**故明主任計不信怒，闇主信怒不任計。**信，亦任也。○郝懿行曰：此蒙「桓公用賊，文公用盜」而言。賊謂管仲，盜謂里鳧須，故云「任計不信怒」也。「信」，古以爲「伸」字，不讀本音。新序雜事五「信」作「任」。**計勝怒則彊，怒勝計則亡。」定公問於顔淵曰：「東野子之善馭乎？」**東野，氏也。馭與御同。○盧文弨曰：案家語顔回篇作「子亦聞東野畢之善御乎」，此脱「子亦聞」三字。又「子之」當作「之子」。王念孫曰：「東野子」亦當作「東野畢」，下文皆作「東野畢」是其證。韓詩外傳作「善哉東野畢之御也」，新序雜事篇同。先謙案：「善馭」當爲「馭善」，倒文。注「氏」，各本誤「民」，從虞、王本改正。**顔淵對曰：「善則善矣。雖然，其馬將失。」**失，讀爲逸，奔也，下同。家語作「馬將佚」也。**定公不悦，入謂左右曰：「君子固讒人乎！」三日而校來謁，曰：「東野畢之馬失。**校人，掌養馬之官也。**兩驂列，兩服入廐。」**兩服馬在中。兩驂，兩服之外馬。列與裂同。謂外馬擘裂，中馬牽引而入廄。○俞樾曰：楊注以七字作一句，非也。兩驂裂者，兩驂斷鞅而去也。兩驂在外，故得自絶而去，於是止存兩服馬還入廄中矣。故曰「兩驂列，（句。）兩服入廄」。定公越席而起曰：「趨駕召顔淵！」顔淵至，趨，讀爲促，速也。定公曰：「前日寡人問吾子，吾子曰：『東野畢之馭，善則善矣。雖然，其馬將失。』不識吾子何以知之？」顔淵對曰：「臣以政知之。昔舜巧於使民而造父巧於使馬。舜不窮其民，造父不窮其馬，是舜無失民，造父無失馬也。○盧文弨曰：新序、家語「是」下皆有「以」字。王念孫曰：案太平御覽工藝部三引此亦有「以」字，韓詩外傳同，當據補。今東野畢之馭，上車執轡，銜體正矣；步驟馳騁，朝禮畢矣；銜體，銜與馬體也。步驟馳騁，朝禮畢矣，謂調習其馬，或步驟馳騁，盡朝廷之禮也。○郝懿行曰：楊注非。此讀宜斷「體正」「禮畢」相屬，上句言馭之習，下句言馬之習也。「朝」與「調」，古字通。毛詩言「調飢」，即「朝飢」。此言馬之馳驟皆調習也。歷險致遠，馬力盡矣。然猶求馬不已，是以知之也。」定公曰：「善！可得少進乎？」定公更請少進其説。顔淵對曰：「臣聞之：鳥窮則啄，獸窮則攫，人窮則詐。自古及今，未有窮其下而能無危者也。」

堯問篇第三十二

○盧文弨曰：舊本唯末一段提行，今各案其文義分之。

堯問於舜曰：「我欲致天下，爲之奈何？」恐天下未歸，故欲致而取之也。對曰：「執一無失，行微無怠，忠信無勌，而天下自來。執一，專意也。行微，行細微之事也。言精專不怠而天下自歸，不必致也。○郝懿行曰：微者，隱也。勸學篇云：「行無隱而不形。」隱微，人所不見，而行之無怠心。下云：「行微如日月。」蓋日月之行，人之所不見也。執一如天地，如天地無變易時也。行微如日月，日月之行，人所不見，似於細微安徐，然而無怠止之時也。○盧文弨曰：元刻作「安徐而出」，無「然」字。忠誠盛於內，賁於外，形於四海。賁，飾也。形，見也。禮記曰「富潤屋，德潤身，心廣體胖，故君子必誠其意」也。○郝懿行曰：賁，當音符分切，義與墳同。墳者，大也。盛於內則大於外，而形箸於四海矣。天下其在一隅邪！夫有何足致也？」夫物在一隅者，則可舉而致之，今有道，天下盡歸，不在於一隅，焉用致也？有讀爲又。

魏武侯謀事而當，羣臣莫能逮，退朝而有喜色。武侯，晉大夫畢萬之後、文侯之子也。吳起進曰：「亦嘗有以楚莊王之語聞於左右者乎？」武侯曰：「楚莊王之語何如？」吳起對曰：「楚莊王謀事而當，羣臣莫逮，退朝而有憂色。申公巫臣進問曰：『王朝而有憂色，何也？』巫臣，楚申邑大夫也。莊王曰：『不穀謀事而當，羣臣莫能逮，是以憂也。其在中蘬之言也，中蘬，與仲虺同，湯左相也。○郝懿行曰：蘬，音丘追切。此讀詡鬼切，卽仲虺也，如「螝」字，從鬼聲而音爲潰。韓非說林下篇「蟲有螝者」，顏氏家訓勉學篇據古今字詁，謂「螝」亦古之「虺」字，卽其例也。曰：「諸侯自爲得師者王，得友者霸，得疑者存，自爲謀而莫己若者亡。」疑，謂博聞達識、可決疑惑者。○郝懿行曰：韓詩外傳六作「能自取師者王，能自取友者霸，而與居不若其身者亡」，新序一作「足己而羣臣莫之若者亡」，「取師」「取友」，「取」皆作「擇」，而俱無「得疑者存」一句。疑，卽「師保疑丞」之「疑」，疑謂可以決疑者也。今書仲虺之誥亦缺此句，可知梅氏無識，不知此句不可缺也。今以不穀之不肖而羣臣莫吾逮，吾國幾於亡乎！是以憂也。』楚莊王以憂，而君以憙。」武侯逡巡再拜曰：「天使夫子振寡人之過也。」振，舉。○王念孫曰：振，救也。（說文：「振，舉救也。」月令、哀公問注，昭十四年左傳注，周語魯語、吳語注，吕氏春秋季春篇注，淮南時則篇注，竝云：「振，救也。」）史記蒙恬傳曰：「過可振而諫可覺。」故曰「振寡人之過」。楊注於義未該。

伯禽將歸於魯，伯禽，周公子，成王封爲魯侯。將歸，謂初之國也。周公謂伯禽之傅曰：「汝將行，盍志而子美德乎？」將行，何不志記汝所傅之子美德以言我？對曰：「其爲人寬，好自用，以愼。寬，寬弘也。自用，好自務其用也。愼，謹密也。○先謙案：好自用者，蓋遇事以身先人，故其傅以爲美德，而周公以爲爭。楊云「好自務其用」，語未晰。此三者，其

美德已。」周公曰：「嗚呼！以人惡爲美德乎！君子好以道德，故其民歸道。君子好以道德教人，故其民歸道者衆，非謂寬弘也。**彼其寬也，出無辨矣，女又美之。**彼伯禽既無道德，但務寬容，此乃出於善惡無別，汝何以爲美也？孔子曰「寬則得衆」，亦謂人愛悦歸之也。**彼其好自用也，是所以窶小也。**窶，無禮也。彼伯禽好自用而不諮詢，是乃無禮驕人而器局小也。書曰：「自用則小。」尚書大傳曰：「是其好自用也，以斂益之也。」○郝懿行曰：窶者，貧也，窶之爲言局也。釋名云：「窶數，猶局縮，皆小意也。」楊惲傳謂「窶數」不容鼠穴，其爲局小可知。滑稽傳云「甌窶滿篝」，甌窶，亦狹小之言耳。王念孫曰：楊分窶小爲二義，非也。窶，亦小也。言其好自用也，是其器局之所以窶小也。韓子詭使篇「惇慤純信、用心一者，則謂之窶」，言世人皆尚詐僞，故見惇慤純信，用心專一者，則謂之窶小也。釋名曰：「窶數，猶局縮，皆小意也。」（漢書東方朔傳：「洒覆樹上寄生，令朔射之。朔曰：『是窶數也。』」師古曰：「窶數，戴器也。以盆盛物，戴於頭者，則以窶數薦之。寄生者，芝菌之類，淋潦之日，著樹而生，形有周圜象窶數者。故朔云『著樹爲寄生，盆下爲窶數』。」案物在盆下謂之窶數，亦局縮之意也。）蔡邕短人賦「劣厥僂窶」，亦是短小之意。詩傳以窶爲無禮，謂貧者不能備禮，非謂「無禮驕人」也。**君子力如牛，不與牛争力；走如馬，不與馬争走；知如士，不與士争知。**士，謂臣下掌事者。不争，言委任。**彼争者，均者之氣也，女又美之。**好自用，則必不委任而與之争事；争事乃均敵者尚氣之事，非大君之量也。**彼其慎也，是其所以淺也。**彼伯禽之慎密，不廣接士，適所以自使知識淺近也。**聞之曰：無越踰不見士。**周公聞之古也。越踰，謂過一日也。○盧文弨曰：「曰」，宋本作「日」。注「過一日」，語疑有誤。觀下所云，則士皆有等，勿因下士與己踰等而不見也。周公於下士厚爲之貌，故人人皆以爲越踰，則越踰者，過士所應得之分云耳。俞樾曰：楊注「周公聞之古也。越踰，謂過一日也」，然則荀子原文當作「聞之，無越日不見士」，楊注原文當作「越日，謂過一日也」。今衍「踰」字者，涉下文楊注有「越踰」字而誤衍也。既衍「踰」字，則「越踰日」之文甚爲不辭，乃以「日」字爲「曰」字之誤，而移置「聞之」二字之下，遂成今本之誤。盧校云宋本「曰」作「日」，此則其舊迹之猶未盡泯者也。**見士問曰：『無乃不察乎？』**懼其壅蔽，故問無乃有不察之事乎。**不聞，卽物少至，少至則淺。**物，事也。不見士則無所聞，無所聞則所知之事亦少，少則意自淺矣。「聞」，或爲「問」也。○王念孫曰：「聞」，卽「問」字也。（說見經義述聞旅象傳及王風。）言不問則所知之事少也。「問」字正承上文「見士問曰」而言。**彼淺者，賤人之道也，女又美之。吾語女：我，文王之爲子，**爲文王之子也。**武王之爲弟，成王之爲叔父。**周公先成王薨，未宜知成王之謚，此云成王，乃後人所加耳。**吾於天下不賤矣，然而吾所執贄而見者十人，**周公自執贄而見者十人。禮，見其所尊敬者，雖君亦執贄，故哀公執贄請見周豐。鄭注尚書大傳云：「十人，公卿之中也。三十人，羣大夫之中也。百人，羣士之中也。」○盧文弨曰：「羣大夫」、「羣士」，舊本互易，誤。今大傳本亦訛。**還贄而相見者三十人**，禮，臣見君則不還贄，敵者不敢當則還之，禮尚往來也。士相見禮曰：「主人復見之以其贄，曰：『嚮者吾子辱使某見，請還贄於將命者。』」鄭康成云：「贄者，所執以至也。君子見於所尊敬，必執贄以將其厚意也。」**貌執之士者百有餘人**，執，猶待也。以禮貌接待之士百餘人也。○先謙案：文義不當有「者」字，此緣上下文「者」字而誤衍。**欲言而請畢事者千有餘人**，謂卑賤之士，恐其言之不盡，周公先請其畢辭也。說苑曰「周公踐天子之位七年，布衣之士，所執贄而師見者十人，所見者十二人。窮巷白屋，所先見者四十九人，時進善者百人，教士千人，朝者萬人」也。○盧文弨曰：注衍「十人所見者」五字，說苑敬慎篇無。**於是吾僅得三士焉，以正吾身，以定天下。**於是千百人之中，僅乃得三士，正身治國。**吾所以得三士者，亡於十人與三十人中，乃在百人與千人之中。**十人與三十人，雖尊敬，猶未得賢，至百人千人，然後乃得三人。以明接士不廣，無由得賢也。**故上士吾薄爲之貌，下士吾厚爲之貌。**上士，中誠重之，故可薄爲之貌；下士既無執贄之禮，懼失賢士之心，故厚爲之貌，尤加謹敬也。**人人皆以我爲越踰好士，然故士至，**人不知則以爲越踰，然士亦以禮貌之故而至也。○俞樾曰：「踰」字亦衍文也。人人皆以我爲越好士者，越之言過也，人人皆以我爲過於好士也。然故士至者，「然故」卽「是故」也，說見王氏經傳釋詞。大略篇曰「然故民不困財」，亦以「然故」連文，是其證也。楊不達然故之義，故爲抑揚其辭。至「越踰」連文，則以「踰」字釋「越」字，注家往往有此例，非以正文有「踰」字也。而正文「踰」字之衍，卽因此矣。士至而後見物，物，事也。見物然後知其是非之所在。戒之哉！女以魯國驕人，幾矣！幾，危也。周公言我以天下之貴，猶不敢驕士，汝今以魯國之小而遂驕人，危矣！夫仰祿之士猶可驕也，仰，魚亮反。正身之士不可驕也。彼正身之士，舍貴而爲賤，舍富而爲貧，舍佚而爲勞，顏色黎黑而不失其所，黎，讀爲梨。謂面如凍梨之色也。是以天下之紀不息，文章不廢也。」賴守道之士不苟徇人，故得綱紀文章常存也。○盧文弨曰：尚書大傳作「是以文不滅而章不敗也」。

語曰：「繒丘之封人繒與鄫同。鄫丘，故國。封人，掌疆界者。漢書地理志繒縣屬東海也。○郝懿行曰：繒，卽鄫國，姒姓，在東海，漢志繒縣屬東海郡是也。「繒丘封人」，列子說符篇作「狐丘丈人」，韓詩外傳七及淮南道應訓竝與說符同。孫叔敖曰「吾爵益高，吾志益下，吾官益大，吾心益小，吾祿益厚，吾施益博，以是免於三怨，可乎」，與此大意雖同而文字異，此當別有依據。（發首偁「語曰」，知必述成文。）見楚相孫叔敖曰：『吾聞之也：處官久者士妒之，祿厚者民怨之，位尊者君恨之。今相國有此三者而不得罪楚之士民，何也？』孫叔敖曰：『吾三相楚而心瘉卑，每益祿而施瘉博，位滋尊而禮瘉恭，○盧文弨曰：瘉與愈同，元刻卽作「愈」。是以不得罪於楚之士民也。』」

子貢問於孔子曰：「賜爲人下而未知也。」下，謙下也。子貢問欲爲人下，未知其益也。孔子曰：「爲人下者乎？其猶土也？深扣之而得甘泉焉，扣，掘也，故没反。樹之而五穀蕃焉，草木殖焉，禽獸育焉，生則立焉，死則入焉，多其功而不息。○劉台拱曰：「不息」，韓詩外傳、春秋繁露山川頌、説苑臣術篇竝作「不言」。王引之曰：言與息，形聲皆不相近，若本是「言」字，無緣誤爲「息」。「息」，當爲「悳」。「悳」，古「德」字。繫辭傳曰「有功而不德」是也。韓詩外傳、春秋繁露、説苑作「不言」，意與「不德」同。俗書「悳」字作「悳」，形與「息」相似而誤。大戴禮公冠篇「靡不蒙悳」，今本誤作「靡不息」，是其證也。家語困誓篇作「多其功而不意」，王肅曰「功雖多而無所意也」，兩「意」字，亦「悳」字之誤。家語本於荀子，則荀子之本作「悳」明矣。太平御覽地部二正引作「多其功而不德」。爲人下者，其猶土也。」

昔虞不用宮之奇而晉并之，萊不用子馬而齊并之，宮之奇，虞賢臣，諫不從，以其族行。子馬，未詳其姓名。左氏傳曰：「襄二年，齊侯伐萊，萊人使正輿子賂夙沙衛，以索馬牛，皆百匹。」又六年：「齊侯伐萊，萊人使王湫帥師及正輿子軍齊師，齊師大敗之，遂滅萊。」或曰：正輿子字子馬，其不用未聞。説苑諸御己諫楚莊王曰：「曹不用僖負羈而宋并之，萊不用子猛而齊并之。」據年代，齊滅萊在楚莊王後，未詳諸御己之諫也。○盧文弨曰：「諸御己」，舊本譌作「諸卿己」，今據説苑正諫篇改正。郝懿行曰：説苑正諫篇「子馬」作「子猛」，猛、馬雙聲，疑即一人。而據説苑，此人年代在前，楊注云云是也。或説以左傳閔子馬，據世族譜，閔子馬即閔馬父，係魯雜人，豈萊不用而去之魯邪？然此子馬見昭十八年傳，上距襄六年齊人滅萊之歲四十餘年矣，世代在後差遠，又非萊人，無庸牽合。紂刳王子比干而武王得之。不親賢用知，故身死國亡也。

爲說者曰：「孫卿不及孔子。」是不然。孫卿迫於亂世，鰌於嚴刑，上無賢主，下遇暴秦，禮義不行，教化不成，仁者絀約，天下冥冥，行全刺之，諸侯大傾。當是時也，知者不得慮，能者不得治，賢者不得使，故君上蔽而無覩，賢人距而不受。然則孫卿懷將聖之心，○盧文弨曰：「懷將聖」，宋本作「將懷聖」，誤。今訂正。蒙佯狂之色，視天下以愚。詩曰：「既明且哲，以保其身。」此之謂也。是其所以名聲不白、徒與不衆、光輝不博也。今之學者，得孫卿之遺言餘教，足以爲天下法式表儀，所存者神，所過者化。○盧文弨曰：「所過」，宋本作「所遇」，誤。古音「存」「神」一韻，「過」「化」一韻，此句中之韻也。觀其善行，孔子弗過，世不詳察，云非聖人，奈何！天下不治，孫卿不遇時也。德若堯、禹，世少知之。方術不用，爲人所疑。其知至明，循道正行，足以爲紀綱。○盧文弨曰：「紀綱」，舊本誤倒，與上下韻不協。嗚呼，賢哉！宜爲帝王。天地不知，善桀、紂，殺賢良。比干剖心，孔子拘匡；接輿避世，箕子佯狂；田常爲亂，闔閭擅强。爲惡得福，善者有殃。今爲說者又不察其實，乃信其名。時世不同，譽何由生？不得爲政，功安能成？志修德厚，孰謂不賢乎！自「爲說者」已下，荀卿弟子之辭。

荀卿新書三十二篇

○盧文弨曰：案宋本「新書」下有「十二卷」三字，或疑是「二十卷」，皆非也，但作「三十二篇」爲是。今本漢書藝文志作「三十三篇」，誤也。

勸學篇第一
脩身篇第二
不苟篇第三
榮辱篇第四
非相篇第五
非十二子篇第六
仲尼篇第七
成相篇第八
儒效篇第九
王制篇第十

富國篇第十一
王霸篇第十二
君道篇第十三
臣道篇第十四
致仕篇第十五
議兵篇第十六
强國篇第十七
天論篇第十八
正論篇第十九
樂論篇第二十
解蔽篇第二十一
正名篇第二十二
禮論篇第二十三
宥坐篇第二十四
子道篇第二十五

性惡篇第二十六

法行篇第二十七

哀公篇第二十八

大略篇第二十九

堯問篇第三十

君子篇第三十一

賦篇第三十二

護左都水使者、光禄大夫臣向言：所校讎中孫卿書凡三百二十二篇，以相校除複重二百九十篇，定著三十二篇，皆以定殺青簡，書可繕寫。孫卿，趙人，名況。方齊宣王、威王之時，〇盧文弨曰：案史記，威王在宣王之前，風俗通窮通篇作「齊威、宣王之時」是也。聚天下賢士於稷下，尊寵之。若鄒衍、田駢、淳于髡之屬甚衆，號曰列大夫，皆世所稱，咸作書刺世。是時，孫卿有秀才，年五十，始來游學。〇盧文弨曰：案史記亦作「年五十」，誤。當從風俗通作「年十五」。鼂公武讀書志所引亦同。諸子之事，皆以爲非先王之法也。孫卿善爲詩、禮、易、春秋。至齊襄王時，孫卿最爲老師，齊尚修列大夫之缺，而孫卿三爲祭酒焉。齊人或讒孫卿，孫卿〇盧文弨曰：宋本不重，今據史記補。乃適楚，楚相春申君以爲蘭陵令。人或謂春申君曰：「湯以七十里，文王以百里。孫卿，賢者也，今與之百里地，楚其危乎！」春申君謝之，孫卿去之趙。後客或謂春申君曰：「伊尹去夏入殷，殷王而夏亡；管仲去魯入齊，魯弱而齊强。故賢者所在，君尊國安。今孫卿，天下賢人，所去之國，其不安乎！」春申君使人聘孫卿，〇盧文弨曰：案楚策四、韓詩外傳四，「聘」俱作「請」。孫卿遺春申君書，刺楚國，因爲歌、賦，以遺春申君。春申君恨，復固謝孫卿，孫卿乃行，復爲蘭陵令。春申君死而孫卿廢，因家蘭陵。李斯嘗爲弟子，已而相秦。〇盧文弨曰：宋本脱「已」字，今據史記補。及韓非號韓子，又浮丘伯，皆受業，爲名儒。孫卿之應聘於諸侯，見秦昭王，昭王方喜戰伐，而孫卿以三王之法説之，及秦相應侯，皆不能用也。至趙，與孫臏議兵趙孝成王前。孫臏爲變詐之兵，孫卿以王兵難之，不能對也。卒不能用。孫卿道守禮義，行應繩墨，安貧賤。孟子者，亦大儒，以人之性善，孫卿後孟子百餘年。孫卿以爲人性惡，故作性惡一篇，以非孟子。蘇秦、張儀以邪道説諸侯，以大貴顯。孫卿退而笑之曰：「夫不以其道進者，必不以其道亡。」至漢興，江都相董仲舒亦大儒，作書美孫卿。〇盧文弨曰：「至漢興」以下十七字，似不當在此，應在下文「蓋以法孫卿也」句下。孫卿卒不用於世，老於蘭陵。疾濁世之政，亡國亂君相屬，不遂大道而營乎巫祝，信機祥，鄙儒小拘如莊周等又滑稽亂俗，○盧文弨曰：宋本無「亂俗」二字，從史記增。於是推儒、墨、道德之行事，興壞序列，著數萬言而卒，葬蘭陵。而趙亦有公孫龍爲「堅白」「同異」之辭、處子之言；○盧文弨曰：案史記作「劇子之言」，徐廣曰：「應劭氏姓注直云『處子』。」魏有李悝，盡地力之教；楚有尸子、長盧子、芋子，皆著書，○盧文弨曰：案宋本「盧」作「廬」，古可通用。今從史記，取易曉耳。史記「芋子」作「吁子」，索隱曰：「吁，音芋〔一〕。別錄作『芋〔二〕子』，今吁亦如字也。」又案：漢書藝文志有芋子十八篇，云「名嬰，齊人」，師古云「芋音弭」，與此又不同。然非先王之法也，皆不循孔氏之術，惟孟軻、孫卿爲能尊仲尼。蘭陵多善爲學，蓋以孫卿也。長老至今稱之曰：「蘭陵人喜字爲卿，蓋以法孫卿也。」孟子、孫卿、董先生皆小五伯，以爲仲尼之門，五尺童子皆羞稱五伯。如人君能用孫卿，庶幾於王，然世終莫能用，而六國之君殘滅，秦國大亂，卒以亡。觀孫卿之書，其陳王道甚易行，疾世莫能用。其言悽愴，甚可痛也！嗚呼！使斯人卒終於閭巷，而功業不得見於世，哀哉！可爲霣涕。其書比於記傳，可以爲法。謹第録。臣向

〔一〕〔二〕「芋」，史記孟子荀卿列傳索隱並作「芉」。

昧死上言。

護左都水使者、光禄大夫臣向言，所校讎中孫卿書録。

將仕郎、守祕書省著作佐郎、充御史臺主簿臣王子韶同校。

朝奉郎、尚書兵部員外郎、知制誥、上騎都尉、賜紫金魚袋臣呂夏卿重校。